서울법대
법학총서
18

물권의 새로운 패러다임을 향한 여정 제1권

새로운 패러다임에 의한 물권론 일반

남효순 명예교수
서울대학교 법학전문대학원

박영사

이 단행본은
필자가 민법학자의 길을 걸을 수 있도록
열정을 일깨워주시는 하해와 같은
큰 은혜를 베풀어주셨던
故 곽윤직 교수님의 영전에 바칩니다.

‒ 물권법상의 청구권은 물권자에게 인정되는 청구권으로서
채권과는 법적 성격이 다른 권리인바, 혹은 지배권과 함께 물권을
구성하거나 혹은 물권의 효력으로 인정되는 청구권 ‒

‒ 물권은 '물건을 매개'로 하는 권리로서,
혹은 물건을 대상으로 하는 지배권
혹은 지배권과 물권적 청구권·형성권으로 구성되는 권리 ‒

賀　書

존경하고 사랑하는 남효순 서울대 명예교수님,

교수님의 '새로운 패러다임에 의한 물권론 일반'이라는 저서의 출간을 진심으로 축하합니다. 출간되기 전 교수님의 배려로 저서 원고를 먼저 접할 수 있는 행운을 갖게 되어 그 내용을 따라 향기 나는 진리의 숲을 산책하다가 깨달은 느낌은 "본질을 관통하는 것은 오직 진실의 창(槍)뿐이다."라는 감탄이었습니다. 같은 민법학자로서, 그동안 저서의 주된 내용을 주제로 교수님과 수많은 토론과 대화를 나누어 왔지만, 마침내 그 피땀 어린 연구가 한 권의 책으로 열매 되어 아름다운 세상 구경을 나선다니 마치 제 일인 양 기쁜 마음입니다. 교수님을 존경하고 사랑하며, 연구 주제에 대해 견해를 같이 하거나 또는 촌철살인의 비판을 마다 하지 않은 수많은 동료, 선후배 민법학자들과 법률가들에게도 좋은 선물이 될 것이라 생각됩니다.

평생을 민법학자로서의 외길을 걸어오시면서, 특히 국내 민법 교수 중 프랑스민법을 정통으로 연구해 오신 1세대 프랑스민법 연구자로서 독일민법 해석에 바탕한 우리 민법 해석의 한계의 벽을 넘고자 깊이 고민해 오신 것을 잘 알기에 이번 저서 출간을 통해 그 학문적 연구의 정점을 보는 듯하여 다시 한번 진심으로 저서 출간을 축하하지 않을 수 없습니다.

교수님과 대화하다 보면 '맑은 영혼의 눈을 가진 순수한 아이' 같다는 감명을 받을 때가 종종 있었습니다. 관념적으로야 절대적 정의와 옳고 그름을 분별하는 것이 법학이고, 이를 연구하고 실천하는 이들이 법학자라고들 하지만, 현실적으로는 이러한 법학의 책무를 비틀고 왜곡하며 옳은 것이 아닌 강한 것의 편을 들거나 자신의 사적 영달을 위해 법을 악용하는 법기술자들이 넘쳐나고 있음을 감히 부정할 수 없기도 합니다. 그들이 사회에 끼치는 해악도 적지 않은 세상에서, 하지만 교수님만은 법학의 세월이 깊어지시면서 어느 누구보다도 더 진지하고 깊이 있는 연구를 통해 평생의 연구 주제였던 물권법과 물권적 청구권이라는, 어찌 보면 수백 년 동안 민법학계에서 고착되어 버린, 그래서 어느 누구도 감히 새로운 반론을 제시하지 못하던 영역에 과감히 종래 이론의 문제점을 지적하며 새로운 연구 결과를 쏟아 놓으시며 자신이 옳다고 믿는 법학 해석론을 제시하는 모습이 보기에 참 좋다는 생각을 갖게 됩니다. 대화 나눌 때마다 연구 주제를 열과 성의를 다해 설명하시며 신나 하시던 모습이 떠올라 賀書를 쓰면서 빙긋 웃기도 합니다.

우리 법학계는 그동안 법학자와 법률가가 서로 괴리된 채 마치 딴 세상에 사는 듯한 사회 구조를 이루고 있었습니다. 법학자는 법률 실무에 취약하면서도 법률가를 경시하는 듯한 태도를 견지하고 있었고, 법률가는 실무가 결론일 수밖에 없다며 법학 이론에 천착하지 않는 이중적 구조이다 보니 협업이 잘 이루어지지 않아 법학 발전을 더디게 해 왔던 것도 사실입니다. 물론 일부 뜻있는 선구자적 사명감을 가지셨던 분들은 이론과 실무가 서로 접목될 수 있는 길을 계속 모색하며 노력해 온 수고도 잘 기억하고 있습니다. 그런데 로스쿨 체제가 사법시험 제도를 대체하면서 대학에도 법률실무가들이 교수진으로 많이 진입하게 되었고, 그 결과 법학자와 법률가가 연구기관인 법과대학과 로스쿨에 함께 혼재하는 상황이 일반화되어 서로가 서로를 자극하게 되면서 그동안 오래된 법학 창고에 방치되어 왔던 몇 가지 법률적 쟁점들이 서로 충돌하고 융합하는 과정 중에, 가장 큰 쟁점으로 부각된 쟁점이 교수님의 본 저서 주제인 '새로운 패러다임에 의한 물권론 일반(그중에서도 특히 물권법과 물권적 청구권의 본질)'이 아닐까 싶기도 합니다.

특히 남 교수님의 이론이 일반화되어 법학이론과 재판실무에 반영이 될 수 있다면, 첫째 채권적 청구권으로 판시되어 점유취득시효기간 경과 후 새로이 물권을 취득한 사후권리자에 대해 취득시효 권리주장이 배척되어 온 점유시효취득자의 소유권이전등기청구권이 원시취득자로서의 물권적 청구권으로 인정되어 보장받을 수 있게 되고, 둘째 채권자의 사후적 채권자취소권 행사에 의한 행사 이전 물권취득자의 물권이 침해당하는 물권취득 이후에 예외적으로 허용되는 채권의 물권에 대한 우월적 침해행위가 가처분, 가등기, 가압류 등에 의해 집행법상의 권리보전제도가 완비되어 있는 현행 민사법체계가 존중받게 되고, 셋째 전세권 존속기간 경과 후에도 물상대위권이론을 차용하지 않고서도 전세권저당권자의 전세보증금반환청구의 직접청구권이 보장될 수 있는 이론적 근거가 도출될 수 있게 되는 등 수많은 물권적 권리 보장장치가 보장될 수 있는 효과를 얻을 수 있을 것으로 기대됩니다.

물권은 물건에 대한 직접적, 배타적 지배권이라고 정의됨으로써 마치 채권에 비해 무소불위의 힘을 가진 것처럼 주장되고 있지만, 실제 구체적 실현과정을 살펴보면 소송법 및 집행법에 의한 불협조 내지 제재가 강했던 것 또한 사실입니다. 이는 종래 물권적 청구권이 물권을 완벽하게 보장하기보다는 오히려 과거의 해석에 함몰되어 채권적 청구권처럼 취급되어 온 일부 잘못된 법해석과 실무관행이 그 원인이라 할 것인데, 이는 현대물권법이 최초 제정 시행된 19세기 법학자들이 물권에 대한 완벽한 법리를 정립하지 못한 상태에서 황망하게 법이 시행되고 실질적 재판절차에서 규범과 준칙이 되다 보니 부정확한 법리가 충돌되는데도 용인되는 과오가 있었던 것 또한 인정하지 않을 수 없습니다. 그런데 남 교수님이 주장하시는 이번 새로운 물권법 패러다임은 지배권과 물권적 청구권의 대등성, 내재적 물권적 청구권과 침해적 물권적 청구권의 구별과 특징 등을 재정립함으로써 물권법정주의, 물권변동론과 물권적 합의론 등을 명확하게 밝히는 첫단추를 꿰었다고 할 것입니다.

오랫동안 재판 및 소송 등에서 법률가로 활동해 왔던 필자가 대학으로 옮겨 와 순수법학에 천착하게 되면서 오직 순수법학자의 외길을 걸어오신 남 교수님과 본 저서의 주제를 논점으로 삼아 자주 대화하며 생각을 공유할 수 있었던 것은 어쩌면 서로 이론과 실무의 괴리현상을 직시하게 되어 이의 일치를 도모하고자 하는 학문적 갈증을 느꼈기 때문이 아닐까 하는 생각을 해 봅니다. 서로에게 부족한 부분을 보충하며, 어떤 부분은 실무법률가로서 법리 충돌 앞에서 난감했던 부분에 대한 명확한 의견의 일치를 보게 될 때 "바로 이거였어!" 하는 감탄을 하게 되었던 부분도 있었고, 어떤 부분은 여전히 일치되지 않은 논쟁의 여지를 남기며 많은 부분을 서로 대화할 수 있었음은 賀書를 쓰는 필자의 입장에서는 대단히 감사하다는 생각입니다. 그러한 법학 논쟁의 만남 속에서도 신앙과 종교에 대한 이야기로 논의가 확장되기도 하고, 신의 존재가 법학에 있어서 어떠한 무게로 존재해야 하는가 등을 함께 이야기하기도 하는 등 대화의 폭이 넓어지는 기쁨도 덩달아 맛보기도 하였습니다. 조금 더 세월이 지나면 신에 대한 고민을 더욱 깊게 해야 하지 않겠느냐는 공감대를 갖게 된 것도 감사할 일입니다.

그동안 당연시되었던 물권적 청구권은 지배권 또는 물권의 종속개념이라는 종래의 틀에서 벗어나 이를 대등한 개념으로 새롭게 본질을 규정한 남 교수님의 깊은 혜안을 감히 헤아리며, 평생 민법이라는 한 영역을 깊이깊이 파고 들어가면서, 어찌 보면 민법학자로서 평생의 연구결과라고도 할 수 있는 '새로운 패러다임에 의한 물권론 일반'이라는 제명의 본 저서를 출간하신 것을 다시 한번 마음 다해 축하합니다. 그러면서도 '물권의 새로운 패러다임을 향한 여정 제1권'에서 연구결과가 '물권의 새로운 패러다임을 향한 여정 제2권'에서도 결실을 맺기를 진심으로 기대합니다.

존경하고 사랑하는 남효순 명예교수님.

대학 은퇴 후에도 여전히 건강한 모습으로 연구에 연구의 끈을 놓지 않으시는 학문적 열정에 다시 한번 감탄과 경의를 표합니다. 마지막으로 부족한 저에게 賀書의 기쁨을 주신 것도 감사하고, 저의 賀書가 교수님의 저서에 누가 되지 않은, 아주 작은 반딧불이라도 되기를 조심스레 바랄 뿐입니다. 앞으로도 함께 같은 길을 걸으며, 서로의 안부를 물으며 유익하고 즐거운 대화를 나누는 도반(道伴)의 향기가 그윽한 선한 관계가 계속되기를 소망하겠습니다. 감사합니다.

2024년 2월 22일

오시영(吳始暎)
변호사, 시인, 전 숭실대학교 법과대학장

머 리 말

　'물권의 새로운 패러다임을 향한 여정 제1권'으로 '새로운 패러다임에 의한 물권론 일반'을 출간하게 되었다. '물권의 새로운 패러다임을 향한 여정 제2권[(준)공동소유론] 은 올해 상반기에 출간될 예정이다. 물권의 새로운 패러다임을 향한 여정 제1권'은 물권의 새로운 패러다임의 단초에 해당하는 것으로서 기존에 발표하였던 4편의 논문 에 서울대학교 법학연구소 지원사업을 받은 2편의 논문을 추가하여 단행본의 형식으 로 출간하는 것이다. 추가한 2편의 논문은 "물권론의 재정립"[한국민사법학 제96호(2021. 9.) 게재]과 "새로운 패러다임에 의한 물권론 일반"이다. 마지막 논문은 "물권법상의 청구권은 물권자에게 인정되는 청구권으로서 채권과는 법적 성격이 다른 권리인바, 혹은 지배권과 함께 물권을 구성하거나 혹은 물권의 효력으로 인정되는 청구권", "물 권은 '물건을 매개'로 하는 권리로서, 혹은 물건을 대상으로 하는 지배권 혹은 지배권 과 물권적 청구권·형성권으로 구성되는 권리"라는 다소 긴 부제를 가지고 있다. 마지 막 논문은 물권의 새로운 패러다임의 전모를 파악할 수 있게 해주는 논문으로서 이전 의 논문들을 집대성하는 논문이다. 이 논문과 기존의 4편의 논문들을 통해서, 독자들 은 필자의 물권의 새로운 패러다임이 지난 15여 년 동안 어떻게 형성되고, 변경되고 또 발전되어 왔는지를 이해하는 데에 도움이 될 것이다.

　물권의 새로운 패러다임은 물권법의 개정 또는 변경을 요구하지 않는다. 그것은 물권법상의 청구권의 '있는 그대로의 모습'에 기초하여, 물권에 대한 새로운 해석을 제공하고자 하는 것이다. 이에 따라 그동안 물권에 대한 잘못된 도그마, 물권의 제반 이론과 해석을 버리고, 물권에 대한 새로운 지평을 보여주고자 하는 것이다.

　이 단행본을 접하는 독자들은 필시 다음과 같은 의문을 가질 것이다. 지금까지 우 리가 익히 알고 있던 "물권은 지배권이다."라는 도그마가 폐기되어야 할 정도로 오류 가 있었단 말인가? 더구나 이에 기초하여 형성된 물권의 개념, 분류, 물권의 절대성, 물권법정주의, 물권변동과 물권행위론, 물권행위의 독자성과 유인성, 부동산등기제도 등의 대륙법계 민법의 초석이 된 제반 물권이론을 우리는 금과옥조처럼 맹신하고 있기에 이러한 의문은 쉽사리 가시지 않을 것이다. 이러한 제반 물권이론은 대륙법계의 민법학을 수용하여 우리 민법이 제정된 지 60여 년 동안 우리 민법학계 나아가 법학계와 법 실무계 전체를 지배하는 논리로서 뿌리를 내려왔다. 필자는 물권은 지배권이라는 도그마와 이에 기초한 제반 물권이론은 처음부터 대륙법계의 물권법과 이를 계수한 우리의 물권법을 바르게 해석하기에는 흠결이 있는 불완전한 이론이라는 문제의식을 느끼게 되었다. 이제 필자는 물권법상의 청구권에 관한 규정의 면밀한 분석에 기초하여, 물권은 지배권이라는 도그마를 대체할 물권의 새로운 패러다임을 제시하고자 한다. 물권은 '물건을 매개'로 하는 권리로서 혹은 지배권으로 구성되거나 혹은 지배권과 물권적 청구권·형성권으로 구성되는 권리'라는 물권의 새로운 패러다임이 바로 그것이다. 그리고 이러한 패러다임에 기초하여서 물권론 일반에 대한 검토가 이루어질 것이다.

종래 "물권은 지배권이다."라는 도그마에 의하면, 물권은 물건을 대상으로 하는 권리이고, 채권은 사람에 대한 권리이다. 또 물권은 물건에 대한 지배권의 작용을 하고, 채권은 사람에 대한 청구권의 작용을 한다. 여기서 물권은 지배권이고 채권은 청구권이라는 도그마가 탄생하였다. 즉, 물권＝지배권과 채권＝청구권이라는 등식이 성립하였다. 그 결과 로마법 이래 지배권과 물권법상의 청구권 사이에는 결코 함께할 수 없는 심연이 존재하게 되었다. 전자는 물적 권리이고 후자는 인적 권리이므로, 물권법상의 청구권을 지배권인 물권과는 다른 채권으로 취급하는 것이었다. 그 결과 우리 민법상의 물권편은 지배권에 관한 순수한 의미의 물권법과 그 밖에 물권법상의 청구권에 관한 채권법으로 구성되어 있다고 보아야 하는 것이 물권편에 대한 솔직한 이해가 될 것이다.

물권의 새로운 패러다임에 의하면, 물권적 청구권에는 이른바 우리가 종래 알고 있던 물권이 침해되는 경우에 발생하는 권리(제213조−214조)에 한하지 않고, 물권을 취득하기 위하여 인정되거나(부동산점유취득시효완성자의 등기청구권) 또 지배권과 함께 규정되어 있는 물권적 청구권(상린권, 지료청구권, 전세금반환청구권, 유익비상환청구권, 부속물매수청구권 등)이 있다. 이러한 물권적 청구권은 채권과는 다른 법적 기반과 법적 특징을 보여주고 있다. 우선 물권적 청구권도 사람에 대한 청구권으로서 인적 권리이다. 물권적 청구권은 반드시 그 주체가 물권자 내지는 지배권자이다. 또 물권적 청구권의 급부는 반드시 물건과 관련이 있다. 예를 들면, 지료지급청구권은 '토지'의 처분지배권을 갖는 지상권설정자가 '토지'사용의 대가를 청구하는 권리이고(동일한 물권자에게 물권적 청구권과 지배권의 일체적 공존) 또 지료지급의무는 '토지'의 용익지배권을 갖는 지상권자가 '토지'의 처분지배권을 갖는 지상권설정자에게 '토지'의 사용대가를 지급하는 의무이다(동일한 물권자에게 물권적 의무와 지배권의 일체적 공존). 이처럼 물권적 청구권은 지배권이 물건을 대상으로 하는 것과 마찬가지로 물건과 관련이 있는 청구권이다. 또 상린권은 '토지'의 처분지배권을 갖는 토지소유자가 '이웃토지'에 대한 지배권을 갖는 이웃토지소유자에게 '이웃토지'와 관련된 급부를 청구할 수 있는 권리이다(동일한 물권자에게 상린권과 지배권의 병존적 공존). 이처럼 지배권과 함께 규정되어 있는 물권적 청구권(관계)은 '하나의 물건'을 중심으로 일체적으로 물적 결합성이 있거나 또는 이웃하는 '두 필의 토지'를 중심으로 병존적으로 물적 결합성이 있다. 즉, 물권적 청구권관계와 지배권은 결합되어 있어서, 분리될 수 없는 청구권이다. 이러한 물권적 청구권은 지배권과 함께 물권을 구성한다. 또 물건에 대하여 지배권을 갖는 지상권자는 상대방의 동의가 없이도 지배권과 물권적 청구권을 양수인에게 양도할 수 있다. 또 토지소유권의 경우는 토지에 대한 지배권을 양도하면 상린권은 이전되지 않고 양수인이 지배권을 취득하는 즉시 이웃토지의 소유자에 대한 상린권도 취득하게 된다. 따라서 어느 경우이든 물권적 청구권은 물권의 양수인에게도 당연히 청구력을 갖는다. 즉. 물권적 청구권은 그 주체인 물권자들 사이에서는 인적 결합이 존재하지 않고, 지배권과 물권적 청구권 사이에 물적 결합이 존재한다. 또 물권적 청구권은 특정의 의무자가 아니라 의무자의 양수인에게도 주장할 수 있는 대물적 대인성의 특성을 갖는다. 따라서 물권적 청구권은 상대방 물권이 양도되더라도 침해가 되지 않는 대물적 대인성이 인정된다.

이에 반하여 채권적 청구권은 채권자와 채무자 사이에 인적 결합은 있는 청구권이다. 채권은 특정의 채무자에 대한 청구권으로서, 채권자의 동의 없이는 양도될 수 없는 비양도성의 권리에 해당한다. 채권은 특정의 채무자에 의하여만 침해될 수 있는 청구권으로서의 특정적 대인성을 갖는다. 물론 채권적 청구권은 물권자 내지는 지배권자에게 인정될 수도 있다. 예를 들면, 매매나 대차계약의 경우처럼 채권은 물건과 관련된 급부를 목적으로 할 수도 있다. 그러나 이 경우에도 채권은 인적 권리로서 인적 결합은 존재하지만, 물건에 대한 지배권과는 무관하게 성립하는 청구권으로서 물적 결합이 존재하지 않는다. 임대인이 임차인의 동의 없이 임대물을 양도하는 경우에는 임차인의 채권은 임대물의 양수인에 대하여 청구력을 가질 수 없다. 물권의 효력은 채권의 효력에 앞서기 때문이다. 다만, 이 경우 주택임대차보호법(제3조 제4항)은 임차주택의 양수인은 임대인의 지위를 승계한 것으로 의제하여, 임차인의 채권에 대항력을 부여하고 있다. 즉, 임차인의 동의 없이 임대물이 양도되는 경우에도 승계를 의제하여 임차권에 대항력을 인정하는 것이다. 임차권의 제3자에 대한 대항력은 어디까지나 입법에 의하여 예외적으로 인정되는 것일 뿐이다. 즉, 물권적 청구권이 양수인에게도 청구력이 인정되는 권리인 반면에, 채권은 예외적으로 채무자에게 대항력을 갖는 권리일 뿐이다. 이상의 점에서 물권적 청구권은 채권과 전혀 다른 별개의 권리로서 채권적 청구권과 동일시할 수는 없다.

물권의 새로운 패러다임에 의하면, 채권적 청구권과 물권적 청구권은 상위개념인 청구권을 구성한다. 즉, 청구권이란 유개념의 권리로서 바로 사람에 대한 청구권인 인적 권리를 말한다. 그리고 이러한 청구권에는 그 종개념으로서 채권적 청구권과 물권적 청구권이 존재하는 것이다. 채권적 청구권은 권리의 주체 사이에 인적 결합은 있지만 물적 결합이 없는 청구권인 반면에, 물권적 청구권은 권리의 주체 사이에 인적 결합은 없지만, 물적 결합이 존재하는 청구권이다. 이를 통하여 우리는 로마법 이래 대륙법이 이르기까지 물권적 청구권을 채권적 청구권으로 오인하여 왔다는 것을 인식할 수 있게 된다. 따라서 물권＝지배권이고, 채권＝청구권이라는 도그마는 그 기반을 상실하게 되는 것이다.

물권의 새로운 패러다임에 의하면, 물권적 청구권은 지배권과는 물적 결합이 있는 청구권으로서, 지배권과 함께 물권을 구성한다. 이로부터 물권은 '물건을 매개'로 하는 권리로서 '혹은 지배권으로 구성되거나 혹은 지배권과 물권적 청구권으로 구성되는 권리'라는 물권의 새로운 패러다임이 도출된다. 물권은 지배권이라는 도그마에 의하면 물권은 소유권과 제한물권으로 구분되지만, 물권의 새로운 패러다임에 의하면, 물권에는 완전소유권, 제한소유권과 제한물권으로 구분된다. 완전소유권이란 제한물권이 설정되지 않은 소유권을 말한다. 이에는 동산소유권, 건물소유권과 토지소유권이 있다. 이에 반하여 완전소유권에 제한물권이 설정되는 경우, 제한물권이 성립함과 동시에 이에 대응하여 제한소유권도 함께 성립한다. 제한소유권은 지배권이 질적 또는 양적으로 변경되고 동시에 물권적 청구권관계가 발생하는바, 이를 제한소유권이라고 부르는 것이다. 예를 들면, 유상의 지상권을 설정하는 자의 제한소유권이란, 물건에 대한 처분지배권과 지료청구권과 그 밖의 물권적 청구권으로 구성되는바, 이는 완전소유권과는 전혀 다른 권리인 것이다.

물권의 새로운 패러다임에 의하면, 물권적 청구권은 의의, 특징, 지배권으로부터의 독자성, 성립 또는 효력의 요건, 법적 규율 등에서 채권과는 전혀 다른 청구권에 해당한다. 이러한 물권적 청구권에 관한 이론체계를 물권적 청구권론이라 부른다. 물권적 청구권은 법적 규율에 있어서, 채권과 다른 법적 취급을 받아야 한다. 특히 지배권과 함께 규정되는 물권적 청구권은 한편으로는 지배권과 같은 지배권적 규율을 받고 또 물권법상의 청구권에 관한 규정의 규율을 받을 뿐 아니라 다른 한편으로는 채권법에 존재하는 청구권 일반에 관한 규율도 받게 된다. 즉, 물권적 청구권은 물권적 규율과 청구권적 규율을 동시에 받게 되는 것이다.

물권의 새로운 패러다임에 의하면, 제한소유권과 제한물권이 성립하는 경우 설정되는 용익지배권의 대가를 구성하는 약정 물권적 청구권과 그 밖에 법정의 물권적 청구권이 존재한다. 여기서 중요한 의미가 있는 것은 용익지배권의 대가를 구성하는 지료청구권과 전세금반환청구권이다. 이러한 약정의 물권적 청구권은 지배권을 설정하는 대가로 성립하는 물권적 청구권으로서, 지배권과 동일한 값어치를 갖는 대등한 권리이다. 물권적 청구권은 약정의 물권적 청구권이든 법정의 물권적 청구권이든 어느 경우나 지배권과 함께 물권을 구성하게 된다. 물권적 청구권은 결코 지배권의 효력이라 볼 수 없는 것이다.

물권의 새로운 패러다임에 의하면, 물권은 지배권이라는 도그마에 기초하고 있는 제반 물권이론은 마땅히 재정립되어야 한다. 물권의 절대성과 채권의 상대성, 물권법정주의, 물권변동과 물권적 합의론, 물권행위의 독자성과 유인성, 부동산등기제도 등에 대한 새로운 이해를 요구한다. 우선 물권의 새로운 패러다임에 의하면, 물권은 절대권의 성질을 가질 뿐 아니라, 제한소유권과 제한물권의 경우는 상대권의 성질도 갖는다. 제한소유권과 제한물권도 지배권이 인정되는 한, 일반인과의 관계에서는 절대권으로서 보호를 받을 수 있다. 한편 제한소유권과 제한물권의 경우 상대성도 갖는다. 제한소유권과 제한물권의 경우, 제한소유권자의 지배권이 질적 또는 양적으로 변경이 되고 그 대신 물권적 청구권과 물권적 의무가 성립하고, 제한물권자에게는 용익지배권 또는 처분지배권이 설정되고 또 물권적 청구권과 물권적 의무가 성립한다는 점에서 상대권의 성격도 인정된다. 제한소유권자와 제한물권자는 지배권과 또는 약정 또는 법정의 물권적 청구권관계로 인하여 적극적으로 '급부의무'를 부담한다는 점(상대권)에서 채권관계의 당사자들이 적극적으로 '급부의무'를 부담한다는 점(상대권)에서 하등 다를 바가 없는 것이다. 예를 들면, 전세권자는 용익지배권과 관련하여 '전세권설정계약 또는 목적물의 성질에 의하여 정하여진 용법으로 이를 사용, 수익할 의무'(제311조)를 지게 되고, 이를 위반할 경우 전세권설정자에게는 전세권소멸청구권이 발생한다. 그리고 이러한 의무는 용익지배권이 설정되는 제한물권자 모두에게 인정되는 권리이다. 다만, 제한소유권과 제한물권의 지배권과 물권적 청구권은 상대방 물권자와 그 양수인에 의하여 침해될 수 있는 권리인 반면(대물적 상대성), 채권은 특정의 채무자에 의해서만 침해될 수 있다는 점에서(특정적 상대성) 차이가 있을 뿐이다. 채권은 특정의 채무자에 대한 청구권으로서, 채권자의 동의 없이는 양도될 수 없는 비양도성의 권리로서, 특정의 채무자에 의하여만 침해될 수 있는 청구권이다.

　물권의 새로운 패러다임에 의하면, 물권의 양도성이란 한편으로 지배권의 양도성과 물권적 청구권의 양도성을 의미한다. 그런데 2014년 민법개정위원회에 의하여 신설된 전세권설정자 지위의 승계에 관한 제307조의2는 주택임대차보호법(제3조 제4항)상의 대항력에 관한 규정과 동일한 규정으로서, 물권의 양도성과 채권의 대항력은 전혀 별개의 문제에 해당한다는 점에서 전혀 타당하지 않다. 이는 전세권양도의 효력에 관한 제307조와도 전혀 부합하지 않는 것이다.

　물권의 새로운 패러다임에 의하면, 물권의 종류와 내용은 법률로 정한다는 물권법정주의는 실제로는 물권의 내용에 관하여는 그 의미가 관철될 수 없다. 물권의 종류에 대해서는 법률규정에 의한 강제(종류강제)가 인정되지만, 물권의 내용은 법률규정으로만 강제될 수는 없고 당사자의 약정에 의한 결정을 물권법 자신이 이를 인정하고 있다. 이는 지배권의 경우뿐만 아니라 물권적 청구권의 경우도 그러하다. 약정에 의한 지배권 내용에 관한 약정으로서, 지상권의 존속기간(제280조 제1항), 구분지상권의 약정(제289조의2 제1항 후단), 지역권부종성에 관한 약정(제292조 제1항 후단), 용수지역권에 관한 약정(제297조 제1항 단서), 전세권양도에 관한 약정(제306조 단서), 전세권의 용익에 관한 약정(제311조), 전세권의 존속기간에 관한 약정(제312조), 저당부동산의 효력범위에 관한 약정(제358조 단서)을 들 수 있다. 또 물권적 청구권에 관한 약정으로서 공유물분할의 약정(제268조제1항 단서), 지료청구권(제286조), 전세금반환청구권(제312조의2 참조)에 관한 약정, 승역지소유자의 공작물 설치·수선의무에 관한 약정(제298조)을 들 수 있다.

물권의 새로운 패러다임에 의하면, 물권변동과 그에 관한 물권적 합의란 종래와는 다른 의미가 있다. 우선 일시적 양도의 물권적 합의는 지배권의 변동만 목적으로 하는 합의로서, 이행의 문제를 남기지 않는다. 이에 반하여 제한소유권과 제한물권에서 발생하는 물권변동에는 단순히 지배권의 변동만이 발생하는 것이 아니라, 물권적 청구권의 발생도 당연히 포함된다. 즉, 제한소유권과 제한물권이 성립하는 경우 지배권의 질적 또는 양적 변동과 더불어, 지료청구권·전세금반환청구권인 물권적 청구권도 발생하게 된다. 또 지료청구권과 전세금반환청구권의 행사와 전세금지급의무인 물권적 의무의 이행 문제가 당연히 발생하게 되는 것이다.

물권의 새로운 패러다임에 의하면, 제한물권에 대한 부동산등기는 제한소유권에 관한 등기로서의 의미도 갖는다. 즉, 부동산등기법상의 용익권과 담보권이란 실체법상 용익제한소유권(지상제한소유권, 지역제한소유권, 전세제한소유권)과 담보제한소유권(저당제한소유권)의 등기를 의미한다. 따라서 부동산등기법은 제한소유권자와 제한물권자의 지배권뿐 아니라, 약정의 물권적 청구권인 지료청구권관계와 전세금반환청구권관계도 공시하는 것이다. 지료약정의 기재는 지상제한소유권자의 지료지급청구권과 지상권자의 지료지급의무를 동시에 공시하는 것이다. 그리고 전세금의 기재는 전세제한소유권자의 전세금보유권과 전세금반환의무 및 전세권자의 전세금반환청구권을 동시에 공시하는 것이다. 따라서 전세금반환청구권은 용익기간의 종료 여부를 불문하고 언제나 등기에 의하여 이전이 되고 별도로 채권양도의 절차를 요하지 않는다. 또 지료의 약정과 전세금의 기재는 유상의 지상권과 유상인 전세권의 성립등기사항을 구성하게 된다. 이 점에서 부동산임대차의 등기의 경우(제621조)는 대항등기사항을 구성하는 것과 다르다.

물권의 새로운 패러다임을 제반물권에 적용할 경우, 그동안 물권은 지배권이라는 도그마에 기초하고 있었던 학설 또는 판례상으로 제기된 문제들을 유의미하게 해결할 수 있다. 우선 부동산점유취득시효완성자가 갖는 등기청구권은 채권적 청구권이 아니라 물권적 청구권에 해당한다. 따라서 이러한 등기의무는 원소유자의 물권적 의무로서 당연히 승계가 되어, 소유권을 취득한 제3자는 부동산점유취득시효완성자에 대하여 등기의무를 당연히 부담하게 된다. 또 유상의 지상권의 경우 지료의 약정은 유상의 지상권이 성립하기 위한 요소로서, 이에 대한 부동산등기에의 기재(부동산등기법 제69조)는 대항등기사항이 아니라 성립등기사항을 구성한다. 또 승역지소유자의 공작물설치·수선의무(제298조)는 등기(부동산등기법 제70조 제4호)를 함으로써 승역지소유자의 물권적 의무가 된다. 학설은 이 경우 대항력이 인정되는 채무가 성립하는 것으로 보고 있으나, 이는 물권적 의무와 채무를 구별하지 못하는 것으로서 타당하다고 할 수 없다. 또 다른 대륙법계의 민법이 알지 못하는 전세권은 용익물권성과 담보물권성이 유기적으로 결합되어 있는 하나의 물권으로서 우리 고유의 물권이다. 전세금보유권 내지는 전세금반환청구권은 용익지배권의 대가로서 성립하는 물권적 청구권으로서, 용익지배권과 함께 전세권이라는 물권을 구성한다. 따라서 이들 권리는 용익지배권의 요소라 할 수 없고 전세권의 요소가 되는 것이다. 또 용익기간의 종료 후에는 용익지배권만 소멸할 뿐 전세권은 용익물권성과 담보물권성을 그대로 유지한다. 따라서 용익기간의 종료 후에는 전세권이 저당채권을 담보하는 저당권으로 보는 판례는 전혀 타당하지 않다. 한편 물권은 지배권의 도그마는 저당권의 객체를 부동산, 지상권과 전세권으로 제한하고 이 경우 지배권만이 저당권의 객체가 된다고 보고 있다. 그러나 물권의 새로운 패러다임에 의하면 완전소유권, 제한소유권과 제한물권이 모두 저당권의 객체가 될 수 있다. 지상제한소유권과 전세권에 대하여 저당권을 설정하는 경우 용익지배권의 대가로서 발생하는 지료청구권과 전세금반환청구권도 당연히 지배권과 함께 저당권의 객체가 된다. 이들 권리는 등기에 의하여 공시가 되고 있을 뿐 아니라, 저당권의 객체가 된다는 것은 거래의 실제에도 부합하는 것이다. 예를 들면 전세권에 대하여 저당권을 설정받은 자는 저당권이 실행되는 경우, 전세금반환청구권의 가치를 환가하여 이로부터 우선변제를 받을 수 있고 또 전세금반환청구권에 대해서는 물상대위의 법리를 적용할 필요가 없이 직접 청구가 가능하다. 나아가 그 밖의 환가가 가능한 물권적 청구권도 비록 등기에 의하여 공시가 되지는 않지만 지상제한소유권 또는 전세권을 구성하는 권리로서 당연히 저당권의 객체가 된다. 또 저당권자는 물권적 청구권자로서, 지상권자가 지상권설정자에 대하여 취득하거나 또는 전세권설정자가 전세권자에 대하여 취득한 반대채권에 의한 상계에 의하여 대항을 받지 않는다. 물권적 청구권은 물권으로서 채권에 우선하는 효력이 있기 때문이다.

필자는 물권의 새로운 패러다임이 과연 합당한 추론과 분석에 근거하고 있는지를 수없이 반문하고 또 반문하였다. 필자가 제시하는 새로운 물권의 패러다임이 물권을 지배권으로 보는 대륙법계 민법학이 가지고 있는 소중한 전통을 훼손하는 것은 아닌지 또 수없이 반문하였다. 독일법의 경우 지료청구권을 지배권이 아니라고 보아 채권으로 취급하고 또 '지료에 관한 법령'에 의하여 지상권을 설정한 당사자들의 양수인들 사이에서는 법정채권으로 존재한다고 보고 있다. 그렇게 함으로써 물권은 지배권이라는 도그마를 유지할 수 있었을지 모른다. 또 이러한 논리라면 전세금반환청구권도 법정채권으로 취급할 수밖에 없다. 그러나 우리나라에는 위와 같은 법령이 존재하지 않는다. 또 우리 민법에는 전세권의 양수인은 양도인과 전세권설정자에 대하여 동일한 권리의무가 있다는 명시적인 규정(제307조)이 존재한다. 즉, 물권적 청구권은 지배권과 함께 양도되어 전세권설정자와 전세권의 양수인에 대하여 동일하게 존재하는 것이다. 따라서 지료청구권과 전세금반환청구권을 법정채권으로 취급할 수가 없다. 이제 우리는 물권법상의 청구권을 모두 법정 채권으로 볼 수밖에 없는 물권은 지배권이라는 도그마에서 벗어나야 한다. 물권의 새로운 패러다임은 물권은 지배권이라는 도그마를 일탈하는 패러다임이 아니다. 그것은 물권은 지배권만으로 구성되기도 하지만, 지배권과 함께 물권적 청구권으로도 구성된다는 것을 인정하는 새로운 패러다임이다. 이 패러다임은 우리 민법이 제정된 지 60여 년 동안 물권법 속에서 우리 민법학자들이 발견하여주기만을 숨죽여 기다려 온 패러다임이라 할 것이다.

필자는 물권의 새로운 패러다임이라는 빛을 보았고, 그 빛을 향하여 지난 15여 년 동안 긴 여정을 이어왔다. 처음에는 희미하게만 보였던 그 빛이 이제는 환하게 볼 수 있게 되었다. 종래 물권을 지배권으로만 보는 도그마는 물권이라는 동전의 한 면만을 보여주는 불완전한 도그마였다. 또 그것은 수레의 두 바퀴 중 한쪽 바퀴만으로 지탱돼온 불완전한 도그마였다. 물권의 새로운 패러다임은 동전의 양면을 보여주고 수레에 두 바퀴를 달아주는 도그마라 할 수 있다. 빛은 입자이자 동시에 파동이듯이, 물권은 지배권이자 동시에 물권적 청구권인 것이다. 물권의 새로운 패러다임은 지배권과 물권적 청구권 모두에게 합당한 지위를 부여하는 패러다임인 것이다. 이제 필자는 우리 물권법에 대한 새로운 해석론으로서 새로운 패러다임에 의한 물권론을 공론에 붙이는 바이다. 이로부터 발생하는 후속 주제 특히 상속법, 준물권법 또 소송법상의 주체에 대하여 후학들이 천착하고 또 보충하여 주기를 바라는 마음 간절하다.

  필자가 새로운 패러다임에 의한 물권론과 물권적 청구권론을 탈고하기까지는 여러분의 도움이 있었다. 우선 오시영 숭실대학교 명예교수님께 이 자리를 빌려서 감사의 말씀을 드리는 바이다. 오시영 명예교수님께서는 민법 전반에 대하여 시리즈뿐 아니라 민사소송법도 출간하시어, 실체법과 절차법 모두에 대하여 두루 해박한 지식을 지닌 법실무자이자 법학자이시다. 특히 물권법 분야에서 훌륭한 논문을 많이 발표하신 오시영 교수님께서는 필자의 견해를 꼼꼼히 살펴주셨고 또 많은 조언을 주셨다. 또 고려대학교 법학전문대학원의 김제완 교수께도 감사의 말씀을 드린다. 김제완 교수께서는 서울대학교 법학연구소에서 있었던 필자의 연구발표에 즈음하여 필자의 견해를 지지하고 검토하여 주셨다. 또 필자가 한국민사법학회 동계발표회(2023년 12월 16일)에서 토론을 맡으시어, "물권법이 채권법과는 별개로 물권법의 독자적인 법리에 따라 구성되어 해석 운용됨으로써 더욱 풍부한 법리를 형성해 나갈 수 있는 가능성을 제시하고 또 물권관계를 형성하고 운용하는 과정에서 당사자간의 약정과 합의가 중요한 역할을 수행하는데, 이들의 법적 성질이 물권적 합의 내지 물권적 약정, 물권계약이라고 보아야 할 것이다."라고 필자의 견해가 갖는 의의를 명쾌하게 밝혀 주셨다. 또 부산대학교 법학전문대학원의 박근웅 교수께도 감사의 말씀을 전한다. 박근웅 교수께서도 토론을 맡으시어 필자의 견해를 지지하여 주셨고 특히 전세권이 저당권의 객체가 될 때 전세금반환청구권뿐 아니라 그 밖의 유익비상환청구권 등과 같은 법정의 물권적 청구권도 저당권의 객체가 되어야 한다는 조언을 주셨다. 또 서울대학교 법학전문대학원의 고유강 교수께도 감사의 말씀을 전한다. 고유강 교수는 판사로 봉직하다가 서울대학교로 부임한 신진 학자로서 필자와 여러 주제에 대하여 함께 토론하면서 필자의 견해를 전폭적으로 지지하여 주셨다. 그리고 경북대학교 로스쿨 이상헌 교수, 인하대학교 로스쿨 김현진 교수와 장지용 수원법원 부장판사에게도 고마움을 표시한다. 이들은 필자가 새로 집필한 2편의 논문들을 상세하게 검토하여 주었다. 마지막으로 송순섭 서울대학교 헌법 박사께도 고마움을 표시하는 바이다. 송순섭 박사는 필자가 재직시에 인연을 맺었던 서울대학교 법학연구소의 조교로서, 박사학위를 취득하는 바쁜 일정에도 불구하고 필자의 새로 쓴 원고를 세심하게 읽어보고 꼼꼼하게 교정을 보아주었다. 헌법학자도 이해할 수 있는 물권의 새로운 패러다임을 정립하고자 하는 것이 필자의 바람이었다.

이 단행본이 나오기까지 지원해주신 전임 서울대학교 법학연구소 정긍식 소장, 김종보 소장과 송옥렬 소장께 깊은 감사의 말씀을 드린다. 특히 김종보 소장님은 '물권관계의 새로운 이해'라는 논문을 전후로 하여 발표된 기존의 4편의 논문의 게재도 허락하여 주시어, 단행본인 서울대학교 법학총서로 발간할 수 있는 길을 열어주셨다.

필자의 글들이 단행본의 모습을 갖추기까지 고생을 마다하지 않으신 박영사의 조성호 이사와 한두희 과장께 감사의 말씀을 드린다. 한두희 과장께서는 수차례에 이르러 교정을 하고 또 조언을 주셨다.

마지막으로 오늘날까지 필자의 곁을 지켜주고 용기를 북돋우어 준 사랑하는 아내 이순미에게도 감사하는 마음을 전하는 바이다.

2024년 2월 22일
서울대학교 중앙도서관
Faculty Lounge에서

목 차

'새로운 패러다임에 의한 물권론 일반'의 요약

그림 1 | 물권은 지배권이라는 도그마에 의한 물권과 채권관계의 구별

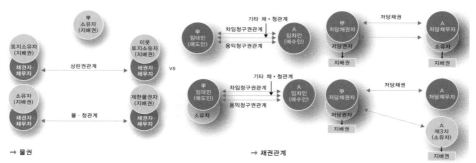

→ 물권
- 물권은 지배권, 지배권은 물건을 대상으로 하는 물적 권리
- 물권은 당사자의 동의가 없이도 양도 가능, 물권은 인적 결합 無
- 물권자에게는 채권자의 지위가 중첩적으로 부여됨, ex) 승역지소유자의 채무부담(제298조)
- 인적 권리인 물권법상의 청구권과 지배권의 조화로운 해석이 필요하다는 주장

→ 채권관계
- 채권은 청구권, 채권은 사람을 대상으로 하는 인적 권리
- 채권은 당사자의 승낙(당사자에 대한 통지)가 없으면 양도 불가, 채권은 인적 결합 有
- 저당채권자에게는 저당채권자의 지위가 중첩적으로 부여됨
- 저당채권과 저당권을 구성하는 저당물보충청구권은 동일한 채권

그림 2 | 물권은 지배권이라는 도그마에 대한 종합적인 의문과 과제

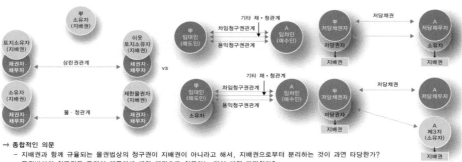

→ 종합적인 의문
- 지배권과 함께 규율되는 물권법상의 청구권이 지배권이 아니라고 해서, 지배권으로부터 분리하는 것이 과연 타당한가?
- 물권법상의 청구권을 특정의 채무자에 대한 채권으로 취급하는 것이 과연 타당한가?
- 물권법상의 청구권에 대하여 채권적 규율을 받게 하는 것이 과연 타당한 것인가?
- 인적 결합이 없는 지배권의 양도에는 동의가 필요 없는데, 물권법상의 청구권의 양도에는 왜 동의가 필요하다고 보는가?
- 지배권에 대한 규율과 물권법상의 청구권에 대한 규율이 괴리되는 것이 과연 타당한가?
- 물권과 채권의 조화로운 해석이 필요하다고 하지만 그 기준이 무엇인가? 어떻게 조화롭게 하는가?
→ 과제
- 지배권과 함께 규정되거나 물권의 효력으로서 인정되는 물권법상의 청구권이 물권법에서 규정되는 이유와 근거는 무엇인가?
- 지배권과 함께 규정되고 있는 물권법상의 청구권은 지배권과 분리될 수 없고 또 지배권과 함께 규율을 받아야 하는 특징이 있는 것은 아닌가? 지배권과 물권법상의 청구권이 어떤 권리를 구성한다면, 그 어떤 권리가 바로 물권이 아닐까?

그림 3 | 물권적 청구권의 명명, 개념과 채권적 청구권과의 비교 : 물권자에게 인정되는 인적 권리 vs 채권자에게 인정되는 인적 권리

→ **물권법상의 청구권의 명명:** 물권자에게 인정되는 사람에 대한 청구권(인적 권리)

→ **물권적 청구권의 종류**

- 지배권과 함께 규정된 물권적 청구권: 제한소유권자 및 제한물권자에게 인정되는 물권적 청구권, 토지소유자에게 인정되는 물권적 청구권(상린권) (제216조~제244조)
- 지배권자가 물법상의 청구권자가 되므로, 지배권과 물권적 청구권은 물권자에게 인정됨
- 제한소유권자가 소유물을 제3자에 양도하는 경우, 제한물권자는 제한소유권자에 대하여 불이행책임을 물을 수 없음(물권적 청구권의 본질)
- 물권의 효력으로서 인정된 물권적 청구권: 부동산취득시효완성자(점유권자)에게 인정되는 물권적 청구권(등기청구권)(제245조~제246조), 침해 당한 물권자에 인정되는 침해 물권적 청구권(제213조~제214조)

→ **물권법상의 청구권이 물권법에 규율되고 있는 실질적 이유**

→ **채권(관계):** 채권자에게 인정되는 사람에 대한 청구권(인적 권리)

- 채권은 물권자가 아닌 채권자에게 인정되는 청구권
- 물건과 관련된 급부를 목적으로 하는 채권[ex) 대차계약, 매매계약]의 경우에도, 채무자는 물권자임을 요하지 않고 발생함
- 임차인은 임대인이 임대물의 소유자임을 묻지 않고 임대물에 대하여 지배권을 취득하지 못하고 용익청구권을 취득함(별개의 물권자와 채권자의 지위가 동일인에 중첩적으로 병존)
- 매수인은 매도인이 목적물의 소유자인 경우에도 매도인에 대하여 목적물에 대하여 지배권을 취득하지 못하고, 소유권이전청구권이라는 채권을 취득함
- 임대인(매도인)이 임차물(매매물)을 제3자에 양도하는 경우, 임차인(매수인)은 임대인(매도인)에 대하여 채무불이행책임을 물을 수 있을 뿐임

1. 물권법상 청구권의 명명(命名) : 물권법에 규정되어 있는 청구권(물권법상의 청구권)을 물권적 청구권이라 부른다. 현재는 물권이 침해되어 발생하는 물권법상의 청구권만을 물권적 청구권으로 부른다. 그러나 소극적으로 물권이 침해되어 발생하는 물권법상의 청구권을 물권적 청구권이라고 부른다면, 적극적으로 부동산취득시효완성자에게 인정되거나 지배권과 함께 규정되어 있는 물권법상의 청구권도 당연히 물권적 청구권이라 부를 수 있다. 지배권과 함께 규정되어 있는 물권법상의 청구권에는 토지소유자가 이웃토지소유자에 대하여 갖는 상린권과 제한물권자에게 인정되는 물권법상의 청구권이 있다. 물권이 침해되어 발생하는 물권적 청구권을 침해 물권적 청구권이라 부르고, 이를 포함한 모든 물권법상의 청구권을 물권적 청구권으로 부르는 것이 타당하다. 물권적 청구권으로서 중요한 의미를 갖는 것은 침해 물권적 청구권을 제외한 그 밖의 물권적 청구권이다.

2. 물권적 청구권의 개념(물권법상의 청구권이 물권적 청구권으로 불리는 실질적 이유) : 물권적 청구권은 '물건'의 지배권자 또는 물권자게 인정되는 청구권이다. 예를 들면, 지상권설정자는 '토지'의 '처분지배권자'로서 지상권자에 대하여 '토지'의 사용료인 지료청구권을 갖는다. 또 지상권자는 '토지'의 '용익지배권자'로서 지상권설정자에 대하여 '토지'의 부속물인 공작물 또는 수목에 대하여 매수청구권(제283조 제2항)을 갖는다. 또 토지소유자는 자신의 '토지'에 대한 지배권자로서 이웃토지소유자에 대하여 '이웃토지'와 관련된 급부를 청구할 수 있는 상린권을 갖는다. 그리고 부동산 점유취득시효완성자는 '토지'에 대한 점유권의 효력으로서 '토지'에 대한 등기청구권인 물권적 청구권을 갖는다. 그리고 물권이 침해되어 발생하는 물권적 청구권도 침해되는 '물권'의 효력으로서 인정되는 물권적 청구권이다. 이처럼 물권적 청구권은 '물권'의 지배권자 또는 물권자게 인정되는 청구권이다.

이에 반하여 채권은 물권자가 아닌 채권자에게 인정되는 청구권이다. 대부분의 채권은 물건과 관련이 없는 급부를 목적으로 한다. 또 물건과 관련된 급부를 목적으로 하는 채권의 경우에도, 채권은 그 권리자가 물권자임을 묻지 않고 발생한다. 동일한 권리자에게 채권자와 물권자의 지위가 중첩적으로 인정되는 것일 뿐이다. 예를 들면, 임대인은 임대물의 소유자(또는 물권자)가 아니어도 채권을 취득하여 임대인의 지위를 갖는다. 임대인이 임대물의 소유자(또는 물권자)인 경우에도, 임대인은 임대물에 대하여 소유권을 갖는 것과 상관없이 채권을 취득한다. 또 임차인은 임차물에 대하여 지배권은 취득하지 못하고 용익허용청구권만 인정된다. 마찬가지로 매도인은 목적물의 소유자가 아니어도(예를 들면, 타인권리의 매매) 또 소유자이더라도 대금지급청구권이라는 채권자의 지위를 갖는다. 또 매수인은 목적물에 대한 지배권을 취득하지 못하고 재산권이전청구권을 가질 뿐이다. 이처럼 임대인과 임차인 또 매도인과 매수인의 채권은 물권자가 아닌 채권자에게 인정되는 청구권이다.

물권법에 규율되고 있는 물권적 청구권은 채권과 달리 지배권자 또는 물권자에게 인정되는 청구권으로서 채권이라 할 수 없다. 종래와 같이 물권은 지배권이라는 도그마에 따라서, 물권적 청구권을 채권으로 취급하는 것은 물권적 청구권의 본질에 반하는 것이다. 물권적 청구권이 물권법에 규율되고 있는 실질적 이유도 바로 여기에 있다. 이처럼 민법이 물권적 청구권은 물권법에 채권적 청구권은 채권법에 규율하는 것은 '다른 것은 다르게'라는 배분적 정의를 지키는 것이다.

3. **물권적 청구권은 물권자에게 인정되는 권리라는 사실과 부동산등기** : 물권적 청구권이 물권자에게 인정되는 권리라는 사실은 부동산물권의 등기에서도 잘 드러난다. 유상의 지상권과 전세권의 등기의 경우 지료의 약정과 전세금만을 기재하고, 권리·의무자는 기재하지 않는다. 이는 지료청구권관계의 당사자는 지상권자와 지상권설정자인 물권자이기 때문이다. 또 전세금반환청구권관계의 당사자도 마찬가지이다. 이에 반하여 저당권의 등기시에는 저당채무자가 반드시 기재된다. 저당물이 제3자의 소유인 경우뿐 아니라 저당채무자의 소유인 경우에도, 저당채무자는 반드시 기재된다. 저당채무자와 저당물소유자가 동일인이더라도, 제3취득자가 저당채무를 인수하지 않는 경우, 저당채무자와 저당물소유자는 분리된다. 이처럼 저당채무자가 반드시 기재된다는 것은 저당채무자라는 채무자의 지위와 저당물소유자라는 물권자의 지위가 동일인에게 중첩적으로 존재한다는 것일 뿐이라는 것을 말하는 것이다. 한편 저당채무자인 채무자의 지위와 저당물소유자인 물권자의 지위가 동일인에게 존재한다는 것은 저당권자인 물권자에게도 저당채권자의 지위가 중첩적으로 발생한다는 것을 말한다. 그러나 저당채권자는 저당권자와 별도로 기재되지 않는다. 저당권은 저당채권을 담보하는 종된 물권으로서, 저당권자가 반드시 저당채권자와 동일인이어야 하기 때문이다.

4. **물권적 청구권관계** : 물권적 청구권이 성립하는 경우 그 대척점에는 물권적 의무가 성립한다. 우선 지배권과 함께 규정되어 있는 물권적 청구권의 경우에는, 상대방에게 물권적 의무가 발생한다. 예를 들면, 유상의 지상권을 설정하는 경우 지상권설정자에게는 지료청구권이 발생하고, 지상권자에게는 지료지급의무가 발생한다. 또 부동산점유취득시효완성으로 인한 등기청구권의 경우에도 상대방에게는 물권적 의무인 등기의무가 성립한다.

물권적 청구권과 물권적 의무는 물권적 청구권관계를 구성한다. 이는 채권과 채무가 채권관계를 구성하는 것과 마찬가지이다. 따라서 물권법에 관한 논의는 단순히 지배권의 논의가 아니라 물권적 청구권관계에 관한 논의도 될 수 있다. 근대 이래 민법에서 권리·의무관계를 권리 위주로 구성하듯이, 물권적 청구권관계도 물권적 청구권을 위주로 구성할 수 있다. 이하에서 물권적 청구권은 넓은 의미로 물권적 청구권관계를 가리킨다. 물권적 청구권에 대한 설명은 바로 물권적 의무에 대한 설명이기도 하다.

그림 4 | 제한물권자의 물권적 청구권과 채권(관계)의 비교 : 일체적 물적 결합성 (동반성) vs 인적 결합성(비동반성 · 비이전성)

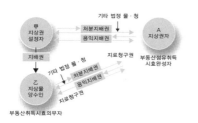

→ **지료청구권관계 : 지배권의 양도시**

- 지료지급청구권은 '토지'의 처분지배권을 갖는 지상권설정자가 '토지' 사용의 대가를 청구하는 권리(동일한 물권자에게 물권적 청구권과 지배권이 결합)
- 지료지급의무는 '토지'의 용익지배권을 갖는 지상권자가 '토지'의 사용대가를 지급하는 의무(동일한 물권자에게 물적 의무와 지배권이 결합)
- 지료지급청구권관계와 (처분)지배권은 '하나의 토지'를 중심으로 물적으로 결합되어 있음(동일한 물권자에게 청구권관계와 지배권은 결합)
- 토지의 양도시, 지료지급청구권관계의 주체는 지배권의 양수인에게 양도됨[물권적 청구권관계(주체)와 지배권(주체)의 동반성]

→ **물권적 청구권관계와 지배권은 '하나의 토지'를 중심으로 일체적으로 물적 결합성이 있는 권리**

- 지배권과 물권적 청구권은 인적 결합이 없지만, 물적 결합이 있는 권리

VS

→ **임차인의 용익청구권관계 : 임차물의 양도시**

- 용익청구권은 급부가 물건의 인도를 요구하는 경우에도 물건에 대하여 급부보유력만 인정될 뿐, 물건에 대한 지배권과 무관한 권리(동일인에게 채권과 물권의 병존)(동일인에게 별개의 지위인 채권자의 지위와 물권자의 지위의 병존)
- 임차인의 용익청구권은 임대물의 양수인에게 이전되지 않음 (채권의 비이전성)
- 임차인은 용익지배권의 주체가 아니므로, 용익청구권은 지배권과 분리됨[채권관계(주체)와 지배권(주체)의 비동반성]

→ **용익청구권은 지배권과 물적 결합이 없는 권리**

- 채권은 인적 결합은 있지만, 지배권과 물적 결합이 없는 인적 권리

그림 5 | 토지소유자의 상린권과 채권(관계의) 비교 : 병존적 물적 결합성(비동반성 · 비이전성) vs 인적 결합성(비동반성 · 비이전성)

→ **상린권 : 토지에 대한 지배권의 양도시**

- 상린권은 '토지'의 처분지배권을 갖는 토지소유자가 '이웃토지자'에 대하여 '이웃토지'와 관련된 급부를 청구할 수 있는 권리(동일한 물권자에게 상린권과 지배권의 병존)
- 토지소유자는 이웃토지에 대한 지배권을 취득하지 못하므로, 자신의 토지에 대한 지배권이 이전될 때, 상린권은 이전되지 않음
- 구소유자의 상린관계는 이전되지 않고, 신소유자는 새로이 상린권을 취득[상린권관계(주체)와 지배권(주체)의 비동반성], 새로운 병존적 물적 결합성을 취득

→ **상린권관계와 지배권은 이웃하는 '두 필의 토지'를 중심으로 병존적 물적 결합성이 있는 권리**

- 상린권과 지배권은 인적 결합은 없지만, 병존적 물적 결합은 있는 인적 권리

VS

→ **임차인의 용익청구권 : 임차물의 소유권 양도시**

- 용익청구권은 급부가 물건의 인도를 요구하는 경우에도 물건에 대하여 급부보유력만 인정될 뿐, 물건에 대한 지배권과 무관한 권리(동일인에게 채권과 물권의 병존)(동일인에게 별개의 지위인 채권자의 지위와 물권자의 지위 병존)
- 임차인의 용익청구권은 임대물의 양수인에게 이전되지 않음 (채권의 비이전성)
- 임차인은 용익지배권의 주체가 아니므로, 용익청구권은 지배권과 분리됨[별개의 권리자인 채권자와 물권자의 비동반성]

→ **용익청구권은 지배권과 물적 결합이 없는 권리**

- 채권은 인적 결합은 있지만, 지배권과 물적 결합이 없는 인적 권리

  5. 물권적 청구권과 채권(관계)의 비교: 물권적 청구권과 지배권·물권의 일체적 물적 결합성·병존적 물적 결합성 vs 채권의 인적 결합성) : 물권적 청구권의 특징은 물권적 청구권은 지배권·물권과 물건을 중심으로 '물적으로 결합'되어 있다는 것이다. 즉, 물권적 청구권은 인적 결합관계는 존재하지 않지만, 물적 결합관계가 존재한다는 것이다. 물적 결합에는 일체적인 물적 결합과 병존적인 물적 결합이 있다. 전자는 제한소유권자, 제한물권자와 부동산점유취득시효완성자의 물권적 청구권에서 인정되는 것이고, 후자는 토지소유권자의 상린권에서 인정되는 것이다. 첫째, 토지소유자의 상린권는 '자신의 토지'에 대하여 지배권을 갖는 자가 이웃토지소유자에 대하여 '이웃토지'와 관련된 급부에 대한 청구권이다. 토지소유자는 '자신의 토지'에 대하여 지배권을 가지고 또 '이웃토지'와 관련된 급부에 대하여 청구권을 가지므로, 지배권과 상린권관계는 하나의 토지를 중심으로 결합되어 있지 않고, 자신의 토지와 이웃토지소유자의 토지를 중심으로 병존적으로 결합되어 있을 뿐이다(병존적 물적 결합). 따라서 '자신의 토지'에 대한 지배권이 양도되는 경우, '이웃토지'와 관련된 급부에 대한 상린권관계는 이전되지 않는다(비이전성). 토지에 대한 지배권이 양도되면 양수인은 토지에 대한 지배권을 취득함과 동시에 법률의 규정에 의하여 새로이 '이웃토지'와 관련된 급부를 청구하는 상린권을 취득하게 된다. 둘째, 제한소유권과 제한물권은 '하나의 물건을 중심으로' 대립하여 존재한다. 즉, 제한소유권자와 제한물권자는 '하나의 물건'에 대하여 각각 지배권과 물권적 청구권관계를 갖는바, '하나의 물건'을 중심으로 결합되어 있다(일체적 물적 결합). 예를 들면, 지상권설정자의 지료지급청구권(제286조)은 처분지배권을 갖는 '토지'에 대한 '사용료'를 청구하는 것이고, 지상물매수청구권(제285조 제2항) 역시 처분지배권을 갖는 '토지'의 '지상물'에 대한 매수청구권이다. 또 지상권자의 지료지급의무는 자신이 용익지배권을 갖는 '토지'의 '사용료'를 지급하는 의무이고(제286조), 비용환청구권 역시 자신이 용익지배권'을 갖는 '토지'에 지출한 '비용'을 청구하는 것이다. 또 부동산점유취득시효완성자와 부동산소유자 사이의 물권적 청구은 역시 법률의 규정에 의하여 '하나의 물건을 중심으로' 결합되어 있다. 부동산점유취득시효완성자의 등기청구권은 점유권과 하나의 '점유물을 중심'으로 '일체적인 물적 결합'이 존재한다. 따라서 하나의 '물건' 또는 '점유물'을 중심으로 지배권과 '일체적인 물적 결합'이 있는 제한소유권, 제한물권과 부동산점유취득시효완성자의 물권적 청구권은 지배권 또는 점유권이 양도되는 경우 당연히 동반하여 이

전된다(동반성).

　이에 반하여 채권관계는 채권자와 채무자 사이에 인적 결합관계가 존재하는 법률관계이다. 그리고 채권관계는 물건을 중심으로 지배권과 결합되어 있지 않다. 즉, 채권관계는 인적 결합관계는 존재하지만, 임대물에 대한 지배권과 물적 결합관계가 존재하지 않는 법률관계이다. 예를 들면, 임대차의 경우 임대인은 임대물에 대한 지배권을 임차인에게 이전할 의무를 부담하지 않고 임대물을 용익하게 할 의무를 부담할 뿐이다. 마찬가지로 임차인의 용익청구권은 급부가 임차물의 인도를 목적으로 하는 경우에도 임차물에 대하여 지배권을 취득하지 못하고 임차물에 대한 용익청구권을 가질 뿐이다. 이처럼 임대인과 임차인의 용익청구권관계는 '임차물'을 중심으로 물적으로 결합되어 있지 않다. 따라서 임대차관계는 임대물이 양도되더라도 임대물과 물적으로 결합되어 있지 않으므로 임대물에 대한 지배권과 함께 이전되지 않는 것이다. 임차인이 '임차물'에 대한 급부보유력을 갖는다는 것은 임차물에 대하여 용익청구권만을 갖는다는 것을 부정하는 것이 아니다.

그림 6 | 물권적 청구권관계와 채권관계의 비교: 대물적 대인성 vs 특정적 대인성

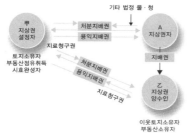

→ 물권적 청구권관계의 대물적 대인성: 물권의 양수인에게 항상 청구력이 인정된다는 성질
　－ 지료청구권관계 · 등기청구권관계 : 지상권 · 부동산소유권의 양수인
　－ 지료지급청구권은 지상권자 누구에게나 청구할 수 있는 청구권 (대물적 대인성)
　－ 지료지급청구권은 특정의 물권자를 전제하지 않는 청구권 (대물적 대인성)
　－ 지배권의 양도시 토지소유권자의 상린권은 소멸하고, 새로운 이웃토지소유자에 대하여 상린권을 취득
→ 물권은 지배권이라는 도그마의 문제점: 지배권인 물적 권리는 인적 결합을 갖는 채권과는 절대로 결합될 수 없음
→ 물권의 새로운 패러다임의 해결: 지배권인 물적 권리는 물적 결합을 갖는 물권적 청구권과 결합될 수 있음

→ 임대인의 차임청구권
　－ 임대인의 차임청구권은 특정의 채무자인 임차인에 대한 청구권 (특정적 대인성)
　－ 임대인의 차임청구권은 임차인 이외의 자에 대하여는 청구력이 인정되지 않는 청구권
→ 채권은 인적 결합이 있으므로, 특정적 대인성이 인정됨

6. 물권적 청구권관계와 채권(관계)의 비교 - 물권적 청구권관계의 대물적 대인성 vs 채권관계의 특정적 대인성) : 물권적 청구권관계는 물권자 누구에 대해서나 청구권을 가지고 또 물권자 누구에게 대해서나 의무를 부담하는 법률관계이다(물권적 청구권관계의 대물적 대인성). 물권적 청구권은 상대방 물권자(또는 지배권자)의 지위가 양도되는 경우 그 양수인 누구에게나 주장할 수 있는 청구권이다. 즉, 물권적 청구권은 특정의 물권자에게만 청구할 수 있는 권리가 아니라는 점에서 '대물적' 대인성의 특징을 갖는다. 우선 부동산점유취득시효완성자의 등기청구권은 부동산소유권의 양수인 누구에게나 주장할 수 있는 청구권이다. 그리고 제한물권자의 물권적 청구권은 제한소유권의 양수인 누구에게나 주장할 수 있는 청구권이다. 또 토지소유권자의 상린권은 이웃토지에 대한 지배권의 양수인에 대하여 새로 취득하므로 역시 토지지배권의 양수인 누구에게나 주장할 수 있는 청구권이다. 한편 물권적 의무 역시 특정의 물권자에게만 부담하는 의무가 아니다. 물권적 의무도 상대방 물권자(또는 지배권자)의 지위가 양도되는 경우 물권(또는 지배권)의 양수인 누구에게나 부담하는 의무이다. 따라서 물권적 청구권관계는 특정의 물권자를 전제하지 않으므로, 종전의 양도인에게 물권적 의무의 불이행책임을 묻는다는 문제는 발생할 여지가 없다.

이에 반하여 채권관계는 사람에 대한 청구관계인 인적인 법률관계일 뿐 아니라, 인적 결합관계가 있는 법률관계이다. 채권관계는 특정의 채권자가 특정의 채무자에게만 청구할 수 있고 또 특정의 채무자가 특정의 채권자에게만 의무를 부담하는 관계이다(특정적 대인성). 채권관계는 상대방의 동의가 있어야만 양수인에게 이전될 수 있다. 채권관계는 그 구성요소인 채권의 양도나 채무의 인수와는 달리 상대방의 동의가 있어야만 이전될 수 있다. 따라서 임대인(또는 매도인)이 임차인(또는 매수인)이 점유하고 있는 임대물(또는 매매의 목적물)을 임차인(또는 매수인)의 동의를 받지 않고서 제3자에게 양도하는 경우 당연히 임차인(또는 매수인)은 임대물(또는 매매의 목적물)의 신소유자인 양수인(제3자)에게 임대차관계(또는 매매관계)를 주장할 수 없다(특정적 대인성). 이 경우 임차인은 종전의 임대인인 채무자에 대해서만 채무불이행의 책임을 물을 수 있을 뿐이다.

그림 7 | 물권적 청구권관계의 대물적 대인성과 채권관계의 대항력의 비교

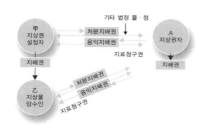

→ 물권적 청구권관계의 대물적 대인성: 물권의 양수인에게 항상 청구력이
   인정된다는 성질
  – 지료청구권관계·등기청구권관계: 지상권·부동산소유권의 양수인
  – 지료지급청구권은 지상권자 누구에게나 청구할 수 있는 청구권
    (대물적 대인성)
  – 지료지급청구권은 특정의 물권자를 전제하지 않는 청구권
    (대물적 대인성)
→ 지배권의 양도시 토지소유권자의 상린권은 소멸하고, 새로운
   이웃토지소유자에 대하여 상린권을 취득

→ 채권관계의 대항력
  – 채권관계는 인적 결합이 있으므로, 상대방 채권자의 동의가 없으면
    양도 불가
  – 채권적 청구권의 비양도성이 채권의 대항력의 전제
  – 1. 부동산양도인·주택양도인이 '임차인의 동의'를 받지 않고 제3자인
       부동산양수인·주택양수인(또는 상가양수인)에게 임대물을 양도하여,
       임대인의 지위가 제3자에게 이전되지 않는 경우
  – 2. 부동산임대차보호법(제621조, 제622조)과 주택임대차보호법 제3조
       제4항(상가임대차보호법 제3조 제2항)은 제3자인 부동산양수인·
       주택양수인(또는 상가양수인)에게 임대인 지위의 승계를 의제하여, 제3자인
       부동산양수인·주택양수인(또는 상가양수인)에 대한 임차인의 대항력 인정
→ 채권의 대항력은 채권자를 보호하기 위하여 예외적으로 법률에 의하여
   청구력을 부여
  – 채권이 대항력을 갖는다고 하여 채권이 물권처럼 양도성을 갖는 것이
    아니고, 임대물의 지배권을 취득하지는 못하고 또 임대인의 승계인으로서
    채무만을 부담하는 것일 뿐이므로, 이를 채권의 물권화라는 표현은 부적절

7. 물권적 청구권의 대물적 대인성과 채권의 대항력의 비교 : 물권적 청구권은 상대방 물권(또는 지배권)의 양수인 누구에 대해서나 주장할 수 있다(물권적 청구권의 대물적 대인성). 이러한 물권적 청구권의 대물적 대인성을 대항력이라고 부르지는 않는다. 이는 지배권을 대항력이 있는 권리라고 부르지 않는 것과 마찬가지이다.

이에 반하여 채권관계는 인적으로 결합관계에 있으므로 상대방의 동의가 있어야만 이전될 수 있고 상대방의 동의가 없으면 이전될 수 없다. 그런데 채권관계가 이전되지 않았음에도 불구하고 제3자에게 채권관계를 주장할 수 있는 경우가 있다. 예를 들면, 종전 임대인이 임차인의 동의를 받지 않고 제3자에게 임대물을 양도하면, 임차인은 임대물의 신소유자인 양수인(제3자)에게 임대차관계를 주장할 수 없지만, 이 경우 임차인을 보호하기 위하여 법률의 규정에 의하여 임대차관계의 승계를 의제하여, 임차관계를 제3자에 대항할 수 있도록 하고 있다. 이를 채권의 대항력이라고 부른다. 우선 임대차를 등기하면 임차인의 임대차관계는 임대물의 신소유자인 제3자에 대해서 효력을 가질 수 있다(제621조 제2항). 등기된 부동산임대차의 경우 임대물의 신소유자가 임대인의 지위를 승계하는 것으로 의제되므로, 임대차관계는 임대인에 대하여

대항력을 갖는다. 또 주택임대차(주택임대차보호법 제3조 제4항)와 상가건물임대차(상가건
물임대차보호법 제3조 제2항)의 경우에도 임대인의 양수인은 임대인의 지위를 승계하므
로, 역시 주택임대차관계와 상가건물임대차관계는 제3자인 양수인에 대하여 대항력
이 인정된다.

임대차관계의 이전을 법적으로 의제하여 예외적으로 임차권에 대항력을 인정하는
것을 두고 임차권 내지는 채권의 물권화라고 부른다. 그러나 첫째, 임차인의 용익청구
권은 임차물에 대하여 급부보유력을 갖는 것일 뿐, 임차물에 대하여 지배권을 취득하
는 것이 아니다. 둘째, 임대차관계가 지배권 또는 물권처럼 상대방의 동의 없이도
양도될 수 있는 것도 아니다. 셋째, 임대물의 양수인은 임대물의 소유자로서 물권적
의무를 부담하는 것이 아니고, 임대인의 승계인으로서 채무만을 부담하는 것일 뿐이
다. 이상의 점에서 채권의 제3자에 대한 대항력을 채권의 물권화라고 부르는 것은
적절하지 않다.

**8. 토지소유권, 제한소유권과 제한물권은 물건을 대상으로 하는 지배권과 인적 권
리인 물권적 청구권관계로 구성되는 물권** : 종래 물권은 지배권이라는 도그마에 의하
면, 물권법상의 청구권관계는 물건을 대상으로 하는 지배권이 아니어서, 물권에 속할
수 없었고 그 결과 별개의 법체계를 구성하는 것으로 보았다. 따라서 물권법상의 청
구권관계는 채권관계로 취급될 수밖에 없었다. 이처럼 물건을 대상으로 하는 지배권
과 인적 권리관계인 물권법상의 청구권관계의 사이에는 넘을 수 없는 심연이 존재하
였다. 그러나 물권적 청구권관계는 인적 권리관계이기는 하지만 물적 결합이 있는
권리관계로서 결코 물적 결합이 없는 채권관계와 동일시될 수 없다. 요컨대 물권적
청구권관계는 사람에 대한 청구권관계로서 인적 권리관계에 속하지만, 지배권과 함
께 물적으로 결합되어 있다는 점에서, 지배권과 함께 물권을 구성하는 것이다. 이것이
바로 물권의 새로운 패러다임이 열어주는 새로운 지평이라 할 것이다.

그림 8 | 지배권과 함께 물권을 구성하는 물권적 청구권에 관한 법적 규율 : ex, 전세권을 구성하는 물권적 청구권에 관한 규율

→ 지배권에 관한 규정에 의한 규율(물권적 규율, 물권법상의 규율)(①)
  - 지료청구권과 전세금반환청구권은 등기에 의해 공시
  - 지료청구권관계와 전세금반환청구권관계의 양도와 인수에는 별도의 양도 또는 인수 절차 불필요
  - 전세권의 양도가 있으면, 전세권양수인은 전세권설정자에 대하여 전세권양도인과 동일한 권리의무 취득(제307조)
  - 전세권에 대하여 저당권이 설정되는 경우 전세금반환청구권도 당연히 전세권저당권의 객체가 됨(제372조)
  - 전세권에 기한 물권적 청구권에는 전세권의 시효가 적용되고, 채권의 시효는 적용되지 않음(제162조 제2항)
→ 물권적 청구권에 관한 규정에 의한 규율(물권적 규율, 물권법상의 규율)(②)
  - 전세권소멸청구권(제311조 제1항), 전세권소멸통고(제313조), 전세권설정자의 손해배상공제권(제315조) 등
→ 청구권 일반에 관한 규정에 의한 규율(청구권적 규율, 채권법상의 규율)(③)
  - 채권자대위권, 동시이행의 항변권, 상계, 채무불이행에 관한 규정의 준용

9. 지배권과 함께 물권을 구성하는 물권적 청구권에 관한 법적 규율(물권적 규율과 청구권적 규율) : 물권법상의 청구권이 지배권과 함께 물권을 구성하는 경우 이를 어떻게 규율할 것인지가 문제이다. 이에 대해서는 전세권은 물권으로 규정되어 있으면서 원인계약에 기한 권리의무관계에 관한 인적 색채를 가진 규정들을 포함하고 있어서, 양자를 어떻게 조화롭게 해석할 것인지가 어려운 문제라고 일반적으로 제시되고 있다. 그러나 첫째, 전세권에 규정되어 있는 물권법상의 청구권관계가 원인계약인 채권계약에 기하여 발생하는 법률관계가 아니라는 점이다. 그것은 후술하는 바와 같이, 물권의 발생을 목적으로 하는 물권적 합의에 의하여 발생하는 법률관계이다. 둘째, 전세권에 규정되어 있는 물권법상의 청구권관계는 인적 색채를 갖기 때문이 아니라, 지배권과 함께 물적으로 결합되어 있는 법률관계이기 때문에, 지배권인 전세권과 함께 조화롭게 해석되어야 하는 것이다.

물권적 청구권관계는 지배권과 함께 물권을 구성하는 법률관계로서 다음과 같은 규율을 받는다. 첫째, 지배권과 동일한 법적 규율을 받는다(물권적 규율·지배권적 규율). 예를 들면, 약정의 물권적 청구권인 지료청구권과 전세금반환청구권은 등기에 의하여 공시가 된다. 따라서 양도와 인수에는 별개의 채권양도 또는 채무인수의 절차가 필요하지 않다. 즉, 전세권의 양도가 있으면, 채권양도 또는 채무인수의 절차가 없이도, 전세권양수인은 전세권설정자에 대하여 전세권양도인과 동일한 권리의무가 있다(제307조). 또 전세권에 대하여 저당권이 설정되는 경우 전세금반환청구권도 당연히 전세권저당권의 객체가 된다. 그리고 지배권과 함께 물권을 구성하는 물권적 청구권에는 물권의 시효가 적용되고, 별개의 시효 내지는 채권의 시효가 적용되지 않는다. 둘째, 물권적 청구권관계는 물권법에 규정되어 있는 물권적 청구권관계에 관한 규율도 받는다(물권적 규율·물권적 청구권적 규율). 예를 들면, 전세권자가 목적물의 성질에 의하여 정하여진 용법으로 이를 사용, 수익할 의무인 물적 의무를 이행하지 않을 경우에는 전세권설정자는 전세권의 소멸을 청구할 수 있다(제311조 제1항). 또 전세권의 존속기간을 약정하지 아니한 때에는 각 당사자는 언제든지 상대방에 대하여 전세권의 소멸을 통고할 수 있고 상대방이 이 통고를 받은 날로부터 6월이 경과하면 전세권은 소멸한다(제313조). 셋째, 물권적 청구권은 인적 권리로서 상위개념인 청구권에 관한 규정의 규율도 받아야 한다(청구권적 규율). 이것이 채권법에 규정되어 있는 청구권 일반에 관한 규정이 물권적 청구권관계에도 당연히 준용되는 이유이다. 종래 침해 물권적 청구권에 대하여 채권법상의 규정 중 어느 규정이 준용될 수 있는지에 대하여 논의가 있었다. 이러한 논의는 지배권과 함께 물권을 구성하는 물권적 청구권에 대하여도 그대로 타당하다 할 것이다. 예를 들면, 채권자대위권, 동시이행의 법리와 상계의 법리가 준용될 수 있다. 채무불이행에 관한 규정도 물권적 의무의 불이행에 준용될 수 있는 규정이다. 이상의 경우 형식적으로는 첫째와 둘째의 규율은 물권법에 의한 물권법상의 규율에 해당하고, 셋째의 규율은 청구권적 규율로서 채권법상의 규율이라 할 수 있다.

10. 토지소유권, 제한소유권과 제한물권에서의 물권적 청구권과 지배권의 관계
: 종래 물권은 지배권이라는 도그마는 물권을 구성하는 물권법상의 청구권을 지배권, 즉 물권의 효력이라고 본다. 우선 상린권은 토지지배권의 제한 내지는 확대로서, 토지 지배권의 내용이라고 본다. 마찬가지로 제한소유권과 제한물권의 경우 물권적 청구권을 지배권의 내용, 효력 또는 소멸의 효과라고 설명하고 있다. 그러나 첫째, 지배권이란 물건을 직접 지배하는 권리로서 타인의 행위를 필요로 하지 않는 권리이다. 따라서 타인의 행위를 급부의 내용으로 하는 물권적 청구권을 지배권의 내용 또는 효력이라는 보는 것은 논리적 모순이다. 둘째, 물권법상의 청구권은 지배권이 아니고 채권

이라고 하면서도, 이를 다시 지배권의 내용, 효력 또는 소멸의 효과라고 보는 것 역시 논리적 모순이다. 셋째, 물권적 청구권이 지배권의 효력이라고 하기 위해서는 물권적 청구권도 역시 물건을 대상으로 하는 권리여야 한다. 그러나 물권적 청구권은 사람에 대한 인적 권리이다. 인적 권리인 물권법상의 청구권을 물적 권리인 지배권의 효력이라고 할 수는 없다. 넷째, 동산소유권과 건물소유권은 물권적 청구권이 존재하지 않는 물권이다. 그러나 이 경우에도 지배권은 당연히 지배권으로서의 효력이 발생하고 있다. 이에 반하여 토지소유권, 제한소유권과 제한물권은 결코 지배권만으로는 성립할 수 없는 물권이다. 이러한 물권에서 물권적 청구권은 지배권 이외에 추가적으로 물권을 구성하는 권리라 하지 않을 수 없다. 이상에서 보는 바와 같이 물권적 청구권은 지배권의 효력이 아니고 또 물권적 의무 역시 지배권의 효력과는 무관한 것이다.

11. 지배권과 함께 물권을 구성하는 물권적 청구권은 지배권으로부터 독자성은 인정되지만 독립성은 인정되지 않는 권리 : 지배권과 함께 물권을 구성하는 물권적 청구권은 지배권으로부터 독자성은 인정되지만 독립성은 인정되지 않는다. 물권적 청구권의 독자성부터 살펴본다. 첫째, 지배권은 물건을 대상으로 하는 물적 권리임에 반하여, 물권적 청구권은 사람을 대상으로 하는 인적 권리이다. 둘째, 동산소유권과 건물소유권은 지배권만으로 구성된다. 그러나 토지소유권, 제한소유권과 제한물권은 결코 지배권만으로는 성립될 수 없다. 물권적 청구권이 없는 토지소유권, 제한소유권과 제한물권이란 존재할 수 없다. 만일 물권적 청구권이 물권을 구성하지 않는다고 하면, 토지소유권, 제한소유권과 제한물권은 물권과 채권으로 구성되는 제3의 권리임을 자인하는 것과 마찬가지이다. 물권채권준별론에서 이러한 권리는 인정될 수 없다. 셋째, 물권적 청구권이 성립하거나 효력을 발생하기 위해서는 지배권과는 별개의 요건이 갖추어져야 한다. 예를 들면, 토지소유자의 인지사용청구권(제216조)은 경계나 그 근방에서 담 또는 건물을 축조하거나 수선할 필요가 있는 요건이 갖추어져야 비로소 성립하고 효력을 발생한다. 또 전세권자의 유익비상환청구권은 유익비를 지출하여야 성립하고 또 용익기간이 종료하는 때에 현존이익의 존재하는 경우에만 발생한다. 넷째, 물권적 청구권은 지배권이 소멸하더라도 존재하는 경우가 있다. 예를 들면, 용익기간이 종료되면 용익지배권은 소멸하지만, 전세금반환청구권, 유익비상환청구권, 부속물매수청권 등의 용익물권적 청구권은 존속한다. 이러한 의미에서 물권적

청구권은 지배권의 효력이 될 수가 없다. 다섯째, 물권적 청구권은 지배권과 함께 규율되기도 하지만, 채권법 중 청구권 일반에 관한 규정의 규율을 받는다. 한편 물권적 청구권은 지배권과는 물적으로 결합되어 있는 권리로서 지배권과 함께 물권을 구성한다는 점에서 물권적 청구권은 지배권으로부터 독립성은 인정되지는 않는다.

12. 지배권과 함께 물권을 구성하는 물권적 청구권의 경우 물권적 청구권과 지배권의 관계 : 토지소유권, 제한소유권과 제한물권에서 인정되는 물권적 청구권은 지배권과 다음의 관계에 있다. 첫째, 물권적 청구권에는 설정되는 지배권의 대가를 구성하는 물권적 청구권이 존재한다. 지상권의 설정자(지상제한소유자)의 지료청구권, 전세권의 설정자(전세제한소유자)의 전세금보유권과 전세권자의 전세금반환청구권이 이에 해당한다. 이들은 모두 당사자의 약정에 의하여 발생하는 약정의 물권적 청구권이다. 우선 지상제한소유자는 지상권자에게 용익지배권을 설정해 주는 대가로서 지료청구권을 취득한다. 지료청구권은 용익지배권과 똑같은 값을 갖는 대등한 권리이다. 이러한 지료청구권은 지상제한소유자가 자신의 물건에 대하여 갖는 처분지배권과 함께 그의 지상제한소유권을 구성한다. 또 전세제한소유자는 자신의 물건에 대하여 전세권자에게 용익지배권을 설정하여 주는 대가로서 전세권자가 전세금을 지급하면, 전세제한소유자는 이를 수령하여 전세금보유권이 발생한다. 전세제한소유자에게 발생하는 전세금보유권은 자신의 물건에 대한 처분지배권과 함께 전세제한소유권을 구성한다. 다른 한편 전세권자는 전세제한소유권자에게 지급하였던 전세금을 용익기간이 종료하면 반환받는 권리로서, 이 역시 용익지배권의 대가를 구성하는 권리에 해당한다. 전세금반환청구권은 전세물에 대한 용익지배권과 함께 전세권자의 물권인 전세권을 구성한다. 둘째, 물권적 청구권에는 지배권의 대가를 구성하지 않고 물권을 구성하는 법정의 물권적 청구권이 존재한다. 우선 토지소유권에서 인정되는 상린권은 법정의 물권적 청구권에 해당한다. 또 제한소유권과 제한물권에서 발생하는 약정 물권적 청구권을 제외한 모든 물권적 청구권은 법률의 규정에 의하여 발생하는 물권적 청구권이다. 예를 들면, 전세권자의 유익비상환청구권(제310조), 전세권자의 부속물매수청구권(제316조 제2항), 저당권자의 저당물보충청구권(제362조) 등이 이에 해당한다. 지상권자의 유익비상환청구권에 대하여는 명문의 규정이 존재하지 않지만 인정된다.

그림 9 | 물권적 청구권과 저당채권의 비교 : 물권자에게 인정되는 인적 권리 vs 채권 자에게 인정되는 인적 권리

→ 물권법상의 청구권(관계): 지배권자에게 인정되는 청구권(인적 권리)

- 제한소유권자 및 제한물권자에게 인정되는 물권적 청구권
- 토지소유자에게 인정되는 물권적 청구권(상린권)(제216조~제244조)
- 부동산취득시효완성자(점유자)에게 인정되는 물권적 청구권 (등기청구권)(제245조~제246조)
- 침해 당한 물권자에 인정되는 침해 물권적 청구권(제213조~제214조)
- 물건에 대한 지배권자가 물법상의 청구권자 됨(동일한 물권자의 지위가 동일인에게 공존)
- 물권자에게 지배권과 물권적 청구권이 인정됨

→ 물권법상의 청구권이 물권법에 규율되고 있는 실질적 이유

→ 동일인에게 저당채권자와 저당물권자라는 별개의 지위가 인정됨 (별개의 물권자와 채권자의 지위가 동일인에 병존)

→ 저당물의 양도시

- 저당채무자와 저당물소유자는 분리됨(별개의 물권자와 채권자의 지위가 별개의 주체에게로 분리)
- 저당채권은 특정의 저당채무자를 전제로 하는 채권으로서 저당물의 양수인에게는 주장할 수 없고(특정적 대인성), 저당물소유자에게는 책임을 물음

→ 저당채권은 주된 권리이고 저당권은 종된 물권이므로 저당채권과 저당물권은 동일인에게 귀속될 수밖에 없음

- 저당채권과 저당물권은 분리될 수 있음

13. **전세금반환의무와 전세물소유자(전세제한소유자)의 의무 vs 저당채무와 저당 물소유자(저당제한소유자)의 의무** : 전세금반환의무자의 지위와 전세물의 소유자의 지위가 동일 주체에게 귀속되는 것은 전세금반환의무는 전세물에 대하여 처분지배권 을 갖는 전세물소유자의 의무이기 때문이다. 즉, 물권적 의무인 전세금반환의무와 전세물에 대한 지배권의 주체인 전세물소유자의 의무가 전세물이라는 물건을 중심으 로 결합되어 있기 때문에, 동일한 물권자에게 귀속되는 것이다. 따라서 전세권등기시 에는 전세금반환의무자는 별로도 기재되지 않는다(부동산등기법 제72조 제1항 참조). 또 전세물의 소유권이 이전되면, '전세물'의 처분지배권자인 신소유자는 역시 전세권자 에 대하여 전세물반환의무를 부담하게 된다. 이처럼 전세물에 대한 지배권과 전세금 반환의무는 전세물을 중심으로 결합되어 있어, 전세물소유자의 지위와 전세금반환의 무자의 지위는 결코 분리될 수 없는 것이다.

이에 반하여 저당채무자는 저당채권자에 대하여 저당채무를 부담하고, 저당물소유 자는 저당권자에 대하여 책임을 진다. 저당채무자와 저당물소유자가 동일인인 경우 에도, 채무자와 소유자의 지위가 동일인에게 중첩적으로 존재하는 것일 뿐이다. 이는 저당채무자와 저당물소유자가 동일 주체이든 별개의 주체이든 묻지 않는다. 이 경우 저당물의 소유권이 이전되면, 저당물의 신 소유자가 저당채무를 인수하지 않는 한, 저당물의 신 소유자는 저당채무를 부담하지 않고 저당채권자에 대하여 책임만 질 뿐이다. 이른바 저당채무의 주체와 저당책임의 주체가 분리되는 것이다. 이러한 이유에서 저당권등기시에 반드시 저당채무자가 기재되어야 하는 것이다(부동산등기법 제75조 제1항 제2호).

14. 전세금반환청구권과 전세권의 관계 vs 저당채권과 저당권의 관계 : 전세금반환청구권과 전세권은 주된 채권과 종된 물권의 관계에 있지 않다. 전세금반환청구권자의 지위와 전세권자의 지위라는 물권자의 지위가 동일인인 물권자에게 귀속되는 것이다. 즉, 전세금반환청구권과 지배권은 전세물을 중심으로 일체적으로 결합되어 있는 관계로, 전세금반환청구권의 지위는 전세지배권자의 지위는 결코 분리될 수 없는 것이다. 동질적인 물권자의 지위가 동일한 주체에 귀속되는 것이다.

이에 반하여 저당채권과 저당권은 주된 채권과 종된 물권으로서 이질적인 권리에 해당한다. 저당채권자의 지위와 저당권자의 지위가 동일인에게 귀속하는 것은 주된 채권의 귀속주체로서 채권자의 지위와 종된 물권의 귀속주체로서 물권자의 지위라는 이질적인 지위가 동일인에게 중첩적으로 존재하는 것일 뿐이다. 즉, 저당권은 주된 채권을 위하여 존재하는 종된 물권이기 때문에, 종된 물권자인 저당권자의 지위와 저당채권자의 지위는 결코 분리될 수 없는 것이다.

그림 10 | 청구권과 청구권법

물권의 새로운 패러다임에 의한 청구권과 청구권법의 발견

물권법		채권법
지배권 ①	물권적 청구권 ②	채권적 청구권 ③ + ④

청구권법

→ **새로운 패러다임에 의한 청구권의 발견**
 - 물권적 청구권과 채권적 청구권은 청구권이라는 상위개념(유개념)에 속하는 하위개념(종개념)의 권리
 - 물권적 청구권을 채권(채권적 청구권)이라고 하는 것은 청구권이라는 상위개념(유개념)과 채권적 청구권이라는 하위개념(종개념)을 동일시하는 잘못을 저지른 것
 - 청구권이란 사람에 대한 인적 권리로서, 물권적 청구권과 채권적 청구권은 모두 인적 권리에 해당: '같은 것은 같게'
 - 물권적 청구권은 인적 결합은 없으나 '물적 결합'이 존재하는 '인적 권리'이나, 채권은 물적 결합은 없으나 '인적 결합'이 존재하는 인적 권리: '다른 것은 다르게'
→ **새로운 패러다임에 의한 청구권법의 발견**
 - 청구권법은 민법(물권법과 채권법)내의 청구권에 관한 규정의 집합, 물권법과 채권법 내에 산재해 있음
 - ③ 청구권 일반에 적용되는 규정: 채권법에 존재, 물권적 청구권에도 적용될 수 있음, ex) 채무불이행, 채권자대위권, 상계, 변제, 동시이행관계
 - ② 물권적 청구권에 적용되는 규정
 - ④ 채권적 청구권에만 적용되는 규정: 채권법에 존재

15. 청구권과 청구권법 : 물권적 청구권과 채권적 청구권(채권)은 모두 인적 권리로서, 상위개념인 청구권을 구성한다. 물권적 청구권과 채권적 청구권은 각각 청구권의 하위개념에 속한다. 즉, 물권적 청구권과 채권적 청구권은 모두 사람에 대한 청구권으로서 인적 권리에 해당한다. 그러나 물권적 청구권은 인적 결합은 없으나 '물적 결합'이 존재하는 인적 권리이고, 채권은 물적 결합은 없으나 '인적 결합'이 존재하는 인적 권리라는 점에서 다르다. 한편 청구권법이란 청구권을 규율하는 법을 말한다. 청구권법은 물건을 대상으로 하는 지배권법에 대응하는 개념이다. 우리 민법에는 형식적으로는 청구권법이 존재하지 않는다. 그러나 물권법에 존재하는 물권적 청구권에 관한 규정들과 채권법의 규정을 합하면 그것이 바로 청구권법을 구성하는 것이다. 한편 채권법은 물권적 청구권에도 준용될 수 있는 청구권 일반에 관한 규정과 채권에만 적용되는 규정으로 구성되어 있다. 물권법에 존재하는 물권적 청구권에 규정과 채권편에는 있는 청구권 일반에 관한 규정을 합하면 물권적 청구권법이 되는 것이다.

그림 11 | 물권의 새로운 개념 : 물건을 매개로 하는 권리

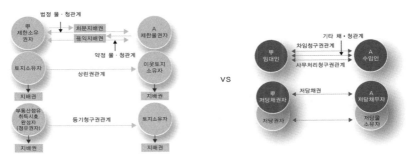

16. 물권의 새로운 패러다임에 의한 물권의 개념 : 물권은 지배권을 떠나서는 존재할 수 없다. 그러나 물권이 지배권만으로 구성되는 것은 아니다. 우선 물권에는 지배권만으로 구성되는 물권이 있다. 동산소유권과 건물소유권이 그러하다. 또 물권에는 지배권과 물권적 청구권으로 구성되는 물권도 존재한다. 사실상의 지배를 요소로 하는 점유권도 물권적 청구권과 사실상의 지배권으로 구성되는 물권에 해당한다. 또 토지소유권, 제한소유권과 제한물권도 그러하다. 예를 들면, 토지소유자에게 이웃토지소유자에 대한 상린권이 인정되고 또 지상권설정자에게 지상권자에 대한 지료청구권과 그 밖의 물권적 청구권이 인정되는 것은 지배권과 물권적 청구권이 하나의 토지소유권과 지상제한소유권이라는 하나의 물권을 구성한다는 것을 말한다. 한편 지배권과 물권적 청구권으로 구성되는 물권도 물권으로 포섭하기 위해서는, 물권은 '물건을 매개로 하는 권리'라는 새로운 패러다임이 필요하다. '물건을 매개로 한다는 것은, 첫째, 물권적 청구권이 물권자에게 인정되는 권리라는 것이다. 토지소유자의 상린권, 제한소유권, 제한물권에서 인정되는 모든 물권적 청구권이 그러하다. 둘째, 물권적 청구권은 지배권과 함께 물건을 중심으로 결합되어 있다. 토지소유자의 상린권은 '이

웃토지'와 관련된 급부에 대한 물권적 청구권으로서 '자신의 토지'와 이웃토지소유자의 토지를 중심으로 '병존적으로 물건과 결합'되어 있다. 또 제한소유권자와 제한물권자의 물권적 청구권도 지배권과 함께 '하나의 물건'를 중심으로 '일체적으로 물건과 결합'되어 있다.

이에 반하여 채권의 경우, 물건과 관련된 급부를 목적으로 하여 채권이 성립하는 경우에도, 채권은 물건을 매개로 하는 권리라 할 수 없다. 예를 들면, 임대인은 임차물에 대한 지배권이 있음을 묻지 않고 또 설령 임대인이 임대물의 소유자인 경우에도 임차인의 임차권은 임차물에 대한 지배권과 결합되어 있지 않는다는 점에서, 채권은 '물건을 매개로 하는 권리'라 부를 수 없는 것이다. 즉, 임차인의 용익청구권은 '임차물'을 사용하는 권리임에도 불구하고 '임차물을 매개로 하지 않는' 권리이다.

그림 12 | 물권의 새로운 분류 : 완전소유권 vs 제한소유권 · 제한물권

→ 종래 물권은 지배권이라는 도그마에 의한 물권의 분류
→ 소유권
　– 제한물권이 설정되는 경우에도 소유권자의 지배권을 갖는 것은 여전하므로 소유권으로 취급
→ 제한물권
　– 제한물권은 소유권과는 독립된 물권으로 존재
→ 종래의 물권은 지배권이라는 도그마의 문제점
　– 제한물권이 설정된 제한소유권의 경우도 지배권이 인정되므로 소유권의 아류 정도로 인식
　– 소유권과 법적 구성이 전혀 다른 제한소유권을 독립한 물권으로 인정하지 않음
　– 지상제한소유권과 전세제한소유권이 저당권의 객체가 되는 경우는 완전소유권이 저당권의 객체가 되는 경우와는 차이가 있다는 것을 인식하지 못함

→ 물권의 새로운 패러다임에 의한 물권의 분류
→ 완전소유권
　– 완전소유권은 동산, 건물, 토지에 대하여 아무런 제한물권이 설정되지 않은 소유권
　– 동산소유권과 건물소유권은 완전소유권으로서, 물건을 대상으로 하는 지배권으로만 구성되는 물권
　– 토지소유권은 완전소유권으로서, 지배권과 상린권으로 구성되는 물권
→ 제한소유권과 제한물권
　– 제한물권을 설정하면, 제한물권이 성립함과 동시에 그에 대응하여 제한소유권이 성립
　– 제한소유권은 완전소유권과는 법적 구성이 전혀 다른 별개의 물권
　– ex) 민법은 전세권설정자의 물권을 독립적인 물권으로 규정하지는 않으나, 전세권설정자의 권리(전세제한소유권)을 함께 규정하여, 실제로는 제한소유권을 인정

17. 물권의 분류 : 물권의 새로운 패러다임에 의하면, 물권에는 완전소유권(동산소유권, 건물소유권과 토지소유권), 제한소유권과 제한물권이 존재한다. 제한소유권이란 완전소유권에 제한물권이 설정되는 경우에, 제한물권에 대응하여 성립하는 물권이다. 제한소유권은 제한물권자에게 설정된 용익지배권(용익물권), 담보지배권(담보물권) 또는 용익지배권·담보지배권(전세권)에 의하여 제한을 받기에, 그러한 명칭이 부여되는 것이다. 우리 물권법에는 제한소유권이라는 명칭이 존재하지 않는다. 그러나 물권법은

제한물권을 규정할 때, 제한소유권자의 권리와 의무에 대해서도 함께 규정하고 있다. 이 점에서 제한소유권도 민법에 규정되어 있다고 할 수 있다. 마치 채권계약의 경우 채권자와 채무자 사이에 대립적인 채권관계가 성립하고 있듯이, 제한소유권과 제한물권의 경우에도 대립하는 제한소유권과 제한물권이 성립하고 있는 것이다.

우리 물권법은 제한소유권에 대하여는 제한물권과 같이 독립된 명칭을 부여하고 있지 않다. 제한소유권자는 완전소유권자의 지위가 일시적으로 제한을 받는 것일 뿐이라고 보기 때문이다. 제한소유권은 언제든지 완전한 소유권으로 환원될 수 있는 탄력성이 있다고 보기 때문에, 제한소유권을 완전소유권의 아류로 취급하는 결과 독립된 물권으로 보지 않은 것이다. 그러나 제한소유권은 완전소유권과는 전혀 다른 법적 구성을 갖는 권리이다. 지상제한소유자는 토지에 대하여 처분지배권과 약정 또는 법정의 물권적 청구권을 가지기 때문에, 물건에 대하여 완전한 지배권을 갖는 완전소유권과는 전혀 다른 형태의 권리이다. 제한물권이 일시적인 권리로서 소멸이 예정된 권리임에도 불구하고 독립된 물권이라고 본다면, 제한소유권도 마땅히 독립된 물권으로 보아야 하는 것이다.

그림 13 | 물권법과 채권법의 규율의 동일성 : 제한소유권 제한물권의 경우 지배권은 물권의 한 요소

→ 임대인
  - 차임청구권(제618조): 매매, 소비대차, 고용 등의 다른 채권과 구별하는 기준이 되는 청구권
  - 그 밖에 임차물의 임차물보존 의무(제623조), 임대인의 보존권(제624조), 차임 증액청구권(제627조), 임대인의 계약해지권(제636조), 임대인의 계약해지통고권(제637조) 등의 채권적 청구권도 존재
→ 임대인의 지위의 일부인 차임청구권만을 임대권으로 부르지 않고, 그 밖의 채권적 청구권을 포함하여 임대권이라 부름

→ 임차인
  - 용익청구권(제618조) 발생: 매매, 소비대차, 고용 등의 다른 채권과 구별하는 기준이 되는 청구권
  - 그 밖에 비용상환청구권(제626조), 차임증감액청구권(제627조), 부속물매수청구권(제646조) 등의 채권적 청구권도 존재
→ 임차인의 지위의 일부인 용익청구권만을 임차권으로 부를 수는 없고, 그 밖의 채권적 청구권을 포함하여 임차권이라 부름

→ 전세권설정자
  - 처분지배권(제303조 참조): 지상권, 저당권 등의 다른 물권과 구별하는 기준이 되는 지배권
  - 전세금보유권(물권적 청구권)
  - 그 밖의 손해배상공제권(제315조), 부속물매수청구권(제316조 제1항) 등 법정 물권적 청구권
→ 전세권설정자의 지위의 일부인 지배권만을 전세제한소유권으로 부를 수는 없고, 그 밖의 물권적 청구권을 포함하여 전세제한소유권이라 부름
→ 물권은 지배권이라는 도그마의 문제점
  - 물권의 일부인 지배권만을 물권이라 부를 수는, 모든 물권은 지배권으로 구성
→ 물권의 새로운 패러다임
  - 물권적 청구권과 지배권을 포함하여 물권이라 불러야 함, 전세권은 지배권과 약정과 법정의 물권적 청구권으로 구성됨

→ 전세권자
  - 용익·처분지배권(제303조) 발생: 지상권, 저당권 등의 다른 물권과 구별하는 기준이 되는 지배권
  - 전세금반환청구권(물권적 청구권)
  - 그 밖의 비용상환청구권(제310조), 부속물매수청구권(제316조 제2항), 전세금증감청구권(제312조의2)(제286조) 등 법정 물권적 청구권
→ 전세권자의 지위의 일부인 용익·처분지배권만을 전세권으로 부를 수는 없고, 그 밖의 물권적 청구권을 포함하여 전세권이라 부름

18. 물권(지상권)과 채권(임대차 · 사용대차)의 규율의 비교 : 채권과 물권의 비교로서 중요한 것은 권리자와 의무자가 대립하고 있는 계속적 채권관계와 계속적 물권의 비교이다. 물건의 사용과 관련된 계속적 채권관계로서 임대차와 사용대차와 계속적 물권으로서 지상권을 비교하여 살펴본다.

양자는 다음의 점에서 같다. 첫째, 민법은 쌍방의 지위를 규율한다. 임대차와 사용대차의 경우 대주뿐 아니라 차주의 권리의무에 대하여 규율하고 있듯이, 지상권과 전세권의 경우에도 지상권자와 전세권자뿐 아니라 지상권과 전세권의 설정자들의 지위에 대하여도 규율하고 있다. 둘째, 민법은 쌍방의 지위를 포괄적으로 규율한다. 임대차와 사용대차의 경우이든 지상권과 전세권의 경우이든, 당사자들의 지위가 포괄적으로 규율되고 있다. 사용대차와 임대차의 경우 차주의 용익청구권뿐 아니라 그밖의 채권관계에 대하여도 규율하고, 지상권의 경우에도 지상권자의 용익지배권뿐 아니라 그 밖의 청구권관계에 대하여 규율하고 있다. 임차인과 사용차주의 용익청구권은 임차인과 사용차주의 지위의 일부만을 구성하듯이, 지상권자의 용익지배권도 지상권자의 지위의 일부를 구성할 뿐이다. 임차인의 용익청구권은 임차권을 다른 채권과 구별하는 기준(제618조)이 되는 권리일 뿐이지, 그것이 임차권 전부를 의미하는 것은 아니다. 임차인의 용익청구권만을 임차권이라고 부를 수 없는 것이다. 마찬가지로 지상권의 경우에도 용익지배권은 지상권을 다른 물권과 구별하기 위한 기준이 되는 권리일 뿐이지, 지상권 전체를 가리키는 것은 아니다. 요컨대 임차인의 용익청구권만을 임차권이라 부르지 않듯이, 지상권자의 용익지배권만을 지상권으로 부를 수는 없다. 셋째, 민법은 유상과 무상의 채권과 물권을 규율한다. 임대차는 유상, 사용대차는 무상이듯이, 지상권도 유료의 약정이 있을 경우 유상이고 그렇지 않을 경우 무상이다.

한편 양자는 다음의 점에서 다르다. 첫째, 임대차와 사용대차는 계약의 장에서 규율되고 있다. 계약의 장에서는 약정채권만 규율되고, 법정채권은 사무관리, 부당이득과 불법행위에서 규율되고 있다. 이에 반하여 지상권과 전세권은 물권계약이 아니라 권리의 장에서 규율되고 있다. 또 물권으로 약정물권과 법정물권이 함께 규율되고 있기 때문이다. 둘째, 임대차와 사용대차의 경우 사람에 대한 청구권인 용익청구권이 인정되고, 지상권과 전세권의 경우 물건을 대상으로 하는 용익지배권이 인정된다.

19. 물권적 청구권론 : 물권적 청구권은 한편으로 지배권과 다르고 다른 한편으로 채권과 달라서 독자적인 체계를 구성한다. 물권적 청구권에 관한 독자적인 체계를 물권적 청구권론이라 부른다. 물권적 청구권론으로 물권적 청구권의 개념, 종류, 역할, 양도성, 독자성(지배권과의 관계), 실익(법적 규율) 등으로 구성된다. 첫째, 물권적 청구권이란 물권자에게 인정되는 물권법상의 청구권이다. 이 점에서 물권적 청구권은 채권과 구별된다. 둘째, 물권적 청구권의 종류로서, 침해 물권적 청구권, 부동산점유취득시효완성자의 등기청구권, 토지소유자의 상린권과 제한소유권 및 제한물권을 구성하는 물권적 청구권이 존재한다. 셋째, 물권적 청구권의 역할은 그 종류에 따라 다르다. 침해 물권적 청구권은 물권이 침해되는 경우에 물권의 효력으로서 발생하는 물권적 청구권이다. 침해 물권적 청구권은 다른 물권적 청구권과 특징을 공유하지 않는다. 부동산점유취득시효완성자의 등기청구권은 부동산점유자에게 인정되는 것으로서 점유권의 효력이라 할 수 있다. 이는 물권을 취득하기 위하여 인정되는 청구권이다. 그리고 지배권과 함께 물권을 구성하는 물권적 청구권이 있다. 우선 토지소유권자의 상린권이 이에 해당한다. 그리고 제한소유권자 및 제한물권자의 물권적 청구권이 있다. 넷째, 물권적 청구권의 양도성은 인정되기도 하고 그렇지 않기도 한다. 침해된 물권적 청구권은 물권을 양도하는 경우 양도되지 않는다. 또 어느 토지소유자가 이웃토지소유자에게 청구하는 상린권은 지배권이 양도되는 경우 양도되지 않는다. 그러나 이웃토지소유자가 소유권을 취득하는 경우 이웃토지소유자에게 새롭게 취득하게 된다. 부동산점유취득시효완성자의 등기청구권은 점유권과 함께 양도된다. 또 제한소유권 및 제한물권의 물권적 청구권은 지배권과 함께 물권을 구성하는바, 물권의 양도시에 지배권과 함께 당연히 이전된다. 다섯째, 지배권과 함께 물권을 구성하는 물권적 청구권은 물적 권리인 지배권과는 달리 인적 권리로서, 지배권의 내용, 효력 또는 그 소멸의 효과라 할 수 없다. 토지소유권자의 상린권, 제한소유권 및 제한물권의 물권적 청구권은 지배권의 효력이 아니라 지배권과 함께 토지소유권, 제한소유권 및 제한물권을 구성하는 권리에 해당한다. 여섯째, 물권적 청구권에 대한 규율은 물권법상에 규정된 청구권에 관한 규정의 규율을 받는 외에 지배권과 함께 지배권적 규율을 받기도 하고 또 청구권으로서 청구권적 규율을 받기도 한다. 우선 물권법상의 청구권에 관한 규율로서 전세권설정자에게는 전세권자가 전세권설정계약에 따라 전세물을 사용하지 않는 경우에 전세권소멸청구권이 발생한다(제311조). 또 지배권적

규율로서 예를 들면, 물권적 청구권관계는 등기에 의하여 공시가 되므로, 전세금반환 청구권의 양도에도 채권양도의 절차가 필요 없고 또 전세금반환의무의 이전에도 채무인수의 절차가 필요 없다. 또 전세권자의 유익비상환청구권은 전세권을 구성하는 한 전세권의 소멸시효 외에 별도의 소멸시효의 대상이 되지 않는다. 그리고 물권적 청구권은 채권편의 청구권 일반에 관한 규정의 규율도 받는다. 예를 들면, 채권자대위권, 채무불이행, 상계, 동시이행의 항변권 등의 적용을 받는다.

20. 전세권의 양도성의 제한(제306조) 및 전세권양도의 효력(제307조) : 민법은 예외적으로 전세권의 경우에만 설정행위로 양도성을 제한하는 규정을 두고 있으므로, 그 외의 완전소유권, 제한소유권과 제한물권의 양도성을 금지하는 특약은 반사회적 계약이 되어 효력이 인정되지 않는다.

물권법(제307조)은 전세권의 양수인은 전세권설정자에 대하여 전세권의 양도인과 동일한 권리의무가 있다고 규정하고 있다. 물권법상의 청구권관계가 전세권의 양수인에게 이전되는 메커니즘이 무엇인지는 명확하지 않다. 민법제정자들은 채권양도의 절차를 요구하였던 민법초안 제294조 제2항을 삭제하였다. 그 이유는 "전세권은 임차권과 달라서 물권의 일종이므로 당연히 양도성과 임대성을 구유하는 것이며 이것을 초안은 명문으로 재확인한 데 불과한 것인바 그 양도는 등기함으로써 효력이 생하는 것이며 이외에 따로 대항요건을 규정한 것은 물권과 채권의 양도의 차이를 간과한 것이고 타당하지 않다고 본다."라는 것이었다. 그런데 지배권이 아닌 물권법상이 청구권의 양도에 채권양도의 절차가 필요한지는 명확하지 않다. 그러나 물권의 새로운 패러다임에 의하면, 제307조는 전세권의 양도성, 즉 지배권과 물권적 청구권으로 구성되는 전세권에서 지배권과 물권적 청구권관계를 별개로 취급할 수 없다는 것을 확인하는 규정으로 해석될 수 있다.

물권의 양도는 물권의 구성에 따라서 지배권 또는 지배권과 물권적 청구권의 양도를 의미한다. 동산소유권과 건물소유권의 양도는 지배권의 양도를 의미한다. 또 토지소유권을 양도하는 경우 상린권은 양도성을 갖지 않는바, 물권의 양도란 토지지배권의 양도만을 의미한다. 상린권은 이전되지 않고 이전되는 토지지배권에 기초하여 새로 상린권을 취득하게 되는 것이다. 이에 반하여 제한소유권 및 제한물권의 양도는 지배권과 함께 물권적 청구권을 양도하는 것을 말한다. 이는 지배권의 대가를 구성하는 지료청구권과 전세금반환청구권인 약정의 물권적 청구권이든 그 밖의 법정의 물권적 청구권이든 마찬가지이다.

  21. 2014년 신설 민법개정시안 제307조의2의 문제점 : 제307조가 전세권양수인은 전세권양도인과 동일한 권리의무를 가진다는 것을 규정하고 있는 데에 반하여, 전세물양수인의 지위에 대하여는 아무런 규정이 존재하지 않는다. 이에 2014년 민법개정시안 제307조의2는 "전세물을 사용·수익할 권리가 존속하는 동안 전세물을 양수한 자는 전세권설정자의 지위를 승계한 것으로 본다."라는 규정을 신설하고 있다. 이는 임차권의 대항력을 인정하는 주택임대차보호법(제3조 제4항) 및 상가건물임대차보호법(제3조 제2항)과 동일한 취지의 규정이다. 그러나 신설 제307조의2는 다음과 같은 비판을 면할 수 없다는 점에서 타당하지가 않다. 첫째, 신설 제307조의2가 '승계한 것으로 본다.'라고 하는 간주규정을 두는 것은 전세물양도인과 전세물양수인 사이에 아무런 계약이 존재하지 않는다는 것을 전제로 한다. 즉, 승계의 간주는 승계할 법률관계가 존재하지 않음에도 불구하고 승계를 의제하는 것이다. 그러나 전세권양도의 효력(제307조)의 경우와 마찬가지로, 전세물의 경우에도 전세물양도의 효력이 문제되는 것이다. 이는 의제와는 무관한 것이다. 둘째, 신설 제307조의2가 '승계한 것으로 본다.'라고 하는 간주규정을 두는 것은 물권적 청구권관계의 양도성과 이전성을 전면적으로 부정하는 것으로서 타당하지 않다. 전세물의 양도, 즉 전세제한소유권의 양도란 다른 제한물권의 경우와 마찬가지로 상대방의 동의가 없이도 지배권과 물권적 청구권관계를 이전할 수 있다는 것을 전제로 한다. 전세제한소유권의 경우에도 물권적 청구권관계는 물건을 중심으로 지배권과 결합되어 있다. 즉, 채권관계의 경우 예외적으로 채권의 대항력을 인정하기 위해서는 '임대인의 지위를 승계한 것으로 본다.'라는 간주규정이 필요하다. 그러나 물권의 경우에는 상대방의 동의가 없더라도 물권의 양도성이 인정되므로, 신설 제307조의2와 같은 의제규정 자체가 필요 없다. 셋째, 전세물의 양수인이 전세물의 양도인의 권리의무를 이전받는 것은 물권자로서 그러한 것이다. 이에 반하여 임대물의 양수인이 임대인의 지위를 승계하는 것은 임대물의 소유자로서가 아니라 채권자 또는 채무자로서 그러한 것일 뿐이다. 넷째, 신설 제307조의2는 전세권양도의 효력을 규정하고 있는 제307조에 부합하지 않는다. 전세권에서 발생하는 동일한 물권법상의 청구권관계에 대하여 전세권양도의 경우와 전세물양도의

경우를 달리 규정하는 것은 타당하지 않다. 제307조의2를 신설한다면, 제307조에 비추어 "전세물의 양수인은 전세물의 양도인과 동일한 권리의무가 있다."라고 하여야 할 것이다. 다섯째, 민법은 전세권을 규율하면서 전세권설정자의 지위에 대하여도 함께 규정하고 있다. 따라서 제307조는 전세물양수인의 지위에 대하여도 당연히 유추적용된다. 제307조의2의 신설은 필요하지 않다. 여섯째, 신설 제307의2가 "전세물을 사용·수익할 권리가 존속하는 동안"이라고 한정하는 것은 전세권의 성질에 반하는 것이다. 본조에 의하면, 용익물권이 존속하는 동안만 양수인이 전세권설정자의 지위를 승계하는 것이 된다. 그러나 용익기간 종료 후에도 전세금반환의무가 변제되지 않으면 담보물권성의 전세권이 존속하게 되는바, 전세금반환의무가 변제되지 않는 동안 전세물의 이전등기가 이루어진다면 당연히 전세물의 양수인에게 전세권설정자의 지위가 이전되어야 하기 때문이다. 일곱째, 전세금반환청구권관계는 지배권과 마찬가지로 당사자의 약정에 의하여 성립하는 약정의 법률관계이다. 이러한 전세금반환청구권관계는 지배권의 양도와 같이 당사자의 의사와 등기에 의하여 이전되는 것이다. 신설 제307조의2가 이러한 의무를 포함하여 전세권설정자의 모든 권리의무를 승계한 것으로 간주하는 것은 타당하지 않다.

그림 14 | 토지소유권, 제한소유권 및 제한물권의 상대성(대물적 상대성) vs 채권의 상대성(특정적 상대성)의 구별

→ **물권의 새로운 패러다임에 의한 토지소유권, 제한소유권 및 제한물권의 상대성**
- 토지소유권은 이웃토지사유자와의 관계에서 상린관계에 의한 제한을 받음(상대권)
- 제한소유권과 제한물권의 경우는 제한소유자의 지배권은 감축될 수 있고 제한물권자에게는 지배권이 설정되고 또 물권적 청구권관계가 존재함(상대권)
- 제한소유권 및 제한물권은 상대방 물권자뿐 아니라 그 양수인의 불이행에 의해서도 침해될 수 있는 상대권(대물적 상대성)
- 제한소유권 및 제한물권은 그 권리가 양도되는 것만으로는 물적 의무의 불이행 문제는 발생하지 않음

→ **채권의 상대성**
- 채권은 특정인이 특정의 급부의무를 부담하는 경우에 성립하는 권리(상대권)
- 채권은 특정의 채권자와 채무자 사이의 발생하는 권리(특정적 상대권)
- 채권은 특정의 채무자의 불이행으로 침해될 수 있는 권리(특정적 상대권)

→ **새로운 패러다임에 의한 토지소유권, 제한소유권 및 제한물권의 상대성(대물적 상대성)**
- 제한소유권자는 제한물권자에게 지배권을 설정하고 또 제한소유권자와 제한물권자 사이에는 지배권과 관련하여 약정 또는 법정의 물권적 청구권관계로 인하여 적극적으로 '급부의무'를 부담한다는 것(상대권)과 채권관계의 당사자들이 적극적으로 '급부의무'를 부담한다는 것(상대권)은 하등 다를 것이 없음
- 제한소유권과 제한물권의 지배권과 물권적 청구권은 상대방 물권자와 그 양수인에 의하여 침해될 수 있는 권리인 반면(대물적 상대성), 채권은 특정의 채무자에 의해서만 침해될 수 있음(특정적 상대성)

22. 물권의 새로운 패러다임에 의한 물권의 절대성 및 상대성과 채권의 상대성의 비교 : 물권의 새로운 패러다임에 의하더라도 권리의 절대성이란 특정의 급부의무를 부담하지 않는 일반인을 상대로 하여 인정되는 속성이고, 권리의 상대성이란 특정의 급부의무자를 상대로 하여 인정되는 속성이라는 것에는 변함이 없다. 우선 동산소유권·건물소유권은 지배권만으로 구성되는 권리이므로 일반인의 관계에서 절대권의 속성만 인정된다. 한편 지배권과 물권적 청구권을 구성요소로 하는 토지소유권, 제한소유권과 제한물권의 경우에는 절대권과 상대권의 속성이 모두 인정된다. 첫째, 이들 권리의 절대성이란 일반인과의 관계에서 지배권과 물권적 청구권이 인정되는 이상, 일반인은 이를 침해하지 않을 소극적 의무를 부담한다는 것을 말한다. 둘째, 토지소유권자, 제한소유권자와 제한물권자의 지배권은 이웃토지소유자, 제한소물권자와 제한물권자와의 사이에서는 상대권의 속성이 인정된다. 제한소유권자의 자신의 물건에 대한 지배권은 제한물권자에게 설정된 용익지배권 또는 담보지배권에 의한 제한을 받고 또 제한물권자에게 설정된 용익지배권 또는 담보지배권을 유지할 물권적 의무를 부담한다는 점에서 상대권의 속성이 인정된다. 또 제한물권자의 지배권도 '타인'의 물건에 대하여는 '자신'의 물건에 대한 것과 같은 무제한적 지배권이 인정되지 않는다는 점, 용익물권자인 경우 타인의 물건인 용익물을 용익물권설정계약과 용익물이 성질에 의하여 정하여진 용법으로 사용·수익할 의무를 부담한다는 점(제311조의 예), 용익물권자는 타인의 물건인 용익물의 현상을 유지하고 통상의 관리에 속한 수선을 할 의무를 부담한다(제309조)는 점에서 제한을 받는다. 셋째, 제한소유권자의 지배권과 제한물권자의 지배권은 상대방 물권자와의 관계에서 물권적 청구권관계에 의하여 제한을 받는다는 점에서 상대권의 속성이 인정된다. 예를 들면, 제한소유권자와 제한물권자의 지배권은 지상권에서의 공작물·수목의 매수청구권관계(제285조 제2항), 지료증감청구권관계(제286조), 지상권소멸청구권관계(제287조), 지역권에서의 용수가용공급청구권관계(제297조), 약정한 공작물설치·보존의무 또는 그 승계(제298조), 승역지소유자의 지역권자에 대한 위기권(제299조), 요역지소유자의 이용권을 침해하지 않을 청구권관계(제291조), 전세권에서의 손해배상공제권관계(제315조), 부속물매수청구권관계(제316조 제1항), 질권과 저당권에서의 담보물가치유지청구권관계(제362조, 제388조)를 부담한다는 점에서 상대권의 속성이 인정된다.

제한소유권자와 제한물권자와의 사이에서 인정되는 물권이 상대성을 갖는다고 하는 경우에도, 그것은 채권자의 채권이 상대성을 갖는다는 것과 다음의 점에서 다르다. 즉, 제한소유권자와 제한물권자는 물건에 대한 지배권이 인정되고, 제한물권자는 '타인의 물건'을 지배할 수 있는 '물권적' 급부보유력을 갖고, 제한소유권자와 제한물권자의 물권은 상대방 물권자뿐 아니라 그 양수인에 의하여도 침해될 수 있는 권리라는 점(대물적 상대성)에서 채권의 경우 특정의 채무자에 의해서만 침해될 수 있는 점(특정적 상대성)과 구별된다.

그림 15 | 물권법정주의 : 물권의 종류와 내용의 결정

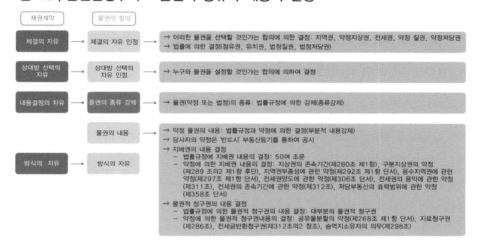

23. **물권의 새로운 패러다임에 의한 물권법정주의** : 종래 물권은 지배권이라는 도그마에 의하면, 물권법이 정하는 물권의 종류와 내용이란 지배권만을 의미한다. 물권법상의 청구권은 채권으로서 물권법정주의가 애초부터 적용될 여지가 없다. 이에 반하여 물권의 새로운 패러다임에 의하면, 물권법정주의는 지배권뿐만 아니라 물권적 청구권에도 당연히 직접 적용된다. 따라서 물권법정주의는 지배권과 물권적 청구권으로 구성되는 토지소유권, 제한소유권과 제한물권의 경우에도 그대로 적용된다.

물권법정주의란 물권의 종류와 내용을 법률로 정한다는 원칙을 말한다(형식적 의미의 물권법정주의). 물권의 종류는 법률로 정하고 당사자의 임의로 정할 수 없다. 또 법정물권의 경우 물권의 내용은 법률로 정한다. 또 약정물권의 내용도 원칙적으로 법률로 정한다. 이것이 물권의 자유로운 유통을 위한 전제가 된다. 그러나 약정물권의 내용을 모두 법률로 정한다는 것은 가능하지도 않고 또 바람직하지도 않다. 따라서 물권법은 약정물권의 경우에는 예외적으로 당사자의 약정으로도 물권의 내용을 정할 수 있도록 허용하고 있다. 이것은 물권법정주의 원칙에 대한 예외라고 볼 수 있다. 그러나 그것은 물권법정주의의 내재적 한계로서 물권법정주의의 실질적 의미에 해당하는 것이다(실질적 의미의 물권법정주의). 한편 이러한 약정물권의 내용에 관한 당사자의 약정은 제3자가 알 수 없으므로 부동산등기법은 이를 반드시 공시하도록 하고 있다.

약정물권인 경우에는 지배권과 물권적 청구권에 관한 당사자의 약정을 구분하여 살펴본다. 첫째, 지배권에 대하여 살펴본다. 우선 물권법이 지배권의 내용을 정하면서도 다른 약정을 허용하는 경우로서, 지상권의 행사를 위하여 토지의 사용을 제한하는 약정(제289조의2 제1항 후단), 요역지소유권에 대한 부종성과 소유권 이외의 권리의 목적이 되는 데에 대한 약정(제292조 제1항 단서), 용수지역권의 용수의 공급 우선순위에 관한 약정(제297조 제1항 단서), 전세권의 양도를 금지하는 약정(제306조 단서), 저당권의 부합물과 종물에 대한 효력범위에 관한 약정(제358조 단서)이 있다. 한편 물권법이 지배권의 내용을 정하지 않고 처음부터 당사자의 약정을 허용하는 경우로서, 지상권의 존속기간에 관한 약정(제280조 제1항 참조), 전세권의 존속기간에 관한 약정(제312조 제1항·제2항 참조)이 있다. 한편 전세권의 경우 목적물의 사용, 수익의 용법에 관한 약정도 허용된다(제311조). 부동산의 일부에 대하여 또는 부동산에 관한 권리를 목적으로 하는 전세권설정의 약정(부동산등기법 제72조 제1항 제6호)이 이에 해당한다. 명문의 규정이 없는 지상권과 지역권인 용익물권의 경우에도 당연히 인정된다. 제한물권은 상대적인 물권이기 때문이다. 둘째, 물권적 청구권에 대하여 살펴본다. 우선 물권법이 물권적 청구권의 내용을 정하면서도 다른 약정을 허용하는 경우로서, 공유물의 분할청구금지의 약정(제268조 제1항 단서)을 들 수 있다. 한편 물권법이 물권적 청구권의 내용을 정하지 않고 처음부터 당사자의 약정을 허용하는 경우로서, 지료에 관한 약정과 전세금에 관한 약정이 있다. 물권법은 이를 명시하지 않고 있지만 지료와 전세금은 당연히 당사자들이 그 내용을 약정하여야 한다. 이는 부동산등기법이 지료의 약정(제69조 제4호)과 약정된 전세금(부동산등기법 제72조 제1항 제1호)을 기재하도록 하는 것에서도 잘 알 수가 있다. 지료청구권과 전세금반환청구권은 당사자의 의사에 의하여 발생할 뿐 아니라 그 내용도 모두 당사자들이 정하여야 한다. 이러한 물권적 청구권의 내용에 대하여는 법률이 애초에 개입할 여지가 없다.

그림 16 | 약정 물권에서의 물권적 합의에 의한 물권변동

→ 당사자의 의사에 의한 지배권의
변동
   - 일시적 양도의 물권적 합의는
     지배권의 변동만 목적으로 하는
     합의
   - 일시적 양도의 물권적 합의는
     이행의 문제를 남기지 않음

→ 당사자의 의사에 의한 지배권의 변동
   - 일시적 양도의 물권적 합의는 지배권의
     변동만 목적으로 하는 합의
   - 일시적 양도의 물권적 합의는 이행의 문
     제를 남기지 않음
   - 상린권은 양도될 수 없음
→ 법률의 규정에 의한 상린권(물권 청구권)의 발생

→ 당사자의 의사에 의한 지배권의 변동과 지료청구권·
   전세금반환청구권의 발생(약정 물권적 청구권)
   - 계속적 물권적 합의는 지배권의 변동과 지료청구권·
     전세금반환청구권인 물권적 청구권의 발생을 목적으로
     하는 물권적 합의
   - 계속적 물권적 합의는 지료청구권·전세금반환청구권의
     행사와 지료지급의무·전세금지급의무인 물권적 의무의
     이행의 문제를 남김
→ 법률의 규정에 의한 법정의 물권적 청구권의 발생

→ 채권계약에 의하여 물권적 청구권인 지료청구권·전세금반환청구권은 발생할 수 없음
→ 채권계약에 의하여 채권만을 발생시킬 수 있음

24. 물권의 새로운 패러다임에 의한 물권변동론과 물권적 합의론 : 물권은 지배권이라는 도그마에 의하면, 물권적 합의는 지배권의 변동만을 목적으로 한다. 소유권의 양도이든, 제한한물권의 설정이든 또는 제한물권의 양도이든 마찬가지이다. 또 물권적 합의는 이행의 문제를 남기지 않는다. 제한물권이 설정되는 경우에도 용익지배권이 이전되거나 담보지배권이 설정적으로 이전되므로, 이행의 문제를 남기지 않는다. 매매대금채권관계, 지료청구권관계와 전세금반환청구권관계는 모두 채권관계로서 채권계약의 대상이 되므로, 물권변동과는 무관하다. 한편 물권은 지배권이라는 도그마에 의하면, 대부분의 경우 물권변동은 일방적이다. 예를 들면, 소유권을 양도하는 경우 물권변동은 소유권을 취득하는 자의 물권변동을 의미한다. 또 제한물권을 설정하는 경우에도, 제한물권자에게 발생하는 물권변동만을 의미한다. 다만, 부동산을 교환하는 경우에는 물권변동은 쌍방적일 수도 있고 또 유상일 수도 있다.

물권의 새로운 패러다임에 의하면, 물권적 합의는 일시적 양도의 물권적 합의와 계속적 물권적 합의로 구분한다. 첫째, 전자의 경우에는 당사자 사이에서 물권변동은 발생과 동시에 종료가 되지만, 후자의 경우에는 물권변동의 상태가 일정기간 존속한다. 둘째, 계속적 물권적 합의에 의하여 제한물권을 설정하는 경우에는, 물권변동이 제한물권자에게 발생할 뿐 아니라 제한소유권자에게도 완전소유권이 제한소유권으로 변동되는 물권변동이 발생한다.

한편 제한물권을 설정하는 계속적 물권적 합의는 다음과 같은 특징을 갖는다. 첫째, 제한물권을 설정하는 계속적 물권적 합의에 의하여, 지배권과 물권적 청구권의 변동이 동시에 발생한다. 둘째, 물권적 청구권은 지배권과 결합되어 있으므로 계속적 물권적 합의의 대상이 된다. 지료청구권·전세금반환청구권은 물권적 청구권으로서 채권의 발생을 목적으로 하는 채권계약의 대상이 될 수 없다. 전세권의 경우 물권적 합의에 의하여 물권적 청구권관계인 전세금반환청구권관계가 규율된다. 셋째, 제한 물권을 설정하는 계속적 물권적 합의에 의하여, 물권변동은 제한물권자뿐만 아니라 제한소유권자에게도 발생하게 된다. 예를 들면, 유상의 지상권을 설정하는 경우, 지상 권설정자에게는 '자신'의 물건에 대하여 처분지배권 또는 용익지배권·처분지배권으로 변경됨과 동시에 물권적 청구권인 지료청구권의 원본이 발생하고, 지상권자에게는 '타인'인 제한소유권자의 물건에 대하여 용익지배권과 용익지배권·처분지배권이 설정됨과 동시에 물권적 의무인 지료지급의무의 원본이 발생한다. 또 전세권을 설정 하는 경우, 전세권설정자에게는 '자신'의 물건에 대하여 처분지배권으로 변경됨과 동시에 전세금보유권이 발생함과 물권적 의무인 전세금반환의무가 성립하는 물권변동이 발생하고, 전세권자에게는 '타인'인 제한소유권자의 물건에 대하여 용익지배권·처분지배권이 설정됨과 동시에 물권적 청구권인 전세금반환청구권이 성립하는 물권변동이 발생한다. 넷째, 제한물권을 설정하는 계속적 합의에 의하여, 물권변동은 이행이라는 문제를 남긴다. 우선 지배권의 경우, 제한소유권자는 '자신'의 물건에 대하여 제한물권자에게 일정기간 동안 처분지배권 또는 용익지배권·처분지배권을 설정하고 유지하여야 할 의무가 발생하고, 제한물권자는 용익물권자의 경우 현상유지관리의무(제311조)와 유치권자 및 질권자의 경우 담보물보관의무(제324조 제1항, 제3434조)를 부담하면서, '타인'인 제한소유권자의 물건에 대하여 일정기간 동안 용익지배권과 용익지배권·처분지배권을 행사하여야 한다. 한편 물권적 청구권관계의 경우 지상권설정자는 등기시에 발생한 물권적 청구권인 지료청구권을 매기마다 행사하고, 지상권자는 매기마다 물권적 의무인 지료지급의무를 이행하여야 한다. 한편 용익기간의 종료시에 전세권자는 물권적 청구권인 전세금반환청구권을 행사하여야 하고, 전세권설정자는 물권적 의무인 전세금반환의무를 이행하여야 한다. 다섯째, 제한물권을 설정하는 계속적 합의의 경우, 지배권을 설정하는 대가로서 지료청구권과 전세금보유권이 발생하는 경우에는 물권적 합의는 유상의 합의이다. 이상에서 살펴본 바와 같이, 물권의 새로운 패러다임에 의하면 물권적 합의도 채권계약의 경우와 마찬가지로 합의의 온전한 모습을 회복할 수 있게 된다.

그림 17 | 부동산등기제도

제한소유권·제한물권의 공시

甲 제한 소유권자 → 기타 물·청 → 처분지배권 / 용익지배권 → A 제한물권자

전세금반환청구권

→ **부동산등기는 부동산물권의 종류와 내용을 공시**
  - 부동산물권의 종류는 법률규정에 의한 종류를 공시
  - 부동산물권의 내용은 법률규정과 당사자약정이 정하는 내용을 공시
→ **부동산등기제도 : 소유권의 보존등기에는 완전소유권의 보존등기와 제한소유권의 보존등기가 있음**
→ **제한물권에 대한 부동산등기는 실체법상의 제한소유권과 제한물권의 등기**
  - 부동산등기법은 실체법상의 제한소유권자와 제한물권자의 권리·의무를 공시
  - 부동산등기법상의 용익권과 담보권이란 용익제한소유권(지상제한소유권, 지역제한소유권, 전세제한소유권)과 담보제한소유권(저당제한소유권)도 가리킴
  - 부동산등기법은 제한소유권자와 제한물권자의 지배권뿐 아니라, 약정의 물권적 청구권인 지료청구권관계와 전세금반환청구권관계도 공시
  - 지료약정의 기재는 지상제한소유권자의 지료지급청구권과 지상권자의 지료지급의무를 동시에 공시
  - 전세금의 기재는 전세제한소유권자의 전세금보유권과 전세금반환의무 그리고 전세권자의 전세금반환청구권을 동시에 공시
    - ex) 부동산임대차의 등기와 구별: 부동산임대차의 등기는 부동산임대차(제621조) 공시, 대항등기사항
  - 乙구에 제한물권의 등기가 있으면, 부동산등기는 제한소유권 제한물권을 동시에 공시

25. 물권의 새로운 패러다임에 의한 부동산물권의 등기제도 : 물권은 지배권이라는 도그마에 따르면, 부동산물권에 관한 등기는 지배권인 부동산물권만 공시한다. 따라서 부동산등기법상의 부동산소유권에 관한 등기, 용익권에 관한 등기와 담보권에 관한 등기는 모두 지배권에 관한 등기가 된다. 한편 부동산물권이라고 하더라도 예외적으로 채권을 등기하는 경우가 있다. 부동산등기법은 지상권의 경우 지료의 약정(제69조 제4호), 전세권의 경우 약정된 전세금(제72조 제1항 제1호)과 저당권의 경우에 저당채무에 관한 약정을 기재하도록 하고 있다(제75조 제1항). 그러나 지료의 약정, 약정된 전세금, 저당채무에 관한 약정의 기재가 갖는 의미는 다르다. 우선 지료약정의 등기는 지상권의 대항등기사항으로 본다. 지료의 약정이 없는 지상권도 존재할 수 있으므로, 지료의 약정을 등기를 하면 제3자에게 대항할 수 있을 뿐이라고 한다. 또 전세금은 그 기재가 없으면 용익지배권인 전세권은 성립하지 못하고 또 존속할 수 없다는 점에서 전세금의 기재는 용익지배권의 성립등기사항이자 존속등기사항이라고 본다. 또 용익기간이 종료된 후에는 저당채권의 등기가 종된 물권인 저당권을 위한 성립등기사항이자 존속등기사항이듯이 전세금반환청구권은 담보물권성의 전세권의 성립등기사항이자 존속등기사항이라고 한다. 이는 결국 담보물권성의 전세권을 저당권과 동일하게 취급함으로써 종된 물권으로 보는 것이라 할 수 있다. 다만, 용익기간이 종료한 후에는 전세금반환청구권의 양도에 저당권의 이전등기가 아닌 채권양

도절차를 요구하고 있는 점이 차이가 있다.

물권의 새로운 패러다임에 의하면, 부동산물권의 등기는 아래와 같은 의미를 갖는다. 첫째, 물권에는 완전소유권, 제한소유권과 제한물권이 있는바, 부동산등기법상의 부동산등기란 완전소유권, 제한소유권과 제한물권을 공시하는 것이 된다. 민법이 제한물권을 규율함에 있어서 제한물권을 설정하는 자의 권리·의무에 대하여도 함께 규정하고 있다는 것에서 이를 알 수가 있다. 또 물권에는 지배권만으로 구성되거나 지배권과 물권적 청구권으로 구성되는 물권도 있는바, 후자의 경우 약정 물권적 청구권인 지료청구권과 전세금반환청구권은 지배권과 함께 공시된다. 둘째, 물권법은 물권의 내용을 법률의 규정 외에 당사자의 약정으로도 정하도록 하고 있으므로, 부동산등기에 의한 공시의 구체적 내용은 법률과 당사자약정을 통하여 알 수가 있다. 셋째, 물권법상의 약정의 내용을 등기하면 그것은 물권의 성립등기사항과 존속등기사항을 구성한다. 지료약정과 전세금약정의 기재의 경우도 마찬가지이다. 지료의 약정이 없으면 유상의 지상권은 성립할 수 없다는 의미에서 그러한 것이다. 또 전세금의 기재가 전세권의 성립등기사항이 된다는 의미는 저당채권이 저당권성립등기사항이 된다는 의미와는 전혀 다르다. 저당채권은 종된 물권인 저당권의 주된 채권으로서 저당권의 외부에 존재하는 채권이다. 그러나 전세금의 기재는 용익지배권의 대가로서 지급하였던 전세금을 반환하는 것으로서 전세권에 내재하는 청구권으로서 지배권과 함께 전세권이라는 물권 자체를 구성하는 요소에 해당한다. 따라서 담보물권성의 전세권은 전세금반환청구권을 담보하기 위한 종된 물권이 아니다. 용익기간이 종료되면 전세권에서 용익지배권성이 상실되는 것일 뿐, 그 밖에 용익물권적 청구권은 그대로 존속하는 것이다. 넷째, 물권의 내용에 관한 약정을 등기하면, 완전소유권, 제한소유권과 제한물권이든 공시된 이렇듯 물권은 당사자 사이에 성립할 뿐만 아니라 물권의 양도성에 기하여 그 양수인 사이에도 존속할 수 있게 된다. 다섯째, 부동산물권의 공시의 경우 물권의 내용에 대한 약정사항을 대항등기사항이라고 하거나 이를 등기하면 제3자에 대하여 대항력이 발생하는 것이라고 할 수는 없다.

그림 18 | 부동산점유취득시효완성자의 등기청구권

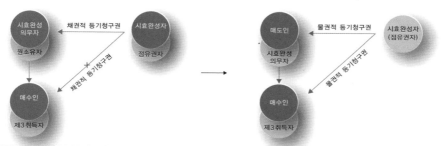

→ **부동산점유취득시효완성자의 등기청구권은 채권적 청구권**
- 등기청구권은 부동산소유자인 채무자에 대한 채권적 청구권 (특정적 대인성)
- 시효완성의무자는 시효완성자에게 채무인 등기의무를 부담
- 등기청구권은 채권적 청구권에 대한 10년의 시효(제162조 제1항)가 적용됨
- 부동산소유자에 대한 등기청구권은, 시효완성자의 점유가 계속되는 한 소멸시효는 진행되지 않음
- 시효완성자와 제3취득자 사이에는 이중매매가 적용되므로, 등기청구권은 채무자가 아닌 부동산의 제3취득자에게는 주장할 수 없음. 제3취득자가 고의인 경우에만 매매는 무효
- 원시취득: 시효완성자의 등기에 의하여 이전된 권리관계는 모두 소멸
- 시효완성자는 시효완성의무자에게 불법행위로 인한 손해배상 청구

→ **부동산점유취득시효완성자의 등기청구권은 물권적 청구권**
- 등기청구권은 부동산소유자인 물권자와 그 양수인에 대한 물권적 청구권(대물적 대인성)
- 시효완성의무자는 시효완성자에게 물권적 의무인 등기의무를 부담
- 등기청구권은 물권적 청구권으로서 채권이 아니고 소유권 이외의 재산권으로서, 20년의 시효(제162조 제2항)가 적용됨
- 부동산소유자에 대한 등기청구권은 점유가 계속되더라도 소멸시효는 진행
- 시효완성자와 제3취득자 사이에는 이중매매가 적용되지 않음, 등기청구권은 시효완성의무자의 물권적 의무를 승계하는 부동산의 양수인에게도 주장할 수 있음
- 승계취득: 시효완성자의 등기에 의하여 그의 권리와 양립할 수 없는 물권은 소멸, 제3취득자의 소유권 소멸, 지상권과 기타 물권은 존속
- 부동산점유취득시효완성자에게 소유권을 상실당한 제3취득자는 매도인에게 담보책임을 물을 수 있음

26. **물권의 새로운 패러다임에 의한 부동산점유취득시효완성자의 등기청구권 :** 종래 물권은 지배권이라는 도그마에 의하면, 부동산점유취득시효완성자에게 인정되는 등기청구권은 채권의 성질을 갖는다. 따라서 등기청구권은 10년의 소멸시효(제162조 제1항)의 대상이 된다. 판례에 의하면, 취득시효가 완성된 점유자가 그 부동산에 대한 점유를 상실한 때로부터 10년간 이를 행사하지 아니하면 소멸시효가 완성된다. 또 부동산점유취득시효완성자의 등기청구권은 취득시효완성자의 점유가 계속되는 한 소멸시효는 진행되지 않는다. 또 판례에 의하면 부동산점유취득시효가 완성되기 전에는 부동산소유자가 변경되더라도 부동산점유자가 부동산점유취득시효를 완성하는 데에는 아무런 장애가 되지 않는다. 취득시효 진행 중에 소유자가 변경되더라도 시효취득의 중단사유가 되지 않고, 또 취득시효완성 전에 권리를 취득한 제3자는 취득시효완성의 법률관계에서 당사자로 보지 않는다. 따라서 부동산점유자는 20년의 취득시효가 완성되면 등기를 하여 부동산소유권을 취득할 수 있다. 그러나 부동산의 점유자가 20년 이상을 점유하더라도 이를 등기하지 않고 있는 사이에 그 부동산에 관하여 제3자에게 소유권이전등기가 경료되면, 부동산소유자와의 사이에서 제3자가 부동산소유권이전등기의무를 인수하여 이행하기로 묵시적 또는 명시적으로 약정하

였다는 등의 특별한 사정이 인정되지 않는 한, 제3자는 소유권이전등기의무의무를 승계하지 않는다. 이는 부동산점유취득시효완성자와 시효완성의무자 사이의 법률관계를 채권관계로 보기 때문이다.

이에 반하여 물권의 새로운 패러다임에 의하면, 부동산점유취득시효완성자에게 인정되는 등기청구권은 점유권의 효력으로서 발생하는 물권적 청구권이다. 따라서 등기청구권은 취득시효완성 당시의 부동산소유자에게뿐 아니라, 부동산소유권의 양수인 누구에게나 주장할 수 있는 물권적 청구권이다. 또 시효완성의무자뿐 아니라 그 양수인은 누구나 물권자의 지위에서 취득시효완성자에 대하여 물권적 의무를 부담한다. 따라서 부동산을 20년을 넘게 점유하여 등기청구권을 취득한 자는 부동산의소유권을 취득한 제3취득자에게도 당연히 물권적 청구권인 등기청구권을 주장할 수 있다. 다만, 이 경우 물권적 청구권은 소유권을 취득하기 위하여 인정되는 권리에 지나지 않는 것이므로, 채권 및 소유권 이외의 재산권으로서 20년의 소멸시효(제162조 제2항)가 적용된다. 또 부동산소유자에 대한 물권적 청구권인 등기청구권은 점유의 효력으로서 발생한 물권적 청구권이므로 점유가 계속되더라도 소멸시효는 계속하여 진행된다. 또 취득시효완성자의 점유가 이전되는 경우에도 취득시효는 중단되지 않고 계속 진행이 된다. 따라서 20년이 경과한 후 취득시효완성자의 등기청구권이 시효로 소멸하게 되면, 제3취득자는 반사적 이익을 누리게 되어 보호를 받을 수 있게 된다. 한편 부동산점유취득시효완성자에게 인정되는 등기청구권은 점유권과 함께 양도될 수 있는 양도성을 갖는다.

27. 물권의 새로운 패러다임에 의한 지상권 : 물권의 새로운 패러다임에 의하면, 지상권의 설정자와 지상권자는 지상제한소유권과 지상권을 무상으로 또는 유상으로 성립시킬 수 있다. 첫째, 채권계약의 경우 소비대차, 위임, 임치 등은 유상으로도 무상으로도 체결될 수 있다. 이들 채권계약에 대해서는 유상이 원칙이냐 아니면 무상이 원칙이냐를 논할 수 없다. 마찬가지로 지상권의 경우도 지료의 약정이 있을 수도 있고 없을 수도 있다. 따라서 지상권은 유상으로도 무상으로도 성립할 수 있다. 이것이 언제나 유상인 물권으로서만 성립하는 전세권 또 언제나 무상인 물권으로서만 성립하는 지역권과 다른 점이다. 둘째, 채권계약이든 물권계약이든 상대방이 제공하는 급부에 대하여 일방이 지료, 임료, 보수, 대금 등의 대가를 지급하는 경우에, 그 급부

는 상대방이 제공하는 급부의 대가를 구성한다. 채권계약이든 물권계약이든 대가관계에 있는 요소는 유상계약의 본질적 요소가 된다. 셋째, 지료약정이 있는 경우, 지상권설정자는 지상권자에게 용익지배권을 설정하여 준 대가로서 지료청구권을 취득한다. 지료의 약정은 '유상'의 지상권에서 용익지배권의 대가를 구성하는 본질적 요소에 해당한다. 지배권이 유상의 지상권의 요소가 되듯이, 물권적 청구권인 지료청구권도 유상의 지상권의 요소가 된다. 넷째, 유상의 지상권의 경우 용익지배권의 대가를 구성하는 지료는 유상의 지상권의 본질적 요소로서, 지료의 약정이 등기되지 않으면 유상의 지상권 자체가 성립할 수 없다. 유상의 지상권의 경우 지료의 약정은 유상의 지상권의 성립등기사항이 되는 것이다. 지료약정의 등기는 물권법상의 원칙에 대한 예외인 사항에 대하여 등기를 허용하는 경우, 대항력이 인정되는 대항등기사항이 아니다. 따라서 통설과 판례가 지료의 지급은 지상권의 요소가 아니어서 지료에 관한 약정은 이를 등기하여야만 그 뒤에 토지소유권 또는 지상권을 양수한 사람 등 제3자에게 대항할 수 있고, 그 약정이 없는 이상 지료의 지급을 청구할 수 없다고 보는 것은 타당하지 않다. 또 통설과 판례가 채권적 청구권인 지료청구권은 지배권인 지상권의 요소가 아니기 때문에, 지상권의 성립등기사항이 될 수는 없지만, 등기가 된다면 이를 제3자에게 대항할 수 있다고 보는 것 역시 타당하지 않다. 다섯째, 부동산등기법(제69조 단서, 제4호)에서 지료와 지급시기에 대한 약정은 "등기원인에 그 약정이 있는 경우에만 기록한다."라고 규정하고 있는 것은 지료약정은 '유상의 지상권'의 경우에만 기재하라는 의미이다. 지료약정이 있을 경우에만 기재한다고 해서, 지료약정이 대항등기사항이라고 할 수는 없다. 여섯째, 당사자들 사이에 지료의 약정을 하였음에도 불구하고 이를 등기하지 않은 경우, 유상의 지상권 자체가 성립하지 않는 것이지, 지료의 약정이 없는 무상의 지상권이 성립하는 것은 아니다. 당사자들은 얼마든지 성립된 무상의 지상권의 효력을 다툴 수 있다. 일곱째, 당사자들 사이에 유상의 지상권의 합의가 있었음에도 불구하고 등기가 되지 않은 경우, 지료약정에 대하여 당사자 사이에 채권적 효력을 부여할 수 있는지가 문제이다. 우선 그것은 무상의 지상권에 대하여 지료지급채권관계를 발생시키는 것이 되어 물권법정주의에 반하는 것으로서 타당하지 않다. 즉, 그것은 한편으로 무상의 지상권을 설정하는 물권적 합의에 더하여 지료약정의 채권적 효력도 중복적으로 인정하는 것이 되어 버린다. 이것이 물권 또는 채권의 선택적 성립을 인정하여, 물권이 채권에 앞선다는 물권 우선적 효력의 원칙에 반하는 것임은 다언을 요하지 않는다. 따라서 지료약정에 대하여 채권적 효력을 인정할 수 없다. 다만, 당사자들이 무상의 지상권의 성립을 다투지 않는다면, 당사자 사이에 비채변제(제742조)의 법률관계가 발생하는 것은 얼마든지 인정될 수 있다. 즉, 지상권자가 무효인 지료약정에 기하여 지상권설정자에게 지료를 지급한 후에는 그 반환을 청구할 수가 없다.

28. 물권의 새로운 패러다임에 의한 지역권 : 민법 제298조는 "계약에 의하여 승역지소유자가 자기의 비용으로 요역지소유자의 지역권의 행사를 위하여 공작물의 설치 또는 수선의 의무를 부담한 때에는 승역지소유자의 특별승계인도 그 의무를 부담하게 된다."라고 규정하고 있다. 또 제298조의 약정은 부동산등기법(제70조 단서)에 의하여 등기된다. 우선 물권은 지배권이라는 도그마와 통설에 의하면, 제298조는 승역지소유자가 부담하는 채무에 관한 규정이 된다. 제298조는 승역지소유자의 공작물설치·수선채무의 법정 승계를 인정하여, 요역지소유자의 채권에 대하여여 대항력을 부여하는 규정이 된다. 제298조의 약정은 대항등기사항이 되는 것이다. 이에 반하여 물권의 새로운 패러다임에 의하면, 본조는 물권법정주의에 따라서 물권의 내용에 관한 당사자의 약정을 등기하는 것과 동일한 취지의 규정이다. 부동산등기법(제70조 단서)이 제298조의 약정을 등기하도록 하는 것은 당사자들뿐 아니라 그 양수인들 사이에서도 동일한 약정대로 물권적 청구권이 성립하도록 하기 위한 것이다. 따라서 제298조의 약정은 지역권의 성립등기사항을 구성한다. 즉, 당사자의 약정만으로는 당사자 사이에서 채권관계만 발생할 뿐이지만, 부동산등기에 의하여 제298조의 공작물설치·수선에 관한 권리·의무는 지배권과 결합되어 당사자들의 동의가 없더라도 지배권과 함께 이전되는 물권적 청구권관계가 되는 것이다. 따라서 승역지소유자의 의무와 요역지소유자의 청구권은 당연히 특별승계인에게 이전되는 물권적 청구권관계가 되는 것이다. 승역지소유자가 공작물설치를 완료하지 못한 경우에는 그의 특별승계인에게 설치의무가 이전되고 또 요역지소유자의 특별승계인도 승역지소유자에 대하여 공작물설치청구권을 행사할 수 있다. 제298조의 표제가 '승역지소유자의 의무와 승계'라고 되어 있지만, 이것은 법률의 규정에 의한 승계를 말하는 것이 아니다. 승계는 승역지소유자와 그 특별승계인 사이의 물권계약에 의하여 승계되는 것이다. 이 점이 승계가 원칙적으로 인정되지 않는 경우 예외적으로 수로 기타 공작물의 소유자나 몽

리자와 그의 특별승계인에 의한 전소유자나 용익자의 권리의무에 대한 법정 승계(용수권의 승계, 제233조)가 이루어지는 것과 다른 점이다. 한편 선의인 승역지소유자의 특별승계인이 공작물설치와 수선으로 인하여 부담하게 되는 비용은 승역지소유자와 승계인 사이에 체결된 증여, 매매 또한 교환계약상의 담보책임에 의하여 승역지소유자에게 구상할 수 있다(제576조).

그림 19 | 전세제한소유권과 전세권 및 전세금반환청구권의 법적 성질(용익기간 종료 전)

→ 물권법상의 전세권은 전세제한소유권과 전세권을 포괄한다. 이를 광의의 전세권이라고 부르고, 전세제한소유권을 제외한 전세권을 협의의 전세권으로 부르기로 한다.
→ 전세권이란 용익물권성과 담보물권성이 유기적으로 결합되어 있는 하나의 물권
 – 용익물권성과 담보물권성을 겸유하는 전세권은 대륙법계의 민법에는 존재하지 않는 물권
 – 전세권은 두 개의 물권이 병존하는 것이 아님
 – 전세권은 전세물에 대한 용익지배권, 용익지배권의 대가를 구성하는 전세금반환청구권, 처분지배권 및 기타 법정의 물권적 청구권으로 구성되는 물권
 – 전세제한소유권은 전세물에 대한 처분지배권, 전세금보유권, 전세금반환의무와 기타 물권적 청구권으로 구성되는 물권
→ 전세금의 지급시기
 – 등기에 의하여 지배권이 성립하기 때문에, 지배권의 대가인 전세금은 전세물의 인도를 받지 못하더라도 반드시 등기시에 지급되어야 함
 – 등기시에 전세금의 약정을 기재하는 것이 아니라, 지급되는 전세금을 기재함(부동산등기법 제72조 제1호)
→ 전세금반환청구권은 용익지배권의 대가를 구성하는 물권적 청구권으로서 용익 · 처분지배권과 함께 물권을 구성하므로, 전세금반환청구권은 전세권의 내재적 본질적 요소
 – 전세금반환청구권은 용익지배권의 대가로서 지급되었던 전세금을 반환 받는 청구권이고, 담보물권의 성립을 위한 요소임
 – 전세금반환청구권은 용익지배권의 대가이므로 용익지배권의 요소가 아니라 용익물권의 요소이고 또 담보물권의 성립을 위한 요소가 되므로 전세금반환청구권은 바로 전세권의 요소가 됨
 – 전세금반환청구권은 용익지배권의 대가로서 용익지배권의 효력도 아니고 또 용익지배권 소멸의 효과도 아님
 – 용익지배권의 대가로서의 전세금반환청구권의 성질은 용익기간 종료 전후를 불문하고 전세권의 담보물권성이 존속하는 경우에도 유지됨
 – 전세금반환청구권은 전세물에 대한 지배권과 함께 물적으로 결합되어 있으며, 용익기간 종류 후에도 마찬가지임

29. 물권의 새로운 패러다임에 의한 전세권 : 용익물권성과 담보물권성이 함께 인정되는 전세권은 대륙법이 알지 못하는 우리 고유의 물권이다. 첫째, 전세권은 용익물권성과 담보물권성이 '유기적으로' 결합된 하나의 물권이다. 전세권은 한편으로 용익지배권과 용익물권적 청구권, 다른 한편으로 담보지배권과 담보물권적 청구권이 유기적으로 결합된 하나의 물권이다. 전세권은 용익물권과 담보물권인 두 개의 물권이 별개로 존재하는 것이 아니다. 둘째, 당사자의 약정에 의하여 발생하는 용익물권적 청구권에 해당하는 전세금반환청구권은 전세권의 요소로서, 전세권과 일체를 이루어 지배권과 함께 등기에 의하여 전세권을 공시하는 것이다. 그 결과 전세금반환청구권

은 전세권의 본질이 유지되는 한 전세권 자체로부터 분리될 수 없으며, 이는 전세권의 용익기간의 존속 중뿐만 아니라 종료 후에도 마찬가지이다. 셋째, 전세금의 지급은 용익지배권을 설정하는 대가로서 등기시에 지급되는 것이다. 넷째, 전세금반환청구권은 지배권과 함께 전세물과 물적으로 결합되어 있으므로 지배권과 떼려야 뗄 수 없는 관계에 있다. 이러한 점에서 전세금반환청구권을 전세권과 분리하여 채권으로서 취급하거나 또는 그 양도에 전세권의 이전등기 외에 별도의 채권양도의 절차를 요구하는 것은 전세권의 본질에 반하는 것이다. 전세금반환청구권은 종된 물권인 저당권이 성립하기 위하여 존재하여야 하는 저당채권과는 본질이 다른 권리이다. 따라서 담보물권성의 전세권을 전세금반환청구권을 담보하기 위한 종된 물권으로 볼 수는 없다. 다섯째, 용익기간의 종료 후에는 용익지배권은 당연히 소멸된다. 그러나 이것이 용익물권성의 소멸까지도 의미하는 것은 아니다. 용익지배권에 기초하여 발생하였던 전세금반환청구권을 비롯한 유익비상환청구권 등은 청산되어야 할 법률관계로서 여전히 물권적 보호를 받는다. 한편 용익지배권이 소멸한 상태에서는 전세권자가 전세물을 사용할 경우에는, 전세권자가 전세권설정자에 대하여 전세물의 사용·수익으로 인한 부당이득반환의무를 부담하게 된다. 여섯째, 담보물권성의 전세권의 경우, 전세금반환청구권은 담보물권성의 전세권의 주된 물권적 청구권에 해당하므로, 부종성, 수반성과 물상대위성이라는 담보물권의 통유성이 인정된다. 그러나 이것이 담보물권성의 전세권이 종된 물권인 저당권과 동일하다는 것을 말하는 것은 아니다. 일곱째, 용익기간이 종료된 후에는 주된 물권적 청구권인 전세금반환청구권을 담보물권성의 전세권으로부터 분리하여 양도할 수도 있다. 다만, 이 경우에는 전세권이 소멸하는 결과 전세금반환청구권은 물권적 청구권의 속성을 상실하고 채권적 청구권으로 전환된다. 여덟째, 제306조는 담보물권성의 전세권의 성질에 반하지 않는 범위 내에서는 용익기간 종료 후에도 적용된다. 전세권자는 용익기간이 종료된 후에는 전세물에 대하여 용익지배권을 갖지 않으므로, 전세물을 타인에게 전전세 또는 임대할 수 없다. 그러나 용익지배권은 소멸하였더라도 담보물권성의 전세권을 타인에게 양도 또는 담보로 제공할 수 있다. 예를 들면, 용익지배권이 소멸한 후에도 전세금반환청구권을 저당권의 객체로 할 수 있다. 한편 용익기간의 종료 후 전세권을 양수한 양수인은 제307조에 따라서 전세권설정자에 대하여 전세금반환청구권, 유익비상환청구권 등의 용익물권적 청구권을 취득하고 용익물권적 의무인 부속물매수의무를 부담하며 또 담보물권적 청구권도 취득하게 된다. 아홉째, 전세권의 담보물권성은 물권적 청구권인 전세금반환청구권의 변제를 위하여 부여된 성질이다. 따라서 전세금의 변제가 있으면 전세권등기가 말소되지 않고 존재하더라도 전세권의 등기는 무효인 등기가 된다. 이 경우 청산되지 않고 존재하는 유익비상환청구권, 부속물매수청구권 등은 물권적 규율에서 벗어나게 되어 전세권소멸 당시의 전세물의 소유자에 대해서만 주장할 수 있는 채권으로서만 보호를 받을 수 있다. 즉, 전세권소멸당시의 전세권 설정자에 대한 채권으로서만 보호받을 수 있다.

그림 20 | 저당권의 객체

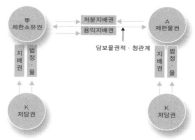

→ 물권은 지배권이라는 도그마에 의한 저당권의 객체
  - 부동산(제356조), 지상권·전세권(제371조)
  - 지배권의 도그마에 따라 물건인 부동산과 지배권인 지상권과 전세권을 저당권의 객체로 봄
→ 물권의 새로운 패러다임에 의한 저당권의 객체
  - 완전소유권(부동산소유권), 제한소유권과 제한물권이 모두 저당권의 객체가 됨
  - 매매와 경매에서 매도인이 매수인에 대하여 물질적 하자 이외에 권리추탈로 인한 담보책임(제578조 제1항)을 부담하는 것은 부동산이 아니라 부동산에 대한 완전소유권이 저당권의 객체가 된다는 반증
  - 지상권과 전세권만 아니라 지역권을 포함한 모든 제한물권이 저당권의 객체가 됨, 다만, 지역권은 종된 물권으로서 소유권에 부종하므로, '지역권'이 있는 요역 지소유권이 저당권의 객체가 됨
  - 독립한 물권인 제한소유권도 당연히 저당권의 객체가 됨, 지상제한소유권, 전세제한소유권과 지역제한소유권도 저당권의 객체가 됨, 다만, 지역권은 종된 물권으로서 소유권에 부종성하므로, 지역권의 제한이 있는 승역지소유권이 저당권의 객체가 됨
  - 지상제한소유권은 지료청구권, 전세제한소유권은 급부보유권(전세금반환의무), 지상권은 지료지급의무, 전세권은 전세금반환청구권이 지배권과 함께 저당권의 객체가 됨
→ 유익비상환청구권, 비용상환청구권, 부속물매수청구권 등도 당연히 저당권의 객체가 될 수 있음, 이하에서는 등기의 대상인 지료청구권과 전세금반환청구권만을 저당권의 객체로 상정하여 저당권의 설정과 실행에 대하여 살펴봄

30. 물권의 새로운 패러다임에 의한 저당권의 객체, 저당권의 실행과 반대채권에 의한 상계의 주장 : 우리 민법은 저당권의 객체로서 부동산(제356조)과 지상권·전세권(제371조 제1항)만을 규정하고 있다. 본규정은 물권은 지배권이라는 도그마에 기초하고 있는 규정이다. 그러나 물권의 새로운 패러다임에 의하면, 부동산이 아니라 부동산에 대한 완전소유권이 저당권의 객체가 된다. 이는 매매와 경매에서 매도인이 매수인에 대하여 물질적 하자 이외에 권리추탈로 인한 담보책임(제578조 제1항)을 부담하는

것으로부터 잘 알 수가 있다. 또 지상권과 전세권만 아니라 부동산에 대한 모든 제한물권이 저당권의 객체가 된다. 다만, 지역권은 종된물권으로서 소유권에 부종성하므로, 지역권의 제한이 있는 승역지소유권이 저당권의 객체가 된다. 그리고 독립한 물권인 제한소유권도 당연히 저당권의 객체가 된다. 즉, 지상제한소유권, 전세제한소유권과 지역제한소유권이 저당권의 객체가 된다. 지상제한소유권의 경우 저당권자는 지상권설정자의 권리의 담보가치를 파악하므로, 지배권만 저당권의 객체가 되는 것이 아니라 지료청구권도 당연히 저당권의 객체가 된다. 다만, 지역권은 종된물권으로서 소유권에 부종성하므로, '지역권'이 있는 요역지소유권이 저당권의 객체가 된다. 유상의 지상권을 설정한 지상제한소유권, 전세제한소유권, 유상의 지상권과 전세권이 저당권의 객체가 되는 경우 약정의 물권적 청구권인 지료청구권과 전세금반환청구권뿐아니라 그 밖에 법정의 유익비상환청구권 등도 당연히 저당권의 객체가 된다. 그러나 이하에서는 등기의 대상인 지료청구권과 전세금반환청구권만을 저당권의 객체로 상정하여서 저당권의 설정과 실행에 대하여 살펴본다.

지료의 약정이 있는 지상권설정자의 소유권(지상제한소유권)이 저당권의 객체인 경우, 지상권의 존속기간 중 피담보채권의 변제기가 도래하면, 저당권자는 저당권을 실행하게 된다. 이 경우 매수인은 지상권설정자의 토지에 대한 처분지배권과 잔여존속기간 동안 받을 수 있는 지료지급청구권의 교환가치를 실현하여, 그로부터 피담보채권의 우선변제를 받을 수 있다. 매각대금은 토지의 가액과 잔여 존속기간 동안 받을 수 있는 지료를 합한 금액이 된다. 매수인은 토지에 대한 소유권과 잔여기간 동안 지상권자에 대하여 지료지급청구권을 가지게 된다. 또 지료지급청구권은 저당물이 멸실하여 존속하는 권리가 아니므로, 지료청구권에 대하여는 저당권실행시에 물상대위의 법리가 준용될 수가 없다. 또 지료청구권에 대하여 압류의 절차도 필요하지 않다. 또 저당권자는 지료청구권에 대하여 우선적 지위를 확보하게 되므로, 지상권자가 지상권설정자에 대하여 취득한 반대채권이 존재하더라도 지상권설정자에 대한 상계로서 저당권자에게 대항할 수는 없다. 한편 전세권설정자의 소유권(전세제한소유권)이 저당권의 객체인 경우, 전세권의 용익기간 존속 중 피담보채권의 변제기가 도래하여 저당권자가 저당권을 실행하게 되면, 저당권자는 전세권의 제한을 받는 토지소유권의 교환가치를 실현하게 된다. 즉, 경매의 매수인은 지상권설정자(전세제한소유권자)의 전세물에 대한 소유권을 취득하고, 전세금반환의무를 부담하게 된다. 매수인은 전세금반환의무를 부담하므로 전세금을 공제하고 매각대금을 산정하게 된다. 이는 통상의 매매에서 매수인이 전세금을 공제하고 매매대금을 산정하는 것과 동일하다.

　유상의 지상권이 저당권의 객체인 경우, 피담보채권의 변제기가 도래하여 저당권자가 저당권을 실행하게 되면 경매에서 매수인은 잔여 용익기간 동안 지료지급의무가 있는 토지의 용익지배권을 취득하게 된다. 용익기간이 경과함에 따라서 지상권의 용익가치도 계속 감소하게 된다. 저당권자는 지료지급의무를 부담하여 토지에 대한 용익지배권의 교환가치를 파악하게 된다. 한편 전세권이 저당권의 객체인 경우, 저당권자는 전세물의 용익지배권과 전세금반환청구권의 교환가치를 파악하게 된다. 용익기간 중에 전세권저당권이 실행되는 경우에는 전세물의 용익지배권과 전세금반환청구권인 전세권 자체가 경매의 대상이 된다. 또 용익기간 종료 후에 전세권저당권이 실행되는 경우에는, 용익지배권이 소멸한 결과 전세금반환청구권만 저당권실행의 대상이 될 수 있다. 이 경우 전세금반환청구권은 저당물의 멸실하여 존속하는 권리가 아니므로, 이에 대하여 저당물의 멸실, 훼손 공용징수의 대가에 대하여 인정되는 물상대위의 법리가 준용될 수는 없다. 전세권저당권자는 피담보채권의 변제를 위하여 전세권설정자에 대하여 전세금반환청구권을 직접 청구를 할 수 있다.

　저당권자는 저당권의 객체인 지료청구권과 전세금반환청구권에 대하여 우선적 지위를 확보하였으므로, 저당권이 성립한 후에는 지상권자가 지상권설정자에 대하여 또 전세권설정자가 전세권자에 대하여 취득한 반대채권이 존재하더라도 지상권설정자 또는 전세권자에 대한 상계로서 저당권자에게 대항할 수는 없다.

제 1 장 물권관계의 새로운 이해

I. 서론

필자는 이미 발표한 글에서 전세물의 새로운 소유자에게 전세금반환의무를 인정한 판례에 대한 평석을 통하여 이른바 전세권관계라는 개념의 설정이 필요함을 주장하였고, 더 나아가 물권관계(물권관계는 주로 물권적 청구권관계를 내용으로 하지만 형성권관계가 있을 수 있으나, 이 글에서는 물권적 청구권관계를 중점적으로 다루고자 한다)의 개념에 대한 단초를 제시한 바 있다.[1] 필자가 이미 제시한 해석론을 정리하여 보면, 첫째, 지배권으로서의 전세권 이외에 전세권자와 전세권설정자 사이의 권리의무관계로서 전세권관계를 인정하여야 한다.[2] 전세권관계는 지배권인 전세권의 실현을 위하여 필요한 법률관계로서, 물건과 관련된 법률관계이다. 둘째, 전세권관계는 전세권자와 전세권설정자 사이의 권리·의무관계인바 주로 청구권관계를 내용으로 한다. 이 청구권관계는 전세권이라는 물권에 기초하여 발생하는 법률관계로서「물권적」관계이다. 또 이 청구권관계는 전세권설정자뿐만 아니라 전세물의 소유자 누구에 대해서도 주장할 수 있고 또 전세권자의 양수인 누구에 대해서도 주장할 수 있는 법률관계라는 점에서「물권적」관계이다. 이러한 물권관계를 구성하는 청구권은 물권적 청구권이라고 부를 수 있다. 셋째, 전세권관계는 물권관계이다. 전세권관계는 채권관계 또는 법정의 채권관계가 아니다. 판례는 전세금반환관계가 계속하여 전세물의 새로운 소유자와 전세권자의 법률관계로 존속함을 인정하고 있지만,[3] 그 이유나 근거를 명확히 제시하지 못하고 있다. 그 근거는 전세금반환관계가 물권관계라는 데에서 찾아야 할 것이

---

1) 남효순, "용익기간 중 전세물의 양도와 전세금반환의무의 이전여부 – 물권 및 물권적 청구권의 개념에 대한 새로운 이해의 단초", 서울대학교 법학 제49권 제4호(서울대학교 법학연구소, 2008), 373 – 412 참조.
2) 남효순, 전게논문, 406.
3) 대법원 2000. 6. 9. 선고 99다15122 판결; 대법원 2006. 5. 11. 선고 2006다6072 판결.

다. 즉, 전세금반환관계란 전세권이라는 물권에 기초하여 발생하고 전세물을 중심으로 하는 물권관계이기 때문이다. 전세금반환관계가 바로 물권관계이기 때문에 전세물의 양도가 있는 경우에도 전세금반환관계는 전세물의 새로운 소유자와 전세권자 사이에 존속할 수가 있는 것이다. 넷째, 전세권관계란 법정된 물권관계이다. 전세권관계는 거래의 안전을 보호하기 위하여 법률로 정하는 법정의 물권관계이다(물권법정주의). 종래 물권법정주의란 지배권인 물권의 내용과 종류는 법률이 정하는 것에 한하고, 당사자가 물권을 임의로 창설하는 것을 금한다는 것을 의미하였다.[4] 그러나 물권법정주의는 전세권관계에도 적용된다고 할 것이다. 전세권관계를 법정하는 이유는 전세물 내지는 전세권의 안정적인 거래를 보장하기 위한 것이다. 전세권관계는 물권법정주의에 따라 법정되므로 굳이 채무인수 또는 계약인수와 같은 채권법 내지는 계약법의 법적 기술에 의존하지 않고서도 새로운 소유자 또는 제한물권자에게 이전될 수 있는 것이다. 이상과 같은 해석론에 기초하여 전세권관계의 법리를 다른 제한물권에도 확장하게 되면 바로 제한물권관계를 인정할 수 있다. 요컨대 제한물권관계란 제한물권을 설정한 소유자(새로 소유물을 취득한 자도 포함한다. 이하 동일)와 제한물권자(제한물권의 양수인도 포함한다. 이하 동일) 사이에서 발생하는 법률관계(권리·의무관계)로서 물권관계가 되는 것이다.

　필자는 소유권의 확장 또는 제한으로서 설명되고 있는 상린관계도 물권관계의 범주에 포함시켜야 한다고 생각한다. 상린관계는 법정의 채권관계보다는 법정의 물권관계로 이해하는 것이 후술하는 바와 같이 여러 가지 측면에서 타당하다. 상린관계는 어느 토지소유자인 사람이 이웃 토지소유자인 사람에 대하여 갖는 법률관계로서, 이는 자신의 토지를 대항으로 하는 지배권도 이웃토지소유자를 대항으로 하는 지배권도 아니다. 상린관계도 토지소유자의 이웃토지소유자에 대한 법률관계로서 본질적으로 사람에 대한 청구권관계로서 부동산 또는 토지를 매개로 한다는 점에서 물권관계가 되는 것이다. 요컨대 상린관계와 제한물권관계는 모두 물권관계로서 지배권인 물권의 효력으로만 설명할 수는 없다.[5] 물권관계는 그 자체 독자적인 의미를 갖는다. 그러나 독립적인 관계는 아니다.

---

4) 곽윤직, 물권법[민법강의 II](박영사, 1992)(이하 곽윤직), 29.
5) 지배권과 물권관계를 포함하는 법률개념이 필요하다면 이를 광의의 물권관계로 부를 수 있을 것이다(남효순, 409 참조)

한편 필자는 물권의 실현이 방해받거나 방해의 염려가 있는 경우에 인정되는 물권적 청구권(설명을 위하여 부득이한 경우에는 협의의 물권적 청구권이라고 부르기로 한다. 이하 동일)도 실질적으로는 물권관계에 포함시킬 수 있다고 생각한다. 물권적 청구권은 물권이 침해받는 경우에 비로소 인정되는 물권의 효력이라는 점에서 그러한 침해가 없이 소유권과 제한물권의 실현을 위하여 필요한 상린관계 또는 제한물권관계와는 본질적으로 다른 점이 있지만(이 점에서 동일한 차원에서 비교하는 것이 애초에 불가능하다고 할 수도 있다), 궁극적으로는 물건을 매개로 하고 사람에 대한 청구권을 내용으로 한다는 점에서는 물권관계의 범주에 포함시킬 수 있다.

종래에도 물권관계라는 개념이 사용되었다. 이 경우 물권관계는 물건에 대한 직접적·배타적 지배관계로 이해되었다.6) 이는 사람과 물건의 관계를 의미하는 것으로서, 곧 지배권관계를 의미하는 것이다. 그러나 필자는 이제 사람과 사람과의 관계로서 물권관계를 인정하고자 하는 것이다. 다만, 이 물권관계는 특정인과 특정인 사이의 관계가 아니라 토지 또는 부동산을 매개로 하여 그 소유자(그리고 제한물권을 설정한 소유자뿐만 아니라 소유물을 새로 취득한 자를 포함한다. 이하 동일)와 소유자 또는 제한물권자(제한물권을 설정받은 자뿐만 아니라 제한물권의 양수인도 포함한다. 이하 동일)자 사이의 법률관계인 것이다.

물권관계를 당사자 사이의 권리·의무관계라고 한다면, 종래 인정하던 물권적 청구권 이외에도 제한물권관계와 상린관계에서도 물권적 청구권의 존재를 인정할 수 있다. 상린관계와 제한물권관계에서 발생하는 물권적 청구권이 협의의 물권적 청구권과는 어떠한 점에서 공통점이 있고 또 어떠한 점에서 다른 점이 있는지를 규명할 필요가 있다고 할 것이다. 이는 곧 물권관계를 규명하는 일이 될 것이다. 무릇 민법이 규정하고 있는 법률관계에 대하여는 여러 가지의 해석론이 있을 수 있다고 생각한다.

---

6) 곽윤직, 29; 민법주해[IV] 물권(3)(박병대 집필부분)(박영사, 1992)[이하 민법주해[IV]](박병대 집필부분), 189. 후자는 "전세권설정계약자간의 관계는 등기를 통하여 물권으로서의 전세권이 성립하면 이제는 채권관계가 아닌 물권관계로서 물권법정주의에 따라 법이 정한 전세권의 내용과 효력에 좇아 전세권자가 목적물을 직접 지배하는 권리의무관계로 이행된다고 볼 수 있다."고 하는데, 여기서 물권관계를 어떠한 의미로 사용하는지는 명백하지 않으나 종래의 일반적인 견해에 따라 물건에 대한 지배관계로 이해하고 있는 것으로 보인다[같은 취지, 제철웅, "전세금과 전세금반환청구권의 법적 성격", 법학논문집(중앙대학교 법학연구소, 2000)(이하 제철웅), 127].

필자가 제시하는 물권관계의 개념은 후술하는 바와 같이 여러 가지 면에서 실익이 있다. 앞으로 물권적 청구권과 물권적 의무론을 포함한 물권관계의 개념을 설명하기 위하여 계속하여 필요한 해석론을 전개하여 나갈 것이다.[7] 이하에서는 먼저 지배권 으로서의 물권론의 한계를 살펴본 후에 각 물권적 청구권의 공통점과 특이점을 검토 하기로 한다.

II. 지배권으로서의 물권론의 한계

필자는 물권이 지배권으로서 포괄적인 권리임을 부정하지는 않는다. 또 필자는 상 린관계와 제한물권관계가 소유권과 제한물권에 기초하여 발생한다는 것 역시 부정하 지 않는다. 그러나 이 경우에도 물권은 어디까지나 객체를 대항으로 하는 지배권을 가리킬 뿐이다. 이러한 물권 개념으로는 상대방에 대한 청구권관계인 상린관계와 제 한물권관계를 설명할 수는 없는 것이다. 필자는 물권관계에도 독자적인 법체계가 있 다는 것을 말하는 것일 뿐이다. 지배권으로서의 물권론이 갖는 한계는 여러 측면에서 검토할 수 있다. 이는 후술하는 물권·채권론이 갖는 한계와 문제점이기도 하다. 여기 서는 지배권으로서의 물권론이 야기하는 의문들을 살펴보고, 물권관계의 검토를 위 하여 필요한 범위에서 지배권으로서의 물권론의 한계를 살펴보고자 한다.

1. 지배권으로서의 물권론이 야기하는 의문들

지배권으로서의 물권론은 우리 민법 물권편의 많은 규정들과 물권에 관한 많은 주제들을 충분히 설명할 수 없다. 우선 민법 제2편의 물권관계에 관한 많은 규정들은 지배권만으로는 설명할 수가 없는 문제점이 있다. 만일 물권을 지배권으로만 한정하 여 설명한다면, 이 규정들은 물권법이 아니라는 사실을 자인하는 것이 되고 만다. 또 물권은 법률 또는 관습법에 의하는 외에는 임의로 창설하지 못한다는 물권법정주 의가 예정하고 있는 물권은 지배권으로만 이해되고 있다.[8] 그렇다면 물권법정주의는 물권관계에는 적용되지 않는 것인가 하는 의문이 자연스럽게 제기된다. 또 일반적으

---

7) 예를 들면, 공동소유와 점유권 등이 추후 연구주제가 될 것이다.
8) 곽윤직, 34.

로 물권법은 배타성을 가지는 물권에 관하여 규정하는 것이기 때문에 사적 자치가
허용되는 범위가 좁아서, 물권법의 대부분은 강행규정이라고 한다.9) 이 설명은 지배
권을 전제로 하는 것이기 때문에, 물권관계에 관한 규정도 강행규정인지의 여부를
알 수가 없다. 또 물권관계에 관한 규정 중 어떠한 규정들이 임의규정이고 강행규정
인지를 구별하는 기준은 지배권만으로는 도출되지 않는다. 판례는 상린관계에 관한
민법 제242조, 제244조와 관련하여 해당 규정들을 임의규정이라고 판시하고 있다.10)
판례는 이들 규정은 강행규정이라고 볼 수 없으므로 임의규정이라고 하는 동어반복
적인 판시를 하고 있을 뿐이어서 전혀 시사점을 주지 못한다. 그렇다면 상린관계에
관한 다른 규정들은 임의규정인지가 역시 문제이다. 또 어느 토지소유권의 변동이
있는 경우 새로운 소유자 또는 이웃 토지소유자 사이에 기존에 존재하던 권리 · 의무
가 승계되는지의 여부에 대하여도 지배권론 그 자체만으로는 아무런 해결을 줄 수
없다. 민법 제233조는 용수권의 승계를 인정하고 있으나 그 밖의 상린관계에 관한
규정들은 이러한 규율을 두고 있지 않아서, 자연히 승계 여부가 문제가 되는 것이다.
한편 제한물권관계의 경우도 많은 의문들이 제기되고 있다. 전세권자가 목적물의 성
질에 의한 용법으로 이를 사용, 수익하지 않을 경우 전세권설정자는 전세권의 소멸을
청구할 수 있는바(제311조), 이 경우 전세권설정자는 채권계약을 해지하여 전세권을
소멸시킬 수가 없는지가 의문이다. 이 의문은 물권법상의 의무의 불이행은 채권계약
의 불이행과 어떠한 관계에 있는 것인가 하는 것이다. 다시 말하면, 물권관계에는
채권 내지는 채권법에 관한 규정이 어느 범위에서 유추적용을 하여야 할 것인지가
문제라고 할 것이다. 또 지배권론은 소유물 또는 제한물권이 양도되는 때에는 새로운
소유자 또는 제한물권자 사이에 종전의 청구권관계가 그대로 존속하는지 아니면 어
떠한 형태로든 변형이 되어 존속하는지에 대하여서도 아무런 해결책을 제시하지 못
한다. 예를 들면, 전세물에 대하여 발생한 손해배상의무(제315조)가 변제되지 못한 상
태에서 소유물이 양도되는 경우 이 의무는 이전되느냐의 여부가 문제이다. 그리고
판례에 의하면 전세금반환의무는 전세물의 새로운 소유자에게 이전되는데 과연 그
근거가 무엇인지와 관련하여 지배권론은 아무런 근거를 제시하지 못한다. 이상의 많

---

9) 곽윤직, 9.
10) 대법원 1982. 10. 26. 선고 80다1634 판결; 대법원 1962. 11. 1. 선고 62다567 판결.

은 의문들은 물권을 지배권으로만 이해하는 한 결코 해결할 수 없다고 할 것이다. 물론 민법의 물권편은 법정채권에 관한 규정도 포함되어 있다는 해석론도 가능하지만,[11] 필자는 물권법은 어디까지나 물권법으로서 이해하고 해결하는 것이 필요하다고 생각한다. 필자는 물권관계의 특징과 그 법적 성질의 규명을 통하여 이를 해결하고자 하는 것이다. 법적 성격이나 특징의 규명은 바로 법적 해결의 실마리가 될 수 있기 때문이다.

2. 소유권에서의 지배권의 불충분성

물권 중 가장 전형적인 소유권을 전면적 지배성과 휘일성을 갖는 권리라고 설명하는 경우에도 그것은 어디까지나 객체를 대항으로 하는 지배권을 전제로 하는 것일 뿐이다. 민법 제211조는 소유자는 법률의 범위내에서 그 「소유물」을 사용, 수익, 처분할 권리가 있다고 규정하고 있다. 또 민법 제212조는 토지의 소유권은 정당한 이익 있는 범위내에서 토지의 상하에 미친다고 규정하고 있다. 이 양조문은 지배권으로서의 소유권에 관한 규정임에 틀림이 없다. 그런데 이러한 「물건」을 대항으로 하는 지배권만으로는 소유권을 완전히 설명하기에는 불충분하다는 것을 단적으로 보여주는 것이 바로 상린관계(제216조 내지 제244조)이다. 물건을 대항으로 하는 지배권으로 시종할 수 있는 소유권은 동산에 대한 소유권에 한한다. 또 다른 토지와 분리되어 홀로 존재하는 토지에 대한 소유권도 그러한 물권에 해당한다고 할 수 있을지도 모른다. 그러나 그 밖의 토지는 숙명적으로 이웃토지와의 관계에서 존재하게 된다. 어느 토지에 대한 사용지배는 이웃 토지와의 관계로부터 단절될 수가 없다. 따라서 필연적으로 토지를 대항으로 하는 지배권은 이웃토지소유자에 대한 권리의무관계를 필요로 한다. 물론 상린관계로 인하여 어느 토지소유자가 이웃토지소유자에 대하여 갖는 권리는 해당 토지의 사용지배인 지배권을 실현하기 위한 것이라고 할 수 있다. 달리 말하면, 그 권리는 소유 토지에 대한 온전한 지배를 실현하기 위하여 필요한 것이라고 할 수 있다. 이 점에서 형식적으로는 일면 상린관계는 지배권인 소유권의 확장이라고 볼 수 있다. 또 역으로 어느 토지이든 각각의 처한 상황에 따라 이웃하는 토지의 사용

---

11) 제310조, 제311조, 제312조, 제316조 등을 법정채권관계를 규율하는 것으로 이해하는 해석론으로 제철웅, 127, 139 참조.

자로부터 일정한 제한을 받지 않을 수 없다. 이 의무가 성립하는 범위에서 해당 토지에 대한 사용지배의 내용이 결정되는 것이다. 이 점에서 또한 상린관계는 지배권인 소유권의 제한이라고 할 수 있다. 그러나 이러한 언명이 소유권의 확장과 제한으로서의 상린관계가 지배권임을 의미하는 것은 아니다. 요컨대 이웃의 토지와 단절될 수 없는 토지에 대한 소유권이란 어느 토지에 대한 사용·수익·처분권 등을 내용으로 하는 지배권(지배권적 소유권)과 함께, 이웃 토지의 소유자에 대한 일정한 권리 또는 의무의 물권관계(상린관계)로 구성된다고 할 것이다.

3. 제한물권에서의 지배권의 불충분성

지배권만으로는 제한물권에 관한 민법의 모든 규정을 충분히 설명할 수 없다. 제한물권 그 자체도 소유자와의 관계에서 비로소 그 의미를 갖는다. 또 제한물권관계는 바로 소유자에 대한 직접적인 법률관계라는 점에서 소유자와의 관계에를 떠나서는 그 의미를 가질 수 없다.

(1) 소유자에 대한 권리로서의 제한물권

타인의 소유물을 대항으로 하는 지배권인 제한물권 즉, 타물권은 어느 소유자가 가지고 있는 권능의 일부를 타인이 취득하여 독자적인 권리로 성립된 물권을 말한다. 타물권은 의무자의 이행의 문제를 남기지 않는다는 점에서 바로 채권과 대비되는 것이다. 그러나 타물권이라고 하더라도 이를 설정한 소유자(소유물을 새로 취득한 자도 포함한다. 이하 동일)와의 관계를 떠나서는 논할 수가 없다. 이는 제한물권이 타물권이라는 성질에서 비롯되는 당연한 결과라고 할 것이다. 어느 소유자의 소유물 위에 타물권이 성립하고 있다는 사실은 바로 소유자가 타물권에 의하여 제한을 받고 있다는 것을 말한다. 용익물권자가 용익물에 대하여 지배권을 취득하면, 소유자의 용익권능은 일시적으로 소멸하거나(지상권과 전세권의 경우) 또는 축소되는(지역권의 경우) 제한을 받게 된다. 마찬가지로 담보물권자가 피담보채권의 범위내에서 담보물에 대한 교환가지를 확보하면, 소유자의 처분권은 질적인 제한을 받게 된다. 이렇듯 누군가에게 용익물권이나 담보물권이 설정되는 경우, 소유자는 소유권의 권능의 일부를 양적으로 또는 질적으로 상실하는 불이익을 받게 된다. 의무란 일정한 불이익을 받는 법적 지위라고 한다면, 소유자가 바로 이러한 지위에 있다고 할 것이다. 용익기간이 종료되거나 피담보채권이 변제되면, 제한물권자가 취득한 용익권과 처분권은 다시 소유자에게로 복귀되어 소유자의 의무는 소멸하게 된다. 타인의 제한물권에 의한 제한을 받는 소유권은 제한적 소유권이라고 부를 수 있고, 이러한 타물권의 제한을 받는 소유자는 제한적 소유자라고 부를 수 있을 것이다. 요컨대 지배권인 제한물권은 타물권이라는 바로 그 점에서 소유자를 의무자로 하는 권리라고 할 것이다.

(2) 소유자에 대한 권리·의무관계로서의 제한물권관계: 지배권이 아닌 제한물권관계

제한물권을 설정한 소유자가 의무자가 된다는 것에는 또 다른 커다란 의미가 있다. 민법은 많은 규정을 두어 소유자와 제한물권자 사이에는 일정한 권리·의무관계(청구권관계 또는 형성권관계)를 규정하고 있다. 아무런 계약관계가 없는 인접토지의 소유자 사이에서도 상린관계라고 하는 법정의 권리의무관계가 발생한다면, 소유자와 제한물권자 사이에는 어떤 의미로든 더 강한 의미의 법정의 권리관계가 발생한다는 것은 너무나 당연한 것이다. 우선 용익물권의 경우 용익물권의 사용·수익을 위해서는 필연적으로 소유자와의 관계에서 일정한 권리와 의무가 발생한다. 예를 들면, 지상권설정자는 지상권자에게 지상물매수청구권을 가지고(제285조), 당사자들은 지료증감청구권을 갖는다(제286조 제1항). 또 지역권의 경우 승역지소유자는 지역권자가 설치한 시설을 사용할 권리(제300조 제1항)를 갖는 반면에 공작물의 설치·보존의 비용을 부담하여야 하는 의무를 지게 된다(제300조 제2항). 그리고 전세권자가 소유자에 대하여 전세물에 대한 유지·수선의무(제309조)를 부담하고 또 전세권자와 전세권설정자는 상대방에 대하여 전세금의 증감청구권(제312조의2)을 가지는 경우가 그러하다. 한편 담보물권의 경우도 물건의 교환가치를 대항으로 하는 지배권만으로 설명되지 않는 규정들이 많이 존재한다. 예를 들면, 유치권(제320조)과 질권(제329조)의 경우 담보물권자는 점유하는 담보물에 대하여 선관주의의 보존의무(제324조, 제343조)를 부담하게 된다. 이 경우 담보물 소유자의 용익권은 제한을 받게 된다. 또 나아가 저당물의 소유자는 저당권자에 대하여 저당물의 가치의 보존에 따른 저당물보충의무를 부담하게 된다(제362조). 이상에서 살펴본 소유자와 제한물권자 사이에는 발생하는 일정한 권리·의무관계(청구권관계 또는 형성권관계)는 목적물을 대항으로 하는 지배권의 실현을 위한 것이라고 할 수 있을지도 모르지만, 결코 이를 목적물을 대항으로 하는 지배권이라고만 말 할 수는 없는 것이다. 따라서 제한물권관계는 결코 소유자와의 관계로부터 단절될 수가 없는 것이다.

4. 소결

이상에서 살펴본 바와 같이 필자는 민법의 제2편 물권편의 상린관계와 제한물권관계에 관한 규정들을 물권 또는 물건과 관련하여 체계적으로 설명하기 위해서는 물권관계라는 개념이 필요하다고 생각한다. 그러나 예를 들면, 제한물권관계를 인정한다고 해서 당사자 사이에 제한물권을 설정할 의무를 발생시키는 채권계약의 법리가 적용된다는 것을 부정하는 것은 아니다. 다시 말하면, 당사자 사이에서 제한물권관계를 인정한다고 해서 당사자 사이의 모든 문제가 물권관계인 제한물권관계의 문제로 해결된다는 것을 의미하는 것은 아니다. 후술하는 바와 같이 소유자와 제한물권자 사이에서는 여전히 채권계약의 당사자로서의 관계와 지위가 인정되고 이는 채권법의 적용을 받아 해결하여야 한다. 다만, 민법은 물권편에서 채권계약을 체결한 사람이 누구이냐에 관계없이 일정한 사항을 물건과 관련하여 규율하고자 물권관계에 대하여 규정하고 있는 것일 뿐이다. 그 결과 제한물권이 설정된 목적물의 소유권과 제한물권이 끊임없이 변동이 되는 경우에도, 당사자 사이의 물권관계는 물권편의 규정만으로 규율이 되는 것이다. 바로 이 점에서 물권법이 채권법과 근본적으로 다른 점이라고 할 것이다. 논란의 중심에 있는 것이 바로 전세금반환의무관계인데, 현행 물권법의 규정만으로는 명확하지 않은 점이 있지만, 판례는 그 승계를 인정하여 결과적으로 물권관계로서 인정하고 있다. 그런데 사물의 성질상 물권관계로서 규율이 되어야 하는 사항도 있고 그렇지 않은 사항도 있다고 할 것이다. 예를 들면 담보물권의 피담보채권은 담보물의 양도와 함께 이전되지 않는다는 점에서 채권관계로 남게 되는 것이다. 피담보채권은 담보물권이 존속하는 전제가 된다는 점에서 물권관계와 일정한 관련성을 가질 뿐이다.

Ⅲ. 물권관계: 물권적 청구권관계

물권관계란 물건을 매개로 하는 법률관계로서 사람에 대한 청구권관계를 내용으로 한다. 무엇보다도 물권관계를 물권적 청구권관계(또는 형성권적 관계)로서 이해하여 그 성질과 특징을 규명하는 것이 필요하다고 할 것이다. 그러할 때 비로소 민법전 제2편의 규정 중 물권관계에 관한 규정들에 대하여 온당한 법적 지위를 부여할 수 있고 나아가 물권편 전반이 갖추어야 할 면모를 파악하게 될 것이다. 이하에서 먼저 물권관계 일반에 적용되어야 할 법리를 검토하고 난 후 개별적 물권관계의 쟁점 들을 검토하기로 한다.

1. 물권관계 일반

물권관계에 공통된 법리로서 여러 가지를 생각할 수 있겠으나, 이 글에서는 물권관계와 물권법정주의, 물건관계의 취득과 이전, 물관관계의 대세성, 물권관계와 채권규정과의 관계, 즉 물권적 청구권의 보호와 물권적 의무의 불이행에 대한 규율, 물권관계와 소멸시효 등의 문제에 대하여 살펴보기로 한다.[12]

(1) 물권관계와 물권법정주의

물권관계는 지배권인 물권처럼 공시가 의무적 사항이 아니다. 그런데 새로운 소유자를 예상하지 못한 물권관계로부터 보호하는 방법에는 등기만 있는 것이 아니다(물론 일정한 경우 물권관계가 등기에 의하여 공시가 되는 경우가 있다). 물권관계를 그 내용을 미리 예견할 수 있도록 법률에 의하여 정함으로써, 제한물의 새로운 소유자는 물권관계의 종류와 내용을 미리 알 수 있는 길이 열려 있는 것이다. 따라서 물권은 한편으로 지배권인 물권은 법률로서 그 종류와 내용을 정한 후(물권법정주의) 이를 등기를 하고, 다른 한편으로 물권관계는 물권법정주의에 의하여 그 내용을 미리 밝혀 둠으로써 물권에 대한 거래가 안전하게 보호를 받을 수 있게 된다. 그러나 후술하는 바와 같이 물권관계에 물권법정주의가 적용된다고 해서 물권관계에 관한 규정이 모두 강행규정인 것은 아니다.

(2) 물권관계의 취득과 이전

물권관계는 지배권인 물권에 기초하여 발생하고 그 물권과 함께 소멸하는 성질을 갖는다. 이처럼 물권관계는 물권을 떠나서는 존재할 수 없다. 즉, 물권이 침해를 받는

---

12) 추후 연구가 더 필요한 부분이다.

소극적 상황에서 인정되는 물권적 청구권이든 또는 물권의 실현을 위한 적극적 상황
에서 인정되는 상린관계 또는 제한물권관계이든 물권관계는 물권과 분리하여 존재할
수 없는 것이다. 그런데 소유권과 제한물권의 당사자가 변경되는 경우에 물권관계는
어떠한 상태에 놓이게 되는지가 문제이다.

(가) 협의의 물권적 청구권의 이전

협의의 물권적 청구권은 물권의 취득에 따라 발생한다. A토지의 소유자 甲은 자신
의 소유권을 침해하는 乙에 대하여 물권적 청구권을 갖는다. 이 경우 새로운 소유자
는 종전의 소유자의 물권적 청구권을 승계하는 것인가? 그렇지 않다고 할 것이다.
새로운 소유자는 소유권을 취득한 순간부터 비로소 물권적 청구권을 가지게 되는 것
이다. 즉, A토지의 새로운 소유자 丙은 그가 취득하는 새로운 소유권에 기초하여 乙
에 대하여 물권적 청구권을 취득하는 것일 뿐, 전소유자 甲이 갖던 물권적 청구권을
이전받는 것이 아니다.

(나) 상린관계의 취득과 이전

상린관계는 소유권에 기초하여 발생하는 청구권관계이다. 상린관계는 토지소유자
와 이웃토지소유자 사이에 아무런 약정이 없어도 지배권인 소유권 그 자체에 기하여
발생하는 법률관계이다. 甲소유의 A토지에 대하여 새로운 소유권을 취득한 토지소유
자 丙은 당연히 자신의 소유권의 실현을 위하여 필요한 상린관계상의 청구권을 이웃
토지 B의 소유자 乙에 대하여 가지게 되고, 반대로 甲은 당연히 이웃 토지 B의 소유
자 乙에 대하여 상린관계상의 의무를 부담하게 된다. 또 역으로 乙 소유의 이웃 토지
B에 대하여 소유권승계가 있는 경우에도 역시 새로운 소유자 丁은 소유권에 기초하
여 자신의 상린관계상의 권리를 가지게 된다. 이 경우 상린관계는 소유물의 양도와
함께 당연히 승계되는 것인지가 문제이다. 민법은 일정한 경우 상린관계에 관한 승계
규정을 두고 있다. 민법 제233조는 공작물소유자나 몽리자의 특별승계인은 전소유자
나 몽리자의 권리의무를 승계한다고 규정하고 있다. 이를 당연규정이라고 볼 것인지
아니면 예외규정이라고 볼 것인지가 문제이다. **생각건대 상린관계란 어디까지나 현재
의 토지의 물적 상태를 전제로 하여 그 이용상태를 조절하기 위하여 인정되는 법률관
계라고 본다면, 새로운 소유자는 원칙적으로 취득 당시의 토지의 물적 상황에 기초하**

여 상린관계상의 권리·의무를 취득한다고 할 것이다. 이 점에서 새로운 토지소유자
의 상린관계는 종전 소유자의 상린관계를 승계하는 것이 아니라고 할 것이다. 따라서
특별한 규정이 없는 한 상린관계는 어디까지나 소유권의 취득과 함께 발생한다고 보
아야 할 것으로 승계를 부정하여야 할 것이다.

(다) 제한물권관계의 이전

제한물권관계는 제한물권과 함께 그 전전승계가 예정되어 있다. 다시 말하면, 제한
물권관계는 제한물권을 설정하는 당사자가 누구이냐에 관계없이 당사자와 승계인 누
구에 대해서도 동일한 법률관계로서 예정되어 있는 것이다. 그 결과 제한물권을 설정
하는 당사자뿐만 아니라 그들의 승계인 사이의 약정으로 제한물권관계의 내용을 임
의로 변경하지는 못한다. 이 점에서 제한물권관계는 승계인인 제3자와의 사이에서도
존속되어야 할 물권관계라고 할 것이다. 예를 들면, A토지의 소유자 甲이 乙에게 전
세권을 설정한 경우, 새로 소유권을 취득한 토지소유자 丙은 당연히 종전과 동일한
전세권관계를 승계하게 된다. 또 乙의 전세권을 양수한 丁도 동일한 전세권관계를
승계하게 된다. 바로 이 점에서 제한물권관계는 협의의 물권적 청구권과 상린관계와
는 다르다고 할 것이다. 또 예를 들면, 지료가 등기되어 제3자에게 대항할 수 있는
경우(부동산등기법 69조 5호). 지상권자가 지료를 1년간 체납하고 있는 도중에 지상권설
정자가 토지를 타인에게 양도하였다면, 새로운 토지소유자는 체납된 1년간의 지료를
지상권자에게 청구할 수는 없지만 1년이 경과한 후에는 지상권소멸청구권이 발생한
다고 할 것이다(제287조).[13]

소유권 또는 제한물권을 양도하는 경우 제한물권관계가 승계되는 데에는 소유자와
제한물권자 사이에 체결되었던 채권관계약과 물권계약 자체가 이전되는 것은 아니
다. 지배권인 제한물권은 등기에 의하여 공시되고 또 제한물권관계는 법정되어 있기
때문에 계약관계가 승계되지 않더라도 제한물권과 그에 기초한 물권관계가 승계되는
데에는 전혀 문제가 없다. 그리고 이를 위하여 특별한 규정도 필요하지 않다. 이는
당연한 법정승계에 해당한다. 이에 반하여 채권의 경우는 반드시 특별한 규정이 마련
되어 있어야 한다. 법률의 규정이 없으면 채무인수와 계약인수가 없는 한 승계될 수

---

13) 같은 취지, 강성태, 666.

없는 것이다. 예를 들면, 주책임대차보호법 제3조 제3항은 "임차주택의 양수인은 임대인의 지위를 승계한 것으로 본다."고 규정하고 있는데, 이는 본규정이 있어서 비로소 임대차관계가 승계될 수 있는 것이다. 즉, 주택임대차보호법은 임차인을 보호하기 위하여 종전의 임대인과 임차인 사이의 임대차관계가 동일성을 유지하면서 양수인 및 임차인에게 포괄적으로 이전된다고 보는 것이다.14) 그 밖에 등기 등의 요건을 갖추어 임대인에 대하여 대항력이 인정되는 경우에도 대항력의 본질상 당연히 법정승계가 있는 것으로 본다.15) 예를 들면, 대항력이 있는 임차권의 경우(제621조, 제622조) 임차물의 양수인은 임대차보증금반환의무를 당연히 부담하게 된다.16) 요컨대 협의의 물권적 청구권과 상린관계의 경우 새로운 소유자는 소유권의 취득과 더불어 물권적 청구권관계를 취득하게 되지만, 제한물권의 경우는 목적물의 새로운 소유자나 새로운 제한물권자는 소유물이나 제한물권의 취득과 함께 종전의 물권적 청구권관계를 승계하는 것이다.

(라) 물권관계의 우선적용과 채권계약에 의한 보상

물권관계는 채권관계에 우선하여 적용된다. 이는 물권의 채권에 대한 우선적 효력에 따른 당연한 결과이다. 따라서 만일 새로운 소유자와 새로운 제한물권자가 제한물권관계로 인하여 불이익을 받게 되면, 이러한 불이익은 자신의 종전 권리자와 체결한 계약관계, 즉 채권계약관계에서 보상을 받게 된다. 물권관계로 받는 제한과 부담은 원시적 하자를 구성하게 되어 종전 권리자는 양수인에 대하여 담보책임을 지게 되고, 그 계약관계가 무상계약인 경우에는 원칙적으로 채무불이행책임을 지게 된다. 예를 들면, 전세물의 양도가 있는 경우 새로운 소유자가 전세금반환의무를 부담하게 되어 받는 불이익은 종전 소유자와의 관계에서 담보책임(제576조)의 문제로 해결된다. 또 계약의 당사자가 아닌 자 예를 들면, 전세권의 양도가 있는 경우 전세권설정자가 받

---

14) 곽윤직, 채권각론(박영사, 2000). 274; 김형배, 채권각론[계약법](박영사, 1997), 494.

15) 양창수 · 김형석, 권리의 보전과 담보(박영사, 2012), 570,

16) "주택의 임차인이 제3자에 대하여 대항력을 구비한 후에 그 주택의 소유권이 양도된 경우에는 그 양수인이 임대인의 지위를 승계하게 되는 것으로 임대차보증금반환채무도 주택의 소유권과 결합하여 일체로서 이전하는 것이며 이에 따라 양도인의 임차보증금반환채무는 소멸하는 것이다."(대법원 1989. 10. 24. 선고 88다카13172 판결).

는 불이익은 전세권관계가 법정됨으로써 최소화되는 것이다.

(3) 물권관계의 대세성17): 물권적 청구권과 물적 의무의 특징

상린관계와 제한물권관계에서 발생하는 권리와 의무 그리고 협의의 물권적 청구권과 그에 대응하는 의무는 다음의 세 가지 점에서 특징을 가지고 있다고 할 것이다. 이를 제한물권관계에서 발생하는 물권적 청구권을 중심으로 살펴본다. 우선 첫째, 제한물권자가 소유자에 대하여 갖는 청구권은 제한물권에 기초하여 발생하는 청구권으로서「물권적」청구권이다. 둘째, 제한물권자의 청구권은 제한물권을 설정한 소유자뿐만 아니라 목적물을 승계하는 새로운 소유자「누구에 대해서도」주장할 수 있는 권리라는 점에서 또한「물권적」청구권의 성질을 갖는다.18) 다시 말하면, 이 청구권은 목적물의「어느 특정의 소유자」에게 대하여서만 주장할 수 있는 것이 아니라, 목적물의「소유자 누구에 대해서도」주장할 수 있다는 점에서「채권적」청구권이 아니라「물권적」청구권에 해당한다. 또 소유자가 제한물권자에 대하여 갖는 청구권은 제한물권자의 승계인이 누구이냐를 불문하고 승계인「누구에 대해서도」주장할 수 있다는 점에서 역시「물권적」청구권의 성질을 갖는 것이다. 셋째, 소유자와 제한물권자가 서로에 대하여 갖는 청구권은 목적물을 매개로 또는 중심으로 발생한다는 점에서「물적」청구권인 것이다. 즉, 물권적 청구권은 지배권인 제한물권의 객체와 불가분의 관계가 있다는 점에서 그리고 그러한 점에서 물건에 고착된다고 볼 수 있다는 점에서「물적」청구권이 되는 것이다(obligation propter rem). 한편 이상의 설명은 소유자와 제한물권자가 서로에 대하여 부담하는 의무에 대하여도 동일하게 적용할 수 있다. 이 의무는 소유권과 제한물권에 기초하여 발생하는 의무라는 점에서「물권적」의무이고, 소유권자「누구나」부담하여야 하고 또 제한물권자「누구에 대해서도」부담하여야 한다는 점에서 역시「물권적」의무이다. 또 제한물권자「누구나」소유권자「누구에 대해서도」부담하여야 하는「물적」의무인 것이다. 달리 말하면 이「물권적 의무」는 목적물을 매개로 또는 중심으로 발생한다는 점에서「물적」의무인 것이다.

---

17) 물권은 이를 침해하는 자 누구에 대해서도 물권적 청구권을 주장할 수 있는 것과 같이, 제한물권자의 청구권은 목적물의 소유자 누구에 대해서도 주장할 수 있다는 점에서 비록 제한적이기는 하지만「대세적」인 권리로서의 성질을 인정할 수 있을 것이다.

18) 남효순, 408.

이처럼 물권적 의무는 물권적 청구권과 대척관계에 있는 것이다. 그리고 협의의 물권적 청구권의 경우 상대방은 물건을 침해하였다는 사정으로 인하여 물건과 관련된 물적 의무를 부담하게 되는 것이다. 판례는 협의의 물권적 청구권의 경우 이러한 의무를 물권적 의무라고 부르고 있지만,[19] 상린관계나 제한물권관계에서 인정되는 의무에 대하여도 동일하다고 할 것이다. 요컨대 제한물권관계에서 발생하는 청구권과 그에 대한 의무, 상린관계에서 발생하는 청구권과 그에 대한 의무도 이른바 물권적 청구권과 그에 대한 의무와 마찬가지로 물권적 청구권과 물적 의무의 성질을 갖는 것이다. 바로 이러한 이유에서 소유물이 양도되더라도 상린관계는 새로운 토지소유자와 이웃토지사이에 존속하게 되고 또 제한물권이 설정된 목적물이나 제한물권이 양도되더라도 제한물권관계가 역시 새로운 소유자와 새로운 제한물권자 사이에 존속하게 된다는 점에서 「물권적 청구권」이고 「물적 의무」인 것이다.

한편 물권관계는 이상의 특성상 소유권과 제한물권의 양도 이외에 별도의 물권관계의 양도나 인수의 절차가 필요하지 않다고 할 것이다. 이 점이 채권적 청구권과 채무와 다른 점이다. 채권적 청구권이나 채무의 경우 채권이 공시가 되지 않으므로 원칙적으로 채권자의 승인과 채무자의 동의가 필요다. 바로 이 점이 물권관계를 단순히 법정채권관계라고 할 수 없는 이유라고 할 것이다.

(4) 물권관계와 채권규정과의 관계: 물권적 청구권의 보호와 물권적 의무의 불이행에 대한 규율

민법은 물권편에서 물권적 청구권 일반에 대하여는 아무런 규정을 두고 있지 않다. 또 물적 의무 일반에 대하여도 물권편에는 아무런 규정이 없다. 다만, 민법은 물권편에서 물적 의무의 불이행과 관련하여 일정한 경우에만 특별규정을 두고 있을 뿐이다 (제287조, 제311조, 제313조, 315조 등). 생각건대 물권적 청구권도 채권적 청구권과 같이

---

19) "소유권이전등기말소소송은 OOO에게로 넘어간 등기의 말소를 물권적 청구권에 터 잡아 소유권의 방해배제를 구하는 것이므로 그 소송에서 이뤄진 설시 재판상 화해조서 3항에서 OOO이가 지는 등기말소의무는 그 1항의 금전지급의무의 불이행시에 피고회사에 대하여 새로이 소유권을 이전하는 따위의 대인적채무가 아니고 위 금전지급의무 불이행을 조건으로 하는 피고회사의 소유권에 기한 방해배제청구권에 대응하는 물권적인 소유권이전등기의 말소의무라고 판시하고 이런 물권적 의무를 지고 있는 OOO으로부터 그 재판상 화해 성립후에 담보권을 설정해 받은 원고는 변론종결후의 승계인에 해당된다."(대법원 1977. 3. 22. 선고 76다2778 판결).

청구권이라는 점에서 채권에 관한 규정 중 물권적 청구권의 성질에 반하지 않는 한 유추적용될 수 있다고 할 것이다. 예를 들면, 채권자대위권(제404조)20) 등의 규정이 그러하다. 그리고 물적 의무의 불이행에 대하여는 채무불이행(제387조 이하)과 강제이행의 방법(제389조 제1항)에 관한 규정, 그 외에 변제(제460조 이하), 수령지체(제420조 이하)에 관한 규정들이 유추적용된다고 할 것이다.

한편 물권관계를 인정한다고 해서 당사자 사이의 모든 법률관계가 이에 의해서만 해결되는 것은 아니다. 즉, 물권을 설정할 의무를 발생시키는 채권계약의 법리가 배제된다는 것을 말하는 것은 아니다. 민법은 물권편에서 채권계약을 체결한 사람이 누구이냐에 관계없이 일정한 사항을 물건과 관련하여 규율하고자 물권관계를 규정하는 것일 뿐이다. 그 이외에는 채권계약의 당사자로서의 관계와 지위가 인정되고 그 범위에서는 채권법의 적용을 받아야 할 것이다.

(가) 채권계약의 불이행

물권이 설정·양도되는 법률적 과정은 다음과 같다. 당사자 사이에 물권을 설정·양도하는 채무를 발생시키는 채권계약과 이를 이행하기 위한 물권계약과 등기가 있게 된다. 예를 들면, 전세권이 설정되기 위해서는 전세권설정의 채무를 발생시키는 채권계약이 체결된다. 채권계약에 의하여 일방은 전세권을 설정할 채무를 부담하고, 상대방은 전세권의 설정을 청구할 채권을 취득한다. 이 단계에서는 채권자와 채무자만 존재하여, 채권자는 전세권을 설정 받을 예정자이고 채무자는 전세권을 설정할 예정자에 해당한다. 그리고 채무의 이행으로서 채무자는 채권자와 전세권설정을 직접적인 목적으로 하는 물권계약을 체결하고 등기를 하게 된다. 이 이행행위에 의하여 상대방은 전세권이라는 물권을 취득한다. 즉, 전세권이라는 물권은 물권계약(등기)이라는 이행행위에 의하여 비로소 상대방에게 설정된다.21)

---

20) 판례는 물권적 청구권에 대하여도 채권자대위권을 인정하고 있다. 예를 들면, 해제로 인한 원상회복청구권(물권적 청구권)을 보전하기 위하여 매수인의 제3자에 대한 소유권말소청구권(물권적 청구권)의 대위행사를 인정하고 있다(대법원 1963. 1. 24. 선고 62다825 판결). 그 밖의 판례로는 대법원 1988. 1. 19. 선고 85다카1792 판결; 대법원 1970. 7. 24. 선고 70다805 판결; 대법원 1988. 1. 19. 선고 85다카1792 판결 등이 있다.

21) 여기서 점유이전은 전세권의 성립요건이 아니기 때문에, 전세권이 설정된 후 전세물에 대한 점유가 전세권자에게 이전되지 않고 있더라도 전세권자에게 물권이 성립함에는 아무런 문제

설정되거나 양도된 물권이 당사자가 약속한 내용에 부합하지 않을 경우 채권계약의 불이행책임이 문제된다. 소유권과 제한물권을 유상으로 양도하는 채권계약은 매매라는 민법의 전형계약(유명계약)에 속하고, 소유권과 제한물권을 무상으로 양도하는 채권계약은 증여라는 전형계약에 속한다. 이에 반하여 제한물권의 설정을 목적으로 하는 채권계약은 민법이 규정하고 있는 14개의 전형계약에 포섭되지 않는 비전형계약(무명계약)에 해당한다. 저당권과 질권의 설정할 의무를 발생시키는 채권계약은 무상계약(제3자가 담보물을 제공하여 저당권과 질권을 설정하는 경우 채무자로부터 대가를 받고 하는 수가 있지만, 이는 저당권과 질권의 설정할 의무를 발생시키는 채권계약 자체에서는 고려할 성질의 것이 아니다), 전세권, 지상권과 지역권의 설정할 의무를 발생시키는 채권계약은 용익의 대가 유무에 따라 유상 또는 무상계약에 해당한다. 비전형계약의 경우도 전형계약의 경우와 마찬가지로 그 불이행에 대하여는 채무불이행책임과 담보책임이 문제되고 또 채권계약의 해제·해지가 문제된다.22) 이상의 책임을 구체적으로 살펴보면, 우선 제한물권을 유상으로 양도하는 매도인은 제한물권에 원시적인으로 존재하는 권리적 하자 또는 물질적 하자가 있을 경우 매도인은 담보책임을 져야 한다(제570조-제584조). 제한물권을 무상으로 양도하는 증여자는 일정한 경우에만 담보책임을 지게 된다(제559조 참조). 또 설정된 제한물권에 원시적 권리적 하자 또는 물질적 하자가 있는 경우 유상계약의 경우 담보책임에 관한 규정이 준용되고(제567조), 무상계약인 경우 채무불이행책임이 문제된다.23) 한편 제한물권을 양도하거나 설정하는 채무를 발생시키는 채권계약이 유상계약인 경우 상대방은 반대급부를 이행하여야 한다. 우선 전세권의 설정의무를 발생시킨 채권계약은 유상계약, 지상권과 지역권의 설정의무를 발생시킨 채권계약은 유상 또는 무상계약이다. 이 경우 제한물권을 설정받거나 양도받는 자가 반대급부를 이행하지 않을 경우 채무불이행책임과 채권계약의 해지가 문제된다. 그런데 민법은 이 경우 특별한 규정을 두기도 한다. 예를 들면, 민법은 지상권자가 2년 이상의 임료를 지급하지 않는 경우 지상권설정자에게 지상권소멸청구권

가 없다.

22) 민법이 채권편에서 규정하고 있는 계약은 채권계약만을 의미한다. 따라서 물권계약의 해제·해지에 대하여는 아무런 규정을 두고 있지 않다.

23) 무상계약인 경우 증여에 관한 규정(제559조)이 유추적용될 수 있는지는 해석론에 맡겨지게 된다.

을 인정하는 경우(제287조)가 그러하다. 이에 대하여는 후술한다.

(나) 물권적 의무의 불이행

(a) 물권적 의무의 불이행 일반

물권적 의무도 「상대방」에 대한 일정한 작위 또는 부작위의무라는 점에서 근본적으로 채무 일반의 불이행과 다를 바가 없다. 따라서 민법상 채무불이행의 일반법리(제387조 이하)가 물권적 의무의 불이행에도 유추적용되어야 할 것이다. 물권적 청구권이 소송법상 독자성이 인정되는 것과 마찬가지로 물권적 의무의 경우에도 독자성이 인정되므로 물권적 의무를 이행하지 않는 경우 강제이행(제389조)이 이루어질 수 있다. 물권적 의무의 불이행으로 인한 책임의 대표적인 예가 손해배상의무이다(제390조). 예를 들면, 지상권자 또는 지역권자의 물권적 의무의 불이행에 의하여 새로운 소유자의 토지가 훼손된 경우, 새로운 소유자에 대하여 손해배상책임을 지게 된다.

(b) 물권적 의무의 불이행의 특칙

전술한 바와 같이 민법 물권편은 예외적으로 물권적 의무의 불이행에 대하여 여러 특칙을 두고 있다. 예를 들면, 민법 제315조는 전세권자의 손해배상책임을 규정하고 있다. 전세권자의 손해배상책임을 채무불이행으로 인한 손해배상책임이라고 하는 견해가 있다.[24] 그러나 엄격히 말하면 전세권자의 손해배상책임에 관한 **민법 제315조**는 물권적 의무의 불이행을 규율하기 위한 특칙이고 그 이외의 사항에 대하여는 채무불이행의 규정이 유추적용된다고 할 것이다. 민법 제315조는 전세권자의 물권적 의무의 불이행책임은 전세권설정자에 대한 관계에서뿐만 아니라 전세물의 새로운 소유자와의 관계에서도 인정될 수 있다는 점에서 물권적 의미의 불이행의 특칙이라고 할 것이다. 또 **민법 제311조**는 전세권자가 전세물을 그 용법에 좇아 사용·수익하지 않는 경우 전세권의 직접적인 소멸청구권을 인정하고 있다는 점에 특칙으로서의 의미가 있다.[25] 이 경우 용법에 좇은 전세물의 사용·수익의무는 채권적 의무이기도 하지만, 전세권에 기초하여 발생하는 물권적 의무로서의 의미도 가지게 된다. 그것은 당사

---

24) 민법주해(VI)(박병대 집필부분), 246.
25) 임대차계약의 경우 임차물을 그 용법에 좇아 사용·수익하지 않는 경우 임차인은 채무불이행 책임만 지게 된다.

자 사이에 채권계약이 체결되어 있는지를 묻지 않고 현재 전세물을 사용·수익하고 있는 경우 당연히 발생하는 물권적 의무에 해당한다. 종래 물권행위론에 의하면 물권행위는 이행의 문제를 남기지 않는다. 그러나 이것이 물권법의 규정에 의하여 물권적 의무가 발생할 수 있음을 부정하는 것은 아니다. 민법은 이러한 물권적 의무의 위반에 대하여 전세권을 직접 소멸시키는 전세권소멸청구권이라는 권리를 인정하는 것이다. 그 밖에 민법 **제313조**가 규정하는 전세권소멸통고권은 직접적으로 전세권을 소멸시킬 수 있는 권리를 부여하고 있다는 점에서 물권적 의무의 불이행에 대한 특칙이라고 할 것이다. 그리고 **민법 제287조**는 지상권소멸청구권도 규정하고 있다. 그리고 이상의 전세권·지상권소멸청구권과 전세권소멸통고권은 물권법정주의에 의하여 지역권과 담보물권의 경우에는 인정되지 않는다. 그렇다면 물권법이 지상권·전세권소멸청구권과 전세권소멸통고권을 특별히 인정하는 이유는 어디에 있는 것일까? 이는 첫째, 기술한 바와 같이, 전세권·지상권관계는 전세권·지상권을 설정한 당사자들 사이가 아닌 목적물의 새로운 소유자 및 전세권자·지상권자 사이에도 존재할 수 있다는 점이다. 이 경우 제한물의 새로운 소유자는 채권계약의 당사자가 아니므로 계약해지권이 인정되지 않는다. 여기서 전세권·지상권소멸청구권을 인정할 실익을 발견할 수 있다고 할 것이다. 둘째, 전세권, 지상권의 소멸청구·통고권은 채권계약의 당사자 사이에서도 기존의 채권계약의 해지라는 우회적인 방법에 의하지 않고, 권리를 직접 소멸시킨다는 점이다.[26] 한편 민법은 승역지소유자에게 위기권(제299조)을 규정하고 있는데, 이는 승역지소유자의 약정공작물설치·수선의무의 불이행과 관련된 특칙이라고 할 것이다.

지상권·전세권소멸청구권과 전세권소멸통고권의 경우 제한물권을 설정한 당사자 사이에는 채무불이행 또는 채권계약해지의 법리의 적용이 배제되는 것인가? 그렇지 않다고 할 것이다. 예를 들면, 전세권자에게는 「당사자가 정한 용법 또는 물건의 성질에 의한 용법에 따라 전세물을 사용할 의무」가 무엇보다도 채권계약에 의하여 발생하게 된다. 민법이 이 의무를 물권적 의무로 규정하여 전세권소멸청구권을 인정한다고 해서, 채권계약을 체결한 당사자 사이에서 채권적 의무의 불이행으로서 채무불이행

---

26) 전세권의 소멸통고(제313조)는 소비대차(제603조 2항), 사용대차(제613조 2항), 임대차(제635조), 고용(제660조), 임치(제699조), 조합(제719조)의 기간의 약정이 없는 계속적 계약의 해지와 궁극적으로 동일한 의미를 갖는다고 할 것이다.

책임 또는 채권계약의 해지의 법리가 배제되는 것은 아니라고 할 것이다. 따라서 전세권을 설정한 소유자에게는 전세권소멸청구권 이외에도 채무불이행책임과 채권계약해지권도 인정된다고 할 것이다. 또 전세권설정자는 전세권소멸청구권 이외에 손해배상의 청구(제315조)도 가능하다고 할 것이다. 이상의 설명은 담보물권을 설정하는 당사자 사이에서 채권적 의무의 불이행이 있는 경우에도 역시 타당하다고 할 것이다.

(5) 물권관계와 소멸시효

물권관계는 물권에 기초하는 종속적인 법률관계이기 때문에 물권이 존속하는 한 물권관계에서 발생하는 개별적인 물권적 청구권은 소멸시효의 대상이 되지 않는다. 예를 들면, 상린관계에서 인정되는 물권적 청구권은 소유권과 별도로 소멸시효의 대상이 되지 않는다고 할 것이다. 다시 말하면, 이웃 하는 토지들 사이에 상린관계가 존속하는 한 물권적 청구권은 계속하여 발생한다고 할 것이다. 그러나 이것이 물권관계에서 발생하는 구체적인 물권적 청구권에 대하여 개별규정을 두어 제척기간 또는 별도의 소멸시효를 두는 것이 금지된다는 것을 말하는 것은 아니다. 예를 들면, 경계선부근의 건축에 관한 민법 제242조를 위반한 경우에 발생하는 건물변경·철거청구권은 1년의 제척기간의 대상이 된다.

물권적 청구권의 소멸시효와 관련하여 학설의 대립이 심한 경우가 바로 협의의 물권적 청구권이다.[27] 생각건대 물권관계는 물권에 종속된다는 일반적 성질상 협의의 물권적 청구권도 원칙적으로 독자적으로 소멸시효의 대상이 되지 않는다고 할 것이다.

2. 개별적 물권관계(물권적 청구권)의 검토

위에서 살펴본 물권관계의 공통된 법리를 전제로 이제 개별적 물권관계에 관하여 문제되고 있는 사항들에 대하여 학설과 판례를 검토하기로 한다.

(1) 물권적 청구권(방해제거·예방의 물권적 청구권)의 검토

전술한 바와 같이, 침해 물권적 청구권은 물권 실현의 방해가 위법한 경우에 비로

---

27) 이에 대하여는 곽윤직, 45-46; 이영준, 물권법, 56 참조.

소 발생한다는 점에서 일반적 물권적 청구권과 다른 점이다.

(가) 이론적 근거

침해 물권적 청구권의 이론적 근거에 관한 견해로는 절대성설과 (직접)지배성설이 있다. 지배성설에 의하면 침해 물권적 청구권이 인정되는 근거는 근본적으로 물권이 목적물에 대한 직접의 지배권이라는 데에 있다고 한다.[28] 한편 절대성설에 의하면, 물권적 청구권은 목적물을 직접 지배할 수 있는 절대권이라는 물권의 특성 그 자체에 실질적 근거를 두고 있다고 한다.[29] 즉, 물권의 실현이 타인에 의하여 방해를 받고 있거나 방해받을 염려가 있는 경우에, 만일 「물권의 존재 그 자체를 근거로 하여」 물권에 대한 방해의 제거나 예방을 청구할 수 없다고 하면, 물권에 절대권으로서의 보호를 줄 수 없고, 그렇게 되면 물권의 존재가 무의미하게 된다고 한다.[30] 침해 물권적 청구권은 물권의 절대성을 실현해 주는 법적 수단이라고 한다. 이에 반하여 지배성설은 물권은 직접 배타성을 가지고 물건을 지배하는 권리이기 때문에, 권리내용의 실현이 타인으로부터 침해되는 경우에는 그 침해를 배제할 수 있다고 한다. 생각건대 침해 물권적 청구권의 근거를 절대성설에서 찾는다면 그것은 일종의 순환논법에 빠지는 결과가 된다고 할 것이다. 그리고 전술한 바와 같이, 절대성의 실질적 근거는 지배성에 있다는 점에서 지배성설이 타당하다고 할 것이다.

(나) 질권 등에의 유추적용

민법은 질권의 경우 침해 물권적 청구권을 규정하지 않고 있다. 그러나 침해 물권적 청구권이 일반적 법률관계로서 인정되는 이상 질권이라고 하여 다른 물권보다 특별히 보호를 하지 말아야 할 이유가 없으므로, 입법론으로서는 질권에 기한 침해 물권적 청구권을 인정하여야 할 것이다.[31] 그리고 대항력을 갖춘 부동산임대차(민법 제

---

28) 곽윤직, 41.

29) 강태성, 44.

30) 이영준, 44.

31) 곽윤직, 38; 김증한·김학동, 492; 이영준, 828; 이은영, 59. 이와 달리 소수설은 입법자의 의사 등을 들어 부정한다(김기선, 한국물권법, 383면; 양창수, "동산질권에 관한 약간의 문제", 민사법학 제7호, 85면 이하).

621조 및 제622조, 주택임대차보호법 제3조와 「상가건물 임대차보호법」 제3조)의 경우 학설은 소유권에 기한 침해 물권적 청구권이 유추적용된다고 하는 견해가 있고,[32] 판례도 침해 물권적 청구권을 인정하고 있다.[33] 생각건대 부동산임차권에 대하여 대항력을 인정하는 것은 형식적으로 지배권에 준하는 취급을 하는 것이므로, 지배권에 기하여 인정되는 물권적 청구권도 유추적용할 수 있다고 할 것이다.

(다) 법적 성질

침해 물권적 청구권의 법적 성질에 대하여는 종래 여러 견해가 제기되고 있다.[34] 순수한 채권이라고 하거나, 물권의 효력으로서 인정되는 청구권이지만 순수한 채권은 아니라고 하거나, 물권의 효력으로서 발생하는 청구권이지만 채권에 준하는 특수한 청구권이라고 하거나, 물권적 측면과 채권적 측면의 양면성이 있는 권리라는 견해가 있다.[35] 침해 물권적 청구권도 상린관계나 제한물권관계에서 인정되는 물권적 청구권과 같이 종국적으로 물권관계로 포섭될 수 있고 또 물권관계를 구성하는 청구권이 「물권적」 특성을 갖는다는 필자의 견해에 따라 이를 검토하기로 한다. 첫째, 침해 물권적 청구권이 청구권임을 근거로 단순히 채권이라고 하는 견해는 타당하지 않다. 이는 청구권이 채권에서만 발생하는 것이 아니기 때문이다. 또 이 청구권을 채권적 청구권이 발생하는 연원인 채권 자체와 대비시키는 것 역시 타당하지 않다. 둘째, 침해 물권적 청구권을 채권에 준하는 권리라고 볼 수도 없다. 채권에 관한 규정들이 물권적 청구권에도 유추적용된다는 점에서는 결과적으로 채권에 준한다고 볼 수 있을지 모르지만, 침해 물권적 청구권은 「물권을 침해하는 자 누구에 대해서도」 주장할 수 있는 권리이기 때문에 「특정인」에 대한 권리임을 전제로 하는 채권과는 본질적으로 다르다고 할 것이다. 셋째, 물권적 측면과 채권적 측면을 있다고 하는 견해 역시 침해 물권적 청구권은 채권이 아니라 물권에 기초하여 발생하는 권리라는 본질을 제대로 파악하지 못하고 있다고 할 것이다. 요컨대 침해 물권적 청구권도 물권을 침해

---

32) 김형배, 민법학강의(법문사, 1999), 300; 양형우, "물권적 청구권에 관한 법적 고찰-소유물반환청구권을 중심으로-", 숙명여대 현대사회연구 8집 (2000), 2.

33) 대법원 2002. 2. 26. 선고 99다67079 판결.

34) 이상의 논의에 대하여는 곽윤직, 35; 이영준, 47 참조.

35) 강태성, 46-47; 이영준, 47.

한 자에 대하여 침해물을 매개로 하여 성립하는 권리라는 점에서 물권적 청구권으로 포섭할 수 있다.

(a) 청구권으로서의 독자성의 문제

침해 물권적 청구권은 지배권이 아니라 청구권으로서의 본질을 가진다는 점에서 지배권으로부터의 독자성이 인정된다. 민법의 규정들도 이를 전제로 하고 있다. 침해 물권적 청구권은 실체법상으로 독자성이 인정되는 결과 소송법상으로도 독자성이 인정된다.[36]

(b) 물권작용으로서의 비독립성의 문제

침해 물권적 청구권이 물권으로부터 독립한 권리인지에 대하여는 긍정설(청구권독립성설, 채권독립성설)과 부정설(물권작용설)이 대립하고 있다.[37] 생각건대 침해 물권적 청구권에 대하여 지배권인 청구권으로부터의 독자성을 인정한다고 해서 이것이 곧 지배권을 포함하는 물권으로부터 독립성을 갖는다는 것을 말하는 것은 아니다. 즉, 침해 물권적 청구권은 그것이 발생하는 연원인 지배권을 포함하는 물권과 동일한 차원의 개념이 아니다. 따라서 물권으로부터 독립성을 부정하기 위하여 침해 물권적 청구권이 물권의 작용이라고 볼 필요는 없는 것이다. 이러한 점에서 첫째, 침해 물권적 청구권에는 물권의 양도와 별개로 채권양도(제450조 이하)의 규정은 유추적용되지 않는다. 종전에는 판례에 혼선이 있었으나,[38] 현재는 당사자의 의사에 의하여 침해

---

36) "건물 소유권에 기한 물권적 청구권을 원인으로 하는 건물명도소송의 소송물은 건물 소유권이 아니라 그 물권적 청구권인 건물명도청구권이므로 그 소송에서 청구기각된 확정판결의 기판력은 건물명도청구권의 존부 그 자체에만 미치는 것이고, 소송물이 되지 아니한 건물 소유권의 존부에 관하여는 미치지 아니하므로, 그 건물명도소송의 사실심 변론종결 후에 그 패소자인 건물 소유자로부터 건물을 매수하고 소유권이전등기를 마침으로써 그 소유권을 승계한 제3자의 건물 소유권의 존부에 관하여는 위 확정판결의 기판력이 미치지 않으며, 또 이 경우 위 제3자가 가지게 되는 물권적 청구권인 건물명도청구권은 적법하게 승계한 건물소유권의 일반적 효력으로서 발생된 것이고, 위 건물명도소송의 소송물인 패소자의 건물명도청구권을 승계함으로써 가지게 된 것이라고는 할 수 없으므로, 위 제3자는 위 확정판결의 변론종결 후의 승계인에 해당한다고 할 수 없다."(대법원 1999. 10. 22. 선고 98다6855 판결).

37) 이상의 논의에 대하여는 곽윤직, 물권법, 35 참조.

38) **양도성인정판결** : "소유권에 이동이 있는 경우에는 특별한 사유없는 한 동 청구권도 소유권에

물권적 청구권만을 물권의 양도에서 유보할 수 없다.[39] 역으로 침해 물권적 청구권만을 물권으로부터 분리하여 양도할 수도 없다고 할 것이다. 어느 경우나 물권적 청구권은 침해되는 물권과 떼어서는 논할 수 없는 것이기 때문이다. 이는 채권의 경우에도 마찬가지이다. 즉, 물권의 이전되면 이전된 물권에 기초하여 물권적 청구권의 발생하는 것이지, 종전의 침해 물권적 청구권이 이전되는 것이 아니다. 둘째, 침해 물권적 청구권에 이행불능으로 인한 손해배상에 관한 규정은 유추적용되지 않는다.[40] 종래에는 이를 허용하는 판례가 있었다.[41] 그러나 물권자가 물권을 상실함으로써 침해 물권적 청구권을 행사할 기반이 아예 없어졌다면 더 이상 물권적 청구권의 이행불능을 이유로 손해배상청구권인 인정될 수 없고 그 대신 물권 상실이라는 불법행위로 인한 손해배상 청구만이 가능하다고 할 것이다.[42] 침해 물권적 청구권은 물건의 반환, 방해를 청구하는 권리로서 물권이 존재한다는 것을 전제로 하는 권리이다. 따라서 물권이 소멸하는 경우에는 물권적 청구권의 원천이 소멸된다고 할 것이다. 다시 말하

따라 새로운 소유자에게 이전 된다고 보아야 할 것이나 … 소유권이전이 매매 등 쌍무계약을 원인으로 한 것이며 동 계약에 있어 매주가 매주에 대하여 당해 목적물을 인도할 의무를 부담하고 그를 이행하기 위하여는 매주가 종전에 가지고 있던 제3자에 대한 반환청구권의 행사를 필요로 하며 매주에게도 매주로 하여금 그 의무를 이행케 하는 이익이 있는 경우에는 당사자가 동 계약에 의하여 매주에게 동 반환청구권을 유보한 것으로 봄이 타당할 것이다. 따라서 매주가 행사할 수 있던 동 반환청구권은 매주가 종전에 가지고 있었던 반환청구권과 동일한 것으로서 새로운 소유자에게 매도한 결과 발생한 특별한 권리가 아니다."(대법원 1956. 7. 19. 선고 4289민상140 판결).
양도성부정판결 "당사자간의 의사에 의하여 소유권의 내용인 물상청구권의 일부를 매주에게 보류하거나 보류할 수 있다는 해석은 물권법정주의나 물권의 득실변경의 획일성을 해치는 것으로서 부당하다 할 것이다."(대법원 1961. 10. 19, 4293민상437).

39) "소유권에 의하여 발생되는 물상청구권을 소유권과 분리하여 이를 소유권 없는 전소유자에게 유보하여 제3자에게 대하여 이를 행사케 한다는 것은 소유권의 절대적 권리인 점에 비추어 허용될 수 없는 것이라 할 것으로써 이는 양도인인 전소유자가 그 목적물을 양수인에게 인도할 의무가 있고 그 의무이행이 매매대금 잔액의 지급과 동시이행관계에 있다거나 그 소유권의 양도가 소송계속 중에 있다 하여 다를 리 없고 일단 소유권을 상실한 전소유자는 제삼자인 불법점유자에 대하여 물권적 청구권에 의한 방해배제를 청구할 수 없다."(대법원 1969. 5. 27. 선고 68다725 전원합의체 판결).

40) 민법주해[V] 물권(2)(양창수 집필부분), 189.

41) 대법원 2008. 8. 21. 선고 2007다17161 판결; 대법원 2009. 6. 11. 선고 2008다53638 판결.

42) 대법원 2012. 5. 17. 선고 2010다28604 전원합의체 판결.

면, 물권적 의무의 이행불능은 물권 자체의 침해가 되는 것이 되어 더 이상 물적 의무의 불이행의 문제가 아니라 물권 자체의 침해인 불법행위의 문제가 되기 때문이다.

(라) 내용

물권적 청구권이 구체적으로 행위청구권인지 인용청구권인지는 학설에 따라 이해하는 바가 다르다. 물권적 청구권은 방해자에게 그 방해의 제거 또는 예방에 필요한 일정한 행위를 청구할 수 있는 권리라는 행위청구권설과 물권적 청구권은 물권자가 방해를 제거하고 예방하는 것을 상대방이 인용할 것을 청구할 수 있는 인용청구권이라는 견해가 대립하고 있다.[43] 이는 물권적 청구권의 상대방의 의무로서 적극적인 행위의무를 인정할 것인지 아니면 소극적 인용의무를 인정할 것인지의 문제라고 할 것이다. 그 결과에 따라 비용부담의 문제도 대체로 이에 의하여 해결된다. 반대로 비용부담의 문제는 민법 제473조의유추적용에 의하여 해결하여야 하고, 물권적 청구권을 소극적 인용청구권으로 보는 것은 물권을 공동화하는 것이어서 적극적 행위청구권으로 보아야 한다는 견해도 있다.[44] 요컨대 침해 물권적 청구권이 인정된다고 하는 것은 물권의 실현이 허용된다는 것을 말할 뿐이다. 따라서 침해 물권적 청구권은 그 자체만으로 반드시 행위청구권 또는 인용청구권으로 존재하여야 하는 것이 아니다. 물권이 지배권이라고 해서 그에 의하여 발생하는 침해 물권적 청구권이 언제나 행위청구권 또는 인용청구권이라고 할 수는 없는 것이다.[45] 그것은 본질적으로 입법정책의 문제라고 할 것이다.[46] 상대방이 고의·과실로 물권의 실현을 방해하거나, 방해할 염려가 있는 행위를 하는 자이거나, 또는 상대방이 자신의 책임 범위 내에 있는 위법한 사정으로 인하여 방해나 방해의 염려가 발생하고 있는 경우에는 물권자는 물권실현의 방해 또는 방해염려의 상태를 제거를 위하여 상대방에게 적극적으로 행위청구를 할 수 있어야 한다. 이러한 점에서 민법 제213조가 상대방이 「점유할 권리없이 반환을 거부하고 있고」, 제214조는 상대방이 「방해하고」, 「방해할 염려가

---

43) 민법주해[V](양창수 집필부분), 190 – 195; 서광민, "물권적 청구권", 479 이하; 김진우, "물권적 청구권", 117 이하 참조.

44) 이영준, 49.

45) 같은 취지, 이상태, 34.

46) 같은 취지, 이영준, 49.

있는 행위」를 하고 있는 것을 전제로 하여, 물권자에게 적극적인 행위를 청구하는 것을 허용하고 있는 것으로 볼 수 있다. 판례도 대체적으로 행위청구권임을 전제로 하여 물권적 청구권을 인정하고 있는 것으로 보인다.[47] 판례가 상대방에 대한 행위청구를 허용하는 경우는 대부분 상대방에게 귀책사유가 있거나, 방해·방해염려의 원인이 상대방에 의한 것이거나, 상대방의 지배하에 있는 경우라고 볼 수 있다. 그러나 상대방에게 그러한 사유가 없는 경우에는 다르다고 할 것이다. 이는 동일한 물권관계인 상린관계의 경우 비용부담을 전제로 행위청구권뿐만 아니라 비용부담을 전제로 하지 않는 인용청구권(제218조, 제219조 등)을 인정하고 있는 데에서도 잘 알 수가 있는 것이다.

(2) 상린관계상인 물권관계의 검토

민법은 상린관계를 「소유권의 한계」로서 규정하고 있다(제216조 – 제244조). 상린관계에 관한 규정은 소유권 규정의 대부분을 차지한다고 해도 과언이 아니다. 한편 민법은 상린관계에 관한 규정을 다른 권리관계에 준용하고 있다(제290조, 제319조).[48] 토지의 이용을 조절할 필요는 인접한 토지소유자 사이에서만 발생하는 것이 아니다. 민법은 토지를 사용하는 지상권자 사이와 지상권자와 인지소유자 사이(제290조), 전세권자 사이와 전세권자와 인지소유자 및 지상권자 사이(제319조)에서도 상린관계규정을 준용하고 있다. 따라서 상린관계란 토지의 소유자와 소유자 사이, 소유자와 지상권자·전세권자 사이, 지상권자 사이, 전세권자 사이, 전세권자와 지상권자 사이에 존재하게 된다(이하에서 토지소유자 사이의 상린관계를 중심으로 검토한다). 그 결과 상린관계란 인접하는 토지소유권 또는 토지를 대항으로 하는 지배권인 지상권과 전세권에 기초하여 발생하는 법률관계로서 물건을 매개로 하는 물권관계라고 할 수 있다.

---

47) "건물의 소유자가 그 건물의 소유를 통하여 타인 소유의 토지를 점유하고 있다고 하더라도 그 토지 소유자로서는 그 건물의 철거와 그 대지 부분의 인도를 청구할 수 있을 뿐, 자기 소유의 건물을 점유하고 있는 자에 대하여 그 건물에서 퇴거할 것을 청구할 수는 없다."(대법원 1999. 7. 9. 선고 98다57457,57464 판결).

48) 민법상 상린관계로서 규정되고는 있지만 상린권인지 독립한 물권인지에 대하여 다툼이 있는 경우가 있다. 예를 들면, 공유하천용수권(제231조)의 경우가 그러하다. 상세한 것은 민법주해 [V]물권(2)(김상용 집필부분). 337 – 8 참조.

(가) 상린관계의 의미와 법적 특징

일반적으로 상린관계란 인접한 토지 사이의 이용 조절을 위한 제도라고 하고, 상린관계로부터 발생하는 권리를 상린권이라고 설명한다.[49] 또 인접한 토지의 소유자가 각자의 소유권을 무제한으로 주장한다면 그들 토지의 완전한 이용을 이룩할 수가 없으므로 각 소유자가 각자의 권리를 어느 정도까지 제한하고 각 소유자에게 협력의 의무를 부담하게 함으로써 상린관계는 소유권의 내용의 확장이자 제한이라고 하거나,[50] 사용·수익관계 내용 자체라고도 한다.[51] 또 상린관계를 토지의 상하에 대한 지배력이 정당한 이익이 있는 범위에서 인접토지에도 미치는 것이라고 하여, 상린관계는 토지와 인접토지의 소유물반환청구권 및 소유물방해제거청구권의 충돌로 나타나게 되는데 상린관계는 이를 조절하기 위하여 물권적 청구권을 축소하거나 확정하는 것이라는 견해도 있다.[52] 이상의 견해는 상린관계를 「이웃토지」에 대한 「지배력 내지 지배권」으로 이해하고 있다는 점에서 타당하지 않다. 상린관계는 어디까지나 토지소유자의 「이웃토지의 소유자」에 대한 청구권·의무관계일 뿐이다. 요컨대 상린관계는 자신의 토지를 대항으로 하는 지배권과 무관하지는 않지만 그렇다고 해서 상린관계를 지배권을 실현하기 위한 것으로 이해할 필요는 없다고 한 것이다.

한편 상린관계의 법률관계는 지역권과 비교하여 통설은 다음과 같은 본질적인 특징이 있다고 한다.[53] 첫째, 지역권은 당사자의 합의(채권적 합의와 물권적 합의)와 등기에 의하여 성립함에 반하여, 상린관계는 법률의 규정에 의하여 등기 없이도 당연히 성립한다고 한다. 둘째, 지역권은 소유권으로부터 독립한 물권을 구성하지만, 상린관계상의 권리는 소유권으로부터 독립한 물권을 구성하지 못하고 지배권인 소유권에 기초하여 발생하는 권리라고 한다. 따라서 상린관계는 소유권의 취득에 의하여 당연히 취득하고, 소유권과 분리하여 양도할 수 없고, 독립하여 소멸시효의 대상이 되지

---

49) 김상용, 321; 이상태, 246; 민법주해[V]물권(2)(김상용 집필부분), 283.

50) 곽윤직, 239; 김상용, 321; 이상태, 247; 민법주해[V]물권(2)(김상용 집필부분), 281.

51) 주석민법 [물권(1)](사법행정학회, 2001), 532.

52) 이영준, 444.

53) 그 밖의 상린관계와 지역권의 차이에 대하여는 김상용, 323; 이상태, 217; 이영준, 446; 민법주해[V](김상용 집필부분), 285 참조.

않는다고 한다.[54] 그러나 이상의 특징은 상린관계를 지배권인 지역권과 비교할 때만 타당하다고 할 것이다. 상린관계를 지역권에 기초하여 발생하는 물권적 청구권관계인 지역권관계와 비교할 때는 양자의 법적 성질은 동일하다고 할 것이다. 다시 말하면, 양자는 모두 이웃토지의 소유자에 대한 권리의무과계라는 점에서 동일하다. 한편 상린관계상의 권리를 방해하거나 방해의 염려가 있다고 해서 물권적 청구권은 발생하지 않는 것은 상린관계는 지배권이 아니기 때문이다.

민법은 상린관계로서 어느 토지소유자에게 물권적 청구권 또는 물권적 의무를 규정하고 있다. 첫째, 토지소유자는 인지소유자에게 일정한 행위를 청구할 수 있는 물권적 청구권이 있다. 인지사용청구권(제216조), 저수 등을 위한 공작물에 대한 공사청구권(제223조), 여수급여청구권(제228조), 수지·목근제거청구권(제240조 제1항), 용수장해공사에 대한 원상회복청구권(제236조), 경계선부근건축철거청구권(제242조 제2항), 하류연안의 용수권보호를 위한 방해배제청구권(제232조)의 경우가 그러하다. 둘째, 토지소유자가 일정한 행위를 할 수 있고 인지소유자는 이를 인용하여야 할 물권적 인용청구권이 있다. 인지통과시설권(제218조), 주위토지통행권(제219조, 제220조), 소통공사권(제222조), 여수소통권(제226조), 유수용공작물의 사용권(제227조), 언설치이용권(제230조), 공유하천용수권(제231조), 경계표·담설치권(제237조), 담의 특수시설권(제238조), 수지·목근제거권(제240조 제2항)의 경우가 이에 해당한다. 셋째, 토지소유자는 인지소유자에 대하여 일정한 행위를 하는 물권적 작위의무를 부담한다. 인지사용방해제거의무(제217조), 처마물에 대한 시설의무(제225조), 차면시설의무(제243조)가 이에 해당한다. 넷째, 토지소유자는 인지소유자에 대하여 일정한 행위를 하지 못하는 물권적 부작위의무를 부담한다. 자연유수승수의무(제221조), 수류변경금지의무(제229조), 토지심굴금지의무(제242조), 경계선부근건축금지의무(제242조 제2항), 지하시설제한의무(제244조)가 이에 해당한다. 이상의 상린관계에서 토지소유자와 인지소유자는 권리의무관계에 놓이게 된다.

---

54) 강태성, 455; 주석민법 물권(1), 532.

(나) 상린관계의 확장[55]

부동산임차권에 대하여 대항력을 인정하는 것은 형식적으로 지배권에 준하는 취급을 하는 것이므로, 지배권에 기하여 일반적으로 인정되는 상린관계상의 청구권도 당연히 인정된다고 할 것이다.

(다) 상린관계규정의 강행규정성 여부

민법상 상린관계에 관한 규정이 임의규정인가 아니면 강행규정인가에 대하여는 견해가 대립하고 있다. 우선 임의규정이라는 견해가 있다.[56] 그 논거로 민법의 규정은 오늘날 도시화·산업화의 진전에 따라 요구되는 입체적·수직적 이용조절 또는 절약적 고밀도의 이용에 적합하지 않으므로, 당사자간 특약의 효력을 인정할 필요가 있다고 하거나,[57] 상린관계법은 토지의 이용을 조절하기 위하여 토지소유권의 내용인 물권적 청구권을 축소하거나 확장하는 것에 불과하기 때문이라고 주장한다.[58] 이에 반하여 강행규정이라고 하는 견해는 법이 효력을 발생하려면 그 법의 내용에 따라 구속력을 지녀야 하고 또 이 구속력으로 인하여 의무는 이행되어야 하고 제3자는 이를 무시해서는 안 되는 구속을 받아야 하기 때문이라고 한다.[59] 또 상린관계규정은 원칙적으로 강행규정이지만 반드시 모든 관계규정을 강행규정으로 볼 수는 없다고 하는 절충설도 존재한다.[60] 절충설에 의하면 상린관계규정은 인지소유자 양당사자에게만 국한되는 문제가 아니고 그 토지의 승계자에게도 적용되는 것이기 때문에 원칙적으로 강행규정이라고 보아야 하나, 도시화·산업화에 의하여 부동산을 절약적·고밀도로 이용해야 할 현실에 비추어 보거나 또는 규정의 내용이 당시의 조절만을 목적으로 하고, 인격권이나 생존권의 침해와는 무관하거나, 소유권의 승계자에게 까지 영향이 미치지 아니 하는 것은 꼭 강행규정으로 볼 필요는 없다고 한다.[61] 한편 판례는 경계

---

55) 곽윤직, 240; 김상용, 322; 민법주해[V](김상용 집필부분), 285; 주석민법 물권(1), 533.
56) 강태성, 454; 권용우, 231; 이영준, 445; 장경학, 373; 「주석민법(7)[물권(2)](유비각, 1982), 236.
57) 민법주해[V], 284; 주석민법 [물권(1)], 530; 이상태, 218.
58) 이영준, 445.
59) 곽윤직, 279; 김상용, 343; 김증한·김학동, 266; 이은영, 460-461.
60) 김상용, 322; 이기우, "상린관계의 법리에 관한 연구", 14-15.

선부근의 건축과 관련하여 민법 제242조의 규정은 서로 인접하고 있는 소유자의 합의에 의하여 법정거리를 두지 않게 하는 것을 금하는 것은 아니라고 하거나,[62] 지하시설을 하는 경우에 있어서 경계로부터 두어야 할 거리에 관한 사항 등을 규정한 민법 제244조는 강행규정이라고 볼 수 없으므로, 이와 다른 내용의 당사자간의 특약을 무효라고 할 수 없다고 한다.[63] 생각건대 상린관계에 관한 민법규정은 누구 사이에 적용되느냐에 따라 법적 성격을 달리 파악하여야 할 것이다. 첫째, 공서양속에 위반하는 것이 아니라고 한다면 인접한 토지소유자 사이에서는 당사자가 굳이 원한다면 상린관계상의 규정과 다른 약정을 할 수도 있다. 당사자들이 토지이용관계에 대하여 상린관계와 다른 특약을 하는 것을 원칙적으로 금지할 필요는 없다고 할 것이다. 그러나 이 경우 당사자 사이에는 토지이용관계에 관한 채권관계가 발생할 뿐이고 물권관계 또는 상린관계가 창설되지는 못한다. 이 점에서 본다면 상린관계상의 규정은 당사자들의 의사에 의하여 배제될 수 있는 이를테면 임의규정에 해당한다고 할 것이다. 판례도 바로 이러한 이유에서 상린관계를 임의규정의 성질을 갖는다고 판단한 것으로 보인다. 둘째, 어느 인접토지의 소유자가 변동이 된 경우 종전 소유자와 새로운 소유자 사이에서는 물권법이 정하는 상린관계가 적용된다. 전술한 바와 같이, 새로운 소유자는 취득한 소유권에 기초하여 비로소 상린관계상의 권리와 의무를 취득하게 되는 것이지, 종전 소유자의 상린관계를 이전받거나 승계하는 것이 아니다. 상린관계는 이웃토지소유자 사이의 법정된 법률관계이기 때문에 새로운 소유자에게는 취득한 토지가 있어야 할 상태를 기초로 하여 법률상 당연히 상린관계상의 권리·의무가 발생한다. 다시 말하면, 새로운 소유자에게는 법률상 당연히 있어야 할 상린관계상의 권리·의무가 발생하고, 이웃토지소유자가 종전 토지소유자와 체결한 약정을 이유로 종전의 채권관계인 법률관계를 새로운 토지소유자에 대하여 주장할 수는 없다고 할 것이다.[64] 이는 새로운 소유자와 이웃토지소유자 사이에는 아무런 계약관

---

61) 이기우, 14-15.

62) 대법원 1962. 11. 1. 선고 62다567 판결.

63) 대법원 1982. 10. 26. 선고 80다1634 판결.

64) "채권계약에 터잡은 통행권은 지역권과 같이 물권적 효력이 있는 것이 아니고 채권적 효력만 갖는 것이므로, 계약을 체결한 상대방에 대해서만 통행권을 주장 청구할 수 있고 토지 자체를 지배하는 효력이 없을 뿐만 아니라 당사자가 변경되면 승계인에 대하여 통행권을 주장할 수 없는 것이 원칙이고, 따라서 채권계약에 터잡은 통행권에 관한 확정판결의 변론종결 후에 당

계가 없기 때문에 종전의 계약을 적용할 수는 없는 것이다. **만약 이를 인정한다면 그것은 물권법정주의에 반하는 것이 되고, 토지소유권의 안전한 거래를 방해하는 것이 된다. 이것이 바로 물권 내지는 물권관계의 내용을 법률로 정하는 물권법정주의의 취지라고 할 것이다.** 따라서 상린관계는 강행규정의 성질을 갖는다고 할 수 있다. 다만, 이 경우에도 종전의 소유자와 이웃토지소유자가 체결한 채권계약의 이행결과 토지의 물적 상태가 바뀌어 버렸다면, 새로운 소유자는 이에 따라야 한다. 그러나 이 경우에도 결코 이웃토지소유자가 체결한 채권계약을 새로운 소유자에게 대항할 수 있어서가 아니라, 상린관계란 취득한 토지의 있어야 할 상태를 기초로 하여 권리·의무가 발생하기 때문이라고 할 것이다. 이상의 점에서 상린관계규정의 성질을 임의규정성과 강행규정성이라는 이중의 성격을 갖는 규정이라고 할 수도 있을 것이다.

(라) 상린관계상의 권리의 승계여부

종래 상린관계의 승계여부에 관하여 논쟁이 심한 것이 바로 민법 제220조의 분할·일부양도에 의한 무상주위통행권이다. 승계부정설과 승계긍정설의 논거는 서로 상반된다.[65] 승계긍정설은 민법 제220조는 특정승계인에게도 적용된다는 입장이다. 그런데 승계부정설은 승계긍정설에 대하여 피포위지소유자의 특정승계인이 오랫동안 통행권을 행사하지 아니하는 동안 포위지가 분합, 양도를 반복하여 원래의 1필지의 형상을 쉽게 찾아 볼 수 없게 된 상태에서 피포위지소유자의 특정승계인이 언제나 무상통행권을 주장할 수 있다는 것은 포위지소유자에게 너무 가혹하다는 비판을 가하고 있다. 또한 승계부정설은 무상통행권의 존재를 알지 못하고 포위지를 양수한 양수인을 보호할 수 없다는 점을 비판을 하고 있다. 이에 반하여 승계부정설에 의하면 민법 제220조는 특정승계인에게는 적용될 수 없고, 소유권의 변동이 있으면 제219조의 일반원칙에 의하여 해석되어야 한다고 하다.[66] 승계긍정설은 승계부정설에 대

해 토지를 특정승계취득한 자는 민사소송법 제204조 제1항의 변론종결 후의 승계인에 해당하지 아니하여 판결의 기판력이 미치지 않는다."(대법원 1992.12.22. 선고 92다30528 판결)

65) 승계부정설과 승계설의 대립에 관하여는 이수철, "주위토지통행권 ―사례를 중심으로―", 사법연구자료 제17집(법원도서관 1990), 49-52; 김기수, "주위지통행권의 특질과 그 적용", 민법의 과제와 현대법의 조명(경암홍천용교수 화갑기념글집 간행위원회, 1997), 258-259 참조.

66) 강태성, 487; 김상용, 344; 이영준, 467.

하여 피포위지가 양도된 경우 피포위지 양수인은 양도인이 지급하지 않았던 통행료를 지급하여야 하고 경우에 따라서는 새로운 토지를 통로로서 구할 수밖에 없다는 난점이 발생한다는 비판을 하고 있다. 그 결과 포위지 소유자에게는 예상하지 아니한 이득이겠으나 반대로 양수인 또는 다른 제3자에게는 예상치 못한 손해를 입히게 된다는 비판을 하고 있다. 또 포위지의 특정승계인이 무상통행권의 부담을 알고 당해 토지의 가격을 정하였을 경우에만 무상통행권의 부담을 승계한다는 절충적 견해도 있다.67) 한편 판례는 오래전부터 무상통행권에 관한 민법 제220조의 규정은 토지의 직접 분할자 또는 일부 양도의 당사자 사이에만 적용되고 포위된 토지 또는 피통행지의 특정승계인에게는 적용되지 않는다고 하여 승계부정설을 취하고 있다.68) 최근에도 이러한 판례는 계속되고 있다.69) 또 이러한 법리는 분할자 또는 일부 양도의 당사자가 무상통행권에 기하여 이미 통로를 개설해 놓은 다음 특정승계가 이루어진 경우라 하더라도 마찬가지라고 한다.70) 생각건대 우선 승계에 관하여 민법 제233조와 같은 명문의 규정이 없는 한 승계부정설을 취하는 것이 민법의 취지에 부합한다고 할 것이다. 민법 제233조는 농·공업의 경영에 이용하는 수로 기타 공작물의 소유자나 몽리자의 특별승계인은 그 용수에 관한 전소유자나 몽리자의 권리의무를 승계한다고 규정하고 있다. 이는 농·공업이라는 계속적 경영에서 차지하는 용수권이 갖는 중요성 때문에, 특별히 용수에 관한 전소유자나 몽리자의 권리의무를 승계하도록 한 것이다. 또 민법은 포위지·피포위지의 관계 일반에 대하여 제219조의 규정을 두고 있고, 분할·양도로 인한 포위지·피포위지의 관계에 대하여 특별히 제220조를 두고 있다. 전자가 일반규정이고 후자가 특별규정이라고 할 것이다. 따라서 제220조의 무상통행권은 토지의 분할·일부양도가 이루어진 당사자 사이에서만 적용되는 법률관계로서, 토지소유자 또는 이웃토지소유자가 변경되는 경우에는 더 이상 분할·일부양도라는 사실은 물적 상황으로 고려될 수 없다고 할 것이다. 그리고 이것이 새로운

---

67) 김형배, 412; 이상태, 234.
68) 대법원 1985. 2. 8. 선고 84다카921,922 판결; 대법원 1990. 8. 28. 선고 90다카10091,10107 판결; 대법원 1991. 6. 11. 선고 90다12007 판결; 대법원 1991. 7. 23. 선고 90다12670,12678 판결; 대법원 1992. 4. 28. 선고 91다37324 판결.
69) 대법원 2009. 8.20. 선고 2009다38247,38254 판결.
70) 대법원 2002. 5. 31. 선고 2002다9202 판결.

소유자는 종전 소유자의 상린관계상의 권리를 승계하는 것이 아니라, 자신의 소유권 취득에 의하여 비로소 상린관계상의 권리를 취득하게 된다는 상린관계의 성질에 부합하는 것이다. 상린관계는 토지의 양도 당시 현재의 물적 상황을 규율하기 위한 법률관계로 보는 것이 합리적이고 또 거래의 안전을 위하여도 타당하다고 할 것이다. 그리고 상린관계는 법률로 정한 물권관계로서 피포위지의 소유자가 그 존재를 알았느냐 몰랐느냐에 따라 적용이 달라져야 할 성질의 것이 아니라고 할 것이다. 따라서 피포위지의 양수인 또는 다른 제3자에게 발생하는 불이익은 피포위지의 양도인에 대한 담보책임으로 해결하여야 할 것이다. 이는 전술한 바와 같이 물권관계가 당사자 사이에 우선적으로 적용되어야 하고, 그에 따른 불이익은 당사자 사이에 체결되는 계약관계에서 보상되어야 하는 법리에 따르는 것이라고 할 것이다. 결과적으로 승계 긍정설의 논거는 채권관계로 해결하여야 할 문제를 물권관계에서 쟁점으로 삼는 것으로서 본말이 전도된 것이라고 할 것이다.

(마) 상린관계와 물권적 청구권의 경계

상린관계와 협의의 물권적 청구권의 경계는 어디인가? 이 경계가 문제되는 것이 바로 생활방해의 금지를 규정하고 있는 민법 제217조이다. 이에 대하여는 민법 제217조 제1항은 제211조가 보장하고 있는 토지소유자의 적극적인 이용권능에 대한 한계를, 제2항은 제214조가 규정하고 있는 토지소유자 등의 소극적인 방어권능에 대한 한계를 규정하고 있다는 견해가 있다.[71][72] 따라서 본조의 본질은 방해배제청구권에 관한 민법 제214조의 제한규정이라고 한다.[73] 또 생활방해가 인용한도를 넘는 경우에 방해배제청구권이 인정되어야 하는바, 그 근거에 대하여는 소유권 또는 물권에 기한 방해배제청구권에서 찾아야 한다는 것이 통설이다.[74] 그러나 본조는 외관상 물권적 청구권인 방해배제청구권과 매우 흡사하지만, 본조가 지배권인 소유권의 실현을 위하여 이를 적극적으로 상린관계로서 규율하고 있다는 점에서 물권적 청구권과

---

71) 민법주해[V](유원규 집필부분), 289.
72) 본조의 근거에 대하여는 상린공동체설, 불법행위설, 인격권설, 환경권설 등이 대립하고 있다. 상세한 것은 민법주해[V](유원규 집필부분), 297 – 299 참조.
73) 민법주해[V](유원규 집필부분), 310.
74) 곽윤직, 288; 민법주해[V](유원규 집필부분), 3109.

는 그 본질이 달라진다고 할 것이다. 상린관계상의 청구권은 소극적으로 소유권의 실현이 방해받는 경우에 발생하는 것이 아니라 적극적으로 소유권의 실현을 위하여 인정하는 권리라는 점에서 그러하다. 그리고 본조가 조처의무(제217조 제1항)와 인용의무(제217조 제2항)를 규정하고 있는 것은 바로 이러한 이유에서이다. 따라서 인용의무를 넘는 경우 물권에 기한 방해배제청구가 아니라 본조에 의하여 부여된 의무의 불이행의 구제에서 그 해결책을 찾아야 할 것이다.[75]

(3) 제한물권관계의 검토

민법이 제한물권에 관하여 두고 있는 규정 중에는 지배권인 제한물권에 관한 규정이 아닌 경우가 많다. 이들 규정은 모두 소유자와 제한물권자의 권리 · 의무관계로서 청구권관계 또는 형성권관계에 관한 규정이다. 특히 용익물권의 경우가 그러하다. 제한물권관계는 물권적 청구권관계뿐만 아니라 물권적 형성권관계인 경우도 있다. 예를 들면, 지상물매수청구권(제283조 제2항), 지료증감청구권(제286조 제1항), 지상권소멸청구권(제287조), 전세권소멸청구권(제311조), 전세금증감청구권(제312조의2), 전세권소멸통고권(제313조) 등의 경우가 그러하다.

전세금증감청구권의 법적 성질에 대하여 청구권설(소수설),[76] 형성권설(다수설),[77] 겸비설[78] 등이 대립하고 있다. 생각건대 전세금증감청구권은 형성권의 성질을 가지고, 그 행사에 의하여 구체적으로 발생하는 전세금청구권이 청구권으로서의 성질을 갖는다고 할 것이다.[79]

(가) 제한물권관계규정의 편면적 강행규정 여부

제한물권관계에 관한 규정은 강행규정인가? 지상권의 경우에는 일부 규정(제280조 내지 제287)에 대하여 「지상권자」를 위한 편면적 강행규정임을 명시적으로 규정하고 있다(제289조). 제280조 내지 제287는 지상권자에게 불리한 약정은 효력이 없음을 밝

---

75) 이에 대하여는 III. 1. (4) 물적의무의 불이행을 참조.
76) 곽윤직, 352;
77) 이영준, 726.
78) 상세한 것은 강태성, 741-2 참조.
79) 강태성, 742.

히는 것이다. 따라서 지상권설정자에게 불리한 설정행위는 효력이 있다는 것이다. 한편 민법은 지역권, 전세권과 담보물권의 경우에는 이러한 규정을 두고 있지 않다. 따라서 해당 규정들은 쌍면적 강행규정이라고 보아야 한다. 한편 제한물권관계는 권리자의 사전포기는 인정하지 않지만 사후포기는 인정할 수 있다고 할 것이다.

(나) 제한물권관계의 이전

전술한 제한물권관계의 성질과 그 이전의 법리는 학설과 판례에 의하여 충분히 인식되지 못하고 있는 점이 있다. 특히 손해배상의무(제315조), 전세금반환의무, 유익비상환의무(제310조), 부속물매수청구권(제316조)의 이전여부에 대하여 다양한 논의가 전개되고 있다. 첫째, 손해배상의무의 이전여부에 대하여 견해가 대립하고 있다.[80] 이에 대하여는 우선 당사자의 의사표시 해석의 문제이고, 의사가 불명한 경우에는 양도 당시의 목적물의 현상 그대로 이전하고자 하는 것이 당사자의 의사라고 보아하므로, 전세권의 양수인이 양도인의 훼손사실을 알고 양수하였다는 등 특별한 사정이 없는 한 양수인에게 이전되지는 아니한다는 견해가 있다.[81] 이와 반대로 전세권이 양도된 경우에 양수인은 손해배상채무를 승계하지 않는다면 전세권설정자는 상계할 수 없게 되어 전세권설정자에게 불리하므로 손해배상의무는 승계된다는 반대의 견해도 있다.[82] 요컨대 손해배상의무는 전세권설정자가 용익기간이 종료하는 때에 전세금으로부터 공제를 할 성질을 가지기 때문에(제315조 제2항), 당사자의 의사여부에 관계없이 전세권자의 손해배상의무는 전세권의 양수인에게 이전된다고 할 것이다. 즉, 손해배상의무는 물건의 반환과 전세금반환과 연계되어 규율되어야 하는 물권관계의 특성상 제한물권의 양도와 함께 당연히 이전된다고 할 것이다. 마찬가지로 손해배상청구권 역시 소유물의 양도와 함께 이전된다고 할 것이다. 이 경우 소유자 또는 제한물권자 사이에서 손해배상의무의가 변제되었다고 한다면, 소유물의 당사자와 제한물권의 당사자 사이에서 체결된 채권계약에 의하여 보상이 이루어져야 할 것이다. 둘째, 유익비상환청구권과 부속물매수청구권의 경우 양도인이 지출한 유익비 또는 부속시킨 부속물이 양도당시 목적물의 현상으로 이미 드러나 있을 터이므로 다른 특별한

---

80) 자세한 견해의 대립에 대하여는 강태성, 744 참조.

81) 민법주해[Ⅵ](박병대 집필부분), 213.

82) 강태성, 744.

사정이 없는 한 양수인에게 그 권리가 승계된다고 볼 것이라는 견해가 있다,[83] 생각건대 이러한 법률관계는 전세권의 용익물권의 종료시에 전세물의 반환과 함께 종결되어야 할 물권관계로서 전세권의 양도시에 당연히 이전된다고 할 것이다. 이는 당사자의 인식여부와 목적물의 현상으로 드러나 있느냐의 여부를 불문한다고 할 것이다. 마찬가지로 전세물의 소유자가 미리 유익비를 지급한 경우에도 그로 인한 불이익은 역시 당사자들이 체결한 채권계약에 의하여 보상이 이루어져야 할 것이다. 셋째, 전세금반환의무의 이전여부에 대하여 새로운 소유자의 승계긍정설과 승계부정설이 대립하고 있다.[84] 판례의 경우 승계긍정설을 취하고 있다. 승계긍정설은 목적물의 소유권이 이전되면 그와 함께 전세권설정자의 지위도 이전되고 전세권설정자라도 그 목적물의 소유권을 잃으면 설정자로서의 권리의무관계에서 이탈한다고 한다.[85] 이에 반하여 승계부정설은 전세권자가 전세목적물에 선순위 채권 등이 많이 설정되어 있는 것을 알고서도 전세권설정자가 다른 재산을 많이 소유하고 있어 그 일반재산의 담보력을 믿고 전세권을 설정하였는데 갑자기 전세권설정자가 그 목적물을 재산이 없는 제3자에게 처분함으로써 전세권자의 당초 의도와는 달리 전세권설정자가 전세금반환채무를 면하게 되고 전세권자는 전세 목적물로부터는 선순위 채권 때문에 우선변제를 받을 수 없게 되고 승계한 제3취득자에게는 일반 재산이 없어 전세금반환채무를 실질적으로 보장받지 못하는 문제가 발생할 수 있다는 이유를 논거로 부정설을 취하고 있다.[86] 이와 관련하여 판례는 "전세권이 성립한 후 목적물의 소유권이 이전되는 경우에 있어서 전세권관계가 전세권자와 전세권설정자인 종전 소유자와 사이에 계속 존속되는 것인지 아니면 전세권자와 목적물의 소유권을 취득한 새로운 소유자와 사이에 동일한 내용으로 존속되는지에 관하여 민법에 명시적인 규정은 없으나, 전세물의 소유권이 이전된 경우 민법이 전세권관계로부터 생기는 상환청구, 소멸청구, 갱신청구, 전세금증감청구, 원상회복, 매수청구 등의 법률관계의 당사자로 규정하고 있는

---

83) 민법주해[VI] (박병대 집필부분), 213.
84) 해당 판례에 대한 평석과 승계부정설과 승계긍정설의 구체적인 내용과 그 논거에 대하여는 남효순, "용익기간 중 전세물의 양도와 전세금반환의무의 이전여부 — 물권 및 물권적 청구권의 개념에 대한 새로운 이해의 단초", 373-412 참조.
85) 민법주해[VI](박병대 집필부분), 189.
86) 오시영, 물권법, 540.

전세권설정자 또는 소유자는 모두 목적물의 소유권을 취득한 새로운 소유자로 새길 수밖에 없다고 할 것이므로, 전세권은 전세권자와 목적물의 소유권을 취득한 새로운 소유자 사이에서 계속 동일한 내용으로 존속하게 된다고 보아야 할 것"이라고 하여, 전세금반환의무도 전세물의 새로운 소유자에게 이전된다고 보았다.[87] 다시 말하면 판례는 전세금반환의무란 제한물권이 소멸되는 때에 이루어져야 하는 법률관계의 하나로 해석하고 있는 것이다. 그러나 보다 근본적으로는 전세금반환의무관계는 약정의 법률관계로서 전세권에 기초하여 발생하는 물권관계이기 때문에 당연히 소유물의 양수인에게 이전된다고 보아야 할 것이다. 승계부정설에 대하여는 전세금반환관계의 이전에 따르는 불이익은 당사자 사이에 체결된 채권계약관계에서 보상되어야 할 성질이라는 비판을 가할 수 있다. 또 전세금반환관계에 따르는 불이익은 전세권자에게만 발생하는 것이 아니라 전세물의 양수인에게도 발생할 수 있는 것이어서, 이와 같은 개인적인 사정의 존부 여부에 따라 그 이전여부가 달라진다고 할 수는 없다고 할 것이다. 이처럼 개인적인 사정을 무시할 수 있는 근거는 바로 전세금반환관계란 법정의 물권관계이기 때문이라고 할 것이다. 요컨대 이상의 법률관계뿐만 아니라 민법상 제한물권관계는 법정의 물권관계로서 약정한 당사자 사이에서뿐만 아니라 새로운 소유자 또는 새로운 제한물권자 사이에도 그대로 존속이 예정되는 법률관계라고 할 것이다. 이러한 법률관계는 바로 제한물권에 기초하여 발생하는 물권관계로서 전세물의 반환과 더불어 해결되어야 할 것이다.

Ⅳ. 물권 · 채권 준별론과 물권관계

근대 대륙법계민법은 판덱텐체계를 채택하여 물권 · 채권준별론을 택하고 있다. 이상에서 살펴본 물권관계 내지는 물권적 청구권관계는 물권 · 채권 준별론에 따를 때 어디에 속하는 법률관계인지는 물권 · 채권준별론만으로는 알 수가 없다. 이를 위하여 먼저 독일 프랑스에서의 물권 · 채권 준별론을 검토하기로 한다.

---

87) 대법원 2006. 6. 9. 선고 99다15122 판결; 대법원 2006. 5. 11. 선고 2006다6072 판결.

1. 독일의 물권·채권 준별론

독일의 근대판덱텐체계는 자연법론과 로마법학의 혼합물로서 확립되었다고 한다.[88] 그 중 물권·채권준별론은 근대판덱텐체계의 핵심적 내용이 되었고, 물권·채권준별론과 관련하여 Windscheid에 의하여 확립된 절대권·상대권의 구별은 오늘날 대륙법계민법의 근간을 이루고 있는 보편적 체계이다.[89] 물권·채권의 준별론에 따라 거래행위도 채권행위와 물권행위로 구분되었다. 그런데 물권·채권준별론에 대하여는 많은 독일학자들의 비판이 있었고, 새로운 체계를 모색하려는 시도가 있었다.[90] 즉, 채권행위와 물권행위의 구별은 현실과 동떨어지고 때로는 공허하다는 비판이 있고,[91] 물권과 채권만으로는 설명할 수 없는 법영역이 점차 늘어나고 있다는 것이다. 예를 들면, 대항력을 갖춘 부동산임차권이나 가등기가 된 채권 또는 소유권유보매매의 경우 매수인의 지위에 관하여는 물권·채권의 이분법의 구성으로는 설명하기 어려운 측면이 있다고 한다.[92] 또 독일의 경우 제한물권관계상의 권리·의무관계를 법정 채권으로 이해하고 있는 것이 일반적이다.

2. 프랑스의 물권·채권준별 부정론과 물적 의무론

프랑스에서도 물권·채권준별론에 대하여는 많은 비판이 제기되었다. 비판은 크게 물권·채권준별 자체를 부정하는 학설과 물권·채권준별론 수용하되 물적 의무의 발생을 인정하는 이론으로 나누어 볼 수 있다. [93] 필자는 지난번의 글을 통하여 제한물권관계에 대한 해석론을 발표 한 후 최근에 프랑스의 물적의무론(thèse de l'obligation

---

88) 이상태, 물권·채권 준별론을 취한 판덱텐체계의 현대적 의의, 81.

89) 이상태, 물권·채권 준별론을 취한 판덱텐체계의 현대적 의의, 83.

90) 독일에서의 근대 판덱텐체계의 형성과정과 그 문제점에 대하여는 이상태, 물권·채권 준별론을 취한 판덱텐체계의 현대적 의의, 15 − 105 참조.

91) 이상태, 물권·채권 준별론을 취한 판덱텐체계의 현대적 의의, 92 참조.

92) 이상태, 물권·채권 준별론을 취한 판덱텐체계의 현대적 의의, 179.

93) 프랑스의 경우 상린관계와 제한물권(담보물권은 제외)에서 발생하는 일정한 의무를 obliga − tion réelle이라고 부르고 있다. 이는 물적 채무라고도 번역할 수 있다. 그러나 이 글에서는 물권에 기초하여 발생하는 것이므로 물권에 대비되는 채권·채무라고 하기 보다는 물적 의무(또는 물권적 의무)로 번역하기로 한다.

réelle)을 접하게 되었다. 이하에서 프랑스에서의 물권·채권준별론과 물적의무론을 검토한 후 필자의 물권관계론과 어떻게 상이한지를 살펴보기로 한다.

(1) 프랑스의 물권·채권준별 부정론

19세기 말과 20세기 초에 걸쳐 Planiol, Michas, Quéru, Prodan, Minéi, Basque 등의 많은 학자들이 물권·채권준별론을 비판하였다. Planiol은 법률관계란 사람과 물건 사이에는 존재할 수 없는바, 물건에 대한 지배권이라는 물권개념은 넌센스라고 주장하였다. 모든 권리는 사람과 사람 사이의 법률관계인바, Planiol은 물권도 실상은 물권을 침해하는 일체의 행위를 하지 말아야 하는 소극적 의무를 부담하는 일반인과 권리자 사이의 인적 관계이기 때문에, 물권과 채권에는 아무런 차이가 없다고 하였다. 차이가 있다면 물권은 모든 사람이 의무자인 절대권이고 채권은 특정인이 의무자인 상대권이라는 것일 뿐이다.[94] 또 Michas도 물권론을 비판하여 물건에 대한 지배권성을 부인하며 물권도 통상적인 채권관계라고 보았고, 예를 들면, 역권은 승역지소유자의 부작위채무를 내용으로 하는바 때로는 승역지소유자에 대하여 적극적인 의무를 부담하는 것도 가능하다고 하였다.[95]

한편 현대에도 물권·채권준별론을 폐기하고 새로운 권리론을 주창하는 학자들이 있다. 우선 S. Ginossar는 물권·채권준별론을 폐기하고 물권에 대한 새로운 정의를 모색하려고 하였다. S. Ginossar는 소유권이란 물건에 대한 권능이 아니라 「하나의 물건이 어느 사람에게 귀속하는 관계(la relation par laquelle une chose appartient à une personne)」라고 하였고, 이 귀속관계가 드러나는 것이 바로 채권이라고 하였다.[96] 그에 의하면 재화는 소유권의 효력에 의하여 특정인의 자산(patrimoine)이 된다고 한다.[97] 이처럼 S. Ginossar는 소유권은 모든 사람에게 대항할 수 있는 권리이지만,

---

94) M. Planiol, *Traité élémentaire de droit civil*, T. I, 4e éd., 1906, nos 2159 et 2160 par J.−L Bergel, M. Bruschi et S. Cimamonti, *op. cit.*, no 319, p. 363.

95) Michas, Le Droit réel considéré comme une obligation passive universelle, These Paris. 1900 par J.−L Bergel, M. Bruschi et S. Cimamonti, *op. cit.*, no 319, p. 364.

96) S. Ginossar, *Droit réel, propriété et créance, élaboration d'un système rationnel des droits patrimoniaux*, LGDJ, 1960, pp. 29−33, par J.−L Bergel, M. Bruschi et S. Cimamonti, *op. cit.*, no 323, p. 368.

97) S. Ginossar, *op. cit.*, p. 35, par J.−L Bergel, M. Bruschi et S. Cimamonti, *op. cit.*, no 323,

소유권의 지분권(우리의 용익물권에 해당한다)은 모든 제3자에 대항할 수 없고 특정의 의무자에게만 대항할 수 있는 권리인데, 이 의무자는 적극적인 급부를 하여야 하는 자와 유사하다고 한다.[98] 지역권과 일반 채권과의 차이점은 전자의 경우 의무자는 토지의 소유자의 자격으로서 의무자가가 되어 종국적으로는 모든 소유자가 의무자가 되는 데에 반하여, 후자의 경우는 의무자가 특정의 자로 정해진다는 점이라고 한다. 따라서 S. Ginossar에 의하면, 권리는 그에 해당 의무가 물적인 경우에 물권이 된다고 할 수 있는바, 타인의 물건에 대한 물권은 그 의무자를 정하는 방법에 있어 일반 채권자와 다를 바가 없는 것이지만, 소유권은 절대권으로서 모든 사람을 의무자로 하는 법률관계로서, 이 권리는 해당 물건을 대상으로 할 뿐 아니라 작위급부 또는 부작위급부를 요구할 수 있는 권능으로 구성되는 타인의 물건에 대한 물권을 대상으로 할 수 있다. 따라서 승역지소유자가 적극적인 급부를 부담하는 것도 얼마든지 가능하다고 한다.[99] 한편 F. Zénati에 의하면, 소유권은 물권이 아니고 특정인이 물건이나 권리를 자신의 것으로 하는 배타적 관계를 표현하는 권리의 본질적 개념에 해당한다고 한다.[100] F. Zénati는 소유권 이외의 모든 권리는 채권관계로 구성될 수 있고, 채권관계는 소유자와 맺는 것이라고 하였다.[101] F. Zénati는 타인의 물건에 물권을 설정한다는 것은 물건의 소유자와 권리자 사이에 채권관계를 설정하는 것으로서, 이 채권은 물건에 대하여 행사되기 때문에 물적이라는 특징이 있다는 점에서 일반채권과는 다르다고 하였다.[102] 따라서 타인의 물건에 대한 권리란 물적 의무의 적극적인 측면에 지니지 않는다고 하였다.[103]

---

p. 368.

98) S. Ginossar, *op. cit.*, p. 35, par J.−L Bergel, M. Bruschi et S. Cimamonti, *op. cit.*, no 323, p. 368.

99) S. Ginossar, *op. cit.*, pp. 112, 187 par J.−L Bergel, M. Bruschi et S. Cimamonti, *op. cit.*, no 323, p. 369.

100) F. Zénati, *Essai sur la nature juridique de la propriété, contribution à la théorie du droit subjectif*, Thèse. Lyon, *1981*, no 594 par J.−L Bergel, M. Bruschi et S. Cimamonti, *op. cit.*, no 324, p. 368.

101) F. Zénati, *op. cit.*, no 596 par par J.−L Bergel, M. Bruschi et S. Cimamonti, *op. cit.*, no 324, p. 369.

102) F. Zénati, *"Pour une revolution de la theorie de la propriete"*, RTD civ, 1993, p. 305 et s., pp. 318−9 par J.−L Bergel, M. Bruschi et S. Cimamonti, *op. cit.*, no 324, p. 369.

(2) 프랑스의 물적 의무론

프랑스에서는 물적 의무론은 지역권(les servitudes)과 관련하여 제시되었다. 프랑스에서 지역권(les servitudes)은 상린관계(les servitudes de voisinage)를 포함하는 넓은 개념이다.[104] 프랑스민법 제637조는 지역권을 타인의 소유에 속하는 부동산의 사용·편익을 위하여 어느 부동산(승역지)에 부과된 부담이라고 정의하고 있다.[105] 이 부담은 승역지에 직접 과하여져 승역지의 기능이 됨으로써 어떠한 역무(une service)를 기대할 수 있다고 한다. 이러한 정의에 의하면 지역권은 승역지에 대한 물적 부담을 구성하게 된다. 이처럼 물적 부담은 승역지에 부과되어 고착화됨으로써 모든 승역지 승계인에게 당연히 이전된다고 한다. 즉, 지역권은 승역지 소유권의 양도행위에 의하여 부과되는 것이 아니라, 승역지를 취득하는 행위가 이를 언급하지 않더라도 등기가 되는 한 토지의 이전에 함께 당연히 따르게 되는 것이다.[106] 또 프랑스민법 제686조에 의하면 지역권은 소유지 위에 또는 소유지의 편익을 위하여서는 설정될 수 있으나 사람에게 또는 사람의 편익을 위해서는 설정될 수 없다.[107] 이 조문에 대한 1804년

---

103) F. Zénati, *"Pour une revolution de la theorie de la propriete"*, RTD civ, 1993, p. 305 et s., pp. 318-9 par J.-L Bergel, M. Bruschi et S. Cimamonti, *op. cit.*, no 324, p. 369.

104) 프랑스민법전 제2권 제4편의 「역권 또는 지역권(Des servitudes ou servitudes des lieux)」 중 제1장의 「토지의 상태에 따른 지역권(Des servitudes qui dérivent de la situation des lieux)」과 제2장의 「법률의 규정에 의한 지역권(Des servitudes établies par la loi)」이 우리의 상린관계에 해당하고, 제3장의 「사람의 행위에 의한 지역권(Des servitudes établies par le fait de l'homme)」이 지역권에 해당하는 것이다.

105) 프랑스민법은 점용권(usufruit), 사용권(droit d'usage)와 거주권(droit d'habitation)을 사람의 편익을 위한 인역권이라 불러, 토지의 편익을 위한 지역권과 대비시키고 있다(Ph. Malaurie et L. Aynès, *Les biens*, n° 1111, p. 340). 토지의 편익도 결국은 사람이 권리의 주체가 된다는 점에서 인역권과 지역권은 동일하다고 할 것이다. 이러한 점에서 프랑스법상 지역권으로 분류되고 있는 상린관계도 결국은 청구권관계로 이해할 수 있을 것이다.

106) J.-L Bergel, M. Bruschi et S. Cimamonti, *op. cit*, no 314, p. 357.

107) Art 686 ① Il est permis aux propriétaires d'établir sur leurs propriétés, ou en faveur de leurs propriétés, telles servitudes que bon leur semble, pourvu néanmoins que les services établis ne soient imposés ni à la personne, ni en faveur de la personne, mais seulement à un fonds et pour un fonds, et pourvu que ces services n'aient d'ailleurs rien de contraire a l'ordre public(소유자는 자신의 소유지 위에 또는 소유지의 편익을 위해 자신이 좋다고 생각하는 지역권을 설정할 수 있는데, 이 지역권은 사람에게 또는 사람의 편

프랑스민법 제정 당시의 함의는 이 조문은 토지에 대한 봉건적 제한의 출현을 방지하기 위한 것으로서 지역권은 인적 채무를 구성하지 않는다는 것이다. 물론 승역지소유자는 지역권이라는 부담을 준수하여야 하여야 하지만, 그것은 승역지 소유자로서 당연히 부담하는 것일 뿐 채무자로서(personnellement) 부담하는 것은 아니다. 또 승역지소유자는 지역권의 행사를 방해하지 말아야 하는 의무를 부담하는데, 이는 부작위(in patiendo 또는 in non faciendo) 지역권으로서 성립하는 것이라고 한다. 여기서 오래전부터 프랑스의 경우 「지역권은 하는 채무로 성립할 수 없다(la servitude in faciendo non consistit)」"는 원칙이 도출되었다고 한다. 따라서 만일 토지소유자가 하는 채무를 부담할 경우에는 이는 토지소유권과 함께 자동적으로 이전되는 지역권이 아니라 토지소유권과 함께 이전되지 않는 채무(인적 채무)에 지나지 않는다고 한다. 그러나 이상의 고전적 해석론은 더 이상 의미가 없다. 즉, 프랑스민법 제686조는 승역지소유자가 지역권에 부수하여 예외적으로 적극적 의무를 부담하는 것을 금지하는 것은 아니라는 해석론으로 인한 것이다.108) 이것이 바로 프랑스민법 제699조가 승역지소유자는 자신의 비용으로 역권의 이용과 보존을 위하여 필요한 시설을 할 수 있다고 규정하고 있는 바이다. 다만, 이 의무는 지역권의 주된 내용이 아니라 어디까지나 지역권에 부수적인 채무가 될 뿐이라고 한다. 이 의무를 바로 「물적 의무(obligation propter rem, obligation rélle)」라고 한다.109) 이 개념은 물권과 채권의 준별에 따르는 논쟁을 회피하고, 의무가 물건에 수반하여 이전된다는 성질을 잘 드러내는 편리한 도구가 된다고 한다.

한편 물적 의무의 법적 성격을 어떻게 파악할 것인지가 커다란 문제였다.110) 첫째, 신채무주의자(néopersonalliste)의 입장이 있다.111) 즉, 물적 의무를 포함한 지역권을

익을 위해서는 설정될 수 없고 공공질서에 반하지 않는 한도 내에서 토지 위에 그리고 토지를 위하여 설정될 수 있다).

108) J.-L Bergel, M. Bruschi et S. Cimamonti, *op. cit*, no 315, p. 359.

109) Obligation réelle을 물적 채무로 번역할 것인지 아니면 물적 의무로 번역할 것인지가 문제이다. 프랑스의 경우 Obligation réelle은 물권에 기초하여 발생하는 것으로 이해되고 있으므로, 이 글에서는 채권을 연상시키는 물적 채무라고 하기 보다는 물적 의무라고 번역하기로 한다.

110) J.-L Bergel, M. Bruschi et S. Cimamonti, *Les biens*, Triaté de Droit civil, nos 318-326, pp. 363-373.

채무의 성질을 갖는 것으로 보는 주장이다. 1874년 Naquet는 물건에 고정되어 물건의 소유자에게 수반된다면 그것이 적극적 의무이든 소극적인 의무이든 이러한 물적의무를 지역권이라고 불러도 좋다고 하였고, 이러한 의무는 본래의 의미의 채무가 특정의 의무자에게만 부과될 수 있다는 점과 다르다고 하였다.[112] Ripert 역시 토지소유자에게 부과된 모든 의무는 그 토지의 양도와 함께 이전될 경우 이를 지역권이라부를 수 있고, 프랑스민법 제699조는 예외적으로 작위 채무도 지역권이라고 규정하고있으므로, 「지역권은 하는 채무로 성립할 수 없다」는 원칙은 폐기되어야 한다고 하였다. Ripert에 의하면 역무의 내용이 권리의 주된 목적이냐 또는 부수적인 목적이냐는중요하지 않으며, 당사자의 약정으로 일정한 행위를 하는 것을 지역권으로 할 수도있으므로, 이를 지역권이라고 부르든 「물적 의무(obligation propter rem)」라고 부르든중요하지 않다고 하였다.[113] Naquet와 Ripert와 같은 신채무주의자에 의하면 적극적급부를 내용으로 하는 물권은 얼마든지 생각할 수 있으며, 그것이 이웃토지소유자사이의 인적 관계임에도 불구하고, 지역권은 물권의 성질을 갖는다. 이러한 접근방법론은 지역권이 내포하는 이웃토지소유자 사이의 불가피한 관계를 물권으로서의 성질을 포기함이 없이 잘 드러낸다는 장점이 있다고 한다.[114] 달리 말하면 지역권은 이웃토지 소유자 사이에 설정되는 채권으로서 승역지의 이전과 함께 수반되지 않는 채권과는 구별이 된다고 한다.[115] 한편 이러한 접근방법론은 Kornprobst에 의하여 계승되었는바, 그에 의하면 지역권은 요역지소유자의 개별적 필요를 충족시키기 위한 물권으로서, 승역지소유자는 요역지소유자의 권리행사에 협조하여야 하는 의무를 진다고 한다.[116] 이렇게 하여 이웃토지소유자 사이의 의무관계가 지역권의 활성화를 위하

---

111) 이들을 신채무주의자(néopersonalliste)라고 부르는 것은 Planiol, Michas, Quéru, Prodan, Minéi, Basque을 채무주의자(personalliste)라고 부르기 때문이다(J.-L Bergel, M. Bruschi et S. Cimamonti, *op. cit*, no 319, p. 364).

112) Naquet, *Revue générale de la législation francaise et étrangère* 1874, p. 200 par J.-L Bergel, M. Bruschi et S. Cimamonti, *op. cit.*, no 320, p. 365.

113) G. Ripert, *L'excercice du droit de propriété dans ses rapports avec les propriétés voisines*, Thèse Aix, 1902 par J.-L Bergel, M. Bruschi et S. Cimamonti, *op. cit.*, no 320, p. 365.

114) J.-L Bergel, M. Bruschi et S. Cimamonti, *op. cit.*, no 320, p. 365.

115) J.-L Bergel, M. Bruschi et S. Cimamonti, *op. cit.*, no 320, p. 365.

116) Kornprobst, *La notion de servitude en droit privé contemporain*, Thèse Strasbourg, 1936 par J.-L Bergel, M. Bruschi et S. Cimamonti, *op. cit.*, no 320, p. 365.

여 이웃 토지 사이에 형성되는 물권관계에 접목이 되는 것이다.[117] 이처럼 물권에 채권적 요소를 덧칠하는 접근방법론은 지역권에 일정한 범위의 작위의무를 부과시키는 것이기는 하지만, 이는 어디까지나 지역권의 주된 목적이 되어서는 안 되고 또 부과된 급부는 승역지의 사용과 이용에 직접적이고도 즉각적인 관련이 있어야 한다.[118] Jouvent에 의하면 지역권이란 민법 제699조의 예외를 제외하고는 승역지소유자에게 최소한의 부차적인 역무를 부과시키는 물권일 뿐이라고 정의하였다.[119] 둘째, 물적의무를 물권적 성질을 인정하는 견해이다. 우선 물적 의무를 지역권과 구별하는 입장이다. 이 이론은 Michon의 이론에서 출발한다.[120] 그에 의하면 물적 의무란 물건의 점유자에게 부과되는 것으로서 개별적인 채무자에게 부과되는 것이 아니어서, 물건과 함께 이전되고 또 포기에 의하여 면할 수 있는 특징을 갖는다고 한다.[121] De Juglart에 의하면 이 물적 의무는 물건의 포기에 의하여 면할 수 있는 선택적 의무(obligation alternative)로서, 물권과 채권의 중간영역에 해당한다고 한다.[122] 즉, 그에 의하면, 물적 의무는「물권과 채권이 동시에 존재하는 관계(un rapport de droit réel et personnel à la fois)」로서, 한편으로 지역권의 효용을 위하여 인정된다는 점에서 물권적(réel)이나, 다른 한편으로 부작위 또는 작위급부에 의하여서만 실현된다는 점에서는 채권적(personnel)이라고 한다.[123] 그러나 De Juglart는 사람의 행위에 의한 지역권(우리의 지역권)의 경우는 물적 의무와 구분하였는바, 이는 제699조가 허용하는 바와 같이 물적 의무는 적극적인 급부를 목적으로 하더라도 그것은 부수적인 것에 지나지 않는다고 하였다. 즉, De Juglart에 의하면 사람의 행위에 의한 지역권의 경우 물적 의무는 해당 지역권이 확장되는 계기가 되고, 그 점에서「지역권은 하는 급부를 내용

117) J.-L Bergel, M. Bruschi et S. Cimamonti, *op. cit.*, no 320, p. 365.
118) J.-L Bergel, M. Bruschi et S. Cimamonti, *op. cit.*, no 320, p. 365-6.
119) Jouventt, *L'article 686 du Code civil*, Thèse Grenoble, 1935 par J.-L Bergel, M. Bruschi et S. Cimamonti, *op. cit.*, no 320, p. 366.
120) J.-L Bergel, M. Bruschi et S. Cimamonti, *op. cit.*, no 321, p. 366.
121) Michon, *Des obligations propter rem dans le Code civil*, Thèse Nancy, 1891 par J.-L Bergel, M. Bruschi et S. Cimamonti, *op. cit.*, no 321, p. 366.
122) De Juglart, *Obligation réelle et servitudes en droit privé francais*, Thèse Bordeaux, 1937, p. 282-284 par J.-L Bergel, M. Bruschi et S. Cimamonti, *op. cit.*, no 321, p. 366.
123) De Juglart, *op. cit.*, p. 284 par J.-L Bergel, M. Bruschi et S. Cimamonti, *op. cit.*, no 321, p. 366.

으로 설정될 수 없다」는 원칙은 폐기되지 않는다고 한다.[124] 사람의 행위에 의한 지역권의 경우는 물적 의무와 지역권을 구분하는 반면에, 법정지역권·자연적 지역권(우리의 상린관계)의 경우에는 작위급부를 내용으로 지역권을 물적 의무의 개념으로 대체하여야 하고, 부작위급부를 내용으로 하는 경우는 부수적인 것일 뿐이라고 한다. 한편 J. Scapel의 최근 이론에 의하면 물적 의무란 물권이 아니라 물권에 부수적인 의무라고 하고, 이 의무는 물권의 영향을 받아서 물적 성질(inuitus rei)을 갖는다고 하였다. 그는 물적 성질(inuitus rei)의 강도에 따라 다시 물적 의무를 「불완적 물적 의무(obligation réelle imparfaite)」와 「완전 물적 의무(obligation réelle parfaite)」로 구분하여, 담보책임과 같이 물적 성질이 일방적인 경우를 불완전 물적의무라고 하였고, 물적 성질이 쌍방적인 것인 겨우 완적 물적 의무가 성립하고,[125] 이 물적 의무는 포기가 가능하다고 한다.[126] 다른 한편 물적 의무와 지역권을 구분하지 않는 이론도 있는 바, H. Aberkane가 이에 해당한다. 그에 의하면 지역권은 「물적 의무」의 단순한 변형에 지나지 않는다고 하여, 특정승계인에게 이전되고 또 물건의 포기에 의하여 면할 수 있는 의무라고 한다.[127] H. Aberkane에 의하면 물적 의무는 물권과 채권의 중간 개념이 아니라, 채권의 성질을 갖는다고 한다. 즉, 물적 의무는 어느 권리가 상대 권리에 대한 대항력을 표시하는 것으로 상대 권리자에게 적극적인 급부를 명할 수 있다고 한다.[128] H. Aberkane에 의하면 지역권이란 이웃 토지 사이에 존재하는 물적 의무로

124) 프랑스민법 제686조는 지역권은 소유권 또는 소유권의 편익을 위하여서는 설정될 수 있으나 사람 또는 사람의 편익을 위해서는 설정될 수 없다고 한다. 여기서 「지역권은 하는 채무가 될 수 없다」는 원칙이 도출된다. 따라서 만일 토지소유자가 하는 채무를 부담할 경우에는 이는 토지소유권과 함께 자동적으로 이전되는 지역권이 아니라 토지소유권과 함께 이전되지 않는 채무(인적 채무)에 지나지 않는다고 한다. 그러나 프랑스민법 제699조에 의하면 승역지 소유자는 자신의 비용으로 역권의 이용과 보존을 위하여 필요한 시설을 할 수 있다고 규정하고 있다. 이 경우 이 의무는 중요한 채무가 아니라 부수적인 채무가 될 뿐이라고 한다.

125) J. Scapel, *La notion d'Oblilgation réelle*, Presse Universitaire d'Aix−Marseille, 2002. n° 117, p. 129.

126) J. Scapel, *op. cit.*, nos 187−189, pp. 202−205.

127) H. Aberkane, *Essai d'une théorie générale de l'obligation protrer rem en droit positif francais*, Thèse Alger, 1957, no 98 par J.−L Bergel, M. Bruschi et S. Cimamonti, *op. cit.*, no 322, p. 367.

128) H. Aberkane, *op. cit.*, no 94 par J.−L Bergel, M. Bruschi et S. Cimamonti, *op. cit.*, no 322, p. 367.

서, 이는 법정지역권이든 약정지역권이든 마찬가지라고 한다. 사람의 행위에 의한 지역권이란 바로 약정에 의한 물적 의무일 뿐이다.[129] 따라서 물적 의무와 지역권 사이에는 아무런 차이가 없다. H. Aberkane에 의하면, 「지역권은 하는 급부를 내용으로 설정될 수 없다(la servitude in faciendo non potest)」"는 원칙에는 어떠한 법률적 정치적 존재이유가 없고 또한 타당성이 없다고 한다. H. Aberkane의 주장은 전통적인 물권·채권 준변론과 결별하는 것으로서, 그러나 물권에 대한 정의를 다시 내리고자 하는 것은 아니라고 한다.[130] 또 Ph. Malaurie·L. Aynès는 물적 의무를 채권에 준하는 것으로 보고, 물적 의무의 특징으로서 일반의 채권과 달리 이전할 물건과 함께 당연히 이전이 된다는 점과 승역지를 포기함으로써 이를 포기할 수 있다는 점을 들고 있다.[131]

(3) 결어

물권·채권의 준별을 부정하는 Planiol, Michas와 S. Ginossar의 견해는 세부적인 점에서는 차이는 있지만 결국 물권을 지배권으로 보는 것을 거부하고 물권을 포함한 모든 권리를 채권으로 파악한다는 점에서 물권·채권준별론에 대한 고전적인 비판이라고 하겠다. 그리고 F. Zénati는 소유권을 권리의 본질적 개념이라고 보아 소유권을 제외한 모든 권리를 채권으로 파악하고 있다는 점에서 특징이 있다고 하겠다. 한편 물적의무론은 상린관계 또는 지역권과 관련하여 제기되고 있다는 사실을 주목할 필요가 있다. 이는 프랑스의 경우 물권관계론은 필자의 견해와 달리 본격적으로 주장되고 있지 않다는 것을 말하는 것이다. 한편 프랑스민법 제699조는 우리 민법 제298조에 해당하는 규정이다. 그럼에도 불구하고 이 조문과 관련하여 해석론이 갈린 것은 프랑스민법 제637조가 상린관계 내지 지역권을 물적 부담으로 보았기 때문이다. 이러한 이유에서 학설들은 상린관계 내지 지역권은 승역지에 고착화되어 모든 승역지승계인에게 당연히 이전되는 것이라고 하였던 것이다. 그러나 근래에는 승역지소유자가 프랑스민법 제699조에 의하여 부담하는 시설설치의무도 물적 의무로 이해하기에

---

129) H. Aberkane, *op. cit.*, nos 95 – 102 par J. – L Bergel, M. Bruschi et S. Cimamonti, *op. cit.*, no 322, p. 367.
130) J. – L Bergel, M. Bruschi et S. Cimamonti, *op. cit.*, no 322, p. 368.
131) Ph. Malaurie et L. Aynès, *Les biens*, no 3792, p. 104 – 105, no 1167, p. 362.

이르렀다. 한편 제637조에 의한 물적 부담이든 또는 제699조에 의한 인적 의무이든 신채무주의자들은 이들을 채무로 보았다. 이에 반하여 Michon과 De Juglart 물적 의무를 지역권과 명확히 구별하여 지역권에 부수적으로 발생하는 물적 의무로 보았다. 오늘날에는 지역권이란 승역지에 대한 물권임과 동시에 요역지소유자에게 물적 의무를 발생시키는 것으로서, 지역권은 승역지소유자에게 지역권을 존중하여야 한다는 주된 의무와 일정한 작위급부를 내용으로 하는 부수적인 의무를 발생시킬 수 있는 것으로 이해되고 있다.132)

　물적 의무는 물건에 고착화되었기 때문에 물건과 함께 이전된다고 하는 견해는 Michon과 그 밖에 J.−L Bergel, M. Bruschi et S. Cimamonti, Ph. Malaurie et L. Aynès, W. Dross가 취하고 있다.133) 그러나 필자는 물적 의무란 물건에 고착화되었기 때문에 승계되는 것이 아니라고 생각한다. 이는 프랑스민법 제699조가 정하는 약정에 의한 채무가 물건에 고착되지 않은 의무임에도 불구하고 승계가 되는 것과 동일하다. 한편 물적 의무의 의무자는 토지의 소유자의 자격으로서 의무자가가 되는 것이므로 종국적으로는 모든 소유자가 의무자가 된다는 S. Ginossar의 견해는 필자의 견해와 동일하다. 또 물적 의무란 물권이 아니라 물권에 부수적인 의무라고 하는 J. Scapel에 견해도 필자의 견해와 일치한다. 그러나 필자는 물적 의무란 상린권이나 지역권의 경우만 문제되는 것이 아니라 제한물권 전반에 대하여 인정할 수 있고, 나아가 물권편을 통일적으로 이해하기 위하여 물권관계의 개념을 주장한다는 점에서 프랑스에서의 물적 의무와는 다르다고 하겠다.

V. 결어: 물권관계와 물권적 청구권

　필자는 물권·채권의 준별론은 우리 민법에서도 여전히 유효한 개념체계라고 생각한다. 다만, 필자는 물권·채권준별론을 더 분명히 하기 위하여 물권관계의 개념을 주장한다. 종래의 물권론은 지배권을 중심으로 전개되었다. 지배권론은 상린관계를

---

132) J.−L Bergel, M. Bruschi et S. Cimamonti, *op. cit.*, no 326, p. 373.

133) 상린관계는 물건에 고착화되었다고 보는 견해로는 J.−L Bergel, M. Bruschi et S. Cimamonti, *op. cit.*, n° 328, p. 375;Ph. Malaurie et L. Aynès, *op. cit.*, n° 379, p. 104, n° 1167, p. 362; W. Dross, *op. cit.*, n° 387, p. 318 참조.

소유권의 내용 또는 확장으로만 또 소유자와 제한물권자 사이의 여러 권리·의무관계
는 제한물권의 효력으로만 설명하였다. 그러나 이러한 물권론은 상린관계와 제한물
권관계의 법적 성격을 온전히 설명하기에 부족하였다. 한편 필자는 지배권인 물권의
실현이 방해받는 경우에 인정되는 물권적 청구권도 물권관계의 틀 안에 포함시킬 수
있다고 생각한다. 첫째, 물권관계는 사람에 대한 권리·의무관계라는 점에서 물건 자
체에 대한 지배권과는 본질적으로 다르다. 둘째, 물권관계, 즉, 물권적 청구권, 상린관
계와 제한물권관계 모두 물권편에 규정되어 있다. 따라서 이들 법률관계는 물권과
관련하여 설명되고 이해되어야 하는바, 이 점에서 물권관계로 파악하는 것이다. 그
결과 이들의 법률관계를 법정채권관계로 이해하는 것만으로는 그들의 법률관계를 충
분히 규명하지 못한다. 또 필자는 물권관계를 물권과 채권의 중간영역으로 파악하는
데에도 반대한다. 더군다나 우리 민법의 물권편의 규정 중 이른바 지배권에 관한 규
정은 일부에 지나지 않고, 나머지 규정들은 모두 물권관계에 관한 규정들이다. 따라서
물권관계에도 물권에 대등한 설명을 부영하여야 하고, 이는 우리 민법 제2편의 물권
편에 합당한 지위를 부여하는 것이라고 생각한다. 셋째, 상린관계와 제한물권관계의
법률관계도 궁극적로는 물권적 청구권에 해당한다는 점에서 종래의 물권적 청구권과
다를 바가 없다. 이 점에서 물권관계는 물권적 청구권관계이다(이미 기술한 바와 같이
물론 형성권관계도 포함된다). 종래의 물권적 청구권을 협의로 이해하고 다른 법률관계에
서 인정되는 청구권도 물권적 청구권으로 파악한다. 요컨대 물권에는 지배권인 물권
과 상대방에 대한 청구권 등을 내용으로 하는 물권관계가 있다. 물권관계는 혹은「지
배권인 물권의 실현을 위한 법률관계」로서 발생하고 혹은「물권의 실현이 방해받은
경우에 물권의 작용 또는 효력으로서 인정되는 법률관계」이다. 전자가 이른바 상린관
계와 제한물권관계이고 후자가 물권적 청구권이다.

　물권관계에는 기술적 개념이 아니라 물권관계의 여러 특징을 설명할 수 있는 실천
적인 개념이다. 물권관계에는 공통적인 법리가 존재하고 또 개별적인 물권관계에서
일정한 범위에서는 고유한 특징이 인정된다. 우선 물권관계의 취득과 이전을 살펴보
면, 협의의 물권적 청구권은 물권의 침해가 있는 경우에 비로소 발생하여 그 독자성
은 인정되지만, 그것은 발생의 기초가 된 물권과 분리되지 않고 또 물권의 이전이
있으면 이전된 물권에 기초하여 비로소 발생하는 성질을 가지고 있다. 이러한 법리는
상린관계상의 물권적 청구권에도 동일하게 유지된다. 이에 반하여 제한물권관계는

소유권과 제한물권의의 변경에 따라 승계되고 이전이 예정된 법률관계이다. 이러한
이유에서 제한물권관계는 그것이 발생하는 기초가 된 제한물권이 목적물과 제한물권
의 변경에도 불구하고 계속 존속하는 것이다. 또 물권관계를 구성하는 물권적 청구권
은 다음과 같은 공통적인 특징이 있다. 첫째, 물권적 청구권은 물권에 기초하여 발생
하는 청구권이라는 점에서 「물권적」이다. 둘째, 물권적 청구권은 특정인이 아니라
일정한 자격을 갖는 자 「누구에 대해서도」 주장할 수 있다는 점에서 「물권적」이다.
예를 들면, 제한물권관계는 제한물권을 설정한 소유자에 대하여서뿐만 아니라 소유
물을 양수하는 새로운 소유자와의 관계에서도 존속한다는 점에서 「물권적」이다. 다
시 말하면, 제한물권관계는 제한물권의 목적물의 소유자 누구에 대하여서나 주장할
수 있어 대세적이라는 점에서 「물권적」인 것이다. 셋째, 물권적 청구권은 소유권의
객체 또는 제한물권의 객체와 불가분의 관계가 있다는 점에서 「물적」 청구권인 것이
다. 즉, 물권적 청구권은 물건을 중심으로 발생하고 물건과 관련하여 규율되어야 한다
는 점에서 「물적」인 것이다. 이상의 물권적 청구권에 대응하는 개념이 바로 물권적
의무 또는 물적 의무이다. 요컨대 물권관계는 「물권에 기초하여」 그리고 「물건 자체
를 중심으로 하여」 발생하고 해결되어야 할 법률관계이다. 이러한 점에서 물권관계를
구성하는 물권적 청구권과 그에 대응하는 의무는 물권적이고 또 물적이라고 할 수
있다. 이 점이 채권적 청구권이 특정의 사람(채무자 또는 계약자)에 대하여서 발생한다
는 점이 다르다. 그리고 물권관계는 소유자와 소유자 또는 소유자와 대소유자의 법률
관계로서 법정된 법률관계이다. 물권관계도 법률로 법정하는 이유는 물권의 안전한
거래를 보장하기 위한 것이다. 따라서 물권관계는 굳이 채무인수 또는 계약인수와
같은 채권법 내지는 계약법의 법적 기술에 의존하지 않고서도 새로운 소유자에게 이
전될 수 있는 것이다. 바로 이 점에서 물권관계는 채권관계와 구별되는 것이다.

　한편 개별적인 물권관계는 그 발행, 이전 등에서 각자 고유한 성격이 존재할 수도
있다. 예를 들면, 상린관계는 계약관계 없이 성립하는 법률관계로서, 이웃하는 토지
소유자 사이에서는 당사자들의 약정이 있는 경우에는 그 적용이 배제될 수 있어 임의
규정의 성질을 갖지만, 종전 소유자와 새로운 소유자 사이에서는 새로운 소유자의
합의가 없는 한 그 규정이 적용되어야 하는 강행규정의 성질을 갖는다고 할 것이다.
물론 그들 사이에서도 합의하는 경우에는 상린관계와 다른 약정을 둘 수 있는 것은
물론이다. 이에 반하여 제한물권관계는 소유자와 제한물권자뿐만 아니라 그 승계인

사이에서도 강제되어야 할 특징을 갖는다고 할 것이다. 당사자가 임의로 제한물권관
계를 창설할 수 없기 때문이다.

[후기]

1. 필자는 이 논문에서 물권적 청구권이 지배권의 효력이 아니라 지배권과 함께 물권을 구성하는 권리라는 것을 규명하고 있다. 다만, 물권적 청구권과 지배권의 관계에 대하여는 명백한 인식이 부족하였다. 양자의 관계에 대하여는 이후의 논문("물권법상의 청구권은 물권자에게 인정되는 청구권으로 채권이 아니라 물권적 청구권이고, 지배권과 함께는 물권을 구성하는 권리")에서 상세하게 다룬다.

2. 필자는 이 논문[III. 1. (1)(물권관계와 물권법정주의)]에서 물권관계는 지배권인 물권과는 달리 등기가 되지 않는다고 보았다. 필자는 이후의 논문("물권론의 재정립")에서 물권적 청구권 중에는 지료청구권·전세금반환청구권과 같이 지배권인 물권의 대가를 구성하는 물권적 청구권과 그 밖의 물권적 청구권이 있다는 것을 규명하게 되었고, 전자는 등기에 의하여 공시가 되는 청구권이다.

3. 필자는 이 논문[III.1.(2)(물권관계의 취득과 이전)]에서 물권관계는 '지배권인 물권'에 기초하여 발생한다고 하였으나 이는 '지배권'의 오기이므로 이를 수정한다.

4. 필자는 이 논문[III.1.(2)(나)(상계관계의 취득과 이전)]에서 상계관계상의 권리·의무를 '승계'한다는 것은 '취득'한다는 것의 오기이므로 이를 수정한다.

5. 필자는 이 논문[III.1.(2)(다)(제한물권관계의 이전)]에서 민법상 제한물권관계는 법정의 물권관계라고 하였다. 필자는 이후의 논문("물권론의 재정립")에서 전세금반환청구권과 지료청구권은 당사자의 약정에 의하여 발생하는 물권적 청구권이라는 것을 규명하게 되었다.

6. 필자는 이 논문[III.1.(3)(물권관계의 대세성)]에서 물권적 청구권관계는 물권자 누구에게도 청구할 수 있다는 점에서 특정의 채무자에 대한 채권적 청구권과 구별하여 '대세성'이라고 표현하였다. 그러나 이후의 논문("물권법상의 청구권은 물권자에게 인정되는 청구권으로 채권이 아니라 물권적 청구권이고, 지배권과 함께는 물권을 구성하는 권리")에서 '대물적 대인성'으로 수정하였다.

6. 필자는 III.1.(5)(물권관계와 소멸시효)에서 물권관계는 물권에 기초하는 종속적인 법률관계"고 보았다. 여기서 물권이란 지배권과 물권적 청구권을 포함하는 개념인 것이다.

7. 필자는 이 논문에서는 물권이 침해받는 경우에 성립하는 물권적 청구권을 협의

의 물권적 청구권이라고 불렀다. 필자는 이후의 논문("물권론의 재정립")에서는 이를 침해 물권적 청구권이라고 부른다.

8. 저당채권과 전세금반환청구권이 물권에서 갖는 차이에 대하여는 이후의 논문 ("전세권의 법적 성질과 본질")에서 자세히 다룬다.

참고문헌

강태성, 물권법(대명출판사, 2000).

곽윤직, 물권법[민법강의 II](박영사, 1992).

권용우, 물권법(법문사, 1998).

김상용, 물권법(화산미디어, 2011).

김형배, 민법학강의(신조사, 1999).

김증한·김학동, 물권법(박영사, 1998).

오시영, 물권법(학현사, 2009).

이상태, 물권법(법원사, 2011).

이상태, 물권·채권 준별론을 취한 판덱텐체계의 현대적 의의(건국대학교출판부, 2005).

이영준, 한국민법론[물권편](박영사, 2009).

이은영, 물권법(박영사, 1998).

장경학, 물권법(법문사, 1990).

양창수·권영준, 민법 II, 권리의 변동과 구제(박영사, 2011).

양창수·김형석, 권리의 보전과 담보(박영사, 2012).

곽윤직, 채권각론(박영사, 2000).

김형배, 채권각론[계약법](박영사, 1997).

민법주해[V] 물권(2)(박영사, 1992).

민법주해[VI] 물권(3)(박영사, 1992).

주석민법[물권(1)](사법행정학회, 2001).

주석민법(7)[물권(2)](유비각, 1982).

김기수, "주위지통행권의 특질과 그 적용", 민법의 과제와 현대법의 조명(경암 홍천용교
　　　　수 화갑기념글집 간행위원회, 1997).

이기우, "상린관계의 법리에 관한 연구", 박사학위글(전주대학교 대학원, 1993).

이수철, "주위토지통행권 －사례를 중심으로－", 사법연구자료 제17집(법원도서관 1990).

강태성, "민법개정에 있어서의 수거권·총유·가등기에 관한 입법론", 비교사법 제7권 2
　　　　호(한국비교사법학회, 2000).

김진우, "물권적 수거청구권", 저스티스 통권 제76호(한국법학원, 2003).
양형우, "물권적 청구권에 관한 법적 고찰－소유물반환청구권을 중심으로－", 숙명여대
　　　현대사회연구 8집(숙명여자대학교, 2000).
서광민, "물권적 청구권", 민사법학 제17호(한국민사법학회, 1999).
서광민, "물권적 청구권에 관한 일고찰", 민사법학 제17호(한국민사법학회, 1999).

남효순, "용익기간 중 전세물의 양도와 전세금반환의무의 이전여부 － 물권 및 물권적
　　　청구권의 개념에 대한 새로운 이해의 단초", 서울대학교 법학 제49권 제4호(서울
　　　대학교 법학연구소, 2008).
_____, "용익기간 중의 전세금반환채권의 분리양도－ 대판 2002. 8. 23. 2001다69122
　　　(공 2002, 2196)", 민사법학 제43－1호(한국민사법학회, 2008).
양창수, "동산질권에 관한 약간의 문제", 민사법학 제7호, 85면 이하).

J.－L Bergel, M. Bruschi et S. Cimamonti, Les biens, Triaté de Droit civil, L.G.D.J.,
　　　2010.
J. Scapel, La notion d'Oblilgation réelle, Presse Universitaire d'Aix－Marseille, 2002.
Ph. Malaurie et L. Aynès, Les biens, Défrenois, 2010.
Ph. Malaurie, L. Aynès et Ph. Stoffel－Munck, Les Obligations, Défrenois, 2011.
W. Dross, Droit des biens, Montchrestien, 2012.

제 2 장   용익기간 중 전세물의 양도와 전세금반환의무의 이전 여부[*]

Ⅰ. 서론

(ⅰ) 전세금에 관한 법률관계(이하 "전세금관계"라고 한다)와 관련하여 현재 여러 가지 쟁점이 제기되고 있다. 그 중 중요한 쟁점으로, 다음 두 가지를 들 수 있다.[1] 첫째, 전세금반환의무에 관한 쟁점으로, 전세물에 대한 소유권의 양도(이하 "전세물의 양도"라고 한다. 그리고 양도로서 매매를 상정한다)가 있을 경우, 전세금반환의무는 전세물의 신소유자에게 이전되는가 하는 쟁점이 있다. 둘째, 전세금반환청구권에 관한 것으로서, 전세금반환청구권을 전세권과 분리하여 양도하는 것이 허용되는가 하는 쟁점이 있다. 이 두 쟁점은 모두 전세금관계의 법적 성격을 규명하는 데에 결정적인 쟁점이 된다고 할 수 있다. 이 글에서는 전세금반환의무와 관련하여 용익기간 중 전세물의 양도에 따른 전세금반환의무의 이전 여부의 쟁점을 다루고자 한다.

(ⅱ) 현재 전세물의 양도에 따른 전세금반환의무의 이전 여부의 쟁점에 관한 학설과 판례의 상황은 다음과 같다. 첫째, 용익기간 중 전세물이 양도된 경우와 관련하여서는, 학설은 전세금반환의무불이전설(승계부정설)과 전세금반환의무이전설(승계긍정설)이 대립하고 있다. 판례는 후자의 입장을 취하고 있다. 즉, 판례에 의하면, 용익기간 중 전세물이 양도되면, 전세금반환의무는 전세물의 신소유자에게 이전된다.[2] 둘째, 용익기간이 종료된 후 전세물이 양도된 경우에 대하여는, 학설상 특별한 논쟁이 없다. 특별한 논쟁이 없다는 것은 전세금반환의무는 신소유자에게 이전되지 않는 것

---

* 이 글은 서울대학교 발전재단 출연 법학연구소 기금의 2013학년도 학술연구비의 보조를 받아 작성되었다.

1) 그 밖에 전세금반환청구권의 양도에는 채권양도의 대항요건이 필요한가 하는 등의 쟁점이 있다. 판례는 용익기간의 종료 후에는 전세금반환채권의 양도는 채권양도의 절차(대항요건)가 필요하다고 한다(大判 2005. 3. 25, 2003다35659, 公 2005, 644). 그러나 용익기간 중 전세권의 양도에 포함되어 양도될 수밖에 없는 전세금반환청구권의 양도에 대하여는 대항요건이 필요한지에 대하여는 특별한 논의가 없고 또 判例도 없다. 용익기간 중의 전세금반환청구권의 양도에는 별도의 양도절차(대항요건)가 필요하지 않다는 것을 전제로 하고 있는 것으로 해석할 수 있을 것이다.

2) 大判 2000. 6. 9, 99다15122(公 2000, 1610); 大判 2006. 5. 11, 2006다6072(公 2006. 10. 16)

을 전제로 하고 있는 것으로 해석할 수 있을 것이다.[3]

(iii) 한편 전세금반환의무의 이전의 쟁점과 함께 전세금관계의 법적 성격을 규명함에 있어 중요한 의미를 갖는 전세금반환채권의 양도의 쟁점에 관한 학설과 판례의 상황은 다음과 같다. 첫째, 용익기간 중 전세금반환채권의 분리양도에 대하여는 분리양도긍정설(전세금존속요건부정설)과 분리양도부정설(전세금존속요건긍정설)이 대립하고 있다.[4] 판례는 분리양도부정설을 취하고 있다.[5] 둘째, 용익기간 종료 후의 전세금반환채권의 분리양도에 대하여, 통설은 이를 인정하고 있다.[6] 판례도 분리양도를 허용하고 있다.[7]

(iv) 이상의 전세금관계에 관한 판례의 입장을 분석하면, 흥미로운 사실을 발견할 수 있다. 그것은 전세금관계에 대한 법적 규율이 용익기간이 종료되지 않았느냐 아니면 종료되었느냐 따라 전혀 다르다는 것이다. 첫째, 용익기간 종료 후에는, 전세금반환청구권은 전세권으로부터 분리하여 양도하는 것이 가능하고, 전세금반환의무는 전세물의 양도가 있더라도 신소유자에게 이전되지 않는다. 이는 저당권의 규율에서, 저당권부채권의 분리양도가 허용되고 또 저당물의 양도가 있더라도 저당채무가 저당물의 신소유자에게 이전되지 않는 법적 상황과 완전히 동일하게 취급하는 것이라 할 수 있다. 둘째, 이에 반하여 용익기간 중에는 전세금반환청구권과 전세금반환의무의 규율은 전혀 반대의 상황에 놓여 있다고 할 수 있다. 즉, 전세금반환청구권은 전세권으로부터 분리하여 양도할 수 없고, 전세금반환의무는 전세물의 양도와 함께 신소유자에게 이전된다. 이상 두 가지 사실은 현재 판례가 용익기간 종료 후에는 전세권에 담보물권성만을 인정하는 반면, 용익기간 중에는 전세권에 담보물권성과 더불어 용

---

3) 이를 명시적으로 언급하고 있는 견해로는, 李相泰, "傳貰目的物의 讓渡와 傳貰金返還義務", 民事判例研究(博英社, 2000)(이하 李相泰), 210－211 참조.

4) 상세한 것은 南孝淳, "전세금과 전세권의 관계－전세권 요소의 법적 의미와 전세권의 법적 성질－", 서울大學校 法學(서울대학교 법학연구소, 2008/9)(이하 南孝淳), 189－194 참조. 또 필자는 2008. 9. 20(토)에 있었던 2008년도 제3회 한국민사법학회 민사판례연구회에서, "용익기간 중의 傳貰金返還債權의 분리양도 － 大判 2002. 8. 23, 2001다69122(公 2002, 2196) －"라는 주제로 용익기간 중의 전세금반환채권의 분리양도의 문제를 발표하였다. 발표한 글은 2008년도 한국민사법학회의 학회지인 民事法學 第43号에 게재될 예정이다.

5) 大判 2002. 8. 23, 2001다69122(公 2002, 2196).

6) 상세한 것은 南孝淳, 195－200 참조.

7) 大判 1997. 11. 25, 97다29790(公 1998, 49).

익물권성도 함께 인정하고 있는 점 그리고 전세금을 전세권의 성립요건과 존속요건으로 보고 있는 점과 밀접한 관련이 있음은 충분히 침작할 수 있다고 할 것이다.

(ⅴ) 용익기간 중 전세물이 양도되면 전세금반환의무의 주체는 누가 되는가 하는 쟁점을 검토하는 과정에서 우리는 그와 동시에 또는 그에 앞서 해결되어야 할 또 다른 많은 쟁점들과 마주치게 된다. 예를 들면, 지배권으로서의 전세권과 전세권관계도 그 속에 포함되는 광의의 전세권관계와는 어떠한 관계에 있는가? 전세물이 양도되면 전세권관계는 신소유자에게 이전되는가?(달리 말하면, 전세권설정자의 지위가 신소유자에게 이전되는가?) 권리의무관계로서의 전세권관계는 채권관계인가 아니면 물권관계인가? 전세권관계를 채권관계라고 하는 경우 어떠한 법적 과정을 통하여 전세권관계는 신소유자에게 이전되는가? 만일 아무런 법적 과정을 거치지 않고 전세권관계가 신소유자에게 이전된다면, 전세권관계를 과연 채권관계라고 부를 수 있는가? 등과 같이 지극히 어려운 쟁점들에 부닥치게 된다. 물론 이러한 쟁점들은 비단 전세권에 한하여 발생하는 것이 아니고, 물권 전반에 대하여 제기될 수 있는 쟁점들이다. 즉, 이상의 쟁점들은 궁극적으로 기존의 물권이론에 제기되는 쟁점이라고 할 것이다. 이상의 쟁점들 중 일부에 대하여, 현재 판례는 판단을 내리고 있을 뿐이고, 이 판단은 더 근본적인 의문을 낳고 있기도 하다. 이 글에서는 용익기간 중의 전세금반환의무의 이전에 관한 쟁점을 검토하는 과정에서 필요한 범위 내에서 이상의 쟁점들을 검토하고 또 이러한 검토를 기초로 하여 물권 및 물권적청구권 개념에 대한 새로운 이해를 위한 단초를 언급하고자 한다.

Ⅱ. 용익기간 중 전세물의 양도에 따른 물권법상의 법적 쟁점

용익기간 중 전세물의 양도에 따른 전세금반환의무의 이전 여부를 논의하기 위해서는 그 전에 먼저 민법상 전세금관계에 관한 규율이 어떻게 이루어지고 있는가를 검토할 필요가 있다. 전세금반환의무는 민법상의 전세금관계의 일부를 구성하고 있기 때문이다. 따라서 우선 전세금반환의무가 이전이 된다면, 전세금관계에 어떠한 변화가 초래되는지의 여부를 규명하여야 한다. 만일 새로운 변화가 초래된다면, 그것이 민법이 예정하고 있는 전세금관계 내에서 허용되는 것인지도 규명되어야 한다. 그 결과에 따라 전세금반환의무의 이전 여부가 결정될 수밖에 없다고 할 것이다. 한편 전세금은 전세권의 요소라고 한다. 따라서 전세금반환의무의 이전 여부는 이러한 관점에서도 검토되어야 할 것이다. 요컨대 전세물의 양도시 전세금반환의무의 이전 여부는 전세금관계 및 전세금은 전세권의 요소라는 전세권의 전체적인 맥락 속에서 검토되어야 한다고 할 것이다.

1. 전세금반환의무의 이전과 전세금관계

（ⅰ） 전세물이 양도되더라도, 전세권이 존속하는 한, 전세금의 법률관계도 민법이 예정하고 있는 바대로 존속되어야 한다. 이것이 물권법정주의가 요구하는 바이다. 전세물이 양도되더라도, 전세권자는 전세물의 사용·수익에 대한 대가를 지급하여야 한다는 것과 또 전세물의 신소유자는 그 대가를 지급받아야 한다는 것은 변할 수 없는 전세금관계의 핵심이다. 그런데 전세물의 양도가 되더라도, 변함없는 사실이 있다. 그것은 전세권자는 전세물의 사용·수익의 대가를 지급하기 위하여, 이미 전세금을 지급하였다는 사실이다. 결국 전세물의 양도가 있으면, 전세금을 수령한 자와 전세금의 이자로 전세물의 사용·수익의 대가를 받아야 할 자가 분리된다는 변화가 초래된다. 즉, 더 이상 전세물의 소유자가 아닌 구소유자가 전세금을 보유하고 있는 반면, 자신의 소유물에 대하여 사용·수익권을 제한받고 있는 신소유자는 전세금을 수령한 적이 없다는 변화가 발생하게 된다. 그리고 이 변화는 곧 더 이상 전세물의 소유자가 아닌 구소유자가 전세금을 보유함으로써 전세물의 사용·수익의 대가를 향유하고 있는 반면, 자신의 소유물에 대하여 사용·수익권을 제한받고 있는 신소유자는 전세금을 수령한 적이 없기 때문에 사용·수익의 대가를 지급받지 못하고 있다는 상황, 달리 말하면 전세금의 기능에 비추어 볼 때, 모순적이라고 할 수밖에 없는 상황(이하에서는 이를 전세물의 양도에 따른 "모순적 상황" 또는 "모순적 외관"이라고 부르기로 한다)을 야기한다. 여기서 용익기간 중 전세물이 양도되면, 잔여 용익기간 중, 전세물의 신소유자는 어떻게 전세물의 사용·수익의 대가를 지급받게 되는 것인가 하는 근본적인 문제가 발생하게 되는 것이다. 전세물의 신소유자가 전세물의 사용·수익의 대가를 실질적으로 지급받는 경우에만, 비로소 위의 모순적 외관이 해소될 수 있고 그 결과 실질적으로 전세금관계가 유지된다고 할 수 있을 것이다.

（ⅱ） 민법은 조세·공과금·기타 부담의 증감이나 경제사정의 변동으로 인한 사용·수익대가의 변동에 따른 전세금증감청구권을 전세권설정자와 전세권자에게 부여하

고(제312조의2) 또 전세권설정자에게 용익기간 중 발생한 손해상당액을 전세금에서
공제할 권리를 부여하고 있다(제315조 제2항). 따라서 전세물의 양도시에는 전세금증감
청구권의 당사자와 손해배상상당액 공제권의 주체에는 어떠한 변화가 초래되는가 하
는 문제도 함께 검토되어야 한다. 만일 변화가 있다면, 그 변화는 민법이 예정하고
있는 전세금관계 내에서 허용될 수 있는지 또한 검토되어야 한다. 예를 들면, 전세권
자의 전세금감액청구의 상대방은 전세물의 구소유자와 신소유자 중 누구인지 또 전
세물의 구소유자는 여전히 전세금으로부터 손해배상상당액의 공제권을 가질 수 있는
지가 하는 것이 검토되어야 한다. 이러한 문제들은 전세물의 양도시 전세금반환의무
의 이전 여부에 따라 그 해결의 방법이 달라진다고 할 것이다.

　(ⅲ) 요컨대 이상의 문제들은 궁극적으로 전세물의 양도가 있는 경우, 전세금의
법률관계는 어떻게 규율되어야 하는가 하는 문제로 귀결된다. 따라서 용익기간이 종
료하면, 누가 전세금반환의무를 부담하여야 하는가 하는 문제도 바로 이 문제들과
함께 고찰되어야 하는 것이다.

2. 전세금반환의무의 이전과 전세권의 요소로서의 전세금

　(ⅰ) 민법(제301조 제1항)은 전세권을 전세물의 사용·수익과 전세금의 이자가 대가
관계를 구성하는 유상의 물권으로 구성하고 있다. 전세권자는 전세물을 사용·수익하
고 그 대가를 지급하기 위하여 전세금을 교부하고, 전세물의 소유자는 전세금을 수령
하여 그 이자로 전세물의 사용·수익의 대가를 지급받는다. 전세권의 용익기간이 종
료하면, 전세권자는 전세금을 반환받고, 전세물의 소유자는 전세물을 반환받게 된다.
이러한 이유에서 학설상 전세금은 전세권의 요소로 인식되고 있다.[8] 판례도 일찍부
터 그리고 현재까지도 전세금이 전세권의 요소임을 확인하고 있다.[9] 그리고 판례는
이에 기초하여, 우선 전세금을 전세권의 성립요건으로 보고 있다.[10] 또 판례는 용익
기간 중 전세금반환채권의 분리양도를 부정함으로써,[11] 전세금을 존속요건으로도 보

---

8) 전세금과 전세권의 관계 전반에 대하여는 南孝淳, "전세금과 전세권의 관계－전세권 요소의
　　법적 의미와 전세권의 법적 성질－", 서울大學校 法學(서울대학교 법학연구소, 2008/9)(이하
　　南孝淳), 181－212 참조.
9) 大判 1966. 7. 5, 66다850(要集 民 Ⅰ, 573); 大判 2002. 8. 23, 2001다69122(公 2002, 2196).
10) 大判 1995. 2. 10, 94다18508(公 1995, 1293).

고 있다. 최근 판례는 용익기간 중 전세금반환채권의 분리양도를 허용하면 전세금반환채권이 전세권으로부터 확정적으로 분리된다는 이유로,[12] 전세금이 전세권의 요소임을 더욱 명확히 하고 있다.[13]

(ⅱ) 용익기간 중 전세물이 양도되는 경우, 전세금반환의무의 주체가 누구이냐 하는 문제는 전세금관계를 넘어 전세권 자체와 관련된 또 하나의 관점에서 조명되어야 한다. 그것은 바로 전세금은 전세권의 요소라는 관점이다. 전세금이 전세권의 요소라면, 전세물의 양도에 의하여 전세권자가 전세물의 신소유자에 대하여 전세권을 가지는 경우, 일견하면 전세금반환의무가 전세물의 신소유자에게 이전되는 것은 지극히 당연한 것처럼 보인다. 이와 관련하여 후술하는 바와 같이, 판례 역시 전세금이 전세권의 요소라는 이유에서, 전세금반환의무는 신소유자에게 이전된다고 보고 있다.[14] 그러나 이러한 결론에 이르기 위해서는 전세금반환의무를 구소유자가 부담한다고 하는 경우에는, 왜 전세금이 전세권의 요소가 되지 못하는가, 달리 말하면 왜 전세권에서 분리되는지(또는 분리된다고 보아야 하는지)가 실질적으로 규명되어야 할 것이다.

Ⅲ. 용익기간 중 전세물의 양도와 전세금반환의무의 이전에 관한 학설 및 판례의 상황과 검토

(ⅰ) 용익기간 중 전세물의 양도가 있는 경우, 전세금반환의무가 이전되는지의 문제는 현재 학설상으로도 판례상으로도 전세권설정자의 지위 이전의 문제로서 논하여지고 있다.[15] 현재 전세물의 양도가 있을 경우, 전세금반환의무를 포함한 전세권설정자의 지위가 신소유자로 이전되는지에 대하여 승계부정설(전세금반환의무불이전설)과

---

11) 大判 1966. 7. 5, 66다850(要集 民 Ⅰ, 573; 大判 1966. 9. 6, 66다769(공보불게재); 大判 1966. 6. 28, 66다771(공보불게재).

12) 大判 2002. 8. 23, 2001다69122(公 2002, 2196).

13) 필자는 용익기간 중 전세금반환채권의 양도를 허용하더라도 전세금이 전세권의 존속요건이 되는 데에는 아무런 장애가 되지 않는다고 본다(南孝淳, 전게논문, 189－194 참조).

14) 大判 2000. 6. 9. 99다15122(公 2000, 1610); 大判 2006. 5. 11, 2006다6072(公 2006, 1016).

15) 전세금반환의무의 이전의 문제는 전세금반환의무의 이전에 관한 당사자의 특별한 약정이 없더라도 전세물의 양도만으로 전세금반환의무가 이전되는가 하는 문제이다. 따라서 전세금반환의무의 이전의 문제는 전세권설정자로서의 지위의 이전의 문제를 의미한다.

승계긍정설(전세금반환의무이전설)이 대립하고 있다. 양설이 주장하고 있는 논거는 매우 다양하다. 이러한 다양한 논거는 크게 실정법적 근거를 찾거나 실정법규정의 해석론을 내용으로 하는 실정법적 논거, 어떤 해결방법이 더 전세권자 또는 신소유자를 보호하는 것인가 하는 실천적 논거 그리고 채무인수, 채권과 물권의 준별 등과 같은 민법상의 법리에 관한 법이론적 논거로 구분하여 볼 수 있다. 물론 법이론적 논거도 실정법과 관련되는 경우가 있다. 그러나 이 경우 실정법상의 규정이 전세금반환의무의 이전 여부에 대한 직접적인 논거로서 원용되지 않는다는 점에서, 법이론적 논거로 분류할 수 있을 것이다.

(ii) 이상의 논거 중 실정법적 논거로는 민법상의 논거와 주택임대차보호법상의 논거를 들 수 있다. 전자로는 민법상 전세권에 관한 유익비상환청구(제310조), 전세권의 소멸청구(제311조), 전세권의 갱신청구(제312조), 전세금증감청구(제312조의2), 전세권의 소멸통고(제313조 및 제314조 제2항), 원상회복 및 부속물매수청구(제316조)에 관한 규정 및 전세권행사로 인한 매도인의 담보책임에 관한 규정(제567조)을 들 수 있고, 후자로는 주택양수인의 지위승계에 관한 주택임대차보호법의 규정(제3조 제2항)을 들 수 있다.

1. 승계부정설(전세금반환의무불이전설)

(i) 전세금반환의무불이전설은 전세물이 양도되더라도, 전세금반환의무는 신소유자에게 이전되지 않는다고 한다.16) 전세금반환의무불이전설은 전세금반환의무는 債務引受(계약인수도 배제되지 않는다)라는 법적 구성을 통하여서만 양수인에게 이전된다고 본다.17) 신소유자에게 전세금반환의무가 이전되지 않는 결과, 구소유자가 전세금반환의무를 이행하지 않을 경우에는, 전세권자는 신소유자 소유인 전세물을 경매하여 우선변제를 받을 수 있다. 이러한 점에서 전세물의 신소유자는 구소유자의 전세금반환의무에 대하여 물상보증인이 된 것과 흡사하다고 하거나,18) 저당목적물의 제3

---

16) 李相泰, 204-214; 李在性, "賃貸住宅을 讓渡한 者의 賃借人에 대하 保證金返還責任"(이하 李在性), 판례평석집(X), 506; 李周興, "傳貫權과 競賣(下)"(이하, 李周興) 法曹 31/11(法曹協會, 1982년), 54-57; 소재선, "전세목적물의 양도와 전세금반환의무 대법원 2000. 6. 9, 선고 99다15122 판결"(이하, 소재선), Jurist 제410호(청림인터렉티브, 2006), 403-408.

17) 李相泰, 210; 소재선, 397.

취득자와 같다고 한다.19)

(ii) 승계부정설의 실정법적 논거는 다음과 같다. 첫째, 민법은 전세권의 존속기간
중 전세물이 양도될 경우, 전세권설정자의 전세금반환의무가 양수인에게 당연히 승
계된다는 내용의 명문의 규정을 두고 있지 않다.20) 그럼에도 불구하고 임차주택이
양도된 경우와 마찬가지로 종래의 전세권설정자와 전세권자 사이의 전세권관계가 채
무인수 또는 계약인수와 같은 법률행위 없이도 동일성을 유지하면서 양수인에게 포
괄적으로 당연히 이전된다고 해석하는 것은, 입법론으로서는 몰라도 해석론으로서는
한계를 벗어나는 것이다.21) 달리 말하면 이는 물권법정주의에 어긋나는 것이다.22)
둘째, 주택임대차보호법 제3조 제2항은 임차권의 목적물이 주택인 경우에 한하여,
그 임차인을 보호하기 위하여 사적자치의 원칙을 떠나 법률의 규정에 의하여 임차주
택의 양수인이 임대인의 지위를 승계하는 것으로 하여, 권리의무관계의 변경을 규정
하고 있다. 그러나 이와 같은 주택임대차보호법의 규정이 주택에 대하여 새로운 물권
을 규정한 것은 아니므로, 전세권의 목적물이 주택이라고 하더라도 그 내용이나 효력
은 민법의 규정에 따라 해석하여야 하며, 주택임대차보호법의 규정을 그대로 유추적
용할 수는 없다. 전세권의 경우, 이미 우리 민법은 전세권을 물권으로 규정하고 이에
강력한 대항력을 부여하고 있을 뿐만 아니라 또한 전세권은 주택뿐만 아니라 모든
종류의 건물이나 토지에까지 설정될 수 있는 물권이다. 따라서 모든 전세권에 있어서
전세물이 양도된 경우 양수인이 당연히 전세권설정자의 지위를 승계한다고 일률적으
로 해석하는 것은 주거용이 아닌 건물이나 토지의 전세권까지 필요 이상으로 보호하
는 결과가 된다.23) 셋째, 민법 제576조 제2항이 전세권의 목적인 부동산의 매수인이
매도인에 대하여 전세금 등 출재액의 상환을 구할 수 있도록 한 것은 전세물소유권의
변동이 있더라도 전세금반환의무는 여전히 종전 소유자에게 남아 있는 것을 전제로
하고 있는 것이다.24) 즉, 민법 제567조 제2항은 전세금반환의무의 불승계를 전제로

18) 李在性, 506.
19) 李相泰, 194; 소재선, 403－404.
20) 李相泰, 209; 소재선, 397, 406.
21) 李相泰, 210; 소재선, 406.
22) 李相泰, 209.
23) 李相泰, 211.

하여, 매도인에 대한 상환청구를 인정하고 있는 것이다.

(iii) 전세권자와 신소유자의 보호와 관련하여 승계부정설이 주장하는 **실천적 논거**는 다음과 같다. 첫째, 전세권자는 전세물이 양도되었다 하더라도, 전세금의 반환을 받지 못할 경우 전세물에 대하여 경매를 청구하여(제318조) 그 매각대금으로부터 우선변제를 받을 수 있으며(제303조 제1항), 그렇게 하여서도 반환받지 못한 잔액은 최초의 전세권설정자에게 대하여 청구할 수 있으므로, 승계긍정설의 무리한 해석론을 가져오지 않더라도 전세권자는 충분히 보호된다.25) 전세금반환의무의 당연승계를 인정하면, 신소유자의 신용이나 자산상태의 변동으로 그 이행방법이 달라져 전세권자에게 반드시 유리하다고 할 수가 없다.26) 또 양수인이 자력이 없을 경우에는, 오히려 전세권자에게 불리하게 된다.27) 둘째, 전세금반환의무의 당연승계를 인정하면, 전세금이 고액이어서 신소유자에게 예측하지 못할 막대한 손해를 줄 수 있다.28)

(iv) 민법상의 법리에 기초한 승계부정설의 법이론적 논거는 다음과 같은 것을 들 수 있다. 첫째, 판례가 들고 있는 '소멸청구', '갱신청구', '전세금증감청구', '원상회복·매수청구'의 문제는 물권인 전세권이 가지고 있는 대항력의 문제로 설명할 수 있다. 즉, 전세물의 양도가 있는 경우에는 전세권자는 전세권관계로부터 생겨나는 '소멸청구', '갱신청구', '전세금증감청구', '원상회복·매수청구'에 관한 권리를 가지고 신소유자에게 대항할 수 있다고 설명할 수 있다.29) 다만 '유익비상환청구'(제310조)의 경우에는 민법이 전세권자가 '소유자'에게 청구할 수 있도록 규정하고 있어, 전세물이 양도되는 것에 대비하고 있다고 할 수 있으므로, 전세권자는 신소유자에게 유익비상환을 청구할 수 있다.30) 둘째, 최초의 전세권설정자와 전세권자 사이의 종전의 모든 전세권관계가 그대로 신소유자에게 이전되는 것은 아니다. 예를 들면, 전세권자에게 책임 있는 사유로 인하여 전세물의 전부 또는 일부가 멸실한 경우 전세권설정자가 전세권

---

24) 李在性, 506, 510.
25) 李相泰, 212; 소재선, 397, 408.
26) 李周興, 54-57; 소재선, 397, 408.
27) 李相泰, 214; 李周興, 57.
28) 李周興, 56.
29) 李相泰, 213.
30) 李相泰, 213.

자에 대하여 가지는 손해배상채권(제315조)은 전세물의 양수인에게 이전되지 않는
다.31) 또 전세권자의 책임 있는 사유로 일부가 멸실된 전세물이 양도되면, 신소유자
는 목적물의 양도가액에서 손해상당액을 공제하는 것이 보통인데, 전세금반환의무가
이전된다고 하면 신소유자가 다시 전세금에서 이를 공제하는 것이 되어, 신소유자는
이중의 부당이득을 얻는 결과가 된다.32) 셋째, 전세금반환의무의 이전 문제는 어디까
지나 채무인수의 문제로, 구소유자와의 사이에 합의가 있어야 하고, 나아가 채권자인
전세권자의 승인이 있어야 한다.33) 전세금반환의무를 승계하였는가에 대한 판단은
실제로 당사자 사이에 양수인이 전세금반환의무를 인수하는 적법한 행위를 하였는지
의 여부를 구체적으로 따져 본 후에 결론을 내려야 하는 것이다.34) 물론 실제 거래에
서는 당사자가 매매대금을 결제하면서, 전세금 문제를 해결하는 것이 통상적이거나
또는 흔한 것이기는 하지만,35) 양수인이 전세물의 가액을 전부 매매대금으로 지급하
는 경우도 있는데, 이 경우에는 전세금반환의무의 승계를 인정할 수가 없다.36) 따라
서 판례가 일률적으로 전세물의 양수인이 전세금반환의무를 양수한다는 것은 문제가
있다. 넷째, 전세권의 존속기간이 종료되기 전에 전세물의 양도시 전세금반환의무의
이전을 인정한다면, 용익기간이 만료된 후 전세물의 양도가 있는 경우에도 이를 인정
하여야 할 것인데, 용익기간의 종료 후에는 전세물의 양수인은 저당물의 제3취득자와
같은 지위에 있다고 할 수 있으므로, 전세금반환의무의 승계를 인정할 필요가 없
다.37) 다섯째, 전세건물의 양수인은 전세기간 동안 전세권자가 거주하는 것을 용인하
여야 할 소극적 의무가 있을 뿐이고, 임차건물의 양수인과 같이 거주에 필요한 상태
를 유지하게 할 의무나 전세금반환의무를 지는 것이 아니다.38) 달리 말하면, 전세물
의 양수인은 소극적 의무가 있을 뿐이므로, 전세금반환의무와 같은 의무를 적극적으
로 부담하지 않는다는 것이다. 여섯째, 간접적인 논거이기는 하지만, 전세물의 신소유

31) 李相泰, 213.
32) 李相泰, 213.
33) 李相泰, 210; 李周興, 54; 소재선, 397.
34) 李相泰, 210.
35) 李相泰, 210; 李周興, 56.
36) 소재선, 407.
37) 李相泰, 211.
38) 李在性, 506－507.

자는 구소유자의 전세금반환의무에 대하여 물상보증인이 된 것과 흡사하고,[39] 저당목적물의 제3취득자와 같다고 본다.[40] 특히 후자의 경우 전세물의 신소유자는 민법상의 저당목적물의 제3취득자 보호규정에 의하여 충분히 보호 받을 수 있다고 한다.[41]

2. 승계긍정설(전세금반환의무이전설)

（ⅰ） 전세금반환의무이전설에 의하면, 전세물이 양도되면 전세금반환의무는 신소유자가 부담한다.[42] 전세물의 신소유자가 전세금반환의무를 부담하는 궁극적인 법리는 전세물이 양도되면 전세권설정자의 지위가 신소유자에게 당연히 승계·이전된다는 데에 있다.[43] 즉, 양도인은 전세금반환의무를 면하게 되고, 전세금반환채무는 신소유자에게 이전된다는 것이다. 이러한 점에서는 전세금반환의무이전설은 승계긍정설이라고 부를 수 있다.

（ⅱ） 승계긍정설의 실정법적 논거는 다음과 같다. 첫째, 전세권에 관한 민법규정을 보면, 유익비상환청구권(제310조), 전세금증감청구권(제312조의2), 전세권의 소멸청구(제311조) 및 소멸통고(제313조), 부속물매수청구권(제316조) 등은 모두 권리행사 당시의 전세권자와 전세물소유자의 관계에서 의미를 가지는 규정이다.[44] 둘째, 민법 제576조는 전세권의 행사로 인하여 부동산매도인이 완전한 소유권을 넘겨 줄 수 없게 된 경우의 채무불이행책임을 법정책임화한 데 의의가 있는 것일 뿐이고, 전세권자와 전세물소유자 사이의 권리의무관계를 규정짓는 근거조항은 아니다. 민법 제567조 제2항이 매수인의 상환청구권을 인정한다고 해서, 그것이 곧 전세금반환의무의 불승계를 전제로 한 것이라고 단정할 수는 없다. 만일 위 조항이 전세금반환의무의 불승계

---

39) 李在性, 506.
40) 李相泰, 194; 소재선, 403－404.
41) 李相泰, 194－198 참조.
42) 李英俊, 韓國民法論[物權編](博英社, 2004)(이하 李英俊), 694; 李銀榮, 物權法(博英社, 2002)(이하 李銀榮), 642 ; 홍성재, 物權法(대영문화사, 2006), 456; 梁彰洙, "傳貰權"(이하 梁彰洙), 考試界, 92/3, 13; 民法注解(Ⅵ) 物權(3)(博英社, 1992)(朴柄大 집필부분){이하 注解(Ⅵ) 物權(3)}, 189－191.
43) 李英俊, 694; 注解(Ⅵ) 物權(3), 189－191; 홍성재, 456; 梁彰洙, 92/3, 13.
44) 注解(Ⅵ) 物權(3), 189.

를 전제로 한 것이라면, 부동산이 전전양도되는 경우에는 최초의 전세권설정자만이 전세금반환의 채무자일 것인데, 이는 민법 제567조 제2항의 규정하고 있는 바가 아니다. 오히려 전세물소유권의 변동에 따라 전세금반환의무도 승계된다고 볼 때, 비로소 위 조항은 매수인이 자기채무를 변제하였음에도 불구하고 상환청구권을 취득하는 근거규정으로서의 효용을 갖게 된다.45) 셋째, 임차권에 대항력이 있는 경우에 임대인으로서의 지위가 임차물의 양수인에게 당연히 승계된다는 법리(주택임대차보호법 제3조 제2항)가 있는바, 이 법리는 대항력이 있는 임차권의 경우뿐만 아니라, 성질상 당연히 대세적 효력이 있는 전세권에도 적용되어야 할 것이다.46)

(ⅲ) 승계긍정설의 실천적 논거는 다음과 같다. 첫째, 전세권자에게는 경매청구권이 있으므로, 전세물양수인이 전세금반환의무자가 되더라도 전세권자에게 하등 불이익할 것이 없다.47) 둘째, 양수인은 등기의 열람 등을 통하여 전세권에 의한 제약을 당연히 예상하고 있을 것이므로, 불측의 손해를 입는 경우가 없다.48)

(ⅳ) 승계긍정설의 법이론적 논거는 전세권관계를 물권관계로 보는 데에 기초하고 있다. 승계긍정설에 의하면, 전세권 설정계약당사자 사이의 관계는 등기를 통하여 물권으로서의 전세권이 성립하여 버리면, 이제는 채권관계가 아닌 물권관계로서 물권법정주의에 따라 법이 정한 전세권의 내용과 효력에 좇아 전세권자가 목적물을 직접 지배하는 권리의무관계로 이행된다. 목적물소유권의 변동이 있더라도 전세권자와 목적물, 즉 전세권자와 목적물소유자 간의 관계라는 물권관계의 본질이 변할 수 없는 것이므로, 신소유자는 당초의 전세권설정자인 종전 소유자와 동일한 지위에서, 법이 정한 전세권의 내용에 따른 모든 권리의무의 직접적인 당사자가 된다.49) 각도를 달리하여 보면, 목적물의 소유권이 이전되면 그와 함께 전세권설정자의 지위도 이전되고, 전세권설정자라도 그 목적물의 소유권을 잃으면 설정자로서의 권리의무관계에서 이탈된다.50)

---

45) 注解(Ⅵ) 物權(3), 190.

46) 梁彰洙, 13.

47) 注解(Ⅵ) 物權(3), 189.

48) 注解(Ⅵ) 物權(3), 189.

49) 注解(Ⅵ) 物權(3), 189. 다만, 민법이 정한 전세권의 내용 이외의 특약사항이 있다면, 이는 계약당사자 사이의 채권관계이므로 신소유자에게 당연 승계되는 것은 아니라고 한다{注解(Ⅵ) 物權(3), 190}.

3. 판례

(i) 판례는 "전세권이 성립한 후 목적물의 소유권이 이전되는 경우에 있어서 전세권관계가 전세권자와 전세권설정자인 종전 소유자와 사이에 계속 존속되는 것인지 아니면 전세권자와 목적물의 소유권을 취득한 신소유자와 사이에 동일한 내용으로 존속되는지에 관하여 민법에 명시적인 규정은 없으나, 전세물의 소유권이 이전된 경우 민법이 전세권관계로부터 생기는 상환청구, 소멸청구, 갱신청구, 전세금증감청구, 원상회복, 매수청구 등의 법률관계의 당사자로 규정하고 있는 전세권설정자 또는 소유자는 모두 목적물의 소유권을 취득한 신소유자로 새길 수밖에 없다고 할 것이므로, 전세권은 전세권자와 목적물의 소유권을 취득한 신소유자 사이에서 계속 동일한 내용으로 존속하게 된다고 보아야 할 것이고, 따라서 목적물의 신소유자는 구소유자와 전세권자 사이에 성립한 전세권의 내용에 따른 권리의무의 직접적인 당사자가 되어 전세권이 소멸하는 때에 전세권자에 대하여 전세권설정자의 지위에서 전세금반환의무를 부담하게 되고, 구소유자는 전세권설정자의 지위를 상실하여 전세금반환의무를 면하게 된다고 보아야 하고, 전세권이 전세금채권을 담보하는 담보물권적 성질을 가지고 있다고 하여도 전세권은 전세금이 존재하지 않으면 독립하여 존재할 수 없는 용익물권으로서 전세금은 전세권과 분리될 수 없는 요소이므로 전세권관계로 생기는 위와 같은 법률관계가 신소유자에게 이전되었다고 보는 이상, 전세금 채권관계만이 따로 분리되어 전소유자와 사이에 남아 있다고 할 수는 없을 것이고, 당연히 신소유자에게 이전되었다고 보는 것이 옳다"고 하여,[51] 승계긍정설의 입장을 취하고 있다.

(ii) 판례도 전세물의 양도시 전세금반환의무의 이전을 전세권설정자의 지위의 이전의 문제로 이해하고 있다. 즉, 판례는 전세금관계를 신소유자에게 이전되는 전세권관계의 하나로 파악하고 있다. 판례는 전세권관계가 신소유자에게 이전되는 이유로 두 가지를 설시하고 있다. 첫째, 판례는 민법이 규정하고 있는 전세권설정자 또는 소유자는 모두 전세물의 신소유자로 새길 수밖에 없다고 한다. 둘째, 판례는 전세금은 담보물권으로서의 전세권뿐만 아니라 용익물권으로서의 전세권과도 분리할 수 없는

---

50) 注解(Ⅵ) 物權(3), 189.

51) 大判 2000. 6. 9, 99다15122(公 2000, 1610). 同旨의 판결, 大判 2006. 5. 11, 2006다6072(公 2006, 1016).

요소이기 때문이라고 한다. 판례는 오래전부터 전세금이 전세권의 요소라는 것을 이유로, 전세금의 지급이 있어야 전세권이 성립하고 또 용익기간 중에는 전세금반환채권을 양도할 수 없다고 한다. 이제 판례는 한 걸음 더 나아가 전세금이 전세권이 요소라는 이유로, 전세금반환의무가 신소유자에게 이전한다고 하고 있는 것이다. 이상의 두 가지 이유 중, 첫째 이유는 전세금관계를 포함한 전세권관계의 이전에 관한 이유라고 한다면, 둘째 이유는 전세금관계에 국한된 이유라고 볼 수 있다.

(iii) 한편 판례는 중요한 이유를 설시함에 있어 두 가지 중요한 판단을 내리고 있다. 첫째, 판례는 전세권자와 전세권설정자(또는 신소유자) 사이의 권리의무를 내용으로 하는 법률관계를 전세권관계로 부르고 있다는 점이다. 이 전세권관계가 종래 전세물에 대한 지배권으로서 인식되어 온 전세권과 개념적으로 어떠한 관계에 있는지는 판례상으로 명백하지는 않다. 다만, 판례의 전체적인 흐름은 전세권관계를 전세권과 분리하기 보다는, 전세금이 전세권의 요소가 된다고 보듯이 전세권관계를 전세권과 연관지우려고는 하지만 이를 전세권에 포함시키는 것으로는 볼 수가 있다. 둘째, 판례는 전세권관계를 채권관계로 보고 있다. 이는 우선 판례가 전세권관계의 하나인 전세금관계를 「전세금 채권관계」라고 부르고 있는 데에서 명확히 알 수가 있다. 그리고 전세권관계 일반에 대하여 지배권으로서의 전세권이 이전되는 경우에는 전혀 제기될 수 없는 의문 즉, "전세권관계가 전세권자와 전세권설정자인 종전 소유자와 사이에 계속 존속되는 것인지 아니면 전세권자와 목적물의 소유권을 취득한 신소유자와 사이에 동일한 내용으로 존속되는지"라는 의문이 제기되고 있는 것으로부터, 이를 간접적으로 짐작할 수 있다.

4. 학설 및 판례의 검토

이상 학설의 논거 그리고 판례의 이유 및 판단에 대하여 검토하고자 한다.

(1) 학설의 검토

학설의 논거 중 중요한 것을 검토하면 다음과 같다.

(가) 실정법적 논거

(i) **민법 제576조** : 담보책임에 관한 민법 제576조는 매수인의 전세금반환의무의

승계여부를 결정하는 직접적인 근거규정이 될 수 없다고 할 것이다. 본조는 누가 전세금반환의무를 부담하느냐의 여부에 관계없이, 전세권이 실행되어 매수인이 취득한 소유권을 상실하거나 또는 매수인이 자신의 출재로 소유권을 보존한 경우에, 매도인에게 소유권의 이전의무를 이행하지 못한 데에 따른 책임을 정하는 규정일 뿐이다. 달리 말하면 본조는 매도인이 완전한 소유권을 넘겨주어야 할 의무를 이행하지 못한 것에 대한 책임을 규정하고 있는 것이어서, 양수인이 전세금반환의무의 승계여부와는 상관없이 적용될 수가 있는 것이다. 승계부정설의 주장하는 바에 따라 전세물의 매도인이 전세금반환의무를 부담하게 되는 경우에도, 매도인이 담보책임을 지는 것은 전세금반환의무를 이행하지 않은 그 자체 때문이 아니라, 전세금반환의무를 이행하지 않음으로써 결과적으로 전세권의 실행을 방지하여 소유권을 보존시켜야 할 의무를 이행하지 않았기 때문이다. 즉, 전세금상당액을 공제하여 매매대금을 정하지 않은 이상, 매도인은 소유권을 보전시켜야 할 의무를 이행하지 않은 데에 따라 담보책임을 지게 되는 것이다. 반대로 승계긍정설에 따라 전세물의 매수인이 전세금반환의무를 부담하는 경우에도, 이로 인하여 바로 매도인이 전세권의 실행을 방지하여 소유권을 보존시켜 주어야 하는 계약상의 의무가 면제되는 것은 아니다. 즉, 전세금상당액의 공제가 없는 한 전세물의 매수인이 전세금반환의무를 부담한다는 것만으로 바로 매도인의 계약상의 의무가 소멸되고 또 그 불이행에 따른 담보책임이 소멸하는 것은 아니다. 요컨대 누가 전세금반환의무를 부담하느냐에 관계없이, 전세물의 구소유자는 신소유자에게 온전하게 소유권을 이전하여 주어야 할 매매계약에 따르는 의무를 부담하고, 이를 이행하지 못한 경우에 바로 담보책임을 지게 되는 것이다. 이러한 이유에서도 민법상의 담보책임에 관한 규정(제576조) 그 자체만으로는 결코 전세물의 양도에 있어서 누가 전세금반환의무를 부담하느냐를 결정하는 직접적 근거가 될 수 없다고 할 것이다. 요컨대 자신의 출재로 소유권을 보존한 매수인이 매도인에게 담보책임을 추궁하는 것은 전세금반환의무의 이전 여부에 관계없이, 매도인이 완전한 소유권을 이전하여야 할 의무를 이행하지 못하였기 때문이라고 할 것이다.

 (ⅱ) **주택임대차보호법 제3조(제2항)** : 본조는 주택임차인의 임차권이 채권이라는 것을 전제로 한다. 주택임차인이 갖는 임차권이 임대인에 대한 채권일 뿐임에도 불구하고, 주택양수인에 대하여 임차보증금반환청구권을 행사할 수 있도록 하기 위해서는 주택임대차보호법 제3조(제2항)와 같은 규정이 반드시 필요한 것이다. 그러나 전세

권은 지배권으로서의 물권이다. 전세금반환의무의 이전 문제는 물권인 전세권에서 발생하는 문제이다. 따라서 주택임대차보호법 제3조(제2항)와 같은 규정이 없다고 해서, 바로 전세금반환의무가 신소유자에게 이전되지 않는다고 단정하는 것은 지배권으로서의 전세권의 법적 성격을 전혀 고려하지 않은 것이다. 전세금반환의무의 이전은 지배권으로서의 전세권의 효력과 관련하여 또는 지배권과 함께 규정되고 있는 전세권관계의 법적 취지에 따라서 허용될 수도 있는 것이다. 그러므로 민법에 주택임대차보호법 제3조(제2항)의 규정과 같은 규정이 없다거나 또는 이 규정을 전세권관계에 준용할 수 없다는 승계부정설의 논거도 그리고 주택임대차보호법 제3조(제2항)를 민법의 전세권에 준용하면 된다는 승계긍정설의 논거도 결코 전세금반환의무의 이전에 대한 충분한 논거가 될 수 없다고 할 것이다.

(나) 실천적 논거

(i) **전세권자 보호** : 신용이나 자산상태의 변화는 구소유자에게도 신소유자에게도 모두 발생할 수 있으므로, 구소유자 또는 신소유자 중 누가 전세금반환의무의 주체가 되느냐는 그 자체만으로는 어느 것이 더 전세권자를 보호하느냐를 결정할 수는 없다고 할 것이다. 그런데 전세물에 대하여 경매청구권을 행사하여서도 변제받지 못한 전세금의 잔액을 구소유자에게 청구할 수 있는 길을 열어주는 승계부정설이 전세권자의 보호에 유리한 것은 사실이라고 할 것이다. 그러나 이에 대하여는 전세물의 가액으로부터 우선변제를 받는 것에 더하여 다시 구소유자에게 잔액을 청구하는 것까지 허용하는 것이 전세권자의 보호로서 정당한 것인가 하는 의문이 제기될 수 있다. 이것이 바로 후술하는 바와 같이, 전세물의 신소유자의 지위가 저당물의 제3취득자의 지위와 근본적으로 다른 점이다.

(ii) **신소유자 보호** : 전세물의 신소유자의 보호라는 측면에서 본다면, 승계긍정설이든 승계부정설이든 전세권이 실행되면(또는 신소유자가 자신의 출재로 소유권을 보존하면) 신소유자는 구소유자에게 담보책임을 추궁할 수 있다는 점에서 차이가 없다고 할 것이다. 승계부정설에 따라 구소유자가 전세금반환의무를 부담한다고 하더라도, 만일 그가 이를 이행하지 않을 경우에는 전세금을 반환한 구소유자는 신소유자에게 담보책임을 물을 수 있고 또 승계긍정설을 취하더라도 전세금반환의무를 이행한 신소유자는 구소유자에게 담보책임을 물을 수 있다는 점에서 신소유자의 보호라는 측면에

서는 하등의 차이가 없는 것이다.

(다) 법이론적 논거

(i) **대항력의 문제**: 승계부정설이 '소멸청구', '갱신청구', '전세금증감청구', '원상회복·매수청구'의 문제는 물권인 전세권이 가지고 있는 대항력의 문제로 설명할 수 있다고 하는 주장에 대하여는 두 가지의 반론이 가능하다. 첫째, 승계부정설은 전세물에 대한 직접적인 권리인 전세권의 경우에도, 이를 신소유자에게 대항할 수 있다고 하는데, 그렇다면 '소멸청구 등의 대항력'이 물권의 대항력과 무엇이 다른가 하는 반론이다. 둘째, '소멸청구 등의 대항력'이란 실제로 전세물의 신소유자에 대한 권리를 인정하지 않으면 아무런 의미가 없다는 반론이다. 또 승계부정설에 대하여는 전세권관계 중 유익비상환청구의 경우에만 대항력의 문제가 아니고, 신소유자가 직접 전세관계의 당사자가 된다고 하는 근거가 무엇인가 하는 반론이 제기될 수 있다.

(ii) **신소유자의 이중이득의 문제**: 승계부정설이 전세권자의 책임 있는 사유로 일부가 멸실된 전세물이 양도되면, 신소유자가 목적물의 양도가액에서 손해상당액을 공제한 후, 다시 전세금의 반환시 전세금에서 이를 또 공제하여 이중의 부당이득을 얻는 결과가 된다고 하지만, 실제 이중의 부당이득은 발생하지 않는다. 물론 전세물의 양도시 손해배상당액의 공제권의 이전 여부도 전세권관계의 이전 여부의 하나로서 논의될 수 있는 것은 분명하다. 그러나 일단 전세물의 양도시에 신소유자가 매매대금에서 이를 공제하였다면, 그것은 손해로 인한 목적물의 가치하락을 고려한 것을 의미하므로, 더 이상 신소유자에게는 전세금반환시에 이를 공제할 권리가 없다고 할 것이다. 이 경우 손해배상상당액의 공제권은 구소유자에게 남고, 용익기간의 종료시에 구소유자가 이를 행사하여야 한다고 할 것이다(제315조 제2항). 이는 전세금반환의무가 신소유자에게 이전되든 이전되지 아니하든 마찬가지이다. 승계긍정설에 의하여 신소유자에게 전세금반환의무가 이전되는 경우에는 구소유자가 신소유자에게 전세권자에게 반환할 전세금에서 손해상당액의 지급을 청구하게 되고, 반대로 승계부정설에 의하여 전세금반환의무가 신소유자에게 이전되지 않는 경우에는 구소유자가 반환할 전세금에서 손해상당액을 공제하게 된다.

(iii) **전세물의 신소유자의 소극적 지위에 의한 전세금반환의무의 부정**: 승계부정설은 전세물의 양수인은 소극적 의무가 있을 뿐이므로, 전세금반환의무와 같은 의무를

부담하지 않는다고 한다. 그런데 주택전세권과 주택임차권을 비교하면서, 전세주택의 양수인은 소극적 의무가 있을 뿐이고, 이에 반하여 임차주택의 양수인은 적극적 의무를 부담한다고 평면적으로 비교하는 것이 과연 타당한 것인지는 근본적으로 의문이다. 임차주택의 양수인이 소위 적극적 의무를 진다고 하는 것은 여전히 그가 임차물에 대한 사용·수익권이라는 지배권을 가지고 있기 때문이다. 그렇기 때문에 주택임차인에게 사용·수익을 허용해야 할 의무가 발생하게 되는 것이다. 이에 반하여 전세주택의 양수인은 전세물에 대한 사용·수익권이라는 지배권 자체를 이미 상실하고 있기 때문에, 전세물의 사용·수익과 관련하여 특별한 의무를 부담할 필요가 없는 것이다. 정확히 말하면, 전세주택의 양수인은 전세권자에게 지배권 자체를 양도한 자의 지위에 있다는 점에서는 상대방의 전세물에 대한 사용·수익을 더 적극적으로 실현시켜 주고 있다고 할 수가 있다. 따라서 이러한 지위에 있는 전세주택의 양수인이 전세금반환의무까지도 부담하는 것은 결코 그의 지위에 반한다고 할 수는 없다고 할 것이다. 요컨대 임차주택의 양수인은 사용·수익의 허용이라는 채무만을 소극적으로 부담하는 반면, 전세주택의 양수인은 적극적으로 사용·수익권 자체를 이전한 자로서의 지위를 가지고 있다고 볼 수 있다.

（ⅳ） **저당목적물의 제3취득자로서의 보호**: 승계부정설은 전세물의 신소유자는 저당물의 제3취득자와 동일한 지위에 있다고 한다. 그러나 이는 저당채무와 저당권의 관계와 전세금반환의무와 전세권의 관계의 차이를 간과한 것이라고 하지 않을 수 없다. 저당권은 피담보채권에 대한 부종성을 갖는다. 채무가 성립하고 있어야만, 이를 담보하기 위하여 저당권이 성립할 수 있다(성립상의 부종성). 달리 말하면, 성립하고 있는 채무를 담보하기 위하여 저당권이 성립하는 것이다. 이렇듯 피담보채무가 저당권 성립의 원인이 된다는 점을 제외하고는,[52] 저당권과 피담보채무는 각각 별개의 권리와 의무로 성립하는 것이다.[53] 그리고 저당물은 채무자의 소유에 속할 필요도 없다(채무와 책임의 분리). 이러한 이유에서 저당물이 양도되더라도, 피담보채무를 저당물의 신소유자가 부담하여야 하느냐 하는 문제는 발생하지 않는다. 그러나 전세물의

---

52) 담보물을 제공하는 것을 전제로 하여 채무가 성립하는 경우에도, 담보제공은 채무 성립의 경제적 원인은 될지언정 법적 원인이 되지는 못한다.

53) 물론 저당권의 성립을 채무의 성립 또는 이행의 조건으로 하는 경우가 얼마든지 있을 수 있다. 그러한 조건이 없는 한, 저당권과 피담보채권은 각각 별개의 권리로서 성립한다.

양도의 경우에는, 그 법적 상황이 전혀 다르다. 전세금은 전세권의 요소이다. 그 결과 전세금은 전세권의 성립(성립요건설의 입장) 또는 존속(존속요건설의 입장)의 요건이다. 달리 말하면, 전세금반환의무를 포함하는 전세금의 법률관계는 전세권의 법률관계의 일부를 구성한다. 바로 이러한 이유에서, 전세물이 양도되는 경우에는, 저당물의 양도의 경우와는 전혀 다른 차원에서, 전세권의 법률관계의 일부로서의 전세금반환의무의 이전 여부가 논의되어야 하는 것이다. 따라서 전세물의 신소유자는 저당물의 제3취득자와 동일한 지위에 있다는 이유만으로 전세물의 신소유자는 전세금반환의무는 부담하지 않는다고 하는 것은 결코 전세권의 본질에 부합하는 주장이라고 할 수 없는 것이다.

(v) **전세금반환의무와 채무인수**: 승계부정설은 전세금반환의무 이전의 문제를 순전히 채무인수의 문제로 이해하는 데에 문제점이 있다고 할 것이다. 예를 들면, 승계부정설은 전세금반환의무를 승계하였는가의 여부는 당사자 사이에 전세금반환의무를 인수하는 적법한 행위를 하였는지에 따라 결정된다고 하고, 당사자들이 매매대금에서 전세금의 공제를 전세금반환의무의 인수로 해석한다. 그러나 전세금반환의무의 이전의 문제는 전세금관계 내지는 전세권관계의 이전이라는 물권법상의 문제로서, 그것은 채무인수가 수반하게 되는 매매계약의 성립 또는 이행에 선행하는 단계의 문제라고 할 것이다. 달리 말하면, 채무인수의 존부에 따라 전세금반환의무의 이전 여부가 결정되는 것이 아니라, 전세금반환의무의 이전 여부에 따라 바로 채무인수의 존부 여부가 문제된다고 할 것이다. 첫째, 당사자 사이에 전세금공제가 있었다면, 전세금반환의무가 구소유자에게 남아 있다고 하는 경우에는 전세금공제는 채무인수 내지는 이행인수의 의미를 가지게 되고, 반대로 신소유자가 전세금반환의무를 부담하게 된다고 하는 경우에는 전세금공제는 전세금반환의무의 부담에 따른 보상으로서의 의미를 갖는 것이다.[54] 둘째, 반대로 당사자 사이에 전세금공제가 없었다고 하더라도, 전세금관계 내지는 전세권 규율의 일환으로 전세금반환의무의 이전 여부가 논의되어야 하는 것이다.

(vi) **전세권관계의 물권관계설**: 승계긍정설은 "물권으로서의 전세권이 성립하여 버리면, 이제는 채권관계가 아닌 물권관계로서 물권법정주의에 따라 법이 정한 전세

---

54) 상세한 것은 IV. 참조.

권의 내용과 효력에 좇아 전세권자가 목적물을 직접 지배하는 권리의무관계로 이행된다"는 주장은 그 자체로서 해결해야 할 많은 의문점을 야기한다. 첫째, 「물권으로서의 전세권이 성립하여 버리면, 이제는 채권관계가 아닌 물권관계로서」라는 전반부 주장에 대하여 의문이 있다. 만일 여기서 말하는 채권관계가 채권계약에서 발생하는 채권관계를 말한다고 본다면, 그 채권관계가 어떠한 법리에 의하여 물권관계로 변동되는 것인지가 이해하기 어렵다. 둘째, 「채권관계가 아닌 물권관계로서 … 전세권자가 목적물을 직접 지배하는 권리의무관계로 이행된다」는 것이 무엇을 말하는지가 의문이다. 민법 제310조 이하에 규정되고 있는 전세권관계는 어디까지나 전세물소유자와 전세권자 사이의 청구권관계(또는 형성권관계)로 규정되어 있는데, 이것이 어떻게 목적물을 직접 지배하는 권리의무관계라고 할 수 있는지가 의문이다. 전세권관계는 민법 제303조에 규정된 지배권으로서의 사용·수익권과는 달리 목적물을 직접 지배한다고 할 수가 없다. 달리 말하면, 전세목적물의 사용·수익권은 전세물에 대한 직접 지배권이라고 할 수 있을지 몰라도, 그 이외의 전세권관계에서는 전세목적물에 대한 직접 지배권이 아니라 전세물소유자에 대한 청구권관계(또는 형성권관계)가 성립할 뿐이다. 전세권관계를 모두 권리행사 당시의 전세권자와 전세물소유자의 직접적 관계로서 설명하기 위해서는, 승계긍정설은 보다 근본적인 이론적 근거를 제시하여야 하는 문제점을 남기고 있다고 할 것이다.

(2) 판례의 검토

(i) 전세권에 관한 규정상의 전세권설정자 또는 소유자는 모두 전세물의 신소유자로 새길 수밖에 없다고 하는 판례의 설시이유는, 다시 그 실질적인 근거가 무엇인가 하는 것에 대하여 답하여야 하는 문제를 남긴다. 또 전세금은 전세권의 요소라는 설시이유에 대하여는, 왜 전세금반환의무의 이전을 인정하면 전세금은 전세권의 요소가 되지 못하는가 하는 의문이 제기된다. 이 문제는 항을 바꾸어 검토하기로 한다. 여기서는 첫째의 문제만을 검토하기로 한다.

(ii) 민법은 전세권관계에서 전세권자의 상대방을 소유자(제310조), 전세권설정자(제311조, 제312조 제4항, 제314조 제2항, 제315조 제2항, 제316조, 제317조, 제318조, 제319조) 또는 당사자(제312조의2, 제313조)라고 규정하고 있다.[55] 민법(제310조)은 유익비상환청구의 경우에만 소유자라고 하여, 전세권설정자뿐만 아니라 전세물의 신소유자도 모

두 포함하여 규정하고 있다. 그런데 전세권설정자를 당사자로서 규정하고 있는 전세권의 소멸청구(제311조), 전세권의 갱신청구(제312조), 전세권의 소멸통고(제313조), 불가항력에 의한 전세권의 소멸통고(제314조), 원상회복 및 매수청구(제316조), 전세권의 소멸과 동시이행(제317조)에서도 전세권설정자에 전세물의 신소유자가 포함된다고 하지 않을 수 없다. 그렇지 않고서는, 전세물에 대하여 직접적으로 지배권을 취득하고 있는 전세권자의 전세권 자체가 보호받을 수 없기 때문이다. 즉, 이상의 전세권관계에서 전세물의 신소유자도 전세권관계의 당사자로 하지 않을 수 없는 실질적인 근거는 지배권이라는 전세권 자체의 실현 때문인 것이다. 전세권자가 전세물에 대하여 지배권을 취득한 이상, 전세물의 신소유자에 대하여서도 민법상의 이상의 권리를 취득하고 의무를 부담한다고 하지 않을 수 없는 것이다.

(iii) 한편 전세권관계의 일부를 구성하는 전세금관계에서도 전세물의 신소유자도 전세금관계의 당사자에 포함된다고 하지 않을 수 없다. 첫째, 전세금증감청구(제312조의2)는 현재의 전세물의 사용·수익을 전제로 하는 법률관계이다. 따라서 전세물의 신소유자가 전세권자에게 전세금증액청구의 주체가 된다는 데에는 아무런 의문이 없다. 이는 전세금반환의무의 주체를 누구로 할 것이냐 하는 것과는 별개의 문제라고 할 것이다. 둘째, 손해액의 공제권(제315조 제2항)은 전세권자가 전세물에 손해를 발생시킨 시점이 언제이냐에 따라 일응 구별하여 검토하여야 할 것이다. 우선 전세물의 양도 후에 손해를 입은 신소유자는, 전세금반환의무를 구소유자가 부담하는 경우에도 구소유자에게 손해상당액의 지급을 청구할 수 있다고 할 것이다. 한편 전술한 바와 같이, 구소유자의 손해배상상당액의 공제권은 전세금반환시에 실행된다는 점에서, 역시 전세금반환의무의 이전과 함께 전세물의 양도에 따른 그 이전의 여부가 문제될

---

55) 민법은 전세권의 효력(제304조)과 법정지상권(제305조)의 경우에도 전세권자의 상대방을 전세권설정자라고 규정하고 있다. 그런데 민법 제304조와 제305조는 지배권인 전세권의 효력의 문제이지, 전세권관계의 문제는 아니다. 첫째, 민법 제304조의 경우, 전세물이 양도되더라도, 전세물의 신소유자는 전세권의 효력이 미치는 지상권 또는 임차권을 소멸시킬 수가 없다. 그 결과 전세권자의 전세권의 효력은 전세물의 신소유자의 지상권 또는 임차권에도 당연히 미치게 된다. 둘째, 민법 제305조의 경우, 전세물의 신소유자에게 전세권설정자의 법정지상권이 이전되므로, 전세권자의 전세권의 효력은 신소유자의 법정지상권에도 미친다(제304조 제1항). 민법은 전세권양도의 효력(제307조)의 경우에도 전세권설정자라는 용어를 사용하고 있다. 여기서 전세권설정자에 전세물의 신소유자도 포함되는가 하는 문제는 바로 전세물의 양도시 전세권관계가 전세물의 신소유자에게 이전되는가 하는 문제를 의미한다.

수가 있다. 민법이 이에 대하여 명시적인 언급을 하고 있지 않은 것은, 전세금반환의
무의 이전의 경우와 마찬가지이다. 물론 이 경우에도 손해액의 공제와 관련하여 구소
유자와 신소유자 사이에 매매대금의 지급과 연계된 별개의 약정이 있다면, 이에 따르
게 됨은 당연한 것이다.

(ⅳ) 전세금관계에서 마지막으로 문제되는 것이 바로 전세금반환(제318조)의 경우
이다. 즉, 전세물의 양도시 전세금반환의무는 신소유자에게 이전하는가 하는 문제이
다. 전세금반환관계도 전세권관계의 일부로 본다면, 전세금반환의무도 신소유자에게
이전된다고 볼 수가 있을 것이다. 그런데 전세금반환관계에서는 다른 전세권관계에
서는 볼 수 없는 문35제에 직면하게 된다. 그것은 바로 전술한 '모순적 상황'이다(전세
물의 양도에 따른 전세금과 관련된 또 다른 '모순적 상황'에 대하여는 Ⅱ. 1 (ⅰ)에서 이미 언급하였
다). 그것은 전세금을 수령한 자는 신소유자가 아니라 구소유자라는 사실이다. 이에
따라 왜 전세금을 수령한 적이 없는 신소유자가 전세금반환의무자가 되어야 하는가
하는 의문이 자연스럽게 제기되는 것이다.

(ⅵ) 이상의 경우 전세금관계 또는 전세금관계를 포함하는 전세권관계가 왜 전세물
의 신소유자와 전세권자의 법률관계로 존속할 수 있는가에 대한 보다 더 근본적인
설명이 필요하다고 하지 않을 수 없다. 단순히 전세권관계가 전세권의 실현을 위하여
필요하다는 것만으로는 결코 충분하다고 할 수 없다.

5. 결어

(ⅰ) 승계부정설에 대하여는 이상에서 제기한 비판 이외에도, 궁극적으로 다음과
같은 두 가지의 문제점을 지적할 수 있다. 첫째, 승계부정설은 용익기간 종료시의
전세금반환관계라는 차원에서만 전세금반환의무의 이전문제를 논하고 있다는 점이
다. 승계부정설은 전세권자는 물상대위성 및 추급효를 가질 뿐만 아니라 경매권과
우선변제권에 의하여 보호받으므로, 전세물의 신소유자에게 전세금반환의무를 부담
시킬 필요가 없다고 한다. 그러나 전세권에서 전세금의 법률관계는 용익기간의 종료
시에만 발생하는 것이 아니라 용익기간의 존속 중에도 존재하므로, 전세금반환의무
의 이전의 문제는 용익기간 중의 법률관계라는 관점에서도 검토되어야 한다. 전술한
바와 같이, 전세금은 전세권자의 전세물의 사용수익의 대가를 지급하는 수단이 되고
(제303조), 전세금은 용익기간 중 그 증감을 청구할 수 있고(제312조의2) 또 전세금으로

부터 전세물에 발생한 손해상당액의 공제가 인정된다(제315조 제2항). 이미 판례에 대한 검토를 통하여 밝힌 바와 같이, 이러한 법률관계를 구소유자와 전세권자 사이의 법률관계로 규율하는 것이 타당한가 아니면 신소유자와의 법률관계로 규율하는 것이 타당한가 하는 보다 넓은 관점에서 전세금반환의무의 이전의 문제를 검토하여야 할 것이다. 둘째, 승계부정설은 전세권관계가 채권관계라는 관점에 함몰되어, 전세금반환의무의 이전의 문제가 물권법상 가질 수 있는 의미를 충분히 고려하지 못하고 있다는 점이다. 승계부정설은 전세권관계를 채권관계로 보아 지배권인 전세권과는 엄격하게 분리하고 또 차별하고 있는데, 이는 문제라고 하지 않을 수 없다. 설령 전세금관계가 채권관계라고 할 경우에도, 전세금반환의무의 이전 여부는 전세권이라는 물권과 관련하여 검토되어야 한다고 하지 않을 수 없다. 이러한 점은 이미 승계부정설에 의하여서도 적절히 지적되고 있다. 즉, 전세금반환문제는 전세권이 물권에 대한 지배권인 물권으로 제도화되어 있으나, 전세권자와 전세권설정자 사이의 인적관계 내지 채권관계까지 물권관계의 규정 속으로 와 있기 때문에 발생하는 것으로서, 앞으로 이러한 구조를 어떻게 파악할 것인가가 전세권 파악에 있어서 중요한 관건이 된다는 점이 지적되고 있다.[56] 요컨대 승계부정설의 기본적인 입장은 전세금반환관계는 채권계약인 전세권설정계약으로부터 발생하는 채권관계이므로 전세물의 양도시 채무인수라는 별개의 행위에 의하지 않고서는 수반되지 않는다는 것으로 정리될 수 있지만, 이에 대하여는 전세금관계도 물권법에 의하여 그 내용이 법정화되는 법률관계라는 측면에서 본다면 채무인수라는 법적 도구에 의하여서만 전세물의 신소유자가 전세금반환의무를 부담하게 되는 것은 아니라는 점을 지적하지 않을 수 없다.

(ⅱ) 한편 승계긍정설의 논거로는 전세권양도의 효력에 관한 민법 제307의 유추적용을 생각해 봄직하다. 그러나 전세금반환의무의 경우는 다른 전세권관계의 경우와는 달리, 민법 제307조의 유추적용만으로는 해결될 수 없는 문제가 있음은 이미 언급하였다.[57]

(ⅲ) 승계긍정설과 승계부정설 중 어느 것을 취하는 경우에도, 물권법상의 전세권의 규율과 관련하여 해결하여야 할 두 가지의 과제가 남는다. 첫째, 전세물의 양도에

---

56) 李相泰, 215.
57) 상세한 것은 Ⅱ. 참조.

따르는 '모순적 상황'의 해결이라는 과제이다. '모순적 상황'이란 전세물의 양도가 있으면, 전세금을 수령한 자와 전세금의 이자로 전세물의 사용·수익의 대가를 받아야 할 자가 분리된다는 것임은 이미 전술하였다. 이러한 '모순적 상황'은 승계긍정설과 승계부정설 어느 설을 취하든 극복하여야 할 과제이다. 우선 승계긍정설과 이를 취하고 있는 판례에 대하여는, 전세금을 수령한 적이 없는 신소유자가 전세금반환의무를 부담하는 것을 어떻게 설명할 것인가 하는 과제이다. 반대로 승계부정설에 대하여는, 전세금을 수령한 적이 없는 전세물의 신소유자가 어떻게 전세물의 사용·수익의 대가를 받을 수 있는가 하는 과제가 남는다. 둘째, 판례와 학설은 전세금은 전세권의 요소라고 한다. 따라서 승계부정설을 취하면, 전세물의 양도에도 불구하고 전세금반환의무는 구소유자가 부담한다고 할 경우 전세금은 전세권의 요소라는 명제가 과연 어떻게 유지될 수 있는가 하는 과제가 발생한다. 물론 승계긍정설과 판례의 입장을 따르더라도, 전세금반환의무의 이전을 인정하지 않으면 왜 전세금이 전세권의 요소가 될 수 없는가 하는 것을 적극적으로 규명하여야 할 과제로부터 벗어날 수가 없다.

（iv） 그런데 이상의 문제는 물권법상의 과제이지만, 결코 물권법의 관점에서만 해결될 수 없는 과제이다. 왜냐하면 전세물에 대한 소유권의 이전은 전세물의 매매에 의하여 발생한 법적 효과이기 때문이다. 전세물에 대한 소유권의 양도에는 매매대금의 지급이 따르는바, 매매대금의 지급은 매매의 목적물이 전세권의 제한을 받고 있다는 데에 기초하여 이루어져야 할 것이기 때문이다. 바로 여기에서 전세권을 규율하는 물권법과 전세물의 매매라는 계약법(채권법)이 교차하게 되는 것이다. 실제 매매에서는 당사자들은 매매대금의 지급을 통하여, 전세금의 문제를 해결하는 것이 통상적이다.58) 이러한 경우에는 누가 전세금반환의무를 부담하느냐에 따라 당사자 간의 이해가 충돌하는 문제는 발생하지 않는다. 그러나 이 경우에도 전술한 바와 같이, 민법이 예정하고 있는 전세금관계가 어떻게 존속하게 되는가를 규명하여야 한다는 점에서, 여전히 전세금반환의무를 누가 부담하는가 하는 것은 중요한 법적 의미를 갖는다고 할 것이다. 이에 반하여 당사자들이 전세금과 관련하여 아무런 특별한 조정이나 약정을 하지 않은 상태에서 매수인이 매매대금 전액을 지급한 경우에는, 누가 전세금반환의무를 부담하는가 하는 이해충돌의 문제가 발생하게 된다. 경매의 경우에도 당사자

---

58) 同旨, 李相泰, 210; 李周興, 56.

쌍방의 합의과정이 없기 때문에, 역시 이해충돌이 발생하게 된다.59) 이러한 경우에도 역시 전세금반환의무의 이전 문제는 그것으로 종결되는 것이 아니라, 당사자 사이에 존재하는 매매계약의 이행과의 관계에서 논의되어야 한다. 이에 대하여는 항을 바꾸어 검토하기로 한다.

Ⅳ. 전세금반환의무의 이전 문제와 계약법의 교차: 전세금반환의무의 이전과 매매대금의 지급

(i) 매매계약에 의하여 전세물의 구소유자는 신소유자에게 온전하게 소유권을 이전하여 주어야 할 의무를 부담한다.60) 이에 대하여 신소유자는 구소유자에게 매매대금을 지급할 의무를 부담한다. 그런데 매매의 목적물이 전세권의 제한을 받는 전세물인 관계로, 매수인은 현재 완전한 소유권을 취득할 수 없을 뿐만 아니라 장래에는 소유권을 상실하게 될 가능성도 존재한다. 이에 따라 통상적으로 매매계약의 성립 또는 이행의 단계에서 매매대금에서 전세금상당액을 공제하거나 또는 그 지급을 유예하게 된다. 이 경우에는 전세금반환의무를 누가 부담하느냐에 관계없이, 전세물의 양도에 따른 '모순적 상황'은 실질적으로 존재하지 않는다. 그 결과 전세금반환의무를 누가 부담하느냐에 관계없이, 매도인에게는 아무런 책임이 발생하지 않는다. 그러므로 용익기간 중의 전세물의 양도에 따른 '모순적 상황'이 실질적으로 계속 존속하는지의 여부는 최종적으로 매매계약의 단계에서 검토되어야 할 필요가 있는 것이다. 또 전세금이 전세권의 요소라는 명제가 충족되는지의 여부도 마찬가지로 이 단계에서 검토되어야 하는 것이다. 승계부정설이냐 아니면 승계긍정설이냐 하는 것만으로는 결코 전세물의 양도 후 전세금관계가 실질적으로 누구 사이에 존재하는 것인지 그리고 전세금이 전세권의 요소로 존속하는지의 여부를 판단할 수가 없는 것이다.

(ii) 당사자들이 매매대금에서 전세금상당액을 공제하거나 또는 유예하지 않은 채 매수인인 신소유자가 매매대금 전액을 매도인인 구소유자에게 지급하는 경우도 얼마든지 있을 수 있다. 이 경우 만일 전세물의 신소유자가 취득한 소유권을 상실하거나

---

59) 同旨, 李周興, 56.

60) 民法注解[XIV] 債權(7)(博英社, 1997)(南孝淳 집필부분)(이하 注解[XIV] 債權(7)), 168.

또는 전세물의 사용·수익에 대한 대가를 지급받지 못할 경우, 전세금반환의무를 누가 부담하느냐에 관계없이 매도인은 매매계약상의 채무를 불이행한 데에 따른 책임을 지게 된다.

(iii) 이상에서 검토한 바와 같이, 전세물 양도의 경우 전세금반환의무를 누가 부담하느냐에 관계없이, 채권관계를 검토할 필요가 있다. 이하에서는 먼저 전세물의 매매로 인한 채권관계를 검토한 후, 승계부정설과 승계긍정설에 따라 매매계약을 통한 '모순적 외관'의 해소와 '전세금은 전세권의 요소'라는 명제의 실현을 검토하기로 한다.

1. 전세물의 매매로 인한 채권관계와 매도인의 책임

매매대금에서 전세금상당액을 공제하거나 또는 그 지급을 유예하는 법적 의미를 알기 위해서는 매매계약상의 두 가지 채권관계를 검토할 필요가 있다. 하나는 매수인이 전세물의 소유권을 취득하게 하기 위한 채권관계이다. 다른 하나는, 매수인이 신소유자로서 전세물의 전세물을 사용·수익하거나 또는 그 대신 사용·수익의 대가를 지급받는 채권관계이다. 이상의 두 채권관계는 궁극적으로 매도인이 매수인에 대하여 부담하는 '완전한 소유권을 이전할 의무'에서 비롯되는 것이다.

(1) 전세물에 대한 소유권의 취득에 대한 채권관계와 매도인의 담보책임

전세물이 매매되면, 매도인은 신소유자에게 전세물에 대한 소유권을 취득하게 할 채무를 부담한다(제568조). 달리 말하면, 매도인에게는 매수인이 전세물에 대하여 취득한 소유권을 기존의 전세권의 실행에 의하여 상실당하지 않도록 하여야 하는 채무가 발생하게 된다. 이 채무는 매수인이 전세권의 존재사실을 알았느냐 그렇지 않았느냐의 여부를 불문하고 발생한다. 전세권자의 전세권의 실행으로 인하여, 신소유자가 전세물의 소유권을 상실하는 경우에는, 매도인은 원칙적으로 이에 대하여 책임을 지게 된다. 이것이 바로 민법이 규정하고 있는 것으로서, 전세권의 행사로 인한 담보책임(제576조)이다.[61]

---

61) 민법 제576조의 담보책임의 성립요건과 효과에 대하여는 注解[XIV] 債權(7), 429−450 참조.

(2) 전세물에 대한 사용·수익권에 대한 채권관계와 매도인의 책임

전세물이 매매의 목적이 되는 경우, 신소유자는 전세권의 잔여 용익기간 중 자신의 소유물을 사용·수익하지 못하게 된다. 매수인이 전세권의 존재사실을 안 경우와 모른 경우로 나누어, 이를 검토한다.

(가) 신소유자가 전세권의 존재사실을 안 경우

(ⅰ) 전세권은 등기에 의하여 공시가 되므로, 매수인은 전세권이 설정된 사실을 알게 된다. 악의인 신소유자는 전세물을 사용·수익하지 못함을 알고 있었으므로, 전세물의 구소유자는 신소유자가 전세물을 사용·수익하지 못한 데에 대하여 책임을 지지 않는다. 바로 이러한 이유에서 민법(제575조 제1항)은 매수인이 악의인 경우에는 매도인에게 제한물권으로 인한 담보책임을 인정하지 않는다.

(ⅱ) 전세물이 양도되면, 신소유자는 자신의 소유물을 전세권자에게 사용·수익시키고 있는 것이 된다. 따라서 전세물의 신소유자는 전세물의 사용·수익에 대한 대가를 지급받는 것을 포기한 것이 아닌 한, 그에 대한 대가를 지급받아야 하는 것이 원칙이다.

(나) 신소유자가 전세권의 존재사실을 모른 경우

(ⅰ) 전세권은 등기에 의하여 공시가 되므로, 매수인이 전세권의 존재사실을 모르는 경우란 원칙적으로 있을 수가 없다. 더구나 우리 민법은 등기 없이도 성립하는 법정전세권을 인정하지 않는다. 그러나 매우 드문 경우이기는 하지만, 매수인이 전세권이 설정된 사실을 모르고 있을 수가 있다. 예를 들면, 전세권이 불법적으로 말소된 경우가 그러하다. 즉, 매매시 그리고 소유권 이전시에는 전세권이 존재하지 않았으나, 매매 후 또는 소유권이전 후 불법 말소된 전세권이 회복되는 수가 있게 된다. 이 경우 신소유자는 전세권의 제한을 받게 되어, 전세물을 사용·수익하지 못하는 결과가 발생한다. 전세물의 구소유자는 신소유자가 전세물을 사용·수익하지 못한 데에 대하여 책임을 져야 한다. 이것이 바로 민법이 규정하고 있는 것으로서, 제한물권 있는 경우의 매도인의 담보책임이다(제575조 제1항).[62]

(ⅱ) 선의의 매수인은 계약의 목적을 달성할 수 없는 경우, 매도인에 대하여 담보

책임의 일환으로 매매계약을 해제할 수 있다(제575조 제1항). 그렇지 않은 경우에는 매수인은 스스로 전세물을 사용·수익하지 못한 데에 따른 손해배상만을 청구할 수 있다(제575조 제1항).

2. 전세물의 양도에 따른 전세금반환의무의 이전 문제와 매매계약의 성립·이행: 승계부정설과 승계긍정설에 따른 검토

승계부정설과 승계긍정설을 취할 경우, 전세물의 양도에 따른 '모순적 상황'이 어떻게 해결되고 그 결과 전세금관계는 어떻게 존속하게 되는지 또 '전세금은 전세권의 요소'라는 명제는 어떻게 충족되는지를 검토하기로 한다.

(1) 승계부정설(전세금반환의무불이전설)에 기한 검토

첫째, 당사자들이 매매대금에서 전세금상당액을 사전에 공제하는 수가 있다. 전세금상당액의 공제는 신소유자가 전세금반환의무를 인수하는 것으로 해석된다.[63] 매매대금에서 전세금상당액을 공제하면, 구소유자가 수령한 전세금은 전세금으로서의 기능을 상실하고, 매매대금의 일부로서의 실질을 가지게 된다. 그리고 전세금상당액의 공제에 의하여, 신소유자는 실질적으로 전세금을 수령한 것과 동일한 법적 상태에 놓이게 된다. 전세금상당액 공제는 한편으로는 전세권의 실행에 대비하는 법적 의미를 갖는다. 즉, 이로 인하여 매도인에게는 더 이상 전세권의 실행에 의하여 매수인이 취득한 소유권을 상실당하지 않도록 하여야 하는 채무는 존재하지 않게 된다. 바로 이러한 이유에서 나중에 전세권자가 전세권을 실행하여 신소유자가 취득한 소유권을 상실하더라도, 구소유자인 매도인은 담보책임을 부담하지 않는다. 다른 한편으로 전세금상당액의 공제는 잔여 용익기간 중 전세금의 사용·수익의 대가의 지급과도 관련이 있다. 요컨대, 신소유자가 매매대금의 공제를 통하여, 전세금반환의무를 인수하면, 전세금관계는 신소유자와 전세권자 사이에 존재하게 된다. 그 결과 구소유자는 전세

---

62) 민법 제575조의 담보책임의 성립요건과 효과에 대하여는 注解[XIV] 債權(7), 419-428 참조.

63) 이 경우 전세금상당액의 공제는 전세금반환의무의 채무인수냐 아니면 이행인수냐가 문제될 수 있다. 승계부정설은 전세금반환의무를 일반의 채무와 동일하게 보므로, 전세금상당액의 공제를 전세금반환의무의 면책적 채무인수라고 본다. 그러나 구소유자가 전세금반환의무를 부담하는 것은 전세권에 수반되는 법률관계로서 물권법정주의에 의한 것이라고 한다면, 전세금상당액의 공제는 중첩적 채무인수 또는 이행인수로 해석될 여지도 있다고 할 것이다.

물의 소유자가 아님에도 불구하고, 전세금을 보유하고 있다거나 또는 전세물의 소유자가 아닌 구소유자가 사용·수익의 대가를 지급받는다는 '모순적 외관'은 해소가 된다. 둘째, 당사자들은 매매대금 중 전세금상당액의 잔금의 지급을 용익기간 종료시까지 유예하는 수가 있다. 우선 신소유자는 전세금상당액의 잔금의 지급을 유예받음으로써, 잔금의 이자를 전세물의 사용·수익의 대가로 지급받는 것과 동일한 법적 상태에 놓이게 된다. 한편 전세금반환의무의 인수 여부는 유예 후 최종적으로 전세금을 누가 반환하느냐에 따라 결정된다. 우선 신소유자가 전세금상당액의 잔금을 전세권자에게 직접 반환하는 수가 있다. 이 경우는 실질적으로 전세금상당액의 잔금의 공제로 볼 수 있다. 이 경우는 첫째의 경우와 다를 바가 없다고 할 것이다. 다른 하나는 용익기간이 종료된 후, 신소유자가 전세금상당액의 잔금을 구소유자에게 지급하고, 구소유자는 다시 이를 전세권자에게 반환하는 수가 있다. 이 경우가 실질적으로 전세금상당액 잔금의 지급유예라고 볼 수 있을 것이다. 이 경우에는 전세금상당액의 공제가 없으므로, 전세권의 실행에 의하여 매수인이 취득한 소유권을 상실당하지 않도록 하여야 하는 매도인의 채무는 소멸하지 않는다(따라서 나중에 전세권자가 전세권을 실행하여 신소유자가 취득한 소유권을 상실하게 되면, 매도인인 구소유자는 담보책임을 부담하게 된다). 요컨대, 전세금상당액의 잔금의 지급이 용익기간 종료시까지 유예됨으로써, 신소유자가 전세물의 사용·수익의 대가를 지급받는다는 실질이 존재하여, 구소유자가 전세물의 사용·수익의 대가를 지급받는다는 '모순적 외관'은 소멸한다. 그러나 궁극적으로 전세금반환의무자가 전세물의 신소유자가 아니라는 점에서, 전세금관계는 구소유자, 신소유자 그리고 전세권자 사이에 분산하여 존재하게 된다. 또 신소유자는 간접적으로 구소유자로부터 전세물의 사용·수익의 대가를 지급받는다는 점에서, 역시 전세금관계는 구소유자, 신소유자 그리고 전세권자 사이에 분산하여 존재한다. 셋째, 전세금상당액의 사전공제에 따른 전세금반환의무의 인수도 전세금상당액의 잔금의 지급유예도 없이, 신소유자가 매매대금 전액을 구소유자에게 지급하는 수가 있다. 이 경우 매도인과 매수인 사이에는 전세금반환의무의 인수에 대한 약정, 전세권자의 전세권의 행사에 대비한 약정 그리고 전세물의 사용·수익에 대한 대가를 보장하기 위한 약정이 일체 존재하지 않는다. 다만, 신소유자가 전세권의 존재를 알면서도, 매매대금 전액을 지급하였다면, 그것은 사용·수익의 대가를 포기한 것으로 해석될 수도 있을 것이다. 만일 구소유자가 전세금반환의무를 이행하지 않아 전세권이 실행되어, 신소유자가 취득한 소유권을 상실하거나 또는 신소유자가 자신의 출재로 소유권을 보존한 때에는, 매도인인 구소유자가 담보책임(제576조)을 지게 된다. 그리고 신소유자가 전세물의 사용·수익에 대한 대가를 포기한 것이 아닌 한, 신소유자는 전세물의 사용·수익에 대한 대가를 지급받지 못한 데에 대하여 구소유자에게 손해배상책임을 추궁할 수 있다.[64] 요컨대 전세금상당액의 사전공제도 지급유예도 없이 신소유자가 매매대금 전액을 지급한 경우에는, 구소유자가 전세물의 소유자가 아님에도 불구하고 전세금을 보유하고 또 전세물의 사용·수익의 대가를 지급받는다는 '모순적 외관'은 해소되지 않는다. 또 전세금관계는 구소유자와 전세권자 사이에 존재하게 된다.

(2) 승계긍정설(전세금반환의무이전설)에 기한 검토

첫째, 당사자들이 매매대금에서 전세금상당액을 사전에 공제하는 경우가 있다. 이 공제는 신소유자가 전세금을 수령하지 않았음에도 불구하고 전세금반환의무를 부담하는 데에 대한 보상의 의미를 갖는다. 전세금상당액의 공제에 의하여, 신소유자는 전세권자로부터 전세금을 수령한 것과 동일한 법적 상태에 놓이게 된다. 또 구소유자가 수령한 전세금도 전세금으로서의 법적 의미를 상실하고, 매매대금의 일부로서의 의미만을 가지게 된다. 전세금상당액 공제로 인하여 매도인에게는 전세권의 실행에 의하여 매수인이 취득한 소유권을 상실당하지 않도록 하여야 하는 채무는 소멸하게 된다(따라서 나중에 전세권자가 전세권을 실행하여 신소유자가 취득한 소유권을 상실하더라도, 매도인인 구소유자에게 담보책임을 추궁할 수 없다). 전세금상당액의 공제를 통하여 신소유자는 잔여 용익기간 중 전세금의 사용·수익의 대가도 지급받게 된다. 요컨대 신소유자가 전세금반환의무를 부담하는 데에 따라 전세금상당액을 매매대금에서 공제함으로써, 구소유자는 전세물의 소유자가 아님에도 불구하고, 전세금을 보유하고 있다거나 또는 전세물의 소유자가 아닌 구소유자가 사용·수익의 대가를 지급받는다는 '모순적 외관'은 존재하지 않게 된다. 또 전세금관계도 실질적으로 신소유자와 전세권자 사이에 존재하게 된다. 둘째, 당사자들이 전세금상당액의 잔금의 지급을 유예하는 수가 있다. 이 경우 용익기간이 종료하면, 전세금반환의무를 부담하는 신소유자가 전세권

---

64) 이 경우 신소유자가 전세물의 사용·수익의 대가를 지급받지 못한 데에 대하여는 부당이득반환청구권(제748 제2항)도 문제될 수 있다.

자에게 전세금을 반환하게 된다. 이 경우에도 실질적으로는 전세금상당액의 사전공제가 있은 것이라고 볼 수 있다. 요컨대, 신소유자가 전세금반환의무를 부담하게 된데에 대응하여, 전세금상당액의 잔금의 지급을 유예받은 후 전세금을 전세권자에게 반환함으로써, 신소유자는 실질적으로 전세금을 수령한 후 이를 반환한 것이 된다. 따라서 전세물의 소유자가 아닌 구소유자가 전세금을 보유하고 또 전세물의 사용·수익의 대가를 지급받는다는 '모순적 외관'은 존재하지 않는다. 이 경우에도 전세금관계는 신소유자와 전세권자 사이에 존재하게 된다. 셋째, 전세금상당액의 사전공제 또는 지급유예도 없이, 신소유자가 매매대금 전액을 지급하는 수도 있다. 이 경우에는 매도인과 매수인 사이에는 전세금반환의무를 부담하는 데에 대한 보상약정, 전세권자의 전세권의 행사에 대비한 약정, 전세물의 사용·수익에 대한 대가를 보장하기 위한 일체의 약정이 존재하지 않는 것이 된다. 만일 전세권이 실행되어 신소유자가 취득한 소유권을 상실하거나 또는 신소유자가 자신의 출재로 소유권을 보존한 때에는, 매도인인 구소유자는 담보책임(제576조)을 지게 된다. 신소유자는 비록 전세금반환의무는 부담하지만, 매도인에게는 여전히 전세권의 실행을 방지하여 신소유자에게 온전하게 소유권을 이전할 의무가 있기 때문이다. 또 신소유자가 전세물의 사용·수익에 대한 대가를 포기한 것이 아닌 한, 신소유자는 전세물의 사용·수익에 대한 대가를 지급받지 못한 데에 대하여 구소유자에게 손해배상책임을 추궁하게 된다. 요컨대 전세금상당액의 사전공제도 없고 또 전세금상당액의 잔금의 지급유예도 없이, 신소유자가 매매대금 전액을 지급한 경우에는, 구소유자가 전세물의 소유자가 아님에도 불구하고 전세금을 보유하고 전세물의 사용·수익의 대가를 지급받는다는 '모순적 외관'은 해소되지 않는다. 그리고 신소유자가 전세금반환의무를 부담한다는 점에서는 전세금관계는 신소유자와 전세권자 사이에 존재하지만, 신소유자가 전세물의 사용·수익의 대가를 받지 못하기 때문에 전세금관계가 실질적으로는 신소유자와 전세권자 사이에 존재한다고 할 수 없다.

(3) 결어

(i) 이상에서 검토한 바와 같이, 전세물의 매도인과 매수인은 매매대금의 산정을 통하여, 전세권자의 전세권의 실행에 대비하거나 또는 전세물의 사용·수익의 대가의 지급에 관한 조정을 하게 된다. 이러한 조정은 전세물의 양도에 따른 '모순적 외관'을

해소하는 의미를 갖는 것임을 알 수가 있었다. 한편 매매대금에서 전세금상당액의 공제가 있는 경우에는, 승계부정설과 승계긍정설을 취하든, 매도인에게는 담보책임이 발생하지 않는다. 다만 어느 학설을 취하느냐에 따라, 담보책임이 발생하지 않는 데에 대한 법적 설명이 조금 달라진다. 우선 승계부정설에 의하면, 전세금이 공제된 경우에는 매수인에 의한 전세금반환의무의 인수가 있었던 것으로 추정할 수 있고, 그 결과 전세권의 실행을 방지하여 취득한 소유권을 보존할 책임이 매수인에게 있게 되므로, 매도인은 담보책임을 지지 않게 된다. 즉, 전세금반환의무를 이행하여 전세권의 실행을 방지할 책임은 매수인에게로 넘어온 이상, 매도인은 담보책임을 질 이유가 없다. 이에 반하여 승계긍정설에 따르면, 전세금상당액이 공제되는 것은 신소유자가 전세금반환의무를 부담하는 데에 대한 보상의 의미를 갖는데, 이로 인하여 역시 전세권의 실행을 방지하여 취득한 소유권을 보존할 책임이 매수인에게 있게 되므로, 매도인은 담보책임을 지지 않게 되는 것이다.

(ii) 승계부정설에 의하면, 전세금상당액의 사전공제를 통하여 전세금반환의무의 인수가 있게 되면, '모순적 외관'은 해소되고, 전세금관계는 실질적으로는 신소유자와 전세권자 사이에 존재하게 된다. 그러나 전세금상당액의 잔금의 지급이 용익기간 종료시까지 유예되는 것일 뿐인 경우에는, '모순적 외관'은 해소되지만, 전세금관계는 구소유자, 신소유자 그리고 전세권자 사이에 분산하여 존재하게 된다. 또 신소유자는 구소유자를 통하여 간접적으로 전세물의 사용·수익의 대가를 지급받는다는 점에서, 역시 전세금관계는 구소유자, 신소유자 그리고 전세권자 사이에 분산하여 존재하는 것으로 볼 수 있다고 할 것이다. 이에 반하여 승계긍정설에 의하면, 전세금상당액의 사전공제와 지급유예가 있는 경우, '모순적 외관'이 사라질 뿐만 아니라, 전세금관계는 신소유자와 전세권자 사이에 존재하게 된다. 승계긍정설에 의하여 전세물의 신소유자가 전세금반환의무를 부담한다고 하더라도, 전세금상당액의 공제 또는 유예에 의하여 신소유자에게는 아무런 불이익이 발생하지 않음을 알 수가 있다.

(iii) 한편 전세금상당액의 사전공제 또는 지급유예도 없이 신소유자가 매매대금 전액을 지급하는 경우에는, 승계부정설에 의하든 승계긍정설에 의하든, '모순적 외관'은 해소되지 않는다. 승계부정설에 의하면, 전세금관계는 구소유자와 전세권자 사이에 존재하게 된다. 이에 반하여 승계긍정설에 의하면, 전세금관계는 신소유자와 전세권자 사이에 존재하게 된다. 이러한 '외관적 모순'은 한편으로 매도인은 매수인에 대

하여 사용·수익의 대가에 대한 손해배상책임을 지고, 다른 한편으로 매수인이 소유권을 상실하게 될 경우 매도인이 담보책임을 짐으로써 해결된다.

(iv) 전세물의 양도시 전세금반환의무를 누가 부담하는가에 대하여 현행 민법은 명시적으로 규정하고 있지 않다. 이러한 상황에서는 승계부정설도 승계긍정설도 모두 가능한 해석론이 될 수 있다. 어떤 입장을 선택하는가 하는 것은 결국 어떻게 전세권을 운용할 것인가의 문제라고 할 것이다. 우선 승계부정설에 의하면, 전세물의 신소유자에게 전세금반환의무가 이전되기 위해서는 전세금반환의무의 인수라는 법적 도구가 추가로 필요하다. 또 전세금상당액의 유예만 있은 경우에는 전세금관계는 구소유자, 신소유자 그리고 전세권자 사이에 분산하여 존재하게 된다. 이러한 법적 상황을 일시적인 과도기적인 현상이라고 볼 수 있을지도 모른다. 실제 우리 민법과 판례는 많은 경우 법률관계의 변동 과정에서는 일시적으로 유동적인 법적 상황을 허용하고 있다. 예를 들면, 민법(제587조)은 매매의 경우 과실수취권을 소유권의 변동과 일치시키지 않는다.65) 또 판례는 저당권부피담보채권의 양도시 피담보채권의 양도절차와 저당권의 양도절차가 동일한 시기에 이루어지지 않음으로써 시차가 존재하게 되는 경우에, 한편으로 저당권이전등기가 아직 완료되지 않더라도 저당권의 소멸한다고 보지 않고,66) 다른 한편으로 채권양도의 대항요건이 늦어지더라도 양수인은 이전받은 저당권을 행사할 수 있다고 한다.67) 이러한 점에서 본다면, 승계부정설에 따라 전세금관계가 구소유자, 신소유자 그리고 전세권자 사이에 분산되는 것도 전세물의 양도에 따른 불가피한 과도기적 현상으로 볼 수도 있을 것이다. 그런데 전세물이 양도되면, 전세물의 소유권은 종국적으로 신소유자에게 넘어가버리고 만다. 따라서 이러한 종국적인 법적 상황에서는 전세금관계가 구소유자, 신소유자 그리고 전세권자 사이에 분산되는 것이 이상적인 것이라고는 할 수 없다고 할 것이다. 이에 반하여 승계긍정설에 의하면, 전세금의 관계를 일률적으로 전세물의 소유자가 된 신소유자와 전세물을 사용·수익하는 전세권자 사이의 법률관계로 규율할 수 있다. 또 전세금이 전세권의 요소라는 명제도 충실히 실현될 수 있다. 이것이 승계긍정설의 장점이라

---

65) 매매의 경우 목적물의 과실과 매매대금의 이자의 상관관계에 대하여는 注解[XIV] 債權(7), 586－603 참조.

66) 大判 2003. 10. 10, 2001다77888(公 2003, 2164).

67) 大判 2005. 6. 23, 2004다29279(公 2005, 1221).

고 하는 것은 다언을 요하지 않는다. 이는 전세금의 공제가 없는 경우에도 마찬가지
이다. 이러한 점에서 본다면, "전세금은 전세권과 분리될 수 없는 요소이므로 전세권
관계로 생기는 위와 같은 법률관계가 신소유자에게 이전되었다고 보는 이상, 전세금
채권관계만이 따로 분리되어 전소유자와 사이에 남아 있다고 할 수는 없을 것이고,
당연히 신소유자에게 이전되었다고 보는 것이 옳다"고 하는 판례의 태도는 충분히
수긍이 될 수 있다고 할 것이다. 요컨대 승계긍정설과 이를 취하는 판례는 전세물의
소유권 변동이라는 종국적인 물권변동이 있는 경우, 전세금관계도 확정적으로 신소
유자와 전세권자 사이에서 법률관계로 규율하려고 한다는 점에서 보다 간결한 해석
론이라고 할 수 있을 것이다.

 (ⅴ) 전세권관계에 따른 제한, 예를 들면 전세금반환의무의 부담은 그 자체만으로
본다면 전세물의 신소유자에게 불이익이 될 수 있을지도 모른다. 이것이 이른바 승계
부정설이 제시하는 실천적 논거 중의 하나임은 이미 진술하였다. 그러나 그러한 불이
익도 매도인과 매수인이 전세금상당액을 공제하여 매매대금을 정함으로써, 실질적으
로는 아무런 불이익이 되지 않는다. 또 전세금상당액의 공제가 없더라도, 매수인은
매도인에 대하여 담보책임을 포함한 계약상의 책임을 물을 수 있다는 점에서, 전세금
반환의무를 부담하는 것 자체만으로는 궁극적인 불이익이 되지 않는다. 이러한 점에
서 본다면, 매매의 목적물이 전세권의 제한을 받는 이상, 매수인은 전세금관계를 포함
한 전세권관계에 의한 제한을 받는다고 하는 승계긍정설이 오히려 물권법상의 자연
스러운 규율이라고 할 수 있다고 할 것이다.

Ⅴ. 결어 : 물권개념의 새로운 이해를 위한 단초

 (ⅰ) 전세권자는 전세물에 대한 사용·수익권을 내용으로 하는 지배권만으로는,
전세권의 목적을 완전하게 달성할 수가 없다. 전세권은 결코 물건을 대항으로 하는
지배권만으로는 시종할 수 없다. 만일 전세권이 지배권으로만 그 목적을 달성할 수
있다면, 우리 민법은 전세권의 성립과 그 내용에 관한 민법 제303조와 전세권의 소멸
에 관한 제317조 등 소수의 규정을 제외하고는 다른 규정을 둘 필요가 없었을 것이다.
그러나 민법은 지배권으로서의 전세권을 인정하는 이외에, 전세권자와 전세권설정자
사이의 권리의무관계로서 이른바 전세권관계를 규정하고 있다. **전세권관계는 결코**

전세권자와 전세권설정자의 이해관계를 조절하기 위한 소극적인 법률관계에 머물지 않는다. 이러한 전세권관계는 바로 물권이라는 전세권의 실현을 위하여 적극적으로 필요한 법률관계이다. 이것이 바로 전세권관계를 전세권과 분리하지 않고 전세권과 함께 고찰하여야 하는 근본적인 이유라고 하지 않을 수 없다. **이러한 점에 비추어 볼 때, 지배권으로서의 전세권과 청구권관계(또는 형성권관계, 이하에서는 청구권관계를 중심으로 검토한다)로서의 전세권관계를 포괄하여,**[68] **이를 광의의 전세권관계로 이해할 필요가 있다.** 더 정확히 말하면 민법의 전세권은 전세물을 대항으로 하는 지배권과 전세물의 소유자에 대한 청구권(또는 형성권)을 내용으로 하는 권리라고 말할 수 있을 것이다.

(ⅱ) 전세권관계를 전세권과 분리하지 않고 함께 고찰하여야 하는 필요성은 전세물의 소유자가 변경되는 경우에도 여전히 존재한다. 이것이 바로 전세권관계를 전세물의 신소유자와 전세권자 사이의 법률관계로 인정하지 않을 수 없는 이유라고 할 것이다.

(ⅲ) 청구권관계로서의 전세권관계는 채권관계인가 아니면 물권관계인가? 승계부정설은 전세권관계는 채권관계로 이해하고 있다. 승계부정설에 의하면, 전세권관계는 지배권이라는 전세권의 실현을 위하여, 물권법이 전세권자와 전세권설정자(또는 전세물의 신소유자)의 이해관계를 조절하기 위하여 특별히 규율하고 있는 법정채권관계에 해당하게 될 것이다. 이에 반하여 승계긍정설은 전세권관계는 채권관계가 아니라 물권관계로 보고 있다.[69] 한편 판례는 승계긍정설을 취하면서도, 전세금관계를 채권관계로 이해한다는 점에서 절충적인 입장을 보이고 있다. 판례에 대하여는 채권관계가 어떻게 계속하여 전세물의 신소유자와 전세권자의 법률관계로 존속할 수 있는지에 대한 보다 근본적인 설명이 필요하다는 점은 이미 지적한 바 있다. 물론 전세금관계의 경우는 전세금이 전세권의 요소라는 점에서, 지배권인 전세권과 연결될 수 있는 고리를 용이하게 찾을 수는 있다. 그러나 이 경우에도 그 밖의 전세권관계에서와 마

---

68) 형성권관계는 전세권설정자 또는 전세권자의 권리를 형성권이라고 보는 경우에 인정된다. 예를 들면, 전세금증감청구권(제312조의2)과 전세권설정자의 전세권소멸청구권의 법적 성질에 대하여는 청구권설과 형성권설이 대립하고 있다.

69) 다만, 승계긍정설이 전세권관계를 전세권자가 목적물을 직접 지배하는 권리의무관계라고 하는 데에는 논리의 비약이 있음은 이미 지적한 바 있다.

찬가지로 지배권과의 관계를 규명할 보다 근본적인 법리구성이 필요하다고 하지 않을 수 없다.

(ⅳ) 물권을 물건을 대항으로 하는 지배권으로만 이해하는 현재의 물권이론은 물권관계 전반을 이해하는 데에 어려움이 있다고 하지 않을 수 없다. 현재의 물권이론에 의하면, 전세권은 전세물을 대항으로 하는 지배권이므로, 전세물의 소유자에 대한 청구권을 내용으로 하는 전세권관계를 전세권과 분리하여 고찰할 수밖에 없게 된다. 지배권은 대물권으로서 특정의 상대방이 없고 일반인을 의무자로 하여 모든 자에게 주장할 수 있는 권리라고 이해하는 이상, 전세물의 소유자에 대한 청구권관계를 전세권과 함께 전세권의 법률관계로 고찰하는 것은 처음부터 어려울 수밖에 없다. 이러한 문제점에서 벗어나기 위해서는, 전세권관계도 법정화된 물권관계로 이론구성할 필요가 있다고 할 것이다.70) 첫째, 전세권관계는 물권인 전세권의 실현을 위하여 적극적으로 필요한 법률관계이다. 민법이 전세권관계를 전세권과 함께 규율하고 있는 것은 바로 이러한 이유에서이다. 판례가 "민법에 명시적인 규정은 없으나, 전세물의 소유권이 이전된 경우 민법이 전세권관계로부터 생기는 상환청구, 소멸청구, 갱신청구, 전세금증감청구, 원상회복·매수청구 등의 법률관계의 당사자로 규정하고 있는 전세권설정자 또는 소유자는 모두 목적물의 소유권을 취득한 신소유자로 새길 수밖에 없다고 할 것"이라고 밝히고 있는 것은 충분하지는 않지만 전세권관계가 물권인 전세권의 존재와 실현을 위한 필요불가결한 법률관계임을 충분히 인식하고 있는 것이라고 볼 수 있다. 둘째, 전세권관계가 물권인 전세권의 실현을 위하여 적극적으로 필요한 법률관계라고 하는 것은 전세권관계는 전세권이라는 물권에 기초하여 발생하는 법률관계라는 것을 말하는 것이다. 즉, 전세권관계가 전세권이라는 물권에 기초하여 발생하는 법률관계라고 한다면, 전세권관계도 당연히 물권관계로 포섭될 수 있다고 할 것이다. 물권관계로 포섭되는 전세권관계는 일반의 채권관계와 다른 점을 갖는다. 전세권자는 전세권관계상의 청구권을 전세권설정자뿐만 아니라 전세물의 소유자 누구에 대하여서도 주장할 수 있다. 전세권관계상의 청구권은 전세물의 소유자라는 의무자에 대한 「대인권」이지만, 동시에 전세물의 소유자 누구에 대하여서도 주장할 수 있다는 점에서 비록 제한적이기는 하지만 「대세적」인 권리로서의 성질을 인정할 수

---

70) 상세한 것은 추후의 연구의 대상으로 한다.

있을 것이다.71) 이러한 구별에 기초하여 물권관계를 구성하는 청구권은 물권적 청구권의 성질을 갖는다고 할 수 있을 것이다.72) 전세권관계는 이처럼 물권관계이기 때문에, 전세물의 양도가 있는 경우에도 전세물의 신소유자와 전세권자 사이에 존속할 수가 있는 것이다. 현재 판례가 "전세권설정자 또는 소유자는 모두 목적물의 소유권을 취득한 신소유자로 새길 수밖에 없다고 할 것"이라고 판시하는 것은 전세권관계가 물권관계로서 포섭되어야 할 필요성을 밝히고 있는 것이라고 할 수 있을 것이다. 셋째, 물권적 청구권을 내용으로 하는 전세권관계는 당연히 지배권인 전세권과 함께 광의의 전세권관계를 구성한다. 아니 더 정확히 말하면, 민법이 규정하고 있는 전세권이란 전세물을 대항으로 하는 지배권과 더불어 전세물의 소유자에 대한 전세권관계도 그 내용으로 한다고 할 수 있다. 현재 학설은 일반적으로 전세권관계를 전세권의 효력으로 설명하고 있는데, 이러한 설명은 전세물을 대항으로 하는 지배권과 더불어 전세물의 소유자에 대한 전세권관계를 광의의 전세권으로 이해할 때 비로소 가능한 것이라고 할 것이다. 예를 들면, 전세금은 전세권의 요소라고 하는 것은 결국 전세금관계가 전세권의 내용이 된다는 것을 말하는 것임에 다를 바가 없다고 할 것이다. 판례도 "전세권은 전세권자와 목적물의 소유권을 취득한 신소유자 사이에서 계속 동일한 내용으로 존속하게 된다고 보아야 할 것이고, 따라서 목적물의 신소유자는 구소유자와 전세권자 사이에 성립한 전세권의 내용에 따른 권리의무의 직접적인 당사자가 되어"라고 하고 있는바, 여기서 판례가 전세권을 단순히 지배권으로서가 아니라 청구권관계를 포함하는 권리로 이해하고 있는 면을 발견할 수 있다고 할 것이다.

 (ⅴ) 이상의 전세권관계에 대한 설명은 전세권자와 전세물소유자 사이의 전세금반환청구권과 전세금반환의무에도 그대로 적용될 수 있다. 즉, 전세금을 지급한 전세권자는 전세물의 신소유자 누구에 대하여서도 전세금반환청구권을 취득한다. 반대로 전세물의 신소유자가 되는 자는 누구나 전세권자에 대하여 전세금반환의무를 부담한

---

71) 전세권관계를 구성하는 청구권이 모두 당연히 대세적인 권리가 될 수 있다고 단정하는 것은 아니다. 대세적 성격의 인정 여부는 청구권의 성질과 이를 인정하는 법적 취지에 기초하여 개별적으로 검토할 여지가 있는 것이고 또 그것은 궁극적으로 전세권관계의 운영이라는 정책적 문제라고도 할 수 있을 것이다. 청구권에 대한 개별적인 검토는 추후의 연구로 남긴다.

72) 전세권관계상의 청구권도 물권적 청구권이라고 하는 경우, 종래 물권의 실현을 방해하거나 또는 방해의 염려가 있는 경우에 발생하는 물권적 청구권과는 어떠한 점에서 동일하고 또 구별되는지는 추후의 연구에서 다루기로 한다.

다. 이러한 점에서 전세금반환관계는 바로 물권적 청구권관계의 성질을 갖는다고 할 수 있을 것이다.

(ⅵ) 전세권관계를 물권관계로 이론구성하게 되면, 전세물의 신소유자는 등기에 의하여 공시도 되지 않는 전세권관계의 제한을 받게 되는 것이 아닌가 하는 문제점이 제기될 수 있다. 전세권관계를 채권관계로 보는 학설의 근본적인 이유도 전세권관계는 등기에 의하여 공시되지 않는다는 데에 있었던 것이 아닌가 하고 추측된다. 즉, 전세권관계가 등기에 의하여 공시가 되지 않는 이상, 채권관계라고 할 수밖에 없었고 또 채권관계인 이상 채무인수 또는 계약인수와 같은 법적 장치를 통하여서만 전세물의 신소유자에게로 이전될 수 있다고 보았던 것으로 짐작한다. 이러한 점에서 전세권관계도 필요한 경우에는 등기에 의하여 공시될 필요가 있다고 할 것이다.[73] 그러나 예상하지 못한 제한으로부터 신소유자를 보호하는 방법은 등기에 한하는 것은 아니다. 전세권관계는 법률에 의하여 미리 정형화하는 방법(물권법정주의)에 의하여서도, 전세물의 신소유자는 보호받을 수가 있는 것이다. 현재 전세권관계가 전세권과 함께 물권법으로 법정되고 있는 이유도 바로 여기에 있다고 할 것이다. 이러한 물권법정주의를 통하여, 전세물의 신소유자에게 전세권관계상의 의무를 부담시키기 위하여 굳이 채무인수 또는 계약인수와 같은 법적 장치를 동원할 필요가 없다고 할 것이다. 요컨대 지배권인 전세권의 등기 그리고 전세권관계의 법정화를 통하여, 전세권과 전세물의 자유로운 유통이 보장될 수 있는 것이라고 할 것이다.

---

73) 이 점에서 우리의 부동산등기가 물권관계를 공시하는 데에 충분한 것인지에 대한 검토가 필요하다고 할 것이다.

[후기]

1. 판례는 전세금반환의무가 채무인수의 절차가 필요없이 전세물의 구소유자로부터 신소유자에게 이전될 수 있는 논거를 명확히 밝히고 있지 않다. 판례는 민법에 명시적인 규정이 없다는 것을 전제로 하여, 전세권관계로부터 생기는 법률관계의 당사자는 목적물의 소유권을 취득한 신소유자로 새길 수밖에 없고 또 전세권관계로 인한 법률관계가 신소유자에게 이전되었다고 보는 이상 전세금 채권관계도 당연히 신소유자에게 이전되었다고 보는 것이 타당하다고 보고 있다. 그러나 필자는 전세금반환의무가 전세물의 소유자에게 이전되는 실질적인 이유는 전세금반환의무가 특정의 채무자의 의무가 아니라 '전세물의 소유자'의 의무이기 때문에 전세물의 양도가 있으면 당연히 전세물의 신소유자에게 이전된다고 보는 것이다. 이것이 물권적 의미가 채무와는 다른 본질적인 차이라고 할 것이다.

2. 전세금반환의무가 전세물의 소유자에게 이전되는 궁극적인 근거는 전세권이 설정된 소유권, 즉 제한소유권의 양도성에서 찾아야 한다. 물권의 양도성은 우리 물권법이 전제로 하고 있는 기본원칙이라고 할 것이다.

4. 승계부정설은 전세물의 신소유자는 저당물의 제3취득자로서의 지위를 갖는다고 한다. 그러나 전세물의 신소유자는 전세물의 소유자로서 전세금반환의무를 부담하는 것이기 때문에 제3취득자의 지위를 갖는 것은 아니다.

5. 전세권자의 소멸청구, 매수청구권, 유익비상환청구권 등을 요소로 하는 물권적 청구권관계가 존재한다. 이는 채권관계가 아니라 물권관계라고 할 것이다. 전세권설정계약에 의하여 전세권자는 지배권인 물권을 취득함과 동시에 현재 또는 장래의 물권적 청구권관계도 취득하게 되는 것이다.

6. 필자는 이 논문에서 처음으로 물권은 지배권과 물권관계로 구성되는 권리임을 규명하였다. 지배권은 물건을 대상으로 하는 권리이지만, 물권관계는 제한소유자와 물권자 사이의 청구권·의무로 이루어지는 법률관계이다. 예를 들면, 전세권의 경우에 인정되는 물권관계는 전세권관계로 부를 수 있다. <u>이는 후술하는 바와 같이 물권적 청구권관계를 의미한다.</u>

7. 필자는 '유상'의 물권이라는 표현을 사용하고 있다. 유상의 물권은 유상의 물권계약에서 발생하는 것이다. 전세권은 전세금이라는 사용대가가 필요하다는 점에서

그러한 것이다. 현재 유상이라는 표현은 채권계약의 경우에만 사용되고 있다. 또 유상의 채권이라는 표현은 사용하지 않는다. 그러나 대가가 따르는 채권이라는 점에서 유상의 채권이라고 부를 수 있을 것이다. 유상의 물권, 유상의 물권계약 내지는 물권행위에 관하여는 "물권론의 재정립"에서 논의할 것이다.

제3장   전세권의 법적 성질과 본질

Ⅰ. 서론

(ⅰ) 통설과 판례는 전세금 내지는 전세금반환청구권을 전세권의 요소라고 하면서 전세권에 대하여 용익물권성과 담보물권성을 인정하고 있다.[1] 그런데 판례는 전세권이 저당권의 객체가 될 경우에는 전세금반환청구권은 저당권의 객체에서 제외한다. 또 판례는 전세권의 용익기간이 종료되면 전세권이 소멸하여 전세권저당권도 소멸하는 결과 더 이상 전세권 자체에 대하여 저당권을 실행할 수 없다고 한다. 이처럼 판례는 용익물권성을 갖는 전세권만 전세권저당권의 객체가 된다고 보는 결과, 담보권부 전세금반환청구권 내지는 담보물권성의 전세권을 저당권의 객체에서 제외하고 있다. 이러한 판례의 태도에 대해서는 전세권이 저당권의 객체가 되는 경우에는 왜 전세금반환청구권 내지는 담보권부 전세금반환청구권이 저당권의 객체에서 제외되어야 하는가 하는 근본적인 의문이 제기된다. 더구나 1984. 4. 10. 전세권의 개정에 의하여 민법 제371조의 저당권의 객체가 되는 전세권이 담보물권성도 갖는다는 점에서 더욱 그러하다. 판례의 태도는 전세금반환청구권을 최소한의 담보가치로 파악하여 전세권저당권을 설정하려는 당사자들의 의사에 부합하지 않는다는 비난은 차치하고도, 하나의 전세권을 해체하는 것과 다를 바가 없다는 반론이 제기된다. 판례는 채권은 저당권의 객체가 될 수 없다는 도그마, 담보물권은 저당권의 객체가 될 수 없다는 도그마 등을 전제로 하는 것인바, 이 도그마가 과연 제한 없는 절대적인 도그마인지 반문하지 않을 수 없다. 이 도그마를 채권 또는 저당권의 피담보채권과는 다른 물권적 청구권성을 갖는 전세금반환청구권에 대해서도 적용할 수 있는가 하는 의문이 든다. 한편 판례는 전세권저당권이 소멸한다고 하면서도 전세금반환청구권을 대상으로 하

---

[1] 전세권을 하나의 물권으로서 취급한다는 점에서 전세권이 용익물권성과 담보물권성을 겸유한다거나 또는 용익권능과 담보권능을 갖는다고 하는 것이 바람직하다. 이 논문에서는 전자의 용어를 사용하기로 한다.

여 이른바 물상대위를 허용하고 있다. 이것은 결국 전세금반환청구권을 전세권저당
권의 객체를 인정하는 것과 다름이 없다. 왜 판례는 한 손으로 부정하였던 결과를
다른 손으로 인정하는 모순된 판결을 내리는 것일까? 필자는 이러한 의문점을 포함하
여 전세권저당권과 관련하여 제기되고 있는 제반문제는 결국 전세권 내지는 전세금
반환청구권의 법적 성질과 본질과도 깊은 관계가 있다고 인식하고 있다. 이러한 문제
점을 해결을 위한 전제로서 전세권의 법적 성질과 본질에 대하여 다시 검토하고자
한다.[2]

　(ⅱ) 우리 제정 민법은 관습상 인정되어 오던 전세제도를 수용하여 용익물권으로
입법하였다.[3] 그 후 1984년의 민법개정(법률 제3723호)으로 전세권자에게 우선변제권
도 인정하였다.[4] 이에 따라 전세권자는 전세금을 지급하고 타인의 부동산을 점유하
여 그 부동산의 용도에 좇아 사용·수익하며, 그 부동산 전부에 대하여 후순위권리자
기타 채권자보다 전세금의 우선변제를 받을 권리를 가지게 되었다(제303조 제1항). 즉,
경매청구권(제318조)만을 인정하였던 종전과 달리 우선변제권도 인정하게 된 것이다.
1984년의 민법개정으로 현재 통설과 판례는 전세권에 용익물권성과 담보물권성을
인정하는 겸유설을 취하고 있다. 그러나 1984년 민법의 개정에도 불구하고 전세권에
대하여는 여전히 많은 법적인 쟁점들이 미해결인 채 남아 있다.[5]

　(ⅲ) 통설과 판례는 담보물권성의 전세권을 저당권과 동일하게 취급하고 있다. 즉,
전세금반환청구권을 저당권의 피담보채권과 같은 취급을 하고 있다. 예를 들면, 통설

---

2) 이 논문에서는 전세권저당권의 제반문제 중 전세권저당권의 객체(Ⅶ)에 대해서만 전세권의
　법적 성질 및 본질과 관련된 범위에서 간략히 다루고자 한다. 그 밖의 제반문제에 대해서는
　다음 연구로 한다.

3) 개정 전 제303조 (전세권의 내용) 전세권자는 전세금을 지급하고 타인의 부동산을 점유하여
　그 부동산의 용도에 좇아 사용, 수익할 권리가 있다.

4) 1984년 민법의 개정에 의하여 그밖에 건물전세권의 1년의 최단존속기간(제312조 제2항), 건물
　의 전세권설정자가 전세권의 존속기간 만료전 6월부터 1월까지 사이에 전세권자에 대하여 갱
　신거절의 통지 또는 조건을 변경하지 아니하면 갱신하지 아니한다는 뜻의 통지를 하지 아니한
　경우에는 그 기간이 만료된 때에 전전세권과 동일한 조건으로 다시 전세권을 설정한 것으로
　하고, 이 경우 전세권의 존속기간은 그 정함이 없는 것으로 하는 건물전세권의 법정갱신제도
　(제312조 제3항)와 전세금증감청구권(제312조의2)을 신설하였다.

5) 남효순, "용익관계에 관한 입법의 변천과 판례 – 전세권, 부동산임차권 및 주택임차권(상거건
　물임차권)을 중심으로 –", 우리 법 70년 변화와 전망, 사법을 중심으로, 청헌 김증한 교수
　30주기 추모논문집 간행위원회, 법문사(2018), 359면 참조.

과 판례는 전세금반환청구권을 양도할 경우 별개의 채권양도절차를 요구하고 있다. 또 판례가 전세금반환청구권을 전세권저당권의 객체에서 제외하고 또 그 결과 전세권의 용익기간의 종료로 전세권저당권은 당연히 소멸한다고 보는 것도 근본적으로 담보물권성의 전세권을 법적으로 저당권과 동일하게 보는 데서 비롯된 것이라 할 수 있다. 그런데 판례는 전세금반환청구권은 전세물소유자 누구에게나 주장할 수 있는 권리라고 하여 특정의 채무자에게만 주장할 수 있는 피담보채권과는 다르게 보고 있다. 또 전세금반환의무는 전세물소유권의 이전되면 채무인수의 과정이 없이 당연히 전세물의 신소유자에게 이전된다고 한다. 이상의 점에서 담보물권성의 전세권을 저당권과 법적으로 동일하게 취급할 수 없는 본질적인 차이점을 규명할 필요가 있다.

(ⅳ) 통설과 판례는 전세금반환청구권은 전세권의 요소로 보고 또 학설은 전세금반환청구권은 전세권과 일체를 이룬다고 한다. 그런데 판례가 전세금반환청구권(담보권부 전세금반환청구권)을 전세권저당권의 객체에서 제외하는 것은 이러한 일체성의 전세권을 해체하는 것이라 하지 않을 수 없다. 이제 전세권을 하나의 물권으로서 취급하는 방법을 모색하여야 할 때라고 할 것이다. 그것이 바로 전세권의 본질에 부합하는 것이다. 또한 그것이 대륙법계의 국가가 알지 못하는 우리의 고유한 물권인 전세권에 대하여 온전한 모습을 회복하여 주는 것이라고 할 것이다. 이것이 1984년 민법의 개정에 의하여 하나의 전세권에 용익물권성과 담보물권성을 함께 인정하는 민법의 취지도 살리는 것이라 할 것이다.

(ⅴ) 이상의 문제를 재검토하기 위해서는, 우선 전세권의 제반 사항에 대한 판례와 학설의 태도를 살펴본 후 전세권의 법적 성질과 본질을 규명하고(Ⅱ) 이에 기초하여 전세권의 요소인 전세금반환청구권의 법적 성질도 규명할 필요가 있다(Ⅲ). 또 전세금반환청구권은 전세권의 요소라(Ⅳ)는 점에서 전세금반환청구권과 피담보채권 내지는 담보물권성의 전세권과 저당권이 어떠한 점에서 동일하고 다른지를 검토하여야 한다. 또 전세금반환청구권이 전세권과 일체를 이룬다는 점에서 피담보채권과는 다른 공시방법과 양도방법을 요구한다는 것도 규명할 필요가 있다(Ⅴ). 마지막으로 전세권의 본질에 비추어서 전세권저당권의 객체를 무엇으로 보아야 할지에 대해서도 간단히 살펴보기로 한다(Ⅶ). 이에 앞서 전세권이 전세권저당권의 객체가 되는 경우와 구별해서 전세금반환청구권 자체에 대하여 담보권을 설정하는 경우를 살펴보기로 한다(Ⅵ).

II. 전세권의 법적 성질과 본질

전세권의 법적 성질과 본질과 관련하여 판례와 학설이 어떠한 태도를 취하고 있는 지를 살펴보기로 한다.

1. 판례

(i) 용익물권과 담보물권인 전세권 : 판례는 전세권이 용익물권성과 담보물권성을 겸유한다고 한다.[6]

(ii) 전세권의 성립요건인 전세금의 지급 : 판례는 전세권이 성립하기 위하여 전세물의 인도를 요구하지는 않는다. 판례는 전세권자가 전세물을 점유하지 않고 사용·수익(용익)하지 않는 상태에서도 전세권은 성립할 수 있음을 인정한다. 그러나 판례는 전세금과 관련하여서는 전세금의 지급을 전세권의 성립요건이라고 본다.[7] 다만, 판례는 전세권의 성립을 위하여 전세금의 현실적인 지급을 요구하지 않고, 전세권자가 전세권설정자에 대하여 가지고 있는 기존의 채권으로 전세금의 지급에 갈음할 수 있다고 한다.[8] 판례에 의하면 전세권자가 전세권설정자에 대하여 가지고 있는 공사대금청구권 또는 임차보증금반환청구권을 전세금의 지급에 갈음하고 이를 담보하기 위하여 전세권을 설정하는 것도 가능하다. 따라서 전세권의 성립에 전세물의 인도를 요하지 않기 때문에 전세권자가 전세물을 점유하지 않고 사용·수익하지 않는 상태에서 공사대금청구권 또는 임차보증금반환청구권 등을 담보하기 위한 전세권의 설정이 흔히 발견된다.[9] 판례는 실제로는 전세권설정계약이 없는 경우에는 통정허위표시로서 무효가 되지만, 별개의 법률원인에 의하여 새로운 법률상 이해관계를 갖는 전세권

---

6) "전세권과 같은, 용익물권과 담보물권적 성질을 겸비하고 있는 것은 사용가치와 교환가치의 우선적 파악을 목적으로 하고 있어서 … "(대판 1989. 9. 26. 87다카2515). 동지의 판결, 대판 1995. 2. 10. 94다18508; 대판 1995. 2. 10. 94다18508.

7) 대판 1995. 2. 10. 94다18508; 대판 2002. 8. 23. 2001다69122.

8) 대판 1995. 2. 10. 94다18508; 대판 1997. 11. 25. 97다29790; 대판 2004. 4. 28. 2003다61542.

9) 공사대금청구권으로 전세금의 지급에 갈음한 판례: 대판 1995. 2. 10. 94다18508. 임차보증금반환청구권으로 전세금의 지급에 갈음한 판례: 대판 1998. 9. 4. 98다20981; 대판 2005. 5. 26. 2003다12311; 대판 2006. 2. 9. 2005다59864; 대판 2008. 3. 13. 2006다58912.

자 또는 전세권근저당권에 대해서는 그와 같은 사정을 알고 있었던 경우에만 그 무효를 주장할 수 있다고 한다.[10] 이는 통정허위표시 일반의 법리로서 전세권의 경우에만 특이한 것은 아니다.

(iii) 전세권의 존속요건인 전세금반환청구권 : 판례는 전세금은 용익물권인 전세권의 존속요건이라고도 본다.[11] 따라서 판례는 용익기간 존속 중에는 전세금반환청구권은 용익물권인 전세권과 분리하여 양도할 수 없다고 하여, 전세금반환청구권의 확정적 분리양도는 허용하지 않고 조건부 양도만 허용한다.[12] 또 판례는 용익기간의 존속 중 전세물의 소유권이 이전된 경우 전세금반환의무도 당연히 신소유자에게 이전된다고 한다.[13]

(iv) 용익기간의 종료 후 용익물권성 소멸 여부 : 판례는 전세권의 용익기간이 종료되면 전세권의 용익물권적 권능은 전세권설정등기의 말소 없이도 당연히 소멸하지만, 전세금반환채권을 담보하는 담보물권적 권능은 전세금의 반환시까지 그 전세권설정등기의 효력이 존속한다고 한다.[14]

(v) 용익기간 종료 후의 담보물권성의 전세권과 저당권의 동일 취급 : 판례는 담보물권인 전세권을 저당권과 또 전세금반환청구권을 피담보채권과 완전히 동일시한다. 그리하여 첫째, 판례는 전세권과 함께 전세금반환청구권을 양도하는 경우 전세권이전등기와는 별도로 채권양도절차를 요구하고 있다. 즉, 전세금반환청구권과 함께 전세권이 양도되는 경우 전세권이전의 부기등기가 이루어진 것만으로는 전세금반환채권의 양도에 관하여 확정일자 있는 통지나 승낙이 있었다고 볼 수 없어 이로써 제3자인 전세금반환청구권의 압류·전부 채권자에게 대항할 수 없다고 한다.[15] 이는

---

10) 대판 1998. 9. 4. 98다20981; 대판 2005. 5. 26. 2003다12311; 대판 2008. 3. 13. 2006다58912.

11) 대판 2002. 8. 23. 2001다69122; 대판 2018. 7. 20. 2014다83937.

12) 대판 2002. 8. 23. 2001다69122; 대법원 2018. 7. 20. 선고 2014다83937.

13) 대판 2000. 6. 9. 99다15122; 대판 2006. 5. 11. 2006다6072.

14) "전세권설정등기를 마친 민법상의 전세권은 그 성질상 <u>용익물권적 성격과 담보물권적 성격을 겸비한 것으로서</u>, 전세권의 존속기간이 만료되면 <u>전세권의 용익물권적 권능은 전세권설정등기의 말소 없이도 당연히 소멸하고</u> 단지 전세금반환채권을 담보하는 <u>담보물권적 권능의 범위 내에서 전세금의 반환시까지 그 전세권설정등기의 효력이 존속하고 있다</u> 할 것인데, ..."(대판 2005. 3. 25. 2003다35659). 동지의 판결, 대판 2015. 11. 17. 2014다10694.

15) "... 이와 같이 존속기간의 경과로서 본래의 용익물권적 권능이 소멸하고 담보물권적 권능만

저당권의 경우 피담보채권이 등기부에 기재되더라도(부동산등기법 제72조 제1항 제1호) 등기는 채권의 공시방법이 아니므로, 채권양도절차(제450조)를 거치지 않는 한 위 전세금반환채권의 압류·전부 채권자 등 제3자에게 전세보증금반환채권의 양도사실로써 대항할 수 없다는 것과 마찬가지이다. 둘째, 판례는 "피담보채권"인 전세금반환청구권의 분리양도를 인정하여 전세권의 처분이 따르지 않는 무담보의 채권양도를 인정하고, 이 경우 담보물권인 전세권은 소멸한다고 한다.16) 이 경우 전세금반환채권을 담보하는 물권으로서의 전세권마저 소멸된 이상 그 전세권에 관하여 가압류부기등기가 경료되었다고 하더라도 아무런 효력이 없다고 한다.

2. 학설

(ⅰ) 학설의 대립 : 1984년 민법이 개정되기 전에도 전세권의 법적 성질에 대해서는 용익물권설, 담보물권설, 특수용익물권설 등 학설이 대립하였다.17) 제정 민법이 전세권자에게 경매청구권만을 인정하고 우선변제권을 인정하지 않는 것을 두고 용익물권성만 인정한다고 보는 학설이 있는 반면에, 우선변제권을 인정하지 않은 것은 입법의 불비라고 하여 담보물권성도 인정하는 학설이 있었다.18) 한편 1984년 민법이 개정된 후에도 용익물권설, 우선특권부용익물권설, 순수담보물권설, 용익물권·담보물권의 겸유설이 여전히 학설상 대립하고 있다. 개정 민법은 전세권에 대하여 우선변

남은 전세권에 대해서도 그 피담보채권인 전세금반환채권과 함께 제3자에게 이를 양도할 수 있다 할 것이지만 이 경우에는 민법 제450조 제2항 소정의 확정일자 있는 증서에 의한 채권양도절차를 거치지 않는 한 위 전세금반환채권의 압류·전부 채권자 등 제3자에게 위 전세보증금반환채권의 양도사실로써 대항할 수 없다."(대판 2005. 3. 25. 2003다35659). 동지의 판결, 대판 2015. 11. 17. 2014다10694.

16) "[2] 전세권설정계약의 당사자 사이에 그 계약이 합의해지된 경우 전세권설정등기는 전세금반환 채권을 담보하는 효력은 있다고 할 것이나, 그 후 당사자 간의 약정에 의하여 전세권의 처분이 따르지 않는 전세금반환채권만의 분리양도가 이루어진 경우에는 양수인은 유효하게 전세금반환채권을 양수하였다고 할 것이고, 그로 인하여 전세금반환채권을 담보하는 물권으로서의 전세권마저 소멸된 이상 그 전세권에 관하여 가압류부기등기가 경료되었다고 하더라도 아무런 효력이 없다."(대판 1999. 2. 5. 97다33997). 동지의 판결, 대판 1997. 11. 25. 97다29790; 대판 1999. 2. 5. 97다33997.

17) 자세한 것은, 윤대성, "전세권과 전권과의 비교연구", 성균관법학 19권 1호, 성균관대학교 비교법연구소(2001), 211 – 2면; 주석민법, 물권(3), 242 – 243면 참조.

18) 김증한, 신물권법(하)(법문사), 1961, 451면.

제권(제303조 제1항)을 규정하고 있을 뿐, 담보물권성과 관련하여서는 별도의 규정이 존재하지 않는다. 따라서 민법개정으로 전세권에 우선변제권이 부여되었다고 해서 전세권이 담보물권으로 되었다고는 할 수 없고 여전히 용익물권으로 보아야 하고, 전세권소멸후의 전세권자는 일종의 우선특권을 가지게 된다는 견해가 있다.[19] 이 견해에 의하면 전세권이 담보물권의 통유성인 부종성·수반성·물상대위성·불가분성을 가진다는 설명은 부당한 것이 된다.

（ⅱ) 겸유설 : 현재 겸유설이 통설이다. 이에는 용익물권위주설(특수용익물권설), 담보물권위주설과 동격설이 대립하고 있다. 판례의 입장을 용익물권위주설로 보는 견해와 동격설로 보는 견해가 대립하고 있다. 우선 용익물권위주설은 전세권의 주된 성격은 어디까지나 용익물권이라고 본다.[20] 그리하여 담보물권성은 전세금반환청구권을 확보해주기 위한 것으로서 부수적·종적인 것에 지나지 않는다거나,[21] 주위적 성격은 용익물권이고 담보물권적 요소는 전세금의 확보를 위하여 필요한 범위내에서 인정되는 것일 뿐이라고 한다.[22] 즉, 전세목적물의 일부 멸실된 경우 그에 따라 전세금이 감액되고(제314조),[23] 저당권의 실행되더라도 선순위의 전세권이 소멸하지 않는 경우가 있고 또 전세금증감청구권과 같은 것은 순수한 담보물권에서는 인정할 수 없고,[24] 전세금은 전세물의 사용가치에 의하여 결정되고 전세물의 교환가치에 의하여 결정되는 것이 아니고,[25] 전세금이 전세물의 멸실 또는 훼손으로 인한 손해배상의 보증금의 성격을 갖는 것(제315조)은 전세금이 신용의 수단이 된다는 것에 반하는 것이라거나 또는 전세권이 저당권의 객체가 되는 경우 용익기간의 종료로 전세권과 전

---

19) 양창수, "전세권", 고시계(1992. 3), 95면.

20) 강태성, 물권법, 대명출판사, 2000, 716면; 곽윤직·김재형, 물권법, 박영사, 2015, 340면; 김증한·김학동, 물권법, 법문사, 1997, 413면; 이상태, "전세권저당권자의 법적 지위", 민사법학 38호(2007), 583면; 송덕수, 물권법, 박영사, 2017, 414면.; 이영준, 물권법, 박영사, 2004, 678면; 홍성재, 물권법, 대영문화사, 2010, 433면; 민법주해[Ⅵ], 물권(3), 174면; 이호행, "전세권의 본질과 전세권저당권의 실행", 민사법학 제71집(2015), 9면; 최우식, "전세권과 분리된 전세금반환채권의 양도", 재판과 판례 7집, 대구판례연구회(1997), 189면.

21) 곽윤직·김재형, 앞의 책(주 20), 340면; 송덕수, 앞의 책(주 20), 414면.;

22) 이영준, 앞의 책(주 20), 678면; 홍성재, 앞의 책(주 20), 433면.

23) 김증한·김학동, 앞의 책(주 20), 413면;

24) 강태성, 앞의 책(주 20), 716면; 이상태, 앞의 논문(주 20), 583면.

25) 홍성재, 앞의 책(주 20), 433면.

세권저당권이 전세권설정등기의 말소등기 없이도 당연히 소멸한다고 보는 것 등이 용익물권위주설의 반영이라고 한다. 또 민법 제371조가 지상권과 병렬적으로 전세권을 규정했다는 점에서 전세권이 기본적으로 용익물권임을 전제로 하는 규정이라고 할 수 있으며 민사집행법 제91조 제4항이 대항할 수 있는 최선순위의 전세권은 경매의 매수인이 인수한다는 것은 전세권이 용익물권성임을 기초로 하는 것이라고 한다.[26] 이에 반하여 전세권을 담보물권위주로 보는 견해도 있다.[27] 다른 용익물권과는 달리 전세금의 지급을 그 필수성립요건으로 정하고 있는 점, 전세권자는 그 기간 중에 양도나 전대, 저당권을 설정하여 금융을 따로 할 수 있는 점, 전세권설정자의 입장에서도 목돈으로 일정한 금융을 하겠다는 인식이 강하다는 점 등을 이유로 담보물권위주설의 논거로 든다.[28] 또 마찬가지로 전세권은 최종적으로 전세금반환채권을 피담보채권으로 하는 담보물권적 속성이 강한 물권, 즉 용익물권적 속성을 가진 담보물권이라는 보아야 한다는 견해도 있다.[29] 그러나 양자의 동등성을 인정하는 동격설이 현재의 다수설이다.[30] 주요논거로 채권담보를 주목적으로 하는 전세권이 증가하고 있다는 것은 전세권이 담보물권인 저당권과 차이가 없는 것이라나,[31] 전세물의

---

26) 이호행, 앞의 논문(주 20), 9 - 10면.

27) 오시영, "전세권 존속기간 경과 후 전세권저당권의 물상대위성에 대한고찰," 한양법학 35집 (2011. 08), 513면; 추신영, "전세권저당권의 실행방안 - 대판 2006. 2. 9. 2005다59864 판결 -", 재산법연구 28권 2호(2012). 62면,

28) 추신영, 앞의 논문(주 27), 62면, 전세금의 지급을 성립요건으로 하고 있는 점은 동격설의 근거로 드는 반대의 견해도 있다{남양우, "전세권을 목적으로 한 저당권의 효력에 관하여 - 대법원 1999. 9. 17. 선고 98다31301판결을 중심으로 -", 대전지방법원 실무연구자료 제7권 (2006), 81면}.

29) 오시영, 앞의 논문(주 27), 513면.

30) 고상룡, 물권법(법문사, 2001) 471면; 강대성, "전세권저당권의 우선변제적 효력", 토지법학 제24 - 1호(2008), 33면; 김동옥, "저당권의 목적물로 된 전세권이 기간만료로 종료된 경우의 법률관계", 부산판례연구회 판례연구 제12집(2001), 683면; 남양우, 앞의 논문(주 28), 81면: 박순성, "전세권에 관한 판례의 동향과 전망 - 전세권의 담보물권성을 중심으로", 21세기 한국민사법학의 과제와 전망, 심당송상현선생화갑기념논문집(2002), 85면 이하; 배병일, "전세권저당권", 저스티스 통권 제139호, 한국법학원(2013. 12), 10면; 양창수·김형석, 권리의 보전과 담보, 박영사, 2018, 715면; 오경미, "채권담보전세권과 그 저당권의 법률관계", 민사재판의 제문제(19권), 한국사법행정학회(2010. 12), 115면; 이재도, "전세권저당권의 효력과 실행 방법", 대전지방법원 실무연구자료 제7권(2006), 93면; 이은영, 물권법, 박영사, 2006, 628면; 주석민법, 물권(3), 248면.

인도를 요구하지 않아 전세권자가 전세물을 점유하지도 않은 상태에서 전세권자의 용익물권을 배제하지 않으면 전세권의 효력을 부인할 수 없다거나,32) 채권담보를 주 목적으로 하는 채권담보전세권의 설정이 증가하고 있다는 것,33) 등을 들고 있다.

(iii) 전세금의 지급과 전세권의 관계 : 전세금과 관련하여 전세금지급이 있어야 전세권이 유효하게 성립한다는 학설(성립요건설)이 다수설이다.34) 이에 반하여 전세권 지급에 관한 채권적 합의가 전세권 설정의 한 요건이 될 뿐이어서 전세권지급은 전세 권 성립요건이 아니고 전세권성립 후에 있어도 상관없다는 학설(성립요건부정설)이 있 다.35) 학설의 대립은 전세권등기가 있은 후 전세금지급이 없거나 일부만 지급된 상태 에서 전세물이 제3자에게 이전되는 경우 전세물의 종전 소유자와 신소유자 중 누구에 게 전세금이 지급되어야 하는지와 관련이 있다. 성립요건설에 의하면 전세금지급이 없는 한 전세권등기가 이루어져도 전세권은 무효가 된다. 반대로 성립요건부정설은 전세권등기로 전세권이 유효하게 성립한 것이 되어 종전 소유자와 신소유자 중 누구 에게 지급하여야 할지가 문제된다.36)

(iv) 전세금반환청구권과 전세권의 관계 : 전세금반환청구권은 용익물권적 권능 및 담보물권적 권능과 함께 전세권의 본질적 내용의 권리이고 또 일체를 이루는 권리 라고 한다.37) 그 결과 전세금반환청구권을 포함하는 전세권을 광의의 전세권으로 용

---

31) 주석민법, 물권법(3), 249면.
32) 주석민법, 물권법(3), 249면.
33) 김동옥, 앞의 논문(주 31), 683면; 남양우, 앞의 논문(주 28), 81면; 오경미, 앞의 논문(주 30), 115면.
34) 이은영 앞의 책(주 30), 631면; 홍성재, 앞의 책(주 20), 453면; 이상태, "전세목적물의 양도와 전세금반환의무", 민사판례연구, 박영사(2000), 185면; 민법주해[IV], 191면; 주석민법 [물권 (3)], 사법행정학회, 2001, 218면.
35) 양창수·김형석, 앞의 책(주 30), 718면; 이영준, 앞의 책(주 20), 683면 ; 김증한·김학동, 앞의 책(주 20), 415면.
36) 우리 민법상의 규정(민법 제303조 제1항 등)만으로는 전세금의 지급이 전세권의 성립요건인지 아닌지 명확하지 않으므로, 제3자가 관련된 상황에서는 성립요건부인설의 경우 채권적 관계와 물권적 관계 사이에 혼란이 일어나므로, 주택임대차보호법 제3조처럼 명문 규정이 없는 한 성 립요건설을 취하여 전세권이 성립하지 않은 것으로 처리하는 것이 전세권자와 제3취득자 사이 의 권리관계를 더 명확하게 보여주는 장점이 있다고 보아 성립요건설을 지지하여야 한다는 견해가 있다{오경미, 앞의 논문(주 30), 117면}. 그러나 물권은 양도성이 있기 때문에 주택임 대차보호법과 같이 명문의 규정을 두지 않더라도 당연히 그렇게 해석하여야 한다.

익물권적 권능 및 담보물권 권능을 협의의 전세권이라고 부르기도 한다.[38] 그러나 여전히 전세금반환청구권을 채권이라고 보는 데에는 변함이 없다. 이에 반하여 전세금반환청구권은 전세권의 내용이 아니라 별개의 권리라는 견해도 있다.[39] 별개의 권리임을 전제로 하여 전세금반환청구권이 전세권의 종된 권리라 하고,[40] 양자의 상호부종성을 인정하기도 한다.[41] 이러한 견해의 대립은 전세금반환청구권이 전세권저당권의 객체가 되는지에 대하여 결론을 달리한다. 전세금반환청구권을 전세권의 내용으로 보는 견해는 대부분 전세권저당권의 객체가 되는 것을 긍정하지만,[42] 반대로 전세금반환청구권이 종된 권리라는 견해는 이를 부정한다.[43]

(ⅴ) 담보물권성의 전세권과 저당권의 이동(異同) : 통설과 판례는 용익기간의 종료 후에는 전세권의 담보물권성을 저당권과 동일시한다. 전세금반환청구권을 담보물권성인 전세권의 주된 권리로 보아. 담보물권성의 통유성인 부종성·수반성·물상대위성·불가분성을 인정하고 있다.[44] 통설과 판례는 일반 저당권의 경우와 마찬가지로 전세금반환청구권의 양도에 채권양도절차를 요구한다. 또 담보물권의 통유성에 대한 규정들은 당연히 전세권에 준용된다고 한다.[45] 이에 반하여 전세금반환채권은 전세권에 기한 경매청구권·우선변제권·물권적 청구권 등과 마찬가지로 전세권의 일부

---

37) 김창섭, "전세권에 대한 저당권의 우선변제적 효력의 인정 여부", 법조 제50권 제4호(2001), 222－3면; 오시영, 앞의 논문(주 27), 515, 524면.

38) 김창섭, 앞의 논문(주 37), 223면.

39) 강태성, "전세권저당권에 관한 대법원 판례의 검토, 법학논고 제61집, 경북대학교 법학연구원 (2018. 4). 171면.

40) 박순성, 앞의 논문(주 30), 111면.

41) 강태성, 앞의 논문(주 39), 175면.

42) 김창섭, 앞의 논문(주 37). 223면.

43) 박순성, 앞의 논문(주 30), 111면.

44) 강태성, 앞의 논문(주 39), 171면 주) 64; 곽윤직·김재형, 앞의 책(주 20), 345면; 김동옥, 앞의 논문(주 31), 684면; 박순성, 앞의 논문(주 30), 87－102; 송덕수, 앞의 책(주 20), 414면; 이영준, 앞의 책(주 20), 682면: 민법주해, 물권(4), 177－183면: 주석민법, 물권(3), 255－9면; 박순성, 앞의 논문(주 30), 87－102면; 이원일, "전세권에 대하여 저당권이 설정되어 있는데 전세권이 기간만료로 종료된 경우, 전세금반환채권에 대한 제3자의 압류 등이 없는 한 전세권설정자는 전세권자에 대하여만 전세금반환의무를 부담하는지 여부 및 그 저당권의 실행방법", 대법원판례해설 통권 제33호, 법원도서관(1999), 96면; 최우식, 앞의 논문(주 20), 182면.

45) 이원일, 앞의 논문(주 44), 96면; 민법주해(6) 물권(3), 265면.

분을 이루는 전세권의 종된 권리라 볼 수 있으므로, 종된 권리인 전세금반환채권은 주된 권리인 전세권이 처분되면 그에 수반하여 이전되는 것이 당연하며, 이러한 법리를 명백히 밝히고 있는 것이 민법 제307조라고 하는 견해가 있다.[46] 이 견해는 전세금반환채권의 양도에 채권양도의 방식을 요구하는 판례에 반대한다.

(vi) 용익기간 중의 담보물권성인 전세권의 존속 모습 : 담보물권성의 전세권을 인정하는 학설은 용익기간 중에도 성립은 하지만 그 작용이나 존재하는 모습에 대한 설명은 상이하다. 우선 전세권의 용익기간 중에는 잠재 또는 내재하지만 전세권이 소멸하는 경우에는 전세금반환채권의 확보를 위하여 필요한 범위 내에서만 제한적이라거나,[47] 전세기간의 만료 후에는 담보물권부 전세금반환청구권으로서 작용한다고 하여,[48] 용익기간 중에는 담보물권성이 작용하지 않는다는 견해가 있다. 반대로 용익기간 동안에는 용익물권적 권능이 강하게 나타나다가 용익기간 만료 또는 기타 소멸사유로 용익물권적 권능이 종료한 후에는 전세금반환채권에 대하여 우선변제를 받을 수 있는 담보물권적 권능이 결정적으로 또는 강하게 나타난다고 하는 견해도 있다.[49]

(vii) 용익기간의 종료 후 용익물권성인 전세권의 소멸 여부 : 용익기간의 종료 후 용익물권성의 전세권의 소멸 여부에 대하여는 견해가 대립하고 있다. 우선 용익기간의 종료 후 소멸되는 것은 전세권의 용익물권적 권능뿐이고 담보물권으로서의 성격은 그대로 유지되어 잔존등기도 그 한도에서 여전히 유효하고, 전세금이 전세권자에게 반환되어야 전세권이 전부 소멸한다는 담보물권성 존속설이 다수설이다.[50] 주된 논거는 전세권자가 전세금반환청구권을 가지고 경매청구권이나 우선변제권을 행사하기도 전에 담보물권성의 전세권이 소멸하는 것은 부당하다고 한다.[51] 이에 반하여 용익기간의 종료 후에도 전세권의 용익물권은 소멸되지 않는다고 하는 견해가 있다. 견해에 따라 그 논거가 상이하다. 우선 전세권설정자로서는 전세금을 반환하고 전세

---

46) 박순성, 앞의 논문(주 30), 95-100면.
47) 김창섭, 앞의 논문(주 37), 221면.
48) 홍성재, 앞의 책(주 20), 433면; 김창섭, 앞의 논문(주 37), 222면.
49) 남양우, 앞의 논문(주 28), 83면; 주석민법, 물권(3), 249면.
50) 강대성, 앞의 논문(주 30), 36면; 강태성, 앞의 논문(주 39), 163면; 김동옥, 앞의 논문(주 31), 685-686면; 이상태, 앞의 책(주 20), 587면; 오경미, 앞의 논문(주 30), 132; 이원일, 앞의 논문(주 44), 96면; 이재도, 앞의 논문(주 30); 최우식, 앞의 논문(주 20), 191면.
51) 김동옥, 앞의 논문(주 31), 685-686면; 이상태, 앞의 논문(주 20), 588면.

권을 소멸시킬 수 있게 되고 또 전세권자로서는 전세권설정자에게 목적물의 인도와 등기서류의 교부나 그 이행제공을 통하여 전세권설정자를 지체에 빠뜨린 후 경매청구권을 행사하여 우선변제를 받을 수 있게 되는 기한이 도래하게 된다는 의미 외에는 전세권의 법률적 성격에는 아무런 변화가 없으므로 전세권은 용익물권적 요소와 담보물권적 요소를 여전히 겸비하게 되는 것이라고 한다.52) 또 전세권이 원래의 존속기간이 종료하더라도 우리 민법(제312조 제4항)이 법정갱신을 인정하여 이 경우에는 전세권갱신에 관한 등기를 필요로 하지 아니하고 전세권자는 그 등기 없이도 전세권설정자나 그 목적물을 취득한 제3자에 대하여 그 권리를 주장할 수 있다는 판례에 비추어 보아서도,53) 용익기간의 만료로 전세권의 용익물권성은 당연히 소멸하지 않는다고 한다.54) 그리고 우리 민법이 전세권자가 전세금의 반환시까지 목적물의 반환 및 전세권등기의 말소를 거절할 수 있는 동시이행의 항변권과 경매청구권 외에 우선변제권을 부여한 것은 피담보채권으로 볼 수 있는 전세금이 전세권설정자의 수중에 남아 있는 한 용익물권성과 담보물권성을 갖는 전세권이 여전히 존속하는 것으로 보아야 한다고 한다.55)

(viii) 이른바 채권담보전세권의 문제 : 전세권자가 전세권설정자에 대하여 가지고 있던 기존의 공사대금청구권 또는 임차보증금반환청구권을 전세금의 지급에 갈음하는 것으로 하여 전세권을 설정받는 경우가 자주 있다. 당사자들이 기존의 채권을 담보하기 위한 의사로서 전세권을 성립시킨다는 점에서 학자들은 이를 채권담보전세권이라고 부르기도 한다.56)

3. 2014년 법무부민법개정시안

(i) 2014년 법무부는 전세권이 용익물권성과 담보물권성을 겸유한다는 것을 반영하는 민법의 개정안을 마련하였다. 우선 전세권은 담보물권적 성격도 가지므로 전세

---

52) 박순성, 앞의 논문(주 30), 91-2면; 오시영, 앞의 논문(주 27), 512면; 이호행, 앞의 논문(주 20), 25면.

53) 대판 1989. 7. 11. 88다카21029; 대판 2010. 3. 25. 2009다35743.

54) 오시영, 앞의 논문(주 27), 510면.

55) 추신영, 앞의 논문(주 27), 64면.

56) 김제완, "전세권을 목적으로 한 저당권자의 우선변제권과 상계적상", 고려법학 제76호, 고려대학교 법학연구소(2015. 3), 279-285면; 오경미, 앞의 논문(주 30), 119-28면.

권의 존속기간이란 있을 수 없고 용익물권성의 전세권의 용익기간이 있을 뿐이므로, 전세권의 존속기간을 전세권의 사용·수익기간(제306조, 제312조, 제313조, 제314조)으로 하는 개정시안이 마련되었다.57) 또 용익기간이 종료하면 용익물권만 소멸·멸실함에도 불구하고 담보물권을 포함한 전세권의 소멸·멸실이라고 하는 것은 타당하지 않아, 전세권의 사용·수익권(제313조, 제314조, 제317조)이 소멸·멸실하는 것으로 개정시안이 마련되었다.58)

(ⅱ) 2014년 법무부는 전세권에 담보물권성이 인정됨에 따라 저당권에 관한 규정을 준용하는 개정시안(제319조 제2항 신설)도 마련하였다. 즉, 전세금의 우선변제에 관하여는 불가분성(제321조), 전세물에 의한 우선변제(제340조), 물상대위(제342조), 담보물권의 부합물과 종물에 대한 효력(제358조), 과실에 대한 효력(제359조), 우선변제권의 범위(제360조 본문), 담보물권의 처분제한(제361조), 담보물의 보충(제362조), 제3취득자의 비용상환청구권(제367조), 공동담보(제368조), 담보물권의 부종성(제369조)에 관한 규정을 준용한다.

4. 결어 : 전세권의 법적 성질과 본질

(1) 전세권의 법적 성질

(ⅰ) 전세권의 용익물권성과 담보물권성의 겸유 : 우리 민법은 제한물권으로서 용익물권과 담보물권을 편제하고 있다. 조선시대부터 인정되어오던 전세제도에 대하여 민법은 제정시에는 용익물권성만을 인정하였지에 대해서는 논란이 있지만, 그 후 우선변제권을 부여함으로써 담보물권성을 회복하여 주었다. 이런 점에서 부동산가액에 상당하는 금융을 얻는다는 이유로 또는 전세제도가 점유질 형태의 담보제도인 가사전당(家舍典當)에서 유래하였다는 이유로 전세권의 담보물권성만을 인정하는 것은 전세권을 용익물권으로도 편제하고 있는 민법의 태도에 비추어 수용되기 어렵다. 또 반대로 민법 제정시 용익물권의 편제를 이유로 전세권의 담보물권성을 부정하는 것은 전세물의 5할 이상에 해당하는 금전신용을 수수하는 거래 현실에 눈을 감는 것이

---

57) 제316조는 전세권이 용익물권성과 담보물권성이 모두 소멸된 경우의 전세권자의 원상회복의무에 관한 규정이므로, "전세권이 존속기간의 만료"라는 문언은 그대로 사용할 수 있다.

58) 자세한 것은 권영준, 2014년 법무부 민법개정시안해설, 민법총칙·물권편, 법무부, 2017, 521-544면 참조.

라 볼 수 있다. 또 이것은 전세권에 담보물권성을 회복하여 준 민법개정의 취지를 몰각하는 것이라 하지 않을 수 없다. 이렇듯 겸유설은 전세제도에 대하여 종전에 인정되었던 담보기능을 제도적으로 확보하여 준다는 한에서는 타당하다. 이러한 민법개정과 판례의 변화에 맞추어 2014년의 법무부민법개정안은 전세권의 우선변제에 대하여 저당권에 관한 일정 규정들을 전세권에 준용하게 된 것이다. 그리고 민법과 판례의 변화에 비추어 볼 때, 민법 제371조의 전세권저당권의 객체인 전세권은 담보물권성도 겸유한 전세권을 가리킨다고 보아야 한다.

(ⅱ) 전세권의 용익물권성과 담보물권성의 존재시기 : 전세권의 용익물권성과 담보물권성이 용익기간을 전후로 하여 병렬적으로 존재하는 것으로 이해해서는 안 된다. 전세권의 담보물권성은 전세권이 성립한 때부터 존재한다. 전세금의 지급과 동시에 전세금반환청구권이 발생하고 이를 담보하는 담보물권성도 전세권이 성립하는 때부터 발생하는 것이다. 이는 전세권자의 우선변제적 지위가 전세권의 성립등기시를 기준으로 정해진다는 점에서 당연한 것이다. 다만, 전세금반환청구권의 변제기는 용익기간 종료 후에 도래하는 것이다.[59] 따라서 전세권의 담보물권성이 용익기간 중에는 내재한다거나, 제한적으로 나타난다거나 또는 용익기간 종료 후에 더 강하게 나타난다고 볼 필요가 없는 것이다.[60] 또 판례가 전세권 존속기간의 법정갱신(제312조 제4항)에 의하여 용익물권성의 소멸을 인정하지 않는 것은,[61] 법정갱신에 의하여 용익기간의 종료가 인정되지 않기 때문에 그러한 것일 뿐이다. 따라서 용익기간의 종료 후에도 용익물권성이 소멸하지 않는 것으로 해석할 필요는 없다.

(ⅲ) 담보물권성의 전세권의 의미 : 전세권에 담보물권성이 인정된다는 것은 전세권의 요소인 전세금반환청구권이 담보물권성의 전세권에 의하여 담보된다는 것을 말하는 것이다. 따라서 담보물권성의 전세권의 핵심은 전세금반환청구권이 담보권부 전세금반환청구권으로 존재한다는 것이다.[62] 이 점에서는 채권이 저당권에 의하여 담보되어 담보권부 채권으로 존속한다는 것과 다를 바 없다. 그러나 후술하는 바와

---

59) 동지, 강태성, 앞의 논문(주 39), 181면.
60) 동지, 주석민법, 물권(3), 248면.
61) 대판 1989. 7. 11. 88다카21029; 대판 2010. 3. 25. 2009다35743.
62) 이하에서 담보권부 전세금반환청구권은 특별히 사용하여야 할 필요가 없는 경우에는 전세금반환청구권으로 사용한다.

같이 이것이 담보물권성의 전세권을 저당권과 동일하게 취급하여야 하는 것을 말하는 것은 결코 아니다. 전세금반환청구권은 전세권의 요소로서 전세권과 일체를 이루는 권리로서 피담보채권과는 근본적으로 다른 법적 성격이 인정되기 때문이다.

(ⅳ) 용익물권성과 담보물권성이 유기적으로 결합된 하나의 물권인 전세권 : 전세권은 용익물권성과 담보물권성을 겸유할 뿐 아니라 용익물권성과 담보물권성이 유기적으로 결합되어 서로 영향을 주고 제한을 받는 하나의 물권이다. 우선 전세권의 담보물권성은 용익물권성에 의한 제한을 받는 결과. 순수한 담보물권에서 볼 수 없는 여러 특징들이 발견된다. 예를 들면, 전세물의 사용가치가 신용수수의 기준이 되어 전세금이 결정되고,[63] 용익기간 중에는 전세금의 증감청구권이 허용되고,[64] 전세금에 전세물의 멸실 또는 훼손에 따른 손해배상의 보증금의 성격이 인정되고,[65] 저당권이 실행되는 경우 선순위의 담보물권성의 전세권은 소멸하지 않는 것 등이 그러하다. 또 저당권은 피담보채권이 변제에 의하여 말소등기가 없이도 당연히 소멸하지만, 담보물권성인 전세권은 용익기간의 종료 후 전세권설정자의 전세금반환과 전세권자의 전세물의 인도와 등기서류의 동시이행에 의하여 비로소 소멸하게 된다는 것 또한 그러하다. 이러한 점들은 전세권이 용익물권성이 위주인 권리이기 때문이 아니라 전세금반환청구권 내지는 담보물권성의 전세권이 용익물권성에 따른 내재적 제한이라 볼 수 있다. 다른 한편 전세권의 용익물권성도 담보물권성에 따른 제한을 받는다고 하지 않을 수 없다. 예를 들면, 전세금의 지급을 전세권의 등기시에 요구하는 결과 용익물권성의 유상성은 담보물권성의 전세권의 성립과 동시에 요구되는 것이다. 이를 이유로 전세권이 용익물권성보다 담보물권성이 강하기 때문이라고 볼 필요도 없다.

(ⅴ) 용익기간 종료후 용익물권성의 전세권의 소멸과 담보물권성의 전세권의 존속 : 용익기간이 종료하면 전세권의 용익물권성은 소멸된다. 그렇지 않다면 전세권의 용익기간을 약정한다는 것은 무의미한 것이 된다. 용익기간의 종료 후에도 변제기에 도달한 전세금반환청구권이 담보물권성의 전세권에 의하여 담보되어 전세금의 반환

---

63) 홍성재, 앞의 책(주 20), 433면.
　　그러나 전세권의 경우에도 저당권을 비롯한 담보물권과 마찬가지로 전세물의 가액이 교환가치로 파악된다는 점에서는 동일하다.
64) 강태성, 앞의 책(주 20), 715면; 이상태, 앞의 논문(주 20), 583면.
65) 김증한·김학동, 앞의 책(주 20), 413면.

시까지 전세권등기는 효력을 유지한다. 그런데 제317조에 의하면, 담보물권성의 전세권이 소멸되기 위해서는 목적물의 인도 및 전세권설정등기의 말소등기에 필요한 서류와 교환으로 전세금이 반환되어야 한다.66) 이 점이 피담보채권의 변제와 동시에 저당권은 소멸되고 또 저당권등기말소서류의 교부가 피담보채권의 변제와 동시이행의 관계가 인정되지 않는 점이 다르다. 따라서 첫째, 담보물권성의 전세권이 존속하는 한 전세권등기가 유효하여 전세금반환청구권은 물권적 청구권의 속성을 유지한다. 용익기간 종료 후 전세물의 신소유자에 대해서도 전세금반환청구권이 행사될 수 있다. 이는 부속물수거 및 매수청구의 형성권도 유익비상환청구권의 청구권도 마찬가지이다. 둘째, 동시이행의 항변권은 위법성조각사유에 해당하므로 전세권자는 전세금의 반환이 없는 한 전세물을 반환하지 않아도 되고 그 범위에서 전세물을 점유할 수 있다. 전세물의 보존에 필요한 범위에서 전세물을 용익하더라도 부당이득이 되지 않고 전세금의 이자는 용익의 대가로 충당된다. 또 부속물수거 및 매수청구, 유익비상환청구 등의 청산절차가 존재할 수 있다. 그렇다고 해서 전세권자에게 용익물권성이 인정되는 것은 아니다. 셋째, 전세권설정자가 동시이행의 항변권을 포기하여 전세금을 반환한 경우에는 담보물권 소멸의 일반법리에 따라 전세권의 말소등기가 없더라도 담보물권성의 전세권은 당연히 소멸된다. 이 경우 전세물의 인도청구, 전세권말소등기서류의 교부청구, 부속물수거 및 매수청구, 유익비상환청구 등의 권리관계가 존속하는 경우. 이들은 담보물권성의 전세권 소멸 당시의 전세물 소유자에 대한 관계로서 존속한다. 즉, 이들은 물권적 청구권에서 채권적 청구권으로 전화되는 것이다.

(ⅵ) 전세금반환청구권과 전세권의 관계 : 전세금반환청구권은 용익물권적 권능 및 담보물권적 권능과 함께 전세권의 본질적 내용을 이루는 권리이다. 전세금반환청구권은 유상의 용익물권성의 요소가 되고 담보물권성의 요소가 된다. 따라서 전세금반환청구권을 제외한 전세권이란 존재할 수 없다. 또한 전세금반환청구권은 전세권과는 별개의 권리일 수도 없다.

(ⅶ) 이른바 채권담보전세권의 문제 : 채권담보전세권제도가 허용되는 것은 판례가 전세권의 성립에 전세물의 인도를 요구하지 않기 때문이다. 전세권자가 전세물을

---

66) 1984년 민법이 개정되기 전에는 용익기간이 종료하면 전세권은 용익물권성이 소멸한 상태에서 목적물의 인도 및 전세권설정등기의 말소등기에 필요한 서류와 전세금반환이 동시이행관계에 있었다.

현실적으로 점유하지 않고서도 전세권의 성립하는 것으로 판례가 인정하는 순간부터 전세권에는 이른바 채권담보전세권으로의 활용의 길이 열려 있었다고 볼 수 있다.

(2) 전세권의 본질

전세권설정자는 용익기간 중에는 전세금을 보유하여 그 이자로 전세물사용에 대한 대가를 충당하고 전세권자는 용익기간 중에는 전세물에 대하여 용익권이 인정되며 또 전 기간을 통하여 전세권자의 전세금반환청구권은 담보물권성인 전세권에 의하여 담보된다. 첫째, 전세금반환청구권은 전세물을 매개로 하는 권리라는 점에서 물권적 청구권의 속성이 인정된다. 즉, 전세금반환청구권은 전세물을 매개로 하여 전세물의 소유자뿐 아니라 그 신소유자에 대해서도 주장할 수 있는 권리이다.[67] 이에 반하여 채권적 청구권은 특정의 채무자에 대한 직접적인 권리로서 어디까지나 간접적으로만 물건과 관련될 뿐이다. 또 그 대척관계에 있는 전세금반환의무는 전세물의 소유자의 의무로서 채무인수를 요하지 않고 전세물의 신소유자에게 이전되는 물권적 의무이다.[68] 둘째, 전세금반환청구권은 전세권의 요소이다. 전세금을 지급하여야 전세권이 성립하고 동시에 전세금반환청구권도 성립한다. 전세권설정자가 전세금을 보유할 권리를 갖는다는 것은 전세권자는 용익기간 종료가 되어(기한부) 손해 배상금을 공제하고 잉여가 있어야(조건부) 전세금반환청구권을 행사할 수 있다는 것을 말한다. 이 점에서 전세금반환청구권은 전세권의 용익물권성의 요소가 된다. 이에 대해서는 전세금은 목적물의 사용대가 및 손해배상청구권을 위한 용익물권성의 기초가 되는 반면 전세금반환청구권은 전세권의 담보물권성과 관련이 있으므로, 전세금의 지급이 전세권의 성립요소라는 것과 전세금반환청구권이 전세권의 본질적 내용이라는 것을 구별하여야 한다는 견해가 있다.[69] 그러나 임차보증금반환채권이 유상의 임차권의 요소라 할 수 있듯이, 전세금반환청구권을 담보물권성의 전세권의 요소로만 이해할 필요는

---

67) 동지, 김창섭, 앞의 논문(주 37), 221면.

68) 부동산임차권을 등기하면 임차물의 신소유자에 대해서도 이를 대항할 수 있고 그 결과 임차보증금반환채권도 임차물의 신소유자에게 주장할 수 있다(제621조 제2항). 그러나 후술하는 바와 같이 전세금반환청구권은 처음부터 전세권등기에 의하여 공시되어 전세물의 신소유자에게 대항할 수 있는 권리로 성립한다.

69) 이호행, 앞의 논문(주 20), 23면.

없다.[70] 한편 전세금반환청구권은 담보물권성의 전세권에 의하여 담보된다는 점에서 담보물권성의 전세권의 요소가 되기도 한다. 이 경우 후술하는 바와 같이 담보물권성의 전세권은 결코 저당권과 동일하지가 않다. 셋째, 전세금반환청구권은 지배권의 대가를 구성하는 권리로서 지배권인 전세권과 불가분의 일체를 이루는 권리이다. 전세금반환청구권은 전세권과 일체를 이루는 권리이기 때문에 전세권이 등기될 때 그와 함께 공시되고 그와 분리되어서는 공시될 수 없는 권리이고 또 그와 함께 양도되어 별도의 양도절차가 필요없는 것이다. 이상에서 본 바와 같이, 물권적 청구권인 전세금반환청구권은 전세권의 본질적 내용을 이루는 권리로서 전세권의 요소가 되어 전세권과 일체를 이룬다는 것이 바로 전세권 내지는 전세금반환청구권의 본질이다. 이러한 본질에 비추어 볼 때 담보물권성의 전세권이 저당권과 다른 점 즉, 전세금반환청구권을 피담보채권과 동일시 할 수 없는 점이 드러난다. 또 이러한 본질에 기초하지 않을 때 전세권저당권의 객체가 무엇인지 또 전세권저당권의 실행에 관해 문제점이 드러난다.

Ⅲ. 전세금반환청구권의 법적 성질 : 물권적 청구권

전세금반환청구권은 피담보채권과 법적 성질이 다르다. 이 점에서 전세금반환청구권을 피담보채권과 또는 담보물권성의 전세권을 저당권과 동일시할 수는 없다.

1. 전세금반환청구권과 피담보채권

전세금반환청구권(담보권부 전세금반환청구권)은 물권적 청구권의 성질을 갖는다. 이에 반하여 저당권의 피담보채권은 채권적 청구권의 성질을 갖는다.

(1) 물권적 청구권인 전세금반환청구권과 채권적 청구권인 피담보채권

(i) 전세금반환청구권은 전세권을 설정한 전세물소유자에 대해서 뿐만 아니라 전세물의 소유권을 양수한 전세물의 신소유자 누구에게도 주장할 수 있는 물권적 청구

---

70) 임차보증금이 항상 지급되는 것이 아니므로 임차보증금반환채권이 임대차의 요소가 되는 것은 아니다.

권이다.71)72) 즉, 전세금반환청구권은 전세물소유자 누구에게나 주장할 수 있다는 점에서 특정의 채무자를 전제로 하여 그에 대해서만 주장할 수 있는 채권적 청구권과는 법적 성질이 다르다.73) 이에 대해서는 전세권설정자 및 그 승계인에 대하여만 청구할 수 있는 전세금반환청구권을 대세적 효력이 있는 물권적 청구권이라고 보기에는 어렵다는 비판이 있다.74) 또 전세권도 엄연히 물권의 일종이기 때문에 전세권의 침해로부터 물권적 청구권(이하 협의의 물권적 청구권)이 발생하는 것은 당연한 이치이나, 전세금반환청구권까지 협의의 물권적 청구권의 일종으로 보는 견해는 지나친 해석이라는 비판이 있다.75) 그러나 전세금반환청구권을 물권적 청구권이라 부르는 데에는 다음과 같은 여러 이유가 있다. 첫째, 전세금반환청구권이 물권적 청구권이라는 것은 소유권과 제한물권이 양도성을 본질로 한다는 것에서 비롯되는 것이다. 물권의 양도성은 등기에 의한 공시원칙에 의하여 보장된다. 이러한 양도성은 전세권관계는 이를 설정한 당사자들뿐 아니라 전세권의 양수인과 전세물의 신소유자 사이에서도 계속 동일한 내용으로 존재하여야 하는바, 전세권의 양수인과 전세물의 신소유자가 권리·의무의 직접적인 당사자가 되는 것을 말한다.76) 둘째, 전세금반환청구권이 물권적 청구권이라는 것은 전세금반환청구권이 전세물을 매개로 하여 성립하는 권리라는 것을 말하는 것이다. 전세금반환청구권은 전세권의 설정을 위한 채권계약·물권계약이 있으면 반드시 발생하는 권리이다.77) 이에 반하여 협의의 물권적 청구권은 물권에 대하여 현실적으로 타인의 침해가 있을 경우에 비로소 발생한다. 이러한 점에서 전세금반환청구권은 협의의 물권적 청구권과는 본질적으로 다른 유의 권리에 속한다고 볼 수

---

71) 자세한 것은 남효순, "용익기간 중 전세물의 양도와 전세금반환의무의 이전여부 : 물권 및 물권적 청구권 개념에 대한 새로운 이해의 단초", 법학 49권 4호/통권 149호(2008), 406－410면 참조.

72) 필자는 물권적 청구권의 개념을 물권관계 일반으로 확대하여 상린관계에도 인정하고 또 물권의 실현이 방해되는 경우에 인정되는 물권적 청구권도 실상은 이에 다름이 아니라는 것을 밝히고 있다. 자세한 것은 남효순, "물권관계의 새로운 이해 － 물권 및 물권적 청구권 개념에 대한 새로운 이해의 단초2－", 민사법학 제63－1호 별책, 한국민사법학회(2013. 6), 324－329면 참조.

73) 동지, 김창섭, 앞의 논문(주 37), 222면; 오시영, 앞의 논문(주 27), 516면.

74) 남양우, 앞의 논문(주 28), 83면; 박순성, 앞의 논문(주 30), 111면; 오경미, 앞의 논문(주 30), 134면; 이상태, 앞의 논문(주 20), 568면; 추신영, 앞의 논문(주 27), 68면,

75) 강대성, 앞의 논문(주 30), 38면.

76) 대판 2000. 6. 9. 99다15122; 대판 2006. 5. 11. 2006다6072.

77) 오시영, 앞의 논문(주 27), 516면.

있다.[78] 협의의 물권적 청구권을 물권적 청구권이라고 부를 수 있다면, 전세금반환청구권은 더더욱 그러하다 하지 않을 수 없다. 셋째, 전세금반환청구권이 물권적 청구권이라는 것은 전세금반환청구권이 전세권과 함께 물권으로서 규율되어야 할 권리라는 것을 말한다. 지배권인 물권의 침해가 있을 때에 성립하는 협의의 물권적 청구권이든 지배권인 물권과 함께 성립하는 전세금반환청구권이든 당연히 물권과 함께 규율되어야 한다는 점에서 모두 물권적 청구권이라 부를 수 있다. 넷째, 협의의 물권적 청구권은 채권적 청구권과 비교하여 제한적이지만 대세성을 갖는다는 특징이 있다. 협의의 물권적 청구권에 대하여 대세성을 인정하는 것은 "특정의" 의무자를 전제로 하지 않고 물권의 침해자이면 누구나 의무자가 될 수 있기 때문이다. 협의의 물권적 청구권도 분명히 대인적인 청구권이기는 하지만 성립하는 계기에 있어서 제한적 대세성이 인정되어 그렇게 부르는 것이다. 그런데 "특정"의 채무자가 아니라 "전세물소유자 누구"에 대해서나 주장할 수 있는 전세금반환청구권도 제한적 대세적 효력을 인정할 수 있는 데에는 아무런 장해가 존재하지 않는다.[79] 전세물소유자 누구에 대해서나 성립할 수 있는 청구권이란 특정의 채무자를 전제로 하지 않는다는 점에서 역시 제한적 대세성을 인정할 수 있는 것이다. 이 점에서 양자는 대세성의 범위에서 본질적인 차이가 있는 것은 아니라고 볼 수 있다.

(ⅱ) 전세금반환청구권의 (제한적) 대세적 효력은 그 대척관계에 있는 전세금반환의무의 (제한적) 대세성을 말하는 것이기도 하다. 저당권의 경우 저당채무자는 반드시 저당물의 소유자가 아니다. 저당채무자가 아닌 저당물소유자가 타인의 채무를 담보하기 위하여 저당권을 설정하여 주는 것이 허용되기 때문이다(제356조).[80] 따라서 저당채무자가 아닌 저당물소유자가 저당물의 소유권을 이전받는 경우에는 채무인수라는 특별한 과정을 거치지 않는 한 저당채무는 저당물의 신소유자에게 이전되지 않는다. 이에 반하여 전세금반환의무는 "전세물소유자 누구나" 부담하는 의무로서, 전세물소유권의 이전되면 전세금반환의무는 채무인수의 과정이 없이 당연히 전세물의 신소유자에게 이전된다.[81] 전술한 바와 같이, 전세금반환의무가 특정의 채권자에 대한

---

78) 동지, 김창섭, 앞의 논문(주 37), 222면.
79) 전세금반환청구권과 같은 물권적 청구권과 협의의 물권적 청구권의 차이에 대해서는 남효순, 앞의 논문(주 71), 301-339면 참조.
80) 저당권의 경우에는 반드시 채무자의 성명이 기재된다(부동산등기법 제75조 제1항 제2호).

의무 또 전세금반환청구권이 특정의 채무자에 대한 권리라는 인적 구속관계를 벗어
날 수 있는 것은 이들이 물건을 매개로 하는 의무와 권리라는 속성으로부터 필연적으
로 발생하는 것이다. 바로 이러한 점에서 전세금반환의무도 (제한적) 대세적 효력이
인정되는 물적(물권적) 의무라고 할 것이다.

(iii) 저당권의 피담보채권은 특정의 저당채무자에 대한 청구권인 점에서 채권적
청구권이다. 피담보채권은 저당물소유자에 대한 권리가 아니다. 채권관계는 특정의
채권자와 채무자 사이의 법률관계이다. 당사자들의 의사표시가 없으면 인적관계를
벗어날 수 없다. 물론 인적인 구속성을 전제로 하는 채권관계도 근대법에 와서는 어
느 정도 유통성이 인정되어 거래가 자유롭다고 할 수 있다. 그러나 이 경우에도 채권
관계는 채무인수라는 법적 기술을 통해서만 거래가 되는 점에는 여전히 변함이 없다.

(2) 전세권의 기타 물권적 청구권과 물권적 형성권

(i) 전세권의 경우 물권적 청구권은 전세금반환청구권에 한하지 않는다. 예를 들
면, 전세권자의 유익비상환청구권(제310조)과 전세권설정자의 손해배상청구권(제315
조) 등도 물권적 청구권에 해당한다. 우선 전세권설정자는 손해배상금을 용익기간이
종료하는 때에 전세금으로부터 공제하여야 하기 때문에(제315조 제2항), 당사자의 의사
여부에 관계없이 손해배상청구권은 전세물의 신소유자에게 이전되고 반대로 전세권
자의 손해배상의무는 전세권의 양수인에게 이전된다. 또 유익비상환청구권도 용익기
간이 종료하는 때에 발생하는 권리로서 전세권의 양수인에게 또 유익비상환의무는
전세물의 신소유자에게 이전된다.[82] 생각건대 이러한 법률관계는 전세권(용익물권)의
종료시에 전세물의 반환과 전세금의 반환이 연계되어 종결되어야 할 물권관계의 특
성상 전세권과 전세물의 양도시에 당연히 이전되는 것이다.[83]

(ii) 물권관계에는 물권적 청구권뿐 아니라 물권적 형성권도 존재한다. 전세금증
감청구권(제312조의2)과 전세물부속물매수청구권(제316조)이 바로 물권적 형성권에 해
당한다.[84] 예를 들면, 전세금증액청구권은 전세권설정자 또는 전세물의 양수인이 전

---

81) 민법주해[VI], 물권(3)(박병대 집필부분), 189면.
82) 민법주해[VI], 물권(3)(박병대 집필부분), 213면.
83) 상세한 것은 남효순, 앞의 논문(주 71), 339면 참조.
84) 상세한 것은 남효순, 앞의 논문(주 71), 303-304면 참조.

세권자 또는 그 양수인에 대하여 또 반대로 전세금감액청구권은 전세권자 또는 그 양수인이 전세권설정자 또는 전세물의 양수인에 대하여 갖는 권리다. 따라서 전세금 증액청구권을 행사하기 전 또는 행사한 후에 전세권자가 변경되더라도 행사 상대방 은 전세권의 양수인이 된다. 마찬가지로 전세금감액청구권의 경우도 전세금감액의무 는 전세물의 신소유자가 부담하게 된다. 또 전세권설정자 또는 전세물의 양수인은 전세권자 또는 그 양수인에 대하여 전세물부속물매수청구권이 인정되고(제316조 제1항 단서) 또 전세권자 또는 그 양수인은 전세권설정자의 동의를 얻어 부속시킨 부속물에 대하여 전세권설정자 또는 전세물의 양수인에 대하여 전세물부속물매수청구권을 갖 는다(제316조 제2항). 이에 반하여 채권적 형성권은 물건을 매개로 하지 않고 특정의 채무자에 대해서만 주장할 수 있는 형성권을 말한다. 예를 들면, 같은 종류의 쌍방의 채무 사이에 인정되는 상계권(제492조)은 채권적 상계권이라 할 수 있다.

(iii) 물권적 청구권과 형성권은 사람에 대하여 행사하는 권리이기 때문에 인적 색 체가 있다. 그러나 채권적 청구권은 특정의 채무자에 대한 청구권이라는 점에서 "대 인적" 인적 색체가 있는 권리라면, 물권적 청구권과 형성권은 특정인이 아닌 전세물 소유자의 지위에 있는 사람에 대한 "제한적인 대세적" 대인적 인적 색체가 있는 권리 라 할 수 있다. 따라서 물권을 물건에 대한 배타적 지배권으로만 파악하여 물건의 소유자와 물권자 사이의 "제한적인 대세적" 대인적인 청구권과 형성권을 물권제도 바깥의 것으로 취급하는 것은 잘못된 것이라 할 것이다.[85]

2. 전세금반환청구권과 전세권의 미분리·분리양도와 피담보채권과 저당권의 미분리·분리양도

전세금반환청구권은 전세권의 요소로서 당사자들의 특별한 의사표시가 없으면 전 세권과 분리되지 않고 함께 이전된다. 그러나 당사자의 합의가 있는 경우에는 전세금 반환청구권은 용익기간 중에는 기한부·조건부로 또는 용익기간 종료 후에는 확정적 으로 분리되어 양도될 수 있다. 분리양도가 인정되는 경우 물권적 청구권인 전세금반 환청구권은 피담보채권이 저당권과 분리되는 경우와는 전혀 다른 결과를 야기한다.

---

85) 동지, 오경미. 앞의 논문(주 30), 110면.

(1) 전세금반환청구권과 전세권의 미분리양도: 피담보채권과 저당권의 미분리양도

(ⅰ) 전세금반환청구권은 용익기간 중이든 용익기간 종료 후이든 당사자들의 특별한 의사표시가 없으면 전세권으로부터 분리되지 않고 전세권과 함께 이전된다. 즉, 용익기간 중에는 전세금반환청구권은 용익물권성과 담보물권성의 전세권과 함께 양도되고, 용익기간 종료 후에는 담보물권성인 전세권과 함께 양도된다. 또 이 경우 후술하는 바와 같이 전세금반환청구권은 전세권과 일체를 이루어 양도되므로 전세권의 이전등기에 의하여 양도될 수밖에 없다. 따라서 용익기간 종료 후에도 전세금반환청구권의 양도에 대하여 전세권의 이전등기가 아닌 채권양도의 방법을 요구하는 것은 타당하지 않다.[86)]

(ⅱ) 이에 반하여 피담보채권이 저당권과 함께 양도되는 경우에는 전자의 양도는 채권양도의 절차에 의하여 후자의 양도는 이전등기에 의한다. 이는 저당권은 물권임에 반하여 피담보채권은 채권이기 때문이다.

(2) 전세금반환청구권과 전세권의 분리양도: 피담보채권과 저당권의 분리양도의 차이

(ⅰ) 전세금반환청구권은 전세권의 용익기간 중이든 종료 후이든 당사자의 합의가 있으면 전세권과 분리양도가 허용된다. 전세권의 용익기간 중에는 용익기간의 종료를 기한으로 조건부 분리양도만 허용되고 용익기간 종료 후에는 확정적 분리양도가 허용된다. 용익기간 중에는 용익기간의 종료를 기한으로 한다는 것은 결국 용익기간 중에는 확정적 분리양도를 허용하지 않는다는 것을 말한다. 그런데 전세권으로부터 분리양도를 허용하는 경우 전세금반환청구권은 담보물권성의 전세권으로부터 분리되는 결과 무담보의 채권이 될 뿐 아니라, 물권적 청구권의 성질도 상실하게 된다. 즉, 전세금반환청구권은 양도 당시의 전세물의 소유자에게만 주장할 수 있고 양도 후에 전세물의 소유권을 취득한 전세물의 신소유자에 대해서는 주장할 수 없는 전세

---

86) Ⅴ. 전세금반환청구권은 전세권과 일체: 전세금반환청구권의 공시·양도방법과 피담보채권의 공시·양도방법 참조.

금반환"채권"으로 된다. 또 전세금반환청구권이 전세권으로부터 분리 양도되는 경우 물권적 청구권으로서의 성질을 상실하여 채권의 성질을 가지게 되는 결과 그 양도는 채권양도의 절차를 갖추어야 한다. 판례가 용익기간 중 기한부·조건부 분리양도를 허용하거나 또는 용익기간 종료 후에 확정적 양도를 허용하면서 채권양도절차를 요구하는 것은 바로 이러한 이유에서이다.[87]

(ii) 이에 반하여 채권적 청구권인 피담보채권이 저당권으로부터 분리양도가 되면 무담보의 채권이 될 뿐이다. 임차보증금채권에 대하여 저당권이 설정된 경우에도 피담보권인 임차보증금반환채권을 저당권과 분리 양도되면, 임차보증금반환채권은 피담보권으로서의 성질을 상실하게 될 뿐 여전히 임대인에게만 청구할 수 있는 채권적 청구권으로 존속한다.

Ⅳ. 전세금반환청구권은 전세권의 요소

전세금반환청구권은 전세권의 요소이다. 전세금반환청구권은 1984년 민법의 개정 전에는 용익물권성인 전세권의 요소였지만, 그 후에는 담보물권성의 전세권의 요소도 된다. 이러한 점에서 전세금반환청구권은 원칙적으로 전세권으로부터 분리될 수 없다.[88] 전세금반환청구권이 전세권의 요소라는 의미에 대하여 살펴본다.

1. 전세금반환청구권은 유상인 용익물권성인 전세권의 요소

용익물권성의 전세권은 유상의 대가가 따르는 권리이다. 전세권설정자는 용익기간 중 전세금을 보유하여 그 이자로 전세물사용에 대한 대가로 충당한다. 기술한 바와 같이, 전세권자의 전세금반환청구권이 기한부·조건부 권리라는 것은 전세금반환청구권이 용익물권성의 본질적인 요소라는 것을 말한다. 이 점에서 무상으로도 존재할 수 있는 지상권과는 다르다. 전세금반환청구권이 유상의 용익물권성인 전세권의 요소라는 속성은 용익물권성이 성립한 때부터 용익기간의 종료되어 용익물권성이 소멸하는 때까지 인정된다. 전세금반환청구권은 용익물권성인 전세권의 성립요소이자 존

---

87) 대판 2005. 3. 25. 2003다35659 판결; 대판 2015.11.17. 2014다10694.
88) 전세금반환청구권을 용익물권성과 담보물권성의 전세권으로부터 분리하는 반대의 견해가 있다{이호행, 앞의 논문(주 20), 12면}.

속요소가 된다.

(1) 전세금반환청구권과 용익물권인 전세권의 확정적 분리 금지

전세금반환청구권이 유상의 용익물권성의 요소라는 점에서 용익기간 중에는 전세금반환청구권은 전세권으로부터 확정적으로 분리될 수 없다.[89] 이 점은 임차보증금 반환채권이 임차권의 요소인 경우에도 마찬가지이다.

(2) 전세금반환청구권은 전세권의 주된 권리도 종된 권리도 아님

전세금은 유상의 용익물권성의 대가라는 점에서 전세금반환청구권과 전세권은 등가성이 인정되는 권리이다. 따라서 양자 사이에는 주·종의 구별이 없다. 양자는 대가라는 점에서 그 형태는 다르지만 등가성이 인정되기 때문이다. 전세금반환청구권은 용익물권성의 전세권의 종된 권리도 아닐 뿐만 아니라 주된 권리는 더욱 아니다.[90] 전세금의 지급을 전세권의 성립 후에 요구하는 경우에도 마찬가지이다. 따라서 용익기간 중에는 용익물권성의 전세권과 그 요소인 전세금반환청구권은 주종의 구별 없이 전세권과 함께 이전되는 것이다.

2. 전세금반환청구권은 담보물권성인 전세권의 요소

전세금반환청구권은 담보물권성의 전세권의 요소이다. 전세금반환청구권을 담보하기 위하여 전세권이 인정된다. 전세권의 담보물권성은 용익기간 중 뿐 아니라 종료 후에도 전세금반환청구권이 변제시까지 존속한다. 따라서 전세금반환청구권은 담보물권성인 전세권의 성립요건이자 존속요건이 된다. 한편 임차보증금반환채권에 대하여 임대인이나 제3자가 추가로 저당권을 설정하여 주는 수가 있다. 그러나 이는 우연

---

[89] 필자는 용익기간 중 전세금반환청구권의 확정적 분리양도를 허용하더라도 전세권의 유상성, 손해배상금의 공제와 전세금증감청구권을 실현할 수단이 얼마든지 있다고 본다{자세한 것은 남효순, "용익기간 중의 전세금반환채권의 분리양도", 민사법학 43-1호(2008. 8), 45-79면 참조}. 그러나 용익기간 중 확정적 분리양도를 허용하지 않을 경우가 전세금반환청구권이 용익물권성의 전세권의 요소라는 전세권의 본질에 더 부합할 수 있다. 따라서 이 논문에서는 이를 전제로 서술하고자 한다.
[90] 전세금반환청구권은 용익물권성의 전세권의 종된 권리라고 볼 수는 없다는 반대의 견해가 있다{강태성, 앞의 논문(주 39), 172면}.

한 사정에 의한 것으로서 본질적인 것은 아니다. 이 점이 전세금반환청구권의 경우는 담보물권성인 전세권에 의하여 담보된다는 점과 본질적으로 다른 것이다.

(1) 전세금반환청구권과 피담보채권은 주된 권리

(ⅰ) 담보물권의 본질상 전세금반환청구권은 담보물권성의 전세권의 주된 권리가 된다. 이에 대해서는 전세금반환채권은 전세권의 한 내용이 되어 저당권의 효력이 종된 권리인 전세금반환채권에까지 미치게 될 뿐이라고 하는 견해가 있다.[91] 그러나 이는 담보물권성의 전세권의 경우 전세금반환청구권이 전세권의 주된 권리가 된다는 점에서 타당하지 않다.

(ⅱ) 피담보채권도 저당권의 주된 권리이다. 저당권은 유치권 및 질권과 같이 채권을 담보하기 위하여 성립하는 물권이므로 피담보채권에 종속되는 종된 물권이다.[92] 피담보채권은 저당권의 성립요건이자 존속요건이기도 하다. 이는 특별법과 판례상의 비전형담보의 경우에도 마찬가지이다. 피담보채권이 저당권과 동시에 성립하는 경우에도 이론적으로는 피담보채권의 선재(先在)하므로, 저당권이 피담보채권의 종된 물권임에는 변함이 없다.

(2) 전세금반환청구권과 피담보채권의 차이

(ⅰ) 전세금반환청구권은 전세권설정에 관한 채권계약·물권계약 자체에 기하여 전세권이 성립할 때 발생한다(전세금반환청구권과 전세권의 동시성).[93] 전세금반환청구권의 성립을 위해서는 별도의 계약이 요구되지 않는다. 또 전세권의 요소인 전세금반환청구권을 위하여 담보물권성이 인정되는 것이다(전세금반환청구권과 전세권의 관련성, 전세금반환청구권은 전세권의 내재적인 권리). 이에 반하여 피담보채권은 저당권을 설정하는 채권계약·물권계약과는 별개의 독립한 계약으로 성립한다(피담보채권과 저당권의 이시

---

91) 박순성, 앞의 논문(주 30), 111면.
92) 종된 권리란 여러 의미가 있다. 담보물권도 피담보채권의 종된 권리이고 또 이자채권도 원본 채권의 종된 권리이다. 전자는 피담보채권이 없이는 담보물권이 성립할 수 없다는 의미이고, 후자는 이자채권은 원본채권에 부수하여 발생한다는 의미이다. 그러나 어느 경우이든 주된 권리의 이전에 종된 권리가 함께 이전된다는 면에서는 동일하다.
93) 동지, 김창섭, 앞의 논문(주 37), 221면; 오시영, 앞의 논문(주 27), 516면.

성).[94] 피담보채권을 발생시키는 계약은 매매와 같은 양도계약과 그 밖의 대차계약 등 종류를 불문한다. 또 선재적으로 성립한 채권을 담보하기 위하여 후속적으로 저당 권설정의 채권계약과 그 이행으로서 물권관계약이 체결되어 저당권이 성립하게 된다 (피담보채권의 저당권에 대한 선재성). 또 저당권과 무관한 채권을 담보하기 위하여 저당권 이 인정되는 것이다(피담보채권과 저당권의 무관성, 저당채권은 저당권의 외재적인 권리).

(ⅱ) 기술한 바와 같이 전세금반환청구권은 전세물소유자에 대한 권리로서 물권적 청구권의 속성을 가지고 물권에 속하는 권리이지만, 피담보채권은 저당채무자에 대 해서만 주장할 수 있는 채권적 청구권이라는 점에서 차이가 있다.

(3) 담보물권성인 전세권과 저당권의 통유성의 이동(異同)

(ⅰ) 담보권부 전세금반환청구권은 피담보채권과는 다른 법적 성질을 갖는바, 담 보물권성의 전세권에 담보물의 통유성을 그대로 인정할 수는 있는지가 문제이다. 통설과 판례는 담보물권인 전세권에 담보물권의 통유성을 그대로 인정한다.[95] 우선 담보물권의 불가분성과 물상대위성은 담보물권성의 전세권에도 그대로 인정된다. 담 보물권인 전세권도 전세금반환청구권을 담보하기 위한 권리이기 때문에 전세금의 다 변제될 때까지 전세권이 존속하고 또 전세물의 멸실 후 그 가치를 구현하는 대상물에 대해서도 인정된다.[96] 한편 담보물권의 피담보채권에 대한 부종성(성립, 존속 및 소멸) 과 수반성은 전세금반환청구권은 담보물권인 전세권의 주된 권리이므로 역시 담보물 권성의 전세권에도 인정된다.[97]

(ⅱ) 용익기간 중에는 전세금반환청구권은 용익물권성의 요소이자 담보물권성의

---

94) 전세권을 설정하겠다는 합의와 전세금을 지급하겠다는 합의에 의하여 채권계약이 성립하고 이 채권계약의 이행으로서 한편으로 전세권설정의 물권계약을 하고 다른 한편으로 전세금을 지급하므로 동일한 물권계약에 의하여 전세금반환청구권이 발생하는 것은 아니라는 견해{강 태성, 앞의 논문(주 39), 171면}가 있다. 그러나 이 견해에 의하더라도 전세금지급은 전세권설 정의 채권계약의 이행으로 실현된다는 점에서 또 피담보채권은 저당권을 설정하는 채권계약 ·물권계약과는 별개의 독립한 계약으로 성립한다는 점에서는 여전히 차이가 있다.

95) 민법주해[Ⅵ], 물권(3)(박병대 집필부분), 177－183면; 주석민법 물권(3), 255－9면; 박순성, 앞 의 논문(주 30), 111면.

96) 동산·채권담보법과 지직재산권의 경우에는 담보물의 매매 또는 임대의 경우에도 물상대위를 허용한다.

97) 강태성, 앞의 논문(주 39), 172면.

요소이다. 그런데 용익기간 중에는 전세금반환청구권은 유상의 용익물권성의 대가로
서 전세금반환청구권과 담보물권인 전세권의 관계는 주종의 구별이 없다. 따라서 비
록 전세금반환청구권이 담보물권성의 전세권과 함께 이전되더라도 이를 담보물권의
부종성과 수반성이라고 볼 수는 없다. 이 점에서 전세금반환청구권은 용익기간 중에
는 용익물권성의 요소가 유지되는 한에 있어서는 담보물권성의 요소의 성질은 제한
을 받는다. 그 후 용익기간이 종료되어 전세권의 용익물권성이 소멸하면 비로소 전세
금반환청구권은 담보물권성의 전세권의 주된 권리로서 존속한다. 이러한 점에서도
통설과 판례가 담보물권성의 전세권을 통상의 담보물권인 저당권과 동일시하는 것은
타당하지 않다.

Ⅴ. 전세금반환청구권은 전세권과 일체 : 전세금반환청구권의 공시 · 양도방법 과 피담보채권의 공시 · 양도방법

전세금반환청구권은 전세권과 일체를 이루는 권리이다. 이러한 전세권의 본질로부
터 전세금반환청구권의 공시방법과 양도방법이 결정된다. 먼저 피담보채권의 공시방
법 및 양도방법을 살펴보고 이를 전세금반환청구권의 그것과 비교하기로 한다.

1. 피담보채권과 저당권의 공시와 양도방법

(1) 피담보채권의 공시와 양도방법

피담보채권은 담보물권인 저당권의 등기에 의하여 공시된다. 그러나 이것은 저당
권의 본질상 피담보채권이 존재하지 않으면 저당권은 성립할 수 없으므로 저당권의
성립등기를 위하여 피담보채권의 존재를 공시하는 것일 뿐이다. 즉, 피담보채권은
저당권과 별개로 성립하는 권리여서 등기가 공시방법은 아니지만, 피담보채권은 저
당권의 성립을 위하여 필요하므로(성립요건) 저당권등기에 의하여 공시가 된다고 하는
것이다. 이처럼 피담보채권이 저당권의 등기에 의하여 공시되는 것은 어디까지나 저
당권을 위한 것이지, 피담보채권 자체를 위한 것은 아니다. 또 이는 임차보증금반환채
권에 대하여 저당권이 설정되더라도 그것은 저당권을 위하여 공시된다는 점에서는
마찬가지이다. 한편 피담보채권은 채권이기 때문에 그 양도는 저당권이전등기와는
무관한 채권양도절차에 의한다.

(2) 피담보채권과 저당권 양도시기의 불일치 문제

(i) 저당권의 경우 피담보채권과 저당권의 양도로서 각기 채권양도절차와 등기절차에 따른다면, 피담보채권의 이전시기와 저당권의 이전시기에는 괴리가 있을 수밖에 없다. 이 경우 피담보채권의 이전시기와 저당권의 이전시기를 동시에 발생하도록 할 것인지 또 그 경우에도 채권양도절차와 저당권이전등기 중 어느 것에 일치시킬 것인지가 문제이다. 이는 입법례에 따라 다르다. 우선 독일민법(제1154조 제3항)의 경우는 피담보채권은 저당권의 이전등기시에 이전되는 것으로 규정하고 있다.[98] 즉, 주된 권리인 피담보채권의 이전시기를 종된 권리인 저당권의 이전시기에 일치시키는 것이다. 이에 반하여 스위스채무법(제835조)은 채권양도계약에 의하여 피담보채권과 함께 저당권도 법률상 양수인에게 이전되는 것으로 하고 있다. 즉, 종된 권리인 저당권의 이전시기를 주된 권리인 피담보채권의 이전시기에 일치시키는 것이다. 한편 프랑스민법의 경우는 피담보채권의 양도(제1321조 이하)이든 저당권의 이전이든(제2149조) 의사주의를 취하고 있기 때문에 당사자 사이에서는 채권양도와 저당권이전이 동일한 시기에 이루어질 수가 있다.[99] 다만, 제3자 사이에서는 채권양도절차와 등기절차가 별도로 존재하는 한 각각의 시기는 다를 수밖에 없다.

(ii) 우리나라의 경우는 피담보채권과 저당권의 이전시기를 일치시키는 명시적인 규정이 존재하지 않는다. 그러나 판례는 피담보채권과 저당권의 주체가 일시적으로 분리되더라도, 종된 권리는 소멸하지 않는다고 한다. 이 경우 저당권자의 지위가 문제된다. 우선 피담보채권 양도의 대항요건이 먼저 갖추어진 경우에는 저당권은 피담보채권의 양수인에게 이전되어야 할 것이므로 저당권자는 집행채무자로부터 변제를 받기 위하여 배당표에 경정을 청구할 수 없다고 한다.[100] 한편 저당권이전등기가 이루

---

98) 독일민법(제1250조)은 질권부 채권의 경우에는 채권양도시에 질권도 함께 수반하는 것으로 하고 있다{최수정, "피담보채권의 양도와 저당권이전", 민사법학 48호 한국사법행정학회 (2010), 141 - 142면}.

99) 2016년의 프랑스민법전(채권법)의 개정에 의하여 채권양도는 서면의 의사표시가 있어야 하는 것으로 변경되었다. 즉, 채권양도는 당사자 사이에서는 서면으로 하여야 하고 그렇지 않으면 무효가 되고(제1322조), 그때부터 채권양도를 제3자에게 대항할 수 있게 된다(제1323조 제2항 전단).

100) 대판 2003. 10. 10. 2001다77888.

어졌으나 채권양도절차가 존재하지 않는 경우에 저당권의 양수인은 채무자에 대하여 담보권실행을 할 수 있는지가 문제이다. 종래 판례는 저당권실행을 인정하지 않았으나, 현재는 저당권양수인의 담보권실행을 위한 경매신청을 인정하고 저당채무자가 경매개시결정에 대한 이의나 매각허가결정에 대한 즉시항고가 있으면 대항요건 입증할 필요가 있고 채무자의 이의나 즉시항고절차가 취해지지 않아 경매절차가 종료될 경우에는 배당도 받을 수 있다고 한다.101) 한편 저당권이 설정되어 있는 지명채권의 경우에는 저당권등기에 질권이 설정되었음을 부기등기를 함으로써(제348조) 충분히 권리변동의 공시기능(채권자보다 우월적 지위를 가진 질권자 존재에 대한 공시)을 다하였으므로 확정일자에 의한 채무자의 승낙이나 채권자의 통지는 필요하지 않다는 견해가 있다.102) 그러나 질권의 부기등기가 있다고 해서 피담보채권의 양도를 저당권의 이전등기에 종속시키는 것은 현행 입법에서는 타당하지 않다고 할 것이다.

2. 전세금반환청구권의 공시와 양도방법 : 전세권등기에 의한 전세금반환청구권의 공시

통설과 판례는 전세금반환청구권의 공시와 양도방법을 달리 본다. 그러나 전세금반환청구권은 전세권과 일체를 이루는 권리로서 전세권과 함께 등기된다. 또 전세금반환청구권의 양도도 전세권의 양도와 함께 전세권등기의 이전등기에 의하게 된다. 먼저 통설과 판례에 대하여 살펴보고 전세금반환청구권의 공시와 양도방법을 살펴본다. 물권인 전세권의 공시방법은 등기이다.

(1) 전세금반환청구권의 공시와 양도방법에 관한 판례

판례는 용익기간 중에는 전세금반환청구권의 기한부·조건부 분리양도의 경우 전세권의 이전등기와는 별도로 채권양도의 절차를 요구하고 있다.103) 또 용익기간의 종료 후 전세금반환청구권이 전세권과 함께 이전되는 경우에도 저당권의 이전등기와 별도로 채권양도절차를 요구하고 있다.104) 따라서 판례는 전세금반환청구권의 양도

---

101) 대판 2005. 6. 23. 2004다29279.
102) 오시영, 앞의 논문(주 27), 528면.
103) 대판 2002. 8. 23. 2001다69122; 대판 2018. 7. 20. 2014다83937.
104) 대판 2005. 3. 25. 2003다35659; 대판 2015. 11. 17. 2014다10694.

는 채권양도절차에 따라 확정일자 있는 통지나 승낙이 없는 때에는 이로써 제3자인 전세금반환청구권의 압류·전부 채권자에게 대항할 수 없다고 한다. 한편 용익기간의 종료 후 전세금반환청구권이 담보물권성의 전세권과 분리되어 이전되는 경우에 또한 채권양도의 절차만을 요구하고 있다.[105] 이상을 통하여 현재 판례는 전세금반환청구권에 대하여는 전세권등기에 의한 공시를 인정하지 않는다는 것을 알 수 있다.

(2) 전세금반환청구권의 공시와 양도방법

(i) 전세금반환청구권 없는 전세권이란 타지 않는 불로서 전세금반환청구권 없는 전세권이란 생각할 수 없다. 유상의 전세권이 등기에 의하여 공시가 된다는 것은 전세금반환청구권도 함께 공시된다는 것을 인정하는 것이 된다.[106] 역으로 전세금반환청구권이 등기에 의하여 공시되지 않는다면 유상의 전세권은 완전히 공시될 수 있다. 만일 이를 인정하지 않는다면 유상의 전세권 및 지상권과 무상의 지상권의 차이가 무의미하게 된다. 이 점이 저당권등기의 경우 저당채무가 기재되더라도 피담보채권이 등기에 의하여 공시된다고 할 수 없는 것과 다른 점이다. 또 전세금반환청구권은 전세권등기에 의하여 공시되는 결과 그 양도방법 또한 전세권이전등기에 의할 수밖에 없다. 유상의 지상권등기의 경우도 마찬가지이다. 전세금반환청구권이 채권이라는 이유로 전세권이전등기 외에 별도의 채권양도의 절차를 요구할 수는 없다.

(ii) 전세권등기에 의한 전세금반환청구권의 공시에 대하여 1984년 민법 개정 전후를 나누어 설펴본다. 첫째, 1984년 민법이 개정되기 전에 전세권에 용익물권성만 인정된 경우에는 전세금반환청구권은 용익물권성의 전세권등기에 의하여 공시되었다. 전세금반환청구권이 공시되는 것은 유상의 용익물권성의 전세권을 위한 것이었다. 따라서 용익기간이 종료하여 전세권의 등기가 말소등기 없이도 효력을 상실하면, 전세금반환청구권을 공시하는 효력도 상실하는지가 문제이다. 전세금반환청구권이란 어디까지나 지배권성의 전세권과 함께 공시되는 것이고, 이를 떠나서는 단독으로는 공시될 수가 없다고 볼 수도 있다. 그렇게 되면 용익기간 종료 후에는 전세금반환청구권은 전세물의 소유자 누구에 대해서나 주장할 수 있는 권리라는 물권적 청구권

---

105) 대판 1997. 11. 25. 97다29790; 대판 1999. 2. 5. 97다33997.

106) 부동산등기부의 을구에 전세금반환청구권은 전세금(부동산등기법 제72조 제1항 제1호) 또 지료청구권은 지료(부동산등기법 제69조 제3호)가 기재됨으로써 공시된다.

의 성질은 상실되고, 전세권 소멸 당시의 전세물의 소유자에 대해서만 주장할 수 있게 된다. 그밖에 부속물수거 및 매수청구의 형성권과 유익비상환청구권의 청구권도 그러하다. 따라서 이 경우에는 전세금반환청구권의 양도는 채권양도의 절차를 거쳐야 한다. 둘째, 1984년 민법개정에 의하여 전세권에 담보물권성도 인정되었다. 따라서 전세권등기에 의한 전세금반환청구권의 공시는 유상의 용익물권성의 전세권을 위한 것이기도 하지만 담보물권성의 전세권을 위한 것이기도 하다. 따라서 용익기간 종료 후에는 전세권의 등기는 용익물권성의 전세권을 공시하는 효력은 상실하지만 담보물권성의 전세권을 공시하는 효력은 유지된다.[107] 즉, 담보권부 전세금반환청구권은 담보물권성의 전세권의 공시에 의하여 함께 공시되고 전세금반환청구권은 전세권이전등기에 의하여 양도되는 것이다. 역시 전세금반환청구권이 전세물소유자에 대한 권리라는 물권적 청구권의 속성은 전세권등기에 의하여 유지된다. 그밖에 부속물수거 및 매수청구의 형성권과 유익비상환청구권의 물권적 청구권성도 등기가 효력이 있는 한 마찬가지이다. 이상의 점들에서 1984년 전세권개정의 전후를 불문하고 전세금반환청구권은 전세권등기에 의하여 공시가 되는 것으로 보아야 하므로, 전세권의 등기를 저당권과는 무관하게 성립한 피담보채권을 담보하는 저당권등기와는 동일하게 취급할 수 없는 이유이다.[108] 또한 전세금반환청구권의 양도에 별도의 채권양도의 절차가 필요 없는 것이다.

(iii) 전세금반환청구권이 전세권등기에 공시가 되므로 전세금반환청구권의 이전시기는 전세권의 이전시기와 필연적으로 일치될 수밖에 없다. 따라서 피담보채권의 이전시기를 저당권의 이전시기와 일치시키기 위한 인위적인 방법은 필요하지 않다고 할 것이다.

---

107) 기술한 바와 같이 용익기간이 종료되어도 전세권은 용익물권성을 그대로 유지한다는 반대의 견해도 있다.

108) 필자는 종전에는 용익기간이 종료된 후에는 전세금반환청구권의 양도를 위하여 전세권이전등기 외에 별도의 채권양도의 절차가 필요하다고 보았다{남효순, "전세금과 전세권의 관계 - 전세권 요소의 법적 의미와 전세권의 법적 성질 -", 법학 49권 3호, 서울대학교 법학연구소(2008. 9), 199-200면}. 이제 전세금반환청구권이 피담보채권과는 달리 전세권과 일체를 이루는 권리라는 본질이 규명된 이상, 전세금반환청구권의 이전은 전세권이전등기에 의하여야 하고 채권양도절차는 필요하지 않다고 보는 것이 타당하다. 이러한 점에서 종전의 견해를 본문과 같이 변경한다.

(ⅳ) 이상의 점에서 전세금반환청구권은 채권으로서 물권이 아니므로 등기에 의하여 공시될 수 없다는 도그마와 그 양도는 채권양도절차에 의하여야 한다는 도그마는 적어도 전세권이라는 물권의 요소가 되는 전세금반환청구권에 대해서는 적용될 수 없다.

3. 전세금반환의무의 공시와 양도방법

(ⅰ) 전세금반환의무의 공시와 인수의 방법에 대하여 살펴본다. 전세권등기의 경우 전세금이 기입되지만(부동산등기법 제72조 제1항 제1호) 전세금반환의무자는 기재되지 않는다. 이는 바로 전세물소유자가 전세금반환의무자라는 것을 전제로 하는 것이다. 이러한 이유에서 판례도 전세금반환의무는 전세물의 신소유자에게 당연히 이전된다고 보고 있다.[109] 그 결과 전세물의 신소유자가 전세금반환의무를 부담하기 위해서 채무인수라는 별도의 절차도 요구되지 않는다. 즉, 전세금반환의무는 전세물을 매개로 하여 전세물에 부속하여 전세물의 소유권의 이전과 함께 당연히 전세물의 신소유자에게 이전되는 것이다.[110]

(ⅱ) 이에 반하여 저당권의 경우에는 저당채무자는 저당물의 소유자가 아닐 수 있다. 따라서 저당권등기에서는 반드시 저당채무자를 기입한다(부동산등기법 제75조 제1항 제2호). 따라서 피담보채무가 저당물의 신소유자에게 이전되기 위해서는 저당권의 이전등기가 아닌 저당채무의 인수가 반드시 필요한 것이다.

(ⅲ) 이상의 점에서 전세금반환의무의 대척관계에 있는 전세금반환청구권도 전세물을 매개로 하는 권리로서 당연히 전세권등기에 의하여 공시된다고 보아야 하는 것이다.

4. 전세금반환청구권과 기타 물권적 청구권의 차이점

전세권의 경우 물권적 청구권에는 전세금반환청구권 외에도 유익비상환청구권 등이 있다. 그러나 전세금반환청구권은 지배권인 전세권의 대가관계를 이룬다는 점에서 전세권의 요소로서 전세권과 일체를 이루는 권리이기 때문에 전세권등기에 의하

---

109) 대판 2006. 5. 11. 2006다6072.
110) 지상물소유자의 지료청구권은 토지소유권에 포함되므로 별도의 채권양도절차 없이 소유권이 전등기에 의하여 당연히 이전된다.

여 공시가 되어야 한다는 점이 기타의 물권적 청구권과는 다르다.

VI. 전금반환청구권에 대한 담보권의 설정

전세금반환청구권에 대하여 담보물권을 설정할 수 있는가? 이에 대해서는 전세금
반환청구권이 전세권의 요소로서 전세권과 일체를 이루는 권리라는 전세권의 본질에
반하는 것이 아닌가 하는 물음이 제기될 수 있다.

1. 담보권부 전세금반환청구권에 대한 담보권설정의 가부

채권 또는 저당권부 채권에 대해서는 민법상 질권(제349조) 또는 "동산·채권 등의
담보에 관한 법률"(이하 동산·채권담보법, 제2조 제3호)상의 채권담보권이 설정될 수 있
다. 전세금반환청구권도 본질적으로 대인적 청구권이라는 점에서 전세권자는 질권과
채권담보권의 객체가 될 수 있다. 용익기간 중이든 용익기간 종료 후이든 가능하다.
이 경우 전세권자는 전제권자를 대신하여 직접 전세금반환청구권을 행사할 수 있다
는 것을 말한다. 이것은 전세금반환청구권은 전세권의 요소로서 전세권과 일체를 이
루는 권리라는 전세권의 본질에 반하지 않는다. 그리고 이것은 전세권자에게 전세금
반환청구권을 담보의 객체로 활용할 수 있는 기회를 부여하는 것으로 전세권자에게
유익한 것이다. 다만, 전세권설정자와 전세권자의 합의에 의하여 전세금반환청구권
은 담보로 제공하는 것을 금지할 수는 있다(제306조 단서).

2. 담보권부 전세금반환청구권에 대한 질권의 설정

(i) 저당권부채권에 대하여 질권을 설정하는 경우 저당권등기에 질권의 부기등기
를 하여야 그 효력이 저당권에 미치게 된다(제348조). 저당권은 피담보채권의 종된
권리이기 때문에 저당권에 의하여 담보되는 피담보채권 위에 채권질권을 설정하면
저당권도 채권질권의 목적이 되는바, 공시의 원칙에 따라 저당권의 등기에 질권의
부기등기를 하여야만 질권의 효력이 저당권에 미치게 되는 것이다.[111] 그리고 이 경
우 질권의 효력이 저당권에 미친다는 것은 저당권부채권의 질권자가 채권질권을 실

---

111) 곽윤직·김재형, 앞의 책(주 20), 423면; 민법주해[VI], 물권(3), 428면.

행할 경우 저당권부채권의 채권자로서 우선적 지위를 보장받을 수 있다는 것을 말한다.112) 예를 들면, 저당권자 乙이 甲(제3채무자)에게 가지고 있는 저당권부채권(A)에 대하여 丙에게 채권질권을 설정하는 경우에는, 채권질권자 丙이 저당권자이자 질권설정자인 乙의 질권자라는 지위를 표시하는 방법이 없기 때문에 乙의 저당권등기에 질권의 부기등기를 실행하여야 하는 것이다. 즉, 이 경우 채권질권자 丙은 저당권부채권(A)을 실행함에 있어 甲의 일반채권자에 대하여 저당권등기의 부기등기에 의하여 우선적 지위를 누리게 되는 것이다. 물론 이 경우 채권질권자 丙이 甲(제3채무자)에 대하여 변제를 청구하기 위해서는 사전에 대항요건(제450조)을 갖추어야 한다(제349조). 마찬가지로 담보권부 전세금반환청구권이 채권질권의 객체가 되는 경우에도 담보물권성이 인정되는 전세권의 등기에 질권의 부기등기를 하여야 할 것이다.113) 예를 들면, 전세권자 乙이 전세권설정자 甲에 대하여 가지고 있는 담보권부 전세금반환청구권(A)에 대하여 丙에게 질권을 설정하는 경우이다. 이 경우 전세권의 등기에 질권의 부기등기를 하여야 전세금반환청구권질권자 丙은 담보권부 전세금반환청구권(A)을 甲에게 청구함에 있어 그의 일반채권자들에 대하여 전세권자인 乙이 갖는 담보권자로서의 우선적 지위를 누릴 수 있게 된다.

(ii) 전세권자가 담보권부 전세금반환청구권을 채권질권의 객체로 하였지만 전세권등기에 질권의 부기등기를 실행하지 않은 경우 그 효력이 담보권인 전세권에 미치는지가 문제이다. 저당권부채권을 채권질권의 객체로 하였으나 저당권등기에 질권의 부기등기를 하지 않은 경우에는 질권의 효력이 저당권에 효력에 미치지 않는 경우와 동일한 문제가 발생하는 것이다. 저당권등기에 질권의 부기등기를 하지 않은 경우 무담보의 채권에 대한 질권의 효력을 인정할 수 있는지에 대하여는 학설이 대립하고 있다. 통설은 무담보의 채권에 대하여 질권을 취득한다고 한다.114) 제361조는 피담보

---

112) 민법 제348조와 제186조의 관계에 대해서는 학설이 대립하고 있다. 우선 민법 제348조가 제186조를 인정한 주의적 규정이라고 하는 견해{이영준, 앞의 책(주 20), 844면}와 제348조는 제186조와는 무관한 규정이라는 견해{강태성, 앞의 책(주 20), 900면}가 대립하고 있다. 또 후자의 견해는 제348조는 부종성의 예외를 허용하는 것이라고 한다. 그러나 제348조는 제186조의 원칙에 따라서 질권의 부기등기를 요구하는 것이라 할 것이고 또한 이는 부종성에 따르는 것이라고 할 것이다.

113) 전세금반환청권에도 질권이 설정되었다는 질권의 부기등기를 하게 된다.

114) 강태성, 앞의 책(주 20), 900면; 곽윤직 · 김재형, 앞의 책(주 20), 422−423면; 김상용, 물권

172 새로운 패러다임에 의한 물권론 일반

채권을 제외한 저당권만을 다른 채권의 담보로 제공하지 못한다고 규정하고 있으므로, 무담보의 채권에 대하여 질권이 성립하는 것을 방해하지 않는다고 한다. 이에 반해 소수설은 제361조를 이유로 피담보채권에 대하여 질권도 취득하지 못한다고 한다.[115] 제361조에 의하면 피담보채권도 저당권과 분리하여 처분될 수 없고, 피담보채권의 양도 또는 입질에는 물권변동에 관한 규정과 채권양도에 관한 규정이 중첩적으로 적용되므로, 저당권에 대한 등기가 없으면 채권에 대한 처분의 효력도 발생하지 않는다고 한다. 생각건대 제361조는 피담보채권을 제외한 저당권만을 다른 채권의 담보로 제공하지 못한다고 규정일 뿐이므로, 무담보의 채권에 대하여 질권이 성립하는 것을 방해하지 않는다고 할 것이다. 이와 마찬가지로 담보권부 전세금반환청구권을 채권질권의 객체로 하였으나 전세권등기에 질권의 부기등기가 실행되지 않은 경우 담보권인 전세권에 질권의 효력이 미치지 않는다고 할 것이다. 그 결과 전세금반환청구권의 질권자는 전세금반환청구권 전세권설정자에 대하여 청구함에 있어 그의 일반채권자들에 대하여 전세권자인 乙이 갖는 담보권자로서의 우선적 지위를 누릴 수 없게 된다.

3. 담보권부 전세금반환청구권에 대한 채권담보권의 설정

(ⅰ) 담보권부 전세금반환청구권에 대하여 동산·채권담보법에 의하여 채권담보권을 설정할 수 있다. 여기서 담보권부 전세금반환청구권을 채권담보권의 목적으로 한 때에는 채권담보의 등기를 하게 된다. 그런데 동산·채권담보법상의 채권담보의 등기는 대항요건을 구성한다(동산·채권담보법 제35조). 따라서 담보권부 전세금반환청구권을 채권담보권의 객체로 하는 경우에는 당사자 사이와 제3자에 대한 관계를 구분하여 살펴보아야 한다. 또 이 경우 채권담보권자 丙 또는 채권담보권의 설정자 乙(채권담보권의 양도의 경우에는 그 양도인 또는 양수인을 말한다)이 등기사항증명서를 건네주는 방법으로 그 사실을 제3채무자에게 통지하거나 제3채무자가 이를 승낙하는 때에만 제3채무자에게 대항할 수 있다(대항요건)(동산·채권담보법 제34조 2항).[116] 첫째, 채권담보권자

법, 법문사, 1993, 688면; 이영준, 앞의 책(주 20), 844면; 이은영, 앞의 책(주 30), 729면; 민법주해[Ⅵ], 물권(3), 428면.

115) 김증한·김학동, 앞의 책(주 20), 500면; 주석민법, 물권(3), 574면.

116) 제3채무자 丙은 대항요건(통지·승낙)이 먼저 갖추어진 채권의 양수인 또는 채권담보권자에

丙과 채권담보권의 설정자 乙사이의 관계이다. 채권담보권은 이를 설정할 채무를 발생시키는 채권계약(담보약정)과 이를 설정하는 물권계약만으로도 성립한다. 채권담보권자 丙은 채권담보권 설정자 乙사이에서는 담보등기가 없이도 채권담보권자로서의 지위를 가지게 된다. 이 경우 채권담보권자 丙이 전세권설정자 甲에 대하여 전세금반환청구권을 행사함에 있어 甲의 일반채권자들에 대하여 채권담보권의 설정자이자 전세권자인 乙이 갖는 담보권자로서의 우선적 지위를 누릴 수 있기 위혜서는 전세권등기에 채권담보권의 부기등기를 하여야 한다. 만일 전세권등기에 채권담보권의 부기등기가 실행되지 않았다면 채권담보권자 乙은 무담보의 채권담보권을 취득하게 된다. 둘째, 채권담보권자 丙과 이와 양립할 수 없는 채권담보권의 설정자 甲의 채권자인 제3자 사이의 관계이다. 여기서 제3자란 채권담보권의 설정자로부터 동일한 채권에 대한 담보권자(채권담보권자, 채권질권자 및 채권양도담보권자), 채권의 양수인, 압류·전부명령자, 파산채권자를 말한다. 채권담보권은 이를 담보등기부에 등기한 때에 제3자에게 대항할 수 있다. 즉, 채권담보권의 등기를 하여야만 채권담보권자 丙은 전세권설정자 甲에 대하여 전세금반환청구권을 행사함에 있어 채권담보권자 乙의 일반채권자들에 대하여 채권담보권자로서의 우선적 지위를 누릴 수 있게 된다. 물론 전술한 바와 같이 이 경우 채권담보권자 丙이 전세권설정자 甲의 일반채권자들에 대하여 전세권자인 乙이 갖는 담보권자로서의 우선적 지위를 누릴 수 있기 위해서는 물론 전세권등기에 채권담보권의 부기등기를 하여야 한다.

4. 부동산등기법의 개정

전세금반환청구권구에도 질권이 설정되었다는 질권의 부기등기를 하기 위해서는 전

대한 변제가 유효하다. 첫째, 채권담보권자, 채권의 양수인, 전부채권자 사이에는 먼저 통지를 받은 자에 대한 변제가 유효한 변제가 된다. 이 경우 제3자 사이의 우열에 관계없이 변제는 유효하지만, 후순위권리자는 선순위권리자에게 변제받을 것을 부당이득으로 반환하여야 한다. 따라서 후순위담보권자가 먼저 제3채무자에게 통지하여 변제가 이루어진 때에는, 후순위담보권자는 선순위담보권자에게 변제금액을 부당이득으로 반환하여야 한다. 전부채권자가 전부 변제를 받은 경우에도 선순위의 채권담보권자에게도 마찬가지이다. 둘째, 수인의 담보권자의 통지가 제3채무자에게 도달하였으나, 통지의 도달선후와 달리 등기사항증명서상의 등기일자의 선후가 다른 경우 제3채무자는 누구에게 변제하여야 하는가? 통지도달순서냐 등기일자순서냐가 문제이다. 통지도달순서이다.

세권저당권의 등기에 전세금도 표시하도록 부동산등기법을 개정할 필요가 있다. 전세금반환청구권에 대하여 질권과 동산담보권의 설정이 가능하므로 질권의 부기등기를 할 수 있도록 전세권등기에 전세금반환청구권을 공시하도록 개정하는 것이 필요하다.

Ⅶ. 전세권에 대한 저당권의 설정: 전세권저당권의 객체

전세권에 대해서 저당권을 설정할 수 있다(제371조). 이는 전세권의 요소인 전세금반환청구권에 대하여 질권·채권담보권을 설정하는 것과 구별되어야 한다. 전자는 전세금반환청구권을 포함한 물권인 전세권 전체에 대하여 저당권을 설정하는 것이고, 후자는 전세금반환청구권에 대해서만 질권·채권담보권을 설정하는 것이다.117)

1. 전세권저당권의 객체에 대한 판례와 문제점

판례가 전세권저당권의 객체에 대하여 어떻게 보는지를 살펴보고, 전세권의 본질에 비추어서 그 문제점을 검토한다.

(1) 전세권저당권의 객체에 대한 판례

판례는 "전세권에 대하여 저당권이 설정된 경우 그 저당권의 목적물은 물권인 전세권 자체이지 전세금반환채권은 그 목적물이 아니고, 전세권의 존속기간이 만료되면 전세권은 소멸하므로 더 이상 전세권 자체에 대하여 저당권을 실행할 수 없게 되고, 이러한 경우에는 민법 제370조, 제342조 및 민사소송법 제733조에 의하여 저당권의 목적물인 전세권에 갈음하여 존속하는 것으로 볼 수 있는 전세금반환채권에 대하여 압류 및 추심명령 또는 전부명령을 받거나 제3자가 전세금반환채권에 대하여 실시한 강제집행절차에서 배당요구를 하는 등의 방법으로 자신의 권리를 행사하여 비로소 전세권설정자에 대해 전세금의 지급을 구할 수 있게 된다."고 판시하고 있다.118) 판례

---

117) 전세권자가 전세권에 대하여 저당권을 설정한 경우에도 전세금반환청구권만을 질권·채권담보권을 설정 할 수 있다. 담보물권에는 순위가 인정되므로 나중에 설정되는 질권·채권담보권이 전세권저당권자의 후순위가 된다.

118) 대판 1999. 9. 17. 98다31301; 대판 2008. 3. 13. 2006다29372,29389; 대판 2014. 10. 27. 2013다91672.

는 결국 전세금반환청구권 내지 담보물권성의 전세권은 전세권저당권의 객체가 될 수 없다고 보는 것이다. 따라서 판례가 말하는 "물권인 전세권 자체"란 바로 용익물권성의 전세권만을 말하는 것이다.

(2) 판례의 문제점

전세권저당권의 객체에 대한 판례에 대해서는 문제점을 지적하지 않을 수 없다. 첫째, 물권인 전세권 자체가 전세권저당권의 객체가 되는 것이지 전세금반환채권은 그 객체가 아니라는 언명이다. 이는 마치 피담보채권이 저당권 자체가 아니듯 전세금반환청구권을 전세권과는 별개의 권리로 보는 것이 되어 타당하지 않다.[119] 전술한 바와 같이, 이는 전세금반환청구권은 전세권의 요소로서 전세권과 불가분적 일체의 관계에 있다는 전세권의 본질에 반하는 것이라 하지 않을 수 없다. 둘째, 전세권이 저당권의 객체가 되는 경우에는 용익기간이 만료되면 전세권저당권이 소멸한다고 하는 언명이다. 이는 판례가 전세권은 용익물권성과 담보물권성을 겸유하여 용익기간이 종료하더라도 담보물권성은 존속한다는 판례 자신의 입장을 정면으로 부정하는 것이다. 또 1984년의 민법 개정에 의하여 제371조의 저당권의 객체가 되는 전세권이란 용익물권성과 담보물권성을 갖는 전세권을 가리킨다는 입법의 변화에도 반하는 것이다. 셋째, 판례가 저당권의 목적물인 전세권에 갈음하여 존속하는 것으로 볼 수 있는 전세금반환채권에 대하여 물상대위를 인정하는 언명이다. 우선 전세금반환청구권은 종전부터 존속해온 권리로서 용익물권성이 소멸한 따른 대상물이 아리라는 점에서 물상대위의 법리와 부합하지 않는다.[120] 또 그것은 역설적으로 전세권저당권의 객체로서의 지위를 인정하는 것과 다름이 없다는 점에서도 타당하지 않다. 한손으로는 전세금반환청구권을 전세권저당권의 객체에서 배제하면서도 다른 손으로는 전세권저당권의 객체로서의 지위를 인정하는 것과 다름이 없다.

2. 채권은 저당권의 객체가 될 수 없다는 도그마 등은 전세금반환청구권에는 적용불가

판례가 저당권의 목적은 물권인 전세권 자체이지 전세금반환채권 내지는 담보물권

119) 동지, 김창섭, 앞의 논문(주 37). 222면.
120) 강대성, 앞의 논문(주 30), 39면; 김창섭, 앞의 논문(주 37), 228-9면; 남양우, 앞의 논문(주 28), 85면; 오시영, 앞의 논문(주 27), 525면; 이상태, 앞의 논문(주 20), 592면.

성의 전세권은 그 목적이 아니라고 하는 태도를 취하는 데에는 일정한 도그마를 전제로 하는 것이다.[121] 첫째, 채권은 저당권의 객체가 될 수 없다는 도그마를 전제로 하는 것이다. 채권은 질권의 객체는 될 수 있으나 저당권의 객체가 될 수 없는 것은 사실이다. 그러나 이는 채권이 단독으로 저당권의 객체로 될 수 없다는 것이지, 물권적 청구권인 전세금반환청구권이 전세권과 일체를 이루어 저당권의 객체가 되는 것을 방해하지는 않는다.[122] 둘째, 담보물권은 저당권의 객체가 될 수 없다는 도그마를 전제로 하는 것이다. 우리 민법 제361조는 "저당권은 그 담보한 채권과 분리하여 … 다른 채권의 담보로 하지 못한다." 고 규정하여, 담보물권만의 독립된 처분을 허용하지 않는다.[123] 따라서 본조는 위 도그마를 의미하는 것이 아니다. 즉, 본조는 담보권부 전세금반환청구권이 전세권저당권의 객체가 될 수 없다는 의미로 이해할 필요는 없다. 또 제371조가 담보물권성의 전세권도 포함하므로, 더 이상 담보물권이 저당권의 객체가 되는 데에 장해가 되지는 않는다. 셋째, 전세금반환청구권은 채권이기 때문에 등기의 객체가 될 수 없으므로 저당권의 객체가 될 수 없다는 도그마를 전제로 하는 것이다.[124] 그러나 전세금반환청구권은 전세권과 일체를 이루는 권리로서 전세권의 등기에 의하여 공시가 될 수밖에 없으므로 전세권저당권의 객체로서 등기되는 데에는 아무런 장해가 없다고 할 것이다. 넷째, 물권의 객체는 지배권이기 때문에 지배권이 아닌 전세금반환청구권은 저당권의 객체가 될 수 없다는 도그마를 전제로 하는 것이다. 그러나 물권의 객체에는 지배권만 있는 것이 아니다. 전세물을 매개로 전세권자와 소유권자 사이에 존재하는 청구권과 형성권도 있다. 후자의 권리 중 하나인 전세금반환청구권은 전세권과 함께 등기까지 되는 것이다. 요컨대 이상의 도그마들은 모두 전세금반환청구권을 채권으로 보고 또 담보물권성의 전세권을 통상의 담

---

121) 이에 대해서는 전세권저당권의 제반문제를 검토할 때 좀 더 상세하게 다루기로 한다.

122) 동산·채권담보법은 채권에 대하여 등기를 대항요건으로 하는 채권담보권의 설정을 인정하고 있다. 이러한 점에서 채권은 등기를 요소로 하는 담보권의 대상이 될 수 없는 것은 아니다. 다만, 인적 편성의 채권담보등기가 문제인 반면, 전세금반환청구권은 물적 편성의 부동산등기가 문제되는 것이 다른 점이다.

123) 김창섭, 앞의 논문(주 37), 225면.

124) 채권 또는 형성권도 등기가 인정되는 경우가 있다. 예를 들면, 전자로서 임차권등기(제6221조 제2항), 후자로서 환매등기(제592조)가 있다. 이에 반하여 전세금반환청구권은 전세권의 일부로서 등기가 된다는 점에서는 위의 권리와는 다른 점이다.

보물권과 동일시하는 잘못에서 비롯된 것이다. 이러한 도그마들은 전세금반환청구권은 물권적 청구권으로서 전세권의 요소이자 전세권과 일체를 이룬다는 전세금반환청구권의 본질에 반하는 것이 된다고 할 것이다.

Ⅷ. 나가며

（ⅰ） 전세금반환청구권은 채권적 청구권인 피담보채권과는 달리 물권적 청구권의 성질을 갖는다. 즉, 전세금반환청구권은 전세금을 수령한 전세물소유자뿐만 아니라 이를 수령한 적이 없는 장래의 전세물소유자에게도 주장할 수 있는 "대세적" 대인적인 물권적 청구권이다. 마찬가지로 전세금반환의무도 이를 수령한 전세물소유자뿐만 아니라 전세권 소멸 당시의 전세물소유자도 부담하게 되는 "대세적" 대인적인 물적 의무이다. 즉, 전세금반환청구관계는 특정의 청구권자가 특정의 의무자에 갖는 채권관계가 아니라, 전세물을 매개로 하여 전세권자이면 누구나 또 전세물소유자이면 누구에 대해서 또 그 역으로도 주장할 수 있는 물권적 청구권관계이다. 한편 전세금반환청구권은 전세권의 요소인 한 용익기간 중이든 종료 후이든 전세권과 분리하여 양도될 수 없다. 그러나 당사자의 합의가 있으면 전세금반환청구권은 용익기간 중에는 용익기간의 종료를 기한부로 하여 그리고 종료 후에는 확정적으로 전세권으로부터 분리양도가 허용되어, 전세금반환청구권은 분리 당시의 전세물의 소유자에게만 주장할 수 있고 전세물의 신소유자에게는 주장할 수 없는 채권적 청구권이 된다. 즉, 물권적 청구권성을 상실하게 된다. 이는 피담보채권의 분리양도가 허용되더라도 저당채무자에게만 청구할 수 있는 채권적 청구권의 속성이 유지되는 것과는 대조적이다. 요컨대 전세금반환청구권은 피담보채권과는 달리 물권적 청구권의 성질을 갖기 때문에 담보물권성의 전세권을 저당권과 동일시할 수 없다.

（ⅱ） 전세금반환청구권은 용익물권성의 전세권의 요소임과 동시에 담보물권성의 전세권의 요소이다. 우선 전세금반환청구권이 용익물권성의 전세권의 요소라는 것은 기한부·조건부 전세금반환청구권이 유상의 용익물권성인 전세권의 대가로 성립한다는 것을 말한다. 용익물권성의 전세권의 요소인 전세금반환청구권은 전세권과 주종의 관계에 있지 않다. 한편 전세금반환청구권이 담보물권성의 전세권의 요소란 담보물권의 본질상 전세금반환청구권은 담보물권성의 전세권의 주된 권리가 된다. 이 점

에서 담보물권성의 전세권과 저당권은 동일하다고 할 수 있다. 따라서 저당권이 갖는 담보물권으로서의 통유성이 담보물권성의 전세권의 경우에도 동일하게 인정된다. 그러나 전세금반환청구권은 물권적 청구권으로서 전세권설정에 관한 채권계약·물권계약에 의하여 전세권과 동시에 발생하지만, 피담보채권은 이들 계약과는 별개의 계약에 의해서 성립한다. 이러한 점에서도 전세금반환청구권을 피담보채권과 또 담보물권성의 전세권을 저당권과 동일하게 취급할 수는 없다.

(iii) 전세금반환청구권은 전세권과 일체를 이루는 권리이다. 따라서 전세권반환청구권은 전세권등기에 의하여 공시될 수밖에 없고 또한 전세금반환청구권의 양도는 전세권의 이전등기에 의한다. 이에 반하여 채권은 특별한 공시방법이 존재하지 않고 그 양도방법은 채권양도절차에 따른다. 따라서 피담보채권의 이전시기는 저당권의 이전시기와 일치되지 않는다. 이상의 점에서 전세금반환청구권을 피담보채권과 또 담보물권성의 전세권을 저당권과 동일하게 취급할 수 없다.

(iv) 전세금반환청구권에 대하여 질권을 설정하거나 동산·채권담보법상의 담보등기를 설정할 수 있다. 이 경우 질권자와 채권담보권자는 담부물권성의 전세권자의 지위에서 직접 전세금반환청구권을 행사할 수 있다. 이는 결코 전세금반환청구권이 전세권의 요소로서 전세권과 일체를 이룬다는 전세권의 본질에 반하는 것이 아니다. 첫째, 전세금반환청구권에 질권을 설정하는 경우 전세권의 등기에 질권의 부기등기를 하여야 전세권에 질권의 효력이 미치는 결과 전세금반환청구권질권자는 전세금반환청구권을 전세권설정자에게 청구함에 있어 전세권설정자의 일반채권자들에 대하여 전세권자가 갖는 담보권자로서의 우선적 지위를 누릴 수 있게 된다. 전세권등기에 질권의 부기등기가 실행되지 않은 경우 담보물권성의 전세권에 질권의 효력이 미치지 않게 된다. 둘째, 담보권부 전세금반환청구권을 채권담보권의 목적으로 한 때에는 채권담보권자와 채권담보권 설정자사이의 관계와 채권담보권자와 양립할 수 없는 채권담보권설정자의 채권자인 제3자 사이의 관계를 구분하여야 한다. 전자의 경우, 채권담보권은 이를 설정할 채무를 발생시키는 채권계약(담보약정)과 이를 설정하는 물권계약만으로도 성립한다. 이 경우에도 채권담보권의 효력이 전세권등기에 채권담보권의 부기등기를 하여야 하고 이를 하지 않으면 채권담보권자는 무담보의 채권담보권을 취득하게 된다. 또한 제3채무자인 전세권설정자의 이중변제를 막기 위해서는 채권담보권자 또는 채권담보권설정자가 등기사항증명서를 건네주는 방법으로 그 사실을

제3자에게 통지하거나 제3채무자가 이를 승낙하여야 한다. 후자의 경우에는 채권담
보권의 등기를 하여야만 채권담보권자는 전세권설정자에 대하여 전세금반환청구권
을 행사함에 있어 채권담보권자 乙의 일반채권자들에 대하여 채권담보권자로서의 우
선적 지위를 누릴 수 있게 된다. 물론 이 경우에도 전세권등기에 채권담보권의 부기
등기를 하여야 전세권설장자의 일반채권자들에 대하여 전세권자가 갖는 우선적 지위
를 누릴 수 있게 되고 또한 제3채무자인 전세권설정자의 이중변제를 막기 위해서는
등기사항증명서를 제3채무자에게 교부하여 통지하거나 제3채무자가 승낙이 있어야
한다.

(v) 전세권에 대하여 저당권을 설정할 수 있다. 이 경우 판례는 담보물권은 저당
권의 객체가 될 수 없다는 도그마, 전세금반환청구권은 채권이기 때문에 전세권저당
권의 객체가 될 수 없다는 도그마, 전세금반환청구권은 등기가 될 수 없으므로 전세
권저당권의 객체가 될 수 없다는 도그마 또 물권은 지배권이기 때문에 전세금반환청
구권은 지배권이 아니어서 저당권의 객체가 될 수 없다는 도그마를 전제로 하여, 담
보물권성의 전세권 내지는 담보권부 전세금반환청구권을 제외한 용익물권성의 전세
권만 저당권의 객체가 된다고 한다. 그러나 이상의 도그마들은 모두 전세금반환청구
권과 피담보채권 또 담보물권성의 전세권과 통상의 담보물권을 동일시하는 데에서
비롯된 도그마라고 볼 수 있다. 이는 전세금반환청구권은 전세권의 요소로서 전세권
과 일체를 이룬다는 전세권의 본질에 반하는 것으로서 전세금반환청구권 내지는 담
보권부 전세금반환청구권에는 적용할 수 없다. 요컨대 1984년 민법 개정 전에는 전세
금반환청구권은 용익물권성의 전세권으로서 개정 후에는 용익물권성과 담보물권성
을 갖는 전세권으로서 저당권의 객체가 될 수 있다.

(vi) 전세권은 대륙법계의 국가가 알지 못하는 우리 고유의 물권이다. 용익물권과
담보물권을 구분하여 편제하는 대륙법계와는 달리, 1984년 전세권에 관한 민법의 개
정 후에는 용익물권성과 담보물권성을 하나의 전세권에 동시에 인정한다. 판례가 용
익기간 종료 후 담보물권의 전세권을 저당권과 동일하게 취급하여 전세금반환청구권
의 양도에 채권양도절차를 요구는 것은 전세금반환청구권은 전세권의 요소로서 전세
권과 일체가 되는 전세권의 본질에 기초하지 않은 것으로서 전세권의 담보물권성을
온전히 파악하고 있지 못하다. 따라서 물권적 청구권인 전세금반환청구권이 채권적
청구권인 피담보채권과 다른 점을 인정하고 또 전세권의 등기에 의하여 공시되는 전

세금반환청구권에 대하여 전세권저당권의 객체가 된다는 것을 인정하는 것이야 말로 전세권의 본질을 수용하는 것이라 할 것이다. 또 이것이 전세권에 대하여 용익물권성과 담보물권성이 유기적으로 결합된 하나의 물권으로서의 독자적인 법체계를 부여하는 것으로서 전세권이 갖추어야 할 온전한 모습을 부여하는 것이라 할 수 있다.

(vii) 물권은 지배권으로만 존재하지 않는다. 그밖에 상린관계와 제한물권관계에서 인정되는 청구권 또는 형성권도 있다. 물권을 지배권으로만 이해하면 지배권에 관한 규정을 제외한 그 밖의 물권법상의 많은 규정들은 물권법이 아닌 것이 되어버린다. 물권이 지배권이라는 도그마는 채권과 비교되는 특징을 설명하기 위한 것일 뿐이다. 이러한 이유에서 채권이 대인적 효력(대인성)을 가짐에 반하여 물권은 대세적 효력(대세성)을 갖는 권리라고 설명한다. 지배권은 의무자를 상정하지 않기 때문에 그 권리는 누구에게나 주장할 수 있다고 할 수 있다. 그런데 지배권 외에 물건을 매개로 하여 물건의 소유자와 물권자 사이의 발생하는 청구권이 의무자를 예정하고 있다고 해서 바로 채권적 청구권이라고 보는 것이 과연 타당한가? 이러한 청구권은 "특정"의 의무자가 아니라 물건의 소유자인 의무자를 상정한다는 점에서 채권과는 본질적으로 다르다. 이러한 청구권에 대해서는 "특정"의 채무자가 아니라 물건의 소유자 누구에게나 주장할 수 있는 "대세적" 대인성을 인정할 수 있다. 즉, 이러한 청구권은 지배권인 물권이 대세성을 갖는 것과 마찬가지로 "대세적" 대인성을 인정할 수 있는 것이다. 또한 물건을 매개로 하여 성립하는 이러한 청구권을 과연 채권과 물권 중 어느 영역에 속한 권리로서 규율하여야 마땅한가? 그 답은 자명하다고 하지 않을 수 없다. 이들 권리는 지배권성의 물권과 함께 규율되어야 마땅한 것이다. 이상의 점은 물권적 형성권의 경우도 마찬가지로 인정된다. 필자는 종전부터 이러한 물권적 청구권과 형성권을 물권관계에서 발생하는 권리라고 불렀다. 더 나아가 이들을 지배권인 전세권과 구별하여 관계권인 전세권이라고 부를 수 있다. 요컨대 물권이란 물건을 매개로 하여 성립하는 권리로서 이에는 물건을 지배하는 지배권과 물건을 중심으로 하여 소유자에 제한물권자 사이에 존재하는 물권적 청구권 및 형성권이 존재한다. 이러한 필요성이 여실히 드러나는 것이 바로 전세금반환청구권을 요소로 하는 전세권과 또 전세권을 객체로 하여 성립하는 전세권저당권이라 할 것이다.

[후기]

1. 필자는 이 논문[V.2.(2)(전세금반환청구권의 공시와 양도방법)]에서 1984년 민법이 개정 전에는 용익기간이 종료되는 경우 전세금이 반환되지 않더라도 전세권등기는 효력을 상실한다고 하였다. 이는 전세금반환청구권이란 어디까지나 지배권인 전세권과 함께 공시되는 것이고 이를 떠나서는 단독으로 공시될 수가 없기 때문이라고 보았다. 그러나 필자는 이후의 논문["물권론의 재정립 - 물권은 '물건을 매개'로 하는 권리로서 '물건을 대상으로' 하는 지배권과 '물건의 소유자(또는 물권자)'에 대한 청구권·형성권으로 구성 -"]에서 전세금이 전세권의 요소이기 때문에 전세금이 반환되지 않는 한 용익물권성이 상실되더라도 전세권등기는 계속하여 효력을 유지한다고 수정하게 되었다. 그것은 전세권에 용익물권성만 인정된 경우에도 전세권의 등기는 지배권과 전세금반환청구권을 동시에 공시하기 때문이다.

2. 필자는 이 논문에서는 판례와 같이 전세금의 지급이 전세권의 성립요건이자 존속요건이라고 보고 있다. 그러나 그 이유에 대하여는 적극적으로 설명하고 있지 않다. 필자는 이후의 논문["물권법상의 청구권은 물권자에게 인정되는 청구권으로 채권이 아니라 물권적 청구권이고, 지배권과 함께는 물권을 구성하는 권리"]에서 그 이유를 규명한다.

3. 이 논문에서 전세금반환청구권은 전세권의 요소라거나, 전세권과 일체를 이룬다거나 또는 전세권의 본질적 내용을 구성한다고 하는 것은 동일한 의미를 갖는다. 전세금을 지급하여야 전세권이 성립하고 또 전세금반환청구권이 존속하여야 전세권이 존속할 수 있기에 그렇게 부르는 것이다. 그러나 전세금반환청구권이 전세권과 일체를 이루거나 전세권의 본질적 내용을 구성하는 실질적 논거에 대하여는 적극적으로 설명하고 있지 않다. 필자는 이후의 논문["물권법상의 청구권은 물권자에게 인정되는 청구권으로 채권이 아니라 물권적 청구권이고, 지배권과 함께는 물권을 구성하는 권리"]에서 그 이유를 규명한다.

참고문헌

1. 단행본

강태성, 물권법, 대명출판사, 2000.

고상룡, 물권법, 법문사, 2001.

김상용, 물권법, 법문사, 1993.

김증한, 신물권법(하), 법문사, 1961.

김증한 · 감학동, 물권법, 박영사, 1997.

곽윤직 · 김재형, 물권법, 박영사, 2015.

송덕수, 물권법, 박영사, 2017.

양창수 · 김형석, 권리의 보전과 담보, 박영사, 2018.

이영준, 물권법, 박영사, 2004.

이은영, 물권법, 박영사, 2006.

홍성재, 물권법, 대영문화사, 2010.

민법주해[VI], 물권(3)(박병대 집필부분), 박영사, 1992.

주석민법, 물권(3)(박순성 집필부분), 한국사법행정학회, 2011.

민법개정 총서, 2014년 법무부 민법개정시안해설, 민법총칙 · 물권편, 법무부, 2017.

2. 논문

강대성, "전세권저당권의 우선변제적 효력", 토지법학 제24 – 1호(2008).

강태성, "전세권저당권에 관한 대법원 판례의 검토, 법학논고 제61집, 경북대학교 법학연
　　　구원(2018. 4).

김동옥. "저당권의 목적물로 된 전세권이 기간만료로 종료된 경우의 법률관계", 판례연구
　　　제12집, 부산판례연구회(2001).

김제완, "전세권을 목적으로 한 저당권자의 우선변제권과 상계적상", 고려법학 제76호,
　　　고려대학교 법학연구소(2015. 3).

김창섭, "전세권에 대한 저당권의 우선변제적 효력의 인정 여부", 법조 제50권 제4호
　　　(2001).

남양우, "전세권을 목적으로 한 저당권의 효력에 관하여 – 대법원 1999. 9. 17. 선고 98다
　　　31301판결을 중심으로 – ", 대전지방법원 실무연구자료 제7권(2006).

남효순, "전세금과 전세권의 관계 ─ 전세권 요소의 법적 의미와 전세권의 법적 성질 ─", 법학 49권 3호, 서울대학교 법학연구소(2008. 9).

_____, "용익기간 중 전세물의 양도와 전세금반환의무용익관계에 관한 입법의 변천과 판례의 이전 여부 ─ 물권 및 물권적 청구권 개념에 대한 새로운 이해의 단초", 법학 제49권 4호, 서울대학교 법학연구소(2008. 12).

_____, "용익기간 중의 전세금반환채권의 분리양도 ─ 대판 2002. 8. 23. 2001다69122 ─", 민사법학 43─1호(2008. 8).

_____, "물권관계의 새로운 이해 ─ 물권 및 물권적 청구권 개념에 대한 새로운 이해의 단초2 ─", 민사법학 제63─1호 별책, 한국민사법학회(2013. 6).

_____, "용익관계에 관한 입법의 변천과 판례 ─ 전세권, 부동산임차권 및 주택임차권 (상거건물임차권)을 중심으로 ─", 우리 법 70년 변화와 전망, 사법을 중심으로, 청헌 김증한 교수 30주기 추모논문집 간행위원회, 법문사(2018).

박순성, "전세권에 관한 판례의 동향과 전망 ─ 전세권의 담보물권성을 중심으로 ─ ", 21세기 한국민사법학의 과제와 전망, 심당송상현선생화갑기염논문집, 박영사 (2002).

배병일, "전세권저당권", 저스티스 통권 제139호, 한국법학원(2013. 12).

양창수, "전세권", 고시계(1992, 3).

오경미, "채권담보전세권과 그 저당권의 법률관계", 민사재판의 제문제(19권), 한국사법 행정학회(2010. 12).

오시영, "전세권 존속기간 경과 후 전세권저당권의 물상대위성에 대한고찰," 한양법학 35 집(2011. 8).

윤대성, "전세권과 전권과의 비교연구", 성균관법학 19권 1호, 성균관대학교 비교법연구 소(2001).

이상태, "전세목적물의 양도와 전세금반환의무". 민사판례연구 제23권, 박영사(2000).

_____, "전세권저당권자의 법적 지위" 민사법학 38호, 한국사법행정학회(2007).

이원일, "전세권에 대하여 저당권이 설정되어 있는데 전세권이 기간만료로 종료된 경우, 전세금반환채권에 대한 제3자의 압류 등이 없는 한 전세권 설정자는 전세권자에 대하여만 전세금반환의무를 부담하는지 여부 및 그 저당권의 실행 방법", 대법원 판례해설(33), 법원도서관(2000).

이재도, "전세권저당권의 효력과 실행 방법", 대전지방법원 실무연구자료 제7권(2006).

이호행, "전세권의 본질과 전세권저당권의 실행", 민사법학 71집, 한국민사법학회(2015).

최수정, "피담보채권의 양도와 저당권이전", 민사법학 48호 한국사법행정학회(2010).

최우식, "전세권과 분리된 전세금반환채권의 양도", 재판과 판례 7집, 대구판례연구회
    (1997).
추신영, "전세권저당권의 실행방안 ― 대법원 2006. 2. 9. 선고 2005다59864 판결 ―",
    재산법연구 28권 2호(2012).

제 4 장   전세권의 본질에 비추어 본 전세권저당권 제반문제의 검토

Ⅰ. 서론

(ⅰ) 전세권저당권에 대하여는 현재 많은 문제점이 제기되고 있다. 전세권저당권의 객체는 무엇인지, 전세권 중 담보물권성의 전세권은 전세권저당권의 객체가 될 수 있는지, 용익기간의 존속 중 경매가 실행되는 경우 매수인이 취득하는 권리는 무엇인지, 용익기간이 종료되는 경우 전세권저당권이 소멸 또는 존속되는지와 전세권저당권의 실행이 어떻게 이루어지는지 그리고 전세권설정자는 전세권자에 대하여 손해배상청구권 외의 반대채권으로 상계를 하여 이를 전세권저당권자에 대하여 주장할 수 있는지 등에 대한 문제점들이 그것이다. 이러한 전세권저당권의 제반문제에 관한 기존 판례의 태도를 정리해보면, 첫째, 전세권저당권의 객체는 물권인 전세권 자체이지 전세금반환채권은 아니라는 것이다. 즉, 전세권저당권의 객체는 지배권인 용익물권이라는 것이다. 둘째, 용익기간의 종료되면 용익물권적 권능이 소멸하기 때문에 전세권저당권도 당연히 소멸한다는 것이다.[1] 더 이상 전세권 자체에 대하여 전세권저당권을 실행할 수 없다는 것이다. 셋째, 이 경우 전세권저당권자는 용익기간의 종료로 전세권저당권이 당연히 소멸하므로 전세권설정자에 대하여 더 이상 전세권저당권을 주장할 수는 없다는 것이다. 따라서 전세권설정자는 전세금반환채권에 대한 제3자의 압류 등이 없는 한 전세권자에 대하여만 전세금반환의무를 부담하고 전세권저당권자에게는 전세금반환의무를 부담하지 않는다는 것이다. 넷째, 전세권저당권자는

---

[1] 종래 전세권이 용익물권이었던 경우에는 전세권의 존속기간이라는 개념이 의미를 가졌다. 민법 개정으로 전세권이 용익물권성과 담보물권성을 겸유하게 되면서 전세권의 존속기간은 종전과 같은 의미로 사용할 수 없게 되었다. 담보물권의 경우 담보물권의 존속기간이 아니라 담보기간이 존재한다. 담보기간이란 피담보채권의 이행기 내지는 변제기를 말한다. 이 논문에서는 용익물권성의 존재하는 기간을 용익기간이라고 부르기로 한다.

저당권의 목적물인 전세권에 갈음하여 존속하는 것으로 볼 수 있는 전세금반환채권
에 물상대위권을 행사하여 전세금의 지급전에 전세금반환채권을 압류하여야만 전세
권설정자와 그의 채권자에 대하여 우선적 지위가 인정된다는 것이다. 다섯째, 전세권
설정자가 전세권자에 대하여 반대채권(대여금채권 등)을 가지고 있고 반대채권의 변제
기가 장래 발생할 전세금반환채권의 변제기와 동시에 또는 그보다 먼저 도래할 것이
어서 전세권설정자의 합리적 기대 이익을 인정할 수 있을 경우에는 전세권설정자는
반대채권을 자동채권으로 하여 전세금반환채권과 상계할 수 있고 이를 전세권저당권
자에게도 주장할 수 있다는 것이다.

  (ⅱ) 전세권저당권의 제반문제에 관한 이상의 판례에 대해서는 왜 지배권인 용익
물권만을 전세권저당권의 객체로 보아서 전세금반환청구권 내지는 담보물권성의 전
세권(담보권부 전세금반환청구권)을 전세권저당권의 객체에서 제외하는가 하는 근본적인
의문이 제기된다.2) 또 전세금반환청구권 내지는 담보물권성의 전세권을 전세권저당
권의 객체에서 제외하는 것은 전세권을 목적으로 하여 최소한 전세기간이 종료되면
전세금으로 피담보채권을 우선적으로 변제받으려는 당사자들의 의사 특히 전세권저
당권자의 의사에 반하는 것이라 하지 않을 수 없다. 1984. 4. 10. 민법의 전세권 개정
(이하 1984년 전세권의 개정)에 의하여 전세권에 우선변제권이 인정되었다. 이를 근거로
판례는 전세권에 담보물권성도 인정하고 있고, 이는 통설의 태도이기도 하다. 그럼에
도 불구하고 판례는 여전히 지배권인 용익물권만 저당권의 객체가 된다고 보는 것이
다. 만일 전세금반환청구권 내지 담보물권성의 전세권도 전세권저당권의 객체가 될
수 있다고 한다면, 전세권저당권은 용익기간의 종료로 소멸되지 않고, 전세권저당권
자는 전세금반환청구권에 대하여 물상대위를 준용할 필요도 없이 담보권부 전세금반
환청구권을 직접 청구할 수 있게 되고, 전세권저당권자는 우선적 지위가 인정되므로
담보권부 전세금반환청구권에 대한 압류 등을 하지 않더라도 전세권설정자의 다른
채권자 또는 압류한 채권자에게도 우선하여 변제를 받을 수 있다. 그리고 전세권설정
자는 전세권저당권자에 대하여 직접 담보권부 전세금반환의무를 부담하게 되는 결과
전세권자에 대하여 그 변제기가 장래 발생할 전세금반환채권의 변제기와 동시에 또

---

  2) 이하에서 특별한 언급이 없으면 '담보물권성의 전세권'과 '담보권부 전세금반환청구권'을 같은
    의미로 사용한다.

는 그보다 먼저 도래할 대여금채권과 같은 반대채권이 있더라도 합리적 기대를 이유로 전세금반환채권과 상계할 수 없고 따라서 이를 전세권저당권자에게 대항할 수 없게 된다.

(iii) 판례가 전세권저당권의 객체는 물권인 전세권 자체이지 전세금반환채권은 아니라고 보는 것은 여러 도그마를 전제로 하고 있기 때문이다. 또 이는 통설이 전제로 하는 도그마이기도 하다. 이러한 도그마들은 직접 또는 간접으로 민법의 규정에서 비롯된 것이다. 첫째, 채권은 저당권의 객체가 될 수 없다는 도그마 때문이다. 민법은 채권을 질권의 객체로 하는 규정(제348조 – 제350조 등)을 두고 있다. 그 결과 저당권부 채권에 대하여도 질권의 성립을 인정하고(제347조), 또 질권부 채권에 대하여 전질권의 성립도 인정하고 있다(제337조). 이에 반하여 민법은 채권을 저당권의 객체로 하지는 않는다. 민법은 저당권의 객체로는 부동산(또는 부동산소유권)(제356조)과 전세권과 지상권(제371조)으로 한정하고 있을 뿐이다. 둘째, 담보물권은 저당권의 객체로 할 수 없다는 도그마 때문이다. 민법은 전세권에 관한 개정이 있기 전부터 제371조를 두고 있는데, 용익물권인 전세권과 지상권만을 저당권의 객체(제371조)로 한다는 것은 담보물권은 저당권의 객체가 될 수 없다는 것이라고 보는 것이다. 이러한 이유에서 판례도 "우리 민법상 저당권은 담보물권을 목적으로 할 수 없다."라고 밝히고 있다.[3] 또 학설도 우리 민법상 담보물권인 전세권은 저당권의 객체로 할 수 없다고 보고 있다.[4] 셋째, 채권의 공시방법은 등기가 아니라는 도그마 때문이다. 판례가 전세금반환채권의 양도에 전세권의 이전등기가 아닌 채권양도(제450조)의 절차를 요구하고 있는 것은 간접적으로 채권의 공시방법은 등기가 아니라는 것을 말하는 것이다. 넷째, 채권은 물권이 아니라는 도그마 때문이다. 전세금반환채권은 물권이 아니기 때문에 저당권의 객체로 볼 수 없다는 것이다. 둘째 이하의 도그마들은 첫째 도그마의 연장선에 있는 도그마들이다. 이상의 도그마들은 전세금반환청구권을 채권임을 전제로 하여

---

3) 대법원 2008. 4. 10. 선고 2005다47663 판결.

4) 김동옥, "저당권의 목적물로 된 전세권이 기간만료로 종료된 경우의 법률관계", 판례연구(부산판례연구회, 2001), 689, 691면; 오경미, "채권담보전세권과 그 저당권의 법률관계", 민사재판의 제문제, 제19권(한국사법행정학회, 2010. 12), 133, 140면; 이원일, "전세권에 대하여 저당권이 설정되어 있는데 전세권이 기간만료로 종료된 경우, 전세금반환채권에 대한 제3자의 압류 등이 없는 한 전세권 설정자는 전세권자에 대하여만 전세금반환의무를 부담하는지 여부 및 그 저당권의 실행 방법", 대법원판례해설 제33호(2000), 98면.

전세금반환청구권에도 적용되는 것으로 보고 있다. 이제 이 도그마들에 대하여 근본적인 검토가 필요하다고 할 것이다.

(ⅳ) 법무부는 전세권저당권의 실행에 대하여 2004년과 2014년 두 차례에 걸쳐서 민법개정시안을 마련하였다. 2004년 민법개정시안은 "저당권자는 우선변제권의 범위 내에서 전세권설정자에 대하여 전세금의 반환을 직접 청구할 수 있다."라고 하였고, 2014년 개정시안은 "전세물을 사용·수익할 권리가 소멸한 때에는" 동일한 권리를 부여하고 있다. 이에 대해서는 전세권저당권자에게 전세금반환청구권의 직접 행사를 인정하는 근거가 무엇인가 하는 의문이 제기된다. 채권질권규정(제353조 제2항)의 준용도 없이 전세금의 직접 청구를 허용하는 것은 전세권저당권의 성립을 전제로 하여야만 가능한 것이라고 하지 않을 수 없다. 법무부의 개정시안이 이런 규정을 두게 된 이유를 검토할 필요가 있다.

(ⅴ) 1984년 전세권의 개정에 의하여 전세권에 우선변제권을 인정하였다. 이를 근거로 판례는 전세권에 담보물권성도 인정하고 있고, 이는 통설의 태도이기도 하다. 그럼에도 불구하고 판례는 전세권에 대하여 저당권이 설정될 때에는 지배권인 용익물권만 그 대상이 되고 담보물권의 전세권 내지는 담보권부 전세금반환청구권은 제외된다고 보는 것이다. 왜 지배권인 용익물권만 전세권저당권의 객체가 되는가 하는 근본적인 의문이 제기되는 것이다.

(ⅵ) 이상의 제반문제를 다루기 위해서는 먼저 전세권의 법적 성질과 전세금반환청구권의 본질을 검토하여야 할 필요가 있다(Ⅱ). 이렇게 규명된 전세권의 법적 성질과 전세금반환청구권의 본질에 비추어 과연 전세권저당권의 객체는 무엇인지(Ⅲ), 전세저당권의 실행은 용익기간 중 또 용익기간 종료 중 어떻게 이루어지는지(Ⅳ) 그리고 전세권설정자는 전세금반환청구권에 대한 반대채권으로 상계를 하여 이를 전세권저당권자에게 주장할 수 있는지(Ⅳ)의 문제를 검토하기로 한다.

Ⅱ. 전세권의 법적 성질과 전세금반환청구권의 본질

전세권의 법적 성질과 전세금반환청구권의 본질을 인정하고 또 이를 논하는 데에 학설은 대체로 일치하고 있다. 그러나 전세권의 법적 성질과 전세금반환청구권의 본질의 구체적인 의미에 대해서는 학설들마다 이해하는 바가 다르다. 이러한 차이에 따라 전세권저당권의 객체가 무엇인지 등에 관한 전세권저당권의 제반문제를 어떻게 해결할 것인지에 대하여 학설이 난맥상을 드러내고 있다. 이상의 제반문제에 있어서 유지되어야 할 전세권의 법적 성질과 전세금반환청구권의 본질이 무엇인지에 대하여 살펴보기로 한다.[5]

1. 전세권의 법적 성질

전세권은 용익물권성과 담보물권성이 인정되는 물권으로서 양자의 성질이 유기적으로 결합되어 서로 영향을 주고받는 '하나의' 물권이다.[6] 이는 1984년에 있은 전세권의 개정에 따른 결과이고 또 판례와 통설을 통하여 확인되고 있는 바이다.[7] 이러한 전세권의 설정을 위해서는 채권계약과 물권계약이 체결되는바, 전자에 의하여 용익물권성과 담보물권성의 전세권을 설정하는 채무가 발생하고 그 이행으로 이러한 전세권을 설정하는 합의, 전세금의 지급과 전세권의 등기가 이루어진다. 그 결과 용익기간 중에는 전세권설정자는 전세금을 보유하여 그 이자로 전세물의 사용·수익에 대한 대가를 충당하는 반면 전세권자는 전세물을 사용·수익할 수 있으며, 또 용익기간 중과 종료 후에는 전세권자의 전세금반환청구권이 담보물권성의 전세권에 의하여 담보된다. 이러한 전세권의 모습을 용익기간 존속 중과 종료 후를 구분하여 살펴보기로 한다.[8]

---

5) 이 부분은 필자의 논문[남효순, "전세권의 법적 성질과 본질", 저스티스 통권 제182−1호 (2021. 2), 155−172면]을 부분적으로 발전시킨 것이다.

6) 전세권의 용익물권성과 담보물권성 중 어느 것이 주된 성질이냐에 대하여 논란이 제기되고 있다. 그러나 양자는 물권편의 제한물권의 2대 범주로 규정되고 있다. 따라서 어느 성질이 주된 것이고 종된 것이냐를 논하는 것은 무의미하다.

7) 대법원 1989. 9. 26. 선고 87다카2515 판결. 동지의 판결, 대법원 1995. 2. 10. 선고 94다 18508 판결; 대법원 1995. 2. 10. 선고 94다18508 판결.

8) 전세권을 존속기간 중의 전세권과 존속기간 종료 후의 전세권으로 이원적으로 나누는 것은 법적 근거가 없을 뿐만 아니라 전세금반환채권의 법적 지위를 더 혼란하게 만들 수 있다는 비판이 있다[추신영, "전세권저당권의 실행방안 − 대법원 2006. 2. 9. 선고 2005다59864 판결 −", 재산법연구, 제28권 제2호(2012), 68면]. 이 견해는 전세권은 용익기간의 종료 후에도 계속해서 용익물권성을 갖는다고 볼 경우(추신영, 전게논문, 64면)에는 타당할지도 모른다. 그러나 용익물권성과 담보물권성을 겸유한 전세권이 용익기간의 종료 후에는 성질이 달라져 담보물권성만을 가지게 되는 결과, 이 경우에는 부득이 담보물권성의 전세권이라고 부를 수밖에 없다. 따라서 이 논문에서는 용익기간의 종료 여부에 따라 전세권의 성질변화를 드러내기 위

(1) 용익기간 중의 전세권의 모습

전세권은 용익기간 중에는 용익물권성과 담보물권성을 겸유한다.[9] 이 경우 용익물권성과 담보물권성이란 전세금반환청구권을 포함하는 의미이다. 우선 용익기간 중 전세권설정자가 전세금을 보유할 권리를 갖는다는 것은 전세권자가 용익기간이 종료될 때까지는 전세권설정자에 대하여 전세금의 반환을 청구할 수 없다는 것을 의미한다. 전세권자는 전세금반환청구권을 용익기간이 종료되면(기한부) 행사하게 되는데 그 행사는 손해배상금을 공제하고 잉여가 있는(조건부) 범위에서 이루어진다. 이처럼 전세권의 용익물권성이란 유상의 용익물권성을 의미한다. 한편 전세권의 담보물권성이란 피담보권리(피담보채권이 아님)인 전세금반환청구권의 변제를 위하여 경매청구권과 우선변제권이 인정되는 것을 의미한다. 이를 달리 담보권부 전세금반환청구권이라 부를 수 있다. 이상의 점에서 전세금반환청구권을 제외하고 용익물권성과 담보물권성을 논한다는 것은 무의미한 것이 된다.

(2) 용익기간 종료 후의 전세권의 모습

(i) 전세권은 용익기간이 종료하면 용익물권성은 소멸하고 담보물권성만 남게 된다. 전세금반환청구권은 담보물권성의 전세권의 주된 권리가 된다.

(ii) 용익기간이 종료하더라도 전세권의 등기가 유효인 상태에서 전세금의 반환, 전세물의 반환, 전세물의 원상회복, 유익비상환, 부속물수거 및 매수청구의 법률관계 등이 발생한다. 이들 권리도 후술하는 바와 같이 전세물소유자 누구에게나 주장할

해서 '용익기간 중의 전세권'과 '용익기간 종료 후의 전세권'이라는 용어를 사용하기로 한다.

9) 전세권에는 용익물권의 성질과 담보물권의 성질이 함께 인정되고 있다. 하나의 전세권에는 두 가지 권능 내지는 성질이 존재한다는 것을 나타내기 위해서 용익물권성과 담보물권성의 전세권이라고 표시하기로 한다. 이 논문에서는 각 경우에 따라 용익물권성의 전세권, 담보물권성의 전세권, 용익물권성과 담보물권성을 겸유하는 전세권으로 표기하기로 한다. 한편 전세권의 권능으로 용익적 권능과 담보적 권능 외에 점유권능도 함께 논하는 견해가 있다[강태성, "전세권저당권에 관한 대법원 판례의 검토 - 대법원 1999. 9. 17. 선고 98 다 31301 판결 과 대법원 2014. 10. 27. 선고 2013 다 91672 판결 을 중심으로 -", 법학논고, 제61집(경북대학교 법학연구원, 2018), 160-1면]. 그러나 점유권능이란 점유할 본권의 유무를 불문하고 인정될 수 있는 권능이지만, 이에 반하여 전세권의 용익적 권능과 담보적 권능은 본권의 권능으로서 인정되는 것이므로, 점유권능을 같은 차원에서 다룰 문제는 아니다.

수 있는 물권적 청구권의 속성을 갖는다. 그런데 용익기간이 종료하더라도 이러한 법률관계가 존재한다는 것을 이유로 용익물권성이 소멸하지 않는다는 견해가 있다.[10] 그러나 청산되지 않은 이러한 법률관계가 존재한다고 해서 전세권의 용익물권성이 존속하게 되는 것은 아니다. 이는 전세권의 용익물권성의 청산을 위해서 존재하지만 용익물권성 그 자체와는 무관한 것이기 때문이다. 한편 전세권설정자가 동시이행의 항변권을 포기하여 전세금을 반환한 경우에는 담보물권 소멸의 일반법리에 따라 담보물권성의 전세권도 말소등기 없이도 소멸하게 된다. 이 경우 역시 청산되지 않은 법률관계가 존속한다고 해서 전세권의 담보물권성이 존속하게 되는 것은 아니다. 이러한 법률관계는 담보물권성의 전세권이 소멸할 당시의 전세물의 소유자 사이에 채권적으로 해결하여야 할 법률관계로서 존속하게 된다. 즉, 물권적 권리로서의 속성을 상실하게 된다.

(ⅲ) 용익기간의 종료는 용익기간의 만료 외에 전세권의 소멸통고·청구도 포함되는 포괄적인 개념이다. 전세권자가 전세권의 소멸통고를 하는 경우에도 용익물권성이 소멸된다. 이를 전세권의 포기라고 보는 견해가 있다.[11] 그러나 이 경우 용익물권성이 소멸하는 것은 전세권의 소멸통고라는 형성권의 행사에 따른 효과이지, 용익물권성의 포기의 효과로서 발생하는 것은 아니다. 용익물권성의 포기란 다른 행위가 개입되지 않고 포기행위의 직접적인 효과일 때에만 그렇게 부를 수 있는 것이다. 또 채권담보전세권이 성립하는 경우에도 전세권자가 용익물권성을 포기하는 것이라고 보는 견해가 있다.[12] 그러나 판례는 "장차 전세권자가 목적물을 사용·수익하는 것을 완전히 배제하는 것은 아니라는 전제 아래" 채권담보전세권의 유효성을 인정하고 있는바,[13] 이 경우는 처음부터 전세물의 용익권능이 발생하지 않는 경우로서 이를 두고 발생한 용익물권성의 포기라고 볼 수는 없는 것이다.

---

10) 박순성, "전세권에 관한 판례의 동향과 전망 – 전세권의 담보물권성을 중심으로", 21세기 한국민사법학의 과제와 전망, 심당송상현선생 화갑기념논문집(2002), 111 – 112면; 오시영, "전세권 존속기간 경과 후 전세권저당권의 물상대위성에 대한 고찰", 한양법학, 제35집(2011. 8), 520면; 추신영, 전게논문, 64면.

11) 강태성, 전게논문, 169면.

12) 강태성, 상게논문, 169면.

13) 대법원 1995. 2. 10. 선고 94다18508 판결.

2. 전세금반환청구권의 본질

전세금반환청구권은 물건을 매개로 하여 성립하는 물권적 청구권으로서, 지배권인 전세권과 함께 전세권을 구성하는 요소이고 또 전세권과 일체를 이루는 권리라는 것이 그 본질이다. 이러한 물권적 청구권인 전세금반환청구권은 지배권인 전세권과 함께 물권으로서 규율되어야 한다.

(1) 지배권과 청구권·형성권인 물권

(ⅰ) 물권은 절대권인 반면 채권은 상대권이라고 한다. 이는 권리의 대외적인 효력과 관련하여 그렇게 부르는 것이다. 즉, 물권은 모든 사람에 향해져 있어 의무주체가 특정되지 않지만 채권은 처음부터 특정된 주체에 행해지는 권리라는 것을 말한다.[14] 물권의 경우는 모든 사람이 실제로 의무를 부담하는 의무주체가 된다는 것을 말하는 것이 아니라는 점에서 특정의 주체가 채무자인 채권과 비교할 수는 없다. 다만, 채권과 비교되는 물권의 특징을 드러내기 위해서 이러한 사실에도 불구하고 물권을 절대권이라고 표현하는 것이다. 한편 물권은 지배권인 반면 채권은 청구권이라고 한다. 물권은 지배권이고 채권은 청구권이라는 도그마도 청구권인 채권과 비교할 때 물권에는 지배권이 있다는 특징을 드러내는 것일 뿐이다. 그러나 물권 자체를 놓고 보면 이 도그마는 타당하지 않다. 물권에는 물건을 지배하는 지배권뿐만 아니라 물건을 매개로 하는 사람에 대한 청구권(또한 형성권)도 존재하기 때문이다.[15] 따라서 이러한 의미에서는 물권이 지배권이라는 도그마는 전혀 적절치 않다.

(ⅱ) 물건을 매개로 하는 청구권이란 물건을 지배하지는 않지만 물건을 매개로 하는 사람에 대한 권리라는 것이다. 이를 물권적 청구권이라고 부른다. 물권적 청구권의 대척관계에는 물건을 매개로 하여 사람에 대한 의무인 물권적 의무가 존재한다.[16]

---

14) 이상태, 물권·채권 준별론을 취한 판덱텐체계의 현대적 의의(건국대학교 출판부, 2006), 83면.

15) 물권적 청구권은 사람에 대한 대인적 권리로서 이를 지배권과 구별하기 위하여 관계권이라고 부를 수 있다. 이러한 관계권으로 청구권 외에 형성권이 있고, 이들을 채권관계에서 인정되는 청구권과 형성권과 구별하여 물권적 청구권과 물권적 형성권이라 부르는 것이다.

16) 물권적 의무란 판례에 의하여 처음으로 인정된 개념이다["재판상 화해에 의하여 소유권이전등기를 말소할 물권적 의무를 부담하는 자로부터 그 화해성립 후에 동 부동산에 관한 가등기를 경료받은 자는 민사소송법 제4조 제1항에서 말하는 변론종결 후의 승계인에 해당한다."(대법

이러한 물권적 청구권과 물권적 의무로 이루어지는 법률관계를 물권적 청구권관계라고 부른다. 종전에는 물권적 청구권관계를 지배권의 내용 내지는 효력으로 설명하는 것이 일반적이었다.17) 물론 물권적 청구권에는 지배권인 물권의 효력이라고 볼 수 있는 것도 있지만 일률적으로 지배권의 효력이라고만 할 수는 없다. 물권적 청구권은 그 발생하는 근거에 따라 여러 종류가 존재하는 결과 다양한 효력이 인정되기 때문이다.

(iii) 물권은 지배권과 물권적 청구권으로 구성되는 권리라는 패러다임은 전세권에서도 적용될 수 있다. 전세권에도 지배권인 전세권과 사람에 대한 권리관계인 전세권관계가 존재하고, 후자의 법률관계에서 물권적 청구권(또는 형성권)이 발생한다. 물권적 청구권 중에서 가장 중요한 것이 바로 전세금반환청구권이다. 물권적 청구권인 전세금반환청구권이 없이는 유상의 전세권은 성립되지 않는다. 그럼에도 불구하고 만일 전세권은 지배권이라는 도그마를 받아들인다면, 전세금반환청구권은 채권으로서 전세권이 아닌 권리가 되어 물권법의 규율 밖에 존재하게 된다. 이러한 이유에서 전세권이 물권으로 규정되어 있으면서 원인계약에 기한 권리의무 관계에 관한 인적 색채를 가진 규정들을 포함하고 있어서, 양자를 어떻게 조화롭게 해석할 것인지가 어려운 과제라고 보기도 한다.18) 또 전세권에 저당권이 설정되더라도 전세금반환청구권은 전세권이 아니므로 이에 대한 전세권저당권의 성립을 부정하게 된다. 이것이 현재 전세권저당권에 대한 학설과 판례의 상황이다.

(2) 물권적 청구권

청구권에는 물권적 청구권과 채권적 청구권이 있다.19) 물권적 청구권이란 청구권

원 1980.5.13. 선고 79다1702 판결)(동지의 판결, 대법원 1977. 3. 22. 선고 76다2778 판결)].
  필자는 물권적 의무를 물적 의무라고도 부른다[남효순, "물권관계의 새로운 이해 – 물권 및 물권적 청구권 개념에 대한 새로운 이해의 단초2 –", 민사법학, 제63–1호 별책(한국민사법학회, 2013), 317면].

17) 대표적으로 곽윤직·김재형, 전게서, 383–393, 348–353, 403–413, 440면 이하 참조.

18) 양창수, "전세권", 고시계, 제37권 3월호(1992. 2), 93–4면; 오미경, 전게논문, 111–112면.

19) 청구권이라는 공통의 성질을 갖는 결과 물권적 청구권의 불이행 등과 관련하여서는 채권에 관한 규정이 준용될 수 있다. 자세한 것은 남효순, "물권관계의 새로운 이해 – 물권 및 물권적 청구권 개념에 대한 새로운 이해의 단초2 –", 318–23면 참조.

이지만 채권이 아니어서 물권으로 규율되어 물권법의 법리를 따르는 청구권을 말한다. 이에 반하여 채권적 청구권은 채권의 규율을 받아 채권법의 법리를 따르는 청구권을 말한다.

(가) 물권적 청구권성이라는 개념과 그 실익

물권적 청구권은 이론적 논쟁을 위한 개념이 아니라, 실익이 있는 실천적인 개념이다.[20] 우선 그 실익은 물권적 청구권을 인정하지 않으면 물권의 체계를 온전히 구축할 수 없고, 지배권인 물권과 구별되는 물권적 청구권의 독자적인 법체계를 부여할 수 없고, 지배권과 구별되는 물권적 청구권의 특성을 파악할 수 없고, 또 기존의 물권적 청구권(이하에서 '침해 물권적 청구권'이라고 부르기로 한다)을 포섭할 수 없다는 데에 있다. 예를 들면, 전세금반환청구권의 물권적 청구권으로서의 특성을 인식하여야 전세권의 법적 성격을 규명할 수 있고 또 전세권저당권의 제반문제를 해결할 수 있게 된다. 그리고 물권적 청구권은 채권의 법리가 아니라 물권의 법리를 적용하여야 한다는 데에 또한 구별이 실익이 있다. 예를 들면, 물권적 청구권인 전세금변환청구권은 등기에 의하여 공시되고, 그 양도에 이전등기가 요구되고 또 전세금반환청구권이 지배권인 전세권과 함께 전세권으로서 저당권의 객체가 되는 경우에는 저당권의 일반 법리에 따라 전세권저당권자의 우선적 지위를 인정할 수 있게 된다. 반대로 물권적 청구권은 상계의 법리에 따르지 않고, 그 양도에 채권양도의 절차를 요구하지 않고, 그 대척관계에 있는 물권적 의무의 이전에는 채무인수가 필요하지 않아 채권의 법리가 적용될 수 없다.

(나) 물권적 청구권성의 종류와 효력

물권적 청구권은 어떠한 효력을 갖느냐에 따라 여러 종류가 있다. 물권적 청구권에는 지배권과 대등한 지위를 가져 등기를 요하는 것, 등기를 요하지는 않지만 독자성을 갖는 결과 지배권인 물권과 함께 존재하는 것 그리고 독자성이 없어서 지배권인 물권의 효력으로만 발생하는 것들이 있다. 예를 들면, 전세권관계에서 인정되는 물권

---

20) 물권적 청구권의 개념, 독립성과 독자성, 종류 등에 대해서는 남효순, "물권관계의 새로운 이해 – 물권 및 물권적 청구권 개념에 대한 새로운 이해의 단초2 –", 324−41면 참조.

적 청구권 중에서 전세금반환청구권은 첫째 부류에 속하는 권리이고, 나머지 유익비
상환청구권, 부속물매수청권 등은 등기와는 무관한 권리로서 둘째 부류의 권리에 속
한다. 침해 물권적 청구권은 셋째 부류의 속한다고 할 것이다.

(3) 물권적 청구권인 전세금반환청구권의 특성: 채권적 청구권(피담보채권)과의 비교

전세금반환청구권이 물권적 청구권으로서 갖는 특성을 살펴보고, 채권적 청구권
특히 피담보채권의 그것과 비교하여 살펴보기로 한다.

(가) 전세금반환청구권은 물건을 매개로 하는 권리

전세금반환청구권은 전세물을 직접 매개로 하여 전세권설정자와 전세권자 사이에
발생하는 권리이다. 이러한 물건의 매개성은 용익기간의 존속 중이든 용익기간의 종
료 후이든 유지된다. 물론 채권적 청구권의 경우에도 임차권, 사용대차권, 매매목적물
청구권 등과 같이 물건을 매개로 한다고 볼 수 있는 경우가 있다. 그러나 그러한 경우
에도 물건이 매개되는 외관은 어디까지나 간접적인 것일 뿐이다. 따라서 임대토지의
소유자가 변경되면 토지임차권은 토지를 매개로 하는 권리가 아니어서 더 이상 토지
소유자에게는 주장할 수 없게 된다. 이른바 매매는 임대차를 깨뜨리는 것이다. 이러한
점에서 채권적 청구권은 물건을 매개로 하는 권리라 할 수가 없다.

(나) 전세금반환청구권은 전세권의 내재적 권리

전세금반환청구권은 전세권의 설정을 위한 채권계약·물권계약에 의하여 발생하여
용익기간의 존속 중이든 용익기간의 종료 후이든 전세권을 구성하는 권리로서 성립
하고 존속한다.[21] 즉, 전세권설정자와 전세권자는 전세권을 설정하는 채무의 이행으
로 물권계약을 하게 되는데, 이 물권계약에 의하여 지배권인 전세권과 전세물을 매개
로 하는 물권적 청구권·형성권이 발생하게 된다. 이 점에서 전세금반환청구권은 전
세권의 내재적인 권리에 해당한다. 이에 반하여 채권적 청구권인 피담보채권은 저당
권을 설정하는 채권계약·물권계약과는 별개로 독립한 채권계약에 의하여 발생한다.

---

21) 오시영, 전게논문, 516면.

196 새로운 패러다임에 의한 물권론 일반

따라서 피담보채권은 채권적 청구권으로서 물권이라는 저당권의 외재적 권리라 할 수 있다.

(다) 전세금반환청구권은 전세권의 요소로서 전세권과 분리가 불가능한 권리

(i) 전세금반환청구권을 제외하고 전세권을 논한다는 것은 무의미하다. 우선 전세금반환청구권은 용익물권성인 전세권의 요소가 된다. 지배권인 용익물권과 전세금반환청구권의 관계는 쌍무계약에서 발생하는 대가채무의 관계와 같다. 이는 임대차의 경우 임대인의 임료청구권이 없는 임차인의 임차권이 존재할 수 없는 것과 마찬가지이다. 따라서 전세금반환청구권은 용익물권성의 전세권의 성립요건이자 존속요건으로서 전세권과 분리될 수 없다. 양자 사이에는 주·종의 구별이 없다. 전세금반환청구권을 제외한 용익물권성의 전세권이란 무상의 전세권을 인정하는 것으로서 형용모순이다. 또 판례가 용익기간 중에는 전세금반환청구권의 기한부·조건부 분리양도밖에 허용하지 않는다는 것은 전세금반환청구권과 전세권의 분리를 인정하지 않는 것을 말하는 것이다.22) 즉, 용익기간 중에는 전세금반환청구권은 용익물권성의 전세권으로부터 확정적 분리가 허용되지 않는 것이다. 이 점에서 저당권의 요소가 아닌 채권적 청구권인 피담보채권은 저당권의 존속 중 언제나 확정적 분리양도가 가능하다는 것과 다른 점이다.23) 그리고 용익기간 중 조건부로 전세권과 분리양도가 허용된다는 것은 당연히 그 효과가 용익기간의 종료 후에 발생한다는 것을 말하는 것으로 이에 대해서는 항을 바꾸어서 설명한다.

(ii) 한편 전세금반환청구권은 담보물권성인 전세권의 요소이기도 하다. 용익기간 종료 후에도 전세금반환청구권은 원칙적으로, 즉 전세권의 성질이 유지되는 한 전세권으로부터 분리될 수 없다. 이는 전세금반환청구권은 전세금반환의무와 대척관계에 있는 권리로서, 전세금반환의무가 소유자의 의무로서 소유권과 분리될 수 없듯이 전세금반환청구권도 마찬가지로 담보물권성의 전세권과 분리될 수 없는 것이다. 그러나 용익기간 종료 후에도 당사자의 합의만 있으면 전세금반환청구권은 전세권으로부터 분리될 수 있다. 이 경우에는 전세권의 본질이 유지될 수 없고 그 결과 전세권은

---

22) 대법원 2002. 8. 23. 선고 2001다69122 판결; 대법원 2018. 7. 20. 선고 2014다83937 판결.
23) 대법원 2004. 4. 28. 선고 2003다61542 판결; 대법원 2017. 9. 21. 선고 2017다17207 판결.

소멸되어 전세금반환청구권은 물권적 청구권의 성질을 상실하여 분리 당시의 전세물 소유자에 대해서만 주장할 수 있는 채권적 청구권의 성질만을 가지게 된다.24) 이 경우 사실상 담보물권성의 전세권의 포기와 같은 법적 효과가 발생하게 된다. 그러나 피담보채권은 언제든지 저당권으로부터 분리되어 양도될 수 있고 이 경우 저당권은 소멸하고 무담보의 채권으로서 저당채무자(저당물의 소유자 또는 제3자)에 대해서만 주장할 수 있는 채권적 청구권의 속성을 그대로 유지한다. 이 경우에도 저당권의 포기와 같은 법적 효과가 발생한다.

(iii) 전세금반환청구권은 전세권의 내용이 아니라 별개의 권리라는 견해가 있다.25) 그 논거로서 전세권자가 전세권(점유권능·용익권능·담보권능)만을 포기한 경우에는 전세금반환채권은 물권적인 성질은 전혀 없는 순수한 지명채권에 지나지 않고 또 물권인 전세권의 경우 객체가 특정되어야 하는데 전세금반환채권은 금액채권이므로 특정된 금전이 존재하지 않으므로 전세금반환채권이 물권인 전세권의 내용이라고 할 수는 없다고 한다.26) 그러나 후술하는 바와 같이 전세금반환청구권이 물권적 청구권이라는 것은 전세권과 함께 규율되어야 한다는 것을 말하는 것으로 객체의 특정성 여부와는 아무런 상관이 없다. 또 전세금반환청구권은 전세권과는 별개의 권리로서 전세권의 종된 권리라고 하거나,27) 전세금반환청구권과 전세권의 상호 부종성을 인정하는 견해도 있다.28) 그러나 전세금반환청구권은 용익물권성의 전세권에 대해서는 대등한 권리이고 또 담보물권성의 전세금에 대해서는 주된 권리이기 때문에 결코 물권적 청구권을 종된 권리라고만 할 수 없고 또 상호 부종성을 논할 수도 없는 것이다. 요컨대 전세금반환청구권은 용익물권적 권능 및 담보물권적 권능의 요소로서 전세권과 분리될 수 없는 전세권의 내용이 되는 권리라고 할 수 있다.29)

---

24) 대법원 1997. 11. 25. 선고 97다29790 판결; 대법원 1999. 2. 5. 선고 97다33997 판결.

25) 강태성, 전게논문, 171면; 박순성, 전게논문, 111면.

26) 강태성, 상게논문, 171면.

27) 박순성, 전게논문, 111면.

28) 강태성, 전게논문, 175면.

29) 강대성, "전세권저당권의 우선변제적 효력", 토지법학, 제24－1호(2008), 39면; 김창섭, "전세권에 대한 저당권의 우선변제적 효력의 인정 여부", 법조, 제50권 제4호(2001), 222－3면; 배병일, "전세권저당권", 저스티스, 통권 제139호(한국법학원, 2013. 12), 22면; 오경미, 전게논문, 133면; 오시영, 전게논문, 515, 524면; 이상태, "전세권저당권자의 법적 지위", 민사법학,

(라) 전세금반환청구권은 전세물소유자에 대하여 주장할 수 있는 대세적 권리

용익기간의 존속 중이든 용익기간의 종료 후이든 전세금반환청구권은 전세권을 설정한 전세물소유자에 대해서 뿐만 아니라 전세물의 소유권을 양수한 전세물의 신소유자 누구에게도 주장할 수 있다. 현재 학설은 전세금반환청구권이 물권적 청구권의 속성을 갖는다는 의미를 이러한 의미로만 이해하고 있다.[30] 또 전세금반환청구권의 대척관계에 있는 전세금반환의무는 물건을 매개로 하는 의무로서 전세권을 설정한 전세물소유자뿐만 아니라 전세물을 취득한 신소유자도 부담하는 의무라는 점에서 물권적 의무에 해당한다.[31] 이처럼 전세금반환청구권관계는 전세물소유자 누구에게나 주장할 수 있고 전세물소유자 누구나 의무를 부담한다는 점에서 대세성이 인정된다. 이에 반하여 특정의 채무자를 전제로 하여 그에 대해서만 주장할 수 있고 특정의 채무자만 부담하는 채권적 청구권관계에서는 대세성이 인정되지 않는 것이다. 이러한 점에서 물권적 청구권인 전세금반환청구권은 특정의 채무자를 전제로 하는 채권적 청구권인 피담보채권과 구별된다.

(마) 전세금반환청구권은 전세권과 일체를 이루어 등기에 의하여 공시되는 권리

(i) 전세금반환청구권이 전세권과 일체를 이룬다는 것은 전세금반환청구권이 전세권의 내재적인 권리로서 전세권과 분리가 불가능하다는 의미를 갖는 등 그 의미가 다의적이다. 여기서는 그 의미를 전세금반환청구권의 등기와 관련하여 살펴보기로 한다. 우선 전세금반환청구권은 용익기간 중에는 용익물권성의 전세권의 대가를 이루어, 전세금반환청구권이 없는 전세권은 무상의 전세권을 말하는 것으로 그것은 타

제38호(한국사법행정학회, 2007), 583면; 이원일, 전게논문, 96면; 이은영, 물권법(박영사, 2006), 762면; 이재도, "전세권저당권의 효력과 실행 방법", 대전지방법원 실무연구자료, 제7권(2006), 98면; 황경웅, "전세권저당권의 등기의 효력과 그 실행방법", 중앙법학, 제15권 제3호(중앙대학교 법학연구소, 2013), 16면. 전세금반환청구권을 포함하는 전세권을 광의의 전세권으로 용익물권적 권능 및 담보물권 권능을 협의의 전세권이라고 부르는 견해도 있다(김창섭, 전게논문, 223면). 그러나 협의의 전세권이란 전세금반환청구권을 제외하는 용익물권적 권능이나 담보물권 권능을 말하는 것으로서 무의미하다고 할 것이다.

30) 김창섭, 전게논문, 222면; 오시영, "전세권 존속기간 경과 후 전세권저당권의 물상대위성에 대한 고찰", 516면.

31) 대법원 1977. 3. 22. 선고 76다2778 판결; 대법원 1980.5.13. 선고 79다1702 판결.

지 않는 불로서 그 자체 모순이다. 또 전세권이 성립하지 않으면 역시 전세금반환청
구권이 존재할 수 없다. 따라서 전세금반환청구권이 전세권등기에 의하여 공시되지
않는다면 유상의 전세권은 온전하게 공시될 수 없는 것이다. 또 용익기간의 종료 후
에도 전세금반환청구권은 여전히 전세물소유자에 대한 물권적 청구권으로서 담보물
권성의 전세권과 일체를 이루는 권리로 존속한다. 이러한 점에서 전세금반환청구권
은 발생, 존속과 이전이 전세권등기에 의하여 공시되는 것이다(부동산등기법 제72조 제1
호-제4호). 한편 저당권도 저당채권의 존재 없이는 존재할 수 없다. 이러한 점에서
저당채권은 저당권등기에 의하여 기재되어(부동산등기법 제75조 제1항 제1호-제5호) 그
존재가 공시된다. 그러나 저당채권은 저당권 없이도 존재할 수 있는 채권적 청구권이
라는 점에서 저당채권의 발생이 저당권등기에 의하여 공시되는 것은 아니다. 또 저당
권은 유상의 물권이 아니다. 저당물소유자가 대가를 받고 제3자인 저당채무자를 위하
여 저당권을 설정하여 주는 경우에도 그 대가는 저당물소유자와 저당채무자의 관계
일 뿐 저당권등기에 표시될 필요가 없는 것이다. 이상의 점에서 피담보채권은 채권적
청구권으로서 물권인 저당권과 일체로서 공시된다고 할 수 없고 그 양도는 저당권의
등기가 아니라 채권양도의 절차에 의하는 것이다.

(ⅱ) 용익기간 존속 중 전세권의 용익물권성과 담보물권성을 각각 분리할 수 있는
지가 문제이다. 이에 대해서는 전세권저당권의 객체를 지배권인 용익물권이라고 보
아 용익기간 중에 전세권저당권이 실행되어 경매가 이루어지는 경우에는 담보권능과
전세금반환채권은 여전히 종래의 전세권자가 가지지만 전세권의 용익권능은 매수인
이 취득한다는 견해가 있다.[32] 이는 하나의 물권인 전세권을 분리하여 별개의 권리자
에게 귀속시키는 것이다. 그러나 전세금반환청구권은 용익기간 중에는 중첩적으로
용익물권성과 담보물권성의 요소가 되는 것이어서, 전세권을 분리하여 별개의 권리
자에게 귀속시킬 수는 없다. 우선 분리를 인정한다면 매수인이 취득하는 용익물권은
전세금을 지불하지 않고 성립하는 것이어서 법이 예정하는 전세권의 모습이 아니다.
한편 당사자가 용익권능에만 저당권을 설정한다고 특약(즉, 전세금반환채권은 제외한다고
특약)을 한 경우에는 그 특약은 유효하여 전세권의 담보권능은 소멸하여 용익권능만

---

[32] 강태성, 전게논문, 176면; 오시영, "전세권의 용익물권성과 담보물권성 분리에 따른 입법론적
고찰", 민사법학, 제48호(한국사법행정학회, 2010), 247면.

이 남고 전세금반환채권은 담보 없이 전세권자에게 귀속한다고 한다는 견해가 있다.[33] 이 견해는 지배권인 용익물권만 전세권저당권의 객체가 된다는 판례를 수용한 것으로 보인다. 그러나 이 역시 지배권인 용익물권과 전세금반환청구권을 분리하는 것으로서 타당하지 않다. 더군다나 전세권의 일부 권능에 대해서만 저당권을 설정하는 것은 전세권 자체에 대하여 저당권을 인정하는 물권법정주의에 어긋나는 것이다.

(바) 전세금반환청구권은 강한 양도성이 인정되는 권리

(i) 물권적 청구권인 전세금반환청구권은 강한 양도성이 인정되는 권리이다.[34] 전세금반환청구권은 강한 양도성이 인정되는 결과 대세성도 인정되는 것이다. 전세권의 양도는 이전등기에 의하므로, 전세금반환청구권의 양도에도 채권양도의 절차가 요구되지 않는다.

(ii) 민법 제306조는 전세권을 물권으로 규정하는데 따른 당연한 규정으로서 전세권의 양도성을 규정하고 있다. 즉, 본조는 전세권자의 전세권 처분의 자유에 기초하고 있는 주의적 규정이다.[35] 그리고 제307조는 전세권 양도의 결과 양수인은 종전의 양도인과 전세권설정자에 대하여 동일한 권리와 의무가 있음을 규정하고 있다. 본조는 전세권자의 권리의무가 채권관계에서 요구되는 채권양도 또는 채무인수라는 절차 없이 이전됨을 전제하고 있다. 민법안 제294조 제2항이 전세권자의 권리의 양도에 채권양도가 필요하다고 규정하였던 것을 본조가 이를 삭제하고 규정하고 있는 것도 이러한 이유에서이다.[36] 이처럼 제306조와 제307조는 전세권의 양도성에 따르는 당

---

33) 강태성, 상게논문, 167면.

34) 채권의 양도성은 당사자의 의사로서 제한할 수 있지만, 물권의 양도성은 당사자의 의사로서 제한할 수 없다는 점에서 물권은 강한 양도성을 갖는다고 한다(곽윤직 · 김재형, 물권법, 11면; 오시영, 물권법, 25면). 그밖에 다수설은 물권의 양도성만을 언급하고 있다[김상용, 물권법(법문사, 1993), 19면; 홍성재, 물권법(대영문화사, 2010), 6면; 이영준, 물권법(박영사, 2004), 7면; 주석민법, 물권(1)(홍성재 집필부분)(한국사법행정학회, 2011), 38면]. 이에 반하여 물권의 양도성을 전혀 언급하지 않는 견해도 있다[송덕수, 물권법(박영사, 2014), 16면].

35) 주석민법, 물권(3), 306 - 308면.

36) 민의원법제사법위원회, 민법안심의록(상권), 총칙편 · 물권편 · 채권편(1957), 185 - 186면. 민법초안이 전세권을 물권으로 규율하는 데 대하여는 반대의 의견이 개진되었다[민사법연구회, 민법안의견서(일조각, 1957), 112면]. 전세권은 전세계약으로 채권편에 규율함이 타당하다는 것이다.

연한 주의적 규정이다. 한편 제307조는 '전세권설정자'의 전세권관계의 양도(이전)에
도 당연히 확대 적용된다. 바로 이러한 이유에서 판례도 "전세목적물의 소유권이 이
전된 경우 민법이 전세권 관계로부터 생기는 상환청구, 소멸청구, 갱신청구, 전세금증
감청구, 원상회복, 매수청구 등의 법률관계의 당사자로 규정하고 있는 전세권설정자
또는 소유자는 모두 목적물의 소유권을 취득한 신 소유자로 새길 수밖에 없다."라고
밝히고 있는 것이다.37)

 (iii) 제307조에 의하여 전세권의 양수인과 전세물의 신소유자는 양도인과 전세물
의 구소유자와 동일한 권리의무가 있다. 예를 들면, 손해배상청구권(제315조)과 유익
비상환의무(제310조)는 전세권자와 전세물의 신소유자 사이에 동일하게 존속한다. 이
에 대해서는 이러한 권리의무의 승계여부는 전세권양도계약의 내용에 따라서 해결되
어야 하는 의사표시해석의 문제라고 보는 견해가 있다.38) 그러나 이는 본말이 전도된
것이라 하지 않을 수 없다. 이러한 권리와 의무를 당사자의 의사 여부에 따라 결정한
다면 이는 물권법정주의에 반하는 것이다. 전세권이나 전세권설정자의 지위를 양도
하는 당사자들은 물권법정주의를 전제로 하여 매매, 증여, 교환의 양도계약으로 그에

---

37) "전세권이 성립한 후 목적물의 소유권이 이전되는 경우에 있어서 전세권 관계가 전세권자와
    전세권설정자인 종전 소유자와 사이에 계속 존속되는 것인지 아니면 전세권자와 목적물의 소
    유권을 취득한 신 소유자와 사이에 동일한 내용으로 존속되는지에 관하여 민법에 명시적인
    규정은 없으나, 전세목적물의 소유권이 이전된 경우 민법이 전세권 관계로부터 생기는 상환청
    구, 소멸청구, 갱신청구, 전세금증감청구, 원상회복, 매수청구 등의 법률관계의 당사자로 규정
    하고 있는 전세권설정자 또는 소유자는 모두 목적물의 소유권을 취득한 신 소유자로 새길 수밖
    에 없다고 할 것이므로, 전세권은 전세권자와 목적물의 소유권을 취득한 신 소유자 사이에서
    계속 동일한 내용으로 존속하게 된다고 보아야 할 것이고, 따라서 목적물의 신 소유자는 구
    소유자와 전세권자 사이에 성립한 전세권의 내용에 따른 권리의무의 직접적인 당사자가 되어
    전세권이 소멸하는 때에 전세권자에 대하여 전세권설정자의 지위에서 전세금반환의무를 부담
    하게 되고, 구 소유자는 전세권설정자의 지위를 상실하여 전세금반환의무를 면하게 된다고 보
    아야 하고, 전세권이 전세금 채권을 담보하는 담보물권적 성질을 가지고 있다고 하여도 전세
    권은 전세금이 존재하지 않으면 독립하여 존재할 수 없는 용익물권으로서 전세금은 전세권과
    분리될 수 없는 요소이므로 전세권 관계로 생기는 위와 같은 법률관계가 신 소유자에게 이전
    되었다고 보는 이상, 전세금 채권 관계만이 따로 분리되어 전 소유자와 사이에 남아 있다고
    할 수는 없을 것이고, 당연히 신 소유자에게 이전되었다고 보는 것이 옳다."(대법원 2000. 6.
    9. 선고 99다15122 판결)(동지의 판결, 대법원 2006. 5. 11. 선고 2006다6072 판결)(이하 밑
    줄은 필자의 표시).
38) 민법주해[VI], 물권(3), 213면; 주석민법, 물권(3), 320-321면.

따른 이해관계를 조정하게 되는 것일 뿐이다. 예를 들면, 유익비상환의무를 이전받는 매수인은 매매계약 당시에 유익비를 공제하여 매매대금을 정하거나 또는 매매계약 당시 이를 알 수 없을 경우에는 매매 후 자신이 이를 변제하고 매도인에게 담보책임을 물어 구상하게 된다. 이는 전세금반환의무가 이전되는 경우에도 마찬가지이다.

(iv) 한편 전세권의 경우 의사표시에 의하여 양도를 금지하고 이를 등기할 경우 대항력이 인정된다(제306조 단서).[39] 이 경우 전세금반환청구권은 전세권과 함께 양도성의 부정된다. 그러나 전세물소유자의 소유권은 그 양도성을 제한할 수 없으므로 전세물소유자의 전세금반환의무는 소유권의 양도와 함께 채무인수의 절차 없이 당연히 이전된다. 이것이 전세물반환의무의 경우 의무와 책임의 분리가 있을 수 없는 이유이기도 하다.

(v) 물권의 양도성과 달리 채권은 당사자의 의사로써 자유롭게 양도성을 제한할 수 있다(제449조). 또 채무는 채권자와의 계약에 의한 채무인수의 경우는 이해관계 없는 제3자는 채무자의 의사에 반하여 채무를 인수하지 못하고(제453조) 또 채무자와의 계약에 의한 채무인수의 경우는 채권자의 승낙하여야 그 효력이 인정된다(제454조)고 하여 채무의 이전은 당사자의 반대의사에 의한 제한이 얼마든지 가능하다. 채권인 피담보채권이 당사자의 의사에 의하여 양도가 제한받는 경우 저당권도 양도성이 제한된다. 이는 저당권은 피담보채권의 종된 권리이기 때문이다.

(4) 전세금반환청구권의 물권적 청구권성에 대한 비판

전세금반환청구권이 물권적 청구권이라는 데에 대해서는 여러 비판이 제기되고 있다. 그러나 이러한 비판은 물권적 청구권을 잘못 이해하는 데에서 비롯되는 것이다. 전세금반환청구권은 물권적인 성질이 전혀 없는 순수한 지명채권에 지나지 않는다고 하는 견해가 있다.[40] 또 전세권설정자 및 그 승계인에 대하여만 청구할 수 있는 전세금반환청구권을 대세적 효력이 있는 물권적 청구권이라고 보기는 어렵다는 비판도 있다.[41] 또 명문의 법적인 근거가 없으므로 물권적 청구권을 인정할 수 없다는 비판도

---

39) 법령에 의하여 전세권의 양도성을 제한하는 것에 대하여는 폐지하여야 한다는 비판이 제기되고 있다[곽윤직·김재형, 물권법(2015, 박영사), 12면; 민법주해[Ⅵ], 물권(3), 207면].

40) 강태성, 전게논문, 175면.

41) 강대성, 전게논문, 38면; 남양우, "전세권을 목적으로 한 저당권의 효력에 관하여 - 대법원

있다.42) 그러나 판례도 언급하고 있는 바와 같이 '민법에 명시적인 규정'이 없음에도 불구하고 전세금반환청구권은 전세금을 받은 전세물소유자뿐 아니라 이를 받은 적이 없는 전세물의 신소유자에 대한 권리로서 인정되고 있다.43) 즉, 물권적 청구권인 전세금반환청구권은 채권적 청구권인 지명채권과는 다른 여러 특성이 있다는 것은 이미 알아보았다. 또 전세금반환청구권을 전세권의 침해로부터 발생하는 물권적 청구권(이하 협의의 물권적 청구권)의 일종으로 보는 견해는 지나친 해석이라거나,44) 같은 맥락에서 전세금반환채권은 물권의 실효성과는 무관하므로 물권적 청구권이라고 할 수 없다는 비판이 있다.45) 그러나 전세금반환청구권은 기존의 침해 물권적 청구권(제213조-제214조 등)이 한 부류를 구성하는 물권적청구권에 속하는 권리이다. 또 전세금반환채권은 전세권설정자나 그 승계인에 대해서만 주장할 수 있는 상대적 권리에 불과한 채권으로서 대세적 효력이 있는 물권적 청구권으로 법리를 구성하는 데는 한계가 있다는 비판도 제기되고 있다.46) 그러나 침해 물권적 청구권도 특정의 채무자를 전제로 하지 않고 '침해자' 누구에 대해서나 성립하는 권리이듯이 전세금반환청구권도 특정의 채무자를 전제로 하지 않고 '전세물소유자' 누구에 대해서나 성립하는 권리라는 점에서 얼마든지 대세성이 인정될 수 있고 이에는 본질적인 차이가 있는 것은 아니다.

(5) 일반 물권적 청구권과 침해 물권적 청구권

(i) 전세금반환청구권은 침해 물권적 청구권과는 다음의 점에서 다르다. 전세금반환청구권은 전세권의 요소이자 전세권과 일체를 이루어 전세권의 성립시에 발생하는 권리이지만, 전세권이 침해되어야만 발생하는 침해 물권적 청구권과는 본질적으로 다르다.47) 전세금반환청구권은 지배권인 전세권의 대등한 권리이자 주된 권리이

1999. 9. 17. 선고 98다31301판결을 중심으로 -", 대전지방법원 실무연구자료 제7권(2006), 83면; 박순성, 전게논문, 111면; 오경미, 전게논문, 134면; 이상태, 전게논문, 568면; 추신영, 전게논문, 68면.

42) 오경미, 상게논문, 134면; 이승훈, "전세권저당권의 실행방법과 전세권설정자의 공제 및 상계 주장 가부", 민사판례연구[XXXVIII](박영사, 2016), 180면.

43) 대법원 2000. 6. 9. 선고 99다15122 판결; 대법원 2006. 5. 11. 선고 2006다6072 판결.

44) 강대성, 전게논문, 38면.

45) 강태성, 전게논문, 171면.

46) 추신영, 전게논문, 68면.

지만, 침해 물권적 청구권은 언제나 지배권인 전세권의 효력으로서만 인정된다.

(ⅱ) 전세금반환청구권은 침해 물권적 청구권과는 다음에 점에서 유사하다. 침해 물권적 청구권도 역시 물건을 매개로 하는 권리라고 볼 수 있다는 점에서 전세금반환청구권과 유사하다. 또한 전세금반환청구권은 전세물소유자 누구에게나 주장할 수 있다는 점에서 또 침해 물권적 청구권도 침해자 누구에게나 주장할 수 있다는 점에서 대세성이 인정된다는 점이 동일하다.

3. 담보물권성의 전세권과 저당권의 이동(異同)

담보물권성의 전세권은 담보물권이라는 점에서 저당권과 같은 점도 있지만 전세금반환청구권은 피담보채권과는 달리 물권적 청구권이라는 점에서는 담보물권성의 전세권을 저당권과 동일하게 취급할 수 없다. 전세권은 용익물권에 저당권이 병렬적으로 연결된 것이 아니라, 중첩적으로 용익물권성과 담보물권성의 요소가 되어 있는 전세금반환청구권을 담보하는 담보물권이기 때문에 저당권 등의 통상의 담보물권과는 동일하게 취급할 수 없는 점이 있다. 즉, 양자는 경매청구권과 우선변제권이 인정되는 점에서는 동일하지만, 담보하는 권리가 어떠한 성질을 갖느냐에 따라 달리 취급되어야 하는 것이다.

(1) 담보물권성의 전세권과 저당권의 같은 점

(ⅰ) 피담보권리가 존재하지 않는 한 담보물권이 성립될 수 없다는 담보물권의 본질상 전세금반환청구권은 담보물권성의 전세권의 주된 권리가 된다. 이는 피담보채권이 저당권의 주된 권리가 되는 것과 마찬가지이다. 이 점에서 담보물권성의 전세권에는 저당권과 마찬가지로 피담보권리인 전세금반환청구권에 대한 통유성(부종성, 수반성, 물상대위성)이 인정된다.[48]

---

47) 필자는 물권에 대한 침해가 있는 경우에 발생하는 물권적 청구권을 협의의 물권적 청구권이라고도 부른다[남효순, "물권관계의 새로운 이해 – 물권 및 물권적 청구권 개념에 대한 새로운 이해의 단초2 –", 324면].

48) 담보물권성의 전세권의 전세금반환청구권에 대한 부종성뿐만 아니라 전세금반환청구권의 용익물권성의 전세권에 대한 부종성도 논하여야 한다는 견해가 있다(강태성, 전게논문, 172면). 그러나 용익물권성의 전세권의 경우 전세권설정자의 전세금보유권(전세권자의 유예된 전세금반환청구권)과 전세권자의 용익물권성은 대가관계를 이루어 양자 사이에는 주·종의 구별이 없

（ⅱ） 전세금반환청구권 또는 피담보채권이 없이는 담보물권이 성립할 수 없으므로 전세금반환청구권이든 피담보채권이든 등기에 의하여 그 '존재'가 공시되어야 한다는 점에서는 담보물권성의 전세권과 저당권은 같은 취급을 할 수 있다.

(2) 담보물권성의 전세권과 저당권의 다른 점

담보물권성의 전세권과 저당권이 담보물권임에도 불구하고 달리 취급되어야 하는 것은 물권적 청구권인 전세금반환청구권과 채권적 청구권인 피담보채권의 차이에서 비롯되는 것이다. 이에 대해서는 물권적 청구권인 전세금반환청구권의 특성에서 이미 살펴보았다. 이곳에서는 판례가 용익기간이 종료한 후 전세금반환청구권의 양도에 채권양도의 절차를 요구하여 담보물권성의 전세권과 저당권을 동일하게 취급하고 있는 것의 부당성을 검토하고자 한다. 이 문제를 전세금반환청구권 · 전세금반환의무와 저당채권 · 저당채무가 발생하는 계기를 비교하면서 살펴보고자 한다.

(가) 전세금반환청구권의 양도방법에 관한 판례와 학설

（ⅰ） 판례는 용익기간이 종료되어 전세금반환청구권이 전세권과 동시에 양도되는 경우 전세권이전의 부기등기 외에 전세금반환채권의 양도에 관하여 확정일자 있는 통지나 승낙이 있어야 제3자인 전세금반환청구권의 압류 · 전부 채권자에게 대항할 수 있다고 하여,[49] 용익기간이 종료된 후에는 전세금반환청구권의 양도에 채권양도를 요구함으로써 전세금반환청구권을 채권적 청구권과 동일하게 될 결과 담보물권성의 전세권과 저당권을 동일하게 취급하고 있다.

（ⅱ） 한편 학설도 용익기간 만료 후의 전세권자는 저당권자와 사실상 동일한 지위를 갖는다는 이유로[50] 담보물권성의 전세권과 저당권을 동일하게 취급하는 판례에

으므로 부종성을 논할 여지가 없다고 할 것이다.

49) "… 이와 같이 존속기간의 경과로서 본래의 용익물권적 권능이 소멸하고 담보물권적 권능만 남은 전세권에 대해서도 <u>그 피담보채권인 전세금반환채권과 함께 제3자에게 이를 양도할 수 있다 할 것이지만 이 경우에는 민법 제450조 제2항 소정의 확정일자 있는 증서에 의한 채권양도절차를 거치지 않는 한</u> 위 전세금반환채권의 압류·전부 채권자 등 제3자에게 위 전세보증금반환채권의 양도사실로써 대항할 수 없다."(대법원 2005. 3. 25. 선고 2003다35659 판결). 동지의 판결, 대법원 2015. 11. 17. 선고 2014다10694 판결.

50) 강태성, 전게논문, 171면; 이승훈, 전게논문, 181면; 추신영, 전게논문, 69면.

대해서 찬성하고 있다. 우선 그 논거로서 피담보채권을 저당권과 분리하여 단순한 채권으로 파악하지 않는 것처럼 전세금반환채권도 전세권과 운명을 같이하는 것으로 보아야 하며, 실제 전세권설정계약은 저당권설정계약과 크게 다르지 않다고 하는 견해가 있다.[51] 즉, 저당권설정계약시 피담보채권에 대한 채권계약과 저당권설정계약이 복합적으로 이루어지고, 전세권설정계약도 전세금채권에 대한 채권계약과 전세권설정계약이 복합적으로 이루어진다는 것이다.[52] 이 견해는 전세금반환청구권의 발생이 채권적 청구권인 피담보채권의 발생과 동일하다고 보아 담보물권성의 전세권을 저당권과 동일하게 취급하는 데 정당성을 부여하고 있는 것이라 볼 수 있다. 그러나 저당권설정계약시 피담보채권에 대한 채권계약과 저당권설정계약이 복합적으로 이루어진다는 외관이 있다고 하더라도, 피담보채권의 채권계약과 저당권설정을 위한 채권계약·저당권설정의 물권계약은 개념적으로 구분되는 별개의 계약이라는 점은 변함이 없으므로 타당하지 않다. 또 이러한 견해와는 반대로 전세권설정을 위한 채권계약은 전세권을 설정해 주겠다는 합의와 전세금을 지급하겠다는 합의가 있는바, 전자의 합의에서 발생한 채무의 이행으로서 물권계약인 전세권설정계약(즉, 다수설에 의하면 물권인 전세권을 설정한다는 물권적 합의와 전세권설정등기)을 하고, 후자의 합의에서 생긴 채무의 이행으로서 전세금을 지급하는 것이므로, 전세금반환채권은 채권계약에서 발생할 뿐이고 물권계약인 전세권설정계약으로부터 발생하지 않는다고 하는 견해가 있다.[53] 전세금반환채권은 물권계약인 전세권설정계약 자체로부터 발생하지 않는다고 하여, 전세금반환청구권을 채권적 청구권인 피담보채권과 동일하게 외재적 권리로 보아 담보물권성의 전세권을 저당권과 동일하게 취급하는 것이다. 그러나 전세권을 설정할 채권을 발생시키는 채권계약은 전세권을 설정해 주어 전세금을 지급하겠다는 하나의 합의로 된 채권계약이지 별개의 합의로 구성된 계약이 아니다. 또 그 이행 단계에서 전세금을 지급하여야 전세권이 성립한다는 점에서 물권계약인 전세권설정계약은 전세금의 지급과 무관한 것이 아니다.[54] 어느 견해든 전세금반환청구권

---

51) 추신영, 상계논문, 67면.
52) 추신영, 상계논문, 67-8면.
53) 강태성, 전계논문, 171면.
54) 전세금지급이 없이는 전세권이 성립할 수 없다는 점에서 물권행위와 등기의 관계에 관한 다양한 물권행위론이 제기될 수 있다.

을 채권적 청구권으로 잘못 인식하고 있는 것이다.

(나) 담보물권성의 전세권과 저당권의 차이

(i) 전세금반환의무와 저당채무의 발생·존속의 비교: 전세금반환의무는 전세물소유자의 의무이다. 이러한 이유에서 전세금반환의무자는 전세권의 등기사항이 아니다(부동산등기법 제72조 참조). 이는 전세물소유자가 전세금반환의무의 의무자로서 예정되어 있기 때문이다. 따라서 전세물의 소유권이 변경되면 전세금반환의무는, 의무인수를 필요로 하지 않고, 전세물의 신소유자에게 이전된다. 즉, 전세금반환의무는 전세물소유자의 의무가 되기 때문에 전세금반환의무자와 전세물소유자가 분리되어 전체 금반환의무와 책임이 분리되는 현상은 있을 수 없는 것이다. 소유권이 있는 곳에 전세금반환의무가 존재하기 때문에 즉, 전세금반환의무는 전세물을 매개로 하는 소유권자의 의무로서 물권적 의무라고 부르는 것이다. 또 전세금반환의무의 이전은 전세물소유권의 이전등기에 의할 수밖에 없다.

(ii) 이에 반하여 저당채무는 저당물소유자의 채무가 아니라 저당채무자의 채무이다. 그러나 저당채무가 존재하지 않고서는 저당권은 존재할 수 없다. 따라서 저당채무자는 저당권의 등기사항이 된다(부동산등기법 제75조 제1항 제2호). 저당채무는 저당물의 소유권의 변경되면, 채무인수가 없는 한, 저당물의 신소유자에게 이전되지 않아 이른바 저당채무와 책임의 분리되는 현상이 발생하게 된다. 이는 저당물소유자가 동시에 저당채무를 부담하는 경우에도 그것은 본질적인 것이 아니라는 것을 말하는 것이다. 저당채무는 물건을 매개로 하는 저당물소유자의 의무가 아니라 물건을 매개로 하지 않고 성립하는 채무이기 때문이다. 한편 저당채무는 저당물과는 무관한 채무이므로 저당물의 소유권등기에 의하여 공시되지 않는다.

(iii) 전세금반환청구권과 저당채권의 발생·존속의 비교: 전세금반환청구권은 전세물을 매개로 하여 전세물소유자에 대하여 성립하는 물권적 청구권이다. 또 전세금반환청구권은 지배권인 용익물권성의 전세권의 대가를 구성하는 권리로서 전세금의 지급이 있으면 등기에 의하여 그 발생이 공시된다. 이러한 의미에서 전세금반환청구권은 등기의 기재사항이 된다(부동산등기법 제72조 제1항 제1호 - 제3호). 또 전세물을 매개로 성립하여 전세권등기에 의하여 공시되는 전세금반환청구권의 양도방법은 전세권등기의 이전등기이다.

(ⅳ) 이에 반하여 저당채권은 특정의 채무자에 대한 채권적 청구권이다. 저당채권이 존재하지 않는 한 저당권의 성립은 불가하다. 따라서 저당채권도 저당권등기의 기재사항이다(부동산등기법 제75조 제1항 제1호 – 제5호). 그러나 이는 이미 발생한 저당채권의 존재를 공시하는 것일 뿐이다. 저당채권은 어디까지나 물권인 저당권의 밖에서 존재하는 외재적인 채권에 지나지 않는 것이다. 또 저당권은 유상의 물권이 아니기 때문에 저당채권이 존재하더라도 지배권인 저당권과 함께 공시될 필요가 없는 것이다. 이러한 이유에서 저당권등기는 저당채권의 존재를 공시하는 것일 뿐 저당권등기가 채권적 청구권인 저당채권의 공시방법은 아닌 것이다. 따라서 채권적 청구권인 저당채권은 저당권등기에 의하여 이전되지 않고 별개의 채권양도의 방법에 의하는 것이다. 다만, 스위스채무법의 경우는 저당채권의 양도를 저당권의 이전등기에 의하도록 하고 있는데, 이는 저당채권과 저당권의 이전시기를 일치시키기 위한 것일 뿐 본질적인 것은 아니다.[55)]

(ⅴ) 기술한 바와 같이 전세금반환청구권이 물권적 청구권으로서 전세권등기에 의하여 공시되는 이상 용익기간이 종료되더라도 전세금반환청구권은 전세권이전의 부기등기 외에 별도의 양도절차는 필요없다. 즉, 용익기간의 종료 후에도 전세금반환청구권이 전세물의 소유자에 대한 물권적 청구권으로서 존재하는 한 채권적 청구권의 양도방법인 채권양도의 절차는 필요 없는 것이다. 그리고 1984년 전세권의 개정에 의하여 전세권에 담보물권성도 인정된 이상, 제306조와 제307조는 용익물권성의 전세권뿐만 아니라 담보물권성의 전세권에도 적용된다. 따라서 용익기간 종료 후 담보물권성의 전세권의 양도에도 당연히 전세금반환청구권이 포함되는 것이다. 1984년 전세권의 개정에 의하여 제371조의 저당권의 객체가 되는 전세권이란 담보물권성의 전세권도 포함하듯이 제306조와 제307조상의 전세권에도 역시 담보물권성의 전세권이 포함되는 것이다.

4. 결어: 전세권의 본질과 전세권에 대한 전세권저당권의 설정

(ⅰ) 전세권은 물권적 청구권인 전세금반환청구권을 포함한 용익물권성과 담보물권성을 겸유하는 권리이다. 전세금반환청구권은 물건을 매개로 하여 성립하는 물권

---

55) 남효순, "전세권의 법적 성질과 본질", 169면.

적 청구권으로 전세권의 요소로서 또 전세권과 일체를 이루어 등기에 의하여 공시되는 권리라는 것이 그 본질이다. 그 결과 전세금반환청구권은 그 본질이 유지되는 한 전세권 자체로부터 분리될 수 없으며 또 용익권능과 담보권능도 서로 분리될 수 없는 것이다. 이러한 본질은 전세권의 용익기간의 존속 중뿐만 아니라 종료 후에도 준수되어야 한다.

(ii) 전세권의 법적 성질과 전세금반환청구권의 본질은 전세권에 대하여 저당권을 설정하는 경우에도 유지되어야 한다. 즉, 전세권저당권의 객체가 무엇이고, 용익기간의 존속 중 경매가 실행되는 경우 매수인이 취득하는 권리는 어떠한 권리인지, 용익기간이 종료되는 경우 전세권저당권의 소멸 또는 존속여부와 전세권저당권의 실행을 어떻게 할 것인지 그리고 전세권설정자는 전세권자에 대하여 손해배상청구권 외의 반대채권으로 상계를 하여 이를 전세권저당권자에 대하여 주장할 수 있는지의 문제들도 전세권의 본질에 비추어서 결정되어야 한다. 그렇지 않을 경우에는 왜곡된 결과로 인하여 저당권의 법리가 유지될 수 없고 또 전세권저당권에 통일성을 부여할 수 없게 된다. 이것이 현재 전세권저당권에 있어서 극복되어야 할 판례와 학설의 상황이라고 할 것이다.

Ⅲ. 전세권저당권의 객체

(i) 전세권저당권은 궁극적으로 전세물의 용익가치와 전세금반환청구권의 객관적 가치를 파악하는 권리이다. 그런데 전세금반환청구권이 중첩적으로 용익물권성의 전세권과 담보물권성의 전세권의 요소가 된다는 전세금반환청구권의 본질에 비추어 보면, 후술하는 바와 같이 전세권저당권의 객체가 무엇인가의 문제는 전세권의 교환가치를 파악하는 문제처럼 단순한 문제가 아니다.

(ii) 전세권에 대하여 저당권을 설정하는 경우 전세권저당권의 객체는 무엇인가? 그것은 당연히 전세권 자체라고 하여야 할 것이다. 이는 지상권이 저당권의 객체가 되는 경우에도 지상권 자체가 지상권저당권의 객체가 되는 것과 마찬가지이다. 그러나 판례와 일부 학설들은 그렇게 보고 있지 않다. 전세금반환청구권, 담보물권성의 전세권 또는 용익물권성의 전세권을 전세권저당권의 객체가 아니라고 본다. 그것은 전세권의 일부만을 전세권저당권의 객체라고 보는 것이다. 한편 전세권을 저당권의

객체로 한다는 것은 그 객체인 전세권의 교환가치로부터 우선변제를 받는다는 것을 말한다. 용익물권성의 전세권의 교환가치란 전세물의 용익가치를 의미하고, 담보물권성의 전세권의 교환가치란 전세금반환청구권을 행사하여 반환받는 전세금을 말한다. 그런데 판례와 일부 학설이 전세권 자체를 전세권저당권의 객체로 보지 않을 경우 전세권의 교환가치의 일부만을 파악하는 것을 자인하는 것이 되어 버린다. 도대체 판례와 일부 학설은 왜 전세권저당권의 객체를 전세권 자체로 보지 못하는 것일까? 우선 전세권저당권의 객체에 대하여 판례와 학설들이 취하고 있는 태도와 문제점을 살펴본 후 그 원인에 대해서 검토하기로 한다.

1. 판례

판례는 전세권저당권의 목적물은 물권인 '전세권 자체'이지 전세금반환채권은 아니고, 전세권의 용익기간이 종료되면 전세권은 소멸한다고 한다.[56] 판례가 전세금반환채권을 전세권저당권의 객체에서 제외한다는 것은 전세금반환채권을 포함하는 담보물권성의 전세권도 전세권저당권의 객체에서 제외하는 것이 된다. 이러한 이유에서 판례는 "우리 민법상 저당권은 담보물권을 목적으로 할 수 없다."라고 밝히고 있는 것이다.[57] 요컨대 판례는 '지배권'인 용익물권만 전세권저당권의 객체가 된다고 하는

---

56) "전세권에 대하여 저당권이 설정된 경우 그 저당권의 목적물은 물권인 전세권 자체이지 전세금반환채권은 그 목적물이 아니고, 전세권의 존속기간이 만료되면 전세권은 소멸하므로 더 이상 전세권 자체에 대하여 저당권을 실행할 수 없게 되고 … "(대법원 1999. 9. 17. 선고 98다31301 판결).

57) "우리 민법상 저당권은 담보물권을 목적으로 할 수 없으므로, 전세권에 대하여 저당권이 설정된 경우 그 전세권이 기간만료로 종료되면 전세권을 목적으로 하는 저당권은 당연히 소멸된다(대법원 1999. 9. 17. 선고 98다31301 판결 참조). 원심이 적법하게 채택한 증거에 의하면, 원고가 2002. 4. 6. 소외인에게 이 사건 건물과 그 대지에 대하여 전세금 4,500만 원, 존속기간 2004. 3. 25.까지의 전세권설정등기를 경료해 주었고, 소외인은 같은 날 피고에게 위 전세권에 대하여 채권액 4,500만 원의 전세권저당권설정등기를 경료해 준 사실, 그런데 원심 변론종결일인 2005. 5. 13. 이전에 이미 위 전세권의 존속기간이 경과한 사실 등을 알 수 있는바, 사정이 이와 같다면, 이 사건 전세권은 존속기간 만료로 소멸되었고 이에 대한 피고의 저당권 역시 소멸되었다고 보아야 한다. 그럼에도 불구하고, 원심은 이와 다른 견해에서 이 사건 전세권에 대한 피고 명의의 저당권의 말소를 구하는 이 사건 청구를 배척하고 말았으니, 이러한 원심판결은 전세권에 대한 저당권의 효력 등에 관한 법리를 오해하여 판결 결과에 영향을 미친 위법이 있다. 이 점에 관한 상고이유의 주장은 이유 있다."(대법원 2008. 4. 10. 선고 2005다47663 판결).

것이다. 그 결과 전세권의 용익기간이 종료되면 전세권설정등기의 말소 없이도 전세권저당권도 당연히 소멸한다고 보는 것이다.[58]

2. 학설

학설들은 지배권인 용익물권만을 전세권저당권의 객체로 하는 판례를 지지하거나 또는 반대로 전세금반환청구권, 담보물권성의 전세권 심지어는 용익물권성의 전세권을 전세권저당권의 객체에서 제외하기도 한다. 현재 1984년 전세권의 개정을 이유로 하여 용익물권성·담보물권성의 전세권을 전세권저당권의 객체로 보는 견해가 다수설이다.

(1) 전세금반환청구권 제외설: 용익물권성·담보물권성의 전세권설

（ⅰ） 전세권저당권의 객체는 전세금반환청구권을 제외한 용익물권성과 담보물권성의 전세권이라고 한다.[59] 논거로 전세금반환청구권은 전세권의 내용이 아니고 용익물권성과 담보물권성의 전세권과는 별개의 권리이기 때문이라고 한다.[60] 별개의 권리인 이유는 전세권을 설정하는 전세권설정계약과 전세금을 발생시키는 전세금계약을 구분할 수 있는 이상 발생기초가 다른 전세금반환청구권을 저당권의 객체에 포함시킬 수는 없기 때문이라고 한다.[61] 또는 전세금반환청구권은 전세권의 종된 권리이기 때문에 전세금반환청구권을 전세권저당권의 객체라고 볼 수 없다고 한다.[62]

（ⅱ） 한편 이 학설은 전세금반환청구권을 전세권저당권의 객체가 아니라고 하면서

---

58) 대법원 1995. 9. 18. 자 95마684 결정; 대법원 2008. 3. 13. 선고 2006다29372,29389 판결; 대법원 2014. 10. 27. 선고 2013다91672 판결.

59) 강태성, 전게논문, 171면; 박순성, 전게논문, 111면. 학설 중에는 전세금은 전세권의 용익물권성의 기초가 된다는 점에서 전세권저당권의 객체는 용익물권성과 담보물권성 그리고 전세금을 포함한 전세권 자체라고 보아야 하고, 전세금반환청구권은 채권이라는 이유로 전세권저당권의 객체가 될 수 없다는 견해가 있다[이호행, "전세권의 본질과 전세권저당권의 실행", 민사법학, 제71집(한국민사법학회, 2015), 14면]. 그러나 부동산에 대한 저당권이라고 하는 경우 실제로는 부동산소유권에 대한 저당권을 말하듯이 전세금 자체가 아니라 전세금반환청구권이 저당권의 객체가 되는 것이다.

60) 강태성, 상게논문, 171면.

61) 강태성, 상게논문, 173면; 이홍민, 전게논문, 138-9면.

62) 박순성, 전게논문, 111면.

도 전세금반환청구권이 용익물권성과 담보물권성의 전세권에 부종하기 때문에 전세
권저당권의 효력이 미친다고 하거나,[63] 또는 전세금반환청구권을 용익물권 및 담보
물권과 별개의 권리로 보아 전세권의 내용은 아니지만 전세권저당권의 효력이 미친
다고 한다.[64]

(2) 담보물권성의 전세권 제외설: 지배권인 용익물권설

용익물권성의 전세권만 전세권저당권의 객체가 된다고 한다.[65] 즉, 전세금반환청
구권을 포함한 담보물권성의 전세권을 전세권저당권의 객체에서 제외하는 것이다.
판례와 같이 지배권인 용익물권만 전세권저당권의 객체가 된다고 하여 전세금반환청
구권을 제외하고 있다. 논거로 민법 제371조의 규정이 용익물권인 전세권을 저당권의
목적으로 하는 것이기 때문이라고 하거나,[66] 또는 본조는 1984년 전세권의 개정 이전
부터 존재하여 왔기 때문에 그렇게 보아야 한다고 한다.[67]

(3) 용익물권성의 전세권 제외설: 담보권부 전세금반환청구권설[68]

민법이 '전세권'을 저당권의 목적물로 규정하고 있더라도 용익물권성의 전세권을
제외한 '전세권부 전세금채권'을 저당권의 목적물로 예정하고 있는 것으로 해석하여
야 한다고 한다. 전세금반환청구권을 용익권능·담보권능과 함께 전세권의 요소 또는
본질적 내용에 속한다는 실체를 부정하여서는 안 된다고 하면서도, 전세권저당권의
객체는 2개의 권리인 전세금채권 및 이를 담보하는 전세권이 일체로서, 즉 전세권부
전세금채권이 전세권저당권의 목적이 된다고 한다. 이것이 전세기간이 만료되면 전
세금으로 피담보채권을 우선변제 받는 것을 신뢰하는 전세권저당권자 당사자의 의사
에 부합하는 것이고, 용익물권으로서의 전세권이란 교환가치가 적어서 경매의 실효

---

63) 박순성, 전게논문, 111면.
64) 강태성, 전게논문, 165, 174, 183면.
65) 이홍민, 전게논문, 137면; 김동옥, 전게논문, 686면; 오경미, 전게논문, 168면; 이영준, 물권법
　　(박영사, 2004), 747면; 장창민, "전세권저당권의 보호에 관한 연구", 법학연구, 제25권 제4호
　　(연세대학교 법학연구원, 2015. 12), 74면.
66) 김동옥, 전게논문, 686면; 오경미, 전게논문, 133면; 이은영, 전게서, 762면.
67) 김동옥, 상게논문, 686면.
68) 이하 김창섭, 전게논문, 223-5면 참조.

성이 거의 없고 또 실무상으로도 사례를 찾아보기 어려워 지상권에 대한 저당권과 마찬가지로 용익물권으로서의 존재가치가 사실상 거의 없기 때문이라고 한다. 담보 물권의 처분에 있어 일체성을 요구하는 담보물권의 수반성에 비추어 보더라도 전세 권저당권의 대상은 전세권부 전세금채권이고, 전세기간의 존속·만료를 불문하고 전 세권저당권의 객체는 '전세권부 전세금채권 자체'라고 한다.

(4) 전세권설: 용익물권성·담보물권성의 전세권설

전세금반환청구권을 포함하는 용익물권성과 담보물권성을 갖는 전세권이 전세권 저당권의 객체라고 보는 학설이다.[69] 이 학설의 대부분의 견해는 전세금반환청구권 을 채권으로 보는 데 반하여 일부의 견해는 물권적 청구권으로 보기도 하지만,[70] 전 세금반환청구권이 물권적 청구권이라는 것이 전세권저당권의 객체가 되는 데에 있어 서 특별한 의미를 인정하지는 않는다.

(5) 결어

(i) 판례와 모든 학설들은 온전한 전세권 자체에 대하여 전세권저당권의 성립을 인정하지 못한다. 이러한 현상이 발생하는 근본적인 원인에 대해서는 항을 바꾸어 살펴보기로 하고, 우선 전세권의 본질에 비추어 볼 때 학설들이 어떠한 문제점을 드 러내는지에 대하여 살펴보기로 한다.

(ii) 전세금반환청구권을 전세권저당권의 객체에서 제외하는 학설[가]는 전세금반 환청구권의 본질에 비추어 볼 때, 전세금반환청구권이 중첩적으로 용익물권성의 전 세권의 요소이자 동시에 담보물권성의 전세권의 요소가 된다는 점에 반하는 것이다. 이 학설은 용익물권성과 담보물권성의 전세권으로부터 전세금반환청구권을 분리하 는 문제점을 안고 있다. 우선 전세금반환청구권이 없는 용익권능이란 전세금이라는 대가의 지급 없이 전세물을 용익하는 지배권을 가리키는바, 이는 민법상의 전세권과

---

69) 강대성, 전게논문, 39면; 남양우, 전게논문, 85면; 배병일, 전게논문, 22면; 오경미, 전게논문, 133면; 오시영, "전세권 존속기간 경과 후 전세권저당권의 물상대위성에 대한 고찰", 522, 524 면; 이상태, 전게논문, 596면; 이원일, 전게논문, 96면; 이은영, 전게서, 762면; 이재도, 전게논 문, 98면; 황경웅, 전게논문, 16면.

70) 김창섭, 전게논문, 222; 오시영, 전게논문, 516면.

다른 권리를 인정하는 것이어서 타당하지 않다. 또 전세금반환청구권이 없는 담보권
능이란 '추상적인' 담보물권 즉, 전세금반환청구권이 따르지 않는 경매청구권과 우선
변제권에 대하여 저당권의 성립을 인정하는 것이 되어 역시 타당하지 않다. 그리고
피담보채권이 배제된 저당권을 인정하지 않는 민법 제361조의 취지는 이를 저당권의
객체로 하는 담보물권성의 전세권에서도 인정되어야 하기 때문에 타당하지 않은 것
이다. 한편 학설[가]는 전세금반환청구권을 전세권저당권의 객체에서 제외함으로써
전세물에 대한 용익가치만을 지배하는 것을 인정하는 것이 되어 전세권의 교환가치
를 파악하는 전세권저당권의 법리에 반하는 것이 된다. 무엇보다도 전세금반환청구
권을 제외하는 것은 전세권저당권을 설정하는 당사자들이 최소한 전세금으로부터 우
선변제를 받으려고 하는 거래의 실제에 반하는 것이라 할 것이다. 또 전세금반환청구
권이 없는 경매청구권과 우선변제권에 대해서는 교환가치를 파악할 수 없다는 점에
서 공허한 것이고 또 무의미한 것이라 하지 않을 수 없다.

(iii) 담보물권성의 전세권을 제외하여 지배권인 용익물권성의 전세권만 전세권저
당권의 객체가 된다는 판례와 학설[나]는 전세권에 담보물권성도 인정하여 그것에
대한 저당권(제371조)의 성립을 허용하는 1984년 전세권 개정의 취지에 부합하지 않
는다. 또한 전세금반환청구권이 없는 지배권인 용익물권성의 전세권만 전세권저당권
의 객체가 된다는 학설[나]에 대해서는 학설[가]에 대한 비판이 그대로 타당하다.

(iv) 용익물권성의 전세권을 제외하여 담보물권성의 전세권(담보권부 전세금청구권)
이 전세권저당권의 객체가 된다는 학설[다]는 우선 전세권이 용익물권으로 편제되었
다는 연혁과 그 연혁이 현재에도 유지되고 있다는 전세권 개정의 상황과 전혀 부합하
지 않는다. 이러한 점에서 학설[다]는 전세권의 법적 성질과 전세금반환청구권의 본
질을 전혀 고려하지 않고 있는 것으로서, 학설의 난맥상을 여실히 드러내는 것이라
하지 않을 수 없다. 한편 학설[다]는 용익물권성의 전세권을 제외함으로써 전세물에
대한 용익가치를 전세권의 교환가치에서 제외하는 것이 되어 또한 부당하다. 즉, 전세
권저당권을 설정받는 전세권저당권자의 의사란 전세금반환청구권의 교환가치 외에
용익기간 중의 용익물권성의 전세권의 교환가치도 지배하려는 의사도 포함한다는 사
실에 반하는 것이다. 용익물권성의 전세권의 교환가치란 잔존하는 용익물권의 유상
성 또는 무상성과 관계없이 항상 존재하는 것이다.71) 예를 들면, 무상의 지상권에
대하여도 경제적 수요가 있는 경우에는 저당권이 설정될 수 있고 이 경우에는 경매를

통하여 지상권저당권자는 지상권의 용익가치의 환가액으로부터 우선변제를 받게 된다. 이처럼 용익물권성의 전세권의 교환가치란 담보물권성의 교환가치와 별도로 독립하여 존재하는 가치이다. 다만, 일반적으로 잔여 용익기간이 경과함에 따라 그 가치가 감소하고 용익기간이 종료하는 경우에는 그 가치도 0이 되는 것일 뿐이다. 따라서 용익물권성의 전세권이 교환가치가 적다고 하여 전세권저당권의 객체에서 제외하는 것은 경제적 관점을 법률적인 관점으로 잘못 이해하는 것이라 하지 않을 수 없다.

(v) 다수설인 학설[라]는 민법의 전세권 개정과 판례의 변화를 수용하여 전세권저당권의 객체는 전세권 자체로서 전세금반환청구권을 포함한 용익물권성의 전세권과 담보물권성의 전세권이라고 보고 있다. 그러나 이 학설은 전세금반환청구권이 채권적 청구권 또는 물권적 청구권이라고 하지만 이에 대해서는 후술하는 바와 같이 전세권저당권의 성립을 자체를 부정하거나 또는 질권의 성립을 인정하는 문제점을 내포하고 있다. 또 학설[라]는 전세물에 대한 용익가치와 전세금을 전세권의 교환가치로 파악하는 것은 전세권저당권의 실체에는 부합하지만, 전세금을 전세권의 교환가치로 인정하는 법적 논리가 전세권의 법적성질 또는 전세금반환청구권의 본질에 어긋나는 것이어서 타당하다 할 수 없다.

3. 전세금반환청구권이 전세권저당권의 객체가 되는 데에 장해가 되는 도그마

판례와 학설[2.가·나·라]가 전세권의 법적 성질 또 전세금반환청구권의 본질에 반하여 전세금반환청구권, 담보물권성의 전세권을 전세권저당권의 객체로 보지 않는 이유는 무엇인가? 그것은 채권은 저당권의 객체가 될 수 없다는 도그마, 담보물권은 저당권의 객체가 될 수 없다는 도그마, 채권은 등기가 될 수 없다는 도그마 그리고 마지막으로 채권은 지배권인 물권이 아니라는 도그마를 전제로 하고 있기 때문이다. 담보물권은 저당권의 객체가 될 수 없다는 등의 나머지 도그마들은 전세금반환청구권이 저당권의 객체가 될 수 없다는 첫째 도그마의 연장선에 있는 것이다.

(1) 채권은 저당권의 객체가 될 수 없다는 도그마

(i) 민법(제348조 – 제351조)은 채권을 질권의 객체로 하고 있다. 또 저당권부 채권

---

71) 용익물권성의 전세권의 교환가치에 대해서는 IV.1.가.(마)를 참조.

(제348조)에 대하여서도 질권의 객체로 하고 있다. 판례가 전세금반환청구권을 "채권
적 청구권"이라고 거듭 밝히고 있는바,[72] 이는 전세금반환청구권은 채권으로서 질권
의 객체가 된다는 것을 암시하는 것이라고 할 수 있다. 한편 민법(제345조 단서)은 부동
산의 사용·수익을 목적으로 하는 권리는 질권의 대상이 될 수 없음을 규정하고 있다.
그 결과 부동산질권제도가 폐지되었다.[73] 그 대신 민법은 부동산의 사용·수익을 목
적으로 하는 권리 중 지상권과 전세권을 저당권의 객체로 하고 있다(제371조). 이것이
물권법정주의를 의미함은 물론이다. 전세금반환채권 자체가 저당권의 목적물이 될
수 없다고 하는 견해,[74] 또 전세권저당권의 실행과 관련하여 채권에 불과한 전세금반
환채권을 전세권저당권의 목적물이라고 하여 채권질권에 관한 규정(제353조)을 전세
권저당권에 바로 준용하는 것은 질권의 체계와 저당권의 체계를 혼동하는 결과를 초
래하여 물권법정주의에 반한다는 견해[75] 등이 있는바, 이러한 견해들은 모두 채권은
질권의 객체가 되고 저당권의 객체가 될 수 없다는 도그마에 기초하고 있는 것이다.

　(ii) 채권이 질권의 대상은 되지만 저당권의 대상은 될 수 없다고 보는 도그마는
절대적인 도그마인가? 이 도그마와 관련하여 민법의 특별법인 동산·채권담보법상
의 채권담보권을 살펴보아야 한다. 우선 동산·채권담보법은 담보등기에 의하여 저
당권이 설정된다는 점에 비추어 보면 저당권의 성립을 인정하는 것이라고 볼 수도
있다. 채권질권은 동산질권의 경우와 같이 유치적 효력이 인정되지 않는다는 점에서
등기에 의한 채권저당권의 성립을 인정하더라도 실질적인 차이가 없다.[76] 선박, 비
행기 등에 대하여 유치적 효력이 인정되지 않기 때문에 저당권에 의한 담보권의
성립을 인정할 수 있는 것도 이러한 이유에서이다. 그런데 채권담보권이 동산에 대
한 질권인 동산담보권과 함께 동산·채권을 객체로 한다는 점에 비추어 보면 질권의
성립을 인정할 수 있다. 채권담보권에 대해서는 그 성질에 반하지 아니하는 범위에
서 동산담보권에 관한 동산·채권담보법 제2장과 민법 제348조 및 제352조가 준용

---

72) 대법원 1999. 9. 17. 선고 98다31301 판결; 대법원 1999. 2. 5. 선고 97다33997 판결; 대법원
　　1997. 11. 25. 선고 97다29790 판결; 대법원 1995. 9. 18.자 95마684 결정; 대법원 2014. 10.
　　27. 선고 2013다91672 판결.
73) 민법주해[VI], 물권(3), 421면; 주석민법, 물권(3), 558면.
74) 박순성, 전게논문, 111면; 이호행, 전게논문, 14면.
75) 오경미, 전게논문, 34, 141면.
76) 담보등기는 인적 편성인 등기로서 물적 편성인 부동산등기와는 다르다.

되고 있다는 점에서(제37조) 채권담보권도 채권질권으로 보아야 한다. 요컨대 동산
· 채권담보법상의 채권담보권은 담보등기의 형식을 통하여 질권의 성립을 인정한
것으로 보아야 한다.

(2) 담보물권은 저당권의 객체가 될 수 없다는 도그마

(ⅰ) 담보물권은 저당권의 객체가 될 수 없다는 도그마에서 담보물권이란 무엇을
말하는가? 이는 피담보채권을 제외한 '경매청구권과 우선변제권'을 의미할 수도 또
피담보채권을 포함한 '경매청구권과 우선변제권'을 의미할 수도 있다. 우선 독일민법
(제1153조 제2항)과 마찬가지로 우리 민법 제361조는 "저당권은 그 담보한 채권과 분리
하여 … 다른 채권의 담보로 하지 못한다."라고 규정하고 있다. 이처럼 우리 민법은
저당권의 수반성을 엄격히 고수하여 피담보채권을 제외한 저당권만을 다른 채권의
담보로 제공하는 것을 허용하지 않는다.[77] 이에 반하여 일본민법(제376조 제1항)은 "저
당권자는 그 저당권을 다른 채권의 담보로 하거나 동일한 채무자에 대한 다른 채권자
의 이익을 위하여 그 저당권 또는 그 순위를 양도하거나 포기할 수 있다."라고 규정하
고 있다. 피담보채권과 분리된 저당권만을 다른 채권의 담보로 제공하는 것을 허용하
고 있다. 여기서 담보물권이란 피담보채권을 제외한 '경매청구권과 우선변제권'을 가
리키는 것이다. 따라서 민법 제361조에 비추어 볼 때, 담보물권은 저당권의 객체가
될 수 없다는 도그마를 피담보채권을 제외한 '경매청구권과 우선변제권'을 가리키는
도그마의 의미로 이해할 필요는 없다. 오히려 우리 민법상 담보물권은 저당권의 객체
가 될 수 없다고 하는 도그마는 피담보채권을 포함한 '경매청구권과 우선변제권'이
있는 담보물권과 관련된 도그마라고 할 것이다.

(ⅱ) 우리 민법상 담보물권은 저당권의 객체가 될 수 없다는 도그마는 피담보채권
을 포함한 우선변제권과 경매청구권 즉, 담보권부 피담보채권이 저당권의 객체가 될
수 없다는 도그마를 의미한다. 우선 담보권부 피담보채권이 질권의 객체가 될 수 없
다는 도그마는 성립할 수 없다. 저당권부 채권(제348조)에 대하여 질권의 객체로 인정
하고 있기 때문이다. 또 책임전질(제337조)은 질권부 채권을 질권의 객체로 인정하고
있기 때문이다.[78] 이에 반하여 담보권부 피담보채권을 저당권의 객체로 허용하는 조

---

77) 김창섭, 전게논문, 225면.

문은 존재하지 않는다. 이러한 이유에서 판례도 "우리 민법상 저당권은 담보물권을 목적으로 할 수 없다."라고 판시하고 있는 것이다.[79] 전세권은 용익물권성과 담보물권성을 가지지만 전세권이 전세권저당권의 객체가 되는 경우에는 담보물권을 객체로 할 수 없기 때문에 용익기간이 종료하면 용익물권성이 소멸하게 되어 전세권저당권도 당연히 소멸한다는 견해도,[80] 바로 이 도그마를 수용하는 것이다.

(3) 채권은 등기가 될 수 없다는 도그마

(i) 채권은 등기에 의하여 공시될 수 없다는 도그마는 나아가 채권은 전세권저당권의 객체가 될 수 없다는 것을 말한다. 또 이 도그마는 채권이 저당권의 객체가 될 수 없기 때문에 전세권저당권의 등기도 이루어질 수 없다고 보는 것이다.

(ii) 채권은 등기할 수 없다는 도그마도 절대적인 도그마는 아니다. 채권담보권은 채권을 담보등기의 대상으로 하고 있기 때문이다.

(4) 채권은 지배권인 물권이 아니어서 저당권의 객체가 될 수 없다는 도그마

(i) 판례는 전세권저당권의 목적물은 물권인 '전세권 자체'이지 전세금반환청구권은 아니라고 판시하고 있다. 판례는 전세금반환청구권이 저당권의 객체가 될 수 없으므로 지배권인 전세권만 전세권저당권의 객체가 될 수 있다고 보는 것이다. 따라서 이 도그마는 채권은 저당권의 객체가 될 수 없다는 도그마의 연장선에 지나지 않는 것이다. 이 도그마에 따라 지상권에 대하여 저당권이 설정되는 경우(제371조)에도 지배권인 용익물권만 저당권의 객체가 된다고 보는 것이다.

(ii) 담보물권의 객체가 반드시 지배권일 필요는 없다. 우선 지배권이 아닌 채권에 대해서도 질권의 객체로 인정하고 있다. 채권에 대한 지배권이란 채권의 객체인 행위에 대한 지배권능을 의미하는 것으로 그것은 채권의 직접청구를 말한다(제353조). 그렇다면 채권은 전세권저당권의 목적이 될 수 없는지가 문제이다. 우선 채권담보권을 채권저당권으로 보는 경우에도 채권에 대한 지배권을 인정하여 직접청구(동산·채권담보법 제36조)를 허용하고 있다.[81] 따라서 법제가 인정하지 않는 것이 아닌 한 이론상으

---

78) 통설에 의하면 책임전질은 채권·질권의 공동입질로 보고 있다.

79) 대법원 2008. 4. 10. 선고 2005다47663 판결.

80) 김동옥, 전게논문, 689, 691면; 오경미, 전게논문, 133, 140면; 이원일, 전게논문, 98면.

로는 채권도 얼마든지 저당권의 객체가 될 수 있다.

(5) 결어

（ⅰ）기술한 바와 같이 판례와 학설[2.가·나]가 전세권저당권의 객체를 전세권 자체로 보지 못하는 근본적인 원인은 바로 이상의 도그마에 따라 전세금반환청구권을 채권 내지 채권적 청구권으로 보고 있기 때문이다. 이 도그마들은 제371조가 지배권인 용익물권만을 저당권의 객체로 하고 있다고 보는 것이다. 1984년 전세권의 개정에 의하여 전세권에 담보물권성을 부여하였음에도 불구하고 판례와 학설[2.가·나]가 여전히 제371조의 전세권이란 전세금반환청구권 내지는 담보권부 전세금반환청구권을 제외한 지배권인 용익물권만을 가리킨다고 보는 것이다.82) 또 이들 도그마는 비록 전세금반환청구권이 전세권등기에 의하여 공시가 되는 경우에도 피담보채권이 저당권등기에 의하여 공시가 된다는 이상의 의미를 부여하지 않는 것이다. 즉, 전세권등기는 전세금반환청구권의 공시방법이 아니며 전세금반환청구권의 양도는 채권양도절차에 따른다는 것이다. 그리고 이상의 도그마들은 제345조의 해석과도 관련이 있다. 제345조에 대해서는 전세금반환청구권을 채권으로 보아 질권의 객체가 된다고 보아야 할 것인지(제345조 본문) 아니면 전세금반환청구권을 부동산의 사용·수익과 관련된 권리라고 보아 질권의 객체가 될 수 없다고 본다면 어떠한 권리의 객체가 된다고 보아야 할 것인지(제345조 단서)가 문제라고 할 것이다. 그런데 현행 민법상 채권을

---

81) 동산·채권담보법 제35조(제3항)가 담보등기부의 등기 외에 "「민법」 제349조 또는 제450조 제2항에 따른 통지 또는 승낙이 있는 경우에 담보권자 또는 담보의 목적인 채권의 양수인은 법률에 다른 규정이 없으면 제3채무자 외의 제3자에게 등기와 그 통지의 도달 또는 승낙의 선후에 따라 그 권리를 주장할 수 있다."라고 규정하고 있는 것은 인적 평성의 담보등기만으로는 제3채무자가 채권에 대하여 담보권이 설정된 사실을 알지 못하기 때문이다. 그러나 전세금 반환의무자는 전세물소유자이므로 전세권저당권등기가 설정된 사실을 알아야 할 지위에 있기 때문에 전혀 사정이 다르므로, 전세권저당권의 등기만으로 전세권저당권자의 우선적 지위 확보가 가능하다고 할 것이다.

82) 전세권저당권의 목적물은 원칙적으로 전세금반환채권을 비롯하여 용익물권성과 담보물권성을 같이 가진 전세권 그 자체이지만 존속기간 만료로 전세권의 용익물권적 권능이 소멸하면 비록 저당권의 목적물의 일부가 소멸하는 것이어서 저당권의 본질적 속성상 전세권저당권은 그 존립근거를 잃고 같이 소멸한다는 견해가 있다(오경미, 전게논문, 133면). 그러나 용익물권적 권능이 소멸하면 전세권저당권이 존립근거를 잃는다는 것은 처음부터 용익물권만 전세권저당권의 객체가 된다는 것을 상정한 것으로서 그 논리는 자의적인 것이라 할 것이다.

질권의 객체로 하는 규정들은 모두 단독의 채권을 전제로 하는 것이다. 더 정확히는 청구권에 대하여 질권의 성립을 인정하는 것이다. 따라서 청구권의 성질을 갖는 전세금반환청구권에 대해서도 단독으로 얼마든지 질권의 객체로 할 수 있다. 반대로 단독의 청구권에 대해서는 저당권이 성립할 수 없다. 그런데 전세금반환청구권을 포함한 전세권 자체에 대해서 저당권을 설정하는 때에는 전세금반환청구권을 단독의 청구권으로서가 아니라 이를 전세권에 포함시켜서 전세권저당권의 객체로 하는 것이다. 따라서 제345조(단서)와 제371조를 종합적으로 검토하면, 전세금반환청구권은 부동산의 사용·수익과 관련된 권리 즉, 물권적 청구권으로서 질권이 아니라 저당권의 객체가 된다고 보는 것이 타당하다. 따라서 위에서 살펴본 도그마들은 물권적 청구권인 전세금반환청구권에는 적용될 수 없는 도그마인 것이다.

（ⅱ） 전세권저당권의 객체에 대한 학설들이 어떻게 위의 도그마들을 수용하고 있는지를 살펴본다. 우선 학설[2.가]가 전세금반환청구권은 저당권의 객체가 될 수 없다는 도그마를 수용하여 기계적으로 지배권인 용익물권과 담보물권만 전세권저당권의 객체가 된다고 본다. 또 이 학설은 위 도그마에 기초하여 다른 도그마들도 모두 수용하고 있는 것이 된다. 또 판례와 이를 지지하는 학설[2.나]는 외관상으로는 담보물권의 전세권이 저당권의 객체가 될 수 없다고 보는 도그마를 수용하고 있다. 그러나 실제로는 전세금반환청구권이 저당권의 객체가 될 수 없다는 도그마에 기초하고 있는 것이다. 따라서 판례와 이를 지지하는 학설[2.나]는 전세권저당권의 객체가 되는 용익물권이란 바로 지배권인 용익물권이라고 보는 것이다. 이에 반하여 전세권저당권의 객체를 용익물권성과 담보물권성의 전세권이라고 보는 학설[2.라]는 외관상으로는 채권은 저당권의 객체가 될 수 없다는 도그마와 담보물권은 저당권의 객체가 될 수 없다는 도그마로부터도 자유로운 것처럼 보인다. 그러나 이 학설은 후술하는 바와 같이 용익기간의 종료 후 전세권저당권이 실행될 경우 전세금반환청구권에 대하여 채권질권 내지는 저당권부채권질권을 준용하여 질권의 성립을 인정하고 있는 바, 이는 결국 전세금반환청구권을 전세권저당권의 객체에서 제외하는 것으로서 채권은 저당권의 객체가 될 수 없다는 도그마를 수용하는 것과 다름이 없다.[83]

（ⅲ） 학설[2.라]에 따른다면 1984년 전세권의 개정 전에도 전세금반환청구권은 용

---

83) 이 문제에 대해서는 Ⅳ.2.(전세권저당권의 실행)에서 살펴보기로 한다.

익물권인 전세권과 함께 전세권저당권의 객체가 될 수 있었다고 보아야 한다. 이는 유상의 지상권에 대하여 지상권저당권이 성립하는 경우에도 마찬가지였다. 그러나 1984년 전세권의 개정 전에는 이러한 논의가 없는 것으로 보인다. 이는 궁극적으로 전세금반환청구권이 채권이라는 도그마에 갇혀 있었기 때문이다. 그러던 중 1984년 전세권의 개정 후 지상권과 달리 전세권의 경우는 담보물권성도 인정되었다. 이에 대해서는 1984년 전세권의 개정으로 전세권에 전세금반환청구권에 대한 담보물권성이 인정되면서 당사자들은 용익물권성의 전세권의 가치보다 전세금반환채권을 주요한 담보가치로 하여 용익기간이 종료되면 전세금에서 피담보채권의 변제를 확신하고 전세권저당권을 설정 받을 수 있게 되었다는 견해가 있다.84) 그러나 1984년 이전에도 전세금반환청구권을 포함한 전세권에 대하여 저당권을 설정하는 당사자들에게는 이러한 의사가 있었다고 할 것이다. 다만, 1984년 이전에는 전세금반환청구권은 무담보의 청구권이었다면, 1984년 전세권의 개정 후에는 담보권부 전세금반환청구권이라는 점에 차이가 있었을 뿐이다. 요컨대 학설[2.라]는 채권은 저당권의 객체가 될 수 없다는 도그마 또 채권은 저당권등기의 객체가 될 수 없다는 잘못된 도그마에 대한 철저한 검토가 없는 상태에서 전세권의 개정이라는 이유만으로 형식적으로 전세금반환청구권을 포함한 전세권 자체를 전세권저당권의 객체로 본 것이라고 할 것이다.

(ⅳ) 학설[2.다]는 이상의 도그마 중 어떠한 도그마의 제한을 받지 않고 오직 담보권부 전세금반환청구권만이 전세권저당권의 객체라고 보고 있다. 그러나 용익물권성의 전세권을 전세권저당권의 객체에서 제외하는 근본적인 문제가 있다는 것에 대해서는 전술하였다.

(ⅴ) 기술한 바와 같이 전세금반환청구권, 담보물권성의 전세권 또는 용익물권성의 전세권을 전세권저당권의 객체에서 제외하는 판례나 학설은 전세권이 아닌 권리를 전세권저당권의 객체로 하는 것이나 다름이 없다. 요컨대 전세권저당권의 객체가되는 전세권(제371조)이란 물건을 매개로 하여 성립하여 전세권의 요소로서 전세권과 일체를 이루는 물권적 청구권인 전세금반환청구권을 포함하는 용익물권성과 담보물권성을 겸유한 전세권이라고 보아야 한다. 이것이 한편으로 전세권저당권의 객체인 전세권의 본질에 부합하는 것이고 다른 한편으로 전세권저당권에 대하여 통일적인

---

84) 오경미, 전게논문, 136면.

체계를 부여하는 것이 된다. 따라서 용익기간 종료 전에는 용익물권성과 담보물권성의 전세권에 대하여 전세권저당권이 성립하여 존속하고, 용익기간의 종료 후에는 담보권부 전세금반환청구권에 대하여 전세권저당권이 존속하게 된다. 그것이 전세권에 관한 규정(제303조)의 개정, 전세권에는 용익물권성과 담보물권성이 인정된다는 판례 그리고 그 취지가 변경된 제371조에 부합하는 것이라 할 것이다. 그리고 이것이 전세권저당권의 객체인 전세권의 교환가치 즉, 전세물의 용익가치와 전세금반환청구권의 객관적 가치에 대한 파악을 목적으로 하는 전세권저당권의 본질에 부합하는 것이 된다.

IV. 전세권저당권의 실행

(i) 저당권의 실행이란 피담보채권의 변제기가 도래하여 저당권의 객체를 환가한 교환가치로부터 우선변제를 받기 위하여 저당권을 행사하는 것을 말한다. 그런데 전세권은 용익기간의 존속 중에는 용익물권성과 담보물권성을 겸유하지만, 용익기간의 종료 후에는 담보물권성만을 가지게 된다. 이에 따라 전세권저당권의 실행도 전세권의 용익기간 중에는 전세권저당권자는 그 객체인 용익물권성과 담보물권성의 교환가치로부터 우선변제를 받게 되고 또 용익기간 종료 후에는 전세금으로부터 우선변제를 받게 된다. 전자의 경우에는 경락의 매수인은 용익물권성과 담보물권성을 겸유한 전세권을 취득하게 되고, 후자의 경우에는 전세권저당권자는 전세금반환청구권을 전세권설정자에게 행사하여 전세금의 반환을 직접 청구하게 된다. 다만, 어느 경우나 용익기간이 종료되었으나 아직 피담보채권의 변제기가 도래하지 않은 경우는 전세권저당권의 실행으로 전세권설정자에 대하여 전세금의 공탁을 청구할 수 있다.

(ii) 전세권저당권의 실행의 핵심은 저당권자의 우선적 지위를 확보하는 것이다. 그런데 판례와 학설은 용익기간 중에 전세권저당권을 실행하면 경매의 매수인이 취득하는 권리는 전세권저당권의 객체를 무엇으로 보는지에 따라 달라진다고 할 뿐, 전세권저당권자가 전세금으로부터 어떻게 우선적 변제를 받을 수 있는지에 대해서는 아무런 언급이 없다. 또 용익기간 종료 후에는 판례와 학설은 전세금반환청구권에 대하여 전세권저당권의 성립을 인정하지 않는 채 또 전세권저당권의 소멸, 존속 여부에 관계없이 일정한 조건하에 전세권저당권자가 전세권설정자에 대하여 전세금의 반

환을 청구할 수 있음을 허용하고 있다. 이처럼 전세권저당권의 실행에 관하여 판례와 학설이 난맥상을 보이는 것은 물권적 청구권인 전세금반환청을 전세권저당권의 객체로 보지 않기 때문이다. 판례와 학설들이 난맥상을 보여주고 있는 바를 용익기간의 존속 중과 용익기간의 종료 후로 나누어 살펴본 후 그 문제점을 검토하기로 한다.

1. 용익기간 존속 중의 전세권저당권의 실행

용익기간의 존속 중 전세권저당권자의 피담보채권이 이행기가 도래하는 경우에는 저당권의 일반법리에 따라 전세권저당권을 실행할 수 있음에는 아무런 의문이 없다.[85] 그런데 이 경우 전세권저당권의 실행으로 매수인이 취득하는 권리가 무엇인지에 대해서는 전세권저당권의 객체를 무엇이라고 보는가에 따라 다양한 견해가 대립하고 있다. 또 용익기간 중의 전세권저당권의 실행에 적용될 민사집행법상의 규정이 무엇인지에 대해서도 전세권의 본질에 비추어 검토할 필요가 있다고 하겠다.

(1) 전세권저당권의 실행 결과

전세권저당권의 실행에 의하여 매수인이 취득하는 권리가 무엇인지는 결국 전세권저당권의 객체를 무엇으로 보느냐에 따라 달라진다.

(가) 판례

판례는 전세권저당권의 목적을 전세금반환채권은 아니고 물권인 "전세권 자체"라고 한다. 한편 용익기간 중의 경매에 대한 판례는 아직 존재하지 않는다. 그러나 지배권인 용익물권이 전세권저당권의 객체가 된다고 하는 연장선에 서면 경매의 매수인은 지배권인 용익물권을 취득하게 된다고 할 수 있다.

(나) 지배권인 용익물권의 취득설

지배권인 용익물권의 취득설은 전세금반환청구권 내지 담보물권성의 전세권이 전세권저당권의 객체가 될 수 없으므로 담보물권성의 전세권은 전세권자에게 남게 되

---

85) 강대성, 전게논문, 40면; 오경미, 전게논문, 136－7면; 오시영, 전게논문, 514면, 535면; 이미선, "전세권저당권자의 지위와 관련된 쟁점에 관한 검토", 대전지방변호사회지, 제4호(2007), 220면; 이원일, 전게논문, 97면.

는 결과 경매의 매수인은 용익물권성의 전세권만을 취득한다고 한다.[86] 따라서 매도인이 취득하는 용익기간 만료일까지의 사용·수익의 비용에 해당하는 대가로부터 전세권저당권자는 피담보채권을 우선변제 받게 된다.[87] 지배권인 용익물권을 취득한 매수인은 잔여 용익기간이 종료하면 전세물을 전세권자에게 반환하여야 하고 이 경우 매수인이 가졌던 점유권능도 전세권자에게 복귀된다고 한다.[88] 또 이를 전제로 하여 매수인이 잔여 용익기간 중 취득한 용익물권의 등기를 어떻게 실행할 것인지에 대해서도 논하고 있다.[89] 이른바 용익물권성의 전세권과 담보물권성의 전세권의 귀속자가 분리되는 전세권의 분리현상이 발생하게 된다.

(다) 전세금반환청구권의 취득설

전세기간 중에 용익물권으로서의 전세권 자체에 대한 경매를 통하여 저당권을 실행한다는 것은 이론상으로는 가능할지 모르나, 용익물권으로서의 전세권이란 교환가치가 적어서 경매의 실효성이 거의 없고[90] 전세권의 가액을 결정하기 어려워 실무상 전세권의 경매가 많지 않다고 한다.[91] 그 결과 실제로 경매로 매수인이 취득하는 것은 전세금이라고 하거나,[92] 전세금에 용익기간을 고려한 전세금의 이자 상당액을 더한 것이라고 한다.[93]

(라) 전세권의 취득설

매수인은 용익물권성과 담보물권성이 겸유된 전세권 자체를 취득한다. 다만, 이 경우 전세금반환청구권을 포함하지 않다고 하는 견해와[94] 전세금반환청구권을 포함

---

86) 강태성, 전게논문, 178면.

87) 이홍민, "전세권의 법적 구조와 전세권저당권에 관한 법률관계", 법학논총, 제20집 제3호(조선대학교 법학연구원, 2014), 340면.

88) 강태성, 상게논문, 177면. 그러나 매수인에게 부속물 수거 및 매수청구권을 행사할 수 있는 경우에는 매수인의 점유권은 소멸하지 않는다. 이러한 매수인이 점유권을 행사할 실익이 없는 경우에만 전세권자에게 점유권이 이전된다고 보아야 한다.

89) 강태성, 전게논문, 178면.

90) 김창섭, 전게논문, 224면.

91) 강대성, 전게논문, 40면; 오경미, 전게논문, 136-7면.

92) 김창섭, 상게논문, 225면.

93) 이호행, 전게논문, 27면.

하는 견해가 대립하고 있다.95) 전자는 전세금반환청구권을 전세권의 내용으로 보지 않을 뿐 이에 대하여 전세권저당권의 효력을 인정하고 있다.

(마) 결어

(ⅰ) 판례[(가)]와 이를 지지하는 학설[(나)]에 의하면 경매의 매수인은 지배권인 용익물권을 취득하게 된다. 이 경우 학설[(나)]에 의하면 담보물권성의 전세권이 전세권자에게 남아 있게 되어 매수인은 경매에서 전세금을 지급하지 않고 전세권자에게 잔여 용익기간이 종료하기까지의 전세금의 이자에 해당하는 대가를 지불하게 된다. 그러나 이에 대해서는 다음의 비판이 가능하다. 첫째, 학설[(나)]에 의하면 매수인이 경매에서 전세금을 지급하지 않고 전세금의 이자에 해당하는 대가를 지불하고 취득하는 전세물에 대한 용익권은 전세권이라 볼 수 없다.96) 둘째, 학설[(나)]에 의하면 전세권저당권자가 경매를 통하여 확보하는 것은 잔여 용익기간 중의 전세금의 이자일 뿐이게 되어 용익물권성의 전세권의 교환가치뿐 아니라 담보물권성의 전세권의 교환가치인 전세금으로부터도 우선변제를 받으려고 하는 전세권저당권자에게는 가혹한 것이다. 그런데 판례는 후술하는 바와 같이 용익기간 종료 후 전세권저당권을 실행하는 경우에는 전세금반환청구권에 대하여 물상대위권의 행사를 전제로 전세금의 반환청구를 할 수 있도록 하고 있다. 만일 용익기간 중에는 전세금의 이자로부터 우선변제를 받고 용익기간 종료 후에는 전세금으로부터 우선변제를 받는다고 한다면 이는 일관성을 상실하는 것이라 하지 않을 수 없다. 따라서 판례는 용익기간 중이라도 전세권저당권자가 전세금반환청구권을 취득하였다고 인정하지 않을 수 없다. 이 경우 어떠한 법리에 따라 이를 인정할 것인지가 문제라고 할 것이다. 아직 전세권저당권이 소멸되

---

94) 강태성, 전게논문, 171면; 박순성, 전게논문, 111-2면. 전세금반환청구권은 전세권저당권의 객체에서 제외되지만, 용익물권성의 기초인 전세금을 포함한 전세권 자체를 취득한다는 견해도 있다(이호행, 전게논문, 14면).

95) 김동옥, 전게논문, 690면; 배병일, 전게논문, 15면; 오시영, 전게논문, 514면; 이재도, 전게논문, 94면.

96) 만일 매수인이 잔여 용익기간 중의 용익의 대가를 전세권설정자에게 지급하여야 한다면, 전세권설정자는 전세금을 반환하지 않는 상태에서 이중으로 이익을 취득하는 것이 된다. 따라서 전세금반환청구권의 이행기도래가 사실상 의제되어 전세권자의 전세금반환청구를 인정하지 않을 수 없게 된다. 이러한 결과가 타당하지 않음은 다언을 요하지 않는다.

지 않으므로 물상대위의 법리를 적용할 수도 없기 때문이다. 이는 용익기간이 종료하기 전이므로 용익기간의 만료 직전에 전세권저당권의 소멸을 전제로 장래의 채권이나 조건부 채권인 전세금반환채권에 대하여 물상대위권을 인정하여 압류, 전부명령을 받아 두게 하는 것과는 전적으로 다른 문제이다. 셋째, 학설[(나)]는 전세권저당권의 실행의 결과 용익물권성의 전세권과 담보물권성의 전세권이 각각 다른 주체에 귀속되는 전세권의 분리를 허용하는 것이 되어, 이는 사실상 하나의 전세권을 해체하는 것과 다를 바가 없다. 전세권의 본질에 따르면 용익물권성의 전세권과 담보물권성의 전세권은 동일인에게 귀속되어서 하나의 권리를 형성하기 때문이다. 또 이는 전세권 자체가 경매되었음에도 불구하고 전세권자가 경매의 대상이었던 담보물권성의 전세권을 유보한다는 것은 경매 법리 자체에도 부합하지 않는 것이다. 넷째, 용익기간 중 매도인이 취득하는 실제 용익물권성의 전세권의 교환가치란 반드시 전세금의 이자가 아니라는 점에서 타당하지 않다.

(ii) 전세금반환청구권의 취득을 인정하는 학설[(다)] 중 전세금을 취득한다는 학설은 전세권저당권자가 용익권능의 교환가치로부터도 우선변제받는 것을 원천적으로 봉쇄하는 것이 되어 타당하지 않다. 또 용익권능의 교환가치가 적다는 이유로 용익물권의 전세권을 전세권저당권의 객체에서 제외하는 것은 경제적 관점을 법률적인 관점으로 잘못 이해하는 것으로서 부당하다. 또 이는 전세권은 먼저 용익물권으로 편입된 후 담보물권성도 인정되었다는 전세권의 개정에도 부합하지 않는 것이다. 그리고 전세금에 용익기간을 고려한 전세금의 이자 상당액을 더한 것을 취득한다고 하는 견해 역시 후술하는 바와 같이 전세금의 이자 상당액이 전세물에 대한 용익가치의 실제에 부합하지 않는다는 점에서 타당하지 않는 것이다.

(iii) 용익기간 중 전세권저당권을 실행하여 전세권이 경매되는 경우 용익권능의 교환가치란 무엇인가? 그 가치란 잔여 용익기간 중 전세물을 사용하여 얻을 수 있는 수익의 평가액을 말하는 것이다. 그 수익을 취득하기 위해 전세권자는 잔여 용익기간 중 지급하는 전세금의 이자에 해당하는 금액을 지불하는 것이다. 그 수익은 동일한 이자를 지급하는 경우에도 전세물이 토지나 건물이냐, 토지나 건물의 위치, 토지가 주택지냐 아니면 상업지냐 등에 따라 얼마든지 달라질 수 있다. 또 전세권자가 동일한 토지를 사용하더라도 어떠한 경제적 활동을 하느냐에 따라 그 수익도 얼마든지 달라질 수 있다. 예를 들면, 토지인 전세물을 사용하는 대가로 매년 1천만 원의 전세

금의 이자를 지급하는 전세권자가 경제성이 높은 식목을 식재하여 시장에 출하하여 매년 1억 원의 이익을 남기는 반면, 다른 전세권자는 토지에 농작물을 심어 매년 1천만 원의 수익을 낼 수 있다면, 전세권자가 누구이냐에 따라 전세물을 사용하여 얻을 수 있는 수익이 다를 수밖에 없는 것이다. 따라서 경매가 이루어지는 때에 그 수익이 전세금의 이자와 반드시 일치하는 것도 아니다. 이처럼 용익기간 중 전세물을 사용하여 얻을 수 있는 수익의 평가액과 용익기간 중 지급하여야 할 전세금의 이자 사이에 괴리가 있을 경우에는 실제 수익에 상응하도록 전세금의 이자의 증감이라는 조정이 있게 된다. 즉, 어느 경우나 매수인은 경매를 통해서 용익기간 중 전세물을 사용하여 얻을 수 있는 수익이 전세금의 용익기간 중의 이자보다 과다이거나 과소인 경우에는 매수인이 실제로 지불하는 매수가액은 그에 따라 조정이 따르게 된다. 우선 전자의 경우에는 매수인은 용익기간 중 실제 수익가치와 과소인 이자의 차액을 전세금 외에 추가로 매수가액으로 지급하고, 후자의 경우에는 전세금에서 실제 수익가치와 과다인 이자의 차액을 제하고 매수가액으로 지급하게 된다. 그런데 이러한 용익권능의 교환가치는 무상의 지상권인 경우에도 인정된다. 이 경우에도 채권자인 지상권저당권자는 지상물을 용익하여 얻을 수 있는 시장적 가치의 평가액으로부터 피담보채권을 우선하여 변제받고 그 남는 차액을 지상권자에게 지불하게 된다.

(ⅳ) 담보권능의 교환가치란 담보권부 전세금반환청구권 즉, 경매청구권과 우선변제권 있는 전세금반환청구권의 교환가치 즉, 전세금이다. 담보권능의 교환가치는 잔여 용익기간이 장단과 관계없이 일정하다. 통상적으로 전세금은 전세물의 교환가치보다 낮은 것이 일반적이다. 또 담보권능의 교환가치란 원칙적으로 전세금을 말하는 것으로 일정하다고 할 수 있다. 그러나 경매시 장차 전세물의 가치가 전세금 이하로 하락이 예상되거나 또는 처음부터 역전세가 성립했던 경우 전세금반환청구권의 가액이 전세금보다 적게 평가되어 거래될 수 있다. 이는 마치 채무자의 자력에 따라 채무자에 대한 채권이 평가되는 것과 마찬가지로 전세물의 교환가치에 따라 전세금반환청구권이 평가되기 때문이다. 이 경우 전세물의 가액으로부터 변제받지 못하는 피담보채권은 전세권설정자에 대한 채권적 청구권으로 존속하게 된다. 전술한 바와 같이, 이러한 담보권능의 교환가치도 용익익권능의 교환가치와 종합하여 최종적인 전세권의 가치가 산정된다고 할 것이다.

(ⅴ) 1984년에 있은 민법 제303조의 개정의 결과를 수용하고 그 결과 전세권에

용익물권성과 담보물권성을 함께 인정하는 판례의 변경과 이를 반영하여 제371조의 취지를 수용한다면, 용익기간 중의 저당권의 객체가 되는 전세권(제371조)이란 '잔여 용익기간 중'의 용익물권성과 담보물권성의 전세권을 말하는 것이다. 이는 전세물에 대한 용익가치와 전세금으로부터 우선변제를 받는다는 전세권저당권의 실제에도 부합하는 것이 된다. 다만, 전세물에 대한 용익가치란 전세권저당권의 실행시 잔존하는 용익기간에 해당하는 전세물에 대한 용익가치가 되는 것일 뿐이다. 이를 인정하지 않는 판례와 학설들은 기술한 도그마들에 매몰되어 1984년 전세권의 개정에 따른 변화를 수용하지 못하는 것이라 할 것이다.

(2) 전세권저당권 실행의 적용법규

전세권저당권의 실행에 관한 민사집행법상 적용법규가 부동산의 경매절차에 관한 규정인지 아니면 "그 밖의 전세권"의 경매절차에 관한 규정인지가 문제이다.

(가) 판례: 민사집행법 제264조

판례는 전세권에 대하여 설정된 저당권은 민사집행법 제264조(구 민사소송법 제724조)의 부동산에 대한 경매절차에 의하여 실행된다고 한다.[97]

(나) 1설: 민사집행법 제264조

다수설은 전세권저당권의 실행은 전세권을 대상으로 하는 것이므로 "그 밖의 재산권"의 경매에 관한 제273조(제1항)에 따라야 할 것으로 생각될 수 있으나, 전세권은 저당권의 목적이라는 점에서 전세권을 부동산과 동일시할 수 있기 때문에, 실행은 민사집행법 제264조에 의하지만, 매수인은 부동산에 대한 소유권을 취득하는 것이 아니라 전세권을 취득하게 된다고 한다.[98]

---

97) 대법원 1995. 9. 18.자 95마684 결정.

98) 강대성, 전게논문, 41면; 김동옥, 전게논문, 690면; 배병일, 전게논문, 15면; 오경미, 전게논문, 136−7면; 이동진, 전게논문, 52면; 이상태, 전게논문, 589면 각주 25); 이승훈, 전게논문, 183면; 이원일, 전게논문, 96면; 이재도, 전게논문, 94면; 추신영, 전게논문, 68면; 황경웅, 전게논문, 12면.

(다) 2설: 민사집행법 제273조 제1항

전세권저당권의 객체인 전세권은 부동산이 아니라 "그 밖의 재산권"의 경매에 관한 제273조(제1항)이다.[99]

(라) 결어

전세권의 경매를 부동산에 대한 경매절차에 관한 민사집행법 제264조에 의하는 판례와 학설은 저당권의 목적은 부동산이 원칙적이라는 점에서 전세권을 부동산(정확히는 부동산소유권)과 동일시하고 있다. 그러나 이는 전세권저당권의 객체인 전세권과 전세물 내지는 전세물의 소유권을 혼동하는 것이 되어 결코 타당하지 않다. 또 전세권에는 전세금반환청구권도 포함된다는 점에서 역시 타당하지 않은 것이다. 따라서 용익기간 존속 중의 전세권저당권의 실행에 적용되는 민사집행법은 부동산을 전제로 하는 제264조가 아니라 "그 밖의 재산권"의 경매에 관한 제273조(제1항)로서 전세금반환청구권이 객체가 되는 전세권이라는 재산권이라고 보아야 할 것이다.

2. 용익기간의 종료에 의한 전세권저당권의 실행: 전세권저당권의 소멸 여부

용익기간 종료 후 전세권저당권의 실행은 전세금반환청구권을 전세권저당권의 객체로 보느냐의 여부에 따라 다른 결과를 초래하게 된다. 판례와 이를 지지하는 학설은 전세권의 용익기간이 종료하면 피담보채권의 변제기의 도래 여부를 불문하고 전세권의 용익물권성의 소멸하는 결과 전세권저당권은 소멸된다고 한다. 그럼에도 불구하고 판례와 이를 지지하는 학설은 물상대위권을 준용하여 사실상 전세권저당권을 실행하는 것과 같은 결과를 인정하고 있다. 한편 이를 비판하는 학설들은 한편으로 용익기간의 종료에도 불구하고 용익물권성의 전세권이 소멸하지 않는다는 견해와 반대로 용익기간의 종료에 의하여 용익물권성의 전세권만 소멸한다는 견해가 대립하고 있다. 어느 경우이든 전세금반환청구권에 대한 전세권저당권이 존속을 인정하여 채권질권 내지는 책임전질에 관한 규정을 준용하는 해석을 하고 있다. 이는 실질적으로 전세권저당권이 성립을 인정하지 않고 전세금반환청구권에 대하여 채권질권 내지는

---

99) 오시영, 전게논문, 251 – 2면.

책임전질의 성립을 인정하는 것이다. 그런데 이상의 판례와 각 학설은 다른 학설로부터 많은 비판을 받고 있다. 이는 판례와 각 학설에 문제점이 많다는 것을 반증하는 것이라 볼 수 있다. 우선 각 학설의 이러한 문제점에 대한 검토는 다른 학설들로부터 제기되는 비판을 소개하는 것으로 대신한다. 그리고 나서 전세권의 본질에 비추어서 판례와 학설들의 보다 근본적인 문제점을 검토하기로 한다.

(1) 판례: 전세권저당권소멸·물상대위준용설

(i) 판례는 오래전부터 전세권저당권의 소멸을 전제로 하여 물상대위를 인정하고 있다. 즉, 판례는 전세권은 용익기간의 종료로 전세권설정등기의 말소등기 없이도 당연히 소멸하게 되는 결과 전세권저당권도 당연히 소멸하고 따라서 전세권저당권자는 전세권의 목적물인 부동산의 소유자에게 더 이상 전세권저당권을 주장할 수 없다고 한다.[100] 그 결과 전세권저당권자와 전세권자 및 전세권설정자의 관계는 단절되어, 전세권설정자는 전세권자에 대하여만 전세금반환의무를 부담할 뿐이고,[101] 전세금반환청구권의 반대채권으로 전세권자에게 상계할 수 있을 뿐 아니라 전세권저당권자에 대하여도 주장할 수 있다.[102]

(ii) 판례는 전세권의 용익기간이 종료되면 전세권의 용익물권적 권능이 소멸하기 때문에 더 이상 전세권 자체에 대하여 전세권저당권을 실행할 수 없게 되고 이러한 경우는 민법 제370조, 제342조 및 민사집행법 제273조(제2항)(구 민사소송법 제733조)에 의하여 저당권의 목적물인 전세권에 갈음하여 존속하는 것으로 볼 수 있는 전세금반환채권에 대하여 물상대위권을 행사하여야 하고, 전세권저당권자는 물상대위권을 행사하여 전세권설정자가 전세권자에게 전세금을 지급하기 전에 이를 압류 및 추심명령 또는 전부명령을 받거나 또는 제3자가 전세금반환채권에 대하여 실시한 강제집행절차에서 배당요구를 하는 등의 방법으로 자신의 권리를 행사할 수 있을 뿐이다.[103][104]

---

100) 대법원 1995. 9. 18. 자 95마684 결정; 대법원 1999. 9. 17. 선고 98다31301 판결; 대법원 2008. 3. 13. 선고 2006다29372,29389 판결; 대법원 2008. 4. 10. 선고 2005다47663판결.
101) 대법원 1999. 9. 17. 선고 98다31301 판결.
102) 대법원 2014. 10. 27. 선고 2013다91672 판결.
103) 대법원 1995. 9. 18. 자 95마684 결정; 대법원 2008. 3. 13. 선고 2006다29372,29389 판결; 대법원 2014. 10. 27. 선고 2013다91672 판결.
104) 판례가 전세권저당권자로 하여금 물상대위권을 행사하여 압류 및 전부명령 또는 추심명령을

이 경우 물상대위는 대위의 목적인 채권의 특정성을 유지하여 그 효력을 보전함과 동시에 제3자에게 불측의 손해를 입히지 않으려는 데 그 목적이 있으므로, 적법한 기간 내에 적법한 방법으로 물상대위권을 행사한 저당권자는 전세권자에 대한 일반 채권자보다 우선변제를 받을 수 있다.105) 이 경우 배당요구의 종기가 지난 후에 물상 대위에 기한 채권압류 및 전부명령이 제3채무자에게 송달되었을 경우에는 물상대위 권자는 배당절차에서 우선변제를 받을 수 없다.106) 또 물상대위의 법리에 의하면, 저 당목적물의 변형물인 금전 기타 물건에 대하여 일반 채권자가 물상대위권을 행사하 려는 저당채권자보다 단순히 먼저 압류나 가압류의 집행을 함에 지나지 않은 경우에 저당권자는 그 전은 물론 그 후에도 목적채권에 대하여 물상대위권을 행사하여 일반 채권자보다 우선변제를 받을 수가 있다.107)

（iii）전세권설정자는 전세권저당권자에 대해서는 전세금반환채무를 부담하지 않기 때문에, 전세권설정자의 전세금반환채무와 전세권저당권자의 전세권저당권등기말소 의무는 동시이행관계에 있지 않으므로 전세권저당권등기말소를 청구할 수 있다.108)

(2) 학설

학설은 용익기간의 종료 후 전세권저당권이 소멸한다는 학설과 존속한다는 학설 이 대립하고 있다. 우선 전세권저당권이 소멸한다는 학설은 물상대위를 준용하게 된다.109) 이에 반하여 전세권저당권이 존속한다는 학설은 전세권저당권의 피담보채

통한 실행방법을 채택한 것은 채권질권의 또 다른 실행방법을 원용한 것으로 볼 수밖에 없으 므로 판례의 입장을 채권질권준용의 입장으로 이해하는 견해가 있다(추신영, 전게논문, 70 - 71면). 이 견해는 전세금반환청구권을 전세권저당권의 객체에서 제외하더라도 전세금반환청 구권의 부종성을 이유로 질권의 성립을 인정할 수 있기 때문이다. 그러나 판례는 용익물권만 전세권저당권의 객체가 되고 전세금반환청구권은 전세권저당권의 객체에서 제외된다고 명시 적으로 밝히고 있으므로 이를 채권질권준용의 입장으로 볼 수는 없다고 할 것이다.

105) 대법원 2008. 3. 13. 선고 2006다29372,29389 판결.
106) 대법원 1994. 11. 22. 선고 94다25728 판결; 대법원 2003. 3. 28. 선고 2002다13539 판결.
107) 대법원 1994. 11. 22. 선고 94다25728 판결; 대법원 2008. 3. 13. 선고 2006다29372, 29389 판결.
108) 대법원 2008. 4. 10. 선고 2005다47663.
109) 용익기간이 종료하면 전세권과 함께 전세권저당권도 소멸한다는 견해도 있다(이영준, 전게 서, 591면). 그러나 용익기간이 종료 후 전세권설정자와 전세권자의 사이에는 담보물권성의

권의 변제기가 도래하지 않았더라도 객체인 전세금반환청구권의 변제기가 도래하였
으므로 전세권저당권을 실행하여 채권질권 내지는 책임전질의 규정을 준용하여 전세
금의 반환을 직접 청구할 수 있다고 한다. 이상의 학설에 따르면 전세권저당권자의
우선적 지위를 인정하는 조건과 범위가 달라진다.

(가) 전세권저당권소멸설·물상대위준용설

이 학설은 전세권저당권은 소멸하지만 물상대위를 준용하여 전세권저당권자에게
전세금의 반환청구를 허용하는 학설이다.

① 지배권인 용익물권성의 소멸로 인한 전세권저당권소멸설

담보물권성의 전세권은 전세권저당권의 객체가 될 수 없다는 것을 전제로 하는
학설은 판례와 동일하게 지배권인 용익물권적 권능의 소멸은 저당목적물의 멸실에
준하므로 전세권저당권이 당연히 소멸한다고 한다.110)

② 전세권의 본질인 용익물권성의 전세권의 소멸로 인한 전세권저당권소멸설

(i) 전세권저당권의 소멸: 담보물권성의 전세권도 전세권저당권의 객체가 보는
학설 중에도 지배권인 용익물권적 권능이 소멸하면 비록 전세권저당권의 목적의 일
부가 소멸하는 것일 뿐이지만 저당권의 본질적 속성상 전세권저당권은 그 존립근거
를 잃고 같이 소멸한다고 한다.111) 다만, 그 논거로 전세권의 용익기간이 종료되어
담보물권적 권능만 남게 되면 전세권자는 제3자에게 전세권(용익물권적 권능)을 양도할
수 없고, 전세금반환채권을 담보물권적 권능만을 갖는 전세권과 함께 양도할 수 있을
뿐이므로 전세권저당권자도 더 이상 전세권(용익물권적 권능)을 목적으로 하는 경매를
청구할 수 없게 되어 전세권저당권은 소멸한다고 한다.112) 한편 입법론으로서는 전

전세권이 존재함에도 불구하고 용익물권성의 소멸을 이유로 전세권저당권의 소멸을 인정하
는 것이 판례와 이를 지지하는 물상대위설의 입장이다.
110) 김동옥, 전게논문, 686, 691면; 송덕수, 물권법(박영사, 2014), 519면; 이영준, 전게서, 691면:
이원일, 전게논문, 99면; 주석민법, 채권(4), 349－50면; 이홍민, 전게논문, 336면.
111) 오경미, 전게논문, 133, 140면. 이 견해는 민법상 저당권은 원칙적으로 용익물권을 목적으로
하지 담보물권을 목적으로 할 수 없기 때문이라고 한다(오경미, 상게논문, 133면).
112) 강대성, 전게논문, 40면; 오경미, 전게논문, 133면; 이원일, 전게논문, 98면.

세권에 대하여 담보물권성을 부여한 취지에 부응하여, 전세권저당권 설정 사실을 통지받거나 이를 승낙한 전세권설정자에 대하여는 전세권저당권자가 저당권을 주장할 수 있고 나아가 전세금을 직접 청구할 수 있도록 하는 입법적 보완이 필요하다고 한다.113)

(ii) 물상대위준용: 전세권저당권소멸설은 판례와 동일한 조건하에서 물상대위를 허용하고 있다. 전세권저당권자는 전세금반환채권에 대하여 받은 추심명령, 전부명령이 전세권설정자에게 송달되기 전에 먼저 전세금반환채권에 대하여 물상대위를 행사하여야 하고,114) 저당목적물의 변형물인 금전 기타 물건에 대하여 압류나 가압류의 집행을 한 일반 채권자에 대해서는 물상대위가 압류나 가압류에 앞 또는 나중에 있었느냐에 상관없이 물상대위를 하여 우선변제를 받을 수가 있다.115) 물상대위를 옹호하는 견해는 장래의 채권이나 조건부 채권도 채권 발생의 기초가 확정되어 있어 특정이 가능할 뿐 아니라 권면액이 있고 가까운 장래에 채권이 발생할 것이 상당한 정도로 기대되는 경우에는 채권압류 및 전부명령의 대상이 될 수 있다고 보고 있기 때문에 전세권저당권자는 대개 전세권의 존속기간이 만료하기 전에 미리 존속기간 만료로 발생할 장래의 채권인 전세금반환채권에 관하여 물상대위권을 행사하여 압류, 전부명령을 받아 둘 수 있다고 한다.116) 또 전세권저당권소멸설에 의하면 전세권저당권자는 물상대위를 행사하지 않더라도 제3자가 전세금반환채권에 대하여 실시한 강제집행절차에서 배당요구를 하는 방법으로 권리행사를 할 수 있으나,117) 배당요구의 종기가 지난 후에 물상대위에 기한 채권압류 및 전부명령이 제3채무자에게 송달되었을 경우에는 배당절차에서 우선변제를 받을 수 없는 것이 당연하다.118)

(iii) 전세권설정자와 전세권자 사이의 법률관계: 전세권설정자는 저당권이 설정

---

113) 김동옥, 전게논문, 690면.

114) 송덕수, 전게서, 519면; 이영준, 전게서, 691면; 주석민법, 채권(4), 349 – 50면; 김동옥, 전게논문, 686면, 691면; 오경미, 전게논문, 137면, 141면; 이원일, 전게논문, 99면; 이홍민, 전게논문, 336면.

115) 오경미, 전게논문, 137면; 이미선, 전게논문, 223면.

116) 오경미, 상게논문, 141면.

117) 김동옥, 전게논문, 686, 691면; 오경미, 상게논문, 133, 140면; 이원일, 전게논문, 99면.

118) 남양우, 전게논문, 88면; 오경미, 상게논문, 137면; 이상태, 전게논문, 33면; 이원일, 전게논문, 98면; 이재도, 전게논문, 98면.

된 사실을 알고 있는지 여부와 상관없이 전세권자에 대해서만 전세금반환의무를 부담한다.[119] 또 전세권자의 전세권설정등기 말소의무와 전세권설정자의 전세금반환의무는 서로 동시이행의 관계에 있으나(제317조),[120] 전세권설정자의 전세금반환채무와 전세권저당권자의 전세권저당권등기말소의무 사이에는 동시이행관계를 인정하지 않는다. 한편 전세권설정자는 전세금반환채권에 대하여 압류 및 전부명령 등을 받은 전세권자의 압류채권자에 대하여 일반적 채권집행의 법리에 따라 압류 및 전부명령 등이 송달된 때를 기준으로 하여 그 이전에 채무자인 전세권자와 사이에 발생한 모든 항변사유로 대항할 수 있으나 그 이후에 발생한 사유에 대해서는 대항할 수 없다.[121]

(ⅳ) 전세권설정자와 전세권저당권자 사이의 법률관계: 전세권저당권자는 물상대위권을 행사하기 전이라도 전세권자가 전세권설정자에 대하여 가지는 동시이행의 항변권(민법 제317조)을 "원용하여" 행사할 수 있다.[122] 그러나 전세권저당권자는 물상대위권을 행사하여 전세금반환채권을 압류 및 전부받은 경우에는 자신의 권리로서 동시이행항변권을 행사할 수 있다. 이 경우 전세권설정자와 전세권자가 전세권저당권자의 동의 없이 전세금의 감액을 하거나 또는 임대차보증금반환채권 담보목적의 전세권에 저당권을 설정한 경우 전세권설정자와 전세권자 사이에 임대차계약상의 임대차보증금을 감액한 경우에는 이를 주장할 수 없다.

(ⅴ) 전세권저당권존속·채권(책임전질)준용설의 전세권저당권소멸·물상대위설에 대한 비판: 첫째, 용익기간의 종료로 전세권설정등기의 말소등기 없이도 전세권저당권도 당연히 소멸한다는 것은 1984년 전세권의 개정에 의해서 전세권이 담보물권성도 가지게 된 사실을 전혀 반영하지 못하는 것이다.[123] 즉, 담보물권에는 피담보채권인 전세보증금반환청구권이 당연히 포함되어 있음에도 불구하고 용익권능만 전세권저당권의 객체가 되고 담보권능은 아니라고 하는 것은 이분법적 해석에 불과한 것이고, 이러한 이분법적 해석은 전세권의 용익권능만을 인정될 때인 1984년 전세권의

---

119) 김동옥, 전게논문, 689면;
120) 김동옥, 상게논문, 689면; 오경미, 전게논문, 142면; 이미선, 전게논문, 222면.
121) 오경미, 상게논문, 145면; 이미선, 상게논문, 222면.
122) 오경미, 상게논문, 144면.
123) 김창섭, 전게논문, 228면.

개정 전의 견해일 뿐, 유독 저당권의 객체인 전세권에 대하여서만 이를 이분화시키는 것은 어느 모로 보더라도 논리적 타당성이 없다.124) 둘째, 전세금반환청구권은 처음부터 전세권과 함께 발생하여 전세금의 반환시까지 전세권과 함께 존속하는 전세권의 본질적 권리이지 전세권의 소멸이라는 우연한 사정에 의하여 그 대상물로서 새로이 또는 보충적으로 발생하는 권리가 아니다.125) 또 전세금반환청구권은 전세권의 성립·존속·소멸에 있어서 항상 전세권에 부종하는 권리이고 또 전세권자는 전세금반환채권의 이행기가 도래하여 전세권의 내용을 이루는 경매청구권, 우선변제권 및 동시이행의 항변권 등을 행사하여 채권만족을 얻을 수 있으므로 전세금반환채권을 전세권에 갈음하여 존속하는 것으로 볼 수 없다.126) 따라서 전세금반환청구권이란 전세권의 일부로서 전세권과 일체를 권리인바 전세권에 갈음하여 존재하는 대상물이 아니다.127) 셋째, 전세권저당권자의 보호에 충분치 않다.128) 전세권저당권자는 용익기간의 존속 중에는 물상대위권이 발생하지 않으므로 일반채권자로서 가압류하거나 채무명의를 받아서 압류 또는 배당요구를 하여 다른 채권자를 차단하여야 하고, 용익기간의 종료 후에는 전세금채권에 대한 물상대위권을 행사하여 전세권설정자가 압류의 경합 등을 이유로 전세금을 집행공탁하고 이를 신고하기 이전에 또는 다른 채권자가 전세금채권을 추심하여 이를 신고하거나 다른 채권자가 전세금채권에 대하여 받은 전부명령이 전세권설정자에게 송달되기 이전에 전세금채권에 대한 압류명령 및 추심명령 또는 전부명령을 받거나 배당요구를 하여야 하기 때문이다.129) 또 전세권저당권자가 물상대위에 의하여 전세금채권에 대한 압류명령 및 추심명령 또는 전부명령을 받아 두었다 하더라도 판례가 전세금채권을 무담보의 채권으로 보는 이상, 전세권설정자가 추심명령 또는 전부명령에도 불구하고 전세권저당권에게 전세금을 임의로 반환하지 아니할 경우 전세권저당권자로서는 부득이 전세권설정자에 대한 채무명의를 받아 강제집행을 할 수 있을 뿐이다.130) 요컨대 전세권저당권자는 "무담보의

---

124) 오시영, 전게논문, 523면.

125) 강대성, 전게논문, 39면; 김창섭, 전게논문, 228−9면; 남양우, 전게논문, 85면; 오시영, 전게논문, 525면; 추신영, 전게논문, 67면.

126) 박순성, 전게논문, 110면.

127) 오시영, 전게논문, 517면; 이상태, 전게논문, 592면.

128) 강대성, 전게논문, 39면; 김창섭, 전게논문, 232면; 박순성, 전게논문, 110면.

129) 김창섭, 상게논문, 232면; 박순성, 상게논문, 110면.

전세금채권에 대한 물상대위권"을 행사하지 않으면 전세권자와 그의 다른 채권자와의 관계 및 전세권설정자와 그의 채권자의 관계에서 모두 보호받지 못하고 또 전세권저당권자는 전세권에 대한 경매청구권 및 우선변제청구권이 없어서 사실상 전세권자에 대한 일반채권자의 지위와 크게 다를 바가 없게 되는데 이는 전세금으로 자신의 채권을 확실하게 우선변제받을 것으로 믿고 있던 전세권저당권자에게 불측의 손해를 입히는 것이 된다.131) 넷째, 전세권저당권자가 등기까지 하여 공시하였음에도 불구하고 전세권의 존속기간이 만료되었다는 이유만으로 아무런 법적인 보호를 주지 않는다는 것은 전세권저당권자를 불리하게 취급하는 것이 되고 또 전세권저당권의 실효성을 현저히 떨어뜨리는 것이다.132) 즉, 전세권설정자는 전세권저당권의 설정가능성을 충분히 예상할 수 있었을 것임에도 불구하고 물권자인 전세권저당권자가 우선적 지위를 갖지 못하고 채권 기타 재산권의 집행절차를 취하도록 하는 것은 계약당사자들의 의사에도 반하고 거래계의 실정에도 반하는 것이다. 다섯째, 전세권의 본질을 용익물권으로 이해하면서도 담보물권의 고유한 특성인 물상대위권을 준용한다는 것은 논리상 적절치 않다.133)

(나) 전세권저당권의 존속설

다수설에 의하면 용익기간이 종료하더라도 전세권저당권은 존속한다. 다만, 전세금반환청구권이 전세권저당권의 객체가 되는지, 용익물권성과 담보물권성의 전세권이 그대로 유지되는지 또는 용익물권성의 전세권이 소멸하는지에 대해서는 다양한 견해가 대립하고 있지만 결과적으로 전세금반환청구권에 대하여 질권의 성립을 인정하거나 의제한다. 또 통상의 채권질권의 성립이냐 아니면 저당권부채권질권의 성립이냐에 따라 전세권저당권자의 우선적 지위가 달라진다. 결국 어느 학설이든 물상대위설에 대한 비판을 근거로 하여 전세금반환청구권에 대한 전세권저당권의 실행에 관한 법규가 흠결된 것에 대한 보충해석으로서 채권질권준용설 또는 저당권부채권질권준용설을 전개하고 있다고 할 수 있다.134) 이제 각 학설이 주장하는 바를 살펴본

---

130) 김창섭, 상게논문, 233면.
131) 김창섭, 상게논문, 233면.
132) 박순성, 전게논문, 110–1면.
133) 추신영, 전게논문, 49, 67면

후 전세권의 본질에 비추어서 각 학설이 갖는 근본적인 문제점에 대하여 검토하고자
한다.

① (전세금반환청구권을 제외한) 용익물권성·담보물권성의 전세권저당권존속설
·채권질권준용설

(i) 용익물권성·담보물권성 전세권의 존속: 전세금반환청구권을 제외한 용익물
권적 권능과 담보물권적 권능에 대하여 성립한 전세권저당권은 용익기간이 종료되어
도 그 객체인 전세권의 법률적 성격에는 아무런 변화가 없다.[135] 용익기간이 종료하
면 전세권을 소멸시킬 수 있는 기한이 도래할 뿐이므로 전세권저당권도 소멸하지 않
는다. 따라서 전세권저당권의 실행은 전세권 자체에 대한 경매를 청구하여 그 경락대
금으로부터 만족을 얻거나 스스로 전세권을 경락받아 전세권자로서 전세권설정자에
게 전세금의 반환을 청구할 수 있다. 다만, 전세금반환청구권은 전세권에 종된 권리이
므로 전세권저당권의 효력이 종된 권리인 전세금반환채권에도 미친다고 한다면 그
저당권은 실질에 있어서 채권질권과 유사한 형태가 될 것이므로 채권질권에 관한 규
정(제349조, 제353조)의 유추적용을 고려할 수 있다.[136] 혹은 전세금반환청구권이 용익
물권성·담보물권성의 전세권에 부종하기 때문에 전세권저당권의 효력이 미친다고
하여 질권의 실질을 인정한다.[137]

(ii) 전세권저당권자의 우선적 지위: 전세권저당권자는 전세권설정자에 대하여는
채권질권에 관한 규정의 유추적용에 의하여 우선적 지위를 갖지만, 전세권자에 대해
서는 전세권저당권 자체에 기하여 우선변제적 지위를 갖는다. 즉, 전세권저당권자로
서는 전세권자에 대하여는 경매청구권과 우선변제권을 갖는다.

---

[134] 전세권저당권의 소멸의 문제를 전세권의 소멸로 잘못 이해하는 견해가 있다(이호행, 전개논
문, 15－7, 25면). 용익기간이 종료하더라도 전세권설정자와 전세권자 사이에 담보물권성의
전세권은 존속하지만, 용익기간의 종료로 전세권저당권의 설정자와 전세권저당권자 사이에
전세권저당권도 소멸하는지의 문제가 바로 전세권저당권소멸의 문제이다.

[135] 박순성, 전게논문, 111－2면.

[136] 추신영, 전게논문, 67면.

[137] 박순성, 전게논문, 111면.

② (전세금반환청구권을 제외한) 담보물권성의 전세권저당권존속설·채권질권준
용설

(i) 전세금반환청구권을 제외한 용익물권적 권능과 담보물권적 권능에 대하여 성
립한 전세권저당권은 용익기간이 종료되면 담보물권성의 전세권만 존속한다.[138]

(ii) 전세금반환청구권은 전세권의 내용이 아니고 전세권과는 별개의 권리에 속하
고, 전세금반환청구권은 전세권의 종된 권리이므로 채권질권의 성립을 인정할 수 있
다.[139] 즉, 전세금반환청구권은 전세권에 대한 부종성으로 입질이 되는 것이다.[140]

③ (전세금반환청구권을 포함한) 용익물권성·담보물권성의 전세권저당권존속설
·저당권부채권질권준용설[141]

(i) 전세금반환청구권을 포함한 용익물권성과 담보물권성인 전세권의 존속: 전세
금반환청구권을 포함한 용익물권적 권능과 담보물권적 권능에 대하여 성립한 전세권
저당권은 전세권의 용익기간이 종료되더라도 용익물권적 권능은 소멸하지 않으므로
전세권의 법률적 성격에는 아무런 변화가 없다. 담보물권에는 그 피담보채권인 전세
보증금반환청구권이 당연히 포함되어 있으므로 담보물권인 전세권을 저당 잡는다는
것은 당연히 전세보증금반환채권을 저당잡는 것이라고 보아야 한다. 저당권부 채권
의 입질(제348조)이나 책임전질(제336조)이나 모두 광의의 채권질권으로 보아 또 전세
권부 전세금반환채권에 대한 전세권저당권을 책임전질로 본다. 즉, 저당권부 채권에
해당하는 전세권부 전세금반환채권에 질권을 설정할 경우에는 "저당권등기에 대한
질권의 부기등기"를 하여야 하지만(제348조), 이 경우 "질권의 부기등기"에 대신하는
등기가 곧 "전세권저당권등기"이므로, 전세권설정자에 대한 통지나 그의 승낙에 관한
제349조(제1항)는 유추적용할 필요가 없다고 한다.

(ii) 전세권저당권자의 우선적 지위: 전세권에는 질권을 설정할 수 없기 때문에
전세권저당권등기를 할 수밖에 없는데 질권의 부기등기에 해당하는 등기가 바로 전
세권저당권등기이므로 제348조가 유추적용되는 결과 제349조의 유추적용이 필요 없

---

138) 강태성, 전게논문, 181면.
139) 강태성, 상게논문, 172면.
140) 강태성, 상게논문, 174, 183면.
141) 오시영, 전게논문, 520-31면 참조.

어 전세권설정자에게 통지하거나 또는 그의 승낙을 받을 필요가 없다고 한다. 따라서 전세권저당권자는 전세권자에 대해서 뿐만 아니라 전세권설정자에 대해서도 우선적 지위를 가지게 된다. 전세권저당권자는 물권자로서 당연히 전세권의 목적물인 부동산에 대해 직접 경매를 청구할 수 있고(최소한 대위권을 행사하여 경매청구권을 행사할 수 있고), 저당권자의 우선변제권(전세권저당권을 등기함으로써 권리질권의 부기등기를 한 것으로 인정되므로)을 행사하여 배당참가를 할 수 있다.

  (iii) 수인의 전세권저당권자 사이의 우선순위: 전세권저당권자가 수인인 경우 전세권저당권의 설정 순서에 따라 그 우열을 결정하게 된다.

  ④ 담보물권성의 전세권저당권존속설·채권질권준용설

  담보물권성의 전세권저당권의 존속: 전세금반환청구권을 포함한 용익물권적 권능과 담보물권적 권능에 대하여 성립한 전세권저당권은 용익기간이 종료하면 전세권의 용익물권성은 소멸하지만 담보물권적 권능은 전세금반환채권과 함께 전세권저당권의 목적으로서 존속한다.142) 이에 반하여, 용익기간의 존속·종료를 불문하고 전세권저당권은 "전세권부 전세금채권에 대한 저당권", 즉, 전세금채권 및 이를 담보하는 전세권이 전세권저당권의 공동목적으로 존속한다는 견해도 있다.143) 이 견해는 용익물권성의 전세권이 전세권저당권의 객체이지만 경매의 실익이 없다는 이유로 용익기간이 존속·종료를 불문하고 전세금반환채권 및 이를 담보하는 전세권이 전세권저당권의 공동목적으로 존속한다고 한다.144)

  ⑤ 채권질권준용을 전제로 하는 전세권저당권자의 전세권설정자 및 그의 다른 채권자에 대한 우선적 지위

  전세권저당권자는 전세권설정자의 다른 채권자와의 관계에서는 전세권저당권 자체에 기한 우선변제적 효력이 없다.145) 민법의 저당권 조항이 전세권설정자와 같은

---

142) 강대성, 전게논문, 39, 41면; 이은영, 전게서, 762면; 남양우, 전게논문, 85면; 배병일, 전게논문, 22면; 이상태, 전게논문, 596면; 이승훈, 전게논문, 188면.
143) 김창섭, 전게논문, 229, 234면.
144) 김창섭, 상게논문, 234면.
145) 김창섭, 상게논문, 235면.

제3채무자의 존재를 전제로 하지 않는 것이므로 전세권저당권에도 통상의 저당권과 동일한 우선변제적 효력이 있다고 파악하는 것만으로 곧바로 해결되는 문제가 아니다.146) 따라서 이 경우 전세권저당권자가 우선변제권을 확보하는 방법은 채권질권에 관한 규정 중 전세권설정자와 같은 제3채무자의 존재를 전제로 하는 규정(제349조)을 준용하여 전세권자가 전세권설정자에 대하여 전세권저당권의 설정사실을 통지함으로써 우선적 지위를 확보한다.147) 그 논거로 채권질권과 저당권은 객체에 대한 유치적 효력이 없고 또 채권질권자와 전세권저당권자가 제3채무자 또는 전세권설정자에 대하여 채권을 가지고 있으므로 본질적 차이가 없다거나,148) 담보물권성의 전세권 또는 전세금반환채권에 대하여 저당권이 설정되어 있는 것과 같은 구조가 되지만 그 실질은 채권질권과 같은 성격을 갖는다거나,149) 민법이 담보권부 전세금채권에 대한 담보물권을 질권이 아닌 저당권으로 편제하고 있다 하더라도 전세권저당권은 "저당권부 채권에 대한 질권"에 준하는 법적 성질을 갖는다거나,150) 우리 민법상 채권을 목적으로 하는 저당권이 성립할 수 없다거나,151) 채권질권의 경우 채무자는 제3채무자에 대하여 가지고 있는 자신의 채권에 질권을 설정하려는 것인데 이는 전세권저당권자가 전세권자의 전세금반환청구권에 담보권을 가지고 있는 모습과 유사하다거나,152) 개정민법이 전세권에 담보물권성을 부여함에 따라 전세권 있는 전세금채권이 전세권저당권의 목적물로 된 것으로 새기는 이상 이제는 전세권저당권의 본질이 저당권보다는 질권에 가깝게 되었다거나,153) 채권에 대한 담보권을 질권이란 이름으로

---

146) 김창섭, 상계논문, 234면.

147) 강대성, 전게논문, 44면; 김창섭, 상계논문, 237면; 남양우, 전게논문, 88면; 배병일, 전게논문, 22면, 26면; 이승훈, 전게논문, 190면; 추신영, 전게논문, 18면,

148) 강대성, 상계논문, 43면; 김창섭, 상계논문, 235면; 추신영, 상계논문, 71면.

149) 강대성, 상계논문, 39면; 남양우, 전게논문, 87-8면; 배병일, 전게논문, 22, 26면; 이상태, 전게논문, 577면; 이재도, 전게논문, 98면

150) 강대성, 전게논문, 44면; 김창섭, 전게논문, 235-6면; 추신영, 전게논문, 71면. 이 학설에 대해서는 "저당권부 채권에 대한 질권"에 준한다고 한다면 마땅히 저당권등기에 해당하는 전세권등기에 부기등기를 하여야 할 것이다. 그러나 이는 전세금반환청구권에 대하여는 엄연히 전세권저당권의 등기가 되어 있다는 사실을 무시하는 것이 된다.

151) 이은영, 전게서, 762면.

152) 강대성, 전게논문, 43-4면.

153) 김창섭, 전게논문, 236면 주17).

규율하든 전세권저당권과 같이 저당권이란 이름으로 규율하든 그 내용에 있어 특칙이 없는 한 본질적 차이를 부여하는 해석을 하여서는 안 된다는 것이다. 그 결과 우선 제349조에 의하여 전세권자가 전세권설정자에게 전세권저당권의 설정사실을 통지하거나 전세권설정자가 승낙하여 대항력을 가지게 되면, 전세권저당권자는 제353조에 의하여 전세권설정자에 대하여 압류 및 추심명령 또는 전부명령 없이도 전세금반환을 청구할 수 있고, 이 경우 전세권저당권자의 채권의 변제기가 도래하기 전에 전세권의 존속기간이 만료되면 전세권설정자에 대하여 전세금의 공탁을 청구할 수 있으며 전세권저당권은 그 공탁금에 존재하게 되고,[154] 전세권설정자는 전세권저당권자의 동의 없이 전세권자에게 전세금을 반환하거나 변제공탁하여도 이로써 전세권저당권자에게 대항하지 못한다.[155] 다만, 전세권설정자로서는 압류의 경합 등을 이유로 민사소송법(제581조 제1항)에 의하여 전세금을 집행공탁함으로써 면책될 수는 있으나, 그러한 경우에도 전세권저당권자는 전세권설정자의 다른 채권자와의 관계에서 보호받을 수 있다고 한다.[156] 제349조의 준용은 한편으로 전세권저당권자가 전세권설정자에 대한 우선변제권을 확보하여 주기 위한 것이고 다른 한편으로는 전세권설정자로서는 전세권저당권 설정사실을 알지 못한 채 전세권자에게 전세금을 반환하는 이중변제의 위험으로부터 보호하기 위한 것이라고 한다.[157] 한편 전세권저당권자는 채권질권에 관한 제354조의 유추적용에 의하여, 민사집행법 제273조에 따라 추심명령, 전부명령, 환가 등에 의한 강제집행도 할 수 있다.[158] 이상의 결과는 전세권저당권을 설정 받는 자는 전세기간이 만료된 후 전세권자가 전세권설정자에 대하여 반환받는 전세금으로 우선변제를 받을 수 있다고 믿고 저당권을 설정 받았고 또 등기까지 마쳤음에도 불구하고 전세권의 용익기간이 종료되면 전세금의 반환여부와 상관없이 전세권저당권도 소멸해 버린다고 해석한다면, 이는 당사자의 위와 같은 신뢰를 저버리는 것을 방지하고 또 법률지식이 충분하지 못한 대부분의 전세권저당권자들은 강력한 공시방법인 등기까지 마쳤다고 안심하고 별도로 전세금반환채권에 대하여 압류 및

---

154) 남양우, 전게논문, 87면; 이승훈, 전게논문, 217면.
155) 남양우, 상게논문, 87면; 이재도, 전게논문, 98면.
156) 김창섭, 전게논문, 238면.
157) 남양우, 전게논문, 86면; 김창섭, 전게논문, 234면; 이재도, 전게논문, 98면.
158) 이상태, 전게논문, 597면.

추심명령 또는 전부명령을 받거나 제3자가 전세금반환채권에 대하여 실시한 강제집
행절차에서 배당요구를 하는 등의 권리행사를 하지 못한 채 불의의 손해를 보게 되는
것을 방지하기 위한 것이라고 한다.159)

⑥ 전세권저당권자의 전세권자 및 그의 다른 채권자에 대한 우선적 지위

전세권저당권자는 전세권자의 다른 채권자와의 관계에서는 전세권저당권 그 자체
에 기하여 우선변제권을 가지게 된다.160) 저당권부 채권에 질권을 설정한 자도 저당
권에 대한 질권의 부기등기로서 피담보채권의 존재와 금액을 등기함으로써 당연히
우선변제를 받는 것과 대비해 보면 더욱 전세권저당권자의 우선변제권은 당연히 확
보되어야 한다.161) 따라서 전세권저당권자는 배당요구의 종기까지 민사집행법 제247
조 제1항에도 불구하고 당연히 배당요구를 한 것으로 취급되어 그 배당금으로부터
우선변제받을 수가 있다.162) 그 결과 전세권자에 대한 다른 채권자(일반채권자나 후순위
전세권저당권자)가 전세권저당권자보다 먼저 전세금채권에 대하여 추심명령 또는 전부
명령을 받거나, 전세권설정자가 압류의 경합 등을 이유로 전세금을 집행공탁하여
그 배당요구의 종기가 지났다 하더라도, 전세권저당권자는 전세권설정자에게 전세금
채권의 변제를 직접 청구하거나 이에 대하여 유효한 추심명령 또는 전부명령을 받거
나 추심공탁금 또는 집행공탁금에서 자기 채권의 우선변제를 받을 수 있다.163) 그리
고 전세권저당권자는 당연히 전세권자가 갖는 목적부동산에 대한 경매청구권과 우선
변제권도 행사할 수 있다.164)

⑦ 수인의 전세권저당권자 사이의 우선순위

수인의 전세권저당권자 사이에는 확정일자 있는 통지를 누가 먼저 하였느냐에 의
하지 않고 전세권저당권의 우선순위에 의하여야 한다는 견해도 있고,165) 반대로 전세

159) 남양우, 전게논문, 86면.
160) 김창섭, 전게논문, 242면; 남양우, 전게논문, 88면; 추신영, 전게논문, 71－2면.
161) 김창섭, 상게논문, 241면 주 32; 추신영, 전게논문, 71－2면.
162) 이재도, 전게논문, 98; 추신영, 상게논문, 71－2면.
163) 김창섭, 전게논문, 241－2면.
164) 이상태, 전게논문, 599면; 이재도, 전게논문, 98면.

권저당권자가 수인인 경우 전세권저당권의 순위가 아니라 확정일자 있는 통지를 누가 먼저 하였는가에 따라 우열을 결정한다는 견해도 있다.166)

⑧ 물상대위설의 채권준용설에 대한 비판

물상대위준용설은 채권질권준용설·저당권부채권질권준용설에 대하여 다음과 같은 비판을 제기한다. 첫째, 채권에 불과한 전세금반환채권을 전세권저당권의 목적물이라고 해석하여 채권질권에 관한 규정을 전세권저당권에 바로 준용하는 것은 질권의 체계와 저당권의 체계를 혼동하는 결과를 초래하여 물권법정주의에 반하는 문제를 갖고 있고, 명문의 근거 없이 전세권저당권에 채권질권의 규정을 유추적용하는 것은 해석론만으로는 채택하기 어렵다는 것이다.167) 둘째, 제3자가 전세금반환채권에 대한 압류 및 추심·전부명령을 받았을 때나 제3자가 실시한 강제집행절차에서의 배당요구 없이도 당연히 배당요구를 한 것으로 취급하여 전세권저당권자에게 우선변제권을 인정하는 것은 민사집행법 제91조 제3항, 제4항, 제148조의 명문 규정에 반할 뿐만 아니라 채권집행의 본질에도 반하여 역시 곤란한 점이 있고 또 전세권저당권자의 우선변제권을 인정하면 전세권저당권의 설정사실을 모르고 있는 전세권설정자가 제3자로부터 전세금반환채권의 압류, 전부명령을 송달받고 전부채권자에게 전세금을 반환하는 경우에도 다시 전세권저당권자에 변제를 하여야 하는 이중변제 위험에 놓인다고 한다.168)

(3) 법무부 민법개정시안

법무부는 2004년과 2014년에 전세권저당권의 실행에 대하여 개정시안을 마련하였다.

(가) 2004년 개정시안

2004년의 법무부 민법개정시안은 전세권저당권의 실행과 관련하여 제371조 제3항

---

165) 김창섭, 전게논문, 242면; 이승훈, 전게논문, 190면.
166) 황경웅, 전게논문, 18면.
167) 오경미, 전게논문, 134면; 이호행, 전게논문, 23면.
168) 오경미, 상게논문, 140면.

을 신설하여 "전세권을 목적으로 하는 저당권에 있어서 저당권자는 우선변제권의 범위 내에서 전세권설정자에 대하여 전세금의 반환을 직접 청구할 수 있다. 이 경우에는 제353조 제3항의 규정을 준용한다."라고 규정하고 있다.[169] 그리고 제353조 제3항이 준용된 결과에 의하면, "전세금반환채권의 변제기가 저당권자의 채권의 변제기보다 먼저 도래한 때에는 저당권자는 제3채무자에 대하여 그 변제금액의 공탁을 청구할 수 있다. 이 경우에 저당권은 그 공탁금에 존재한다."라는 규정을 신설하였다. 2004년 개정시안에 대해서는 다음의 점을 지적할 수 있다. 첫째, 판례와 달리 전세권저당권의 실행에 물상대위권을 준용하지 않는다는 점이다. 둘째, 전세권저당권의 실행시기를 전세권의 용익물권성이 소멸하는 시기로 하지는 않지만, 당시의 개정논의과정을 보면 당연히 전세권저당권의 실행시기를 전세권의 용익물권성이 소멸하는 시기를 전제로 하고 있다는 점이다.[170] 셋째, 전세권설정자에 대한 통지나 승낙을 대항요건으로 하지 않는다는 점이다. 이 점에 대해서는 전세권설정자의 이중변제의 우려라는 측면에서 문제를 제기하는 견해가 있다.[171]

(나) 2014년 개정시안

2014년 법무부 민법개정시안은 전세권저당권의 실행에 관한 근거규정(제371조 제3항)을 두어 "전세권을 목적으로 하는 저당권에 있어서 전세권자가 그 전세물을 사용·수익할 권리가 소멸한 때에는 저당권자는 우선변제권의 범위 내에서 전세권설정자에 대하여 전세금의 반환을 직접 청구할 수 있다. 이 경우에는 제353조를 준용한다."라고 규정하고 있다.[172][173] 2014년의 개정시안은 2004년의 개정시안에 "전세권자가 그 전세물을 사용·수익할 권리가 소멸한 때에는"이라는 문언을 추가하여, 용익물권성이 소멸한 때에 전세권저당권이 실행된다는 것을 분명하게 명시하고 있다. 또 이 경우 제353조 제3항을 준용하면, 전세금반환채권의 변제기가 저당권자의 채권의 변

---

169) 제353조(질권의 목적이 된 채권의 실행방법) ③ 전항의 채권의 변제기가 질권자의 채권의 변제기보다 먼저 도래한 때에는 질권자는 제삼채무자에 대하여 그 변제금액의 공탁을 청구할 수 있다. 이 경우에 질권은 그 공탁금에 존재한다.

170) 2004년 법무부 민법개정시안해설, 총칙·물권편(법무부, 2012), 569-579면 참조.

171) 강대성, 전게논문, 45면.

172) 권영준, 2014년 법무부 민법개정시안해설, 민법총칙·물권편(법무부 2017), 521-544면.

173) 제353조 전체를 준용할 필요가 없고 제3항만 준용하는 것으로 족하다.

제기보다 먼저 도래한 때에는 저당권자는 제3채무자에 대하여 그 변제금액의 공탁을 청구할 수 있다. 이 경우에 저당권은 그 공탁금에 존재하게 된다.

(다) 개정시안의 문제점

2004년과 2014년의 전세권저당권의 실행과 관련하여 다음과 같은 의문점을 제기할 수 있다. 그것은 두 개정시안이 전세권저당권자에게 우선적 지위를 인정하여 전세금반환청구권을 직접 행사할 수 있도록 하고 있는데 그 근거가 무엇인가 하는 의문이다. 우선 2014년의 개정시안이 "사용·수익할 권리가 소멸한 때"라는 규정을 두는 것은 전세금반환청구권은 전세권저당권의 객체가 되지 않아 용익기간이 종료하면 전세권저당권이 소멸한다는 것을 전제로 물상대위권의 행사를 준용하는 판례를 수용한 것이라 볼 수 있다. 그러나 2014년의 개정시안은 전세금반환청구권이 전세권저당권에 갈음하여 존재한다거나 전세권저당권자가 물상대위권의 행사로서 압류·추심 또는 전부명령을 송달하는 데에 대해서는 침묵을 지키고 있다. 또 2004년의 개정시안은 채권질권준용설을 수용하였다고 볼 수 있지만, 채권질권의 대항요건을 갖추어야 한다는 요건을 전혀 규정하고 있지 않다. 결국 두 개정시안은 전세금으로부터 우선변제를 받으려는 당사자의 의사를 고려한 나머지 전세금반환청구권을 직접 행사할 수 있다는 것을 인정하는 것일 뿐, 전세금반환청구권에 대한 전세권저당권 또는 질권의 성립여부에 대해서는 전혀 언급을 하지 않고 있는 것이다.

(4) 결어

(i) 이상의 판례와 학설들은 전세권저당권의 실행으로 전세금으로부터 우선변제를 받는 지위를 인정한다는 점에서는 저당권의 법리를 실현한다고 볼 수도 있다. 그러나 그 과정은 전혀 저당권의 법리에 비추어 타당하지 않다. 판례와 모든 학설은 전세권저당권의 등기에 의해 확보된 전세권저당권자의 우선적 지위를 폐기하는 것이 되어 타당하지 않다. 그것은 저당권자의 우선적 지위를 물상대위의 행사에 따르는 압류·추심·전부 명령의 도달이라는 조건, 채권질권의 대항요건의 행사라는 조건 또는 전세권저당권의 등기를 저당권등기에 대한 질권의 부기등기로 의제하여 비로소 인정하는 것이 되는데, 이는 전세금반환청구권에 대한 전세권저당권의 성립과는 부합하지 않는 것이다.

(ⅱ) 전세권저당권소멸설에 따라 물상대위를 인정하는 판례와 학설은 근본적으로 담보물권성의 전세권은 전세권저당권의 목적으로 할 수 없다는 제371조의 잘못된 해석에서 비롯된 것이다. 이 학설은 1984년 전세권의 개정에도 불구하고 본조의 취지는 전혀 변경되지 않았다고 보는 것이다. 그리고 물상대위를 준용하는 데에 대해서는 다음의 비판이 가능하다. 첫째, 물상대위란 저당권의 객체인 전세권의 멸실·훼손 등의 경우에 인정되는 것이지 용익기간의 종료라는 원인에 의하여 용익물권성이 자연적으로 소멸하는 경우에는 준용될 수 없다. 둘째, 전세권이란 전세금의 대가를 지급하고 전세물을 용익하는 권리로서 전세금반환청구권의 행사가 용익기간이 종료하기까지 유예된다는 것을 말한다. 따라서 용익기간이 종료하면 더 이상 대가를 지급할 의무가 없게 되므로 자연스럽게 전세금반환청구권이 발생하게 되는 것이다. 따라서 전세금반환청구권을 결코 용익물권성의 전세권에 갈음하는 대상물이라 할 수 없다. 셋째, 저당권의 법리에 의하면 전세권저당권자에게는 우선적 지위가 인정되는 상태에서 물상대위권을 행사하는 것임에 반하여 물상대위준용설은 물상대위권을 행사하여야 비로소 전세권저당권자에게 우선적 지위를 인정한다는 것이 되는데, 이는 본말이 전도된 것이라 하지 않을 수 없다.

(ⅲ) 채권질권준용설·저당권부채권질권준용설에 대해서는 다음의 비판을 제기할 수 있다. 첫째, 용익기간이 종료되었음에도 불구하고 용익권능이 소멸하지 않는다고 하는 채권질권준용설[나.(나)①]과 저당권부채권질권준용설[나.(나)③]은 수용하기 어렵다. 유익비상환청구권, 부속물수거 및 매수청구권 등은 전세권의 용익물권성과는 무관하게 존속하는 권리일 뿐이기 때문이다. 이들 권리가 인정된다고 해서 용익권능이 존속하는 것은 아니다. 또 용익권능이 소멸하였음에도 불구하고 온전한 전세권 자체를 경매할 수 있다고 하는 채권질권준용설[나.(나)①]은 자기모순이라고 하지 않을 수 없다. 담보물권성인 전세권만 남는 전세권은 온전한 전세권과는 결코 동일한 권리가 아니기 때문이다. 또한 종된 권리인 전세금반환청구권에 대하여 전세권저당권의 효력이 미친다고 하는 학설[나.(나)②]는 전세권에 있어서 전세금반환청구권은 용익권능과는 대등한 권리로서 주종의 구별이 있을 수 없고 또 담보물권성의 전세권과의 관계에서는 주된 권리가 되는 것이지, 결코 전세권의 종된 권리라고 볼 수 없다는 문제점이 있다. 그리고 채권질권준용설[나.(나)④] 중 용익기간의 존속·종료를 불문하고 전세권저당권은 "전세권부 전세금채권에 대한 저당권"으로 존속한다는 견해 역시 용익

기간 중에는 담보물권성과 더불어 용익물권성의 전세권이 전세권저당권의 객체가 된다는 점에 반하는 것이다. 둘째, 채권질권준용설·저당권부채권질권준용설은 전세권저당권의 객체인 전세권 나아가 이를 객체로 하여 성립하는 전세권저당권을 하나의 물권으로서 온전히 규율하지 못하는 문제점이 있다. 즉, 용익기간 중에는 용익물권인 전세권에 대해서 전세권저당권의 성립을 인정하지만 용익기간 종료 후에는 전세금반환청구권에 대해서는 채권질권·저당권부채권질권의 실질을 갖는다고 하는 것은 하나의 전세권저당권 안에 용익기간의 종료 여부에 따라 전혀 다른 별개의 성질을 갖는 권리를 인정하는 것이 되어 하나의 전세권저당권이라고 보기 어렵다. 이는 새로운 물권을 창설하는 것과 다를 바 없다는 비판을 면하기 어렵다. 또 그것은 전세권 자체에 대하여 하나의 저당권의 성립을 인정하는 제371조에 반하는 것이다. 셋째, 저당권부채권질권준용설은 전세금반환청구권에 대한 전세권저당권의 등기가 있음에도 불구하고 이를 저당권부 채권의 입질(제348조) 또는 책임전질(제336조)을 인정한다는 점에 문제가 있다. 우선 저당권부 채권의 입질(제348조)은 전세권등기에 질권의 부기등기가 실행되어야 하는 것으로서 전세권의 성립을 위한 전세권저당권등기와는 다른 것이다. 즉, 전세권저당권등기는 어디까지나 담보권부 전세금반환청구권에 대한 저당권등기인 것이지 이를 저당권부 채권을 위한 '저당권등기에 대한 질권의 부기등기'로 볼 수는 없는 것이다. 또한 전세권저당권등기는 책임전질(제336조)의 대항요건(제337조)의 실행과는 전혀 다른 것이다. 넷째, 저당권부채권질권준용설은 전세금반환청구권에 대하여 저당권의 성립 자체를 부정하고 전세금반환청구권에 대하여 질권의 성립을 인정하는 것이 된다. 전세금반환청구권에 대해서는 '청구권으로서' 질권을 설정할 수 있을 뿐 아니라 전세금반환청구권에 대해서는 물권적 청구권으로서 전세권에 대하여 저당권도 설정할 수 있다. 양자가 함께 성립하는 경우 성립순서에 따라 질권과 저당권의 우선순위가 정해지게 된다. 그런데 전세금반환청구권에 대하여 저당권이 성립하였음에도 불구하고 전세금반환청구권에 대하여 질권의 성립을 인정하게 되면 전세금반환청구권에 대해서는 전세권저당권 성립 자체를 봉쇄하는 것이 되어 버리는 것이다.

（ⅳ） 판례와 학설들은 용익기간의 종료 후 전세권저당권의 객체를 무엇으로 볼 것인지에 대한 입장이 다름에도 불구하고 결과적으로 물상대위를 준용하거나 또는 채권질권 내지는 저당권부채권질권의 규정을 준용하여 전세권저당권자가 전세금의 반

환을 직접 청구할 수 있는 것을 허용하고 있다. 우선 학설[나.㈎①]은 지배권인 용익물권 또 학설[나.㈎②]는 전세권 자체를 전세권저당권의 객체로 봄에도 불구하고 전세권저당권의 소멸을 인정한 후 물상대위를 준용하여 전세권저당권자가 전세금반환을 청구할 수 있도록 하고 있다. 또 학설[나.㈏①ㆍ②]가 전세권저당권의 객체에서 전세금반환청구권을 제외하든 또 학설[나.㈏③ㆍ④]가 전세금반환청구권을 제외하지 않든 동일하게 채권질권을 준용하여 역시 전세권저당권자가 전세금반환을 청구할 수 있도록 하고 있다. 그리고 학설[나.㈏②]는 전세금반환청구권을 전세권저당권의 객체에서 제외하면서도 전세금반환청구권이 종된 권리라는 이유로 전세금반환청구권에 대한 질권의 성립을 허용하여 전세금의 반환을 청구할 수 있다고 한다. 이상의 판례와 학설들에서는 전세권저당권의 객체라는 문제와 전세권저당권의 실행이라는 문제 사이에 있어야 하는 내적인 통일성을 전혀 찾을 수가 없다. 이는 판례와 학설들이 전세금반환청구권을 전세권저당권의 객체에서 제외한 잘못을 만회하기 위하여 전세권저당권자에게 전세금의 반환청구를 허용하는 태도를 취하는 것이라고 볼 수밖에 없다. 다시 말하면 이는 전세권저당권자가 전세금의 반환을 청구할 수 있다는 결론을 미리 내려놓고 물상대위라든지 또는 질권의 성립을 의제하는 인위적인 방식을 통하여 자기식의 정당성을 부여하는 것이라 하지 않을 수 없다.

(ⅴ) 판례와 학설들이 위와 같은 문제를 드러내는 궁극적인 원인은 전세금반환청구권은 채권 내지는 채권적 청구권이므로 전세권저당권의 객체가 될 수 없다는 도그마에서 벗어나지 못하고 있기 때문이다. 물권적 청구권인 전세금반환청구권에 대하여 채권적 청구권에 적용될 도그마를 잘못 적용하고 있기 때문이다. 이는 학설[나.㈏④]의 경우도 마찬가지이다. 학설[나.㈏④]는 형식적으로는 채권은 저당권의 객체가 될 수 없다는 도그마와 담보물권은 저당권의 객체가 될 수 없다는 도그마로부터 벗어난 것처럼 보이지만, 전세금반환청구권에 대해서 전세권저당권의 등기가 있음에도 불구하고 질권의 성립을 인정하는 것은 실질적으로는 이들 도그마를 벗어나지 못하고 있는 것이다.

(ⅵ) 전세금반환청구권의 본질에 비추어 볼 때 용익기간이 종료된 경우 이상의 도그마로부터 벗어나 물권적 청구권인 전세금반환청구권에 대하여도 전세권저당권의 성립에 따른 전세권저당권의 실행을 인정하여야 할 것이다. 그것이 바로 전세권저당권의 성립과 전세권저당권의 실행 사이에 내적 통일성을 부여하는 길이 된다고 할

것이다. 첫째, 판례와 학설처럼 전세금반환청구권에 대하여 저당권의 성립을 부정하거나 또는 채권질권설준용설·저당권부채권준용설처럼 전세권저당권의 성립의 외관에도 불구하고 질권의 성립을 인정하지 않게 된다. 물론 형식과 실질이 일치하지 않는 것은 민법의 분야에서 자주 인정되는 바이다. 예를 들면, 양도담보의 경우 소유권이전의 등기가 있음을 전제로 일정한 범위에서 담보의 실질을 인정하는 경우가 그러하다. 그러나 전세금반환청구권에 대하여 저당권이 성립하였음에도 종류가 다른 질권의 성립을 인정하는 것과 같은 형식과 실질의 불일치는 전혀 다른 성질의 것으로서 허용할 수 없는 것이다. 따라서 전세권과 일체를 이루어 전세권과 함께 등기가 인정되는 전세금반환청구권에 대해서도 전세권저당권의 성립에 따른 전세권저당권의 실행을 인정하여야 한다. 둘째, 판례와 학설과는 달리 전세권저당권자의 우선적 지위를 보호하지 못한다는 한계를 벗어날 수 있다. 저당권의 일반법리에 의하면 저당권자는 저당권의 등기만으로 우선적 지위가 보호되는데 전세권을 객체로 저당권이 실행되는 경우에는 왜 그렇지 않아야 하는지에 대한 타당한 근거를 제시하지 못한다. 우선 물상대위설은 물상대위를 준용하는 경우에만 전세권저당권자의 우선적 지위를 보호하고 있다. 또 채권질권준용설은 전세권자와 그의 채권자와의 관계에서는 전세권자의 우선적 지위를 인정하지만, 전세권설정자와 그의 채권에 대한 관계에서는 제349조를 준용할 경우에만 전세권저당권자에게 우선적 지위를 인정하게 되어 양자 사이에 차이를 드러낸다. 전세권저당권자가 전세권설정자와 전세권자와의 관계에서 우선적 지위에서 왜 이러한 차이가 나야 하는지에 대한 설명이 궁색하게 된다. 이에 반하여 저당권부채권질권준용설은 이러한 난점은 없지만, 근본적으로 전세금반환청구권에 대한 전세권저당권등기를 '저당권등기에 대한 질권의 부기등기'로 의제하는 것은 등기의 성질상 불가하다는 비판이 가능하다. 물상대위를 준용하는 판례에 대해서는 이름만 저당권일 뿐이지 전세권저당권은 사실상 '종이호랑이'에 불과하여 점차 그 이용자가 사라져 사문화될 우려가 있다는 비판이 제기되고 있는데,[174] 이러한 비판은 채권질권준용설에 대해서도 가능하다. 이러한 비판은 전세권저당권자에게 전세권저당권등기 그 자체로서 우선적 지위를 인정할 때 비로소 불식될 수 있는 것이다. 셋째, 전세금반환청구권에 대하여 전세권저당권의 실행을 인정하면 그것으로 전세권설정

---

174) 김창섭, 전게논문, 233면.

자에 대하여 전세금의 반환청구를 인정할 수 있다. 민법은 전세금반환청구권에 대한
전세권저당권의 실행방법에 대하여는 아무런 규정을 두고 있지 않는 것은 사실이다.
그런데 채권질권과 저당권부채권전질의 경우 채권에 대한 직접청구(제353조 제1항, 제2
항)를 허용하는 실질적인 이유는 무엇일까? 그것은 질권의 객체인 채권에 대하여 사
실상 지배권능을 인정하는 것이 되기 때문이다. 그렇다면 질권과 마찬가지로 지배권
의 권능을 갖는 전세권저당권의 경우에도 당연히 전세금반환청구권의 직접 청구를
인정하여 변제에 충당할 수 있는 것이다.[175] 그것은 담보물권의 객체에 대하여 지배
권을 인정하는 것은 담보물권의 통유성이라고 할 수 있다. 이는 저당권의 경우 질권
의 물상대위를 준용하는 것(제370조)은 물상대위가 담보물권의 통유성이기 때문인 것
과 마찬가지이다. 이것이 바로 전세권저당권 실행에 관한 2004년과 2014년의 법무부
민법개정시안이 전세권저당권소멸설에 기초하고 있음에도 불구하고 채권질권의 대
항요건에 관한 규정(제349조)을 준용하지 않고서도 전세권설정자에 대한 직접청구를
인정하는 규정을 두게 된 실질적인 이유라고 할 것이다.

(vii) 전세권저당권자의 우선변제적 효력: 전세금반환청구권에 대하여 전세권저당
권의 성립을 인정하여야 비로소 전세권저당권자의 우선적 지위를 중첩적으로 보장할
수 있다. 1984년 개정 전 전세권에 대하여 담보물권성이 인정되지 않았을 경우에는
무담보의 전세금반환청구권이 전세권저당권의 객체가 되었다. 이 경우 전세권저당권
자는 전세권자인 전세권저당권설정자와 그의 다른 채권자들에게만 우선적 지위를 누
리고 전세권설정자에 대해서는 우선적 지위를 누릴 수 없었다. 따라서 전세권설정자
의 다른 채권자들이 전세금반환청구권을 압류한 경우 압류된 전세금반환청구권이 전
세권저당권의 객체로 되기 때문에, 압류권자가 전세권저당권자에 앞서 변제를 받게
된다. 그러나 1984년 개정 후에는 전세권에 담보물권성이 인정되면서 담보물권부 전
세금반환청구권이 전세권저당권의 객체가 되기 때문에, 전세권저당권자는 전세권자
의 담보물권성의 전세권에 기하여서도 우선적 지위를 누릴 수 있게 되어 비로소 중첩
적으로 우선적 지위를 누릴 수 있게 되었다. 즉, 전세권저당권자는 전세권자가 전세권
설정자의 다른 채권자에 대하여 갖는 우선적 변제권의 범위 내에서 자신이 전세권자
의 다른 채권자에 대하여 갖는 우선적 지위를 누릴 수 있어 중첩적으로 우선적 지위

---

175) 주석민법, 물권(3), 601면.

가 인정되는 것이다. 이는 전세권의 용익기간의 존속·종료를 불문하고 담보권부 전세금채권에 대한 저당권을 가지므로 피담보채권의 변제기가 도래하는 경우 통상의 저당권과 동일한 우선변제권을 갖는다. 따라서 첫째, 전세권저당권자는 배당요구의 종기까지 배당요구를 하지 아니하더라도 민사집행법 제88조 제1항(구 민사소송법 제580조 제1항)에 불구하고 당연히 배당요구를 한 것으로 취급되므로, 설령 전세권설정자 또는 전세권자의 다른 채권자(일반채권자나 후순위 전세권저당권자)가 전세권저당권자보다 먼저 전세금채권에 대하여 추심명령 또는 전부명령을 받거나 전세권저당권자가 압류의 경합 등을 이유로 전세금을 집행공탁하고, 나아가 그 배당요구의 종기가 지났다 하더라도 전세권저당권자는 전세금채권에서 우선변제를 받을 수 있다. 둘째, 전세권설정자는 전세권에 대하여 전세권저당권이 성립하기 전에 성립한 사유에 대하여 전세권저당권자에게 대항할 수 있지만 전세권저당권이 성립한 후에는 전세권자 사이에 어떠한 합의를 하더라도 전세권저당권자에게 대항할 수 없다. 셋째, 전세권설정자는 전세권자에게 전세금을 변제하더라도 보호받을 수 없다. 전세권설정자는 이중변제의 위험을 이유로 전세권에 대하여 저당권이 설정되었음을 몰랐다는 이유로 전세권저당권자에게 전세금지급을 거절할 수 없다. 전세권저당권이 전세권설정자의 동의 없이 설정된 사실도 전세권저당권자에게 전세금지급을 거절할 수 있는 어떠한 이유가 될 수 없다. 전세권에는 처분의 자유가 인정되므로 전세권인 당사자들의 반대의 의사가 없는 한 전세권은 얼마든지 타인에게 양도되거나 담보로 제공할 수 있다(민법 제306조).176) 따라서 전세권설정자는 전세금을 전세권설정자에게 지급하기 전에 전세권에 저당권이 설정된 사실을 확인하지 않은 경우에는 책임이 없다고 할 수 없다. 또 부동산등기법상 전세권에 대하여 전세권저당권을 설정할 때 전세금이 기입되지 않는다고 하더라도, 전세권설정자는 전세권은 전세금반환청구권이 있는 물권(물권법정주의)이라는 것을 아는 것으로 당연히 의제되기 때문이다.

(viii) 용익기간 종료 후 전세권저당권자는 전세권설정자에 대하여 통상적으로 피담보채권의 범위에서 전세금의 반환을 청구할 수 있다. 그러나 피담보채권의 범위 내라고 하더라도 전세물의 교환가치가 전세금보다 낮은 역전세의 경우에는 전세물의 가액보다 낮은 금액을 청구할 수밖에 없다. 이는 마치 채무자의 자력에 따라 채무자에

---

176) 주석민법, 물권(3), 307면.

대한 채권이 평가되는 것과 마찬가지로 전세물의 교환가치에 따라 전세금반환청구권
이 평가되는 것이라 할 것이다.

(ix) 용익기간의 종료된 후에도 전세권저당권이 항상 실행되는 것은 아니다. 전세
권저당권자는 용익권능이 소멸한 상태에서 얼마든지 피담보채권과 함께 전세권저당
권을 양도할 수 있다. 이 경우 전세금반환청구권에 대하여 전세권저당권이 성립한
이상 그 객체인 담보물권성의 전세권의 양도는 전세권저당권의 이전등기에 의하게
된다. 그러나 용익물권성이 소멸한 담보물권성의 전세권에 대해서 다시 후순위의 전
세권저당권을 설정할 수는 없다. 제371조는 용익물권성과 담보물권성을 갖는 전세권
에 대하여 저당권을 설정하는 것을 예정하고 있기 때문이다. 그러나 단독의 전세금반
환청구권에 대하여 질권의 설정은 얼마든지 가능하다고 할 것이다. 이는 질권에 대한
규정은 청구권의 기본적 규정으로서 성질이 허락하는 한 물권적 청구권에도 적용될
수 있기 때문이다.

3. 결어

전세권의 본질에 비추어 볼 때 채권적 청구권이 아니라 물권적 청구권인 전세금반
환청구권에 대하여는 전세권저당권의 성립을 부정하거나 질권의 성립을 인정할 것이
아니라 전세권저당권 자체의 성립을 인정하여야 한다. 우선 용익기간 존속 중에는
용익물권성과 담보물권성의 전세권에 대하여 전세권저당권이 성립하고, 용익기간의
종료 후에는 담보물권성의 전세권을 대상으로 하는 전세권저당권이 성립한다. 따라
서 용익기간 중에 전세권저당권의 실행이 있는 경우에는 전세권저당권자는 '잔여 용
익기간 중'의 용익물권성과 담보물권성의 전세권의 교환가치로부터 우선변제를 받게
된다. 이 경우 잔여 용익기간 중 전세물을 사용하여 얻을 수 있는 수익이 전세금의
이자보다 과다이거나 과소인 경우에는 매수인이 실제로 지불하는 매수가액은 조정이
따르게 된다. 또 용익기간 종료 후에 전세권저당권의 실행이 있는 경우에는 전세권저
당권자는 전세금반환청구권을 직접 행사하여 받은 전세금으로부터 우선변제를 받게
된다. 어느 경우나 전세권저당권자에게는 전세권저당권을 실행함에 있어 우선적 지
위가 인정된다.

V. 담보권부 전세금반환청구권에 대한 반대채권의 상계

전세권설정자는 전세권자에 대하여 취득한 반대채권의 변제기가 전세금반환청구권의 이행기와 동시에 또는 그보다 먼저 도래할 것인 경우 합리적 기대를 이유로 전세권자에게 실행한 상계를 전세권저당권자에게 대항할 수 있는지가 문제이다. 판례와 대부분의 학설은 이를 긍정하나 소수설은 이를 부정한다.

1. 판례: 전세권저당권설정시점

판례는 종전에는 "전세금은 그 성격에 비추어 민법 제315조에 정한 전세권설정자의 전세권자에 대한 손해배상채권 외 다른 채권까지 담보한다고 볼 수 없으므로, 전세권설정자가 전세권자에 대하여 위 손해배상채권 외 다른 채권을 가지고 있더라도 다른 특별한 사정이 없는 한 이를 가지고 전세금반환채권에 대하여 물상대위권을 행사한 전세권저당권자에게 상계 등으로 대항할 수 없다"라고 판시하였다.[177] 본 판결은 채권담보전세권에서 임대인인 전세권설정자가 전세권자에 대한 연체차임, 관리비 손해배상 등의 채권을 반대채권으로 하여 전세금반환청구권과 상계하여 선의의 전세권저당권자에게 주장할 수 있는가에 대한 사안이다. 본 판결은 상계를 부정하였다. 그런데 판례는 상계 일반과 관련하여 합리적 기대설을 취하여 "압류의 효력 발생 당시에 대립하는 양 채권이 상계적상에 있거나, 그 당시 반대채권(자동채권)의 변제기가 도래하지 아니한 경우에는 그것이 피압류채권(수동채권)의 변제기와 동시에 또는 그보다 먼저 도래하여야 한다."라고 판시하였다.[178] 그 후 판례는 이를 전세금반환청구권의 상계에도 적용하여 " 전세금반환채권은 전세권이 성립하였을 때부터 이미 발생이 예정되어 있다고 볼 수 있으므로, 전세권저당권이 설정된 때에 이미 전세권설정자가 전세권자에 대하여 반대채권을 가지고 있고 반대채권의 변제기가 장래 발생할 전세금반환채권의 변제기와 동시에 또는 그보다 먼저 도래하는 경우와 같이 전세권설정자에게 합리적 기대 이익을 인정할 수 있는 경우에는 특별한 사정이 없는 한 전세권설정자는 반대채권을 자동채권으로 하여 전세금반환채권과 상계함으로써 전세권저

---

177) 대법원 2008. 3. 13. 선고 2006다29372,29389 판결.
178) 대법원 2012. 2. 16. 선고 2011다45521 전원합의체 판결.

당권자에게 대항할 수 있다."라고 판시하고 있다.[179] 판례는 상계에서 합리적 기대의 법리를 '전세권저당권이 설정된 시점'을 기준으로 전세금반환청구권의 상계에 대하여 도 적용하고 있는 것이다.

2. 학설

상계긍정설, 절충설과 상계부정설이 대립하고 있다. 상계긍정설은 전세금반환청구 권을 채권적 청구권으로 보아 채권법상의 상계의 법리에 따라서 상계를 긍정하고 있 다. 이에 반하여 소수설은 전세금반환청구권에 대하여 물권법의 법리를 적용하여 상 계를 부정하고 있다.

(1) 부정설

전세권설정자가 전세권자에 대하여 갖는 상계적상에 있는 손해배상채권 외의 반대 채권이 있더라도 전세권자에 대하여 상계를 주장할 수 없고 따라서 전세권저당권자 에 대해서도 대항할 수 없다고 한다.[180] 그 이유는 전세권에 대한 저당권의 설정은 일종의 물권적 처분행위이므로 전세권의 양도에 준하는 법리가 적용되어야 하는데, 전세권설정자는 전세권저당권자의 동의 없이 전세권을 소멸하는 행위를 할 수 없고 여기에는 상계를 통하여 전세금을 소멸시키는 행위도 포함되므로 상계를 통하여 전 세금을 소멸시키는 것은 전세권설정자와 전세권자 사이에 채권적 효력을 가지는데 그치고, 이를 전세권저당권자에게 대항할 수 없다고 한다.[181] 전세권저당권자는 물권 자로서 가지는 직접적 당사자성 및 대세적 효력에 상계를 부정하는 근거가 있다고 한다.[182] 즉, 전세권설정자와 전세권저당권자는 전세권저당권을 둘러싼 물권법 관계 에서 직접적 당사자로서, 여기에는 전세권설정자가 전세권자에 대하여 갖는 채권법 상의 항변이 게재될 수 없기 때문이라고 한다.[183] 이러한 직접당사자성과 대세적 효

---

179) 대법원 2014. 10. 27. 선고 2013다91672 판결.
180) 김제완, "전세권을 목적으로 한 저당권자의 우선변제권과 상계적상", 고려법학, 제76호(고려 대학교 법학연구소, 2015. 3), 286면; 이동진, 전게논문, 59면.
181) 김제완, 전게논문, 286면.
182) 김제완, 상게논문, 290면.
183) 김제완, 상게논문, 291면.

력은 전세권저당권자가 물상대위를 행사하는 경우에도 인정되어야 한다고 한다.[184]

(2) 절충설

전세권설정자의 전세권자에 대한 반대채권으로 하는 상계에 대한 기대는 애초에 전세권자의 전세권양도나 전세권저당권자의 전세기간 중 전세권저당권 실행으로 좌절될 수 있는 취약한 것이므로 전세권자에 대한 상계를 부정한다는 점에서 부정설과 같은 입장이다.[185] 그러나 용익기간이 종료한 때에는 전세금반환의무는 비소급적으로 물권법적 규율에서 해방되어 보통의 채무(및 그에 대한 담보)로 전환되므로 이 시점에서는 전세권자에 대한 반대채권으로 상계가 가능하다고 한다(전세기간만료시점기준설).[186]

(3) 긍정설

상계긍정설은 반대채권의 취득을 어느 시점을 기준으로 허용할지에 대하여 견해가 대립하고 있다. 또 일부 상계긍정설은 전세권저당권자가 선·악의의 여부에 따라 달리 판단한다. 이하에서 실제 제시되고 있는 학설뿐 아니라 가능한 기준시점에 대하여도 함께 살펴보기로 한다.

① 전세권저당권설정시점기준설

판례와 동일하게 반대채권의 취득시점을 전세권저당권이 설정된 시점을 기준으로 하여 전세권설정자의 반대채권의 변제기가 동시에 또는 전세금반환청구권보다 먼저 도래할 경우에 전세권설정자의 상계를 인정한다.[187]

② 저당권설정통지시점기준설

반대채권의 취득시점을 전세권저당권자나 전세권자가 저당권설정사실을 전세권설정자에게 통지한 시점을 기준으로 한다.[188] 즉, 전세권저당권자는 자신이 저당권을

---

184) 김제완, 상계논문, 292-4면.
185) 이동진, 전게논문, 59면.
186) 이동진, 상게논문, 59면.
187) 이상태, 전게논문, 602면; 김선혜, "전세권저당권자의 전세권자에 대한 상계의 우열관계", 대한변협신문 제528호(2015. 1. 26), 12면.

설정할 때 전세권설정자의 전세권자에 대한 반대채권이 존재하는지, 존재한다면 그 변제기가 전세기간 만료 전인지만을 확인하면 전세기간 만료 이후에도 우선변제권을 행사하는 데 무리가 없게 된다고 한다.[189] 다만, 저당권설정 통지를 기준으로 그 이전에 발생한 반대채권의 상계는 전세권저당권자의 선의·악의를 불문하고 인정되지만 저당권설정 통지 이후의 반대채권은 악의의 전세권저당권자에 대해서만 주장할 수 있다고 한다.[190]

③ 전세권설정자에 대한 통지·전세권설정자의 승낙시설(대항요건기준설)

반대채권의 취득시점을 입질채권의 대항요건을 갖춘 시점을 기준으로 전세권설정자의 반대채권의 변제기가 동시에 또는 전세금반환청구권보다 먼저 도래할 경우에 전세권설정자의 상계를 인정한다.

④ 압류·추심·전부명령도달시점기준설

합리적 기대의 시점을 전세금반환채권에 대하여 압류 및 추심명령 또는 전부명령이 전세권설정자에게 송달된 시점을 기준으로 전세권설정자의 상계에 대한 합리적 기대 여부를 판단하는 것이 타당하다.[191] 즉, 전세금반환채권에 대하여 압류 및 추심명령 또는 전부명령이 전세권설정자에게 송달된 때에 이미 전세권설정자가 전세권자에 대하여 반대채권을 가지고 있고 반대채권의 변제기가 장래 발생할 전세금반환채권의 변제기와 동시에 또는 그보다 먼저 도래하는 경우에는 특별한 사정이 없는 한 전세권설정자는 반대채권을 자동채권으로 하여 전세금반환채권과 상계함으로써 전세권저당권자에게 대항할 수 있다고 한다.

3. 결어

(i) 상계에 관한 판례와 학설이 용익기간 종료 후 전세권저당권의 실행에 관한

---

188) 이승훈, 전게논문, 212면; 황경웅, 전게논문, 110면.

189) 이승훈, 상게논문, 216면.

190) 이승훈, 상게논문, 217면.

191) 배병일, 전게논문, 22－23면; 여하윤, "전세권자와 전세권저당권자의 이익 충돌", 재산법연구, 제36권 제1호(2019), 98면; 이미선, 전게논문, 225－6면.

물상대위준용설, 채권질권준용설, 저당권부채권질권준용설과 반드시 일치하는 것은 아니다. 이는 전세권설정자와 전세권저당권자 중 누구를 더 보호할 것인가 하는 실천적인 이유가 개입되기 때문인 것으로 보인다. 우선 물상대위준용설의 논리에 따른다면 압류·추심·전부명령도달시점기준설을 취하게 될 것이다. 즉, 전세권설정자는 압류 및 추심명령 또는 전부명령이 전세권설정자에게 송달된 시점을 기준으로 취득한 반대채권으로 전세금반환청구권에 대하여 상계를 주장할 수 있으므로, 전세권설정자는 가장 넓게 보호를 받게 된다. 또 채권질권준용설은 질권의 대항요건(제349조)인 전세권설정자에 대한 통지·전세권설정자의 승낙시설을 기준으로 하여 상계를 주장할 수 있다고 하게 될 것이다. 질권의 대항요건은 전세권저당권이 성립한 후 언제든지 갖출 수 있으므로 물상대위설보다는 전세권설정자는 좁게 보호를 받을 수도 있다. 그리고 저당권부채권질권준용설은 전세권저당권등기를 저당권등기에 대한 질권의 부기등기로 의제하여 질권의 성립을 인정하여 전세권저당권자에게 우선적 지위를 인정하는 결과 역시 전세권저당권설정시점을 기준으로 할 것이다. 그런데 판례는 물상대위준용설의 입장을 취하면서도 전세권저당권설정시점기준설을 취하여 전세권설정자의 이익을 가장 좁게 전세권저당권자의 이익을 가장 넓게 보호하고 있다.

（ⅱ）판례와 긍정설은 전세금반환청구권을 채권적 청구권으로 보아 상계의 법리를 적용하고 있다. 또 절충설은 용익기간 존속 중과 용익기간 종료 후를 구별하여, 전자의 경우에는 물권법에 의한 규율을 이유로 전세권설정자의 상계를 부정하나 후자의 경우에는 전세금반환청구권을 채권적 청구권으로 보아서 상계를 긍정하고 있다. 이에 반하여 부정설은 물권자로서 가지는 직접적 당사자성 및 대세적 효력이란 바로 물권적 청구권의 속성을 전제로 전세금반환청구권에 대하여 상계를 부정하는 것은 물권법의 법리를 적용하는 것이라 할 수 있다. 요컨대 물권적 청구권인 전세금반환청구권은 전세권저당권의 객체로서 전세권저당권자의 우선적 지위가 인정되는 저당권의 법리가 적용되어야 하므로 채권을 전제로 하는 상계의 법리를 적용할 수 없다고 할 것이다. 비록 긍정설과 절충설이 반대채권의 취득의 기준시점을 어느 때로 볼 것인지와 관련하여 물상대위권의 행사에 따른 압류·추심·전부명령도달시점, 채권질권의 대항요건의 통지도달시점과 승낙시점을 기준으로 하여 외관상으로는 물권법적인 요소를 고려한 것 같이 보이지만, 상계 자체를 인정하지 말아야 한다는 점에서 본다면 그것은 물권법의 법리에 따르지 않는 것이 된다. 통상의 물상대위에 있어서는

제3채무자는 채권자이기 때문에 물권법의 규율을 받지 않고 상계라는 채권법의 규율을 받는다. 그러나 전세권저당권의 경우는 제3채무자가 전세권설정자이기 때문에 당연히 물권법의 규율을 받게 되는 것이다. 따라서 상계긍정설과 용익기간 종료 후 상계를 긍정하는 절충설은 전세권저당권자의 우선적 지위를 해치는 것이 된다(제371조 제2항). 즉, 전세권저당권의 객체인 전세금반환청구권에 대하여는 담보물권 일반의 법리에 따라서 전세권저당권자의 우선적 지위가 보장되어야 한다. 따라서 우선 전세금반환청구권에 대해서는 전세권설정자가 전세물에 대한 손해배상채권만을 공제를 할 수 있다(제315조 제2항)(물권법정주의). 전세금반환청구권은 용익기간이 종료된 후 손해배상액을 공제하고 지급하여야 하는 기한부 및 조건부 권리라는 속성이 예정된 권리이기 때문이다. 다만, 이 경우 공제되는 손해배상채권은 전세권저당권이 설정되기 전에 발생한 것뿐만 아니라 그 후에 발생한 것이더라도 상관없다.

　(iii) 전술한 바와 같이, 학설[다.②]채권담보전세권의 경우와 같이 전세권설정자의 전세권저당권자에 대한 상계의 대항이 후자의 선·악의의 여부에 따라 달라진다고 한다.192) 그러나 채권담보전세권의 경우도 전세권과 전세권저당권의 설정이 유효하게 인정되는 이상 상계를 인정하는 것은 물권의 법리에 반하는 것이 되므로 수용할 수 없다고 할 것이다. 또 이 견해는 등기된 사항은 이해당사자의 선의·악의에 따라 달리 적용되지 않고 등기에 의하여 획일적으로 다루어야 한다는 등기법상의 법리와 부합하지 않기 때문이다. 따라서 전세권설정자가 갖는 반대채권의 존재에 대하여도 전세권저당권자의 우선적 지위는 그의 악의 여부를 불문하고 보호받아야 한다.

　(iv) 전세권저당권자가 전세권설정자에 대한 전세금반환청구권의 행사에 있어서 보호를 받아야 하는 것은 1984년 전세권의 개정 전이든 개정 후이든 마찬가지이다. 다만, 전세금반환청구권이 담보권부 권리냐 아니냐에 따른 차이가 있을 뿐이다. 즉, 1984년 전에는 전세권에 담보물권성이 인정되지 않았으므로 무담보의 전세금반환청구권이 전세권저당권의 객체가 되었다. 따라서 전세권저당권이 성립하기 전에 전세권설정자가 전세권자에 대한 손해배상채권 외의 반대채권의 변제기가 전세권의 변제기와 동일하거나 앞서는 경우에는 전세권설정자는 전세권저당권자에게 상계를 주장할 수 있었다. 그런데 전세권에 담보물권성이 인정되면서 우선변제권이 있는 전세금

---

192) 이승훈, 전게논문, 205면.

반환청구권이 전세권저당권의 객체가 되었다. 따라서 전세권설정자는 전세권저당권이 성립하기 전이라도 전세권설정자가 전세권자에 대하여 취득한 손해배상채권 외의 반대채권의 변제기가 전세권의 변제기와 동일하거나 앞서는 경우에도 합리적 기대를 이유로 전세권자에 대한 상계를 전세권저당권자에게 주장할 수 없는 것이다.

Ⅵ. 나가며

(ⅰ) 전세권의 법적 성질과 본질: 전세권의 법적 성질과 본질은 전세권에 대하여 저당권이 설정되는 경우에도 유지되어야 한다. 전세권저당권의 객체가 무엇이냐는 등의 제반문제는 전세권의 본질을 전제로 하고 논의되어야 한다. 우선 전세권이란 용익물권성과 담보물권성을 갖는 전세권 또는 전세금반환청구권이 포함된 용익물권성과 담보물권성을 갖는 전세권으로서, 용익물권성과 담보물권성의 성질이 유기적으로 결합되어 서로 영향을 주고받는 하나의 물권이라는 것이 전세권의 법적 성질이다. 따라서 전세금반환청구권은 용익물권적 권능 및 담보물권적 권능과 함께 전세권의 내용인 권리가 되고 또 전세금반환청구권은 중첩적으로 용익물권적 권능 및 담보물권적 권능의 공통적 요소가 되므로 양자가 분리가 되어 별개의 주체에 귀속될 수 없는 것이다. 한편 전세금반환청구권이 '물권적 청구권'이라는 것은 전세금반환청구권은 전세물을 매개로 하여 전세물의 소유자와 전세권자 사이에 발생하는 권리로서 전세권을 설정한 전세물소유자에 대해서 뿐만 아니라 전세물의 소유권을 양수하는 전세물의 신소유자 누구에게도 주장할 수 있는 권리이고, 또 전세금반환청구권은 전세권의 설정을 위한 채권계약·물권계약이 있으면 반드시 발생하여 전세권의 요소로서 존속하여 전세권과 일체를 이루는 권리이고, 전세권과 함께 물권으로서 규율되어야 할 물권에 속하는 권리라는 것을 말한다. 따라서 전세금반환청구권은 물권에 속하는 권리이지 결코 채권적 청구권이라고 부를 수 없는 것이다. 전세금반환청구권이 물권적 청구권성을 갖는 것은 바로 물권의 양도성에서 비롯되는 것이다. 즉, 전세권관계는 이를 설정한 당사자들뿐 아니라 전세물의 신소유자 사이에서도 계속 동일한 내용으로 존재하여야 하는바, 전세권관계는 전세권의 양수인과 전세물의 신소유자가 권리·의무의 직접 당사자가 되는 법률관계라는 것은 전세금반환청구권의 물권적 청구권성이 물권의 양도성에서 비롯된다는 것이다. 다른 한편 전세금반환청구권은 중첩적

으로 용익물권성의 전세권의 요소이기도 하고 동시에 담보물권성의 전세권의 요소이기도 하여, 전세금반환청구권을 제외하여 용익물권성의 전세권 또는 담보물권성의 전세권을 논한다는 것은 무의미한 것이다. 또 전세금반환청구권은 전세권과 일체를 이루는 권리여서, 전세권저당권이 성립하는 경우 전세금반환청구권도 전세권저당권 등기에 의하여 공시가 되는 것이다. 마지막으로 전세금반환청구권은 저당권의 피담보채권과 다른 특성을 갖는 결과 담보물권성의 전세권과 저당권은 결코 동일하게 취급할 수 없다. 즉, 용익기간의 종료 후 전세물의 소유자가 바뀐 경우에도 전세금반환청구권은 전세물의 변경된 신소유자에게 행사되어야 한다. 이는 전세금반환의무의 채무자는 전세물소유자가 되기 때문이다. 즉, 의무와 책임은 분리되지 않는다. 따라서 전세금반환의무는 별도로 채무인수의 과정을 거치지 않고서 소유권이전등기에 의하여 전세물의 신소유자에게 이전된다. 마찬가지로 전세금반환청구권의 양도도 전세권 등기의 이전등기에 의하게 된다. 이에 반하여 저당채무는 저당물소유자의 채무가 아니라 저당채무자의 채무이다. 따라서 저당물소유자가 변경되는 경우 전당채무에 대한 인수가 없는 한 저당채무는 저당물의 신소유자에게 이전되지 않는다. 이른바 채무와 책임의 분리현상이 발생하게 된다. 이는 저당채무가 저당물소유자이자 저당채무자에게 귀속되는 경우에도 그것은 본질적이 아니라는 것을 말하는 것이다. 또 피담보채권의 양도는 저당권의 이전등기와는 무관하게 채권양도의 절차에 의한다.

（ⅱ）전세권저당권의 객체: 판례와 일부 학설들은 전세권에 대하여 저당권이 설정되는 경우 전세금반환청구권, 담보물권성의 전세권 또는 용익물권성의 전세권을 전세권저당권의 객체에서 제외된다고 보고 있다. 그러나 이러한 학설은 모두 전세권 내지 전세권저당권의 본질에 반하는 것이다. 또 다수설은 민법의 전세권 개정과 판례의 변화를 수용하여 전세권저당권의 객체로서 전세금반환청구권을 포함한 용익물권성의 전세권과 담보물권성의 전세권이라고 보고 있지만, 전세금반환청구권을 물권적 청구권이라고 보지 않는 점에서 역시 타당하지 않다. 이처럼 판례와 학설이 전세권 내지는 전세금반환청구권의 본질에 반하는 결과를 야기하는 근본적인 원인은 무엇인가? 그것은 바로 채권은 저당권의 객체가 될 수 없다는 도그마 그리고 이로부터 발생한 담보물권은 저당권의 객체가 될 수 없다는 도그마, 채권은 등기가 될 수 없다는 도그마 또 채권은 지배권인 물권이 아니라는 도그마를 전제로 하고 있기 때문이다. 이상의 도그마들은 제371조가 지배권인 용익물권만을 저당권의 객체로 한다는 해석

에 기초하고 있다. 그러나 위의 도그마들은 채권적 청구권에 대하여 적용될 뿐 물권적 청구권인 전세금반환청구권에는 적용될 수 없는 도그마이다. 전세금반환청구권은 물권적 청구권으로서 전세권의 요소가 되어 전세권과 일체를 이루는 권리로서 저당권의 객체가 되는 것이다.

(iii) 용익기간 존속 중의 전세권저당권의 실행: 용익기간의 존속 중의 전세권저당권의 실행에 의하여 매수인이 취득하는 권리에 대하여는 다양한 견해가 제시되고 있지만 그 결과는 전세권의 본질에 비추어 볼 때 타당한 것이 아니다. 우선 지배권인 용익물권을 취득한다는 학설은 경매의 매수인은 잔여 용익기간이 종료하기까지의 전세금의 이자에 해당하는 대가를 지불하게 된다. 이는 전세금을 지급하고 성립하는 유상의 전세권이라고 할 수 없다. 또 이 학설은 용익물권성의 전세권은 매수인에게 담보물권성의 전세권은 전세권자에게 귀속시키는 결과 전세권의 분리를 허용하는 것이 되어 사실상 전세권을 해체하는 것과 다를 바가 없을 뿐 아니라 또 용익기간 종료 후에는 전세금반환청구권에 대하여 물상대위권의 행사를 전제로 전세금의 반환청구를 할 수 있게 하는 것과 균형을 상실하는 것이라 하지 않을 수 없다. 또 전세금반환청구권의 취득을 인정하는 학설은 용익기간 중 전세물을 사용하여 얻을 수 있는 이익 자체의 환가를 부정하는 것이 된다. 요컨대 용익기간 존속 중의 전세권저당권의 실행에 의하여 매수인은 전세권 자체를 취득한다고 보아, 매수인은 경매를 통해서 용익기간 중 전세물을 사용하여 얻을 수 있는 수익이 전세금의 용익기간 중의 이자보다 과다이거나 과소인 경우에는 매수인이 실제로 지불하는 매수가액은 조정이 따르게 된다. 전자의 경우에는 매수인은 용익기간 중 실제 수익가치와 과소인 이자의 차액을 전세금 외에 추가로 매수가액으로 지급하고, 후자의 경우에는 전세금에서 실제 수익가치와 과다인 이자의 차액을 제하고 매수가액으로 지급하게 된다. 그리고 전세권저당권자는 전세권자가 받을 매수가액으로부터 피담보채권을 우선적으로 변제받게 된다.

(iv) 용익기간 종료 후의 전세권저당권의 실행: 용익기간의 종료 후 전세권저당권이 실행되는 경우, 판례와 이를 지지하는 학설은 전세권저당권의 소멸을 전제로 전세금반환청구권에 대하여 물상대위를 준용하고 있다. 반대로 다수설은 전세권저당권은 존속한다고 보지만 전세금반환청구권이 전세권저당권의 객체가 되는지, 용익물권성과 담보물권성의 전세권이 그대로 유지되는지 또는 용익물권성의 전세권이 소멸하는

지에 대해서는 견해가 다양하게 대립하고 있지만 결과적으로 전세금반환청구권에 대하여 질권의 성립을 인정하여 전세금의 반환청구를 허용하고 있다. 물상대위를 준용하느냐 아니면 질권의 성립을 인정하느냐에 따라 전세권자당권자에게 우선적 지위가 인정되는 조건과 범위가 달라진다. 어느 학설이나 전세금반환청구권에 대해서는 전세권저당권이 성립할 수 없다는 것은 전세금반환청구권을 채권적 청구권이라고 보는 것이 되어 전세금반환청구권이 물권적 청구권이라는 것에 반하는 것이다. 요컨대 용익기간의 종료 후 전세권저당권을 실행하는 경우 물권적 청구권인 전세금반환청구권에 대하여도 전세권저당권의 성립을 인정하여 전세권저당권자는 우선적 지위에 의하여 전세금의 반환을 직접 청구하여 우선변제를 받을 있다고 보아야 한다. 또 전세권저당권의 객체인 전세금반환청구권에 직접청구(제353조 제1항, 제2항)를 허용하는 실질적인 이유는 질권의 객체인 채권에 대하여 지배권을 인정하기 때문이다. 따라서 지배권의 권능을 갖는 전세권저당권의 경우에도 당연히 물권적 청구권인 전세금반환청구권의 직접청구를 인정할 수 있다.

(v) 담보권부 전세금반환청구권에 대한 반대채권의 상계: 전세권설정자는 전세권자에게 취득한 반대채권의 변제기가 전세금반환청구권이 이행기보다 먼저 도래할 것인 경우 전세권설정자는 합리적 기대를 이유로 전세권자에게 실행한 상계를 전세권저당권자에게 대항할 수 있는지에 대하여 학설과 판례가 대립하고 있다. 판례는 긍정설을 취하여 전세금반환청구권을 채권적 청구권으로 보아 전세권저당권설정시점을 기준으로 하여 상계를 긍정하고 있다. 학설은 전세권저당권설정시점설과 저당권설정통지시점기준설이 대립하고 있다. 이에 반하여 긍정설은 전세금반환청구권에 대하여 물권법의 법리를 적용하여 상계를 부정하고 있다. 전세금반환청구권은 물권적 청구권으로서 물권법에 따른 규율을 받는 결과 채권법상의 상계의 법리를 적용할 수 없다. 전세금반환청구권에 대해서는 전세권저당권이 성립함에 따라 전세권저당권자에게는 우선적 지위가 인정되고 또 전세금반환청구권은 전세권설정자가 전세물에 대한 손해배상액을 공제하는 것이 예정된 권리(제315조 제2항)(물권법정주의)라는 것이, 바로 물권법의 법리라고 할 것이다. 따라서 손해배상채권 외에 전세권설정자가 전세권자에 대하여 취득한 반대채권의 변제기가 전세금반환청구권이 이행기보다 먼저 도래할 것일 경우라도 합리적인 기대를 이유로 전세권설정자가 상계를 하여 전세권저당권자에게 주장할 수 없는 것이다. 만일 이를 허용한다면 그것은 전세권저당권자의 이익을 침해

하는 것이 된다(제371조 제2항). 또한 전세권설정자의 전세권저당권자에 대한 상계의 주장이 그의 선·악의의 여부에 따라 달라진다고 볼 수 없는 것은 등기된 사항은 이해당사자의 선의·악의에 따라 구분하지 않고 등기에 의하여 획일적으로 다루어야 한다는 등기법상의 법리와 부합하지 않는 것이다. 그리고 공제되는 손해배상채권은 전세권저당권이 설정되기 전에 발생한 것뿐만 아니라 그 후에 발생한 것이더라도 상관없는바, 이는 전세금반환청구권은 용익기간이 종료된 후 손해배상액을 공제하고 지급하여야 하는 기한부 및 조건부 권리로 예정된 권리이기 때문이다.

(ⅵ) 이상에서 살펴본 바와 같이, 전세금반환청구권은 물건을 매개로 하여 성립하는 물권적 청구권으로서 전세권의 요소가 되어 지배권인 전세권과 일체를 이루어 전세권으로서 규율되어야 하는 권리라는 전세권 내지는 전세금반환청구권의 본질은 전세권에 대하여 저당권이 설정되는 경우에도 유지되어야 한다. 따라서 전세권저당권의 객체는 전세권 자체이고, 전세금반환청구권도 당연히 전세권저당권의 객체가 되어 통상의 저당권이 성립하는 것이다. 전세권저당권자는 용익기간의 존속 중 경매가 실행되는 경우 '잔여 용익기간 중'의 전세물에 대한 용익가치와 전세금반환청구권의 직접 행사로 취득한 전세금으로부터 우선변제를 받게 되고, 용익기간이 종료되는 경우 전세권설정자에게 직접 청구하여 반환받은 전세금으로부터 우선변제를 받게 되고 또 전세금반환청구권은 전세물에 대한 손해배상액을 공제하는 것이 예정된 권리이므로 전세권설정자는 전세권자에 대하여 손해배상청구권 외의 반대채권으로 상계를 할 수 없어 이를 전세권저당권자에 대하여 주장할 수 없다. 이처럼 상계가 부정되는 것은 물권적 청구권인 전세금반환청구권은 물권에 속하는 권리로서 물권법의 법리의 규율을 받아야 한다는 예시가 되는 것이다.

(ⅶ) 현재 판례와 학설은 소유권을 비롯한 물권을 물건에 대한 배타적 지배권이라는 관점에서만 이해하여 물권자 사이에 존재하는 청구권·형성권을 물권의 규율에서 부당하게 배제하고 있다. 이러한 잘못은 전세권의 법적 성질을 규명하고 또 전세권저당권의 객체가 무엇인가 하는 문제 등을 취급함에 있어서도 그대로 재현되고 있다. 그런데 현재 판례는 전세금반환의무를 전세물소유자의 채무라고 하여 물적 의무로 보고 또 임차주택의 양수인이 임대인의 지위를 승계하는 주택임대차의 경우에도 주택임차권을 임차주택을 중심으로 물권에 준하는 법적 보호를 주고 있다.193) 요컨대 전세금반환청구권을 채권적 청구권이 아니라 물권적 청구권으로 규율하는 것이야 말

로 전세권과 또 이를 객체로 하는 전세권저당권에 대하여 통일적인 법체계를 부여하는 것이 되고 그 결과 전세권저당권을 저당권의 일반법리에 따르는 권리로 규율할 수 있게 된다.

---

193) 임차주택의 양수인이 임대인의 지위를 승계하는 주택임대차의 경우도 마찬가지이다. 판례는 임차인이 임대차보증금반환채권에 질권을 설정하고 임대인이 그 질권 설정을 승낙한 후에 임대주택이 양도된 경우에도 임차주택의 양수인이 임대인의 지위를 승계한다고 한다(대법원 2018. 6. 19. 선고 2018다201610 판결). 또 판례는 임차인의 임대차보증금반환채권이 가압류된 상태에서 임대주택이 양도된 경우, 주택임대인의 제3채무자로서의 지위가 주택의 신소유자에게 이전된다고 한다(대법원 2013. 1. 17. 선고 2011다49523 전원합의체 판결).

[후기]

1. 필자는 II.2.(5)에서 일반 물권적 청구권과 침해 물권적 청구권을 비교하고 있다. 양자의 비교로서 일반 물권적 청구권은 약정 물권적 청구권이고 침해 물권적 청구권은 물권에 대한 침해가 있어야 발생한다는 저에서 법정 물권적 청구권이라는 점을 추가한다.

2. 전세권설정을 위한 채권계약은 전세권을 설정해 주겠다는 합의와 전세금을 지급하겠다는 합의가 있는바, 전자의 합의에서 발생한 채무의 이행으로서 물권계약인 전세권설정계약(즉, 다수설에 의하면 물권인 전세권을 설정한다는 물권적 합의와 전세권설정등기)을 하고, 후자의 합의에서 생긴 채무의 이행으로서 전세금을 지급하는 것이므로, 전세금반환채권은 채권계약에서 발생할 뿐이고 물권계약인 전세권설정계약으로부터 발생하지 않는다고 하는 견해가 있다. 이 견해에 의하면 전세금을 지급하겠다는 합의에 의하여 전세금지급의무가 발생하고 그 이행으로서 등기시에 전세금을 지급하는 것이 된다.

3. 전세금반환청구권은 채권으로서 지배권인 물권이 될 수 없다고 보는 것이 학설의 일치된 견해이다. 그러나 전세권저당권의 객체에 관한 학설 중 전세권설(용익물권성·담보물권성의 전세권설)(III.2.라)은 전세권저당권의 경우에만은 예외적으로 다수설은 전세금반환청구권이라는 채권을 전세권저당권의 객체로 인정하고 있다. 또 1984년의 전세권의 개정으로 용익물권성의 전세권의 가치보다 전세금반환채권을 주요한 담보가치로 하여 한다는 견해도 있다. 또 전세권저당권의 실행에서는 전세금반환청구권이 전세권저당권의 객체를 전제로 학설이 제시되고 있다. 학설이 난맥상을 보이고 있다. 이들 견해는 물권이라는 지배권이라는 도그마가 이미 깨어지고 있음을 말하는 것이나 다름없다. 왜 그럴까? 물권이라는 지배권이라는 도그마가 전세권과 전세권저당권의 실제에 부합하지 않기 때문에 그러한 것이다.

4. 필자는 II.2.나.(라)(전세금반환청구권은 전세물소유자에 대하여 주장할 수 있는 대세적 권리)에서 전세권은 이를 설정한 전세물소유자에 대해서 뿐만 아니라 전세물의 신소유자 누구에 대해서나 주장할 수 있다는 점에서 전세금반환청구권 기타 물권적 청구권과 물권적 의무의 특징을 대세성이라 하고 있다. 그러나 인적 권리인 전세금반환청구권에 대하여 지배권에서와 같은 대세성은 인정할 수 없다고 할 것이다. 이를 수정한다면 '대물적 대인성'이라 부를 수 있을 것이다.

참고문헌

강대성, "전세권저당권의 우선변제적 효력", 토지법학, 제24-1호(2008).

_____, "전세권저당권에 관한 대법원 판례의 검토 - 대법원 1999. 9. 17. 선고 98다
    31301 판결과 대법원 2014. 10. 27. 선고 2013다91672 판결을 중심으로 -", 법학
    논고, 제61집(경북대학교 법학연구원, 2018).

곽윤직·김재형, 물권법(박영사, 2015).

김동옥, "저당권의 목적물로 된 전세권이 기간만료로 종료된 경우의 법률관계", 판례연구,
    제12집(부산판례연구회, 2001).

김상용, 물권법(법문사, 1993).

김선혜, "전세권저당권자의 전세권자에 대한 상계의 우열관계", 대한변협신문, 제528호
    (2015. 1. 26).

김제완, "전세권을 목적으로 한 저당권자의 우선변제권과 상계적상", 고려법학, 제76호
    (고려대학교 법학연구소, 2015. 3).

김증한·감학동, 물권법(박영사, 1997).

김창섭, "전세권에 대한 저당권의 우선변제적 효력의 인정 여부", 법조, 제50권 제4호
    (2001).

남양우, "전세권을 목적으로 한 저당권의 효력에 관하여 - 대법원 1999. 9. 17. 선고 98다
    31301판결을 중심으로 -", 대전지방법원 실무연구자료 제7권(2006).

남효순, 물권관계의 새로운 이해 - 물권 및 물권적 청구권 개념에 대한 새로운 이해의
    단초2 -, 민사법학, 제63-1호 별책(한국민사법학회, 2013).

_____, "용익기간 중 전세물의 양도와 전세금반환의무의 이전 여부 - 물권 및 물권적
    청구권 개념에 대한 새로운 이해의 단초", 법학, 제49권 4호(서울대학교 법학연구
    소, 2008. 12).

_____, "전세권의 법적 성질과 본질", 저스티스, 통권 제182-1호(한국법학원, 2021. 2).

민법개정 총서, 2004년 법무부 민법개정안, 총칙·물권편(법무부, 2012).

민법개정 총서, 2014년 법무부 민법개정시안해설, 민법총칙·물권편(법무부, 2017)

민법주해[VI], 물권(3)(박병대 집필부분)(박영사, 1992).

민법주해[VII], 물권(4)(조대현 집필부분)(박영사, 1996).

민사법연구회, 민법안의견서(일조각, 1957).

민의원법제사법위원회 · 민법안신의소위원회, 민법안심의록(상권) 총칙편 · 물권편 · 채권
    편(1957).

박순성, "전세권에 관한 판례의 동향과 전망 – 전세권의 담보물권성을 중심으로", 21세기
    한국민사법학의 과제와 전망, 심당송상현선생 화갑기념논문집(박영사, 2002).

배병일, "전세권저당권", 저스티스, 통권 제139호.(한국법학원, 2013. 12).

송덕수, 물권법(박영사, 2014).

양창수, "전세권", 고시계, 제37권 3월호(1992. 2).

여하윤, "전세권자와 전세권저당권자의 이익 충돌", 재산법연구, 제36권 제1호(2019).

오경미, "채권담보전세권과 그 저당권의 법률관계", 민사재판의 제문제, 제19권(한국사법
    행정학회, 2010. 12).

오시영, 물권법(학현사, 1992).

_____, "전세권의 용익물권성과 담보물권성 분리에 따른 입법론적 고찰", 민사법학, 제
    48호(한국사법행정학회, 2010).

_____, "전세권 존속기간 경과 후 전세권저당권의 물상대위성에 대한 고찰", 한양법학,
    제35집(한양대학교 법학연구소, 2011. 8).

이동진, "물상대위와 상계: 동산양도담보와 전세권자당을 중심으로", 민사법학, 제83호
    (한국사법행정학회, 2018. 6).

이미선, "전세권저당권자의 지위와 관련된 쟁점에 관한 검토" 대전지방변호사회지, 제4호
    (2007).

이상태, 물권 · 채권 준별론을 취한 판덱텐체계의 현대적 의의(건국대학교 출판부, 2006).

_____, "전세권저당권자의 법적 지위", 민사법학, 제38호(한국사법행정학회, 2007).

이승훈, "전세권저당권의 실행방법과 전세권설정자의 공제 및 상계주장 가부", 민사판례
    연구 [XXXVIII](박영사, 2016).

이영준, 물권법(박영사, 2004).

이원일, "전세권에 대하여 저당권이 설정되어 있는데 전세권이 기간만료로 종료된 경우,
    전세금반환채권에 대한 제3자의 압류 등이 없는 한 전세권 설정자는 전세권자에
    대하여만 전세금반환의무를 부담하는지 여부 및 그 저당권의 실행 방법", 대법원
    판례해설, 제33호(2000).

이은영, 물권법(박영사, 2006).

이재도, "전세권저당권의 효력과 실행 방법", 대전지방법원 실무연구자료, 제7권(2006).

이호행, "전세권의 본질과 전세권저당권의 실행", 민사법학, 제71집(한국민사법학회,
    2015).

이홍민, "전세권의 법적 구조와 전세권저당권에 관한 법률관계", 법학논총, 제20집 제3호
        (조선대학교 법학연구원, 2014).
장창민, "전세권저당권의 보호에 관한 연구", 법학연구, 제25권 제4호(연세대학교 법학연
        구원, 2015. 12).
주석민법, 물권(1)(홍성재 집필부분)(한국사법행정학회, 2011).
주석민법, 물권(3)(박순성 집필부분)(한국사법행정학회, 2011).
주석민법, 물권(4)(김재형 집필부분)(한국사법행정학회, 2011).
추신영, "전세권저당권의 실행방안 - 대법원 2006. 2. 9. 선고 2005다59864 판결 -", 재
        산법연구, 제28권 제2호(2012).
홍성재, 물권법(대영문화사, 2010).
황경웅, "전세권저당권의 등기의 효력과 그 실행방법", 중앙법학, 제15권 제3호(중앙대학
        교 법학연구소, 2013).

제 5 장   물권론의 재정립

- 물권은 '물건을 매개'로 하는 권리로서 '물건을 대상으로' 하는 지배권과 '물건의 소유자(또는 물권자)'에 대한 청구권 · 형성권으로 구성되는 권리 -

I. 서론

　물권 · 채권 준별론에 따르면, 물권은 지배권이고 채권은 청구권이다.[1] 이 얼마나 명쾌하고 단순한 명제인가? 물권은 '물건을 대상으로 하는 권리'이기 때문에 물건에 대한 지배권이어야 하고, 채권은 '채무자에 대한 권리'이기 때문에 청구권이어야 한다. 물권은 청구권이 될 수 없고, 반대로 채권은 지배권이 될 수 없다. 대륙법계 특히 독일의 판덱텐법학에서 이 명제는 확고한 위치를 차지하고 있다.[2] 물권은 지배권이라는 명제에 기초하여 물권법정주의와 물권행위론에 관한 후속 명제들도 정립되었다.

　판덱텐체계의 대륙법을 계수한 우리의 민법이 제정된지 60여년이 지난 현재에도 이 명제들은 여전히 우리의 물권법을 지배하는 원리로서 확고부동의 지위를 차지하고 있다. 물권은 지배권이라는 명제에 따라서 물권법에 규정된 청구권(이하 물권법상의 청구권)은 채권으로 이해될 수 밖에 없다.[3] 민법이 제정된 이래 학자들은 이 명제에 따라 물권법 나아가 민법을 해석하여 왔다. 또 판례도 이 명제에 따라 물권법상의 '-청구권'에 채권이라는 꼬리표를 붙여서 채권법의 법리, 예를 들면, 전세금반환청구권의 양도에 채권양도 절차를 요구하고 또 전세금반환의무의 이전에 채무인수를 요구하는 학설이 있다. 그 누구도 감히 이 명제에 대하여 이의를 제기하지 못하였고

---

1) 독일에서 물권 · 채권준별론이 갖는 문제점에 대해서는, 이상태, 물권 · 채권 준별론을 취한 판덱텐체계의 현대적 의의, 참조. 한편 프랑스의 물권 · 채권 준별론에 대해서는 남효순, "물권관계의 새로운 이해 − 물권 및 물권적 청구권 개념에 대한 새로운 이해의 단초2 −", 민사법학, 제63−1호 별책(한국민사법학회, 2013). 343−50면 참조.

2) 물권은 지배권이고 채권은 청구권이라는 명제는 권리개념 자체가 확립되지 못하였다는 점에서는 차이가 있지만[이상태, 물권 · 채권 준별론을 취한 판덱텐체계의 현대적 의의(건국대학교출판부, 2006), 82면], 대물소권과 대인소권에서도 그 영향을 받은 것이라고 할 수 있다.

3) 물권편에는 청구권뿐만 아니라 형성권에 관한 규정도 존재한다.

또 우리는 아무 문제가 없는 것으로 믿어 왔었다. 그런데 언제부터인가 물권은 지배권일 수만은 수 없고 또 물권법상의 청구권이 채권일 수는 없다는 의문이 들기 시작하였다. 그 밖에 이 명제로는 설명하기 어려운 문제들이 이미 민법 제정시부터 잠재되어 있었다. 그리고 이제는 더이상 이 명제를 유지할 수 없는 문제들이 나타났다. 그것은 바로 우리 고유의 전세권과 이를 저당권으로 하는 전세권저당권에서의 문제들이다. 이들은 기존의 명제로는 도저히 합리적으로 설명할 수 없다.

우선 물권은 지배권이라는 도그마에 내재되어 있는 의문들 중에는 무엇보다도 민법 제2편의 물권편에 규정된 청구권들을 물권이라 부르지 못하는 것에 대한 의문이다. 물론 학설은 물권법상의 청구권을 지배권의 내용, 효력 또는 그 소멸의 효과로 보고는 있지만, 이들 권리가 채권이라고 보는 데에는 이의가 없기 때문이다. 그런데 과연 물권법상의 청구권을 권리의 작용이 전혀 다른 지배권의 내용 또는 효력이라고 할 수 있는지에 대하여 의문이 있다. 특히 지료청구권과 전세금반환청구권은 지배권과 대가관계를 이루어 대등한 권리를 구성하는데도 이를 과연 지배권의 효력이라고 할 수 있는지는 의문이다. 또 물권법상의 청구권의 이전에 개개의 채권과 같이 당사자의 합의가 개입될 필요가 있는지에 대한 의문이 제기 되는 것이다.

한편 우리 고유의 전세권에서 발생하는 문제로는 전세권에서의 전세금반환청구권이 갖는 지위 내지는 법적 함의이다. 그리고 1984년의 전세권의 개정으로 전세권에는 용익물권성에 더하여 담보물권성도 인정되고 있다. 판례는 용익기간 종료 후 전세금반환청구권의 양도에는 전세권의 이전등기 외에 별도로 채권양도의 절차를 요구하고 있다. 이에 대해서는 전세권의 요소로서 전세권의 내적 권리라고 할 수 있는 전세금반환청구권을 담보하는 담보물권성의 전세권을 전세권의 외적 권리인 채권을 담보하는 저당권과 동일하게 취급하는 것이 과연 타당한가 하는 의문이 제기된다. 또 전세권이 저당권이 성립하는 데에 따르는 문제들이 있다. 통설과 판례는 전세금반환청구권은 저당권의 객체가 될 수 없다고 한다. 이는 기간의 경과에 의하여 감소하는 전세물의 용익가치가 아니라 전세금반환청구권의 교환가치에 대하여 저당권을 설정하고자 하는 거래의 현실에 반하는 것이 된다. 그것은 전세금반환청구권으로부터도 우선변제를 받으려는 저당권자를 법의 보호밖에 두는 것이라 하지 않을 수 없다. 이러한 문제점을 해결하기 위하여 판례는 물상대위를 준용하고 학설은 물상대위준용설과 채권질권설준용설로 대립하여 백가쟁명식의 해결방안을 제시하고 있다. 그러나 그것은 오히려 기존의 물권법의 법리, 저당권의 법리에 반하고 또 전세권저당권이 성립한다고 하면서 채권질권을 준용하는 것은 전세권저당권을 해체해 버리고 만다는 사실만 역설적으로 확인해줄 뿐이다. 이는 궁극적으로 물권법상의 전세금반환청구권을 채권으로 보는 데에서 오는 폐해라고 하지 않을 수 없다. 이상은 독일법학에서 확립된 명제가 비록 독일법학에서는 문제를 야기하지 않았을지 모르지만, 우리 고유의 전세권과 전세권저당권을 설명하는 데에 결정적 장애가 된다는 것을 여실히 보여주는 것이다. 이를 해결하기 위해서는 지배권의 관점에만 초점을 두어 물권론을 구축한 '지배권의 도그마'로부터 하루빨리 벗어나야 한다. 이제 지배권의 도그마에서 벗어나는 새로운 패러다임의 정립이 필요하다고 할 것이다.

물권은 지배권이고 채권은 청구권이라는 명제에 내재되어 있는 의문들에 답하고 또 이 명제가 우리의 고유한 법상황에 장애가 된다는 문제들을 합리적으로 해결하기 위해서는 이제 60여 년 동안 우리 민법을 지배해온 '물권은 지배권'이라는 명제를 근본적으로 검토하고 수정해야 할 시점이라 할 것이다. 이 논문에서는 먼저 물권을 지배권으로 또 물권법상의 청구권을 채권으로 볼 수밖에 없는 물권법을 지배하는 도그마(II)가 무엇인지를 살펴보고,[4] 그 도그마들이 야기하는 문제점(III)에 어떠한 것이 있는지를 검토한다. 그리고 이러한 문제를 해결하기 위해서 기존의 도그마들을 수정하여 물권법의 새로운 법원리(IV)를 어떻게 정립할지 그리고 새로운 물권론에 의하여 기존 문제점의 해결(V)이 어떻게 이루어지는지에 대하여 검토한다.

II. 물권법을 지배하는 도그마

물권법상의 청구권을 채권으로 불 수 밖에 없는 도그마로 물권·채권 준별론에 따라 물권은 지배권이고 채권은 청구권이라고 하는 도그마를 들 수 있다. 그리고 이에 기초하거나 그 연장성에 있는 후속 도그마로서 물권법정주의와 물권행위론의 도그마를 들 수 있다.[5]

---

4) 도그마의 사전적 의미는 "독단적인 신념이나 학설"을 의미한다. 지난 반세기 동안 우리 민사법 학계를 지배해온 이론을 이제는 우리 민법체계에 부합하게 수정할 필요가 있다는 의미에서 이를 도그마로 표현하기로 한다.

5) 물론 이 도그마들은 등기와도 관련이 있다. 이 논문에서는 관련되는 곳에서 이에 대하여 간단

1. 물권은 지배권이고 채권은 청구권이라는 도그마

Savigny에 의하면 물권은 물건에 대한 권리이고, 채권은 타인의 행위에 대한 권리이다.[6] 물권의 본질은 특정의 물건을 지배하여 배타적으로 이익을 얻는 지배권에 있다고 한다.[7] 물권의 대상이 예외적으로 권리인 경우에도 여전히 물권은 지배권을 의미한다. 예를 들면, 채권질권의 경우 질권자는 직접 채무자에 대하여 채권을 청구할 수 있는바(제353조), 이것이 채권에 대한 지배권의 의미를 갖는다.

물권은 지배권이고 채권은 청구권이라는 도그마는 물권은 지배권으로서 결코 청구권이 될 수 없다는 것을 말한다. Savigny는 물권과 채권은 상호 무관한 것으로 해석하였다.[8] 또 Windscheod에 의하면 물권인 지배권은 일반인을 상대로 하는 절대권이고, 채권은 특정인에 대한 상대권에 지나지 않는다.[9] 절대권과 상대권은 성질상 배타적이어서 공존할 수 없다. 따라서 물권이 지배권이라고 하는 순간 물권법상의 청구권은 채권일 수밖에 없고 물권의 요소가 될 수 없다.

2. 지배권을 대상으로 하는 물권행위론의 도그마[10]

물권행위란 채권행위에 대비되는 개념으로서, 물권변동을 발생시키기 위하여 원인행위(채권행위)를 하고 그 이행행위로서 물권행위를 하게 된다. 채권행위에 의해서 물

히 살펴보기로 한다.

6) 이상태, 전게서, 60면 참조.

7) 곽윤직·김재형, 물권법(박영사, 2015), 7면; 김증한·김학동, 물권법(법문사, 1993), 17면; 김상용, 물권법(법문사, 1997), 6면; 송덕수, 물권법(박영사, 2014), 14면; 오시영, 물권법(학현사, 2009), 21면; 이영준, 물권법(박영사, 2004), 3면; 홍성재, 물권법(대영문화사, 2010). 5; 민법주해[Ⅳ], 물권(1)(박영사, 1992), 7면; 주석민법, 물권(1)(한국사법행정학회, 2011), 46면.

8) 이상태, 전게서, 60면 참조

9) 이상태, 전게서, 78면 참조.

10) 물권의 취득은 이미 채권계약 자체에 의하여 실현되는 것으로 예상되어 있다면, 굳이 물권행위 내지는 물권계약의 관념이 필요없다고도 볼 수 있다. 즉, 당사자의 의사합치만 있으면 족한 것이다. 이것이 프랑스민법전의 발상이다[한불민사법학회, 프랑스채권법해제(2021, 박영사), 19-21면, 257-261면 참조]. 그러나 이 논문에서는 물권행위를 인정할 필요성을 긍정하는 것을 전제로 논의를 전개하고자 한다. 또 제한물권의 설정의 경우는 물권행위의 개념을 인정할 필요가 없다는 견해도 있으나, 물권행위의 개념을 인정하는 한 제한물권의 설정이라고 해서 달라지는 것은 아니라고 할 것이다[동지, 주석민법, 물권(1), 120면].

권의 변동을 목적으로 하는 채무가 발생하지만, 물권행위에 의해서는 물권의 변동이 일어난다.[11] 따라서 채권행위는 채권의 이행이라는 문제가 남지만 물권행위는 이행의 문제를 남기지 않는다.[12]

　물권행위는 지배권만을 대상으로 한다.[13] 전세권의 변동이 일어나기 위해서는 전세권을 설정할 채무를 발생시키는 채권행위와 그 채무의 이행으로서 전세권을 설정하는 물권행위를 하게 된다. 이에 반하여 전세금반환청구권의 발생을 위해서는 전세금지급채무를 발생시키는 합의를 한 후 그 이행으로서 전세금을 지급하면 된다. 전세금반환청구권은 물권행위가 아니라 채권행위에서 발생하는 것이고,[14] 전세금반환청구권은 채권적 청구권일 수밖에 없다.[15] 또 전세권을 양도하는 경우에도 전세금반환청구권은 원인행위인 채권행위와 그 이행행위(준물권행위)에 의하여 양도되는바 물권행위와는 관련이 없다.

3. 지배권을 대상으로 하는 물권법정주의의 도그마

　물권법정주의(제185조)란 물권의 종류와 내용은 법률로 정한다는 도그마를 말한다. 물권은 지배권이라는 도그마의 당연한 연장으로서 물권법정주의의 대상이 되는 물권도 지배권으로 이해되고 있다.[16]

Ⅲ. 기존 도그마들이 야기하는 문제점

　기존의 도그마들에 의하여 설명할 수 없는 문제들 중에서 중요하다고 생각되는

---

11) 물권행위와 공시방법(인도 또는 등기)의 관계에 대하여는 다양한 견해가 제시되고 있다[민법주해[Ⅳ], 물권(1), 49면].
12) 곽윤직·김재형, 전게서, 40면; 김상용, 전게서, 79면; 주석민법, 물권(1), 92면; 윤진수, "물권행위 개념에 대한 새로운 접근", 민사법학 제28호(한국민사법학회, 2005), 8면.
13) 물권행위는 물권변동을 목적으로 한다. 물권행위에 대비되는 채권행위(채권계약)는 대금을 지급할 채무를 발생시키는 행위가 아니다. 이러한 점에서 물권변동에 대비되는 채권행위란 매매, 교환, 증여(채권계약)의 의미와는 다르다.
14) 강대성. "전세권저당권의 우선변제적 효력", 토지법학, 제24-1호(2008).태성, 171면.
15) 양창수, "전세권", 고시계 제37권 3월호(1992. 2). 93-4면.
16) 곽윤직·김재형, 전게서, 7면, 21면; 김증한·김학동, 전게서, 16면; 이영준, 전게서, 9면; 민법주해[Ⅳ], 물권(1), 122면; 주석민법[Ⅳ], 물권(1), 163-4면.

문제들에 대하여 살펴보기로 한다.17) 특히 기존의 도그마들이 우리 고유의 전세권과 전세권저당권의 법상황을 설명하는 데에 어떻게 장애가 되는지에 대해서도 검토하기로 한다.

1. 물권을 지배권으로만 설명할 수 없는 문제점

물권을 지배권이고 채권은 청구권이라는 도그마는 설명하기 어려운 법적 문제점들이 있다.

(1) 물권편에 채권법이 존재한다는 문제

민법의 물권편에는 지배권에 관한 규정들이 존재한다. 예를 들면, 전세권의 경우에는 전세권의 내용(제303조), 건물의 저세권의 건물의 지상권 또는 임차권에 대한 효력(제304조), 건물의 전세권과 법정지상권(제305조), 전세권의 양도, 임대 등(제306조), 전세권의 존속기간(제312조), 전세권자의 경매청구권(제318조)에 관한 규정들을 지배권에 관한 규정이다. 그 밖에 지배권과는 무관한 규정들도 존재한다. 전전세 등의 경우의 책임(제308조), 전세권자의 유시·수선의무(제309조), 전세권자의 유익비상환청구권(제310조), 전세권설정자의 소멸청구권(제311조), 전세권의 소멸청구(제311조), 전세권설정 당사자들의 전세금증감청구권(제312조의2)과 소멸통고권(제313조), 전세권자의 손해배상책임(제315조), 전세권자의 원상회복의무와 부속물매수청구권(제316조),18)19) 등이 청구권·형성권에 관한 규정들이다. 그리고 그 밖에 물권편에는 청구권에 관한 규정들이 지배권에 관한 규정들보다 더 많이 존재한다. 첫째, 이웃토지소유자(제216조 - 제244

---

17) 기존의 도그마가 안고 있는 문제는 매우 다양하게 존재할 수 있다. 이 논문에 언급되지 않은 문제들에 대해서는 추후의 연구에 맡긴다.

18) 전세권의 이러한 규정들은 임대차에서 차용된 것이라고 한다.

19) 지상권자의 갱신·매수청구권(제283조), 지상권설정자의 공작물·수목의 매수청구권(제285조 제2항), 지상권의 지료증감청구권(제286조), 지상권소멸청구권(제287조)은 임대차의 규정을 준용하고 있다. 지상권소멸청구권(제287조)과 임대차의 차임연체와 해지권(제640조)의 경우 전자는 물권을 종료시키고 후자는 채권계약의 해지를 통하여 채권을 종료시킨다는 점에서 같은 부류의 권리라고 볼 수 있다. 반대로 토지임대차의 해지와 지상건물 등에 대한 담보물권자에의 통지에 관한 규정(제642조)은 통지의 효력에 관한 지상권의 규정(제288조)과 토지임대차의 갱신청구권·매수청구권에 관한 규정(제643조)은 지상권자의 갱신청구권·매수청구권에 관한 규정(제283조)을 준용하고 있다.

조)와 이웃토지에 대한 제한물권자(제290조 제1항, 제319조)의 상린권, 둘째, 점유자의 회복자에 대한 배상책임(제202조)과 비용상환청구권(제203조), 셋째, 담보물권의 경우, 유치권자의 선관의무(제324조), 채무자의 유치권소멸청구권(제324조 제3항, 제327조), 유치권자의 비용상환청구권(제325조), 전질권자의 손해배상의무(제336조), 물상보증인인 질권자의 구상권(제341조), 질권자의 질권의 목적인 채권의 청구권(제353조), 저당권자의 저당물보충청구권(제362조)과 비용상환청구권(제367조),20)에 관한 규정들은 청구권에 관한 규정이다. 이러한 청구권에 관한 규정들은 채권에 관한 규정으로 이해되고 있다. 그런데 그렇게 되면 물권편은 그 표제에도 불구하고 오히려 채권편으로 불러야 한다는 딜레마에 놓이게 된다.

한편 물권법상의 청구권에 관한 규정이 채권편에서 준용되는 경우도 있다. 예를 들면, 공작물의 소유 또는 식목, 채염, 수목을 목적으로 하는 토지임대차의 경우 제642조가 제288조를 제643조가 제283조를 준용하고 있다. 기존의 통설에 의하면 채권에 관한 규정이 채권편으로 준용되는 것일 뿐이다.

(2) 물권법상의 청구권을 지배권의 내용·효력으로 보는 문제

물권을 지배권이라고 한다면, 물권법상의 청구권과 지배권과의 관계를 어떻게 정립할 것인지가 문제이다. 독일의 도그마를 수용하여 우리 학설도 물권법상의 청구권을 지배권의 내용, 효력 또는 그 소멸로 인한 효과로 치부하고 있다. 우선 상린권은 토지의 이용을 조절하기 위하여 인정되는 권리로서 소유권의 내용의 제한과 동시에 확장을 의미한다고 한다.21) 또 제한물권의 경우 물권법상의 청구권을 지배권인 제한물권의 효력 또는 지배권의 소멸로 인한 효력으로 본다.22) 예를 들면, 전세권의 효력으로서 사용·수익권, 전세금증감청구권, 전세권소멸청구권이 발생하고, 지배권이 소멸되는 경우 부속물수거권, 부속물매수청구권, 유익비청구권이 발생한다고 한다.23)

---

20) 제3취득자의 저당권소멸청구권(제364조)은 변제 후 소멸청구를 하지 않더라도 당연히 저당권은 소멸된다(곽윤직·김재형, 전게서, 474면; 이영준, 전게서, 845면).
21) 강태성, 물권법(대명출판사, 2000), 453면; 곽윤직·김재형, 전게서, 235면; 김상용, 전게서, 370면; 김증한·김학동, 전게서, 266면; 송덕수, 전게서, 269면; 오시영, 전게서, 294면; 이영준, 전게서, 412면; 민법주해[Ⅴ], 물권(2), 283면; 주석민법, 물권(1), 530면.
22) 곽윤직·김재형, 전게서, 348-57면; 이영준, 전게서, 685면.
23) 곽윤직·김재형, 전게서, 348-57면; 김상용, 전게서, 575-584면; 이영준, 전게서, 685면; 홍

우선 물건에 대한 사용·수익권도 지배권의 효력으로 발생하는 권리로 보고 있다.[24] 채권편에 객관적 또는 주관적 채무불이행이 있을 경우에 채권의 효력(제2절)을 규정하고 있는바, 이를 물권법상의 청구권에 유추하여 물권법상의 청구권·형성권을 지배권의 내용으로 설명하는 것으로 볼 수 있다. 그러나 물권법상의 청구권·형성권이 물건을 지배하는 것과 관련이 있다고 할 수 있는 것은 사실이지만, 이들을 곧 지배권의 내용 또는 효력이라고 할 수 있는지는 의문이다. 더더욱 전세금반환청구권은 지배권의 대가를 구성하는 권리임에도 지배권의 효력으로 보고 있는 것은 문제라 하지 않을 수 없다. 이러한 점에서 물권을 지배권이라고 하고 물권법상의 청구권·형성권을 지배권의 효력이라고 칭하는 것은 애초부터 물권법상의 청구권의 독자적인 지위를 애초부터 말살시키는 것과 다름이 없다고 할 것이다. 또 그렇게 함으로써 물권법상의 청구권·형성권이 물권법의 규율 밖에 놓이게 되는 문제가 발생하게 되는 것이다.

(3) 물권법상 청구권이 이전하는 메커니즘의 문제

물권은 지배권이라는 도그마에 의하면 물권의 양도는 지배권의 양도만을 의미한다. 당사자 사이에 발생한 청구권과 의무 예를 들면, 용익물권의 경우 지료청구권(제286조), 전세금반환청구권(제303조), 유익비상환청구권(제310조) 또는 손해배상의무(제315조)가 어떠한 메커니즘에 따라 이전하느냐는 문제가 있다. 첫째, 양수인들은 양도인의 법적 지위를 총체적으로 인수한다고 하지만, 채무불이행으로 인한 인적인 손해배상의무까지 인수한 것은 아니라는 견해가 있다.[25] 채권이 지배권과 함께 총체적으로 이전되는 근거가 무엇인지 또 왜 손해배상의무에서만 채권의 인적인 요소가 문제되는지가 의문이다. 둘째, 당사자들 사이의 이들 권리와 의무의 이전은 당사자들 사이의 채권계약의 내용에 따라 해결되어야 할 의사해석의 문제라고 하여, 당사자의 의사가 불명한 경우에는 양도당시의 목적물의 현상 그대로를 이전하고자 하는 것이 당사자의 의사라고 보아야 한다고 하는 견해가 있다.[26] 따라서 손해배상의무는 양수인이

성재, 전게서, 439-45면.

24) 곽윤직·김재형, 전게서, 348면; 송덕수, 전게서, 405면; 홍성재, 전게서, 439면). 이에 반하여 전세권의 효력으로 사용·수익권만을 드는 견해도 있다(김증한·김학동, 전게서, 418면).

25) 양창수, 전게논문, 108-9면.

26) 민법주해[VI], 물권(3)(박영사, 1992), 213면; 주석민법, 물권(3)(한국사법행정학회, 2011),

훼손으로 인한 사실을 알고 양수하였다는 등의 특별한 사정이 없는 한 양수인에게 이전되지 않는다고 하고, 반대로 유익비상한청구권이나 부속물매수청구권은 양도 당시에 이미 목적물의 현상이 드러났기 때문에 특별한 사정이 없는 한 양수인에게 승계된다고 한다.[27] 그러나 제315조(제2항)에 의하여 손해배상의무가 규율되고 있음에도 불구하고, 그 이전의 문제를 의사해석의 문제라고 할 수 있는지 또 그렇게 보는 것이 물권법정주의에 반하는 것은 아닌지 의문이다. 셋째, 전세금의 반환에 관하여 전세권설정계약 당사자 사이의 합의는 그 당사자를 넘어 그때 그때의 소유자와 전세권자 사이에 성립하게 되어 법정채권관계는 당연히 양수인에게 발생케 한다는 견해가 있다.[28] 이를 두고 채권관계의 물권화라고 하기도 한다.[29] 이에 대해서는 전세금반환청구권의 양도를 위해서는 전세권 양수인의 의사가 필요함에도 불구하고 그의 의사가 아닌 전세권설정자들의 의사에 의하여 양수인들에게 당연히 이전된다고 할 수 있는지가 의문이다. 또 전세권 양도인의 의사가 엄연히 존재함에도 불구하고 이를 법정채권관계라고 할 수 있는지가 의문이다.[30] <u>이는 청구권의 이전의 문제를 지배권의 부수적인 문제로 취급해 버린다는 문제가 있다고 할 수 있다.</u> 요컨대 전세권이라는 물권에 대해서는 등기가 존재하고 그 이전에 이전등기를 요구하고 있는 것과 아무런 관련이 없다고 하는 것은 근본적인 문제라고 할 것이다.

2. 지배권이 우리 고유의 물권(전세권·전세권저당권)의 설명에 장애가 되는 문제점

물권법상의 청구권을 채권 또는 법정채권이라고 보는 도그마는 우리 고유의 전세권과 전세권저당권이라는 법상황을 설명하지 못하고 또 합리적으로 운용하는 데 결

320－21면.

27) 민법주해[Ⅵ], 물권(3), 213면.

28) 제철웅, 전게논문, 134－5, 146면, 이는 소유자와 지상권자 사이에 지료에 관한 합의를 하고 이를 등기하면 지료채권관계는 그 후의 소유자와 지상권자 사이에 성립하는 법정채권관계라고 보는 독일의 해석론을 우리의 전세금반환청구권을 비롯한 물권법상의 청구권에 적용하는 견해이다(제철웅, 134면, 138면 참조).

29) 제철웅, 전게논문, 146면.

30) 물권법은 당사자 의사와는 관계없이 승계되는 경우를 위하여 승계규정(제233조, 제298조)을 두고 있는데, 제307조를 당사자 의사가 있음에도 불구하고 이러한 승계에 관한 규정이라고 볼 수 있는지는 의문이다.

정적 장애을 안고 있다.

(1) 지상권·전세권을 유상의 물권으로 볼 수 없는 문제

민법(제303조 제1항)은 전세권자는 전세금을 지급하여 부동산의 용도에 좇아 사용·수익하는 권리를 갖는 대신, 전세권설정자는 용익기간 만료시에 전세금을 반환하여야 한다고 규정하고 있다. 그런데 학설과 판례는 전세금의 지급이 전세권의 요소(성립요소와 존속요소)라 하면서도,[31] '유상'의 전세권이라고 부르지 않는다.[32] 전세금반환청구권은 채권으로서 지배권인 전세권의 요소가 될 수 없다고 보기 때문이다. 이는 저당채권이 저당권의 성립을 위한 요소라고 보면서도 저당채권은 물권이 아닌 채권으로 보는 것과 다름이 없다고 할 수 있다.[33] 다른 한편 전세금을 등기하면 제3자에게 대항할 수 있다(대항요건)고 볼 뿐이고,[34] 결코 성립요건으로는 보지 않는다. 이상에서 보듯이 전세금반환청구권을 지배권인 전세권의 요소라고 하면서도 전세금반환청구권에 채권이라는 딱지를 붙여서 전세권의 요소가 될 수 없고 나아가 전세권의 유상성을 부정하는 것이 과연 타당한가 하는 근본적인 의문이 제기되는 것이다.

(2) 전세금반환청구권을 채권으로 보아 담보물권성의 전세권을 저당권에 의율하는 문제

전세권(제303조)의 개정으로 물권은 지배권이고 전세금반환청구권은 채권이라는 도

---

31) 곽윤직·김재형, 전게서, 343면; 송덕수, 전게서, 401면; 이영준, 전게서, 681면; 주석민법, 물권(1), 46-51면.
전세권의 성립에 전세금의 지급이 필요하지 않다는 부정설은 부동산을 인도하지 않더라도 전세권이 성립할 수 있고(양창수, 전게논문, 100면) 또 전세금의 지급이란 전세권설정의 원인계약의 특성을 밝히는 것에 지나지 않는다고 하여(제철웅, 전게논문, 132면) 전세금의 지급은 전세권의 요건이 아니라고 한다. 생각건대 물권은 지배가능성만으로도 성립할 수 있으므로 전세물의 인도가 없이도 전세권이 성립하는 데에 방해가 되지 않는다. 그러나 전세권은 유상의 물권이라는 점에서 전세금의 지급이 없는 전세권은 생각할 수 없는 것이다.
32) 독일민법상 지상권에서 지료청구권이 어떻게 이해되고 있는지에 대해서는 제철웅, 전게논문, 134면, 주23) 참조.
33) 독일민법(제1154조 제3항)의 경우 저당채권은 저당권의 이전등기시에 양도되는 것으로 규정하고 있다, 입법정책적으로는 스위스채무법(제835조)의 경우처럼 채권은 저당권과 함께 이전되는 것으로 하여 채권양도가 필요없다고 하는 것도 가능하다.
34) 곽윤직, 전게서, 313, 343면.

그마는 더욱 강화되었다고 볼 수 있다. 통설과 판례는 전세권의 개정으로 전세권에는 용익물권성에 더하여 담보물권성도 인정하고 있다. 그런데 이 담보물권성의 전세권을 용익기간 종료 후에는 저당채권을 담보하는 저당권과 완전히 동일하게 취급하고 있다.[35] 우선 용익기간 종료 후에는 전세금반환채권을 양도할 경우 전세권의 이전등기 외에 별도로 채권양도절차를 요구하고 있다.[36] 전세금반환금채권이 양도되면 저당권인 전세권도 수반하여 양도되는 것이다. 또 저당채권만을 양도하면 저당권이 소멸하는 것과 마찬가지로, 전세금반환채권만을 전세권과 분리하여 양도하게 되면 담보물권성의 전세권이 소멸하게 된다. 전세금반환청구권을 분리하여 양도하는 경우 저당채권의 분리양도의 경우와 동일한 효력을 갖는다고 보는 것이다. 이상에 대해서는 지배권인 전세권과 대가관계를 이루는 권리인 전세금반환청구권을 담보하는 담보물권성의 전세권을 저당권과는 무관하게 성립하는 채권을 담보하는 저당권과 동일시하는 것이 과연 타당한가 하는 합리적인 의문이 제기된다.

(3) 전세금반환청구권이 전세권저당권의 객체가 될 수 없다는 문제

전세금반환청구권을 채권으로 보는 당연한 결과로서 전세권에 대하여 저당권이 설정되더라도(제371조), 전세금반환청구권은 전세권저당권의 객체가 될 수 없고 그 결과 전세권저당권의 실행시 그로부터 우선변제를 받을 수 없고 또 전세권설정자의 전세권자에 대한 반대채권으로 전세금반환청구권에 대한 상계를 허용하여 전세권저당권자를 보호하지 못한다는 문제를 야기하고 있다. 이에 판례와 학설들은 전세권저당권자를 보호하기 위한 해결책을 제시하고 있지만, 전세금반환청구권을 채권이라고 보는 한 근본적인 해결책이 되지 못한다. 이제 이러한 문제들을 간략히 살펴보기로 한다.

(가) 전세권저당권의 객체[37]

통설은 '채권은 저당권의 객체가 될 수 없다는 도그마' 또 '담보물권(저당권부 채권)은

---

35) 용익기간 중에는 전세금반환채권과 전세권의 분리양도를 인정하지 않는 점에서 통상의 저당권과 달리 취급한다고 볼 수도 있다. 그러나 이는 전세권에 용익물권성도 인정되는 이상 그 요소를 인정하여야 하기 때문이라고 할 것이다.

36) 대법원 2005. 3. 25. 선고 2003다35659 판결.

37) 자세한 내용은 남효순, "전세권의 본질에 비추어 본 전세권저당권 제반문제의 검토", 55-67면 참조.

저당권의 객체가 될 수 없다는 도그마'를 수용하고 있다. 또 판례도 우리 민법상 저당권은 담보물권의 목적으로 할 수 없다고 명시적으로 확인하고 있는바,[38] 전세금반환청구권은 채권으로서 질권의 객체는 될 수 있을지언정 저당권의 객체는 될 수 없다고 한다.[39] 즉, 전세권저당권의 객체는 "물권인 전세권 자체" 즉, "지배권인 용익물권"이라고 본다. 이러한 판례를 지지하여 전세금반환청구권은 전세권저당권의 객체가 되지 않는다는 것이 통설의 태도이다.[40] 이는 전세금반환청구권의 교환가치를 제외하고 용익기간의 경과로 감소하고 또 그 종료로 소멸하는 용익가치만을 전세권저당권의 객체로 파악하는 것이 된다. 이는 오히려 전세금반환청구권으로부터 우선변제를 받으려는 전세저당권자의 의사에 결코 부합하는 것이 아니다. 또 전세금반환청구권을 제외하고 용익물권성과 담보물권성의 전세권을 전세권저당권의 객체로 보는 학설도 있다.[41] 그러나 전세금반환청구권을 제외한 담보물권성이란 경매청구권과 우선변제권은 말하는 것으로서 아무런 교환가치가 없는 권리를 저당권의 객체로 하는 것이라는 비판을 면하기 어렵다. 이에 반하여 오히려 용익물권성의 전세권을 제외하고 담보권부 전세금반환청구권만이 전세권저당권의 객체로 된다는 학설도 있다.[42] 이는 우선 전세금반환채권은 전세권저당권의 객체가 될 수 없다는 기존의 도그마에서는 인정될 수 없는 것이거니와 용익물권성의 전세권을 전세권저당권의 객체에서 제외하는 것은 전세권에 먼저 용익물권성이 인정되었던 연혁에도 부합하지 않을 뿐 아니라 전세권의 본질에도 반하는 것이다. 마지막으로 전세금반환청구권을 포함한 용익물권

---

38) 대법원 2008. 4. 10. 선고 2005다47663 판결.

39) 대법원 1999. 9. 17 선고 98다31301 판결.

40) 이흥민, "전세권의 법적 구조와 전세권저당권에 관한 법률관계", 법학논총, 제20집 제3호(조선대학교 법학연구원, 2014), 137면; 김동옥, "저당권의 목적물로 된 전세권이 기간만료로 종료된 경우의 법률관계", 판례연구, 제12집(부산판례연구회, 2001). 686면; 오경미, "채권담보전세권과 그 저당권의 법률관계", 민사재판의 제문제, 제19권(한국사법행정학회, 2010. 12)., 168면; 이영준, 물권법(박영사, 2004), 747면; 장창민, "전세권저당권의 보호에 관한 연구", 법학연구, 제25권 제4호(연세대학교 법학연구원, 2015. 12), 74면.

41) 강태성, "전세권저당권에 관한 대법원 판례의 검토 – 대법원 1999. 9. 17. 선고 98다31301 판결과 대법원 2014. 10. 27. 선고 2013다91672 판결을 중심으로 –", 법학논고, 제61집(경북대학교 법학연구원, 2018). 171면; 박순성, "전세권에 관한 판례의 동향과 전망 – 전세권의 담보물권성을 중심으로", 21세기 한국민사법학의 과제와 전망, 심당송상현선생 화갑기념논문집(박영사, 2002).111면.

42) 김창섭, 전게논문, 223–5면 참조.

성·담보물권성의 전세권이 전세권저당권의 객체가 된다는 학설이 있다.43) 이 학설
역시 채권은 전세권저당권의 객체가 되지 않는다는 기존의 도그마 아래에서는 결코
주장될 수 없는 견해라는 비판을 면하기 어렵다고 할 것이다.

(나) 전세권저당권의 실행44)

판례에 의하면 용익기간이 종료하면 전세권이 소멸하는 결과 당연히 전세권저당권
도 소멸하게 된다. 이 경우 판례는 전세금반환청구권을 전세권저당권에 갈음하여 존
재하는 권리로 보아, 전세금반환청구권에 대하여 물상대위를 준용하고 있고,45) 물상
대위준용설에는 다시 지배권인 용익물권성의 소멸로 인하여 전세권저당권이 소멸한
다는 견해,46) 전세권은 담보물권성도 갖지만 용익물권성의 전세권이 소멸하면 그 존
립근거가 상실되어 전세권저당권이 소멸한다는 견해가 있다.47) 이러한 물상대위준용
설에 대해서는 전세금반환청구권은 전세권이 성립할 당시부터 존재하는 권리로서 결
코 전세권에 갈음하는 권리라고 볼 수 없다는 비판이 제기되고 있다. 이러한 물상대
위설을 비판하여, 용익기간이 종료하여도 전세권저당권은 소멸하지 않는다고 하여
채권질권설 또는 저당권부채권질권설의 준용 내지는 성립을 인정하는 학설이 있다.
우선 용익기간이 종료되어도 전세권은 용익물권성·담보물권성의 성질을 그대로 인

---

43) 강대성, 전게논문, 39면; 남양우, "전세권을 목적으로 한 저당권의 효력에 관하여 – 대법원 1999.
9. 17. 선고 98다31301판결을 중심으로 –", 대전지방법원 실무연구자료, 제7권(2006). 85면; 배
병일, "전세권저당권", 저스티스, 통권 제139호.(한국법학원, 2013. 12). 22면; 오시영, "전세권 존
속기간 경과 후 전세권저당권의 물상대위성에 대한 고찰", 522, 524면; 이상태, "전세권저당권자의
법적 지위", 민사법학, 제38호(한국사법행정학회, 2007). 596면; 이원일, "전세권에 대하여 저당권
이 설정되어 있는데 전세권이 기간만료로 종료된 경우, 전세금반환채권에 대한 제3자의 압류 등이
없는 한 전세권 설정자는 전세권자에 대하여만 전세금반환의무를 부담하는지 여부 및 그 저당권의
실행 방법", 대법원판례해설, 제33호(2000). 96면; 이은영, 전게서, 762면; 이재도, "전세권저당권
의 효력과 실행 방법", 대전지방법원 실무연구자료, 제7권(2006)., 98면; 황경웅, "전세권저당권의
등기의 효력과 그 실행방법", 중앙법학, 제15권 제3호(중앙대학교 법학연구소, 2013), 16면.
44) 자세한 내용은 남효순, "전세권의 본질에 비추어 본 전세권저당권 제반문제의 검토", 68–96면 참조.
45) 대법원 1995. 9. 18. 자 95마684 결정; 대법원 2008. 3. 13. 선고 2006다29372,29389 판결;
대법원 2014. 10. 27. 선고 2013다91672 판결.
46) 김동옥, 전게논문, 686면, 691면; 송덕수, 전게서, 519면; 이영준, 전게서, 691면; 이원일, 전게
논문, 99면; 이홍민, 전게논문, 336면; 주석민법, 채권(4), 349–50면.
47) 오경미, 전게논문, 137면, 141면; 강대성, 전게논문, 40면.

정하거나,[48) 또는 담보물권성의 전세권만을 인정하는 상태에서,[49) 전세금반환채권은 전세권의 종된 권리라는 이유로 전세권저당권의 효력이 종된 권리인 전세금반환채권에도 미쳐서 채권질권의 성립(제349조, 제353조)한다는 견해가 있다. 그러나 전세금반환청구권은 용익물권성의 전세권의 대가를 이루는 권리이고 또 담보물권성의 전세권의 주된 권리이기 때문에 결코 전세권의 종된 권리가 아니라는 비판을 면하기 어렵다. 또 전세권저당권의 객체인 전세권이 용익물권성·담보물권성의 성질을 그대로 유지한다는 것을 전제로 전세금반환채권에 대하여 저당권부채권질권의 준용을 인정하는 학설도 있다.[50) 이 학설은 "전세권저당권등기"를 전세권저당권등기 자체로 보지 않고 "질권의 부기등기"(제348조)로 의제하여 질권의 대항요건(제349조 제1항)은 갖출 필요가 없다고 한다. 그리고 담보물권적 권능은 전세금반환채권과 함께 전세권저당권의 목적으로 존속한다고 하면서도 전세금반환채권에 대하여 채권질권이 준용된다고 하는 견해도 있다.[51) 이러한 견해는 전세금반환채권이 전세권저당권의 객체가 된다고 하면서도 실질적으로는 채권질권의 성립을 인정하는 것이 되어 전세권저당권을 사실상 전세금반환청구권에 대한 채권질권과 지배권에 대한 전세권저당권으로 해체하는 것이 되어버린다는 더 큰 비판에 직면하게 된다.

(다) 전세금반환청구권의 반대채권에 의한 상계[52)

전세금반환채권을 물권이 아닌 채권으로 보게 되면, 전세권설정자는 전세권자에 대하여 취득한 반대채권으로 전세금반환채권에 대한 상계를 인정하게 되고 또 이를 전세권저당권자에게 대항할 수 있게 된다. 판례에 의하면, 전세권설정자는 전세권저당권자에 대해서 전세금반환채무를 부담하지 않기 때문에 전세권설정자의 전세금반환채무와 전세권저당권자의 전세권저당권등기말소의무는 동시이행관계에 있지 않아서 전세권저당권등기말소를 청구할 수 있고[53) 또 반대채권의 변제기가 장래 발생할

---

48) 박순성, 전게논문, 111면; 추신영, "전세권저당권의 실행방안 – 대법원 2006. 2. 9. 선고 2005다59864 판결 –", 재산법연구, 제28권 제2호(2012), 67면.

49) 강태성, 전게논문, 172면.

50) 오시영, 전게논문, 520 – 31면 참조.

51) 김창섭, 전게논문, 229면, 234면.

52) 자세한 내용은 남효순, "전세권의 본질에 비추어 본 전세권저당권 제반문제의 검토", 96 – 101면 참조.

전세금반환채권의 변제기와 동시에 또는 그보다 먼저 도래하는 경우와 같이 전세권설정자에게 합리적 기대 이익을 인정할 수 있는 경우에는 특별한 사정이 없는 한 상계가 가능하다고 한다.[54] 이러한 판례에 좇아 상계긍정설은 반대채권의 성립시기를 어느 시점을 기준으로 할 것인지와 관련하여 전세권저당권이 설정된 시점을 기준으로 하는 전세권저당권설정시점기준설,[55] 전세권저당권자나 전세권자가 저당권설정사실을 전세권설정자에게 통지한 시점을 기준으로 한다는 저당권설정통지시점기준설,[56] 전세금반환채권에 대하여 압류 및 추심명령 또는 전부명령이 전세권설정자에게 송달된 시점을 기준으로 하는 압류·추심·전부명령도달시점기준설[57] 등 다양한 견해가 제시되고 있다. 상계를 허용하는 것은 전세금반환청구권을 채권으로 보는데에 따른 당연한 귀결인데, 이는 전세권저당권자를 일반의 저당권자처럼 보호를 하지 않는다는 근본적인 문제가 있다. 또 절충설로서 용익기간이 종료한 때에는 전세금반환의무는 비소급적으로 물권법적 규율에서 해방되어 보통의 채무(및 그에 대한 담보)로 전환되므로 이 시점에서는 전세권자에 대한 반대채권으로 상계가 가능하다고 하는 설(전세기간만료시점기준설)도 제시되고 있다.[58] 이 절충설에 대해서는 용익기간이 존속 중에만 물권법적 규율을 받는 근거가 무엇인가 하는 비판이 제기된다.

Ⅳ. 물권법의 새로운 원리

기존의 도그마에 의하여 제기되는 제반문제를 해결하기 위해서는 새로운 물권론의 정립이 필요하다. 그에 앞서 물권은 지배권이라는 도그마의 진정한 의미가 무엇인지

---

53) 대법원 2008. 4. 10. 선고 2005다47663.
54) 대법원 2014. 10. 27. 선고 2013다91672.
55) 이상태, 전게논문, 602면; 김선혜, "전세권저당권자의 전세권자에 대한 상계의 우열관계", 대한변협신문 제528호(2015. 1. 26), 12면.
56) 이승훈, "전세권저당권의 실행방법과 전세권설정자의 공제 및 상계주장 가부", 민사판례연구[ⅩⅩⅩⅧ](박영사, 2016). 212면; 황경웅, 전게논문, 110면.
57) 배병일, 전게논문, 22−23면; 여하윤, "전세권자와 전세권저당권자의 이익 충돌", 재산법연구, 제36권 제1호(2019), 98면; 이미선, "전세권저당권자의 지위와 관련된 쟁점에 관한 검토" 대전지방변호사회지, 제4호(2007). 225−6면.
58) 이동진, "물상대위와 상계: 동산양도담보와 전세권자당을 중심으로", 민사법학, 제83호(한국사법행정학회, 2018. 6). 59면.

를 검토할 필요가 있다. 그 검토에 기초하여 새로운 물권론이 정립될 수 있다. 또 새로운 물권론을 구성하는 물권적 청구권에 대한 체계의 정립이 필요하다. 그리고 물권은 지배권이라는 도그마의 후속 도그마인 물권법정주의와 물권행위론도 다시 검토하여 물권법의 원리를 재정립할 필요가 있다. 마지막으로 새로운 물권론에 의하여 모습을 드러내는 청구권법에 대한 검토도 필요하다.

1. 물권은 지배권이라는 도그마의 진정한 의미

물권은 지배권이고 채권은 청구권이라는 도그마가 갖는 진정한 의미와 그 불완전성에 대하여 살펴본다. 지배권이란 두 가지 의미를 갖는다. 하나는 물건을 대상으로 한다는 것이고 다른 하나는 물건에 대하여 절대성을 갖는다는 것이다. 우선 물권을 물건에 대한 지배권이라고 하는 것은 채권과 비교하기 위한 것이다. 이는 채권은 '특정의 채무자'에 대한 권리이기 때문에 물건을 대상으로 하지 않는다는 것을 말하는 것일 뿐이다. 따라서 이는 결코 물권이 물건을 대상으로 하는 권리로만 시종한다는 것을 말하는 것은 아니다. 물권법상의 청구권도 후술하는 바와 같이 '물건을 매개로' 하는 청구권이라는 점에서 물권에 포함시켜야 한다. 물권법상의 청구권을 채권 또는 물권 중 어느 편에 속하느냐 하면은 '물건'을 매개수단으로 한다는 점에서 물권에 포함시켜야 하는 것이다.

한편 물권의 절대성이란 지배권인 물권은 '일반인'을 의무자로 하여 모든 자에게 주장할 수 있는 절대적인 권리인 반면, 채권은 '특정의 채무자'에 대해서만 주장할 수 있는 상대적 권리라는 것이다. 그런데 일반인이 의무자라는 의미는 특정인인 채무자가 의무자라는 의미와 결코 동일하지 않다. 일반인은 물권을 침해하지 않을 소극적 의무를 진다는 의미에서 일반인을 의무자로 한다고 말하는 것일 뿐이다. 즉, 지배권이 절대권이라는 것은 일반인이 소극적 의무를 부담한다는 의미에서 일반인에게도 주장할 수 있는 권리라는 것을 말하는 것에 지나지 않는 것이다. 물건에 대하여 지배권인 물권이 설정되면 이제 지배권은 타인이 의무를 부담함이 없이 독립하여 존재할 수 있게 되어 특정의 채무자를 전제하지 않는 절대권이 되는 것이다. 그러나 물권법상의 청구권은 물건에 대한 지배권이 아니므로 절대권이라고 부를 수는 없는 것이다.

2. 새로운 물권론 : 물건을 매개로 하는 권리

새로운 물권론에 의하면, 물권은 '물건에 대한 지배권'이 아니라 '물건을 매개로 하는' 권리이다. 그리고 물권을 매개로 하는 권리에는 한편으로 '물건'에 대한 지배권이 있고 다른 한편으로 '물건'의 소유자(또는 물권자)에 대한 청구권인 물권적 청구권이 있다. 후자를 물권적 청구권이라고 부른다. 종래 물권적 청구권은 물권의 내용의 실현이 어떠한 사정으로 말미암아 방해당하고 있거나 또한 방해당할 염려가 있는 경우에 물권자가 방해자에 대하여 방해의 제거 또는 예방에 필요한 일정한 행위를 청구할 수 있는 권리를 의미하였다.[59] 그런데 이러한 물권적 청구권도 물건을 매개로 한다는 점에서 새로운 물권적 청구권에 포섭될 수 있다.

(1) 물권적 청구권과 채권적 청구권의 차이

물권적 청구권이 물건을 매개로 하는 권리라고 보아야 하는 이유는 채권적 청구권과 비교하면 잘 드러난다. 전세권자의 전세금반환청구권(제303조)과 유익비상환청구권(제310조)을 임차권자의 임차보증금반환청구권(제618조)과 비용상환청구권(제626조)을 비교하여 살펴본다. 언뜻 보기에는 전세권자의 권리와 임차권자의 권리 모두 전세물과 임차물을 매개로 하는 권리라고 볼 수 있는 듯하다. 그러나 양자의 차이는 우선 전세물과 임차물을 양도하는 경우에 잘 드러난다. 임차물을 양도하는 경우 임차인은 이들 권리를 임차물의 양수인에게는 주장할 수는 없다. 그 권리는 '임대차계약'을 체결한 특정의 채무자인 임대인에 대한 권리이기 때문이다. 임대차계약을 체결하지 않은 양수인에 대하여는 그가 임차물의 소유자라는 이유로 그에 대하여 주장할 수 없다. 따라서 임대차의 경우 임대인은 임대차계약의 당사자로서 의무를 부담하는 것일 뿐이지 임차물의 소유자이기 때문에 부담하는 것이 아니다.[60] 이처럼 임차물을 매매하는 경우 매매는 임대차를 깨뜨린다는 원칙이 적용되는 것이다. 이에 반하여 전세물을 양도하는 경우에는 전세권자의 전세금반환청구권과 유익비상환청구권은 전세권설정자가 아니라 전세물의 소유자에 대한 권리로서 존속하게 된다.[61] 전세권자의 권리들

---

59) 민법주해[IV], 물권(1), 16면; 주석민법[IV], 물권(1), 58면.

60) 임차인은 인도받았던 임차물에 대하여 급부보유력을 갖는 것일 뿐이다.

61) 대법원 2000. 6. 9. 선고 99다15122 판결.

은 '전세물'을 매개로 하여 그 소유자에 대한 권리로서 계속 존속한다. 이를 두고 물건 자체가 부담(la charge)을 안는다거나 또는 소유권 자체에 결합된 제한이라는 설명도 있지만,[62) 전세물소유자가 의무자가 된다는 점에서 이러한 설명은 타당하지 않다. 따라서 전세물이 양도되는 경우 전세권설정계약을 체결한 자가 누구이냐가 아니라 현재 전세물의 소유자가 누구이냐에 의하여 의무를 부담하게 된다.

　한편 양자의 차이는 전세권과 임차권을 양도하는 경우에도 잘 드러난다. 우선 임차 권을 양도하는 경우 채무자인 임대인의 동의를 받아야 양수인은 임차보증금반환청구 권과 비용상환청구권을 임대인에게 주장할 수 있다.[63) 임차권은 임대차계약을 체결 한 특정의 채무자인 임대인에 대한 권리이기 때문이다. 따라서 임차권양도의 당사자 가 아닌 임대인에 대하여는 그의 동의 없이는 임차권을 주장할 수 없다. 이에 반하여 전세권을 양도하는 경우에는 전세금반환청구권과 유익비상환청구권은 별도의 양도 절차 없이도 전세권의 이전등기만으로 전세권설정자에 대한 권리로서 존속하게 된 다. 전세권자의 청구권은 '전세물'을 매개로 하여 전세물소유자에 대한 권리이기 때문 이다. 따라서 전세권설정계약을 체결한 자가 누구이냐에 관계없이 전세권의 양수인 은 전세권설정자에 대하여 권리를 주장할 수 있는 것이다. 요컨대 전세물의 신소유자 가 물권적 의무를 부담하고 또 전세권의 양수인이 물권적 청구권을 갖는 것은 이들 의무·권리가 '전세물'을 매개로 하여 전전유통되기 때문이다.[64) 달리 말하면 이는 궁 극적으로 소유권과 기타 물권이 등기에 의하여 전전유통되는 것이 예정된 권리라는 물권의 양도성에서 기인하는 것이다.

(2) 지배권과 물권적 청구권을 하나의 물권(물건을 매개로 하는 물권)으로 통합

　일견하여 '물건'에 대한 지배권과 '물건'의 소유자(또는 물권자)에 대한 청구권 사이 에는 넘을 수 없는 심연의 차이가 존재하는 듯하다. 지배권은 절대권이고 청구권은

---

62) 자세한 내용은 남효순, "물권관계의 새로운 이해", 345－350면 참조.

63) 우리 민법은 채권양도의 경우와는 달리 임차권의 양도에는 임대인의 동의를 받도록 하고 있다 (제629조).

64) 이를 두고 전세권이 성립하면 당자들 사이의 채권관계는 물권관계로 전화되어 존재한다고 하 는 견해가 있다(민법주해[VI], 물권(3), 189면). 그러나 이는 단순히 채권관계가 물권관계로 전 화되는 것이 아니라 처음부터 물권관계는 물건을 매개로 하여 물건의 소유자(권리자)에 대하 여 성립하는 권리인 속성을 가지기 때문이다.

상대권이기 때문이다. 기술한 바와 같이 물건을 대상으로 하는 절대권은 일반인이 절대권을 침해하지 않을 소극적 의무를 부담하는 결과 일반인에게도 주장할 수 있는 권리인 반면에, 소유자(또는 물권자)에 대한 청구권이란 그의 행위를 청구할 수 있는 권리이다. 이처럼 지배권은 결코 청구권이 될 수 없고, 그 역도 마찬가지이다. 양자는 그 개념상 서로 배척하는 것으로 결코 동일한 권리로는 통합될 수 없는 듯하다. 이것이 물권·채권을 절대권과 상대권으로 준별하는 판덱텐체계의 독일법학이 전제하는 바이다. 그러나 관점을 바꾸어서 보면, 지배권도 '물건'을 대상으로 한다는 점에서 '물건'을 매개로 하여 성립하는 권리라고 볼 수 있고 또 물권적 청구권도 '물건'의 소유자(또는 물권자)에 대한 권리라는 점에서 '물권을 매개'로 하는 권리라고 볼 수 있다. 그렇게 되면 물권법상의 청구권도 물권의 영역으로 포섭이 될 수 있는 것이다. 양자는 '물건을 매개로' 하는 권리라는 점에서 하나의 권리로 통합이 가능한 것이다. 여기서 비로소 '물건을 매개로 하는 권리'라는 새로운 물권의 개념이 도출될 수 있다. 그 결과 이제 지배권은 물건을 대상으로 하는 권리로 '시종'하고 또 청구권은 물건의 소유자(또는 물권자)에 대한 청구권으로 '시종'함으로써, 양자는 하나의 물권을 구성하게 되는 것이다.

(3) 지배권과 물권적 청구권은 물권이라는 동전의 양면에 해당하는 상보성의 권리

물권을 구성하는 지배권과 물권적 청구권은 '물건을 매개로 하여' 하나의 물권이라는 동전의 양면을 구성하는 권리와 같다. 독일의 개념법학이 물권을 지배권으로만 보는 것은 물권의 한 면만 보는 것이다. 이제는 물권의 양면을 함께 고찰하여야 한다. 또 지배권과 물권적 청구권은 하나의 물권을 구성하는 양면으로서 서로를 보완하는 관계(상보성)에 있다. 그 결과 그동안 지배권에 과도하게 짐을 부과하였던 오류에서 벗어나 지배권에 합당한 범위를 부여할 수 있다. 즉, 지배권은 물건에 대한 지배권으로만 남을 수 있게 된다. 그 대신 축소된 그 자리를 물권적 청구권이 들어오게 되는 것이다.

지배권과 물권적 청구권은 하나의 물권에서 동일한 중요성과 무게를 가지고 있다. 따라서 물권적 청구권은 결코 지배권의 효력으로 흡수될 수 없다. 그동안 물권은 지배권이라는 도그마는 물권법상의 청구권을 지배권의 효력으로 치부하여왔다. 우리는 그것이 옳다고 믿었고 또 그렇게 세뇌되어 이 도그마에 대하여 의문을 제기할 수 없었다. 물권적 청구권을 지배권의 효력, 내용 또는 지배권 소멸의 효과로 보았기 때문에 물권적 청구권을 지배권으로부터 독자적인 권리로 인식할 수 있는 길이 원천적으로 봉쇄되었던 것이다. 그러나 이제는 이 도그마로부터 벗어나야 한다. 그리하여 물권적 청구권과 지배권을 동일한 권리로서 상위개념인 물권으로 포섭시켜야 한다. 물권법상의 청구권을 물권을 구성하는 물권적 청구권으로 본다면 이를 물권 밖의 권리로 보아 물권의 규율에 따를 수 없었던 종전의 오류를 시정할 수 있게 된다. 즉, 채권이라 치부해서 물권 밖의 권리로 보았던 물권법상의 청구권을 지배권과 함께 물권으로서 규율하게 되는 것이다. 그런데 물권을 '물건을 매개로 하는 권리'라고 보는 것은 어쩌면 사소한 변화일지도 모른다. 그 사소함은 너무 적은 것이어서 새로울 것도 없고 또 별것이 아닌 것처럼 보인다. 그러나 그것은 물권은 지배권이라는 절대적이었던 도그마에 대한 패러다임의 변화를 의미한다. 즉, 새로운 패러다임의 전환이라고 할 수 있다. 이러한 패러다임의 변화를 민법학에 수용하는 것이야말로 바로 민법학의 발전을 의미한다고 할 것이다.[65]

(4) 물권은 지배권이고 채권은 청구권이라는 도그마의 검토

물권은 물건을 매개로 하는 권리라는 점에서는 단일한 권리라고 볼 수 있지만, 물권에는 지배권과 물권적 청구권이 함께 존재한다는 점에서는 복합적 성격을 갖는 권리이다. 이에 반해서 물권을 구성하는 지배권과 물권적 청구권은 각자 독자성이 인정되는 단일한 권리이다. 한편 청구권은 사람에 대한 권리라는 점에서 단일한 권리이지만, 후술하는 바와 같이 청구권에는 다시 특정의 채무자에 대한 청구권과 물건을 매개로 하여 물건의 소유자(또는 물권자)에 대한 청구권이 있다는 점에서는 역시 복합적 성격을 갖는 권리이다. 그런데 물권은 지배권이고 채권은 청구권이라는 도그마는 한편으로는 복합적 권리인 물권을 지배권인 단일권리로 잘못 상정하고 있고 다른 한편으로는 단일권리인 채권을 청구권인 복합적 권리로 잘못 상정하고 있다는 점에서 물

---

65) 물권의 새로운 패러다임은 빛은 입자이자 동시에 파동이라는 물리학에서 실현된 패러다임의 변화에 비유할 수 있을 것이다. 고전역학에서는 입자와 파동은 결코 양립할 수 없는 것이었다. 그러나 현대 양자역학에서는 빛은 입자이자 동시에 파동이라고 본다. 그리고 입자와 파동은 서로 보완하는 상보성이 인정된다.

권과 채권은 결코 비교의 대상이 될 수 없는 것이다.

3. 물권법 원리의 재정립

새로운 물권론에 따라 물권적 청구권에 대한 체계를 정립할 필요가 있다. 그에 따라 물권법정주의도 물권행위론도 새로운 의미를 갖게 된다. 이로써 물권법의 새로운 법원리가 구축될 수 있다.

(1) 물권적 청구권론

물권법상의 청구권을 지배권의 효력, 내용 또는 지배권 소멸의 효과로 보는 오류에서 벗어나기 위해서는 이를 채권적 청구권과 구별되는 물권적 청구권의 독자적인 체계를 확립하는 것이 필요하다. 그러한 체계 중에서 물권적 규율의 필요성과 침해 물권적 청구권에 대해서는 항을 바꾸어 살펴본다.

(가) 물권적 청구권

물건을 매개로 하여 소유자(또는 물권자)에 대한 청구권(형성권)을 내용으로 하는 법률관계를 물권관계라고 부른다.[66] 이러한 물권관계를 구성하는 물권적 청구권은 그 근거, 독자성, 성립, 실익, 종류 등에 있어서 지배권과 구별되어 독자적인 법체계를 구성한다. 이러한 법체계를 물권적 청구권론이라 부를 수 있다.

물권적 청구권의 근거 : 물권적 청구권의 형식적인 법률상의 근거는 민법 제2편 물권편이다. 물권편에 물권적 청구권에 대한 규정을 둔다는 것은 지배권과 함께 물권적 규율을 받는다는 것을 의미한다. 그리고 그 실질적인 근거는 물권은 물건을 매개로 하여 전전유통될 수 있다는 물권의 양도성에서 찾을 수 있다. 이 점에서 물권적 청구권을 채권적 청구권과는 근본적으로 다른 것이다.

물권적 청구권의 독자성 : 물권적 청구권도 지배권과 함께 물권으로서 규율되고 취급되어야 한다는 점에서 물권으로부터의 독립성은 인정되지 않는다. 그러나 물권적 청구권은 지배권과는 달리 물건의 소유자(또는 물권자)에 대한 권리라는 점에서 독자성이 인정된다.

---

66) 물권관계에 관한 자세한 사항은, 남효순, "물권관계의 새로운 이해", 303, 312-4면 참조.

물권적 청구권의 성립 : 물권적 청구권은 지배권과 무관하거나 또는 별개의 요건이 갖추어져야 비로소 성립된다. 예를 들면, 전세권자의 부속물매수청구권은 전세물에 대하여 물건을 부속하는 별개의 요건이 갖추어져야 발생한다. 또 유익비상환청구권은 물권을 사용하면서 유익비를 지출하여야만이 성립한다. 그리고 전세금반환청구권은 전세권의 지급이 있어야 성립한다. 이에 반하여 지배권은 지배권이 성립하는 즉시 효력을 발생할 수 있는 권리이다.

물권적 청구권의 실익 : 물권적 청구권의 존재를 인정하는 실익은 여러 가지가 있을 수 있다. 그중 첫째, 후술하는 바와 같이 물권적 청구권은 채권적 청구권과 달리 물권적 규율을 받는다. 이에 대해서는 항을 바꾸어서 설명한다. 둘째, 지배권과는 별개의 권리로 취급되던 상린권과 침해 물권적 청구권도 물권적 청구권으로 통합될 수 있다. 소유권(물권)의 내용 내지는 한계로 인식되고 있는 상린권도 실제로는 이웃하는 토지를 매개로 하여 이웃토지의 소유자에 대하여 성립하는 청구권이라는 점에서 물권적 청구권에 포섭될 수 있다. 또 침해 물권적 청구권도 침해물을 매개로 하여 물권을 침해한 자에 대하여 성립하는 청구권이라는 점에서 물권적 청구권으로 포섭될 수 있는 것이다.

물권적 청구권의 종류 : 물권적 청구권은 여러 가지로 나눌 수 있다. 여기서는 등기와 관련하여 이전되는 모습에 따른 분류에 대하여 살펴본다. 첫째, 물권적 청구권이 등기에 의하여 공시가 되는 경우이다. 이 경우 물권적 청구권은 등기에 의하여 직접 이전된다. 예를 들면, 지배권의 대가관계를 구성하는 지료청구권과 전세금반환청구권은 등기에 의하여 공시되는 권리이다. 둘째, 지배권인 물권이 이전되면 그 이전되는 물권에 기초하여 비로소 발생하는 물권적 청구권이 있다. 상린권과 침해 물권적 청구권이 이에 해당한다. 셋째, 이전등기가 있으면 물권에 당연히 포함되어 이전되는 물권적 청구권이 있다. 이 점이 첫째 부류와 둘째 부류의 권리와 다른 점이다. 예를 들면, 부속물매수청구권, 유익비상환청구권 등이 이에 해당한다.

물권적 의무 : 물권적 청구권의 대척점에 존재하는 의무가 바로 물권적 의무이다. 물권적 의무란 물건을 매개로 하여 물건의 소유자(또는 물권자)가 서로에 대하여 부담하는 의무라고 정의할 수 있다. 판례는 침해 물권적 청구권의 경우에만 물권적 의무의 존재를 인정하였다.67) 그러나 그 외의 물권적 청구권에 대하여도 마찬가지로 물권적 의무의 존재를 인정할 수 있다. 오히려 후자의 경우에 물권적 의무의 개념을 인정

할 실익이 더 크다(예를 들면, 제298조의 승역지소유자의 의무).

(나) 물권적 규율의 필요성

물권적 청구권은 지배권과 함께 물권적 규율을 받는다. 이것이 물권적 청구권을 채권 또는 법정채권이라 하여 물권 밖의 권리로 취급하거나 지배권의 부수적인 권리로만 취급할 수 없는 이유로서 지배권과는 별개로 독자적인 물권적 청구권을 인정하는 실익이다. 물권적 청구권에 대하여 물권적 규율이 필요한 계기는 매우 다양하다. 그런데 민법은 물권적 청구권의 규율에 대하여 일반적 규정을 두고 있지 않다. 다만, 물권적 의무의 불이행과 관련하여 몇몇 특별규정(제287조, 제307조, 제311조, 제313조, 제315조 등)을 두고 있을 뿐 마찬가지이다. 후술하는 바와 같이, 이 문제는 침해 물권적 청구권에 대하여 채권의 효력에 관한 규정이 적용되는가 하는 문제와 논의의 궤를 같이한다고 할 수 있다. 또 이 문제는 후술하는 바와 같이 채권편의 규정이 청구권 일반에 관한 규정인지 아니면 채권적 청구권에만 적용되는 규정인지의 문제와도 관련이 있다.[68] 이하에서 물권적 규율로서 중요한 몇몇에 대하여 살펴보기로 한다.[69]

우선 물권적 청구권의 양도는 물권의 이전등기로 족하지 별도의 양도절차가 필요하지 않다(제307조). 또 물권적 청구권과 대척관계에 있는 물권적 의무도 그 인수에 등기 외에 별개의 인수절차를 필요로 하지 않는다. 우선 전세금반환청구권과 유익비상환청구권은 용익기간이 종료될 때 비로소 이행되어야 할 권리이므로 전세권의 이전등기로 당연히 이전된다. 전세권소멸통고권(제313조)과 지상권소멸청구권(제287조)도 마찬가지이다. 또 이행기에 도달하지 않은 지료청구권도 마찬가지이다. 그리고 전세권자가 부담하는 전세물의 멸실과 훼손으로 인한 손해배상의무도 마찬가지이다. 이는 용익기간의 존속 중이든 종료 후이든 마찬가지이다.

이행기에 도달한 지상권설정자의 지료청구권은 이행기 당시의 지상권자에게 청구되어야 하는 권리로서 지상물의 양수인에게는 이전되지 않는다. 한편 이행기에 도달한 지료지급의무도 지상권의 양수인에게 이전되지 않는다. 다른 한편 지상권소멸청

---

67) 대법원 1977. 3. 22. 선고 76다2778 판결.

68) 청구권법에서 다룬다.

69) 어떠한 계기로 물권적 청구권이 물권과 함께 물권적 규율을 하여야 할지에 대하여는 추가적으로 체계적인 연구가 필요한 부분이다.

구권(제287조)의 경우 지료의 체납기간이 통산하여 2년 이상이면 지상권설정자는 지상권자에 대하여 행사할 수 있다. 그러나 지상권이 양도된 경우에는 지상권 양도인의 체납기간은 양수인의 체납기간으로 통산되지 않는다.

물권자 사이에는 동종의 물권적 청구권에 대하여 상계가 인정된다. 그러나 물권적 청구권이 아닌 채권에 대해서는 상계를 인정할 수 없다. 예를 들면, 전세권이 전세권 저당권의 객체가 된 경우 전세권설정자는 전세권자에 대하여 취득한 반대채권으로 전세금반환청구권을 상계할 수 없다. 그러나 이행기가 도래한 지료청구권은 이행기 당시의 지상권설정자와 지상권자 사이에 해결되어야 할 권리로서, 지상권자와 지상권설정자가 서로에게 취득한 반대채권으로 상계가 인정될 수 있다. 그러나 저당권이 설정된 지상권의 경우 피담보채권의 변제기가 도래한 경우에는 상계가 인정되지 않는다. 또 용익기간이 종료된 후 전세금반환청구권이 전세권과 분리되는 경우 전세금 반환청구권은 물권적 청구권의 성질을 상실하여 채권적 청구권으로 전화되는바, 이 경우에는 전세권설정자는 전세권자에 대하여 취득한 반대채권으로 당연히 상계할 수 있다.

물권적 청구권은 물권으로서 규율되는 한 물권과는 독립하여 별도로 소멸시효의 대상이 되지 않는다. 예를 들면, 부속물매수청구권은 전세금이 반환되지 않아 전세권 등기가 존속하는 한 별도의 소멸시효의 대상이 되지 않는다.

물건을 매개로 하는 물권은 물건에 대한 지배권이든,[70] 물건의 소유자(또는 물권자)에 대한 청구권이든 채권에 대하여 우선적 효력을 갖는다. 예를 들면, 전세권자가 전세물의 소유자에 대하여 갖는 부속물매수청구권은 전세권이 존재하는 한 전세물의 소유자에 대한 채권에 우선한다.

(다) 침해 물권적 청구권

침해 물권적 청구권도 물권적 청구권의 일종으로 볼 수 있다. 통설과 판례는 이 권리를 물권의 침해에 기하여 발생한다거나 또는 물권에 기초하여 발생한다는 점에서 침해 물권적 청구권이라고 부르고 있다.[71] 그런데 불법행위에 의한 손해배상청구

---

70) 강태성, 전게서, 41면; 곽윤직, 전게서, 24면; 김증한·김학동, 전게서, 23면; 송덕수, 전게서, 25면; 오시영, 전게서, 37면; 홍성재, 전게서, 20면.
71) 민법주해[Ⅳ], 물권(1), 16면; 주석민법[Ⅳ], 물권(1), 58면.

권이 물권 또는 채권의 침해에 기초하여 발생한다고 해서 물권적 손해배상청구권 또는 채권적 손해배상청구권이라고 부르지는 않는다. 또 이 경우 손배배상청구권의 성립요건에 차이가 있지도 않다. 따라서 물권에 기초하거나 그 침해에 기초한다고 해서 '물권적'이라고 부르는 것은 특별한 의미가 없다. 침해 물권적 청구권을 물권적 청구권으로 보는 실질적인 이유는 '물건'을 매개로 하여 물권의 침해자에게 '침해물의 반환, '침해물'에 대한 방해의 제거 또는 방해의 예방을 내용으로 한다는 데에 있다.72) 즉, 침해 물권적 청구권은 물권에 대한 침해가 있어 '물건'의 침해자(의무자)에 대하여 성립하는 청구권이라면, 통상의 물권적 청구권은 물권에 대한 침해가 없이 '물건'의 소유자(또는 물권자)에 대하여 성립하는 청구권이라는 데에 차이가 있을 뿐이다.

침해 물권적 청구권의 법적 성격에 대해서 다양한 학설이 제기되고 있는바,73) 이러한 논의가 있다는 자체가 침해 물권적 청구권을 비롯한 물권적 청구권이 채권 또는 법정채권으로 취급될 수 없다는 것을 역설적으로 말하는 것이라고 할 것이다. 그 실질적인 이유는 침해 물권적 청구권도 물건을 매개로 하는 권리라는 데에 있다고 할 것이다. 또 침해 물권적 청구권이 소멸시효에 걸리는지에 대하여 논의가 있다는 것 역시 침해 물권적 청구권은 물권적 규율을 받아야 한다는 것을 말하는 것에 지나지 않는다. 그리고 침해 물권적 청구권에 대해 채권의 효력에 관한 규정이 적용되는지에 대하여 논의가 있는바, 이는 물권적 청구권 일반의 경우에도 당연히 문제가 되는 것이다. 후술하는 바와 같이 해당 규정이 청구권 일반에 관한 것인가 아니면 채권적 청구권에 관한 것인가에 의해서 해결될 것이다.

한편 침해 물권적 청구권은 '지배권'을 침해할 뿐 아니라 물권적 청구권을 포함한 물권 자체를 침해하여 발생하는 것이다. 예를 들면, 부속물매수청구권이 성립한 전세물을 점유하여 반환하지 않는 경우 전세권설정자의 지배권 자체에 대한 침해가 될 뿐 아니라 전세권자의 부속물매수청구권에 대한 침해도 되는 것이다.

---

72) 침해 물권적 청구권을 협의의 물권적 청구권이라고 또 협의의 물권적 청구권과 기타 물권적 청구권을 포함하여 광의의 물권적 청구권이라고 부를 수도 있다. 또 협의의 물권적 청구권을 협의의 물권관계, 지배권을 포함하여 광의의 물권관계라고 부를 수도 있다. 남효순, "물권관계의 새로운 이해", 303면 참조.

73) 민법주해[Ⅳ], 물권(1), 18면 참조.

(2) 물권법정주의에 대한 새로운 해석

기존의 물권법정주의가 지배권에 대해서만 적용되었다면, 새로운 물권론에 의하면 물권법정주의는 물권적 청구권에도 적용되어야 한다.

(가) 물권법정주의는 물권적 청구권에도 적용

물권의 종류와 내용은 법률로 정한다는 원칙은 지배권뿐만 아니라 물권적 청구권에도 적용되어야 한다.[74] 물권은 등기에 의하여 공시가 된다고 하는 경우, 그것은 지배권과 물권적 청구권이 포함된 물권 자체를 말하는 것이다. 그런데 등기에 의하여 물권의 내용을 모두 공시할 수가 없다. 물적 편성주의를 취하는 등기만으로는 공시되는 물권의 범위에는 한계가 있기 때문이다.[75] 따라서 지배권뿐만 아니라 물권적 청구권(형성권)의 구체적 내용은 당사자들의 지·부지를 불문하고 물권법에 의하여 정해지게 되는 것이다. 이것이 바로 물권법정주의이다. 종래에는 물권법상의 청구권을 지배권의 내용이나 효력이라고 보아서 지배권을 통하여 물권법정주의가 간접적으로 적용되었다면, 이제는 물권법정주의란 물권적 청구권에 대하여 직접 적용되는 것이다.

당사자들이 물권법정주의에 반하여 특정의 물권적 청구권과 물권적 의무에 대하여 양도 또는 인수하는 계약을 체결하더라도 그것은 물권법정주의에 반하여 원칙적으로 물권적 효력을 가질 수는 없다.[76] 다만, 그 계약은 당사자 사이에서는 채권적 효력을 가질 수 있을 뿐이다. 예를 들면, 전세물반환의무를 전세물의 양도인이 부담한다는 계약을 체결하는 경우에는 양도인에게 내부적으로 중첩적으로 물권적 의무를 부담하게 할 뿐이고, 물권법정주의에 의하여 전세권자와의 관계에서는 어디까지나 전세물반환의무는 전세물의 양수인이 부담하는 것이다.

---

74) 남효순, "물권관계의 새로운 이해", 302-3면.

75) 등기를 인적 편성주의를 취하는 경우 물권을 양도하는 채권계약을 등기부에 편성하기 때문에 당사자들이 어떠한 권리를 설정하였는지를 알 수가 있다. 이러한 점에서 프랑스민법전의 경우 물권법정주의가 인정되지 않는다고 한다.

76) 물권적 청구권 중에서도 임의규정으로 볼 수 있는 경우에는 그러하지 않다. 이는 어느 규정을 강행규정이라고 볼 것인가와 관련이 있다.

(나) 물권법정주의와 물권적 청구권이 이전되는 메커니즘 : 채권계약에 의한
조정

물권법정주의는 물권이 법률행위(매매, 증여, 교환)에 의하여 양도되거나 또는 법률
의 규정(예를 들면, 상속)에 의하여 이전되는 경우 중요한 의미를 갖는다. 이 경우 이전
되는 지배권과 물권적 청구권의 구체적 내용은 당사자들의 의사여부를 불문하고 물
권법정주의에 의하여 결정된다. 그 결과는 물권의 양도인 또는 양수인에게 이익이
되거나 불이익이 될 수 있다. 예를 들면, 전세권자의 전세금반환청구권, 유익비상환청
구권 또는 손해배상의무의 이전 여부에 대하여 전세권의 양도인과 양수인은 커다란
이해관계를 갖는다. 이러한 이해관계에 대해서는 전술한 바와 같이 전세권의 양도계
약인 채권계약의 내용에 따라서 해결되어야 한다는 견해,[77] 이들 법률관계는 법정채
권관계는 당연히 양수인에게 이전된다는 견해가 있다.[78] 그러나 이는 본말이 전도된
견해라 하지 않을 수 없다. 전세권양수인의 구체적인 권리와 의무는 당사자들의 의사
에 따라 결정한다는 첫째의 견해는 물권의 내용은 법률과 공시된 약정의 내용으로
정한다는 물권법정주의에 반하는 것이다. 또 이들 법률관계는 법정채권관계로서 이
전된다는 둘째의 견해는 전세권의 양도인과 양수인 사이에 물권적 청구권을 포함한
물권을 양도한다는 의사의 존재를 부정하는 것이 된다. 둘째의 견해는 지배권은 양도
인의 의사에 의하나 물권적 청구권은 법률의 규정에 의하여 발생한다는 것을 인정하
는 것이 되어 부당하다. 물권적 청구권의 이전은 양도인과 양수인 사이에 있는 전세
권을 양도한다는 포괄적인 의사에 따른다고 할 것이다.[79] 그 결과 발생하는 이해관계
는 당사자들 사이의 매매, 증여 또는 교환이라는 채권계약에 의하여 조정되어야 한다.
예를 들면, 전세권자가 전세권을 양도하는 의사를 표시하는 경우 전세금반환청구권
은 용익기간의 종류 후에 결산되어야 할 권리로서 당연히 전세권양수인에게 이전된

77) 민법주해[Ⅵ], 물권(3), 213면; 주석민법, 물권(3), 320 – 21면.
78) 제철웅, 전게논문, 134 – 5, 146면, 이는 소유자와 지상권자 사이에 지료에 관한 합의를 하고
    이를 등기하면 지료채권관계는 그 후의 소유자와 지상권자 사이에 성립하는 법정채권관계라
    고 보는 독일의 해석론을 우리의 전세금반환청구권을 비롯한 물권법상의 청구권에 적용하는
    견해이다(제철웅, 134면, 138면 참조).
79) 양창수, 전세논문, 108면.

다. 따라서 양도인과 양수인은 당연히 이를 고려하여 전세권의 매매대금을 산정하여야 한다. 만일 양도인이 양도 후에도 자신이 전세금반환청구권을 가질 것이라고 잘못 생각하여 잔존하는 용익가치만으로 매매대금을 산정한 경우에는 착오로 매매의 취소를 양수인에게 주장할 수 있다. 또 전세권의 양도인이 유익비상환청구권을 자신이 갖는다고 잘못 생각하고 매매대금을 정한 경우에도 역시 마찬가지이다. 또 전세권을 양도하는 경우 전세권양수인은 전세물에 대한 손해배상의무를 이전받게 되므로, 전세권양수인은 전세권의 양수시 이를 공제하고 매매대금을 산정하여야 하지만, 만일 매매계약 당시 이를 알 수 없었을 경우에는 전세권양수인은 전세금에서 손해배상액을 공제하여 전세금을 받은 후 양도인에게 담보책임을 물어 그 손해배상금을 구상할 수 있다.[80]

한편 이러한 사정은 전세물을 양도하는 경우에도 마찬가지로 문제가 발생한다. 전세금반환의무는 이를 수령한 전세권설정자가 부담하느냐 아니면 전세물의 신소유자가 부담하는지에 대하여 종래 논란이 있었다. 학설은 승계부정설(전세금반환의무불이전설)과 승계긍정설(전세금반환의무이전설)이 대립하였다.[81] 판례는 승계긍정설을 취하였다.[82] 판례가 전세물의 양도가 있는 경우 전세권관계의 내용인 권리·의무의 당사자가 전세물의 신소유자라고 볼 수밖에 없다고 했던 것은 전세권설정자로서의 포괄적인 지위가 이전되어 개별적인 권리·의무도 당연히 포함되는 것이기 때문이다. 따라서 전세물을 양수하는 매수인은 전세금반환의무를 공제하고 전세물의 매매대금을 산정하게 되고, 만일 매매계약 당시 이를 공제하지 않은 경우에는 전세물의 양수인은 양도인에게 담보책임(제576조)을 물어 전세금반환의무를 구상하여야 한다. 한편 매수인의 매매대금지급의무와 매도인의 전세금이전의무 사이에는 동시이행의 관계에 있어 상계가 적용된다고 하는 견해가 있다.[83] 그러나 전세금반환의무는 소유자의 의무로서 당연히 이전되는 것이기 때문에 동시이행의 관계에 있지도 않고 또 상계의 대상

---

80) 제576조는 전세기간이 만료되어 전세권이 소멸된 경우에만 적용되어야 한다는 반대 견해가 있다(제철웅, 전게논문, 144면).

81) 판례평석에 대한 자세한 사항은 남효순, "용익기간 중 전세물의 양도와 전세금반환의무의 이전 여부 - 물권 및 물권적 청구권 개념에 대한 새로운 이해의 단초", 법학, 제49권 4호(서울대학교 법학연구소, 2008. 12), 379-97면 참조.

82) 대법원 2000. 6. 9. 선고 99다15122 판결.

83) 제철웅, 전게논문, 145면.

도 아니라, 공제의 대상이 되는 것일 뿐이다.

(3) 물권행위론의 새로운 해석

전세권을 설정하는 경우 기존의 물권론·물권행위론에 의하면 전세금의 지급과 전세금반환청구권의 발생은 물권행위가 아닌 채권행위의 이행으로 발생하였다. 이는 채권적 전세이든 물권적 전세이든 마찬가지이다. 기존의 물권론·물권행위론에 의하면 물권행위는 지배권의 변동만을 목적으로 하였기 때문이다. 따라서 물권행위는 채권행위의 이행행위가 되어 더 이상 이행의 문제를 남기지 않았다. 그러나 새로운 물권론·물권행위론에 의하면 물권행위는 물권적 청구권의 변동도 목적으로 한다. 따라서 물권행위에 의하여 전세금반환청구권이 발생하게 된다.84) 전세금반환청구권의 발생이라는 물권변동이 있기 위해서 전제금지급의 합의만으로 족한 것인지 아니면 현실적인 지급이 필요한지에 대해서는 견해가 대립하고 있음은 기술하였다. 등기에 의하여 전세권의 성립하기 위해서는 전세금의 지급이 필요하다.85) 전세금의 지급도 당연히 채권행위의 이행으로서 물권행위의 개념에 포섭시킬 필요가 있다. 따라서 새로운 물권론·물권행위론에 의하면 '전세금을 지급하고 또 전세권을 설정하는' 채무를 발생시키는 행위가 채권행위에 해당하고,86) 이를 이행하는 행위로서 '전세금을 지급하고 전세권을 설정하는 행위'가 물권행위가 된다. 즉, 전세금의 지급에 이어 전세금이 등기(부동산등기법 제72조 제1항 제1호)에 기재되면 비로소 전세금반환청구권과 함께 지배권인 전세권이 발생하게 된다. 그런데 물권변동의 요건인 물권행위의 개념에 대해서는 물권적 합의만으로 된다는 견해와87) 등기를 지향하는 등기신청행위도 필요하

---

84) 이 점에서 새로운 물권행위도 역시 이행의 문제를 남기지 않는다. 그러나 발생된 전세금반환청구권을 전세권설정자가 이행하여야 한다는 점에서는 다른 차원에서 이행의 문제가 남게 된다.

85) 만일에 전세권의 성립을 위하여 전세물의 인도가 필요하다면 전세물의 인도도 물권행위를 구성하게 되는 것과 마찬가지가 될 것이다.

86) 전세권을 설정할 채무를 발생시키는 것을 목적으로 하는 채권계약은 채권법에는 규율되어 있지 않다. 이는 채권계약 자유의 원칙에 의하여 얼마든지 인정될 수 있다.

87) 예를 들면, 홍성재, "윤진수 교수의 『물권행위 개념에 대한 새로운 접근』에 관한 토론", 민사법학 제28호(한국민사법학회, 2005), 57－71 참조. 이 견해는 등기신청으로 인한 효과는 부동산등기법에 따른 효과이지 등기신청행위로 인한 효과는 아니라고 한다(홍성재, 전게논문, 64－5면)

다는 견해가[88] 대립하고 있다. 물권행위를 물권변동의 요건으로 보는 이상 등기신청 행위뿐만 아니라 전세금의 지급도 물권행위로 보는 것이 타당하다. 이상과는 달리 임차권의 경우는 그 성립과 이행에 임대차계약만이 존재한다. 임차보증금의 지급은 채권계약의 이행에 해당할 뿐이다. 이렇듯 사용·수익의 대가의 지급이라는 동일한 행위가 임대차의 경우는 채권계약의 이행행위가 될 뿐이지만, 전세권의 경우는 채권계약의 이행행위가 아니라 물권행위를 구성하게 되는 것이다. 이는 물권변동에 있어서 물권행위를 채권행위에 대비되는 행위로 구성하는 한 당연한 것이다.

전세권을 양도하는 경우에도 기존의 물권론·물권행위론에 의하면 전세금반환청구권을 양도할 채무를 발생시키는 채권행위와 그 이행행위로서 전세금반환청구권을 양도하는 행위(준물권행위)가 존재한다.[89] 전세금반환청구권을 양도하는 행위는 준물권행위가 될지언정 물권행위에는 속하지 않는다. 그러나 새로운 물권론·물권행위론에 의하면 '전세금반황청구권을 양도하고 또 지배권을 양도할' 채무를 발생시키는 행위가 채권행위가 되고 그 이행으로서 '전세금반환청구권과 지배권'을 양도하는 행위와 등기신청행위가 물권행위를 구성한다. 즉, 물권적 청구권인 전세금반환청구권을 양도하는 행위는 채권양도인 준물권행위가 아니라 물권행위에 속하게 된다.

한편 지료의 약정이 있는 지상권의 경우에도 채권행위와 물권행위의 의미는 원칙적으로 전세권의 경우와 동일하다. 다만, 전세금은 등기 전에 지급되어야 하지만 지료는 등기 후에 지급된다는 차이가 있다. 따라서 지료를 지급하는 지상권을 설정할 경우, '등기 후에 지료를 지급하는 지상권을 설정하는 채무를 발생시키는 것을 목적'으로 하는 채권행위가 있고 그 이행으로서 '등기 후에 지료를 지급하는 지상권을 발생시키는 것을 목적으로 하는 물권행위'가 존재하게 된다. 따라서 지상권의 경우에도 등기신청행위가 물권행위에 해당한다. 따라서 전세권의 경우와 마찬가지로 지상권에서도 등기에 의하여 비로소 지료청구권이 발생하게 되는 것이다.

---

88) 예를 들면, 윤진수, "물권행위 개념에 대한 새로운 접근", 민사법학 제28호(한국민사법학회, 2005), 3-56면.

89) 전세권의 양도도 유상으로 또는 무상으로 이루어질 수 있다. 그러나 유상의 여부는 전세권의 이전등기에 기재되지 않는다.

4. 청구권법

청구권에는 '특정의 채무자'에 대한 청구권만 존재하는 것이 아니라, '물건'의 소유자(또는 물권자)에 대한 물권법상의 청구권도 존재한다. 물론 청구권에는 그 밖에 민법적, 가족법적, 상속법상의 청구권도 존재한다.[90] 그러나 이들 청구권은 재산법에 속하지 않기 때문에 채권적 청구권과는 결합될 수 없다. 물권적 청구권의 존재를 인정한다면 기존의 지배권법에 대비되는 새로운 법영역으로 청구권법을 인정할 수 있게 된다. 그 전에 먼저 채권은 청구권이라는 도그마의 문제에 대하여 살펴본다.

(1) 채권은 청구권이라는 도그마의 문제

채권은 청구권이라는 도그마는 타당한 도그마인가? 청구권에는 채권적 청구권만 존재하는 것이 아니다. 따라서 특정의 채무자에 대한 청구권을 청구권이라고 부를 수는 있지만, 역으로 청구권을 채권이라고 부를 수 없다. 보다 엄밀히 말하면, 하위개념인 채권적 청구권을 상위개념인 청구권이라고 부를 수는 없다. 지금까지 물권법상의 청구권을 채권 내지는 법정채권으로 보았던 것은 물권적 청구권을 채권적 청구권으로 간주하였던 오류에서 비롯된 것이라 할 것이다.

(2) 청구권법

물권적 청구권의 존재를 인정한다면 기존의 지배권법에 대비되는 법영역으로 물권적 청구권과 채권적 청구권을 함께 아우르는 새로운 법영역의 존재를 인정할 수 있을 것이다. 즉, 재산법에 속하는 법영역으로서 채권적 청구권과 물권적 청구권을 통합하여 이를 청구권법이라고 부를 수 있을 것이다. 그것은 비록 물권법과 채권법처럼 민법전에 독자적인 법체계로서 존재하지는 않지만, 지배권법에 대비되는 법영역으로 민법 체계 내에 잠재하고 있다고 볼 수 있다. 첫째, 청구권법은 물권적 청구권에 관한 규정과 채권적 청구권에 관한 규정으로 구성된다. 전자는 물권편에 규정되어 있고, 후자는 채권법에 규정되어 있다. 채권편은 채권적 청구권에 대한 일반적 규정을 두고 있다. 그러나 물권편은 물권적 청구권에 대하여 극히 부분적으로만 규율하고 있을

---

90) 이상태, 전게서, 101면.

뿐이다(제287조, 제311조, 제313조, 제315조 등). 그 밖의 물권적 청구권의 규율이 어떻게 되는지가 문제된다. 둘째, 채권법에는 채권적 청구권에 관한 규정만 존재하는 것은 아니라 물권적 청구권에도 적용될 수 있는 규정이 존재한다. 따라서 물권법상에 청구권에 관한 규율이 없다면 이러한 규정에 의하여 물권적 청구권에 대한 규율이 이루어지는 것이다. 이들 규정을 청구권 일반에 관한 규정이라고 할 수 있다.91) 예를 들면, 채권자대위권에 관한 규정은 물권적 청구권에도 인정될 수 있지만,92) 채권자취소권은 채권적 청구권에만 적용된다. 그리고 물권적 의무의 불이행에 대하여는 채무불이행(제387조 이하)과 강제이행의 방법(제389조), 변제(제460조 이하), 수령지체(제420조 이하)에 관한 규정들이 유추적용된다고 할 수 있다.93) 셋째, 질권의 객체는 청구권을 대상으로 한다. 물권법은 채권이 질권의 객체가 되는 것으로 규정하고 있다(제349조). 그러나 물권적 청구권도 당연히 청구권으로서 질권의 객체가 될 수 있다. 예를 들면, 물권적 청구권인 전세금반환청구권도 전세권과는 별도로 질권의 객체가 될 수 있다.

V. 새로운 물권론에 의한 기존 문제점의 해결

새로운 물권론에 의할 경우 기존의 도그마들에 잠재되어 있던 문제들과 우리 고유의 전세권과 전세권저당권에서 발생하는 문제들이 어떻게 해결되는지에 대하여 살펴본다.

1. 물권을 지배권으로만 보아서는 설명할 수 없는 문제점의 해결

우선 기존의 도그마에 잠재되어 있었던 문제들이 새로운 물권론에 의하여 어떻게 설명하는지에 대하여 설펴본다.94)

---

91) 어느 규정이 채권적 청구권과 청구권에 일반에 관한 규정인가를 정하는 것이 장차 청구권론의 핵심이 될 것이다. 또 이 문제는 물권적 규율로서 어떠한 것이 있는가 하는 문제의 반면이라고 할 수도 있다.

92) 침해 물권적 청구권에 대해서도 채권자대위권을 인정할 수 있는지에 대해서는 반대의 견해가 있다. 채권자대위권은 보충성의 요건이 필요한데 침해 물권적 청구권에는 이것이 인정되지 않는다고 한다[정병호, "물권적 청구권이 채권자대위권의 피보전권리가 될 수 있는지 여부", 법조 제57권(2008. 10), 303-341 참조].

93) 남효순, "물권관계의 새로운 이해", 318면 참조.

(1) 물권법의 대부분을 채권법으로 보아야 하는 문제의 해결 : 물권법의 회복

물권법상의 청구권·형성권은 채권이 아니라 물권에 속하는 권리이다. 물권법상의 청구권에 관한 규정들이 채권편에서 차용된 규정이라고 할지라도 물권편에 규율되는 순간 물권적 규율을 받는 물권에 속하는 권리가 된다. 그것이 민법전 제2편 물권편에 존재하는 청구권·형성권에 관한 있는 그대로의 충실한 해석이 될 것이다.

한편 물권법상의 청구권에 관한 규정들이 채권편으로 차용되는 경우가 있다. 예를 들면, 건물 기타 공작물의 소유 또는 식목, 채염, 목축을 목적으로 한 토지임대차의 기간이 만료된 경우에 건물, 수목 기타 지상건물이 현존한 때에는 제283조가 준용되어(제643조), 임차인은 임대차계약의 갱신을 청구할 수 있고(제283조 제1항) 또 임대인이 계약의 갱신을 원하지 아니할 경우에는 임차권자는 상당한 가액으로 공작물이나 수목의 매수를 청구할 수 있다(제283조 제2항). 이 경우 비록 물권법상의 규정이 채권편에 준용되더라도 채권적 규율의 결과 그 의미가 달라질 수 있다. 즉, 제283조의 경우에는 지상권자는 지상물의 새로운 소유자에 대하여도 물권적 청구권을 행사할 수 있지만, 제643조의 경우에는 토지임차인은 임대차 당시의 임차물의 소유자에 대해서만 권리를 주장할 수 있고 임차물의 새로운 소유자에 대하여는 권리를 주장할 수 없다. 전자는 물권적 청구권인 반면에, 후자는 채권적 청구권에 지나지 않기 때문이다.

(2) 물권법상의 청구권(형성권)을 지배권의 내용·효력으로 보는 문제의 해결 : 독자적인 물권적 청구권(형성권)의 성립

물권적 청구권은 지배권과 함께 물권에 속하는 권리로서 결코 이를 지배권의 효력으로 치부할 수는 없다. 첫째, 물권적 청구권 중에는 지료청구권 또는 전세금반환청구권과 같이 지배권의 대가관계를 이루는 권리가 있다. 이들 권리는 지배권의 내용도 효력도 아니다. 둘째, 물권적 청구권 중에는 지배권과 대등하게 물권의 내용을 구성하

---

94) 다수설에 의하면 건물, 공작물과 수목을 소유하기 위하여 토지 위에 지상권 외에 전세권도 설정할 수 있는데, 양자가 동일한 대상에 대하여 동일한 기간으로 대가를 지불하여 성립하는 경우 지배권으로만 양자를 구별할 수는 없다는 문제가 있다. 이 경우 물권법상의 청구권(예를 들면, 지료청구권과 전세금반환청구권)으로 양자를 구별하는 수밖에 없는데, 이 점에서 물권적 청구권도 물권을 구성하는 권리가 된다고 하여야 할 것이다.

는 권리가 있다. 예를 들면, 상린권은 지배권과 대등한 권리이다. 즉, 이웃토지의 물권자에 대한 청구권은 토지에 대한 지배권과 더불어 소유권이라는 물권의 필요충분조건에 해당하는 권리이다. 셋째, 물권적 청구권은 사람의 행위를 목적으로 하는 권리로서 물건을 지배하는 권리인 지배권과는 그 성질이 다르다. 예를 들면, 상린권은 이웃토지를 매개로 하여 이웃토지의 물권자에 대한 청구권이지 이웃토지에 대한 지배권이 아니다. 또한 제한물권상의 물권적 청구권도 용익물 또는 담보물을 매개로 그 소유자(또는 물권자)에 대한 청구권으로서 역시 용익물·담보물에 대한 지배권의 내용도 효력도 아니다. 이상의 점에서 물권법상의 청구권은 물건에 대한 지배를 내용으로 하는 지배권과는 독자적인 지위가 인정되는 권리이다.

(3) 물권적 청구권의 이전 문제의 해결 : 물권의 양도에 포섭

새로운 물권론에 의하면 물권의 양도란 당사자들의 의사에 의하여 지배권과 물권적 청구권을 포함하는 물권 자체를 양도하는 것이다.[95] 지배권과 물권적 청구권을 양도하는 채무를 발생시키는 채권행위와 그 이행행위인 물권행위에 의하여 지배권과 물권적 청구권은 소유권과 제한소유권의 형태로 양수인에게로 이전되는 것이다. 채권행위와 물권행위에 있어서 원칙적으로 계약자유의 원칙은 인정되지만, 물권행위는 이전되는 물권의 내용은 물법정주의에 따른다는 점에서 내용결정의 자유는 인정될 수 없다. 이 점에서 물권적 청구권이 이전되는 것은 물권 자체로서 이전되는 것이지, 의사해석의 문제도 아니고 또 법정채권관계로서 당연히 이전되는 것도 아니다. 또 물권적 청구권이 지배권의 이전에 부수하여 또는 총체적으로 이전되는 것도 아니다. 이 문제를 전세권과 전세권의 제한을 받는 제한소유권을 중심으로 살펴보기로 한다.

(가) 제303조의 개정에 따른 제307조의 취지

1984년 전세권의 개정 취지는 제306조와 제307조의 취지에도 반영되어야 한다. 제306조의 전세권이란 용익물권성과 담보물권성이 인정되는 전세권의 양도를 의미한다. 따라서 용익기간의 종료 후 용익물권성이 소멸하여 담보물권성의 전세권을 양

---

95) 전세권설정자와 전세권자 사이에 전세권을 설정하기 위하여 이루어졌던 채권행위와 물권행위는 전세물의 소유권 또는 전세권을 양도하는 경우에는 아무런 문제가 되지 않는다. 이들 행위는 유효한 전세물의 소유권 또는 전세권이 성립함으로써 그 존재의의를 다 하는 것이 된다.

도하는 경우에도 제306조와 제307조가 적용되어야 한다.[96] 이 경우 전세금반환청구권을 비롯한 물권적 청구권은 담보물권성의 전세권의 이전등기 또는 그에 포함되어 이전되는 것이다.[97]

(나) 전세권의 양도 및 전세물의 양도시의 물권적 청구권의 양도

전세권설정자와 전세권자의 관계에서 전세권의 양도에 대하여 규정하는 것이 바로 제306조와 제307조이다. 전세권이 양도되면(제306조) 그 결과 전세권양수인은 전세권설정자에 대하여 전세권양도인과 동일한 권리와 의무를 갖게 되는 것이다(제307조). 따라서 개별적인 청구권·의무에 대하여 개별적인 양도 또는 인수의 절차를 요하지 않는 것이다. 이는 전세권이전의 부기등기에 의하여 전세권 자체가 포괄적으로 양도되었기 때문에 그러한 것이다.[98] 이는 전세권이라는 물권의 양도성에 따른 당연한 결과라고 할 것이다. 따라서 판례가 담보물권성의 전세권을 저당권과 동일하게 보아서 저당채권에 대하여 채권양도가 필요하듯이 전세권의 이전등기와는 별개로 전세금반환청구권에 대한 채권양도를 요구하는 것은 전세권의 개정에 따른 제307조의 취지를 전혀 반영하지 않은 것으로 타당하지 않다.

민법은 전세물의 양도, 즉 전세권의 제한을 받는 제한소유권의 양도에 대하여는 제306조와 제307조와 같은 취지의 규정을 두고 있지 않다. 그러나 이는 물권의 양도성이 인정되는 한 제한소유권의 양도성에도 당연히 제306조와 제307조와 같은 취지의 규정이 적용된다고 할 것이다. 예를 들면, 전세물소유자의 전세금반환의무는 등기에 의하여 별도로 공시되지 않는 소유자의 의무로서 제한소유권의 이전에 의하여 전세물의 양수인에게 이전되는 것이다(부동산등기법 제72조 제1항 참조).

이상에서 살펴본 바와 같이, 전세권자의 전세권과 전세권설정자의 제한소유권은

---

96) 물권행위도 상대적 효를 가질 뿐이다[주석민법, 물권(1), ?].

97) 전세기간의 만료 등으로 전세권이 소멸하면 전세권의 잔여효로서 전세권에 경매청구권과 우선변제권을 인정하여 전세금반환청구권의 원활한 실현을 보장한다고 한다는 견해가 있다(제철웅, 전게논문, 146면). 그러나 전세권에 담보물권성을 인정하는 한 잔여효라는 설명은 필요하지 않다고 할 것이다. 그리고 부합물매수청구권과 유익비상환청구권 등도 전세권등기에 의하여 담보물권성이 유지되는 한 보호받는 것이 되는 것이다.

98) 민법제정 당시 전세권의 양도에 채권양도가 필요하다는 민법안 제294조 제2항은 삭제되었다[민의원법제사법위원회, 민법안심의록(상권), 총칙편·물권편·채권편(1957), 185–186면].

지배권만 아니라 물권적 청구권도 포함하는 물권으로서 양도성이 인정되는 권리이다. 따라서 전세권자의 전세금반환청구권의 양도에 전세권이전등기로 족하고 별도의 양도의 절차를 요하지 않는 이유는 그 대척점에 있는 전세금반환의무도 전세물의 신소유자의 의무로서 제한소유권의 이전등기에 포함되기 때문이기도 하다.

2. 우리 고유의 전세권과 전세권저당권의 설명에 장애가 되고 문제점의 해결

새로운 물권론의 정립은 물권은 지배권이라는 도그마가 안고 있는 기존의 문제점을 해결하기 위한 것이기도 하지만 무엇보다도 대륙법이 알지 못하는 우리의 고유의 권리인 전세권과 전세권저당권의 문제점을 해결하기 위한 것이다.

(1) 전세권에 대한 문제의 해결

전세금반환청구권을 채권으로 보지 않고 물권에 속하는 물권적 청구권으로 보는 새로운 물권론에 따라서 전세권에 대하여 물권은 지배권이라는 도그마가 안고 있는 문제점, 즉 판례와 통설이 안고 있는 문제점을 살펴본다.

(가) 전세권의 법적 성질

새로운 물권론에 의하면 전세권은 용익물권성과 담보물권성이 '유기적으로' 결합되어 전세권으로서의 속성이 인정되는 하나의 물권이다. 통설과 판례는 담보물권성의 전세권을 현행 담보물권 중의 하나인 저당권으로 취급하고 있다. 이는 전세권을 용익물권이라는 전세권에 저당권이 병렬적으로 결합되어 있는 두 개의 물권으로 취급하는 것과 다름없다. 그러나 전세금반환청구권은 채권이 아니라 전세물의 새로운 소유자에 대한 물권적 청구권으로서 용익기간이 종료된 후에도 전세권으로서의 속성을 유지한 채 담보물권성의 전세권이 인정된다.

(나) 전세권(유상의 지상권)의 유상성

민법(제618조)은 임대차에 대하여 임대인은 목적물을 사용, 수익하게 할 것을 약정하고 임차인은 차임을 지급하여야 효력이 생긴다고 규정하고 있다. 임대차계약은 유상의 채권계약이다. 그런데 유상이라는 용어는 채권계약의 경우에만 사용되고 있다. 유상의 임차권이라고는 하지 않는다. 그런데 이는 근대민법이 권리 위주로 법률관계를 규율하고 있기 때문에 그러한 것일 뿐이다. 임차인은 임차권을 가지는 반면에, 임대인에게 임료를 지급할 대가의무를 부담한다. 임차권자는 권리자임과 동시에 의무자이다. 이 점에서 임차권은 유상인 임차권이라고 부를 수 있다. 또 임료가 임대차보증금의 형식으로 지급되는 경우, 임대인은 임대기간 중 임차보증금을 보유할 권리를 가지고, 임차인은 임대물에 대한 용익청구권을 갖는다는 점에서 역시 임차권에는 유상성이 인정된다. 그런데 민법(제303조 제1항)은 전세권의 경우에도 임차권과 동일한 취지의 규정을 두어서, 전세권자는 전세금을 지급하여 부동산을 사용·수익하고 전세권설정자는 용익기간 만료시에 전세금을 반환하여야 한다고 규정하고 있다. 통설과 판례는 전세금의 지급을 전세권의 요소라고 하면서도, 전세금반환청구권은 지배권인 전세권은 될 수 없다고 본다. 그러나 전세권설정자의 전세금보유권(전세권자의 유예된 전세금반환청구권)은 전세권자의 용익지배권과 대가관계를 이룬다. 전세권자의 전세권은 전세금지급이라는 의무를 부담하여 성립하는 것이다. 이 점에서 전세권도 유상의 전세권이라고 부를 수 있다고 할 것이다. 다만, 전세금반환청구권은 지배권의 요소가 아니라 지배권의 대가를 구성하여 전세권이라는 물권의 요소가 되어 유상의 물권이 성립한다고 할 것이다.99) 이는 유상의 지상권의 경우도 마찬가지이다.

한편 전세금을 지급하고 이를 등기하면 제3자에게 대항할 수 있는 것(대항요건)이라는 견해가 있지만, 전세금의 등기가 없으면 물권인 전세권 자체가 성립하지 않게 된다고 보아야 할 것이다(성립요건). 즉, 전세금반환청구권이 없는 전세권이란 생각할 수 없다는 점에서 전세금의 지급은 대항요건이 아니라 성립요건이 된다고 보아야 할 것이다.100) 판례가 전세금반환청구권을 전세권의 요소라 하여 전세금반환청구권을 전세권으로부터 확정적 분리양도를 금지하는 실질적인 이유와 근거는 전세권은 유상의 물권이기 때문에 그러한 것이다. 유상의 지상권의 경우도 마찬가지이다.

---

99) 물권 중 소유권과 담보물권은 유상의 물권이라 할 수 없다. 이 물권들은 이전되거나 설정되는 과정에서 그 대가관계가 물권의 요소로서 등기되지 않기 때문이다. 그러나 전세권의 경우는 지배권의 대가인 전세금이 등기가 되기 때문에 유상의 전세권으로 성립될 수밖에 없는 것이다. 이는 유상의 지상권의 경우도 마찬가지이다.

100) 지상권은 무상의 지상권도 성립할 수 있으므로, 지료와 지급시기에 관하여 약정이 있는 경우에만 기재된다(부동산등기법 제69조). 그러나 이것이 결코 유상의 지상권에서 지료의 등기가 대항요건을 구성한다는 의미는 아니다.

(다) 담보물권성의 전세권과 저당권의 이동(異同)

전세금반환청구권이 물권적 청구권이라는 관점에서 볼 때 담보물권성의 전세권을 채권을 담보하는 저당권으로 의율하는 것은 결코 타당하지 않다.[101] 그 이유를 분설하여 살펴보면 다음과 같다. 첫째, 새로운 물권행위론에 의하면 전세금반환청구권은 원인행위인 채권계약이 아니라 그 이행행위인 물권행위에 의하여 지배권과 함께 발생하게 된다. 이 점에서 전세금반환청구권은 전세권의 내재적 권리에 해당한다.[102] 이에 반해서 저당채권은 저당권을 발생시키는 채권계약과 그 이행행위인 물권행위와는 무관한 별개의 독립된 채권계약에 의하여 발생한다. 저당채권은 저당권의 성립을 위하여 반드시 필요한 권리이기는 하지만, 그것은 어디까지나 물권인 저당권의 밖에 존재하는 채권일 뿐이다. 이러한 점에서 저당채권은 저당권의 외재적 권리라 할 수 있다. 둘째, 전세금반환청구권은 물권인 전세권의 요소로서 분리가 허용되지 않는다. 이는 용익기간 중이든 종료 후이든 마찬가지이다. 우선 전세금은 용익기간 중에는 분리가 허용되지 않는다. 용익기간 중 조건부 분리양도가 허용된다고 하는 것은 용익기간 중에는 용익지배권의 대가로서 분리가 허용되지 않는다는 것을 말하는 것이다. 또 전세금반환청구권은 용익기간 종료 후에도 여전히 분리가 허용되지 않는다. 물론 담보물권성의 전세권의 경우 전세금반환청구권은 주된 권리로서의 속성을 갖는다. 그러나 전세금반환청구권은 전세권의 요소로서의 성격을 상실하지 않기 때문에 여전히 분리양도가 허용되지 않는 것이다. 즉, 전세금반환청구권은 전세권등기가 존재하는 한 전세물의 소유자에게 행사되어야 할 권리로서의 속성을 가지기 때문이다. 이처럼 전세금반환청구권 없는 전세권은 존재할 수 없고 또 전세권 없는 전세금반환청구권은 존재할 수 없어 전세금반환청구권과 전세권 사이에는 상호의존성이 존재한다는 의미에서 전세금반환청구권은 전세권의 요소가 되는 것이다. 다만, 용익기간의 종료 후에는 전세금반환청구권을 전세권과 분리될 수 있는데, 이 경우 전세금반환청구권이 담보물권성의 전세권으로부터 분리가 되면 무담보의 전세금반환청구권이 된다.

---

101) 자세한 사항은 남효순, "전세권의 본질에 비추어 본 전세권저당권 제반문제의 검토", 53-5면 참조.
102) 종래의 물권행위론에 의하더라도 전세금반환청구권은 전세권을 설정할 채무를 발생시키는 채권행위의 이행으로 발생한다는 점에서 여전히 내재적 권리에 해당한다는 점은 변함이 없다.

또 그와 동시에 전세금반환청구권은 물권적 청구권의 속성을 상실하게 된다. 그 결과 전세금반환청구권은 분리당시의 전세물의 소유자에게만 주장할 수 있고 더이상 분리 후의 전세물의 소유자에 대해서는 주장할 수 없다. 즉, 전세금반환청구권은 종전의 전세물의 소유자였던 채무자에 대해서만 주장할 수 있는 채권적 속성을 갖는 채권으로 전화되는 것이다. 이러한 이유로 전세금반환청구권은 용익기간이 종료된 후에도 물권적 청구권으로서의 성질을 가지는 한 분리될 수 없다고 하는 것이다. 이에 반하여 저당채권은 언제든지 저당권으로부터 분리가 허용된다. 저당권 없는 채권은 얼마든지 존재할 수 있기 때문이다. 즉, 저당채권과 저당권 사이에는 저당권이 저당채권에 종속이 되는 일방적 의존성만 존재하기 때문이다. 이러한 의미에서 저당채권은 저당권의 요소라고 하는 경우에도 그 의미는 전세금반환청구권이 전세권의 요소라는 의미와는 전혀 다른 것이다. 저당채권이 분리되면 무담보의 채권이 된다. 이 경우 저당채권은 분리 당시의 저당채무자에게만 주장할 수 있는 채권적 속성을 그대로 유지하게 된다. 저당채권은 저당물소유자가 아니라 저당채무자에 대한 권리이기 때문이다. 셋째, 전세금반환의무는 전세물소유자의 의무인 반면에, 저당채무는 저당채무자의 의무라는 점에서 양자는 본질적으로 법적 함의가 동일하지 않다. 전세권등기의 경우 전세금반환의무자는 기재되지 않는다(부동산등기법 제72조 참조). 그러나 전세금반환의무는 전세물소유자의 의무로서 전세물이 양도되더라도 당연히 새로운 소유자의 의무가 된다. 따라서 의무와 책임은 분리되지 않는다. 이에 반하여 저당권등기의 경우는 저당채무자가 기재된다(부동산등기법 제75조 제1항 제2호). 저당채무는 저당채무자의 의무로서 저당물소유자의 의무가 아니기 때문에 그러한 것이다(제356조). 따라서 저당물이 양도되는 경우 양수인이 저당채무를 인수하지 않는 한 저당채무는 양수인에게 이전되지 않는다. 따라서 채무와 책임은 얼마든지 분리될 수 있다. 넷째, 전세금반환청구권이 전세권등기에서 갖는 의미와 저당채권의 저당권등기에서 갖는 법적 의미 또한 본질적으로 다르다. 우선 전세금의 지급되더라도 등기가 되지 않으면 전세권이 성립할 수 없다. 이 점에서 전세금반환청구권의 등기는 전세권의 성립을 위하여 필요하다(성립요건). 또 용익기간 중에도 전세금반환청구권은 전세권의 존속을 위하여 필요하므로 전세반환청구권의 등기는 여전히 전세권의 존속을 위하여 필요하다(존속요건). 그리고 용익기간이 종료된 후에도 전세금반환청구권의 반환이 없는 한 전세권등기는 계속 존속한다. 전술한 바와 같이, 담보물권성의 전세권의 주된 권리가 되는 경우에도 전세금반환청구권은 전세물의 소유자에게 행사되어야 할 물권적 청구권이라는 본연의 성질을 상실하지 않기 때문이다. 전세금의 반환이 있어야 비로소 전세권등기가 말소된다.103) 이처럼 전세금반환청구권은 전세권의 요소로서 그 발생과 존속이 전세권등기에 의하여 공시가 되는 것이다. 이에 반하여 저당권의 경우는 저당채권은 담보물권인 저당권의 주된 권리이고, 저당권의 성립과 존속을 위해서는 저당채권이 존재하여야 한다는 점에서 저당채권은 저당권의 성립요소이자 존속요소라고 할수 있고 또 그 점에서 저당권은 저당채권을 공시한다고 볼 수도 있다. 그러나 저당권등기는 저당채권의 발생을 '사후'에 공시하는 것일 뿐이다. 그리고 저당채권의 발생과 존속 자체는 저당권등기와는 무관한 것이다. 즉, 저당채권은 저당권과 무관하게 성립하고 존속하는 것이다. 이상의 이유들에 의해서 전세권의 내적인 권리인 전세금반환청구권을 담보하는 담보물권성의 전세권을 외적인 권리인 저당채권을 담보하는 저당권과는 결코 동일하게 취급할 수 없다.

(라) 전세금반환청구권의 양도

용익기간이 종료하여 전세권에 담보물권성만 남아 있는 경우에도 전세금반환청구권의 양도는 전세권의 이전등기에 의하고 별도의 양도절차가 필요하지 않다. 첫째, 물권적 청구권인 전세금반환청구권은 채권이 아니기 때문에 채권양도의 절차가 필요없는 것이다. 물권적 청구권은 물권적 규율을 받아야 하는 권리이기 때문이다. 둘째, 전세금반환청구권은 전세물이 전전유통되는 경우에도 새로운 전세물의 소유자에 대해서도 주장할 수 있기 위해서는 전세권등기에 의하여 계속 공시되어야 하기 때문이다. 셋째, 전세금반환청구권은 전전유통이 예정된 양도성을 갖는 물권인 전세권을 구성하는 권리이기 때문이다. 이상의 이유에서 제307조는 등기에 의한 전세권양도의 효력으로 전세권양수인은 전세권설정자에 대하여 전세권양도인과 동일한 전세금반환청구권을 갖는다고 규정하고 있는 것이다.

---

103) 전세권에 대한 1984년의 개정이 있기 전에도, 전세금반환청구권은 등기에 의하여 공시가 된다고 보아야 한다. 따라서 용익기간이 소멸된 후에도 비록 용익물권성은 소멸되었지만 전세금반환청구권의 반환이 없는 한 전세권등기는 그대로 효력이 있어 전세금반환청구권은 계속하여 물권적으로 규율을 받게 된다고 보아야 한다. 마찬가지로 전세권의 등기가 존재하는 한 유익비상환청구권, 부속물매수청구권 등도 물권적 청구권의 속성을 유지할 수 있게 된다.

(2) 전세권저당권에 대한 문제의 해결

새로운 물권론에 따라 전세금반환청구권은 채권이 아니라 지배권과 함께 물권인 전세권을 구성하는 물권적 청구권으로서 지배권과 함께 전세권저당권의 객체가 된다.

(가) 전세권에 대한 전세권저당권의 성립

새로운 물권론에 의하면, 하나의 물권을 구성하는 물권적 청구권인 전세금반환청구권과 지배권에 대하여 하나의 전세권저당권이 성립하게 된다. 즉, 전세금반환청구권과 지배권을 분리되지 않고 양자가 구성요소가 되는 전세권 자체에 대하여 하나의 전세권저당권이 성립하는 것이다. 그렇게 되면 종래 판례처럼 지배권인 전세권에 대해서만 저당권이 설정된다고 보고 전세금반환채권에 대해서는 물상대위를 준용하지도 않고 또 판례를 비판하는 학설들의 주장처럼 전세금반환채권에 대하여 채권질권 내지는 저당권부채권질권을 준용할 필요도 없는 것이다. 그것은 전세권저당권의 성립을 인정하면서도 전세금반환청구권에 대하여 채권질권의 성립을 인정하는 모순을 드러내는 것이라 하지 않을 수 없다.

(나) 전세권저당권의 객체

채권은 저당권의 객체가 될 수 없다는 도그마와 또 담보물권(저당권부 채권)은 저당권의 객체가 될 수 없다는 도그마는 채권적 청구권에만 적용되는 것일 뿐, 물권적 청구권인 전세금반환청구권에는 적용될 수 없다.[104] 그러나 이것이 물권적 청구권인 전세금반환청구권이 질권의 객채가 될 수 없다는 것을 말하는 것은 아니다. 전세금반환청구권은 청구권의 속성을 가지는 한 얼마든지 질권의 객체가 될 수 있다. 그러나 전세권에 대하여 저당권이 설정되는 경우에는 전세물의 용익가치뿐 아니라 전세금반환청구권의 교환가치를 지배하는 하나의 저당권의 객체가 되는 것이다.

---

104) 자세한 사항은 남효순, "전세권의 본질에 비추어 본 전세권저당권 제반문제의 검토", 65면 참조.

(다) 전세권저당권의 실행

전세권저당권의 실행은 용익기간 존속 중과 종료 후로 구분하여 살펴본다. 우선 용익기간의 존속 중 전세권저당권이 실행되면, 저당권의 실행 대상은 잔여 용익기간을 갖는 전세권이 된다. 학설 중에는 전세권저당권의 실행의 결과 용익물권성의 전세권과 담보물권성의 전세권의 귀속자가 분리되는 전세권의 분리현상이 발생하게 된다는 견해가 있다.[105] 즉, 전세금반환청구권 내지 담보물권성의 전세권은 전세권저당권의 객체가 될 수 없으므로, 담보물권성의 전세권은 전세권자에게 남은 상태에서, 경매의 매수인은 용익물권성의 전세권만을 취득한다고 한다. 그 결과 용익물권을 취득한 매수인은 잔여 용익기간이 종료하면 전세물을 전세권자에게 반환하여야 하고 이 경우 매수인이 가졌던 점유권능도 전세권자에게 복귀된다고 한다. 그러나 잔여 용익기간을 갖는 전세권이 실행의 대상이 되므로, 용익물권성의 전세권과 담보물권성의 전세권의 귀속자가 분리되는 전세권의 분리현상은 발생하지 않는다. 저당권자는 한편으로 잔여 용익기간에 해당하는 전세물에 대한 용익가치와 다른 한편 전세금반환청구권의 교환가치를 실현하게 된다. 전자는 전세물의 용익가치에 대한 시장가치가 될 것이고 후자는 전세권설정자의 자력에 대한 평가가 될 것이다. 한편 제3취득자는 잔여 용익기간 중의 전세권을 취득하게 된다. 따라서 제3취득자는 잔여 용익기간 동안 전세물을 용익할 수 있고 또 용익기간이 종료되면 전세권저당권설정자에 대하여 전세금을 직접 청구하게 된다.

용익기간이 종료는 경우 전세권저당권의 객체인 전세권은 용익물권성을 상실하지만(즉, 용익가치가 상실되어도) 담보물권성은 그대로 유지한다. 즉, 물권적 청구권인 전세금반환청구권(담보권부 전세금반환청구권의 교환가치)에 대하여 여전히 전세권저당권이 존속하게 된다. 따라서 전세권저당권이 실행되면, 전세권저당권자는 일반 저당권자로서 우선적 지위를 가지고 전세권설정자에 대하여 전세금반환청구권을 직접 청구할 수 있게 된다.[106]

---

105) 강태성, 전게논문, 177-178면.
106) 자세한 사항은 남효순, "전세권의 본질에 비추어 본 전세권저당권 제반문제의 검토", 92-3면 참조.

(라) 전세권설정자의 전세금반환청구권에 대한 상계의 가능 여부

전세권저당권자는 전세권자당권의 객체인 전세금반환청구권에 대하여 우선적 지위를 가지고 있기 때문에, 전세권설정자는 용익기간의 종료시까지 취득한 반대채권으로 전세권저당권자에 대하여 상계를 주장할 수 없다. 전세금반환청구권에 대해서는 전세권설정자가 손해배상액을 공제할 수 있는 권리만 있을 뿐(제315조) 전세권저당권의 객체가 되어 있는 전세금반환청구권에 대하여 어떠한 권리도 갖지 못한다. 즉, 전세권저당권자는 전세권자의 저당권자로서 전세권설정자와 직접적인 관계를 가지게 되므로, 전세권자에 대하여 갖는 채권법상의 항변을 제기할 수 없는 것이다.[107] 따라서 전세권설정자는 전세권자에 대하여 취득한 반대채권으로 하는 상계의 주장을 전세권저당권자에게 주장할 수 없는 것이다.

(마) 전세권저당권실행에 관한 입법

현행 민법에는 전세권저당권의 실행에 관한 규정이 존재하지 않는다. 2004년의 법무부 민법개정시안은 이와 관련하여 제371조 제3항을 신설하여 전세권저당권자는 우선변제권의 범위 내에서 전세권설정자에 대하여 전세금의 반환을 직접 청구할 수 있다고 규정하였다. 또 2014년 법무부 민법개정시안은 "그 전세물을 사용·수익할 권리가 소멸한 때"에 전세금의 반환을 직접 청구할 수 있음을 규정하였다. 양 개정시안의 차이는 2014년 개정시안은 판례를 수용하여 "그 전세물을 사용·수익할 권리가 소멸한 때"라는 문언을 추가함으로써 물상대위준용설을 취하고 있다는 점을 분명히 밝힌 점이다. 이는 2004년의 개정논의가 실제로는 물상대위설을 취하는 것을 전제로 하였었는데, 이를 2014년의 개정시안이 명백히 한 것이다. 따라서 2004년과 2014년의 개정시안은 전세권설정자에 대하여 전세금반환의 직접 청구는 전세금반환청구권이 전세권저당권의 객체가 되지 않는다는 것을 전제로 하는 것이라고 볼 수 있다.

새로운 물권론에 의하여 전세권저당권자는 전세권설정자에 대하여 전세금의 반환을 직접 청구할 수 있는 것은 물권적 청구권인 전세금반환청구권이 전세권저당권의

---

107) 김제완, "전세권을 목적으로 한 저당권자의 우선변제권과 상계적상", 고려법학, 제76호(고려대학교 법학연구소, 2015. 3). 291면.

객체가 되기 때문이다. 이는 물상대위설도 채권질권준용설도 아니다. 이 점에서 전세권저당권의 실행에 관하여는 2004년의 개정시안과 동일한 규정을 두지만,[108] 전세권저당권자의 지위를 인정하는 것으로서 법적 함의는 전혀 다른 것이다.

(바) 전세금반환청구권에 대한 질권설정과 전세권에 대한 저당권설정의 비교

전세금반환청구권은 청구권으로서 독자적으로 질권의 객체가 될 수 있다. 이 경우 질권자는 질권의 대항요건(제349조)을 갖추어야 우선적 지위가 보장된다. 그러나 이는 물권인 전세권 전체에 대하여 저당권이 설정되는 경우와 구별하여야 한다.[109] 이 경우 질권자는 질권의 대항요건(제349조)을 갖추어야 우선적 지위가 보장된다. 가령 전세권자가 전세금반환청구권에 대하여 1번으로 질권을 설정하고, 전세권 자체에 대하여 2번으로 전세권저당권을 설정하고 또 전세금반환청구권에 대하여 3번으로 질권을 설정하였다고 가정해보자. 이 경우 채권질권준용설에 의하면 전세권저당권자라고 할지라도 질권의 대항요건을 갖추어야 우선적 지위를 가지게 된다. 따라서 이 경우에는 전세권저당권과 채권질권의 설정만으로 우열이 가려지지 않는다.[110] 또 물상대위설에 의하는 경우에도 전세권저당권자는 전세금반환청구권에 대한 압류의 요건이 질권의 대항요건에 앞서는 경우에만 질권자에 우선할 수 있다. 그러나 이상의 경우 전세권 자체에 대하여 전세권저당권의 성립을 인정하게 되면 전세권저당권자는 전세권저당권등기일을 기준으로 저당권자로서의 우선적 지위가 인정된다. 따라서 전세금반환청구권에 대하여 질권을 설정한 자에 대해서도 질권의 대항요건을 갖춘 날이 전세권저당권의 등기일보다 나중일 경우에는 전세권저당권자는 질권자에 대하여 우선적 지위를 가질 수 있다. 또 전세권저당권이 성립된 후 전세금반환청구권에 대하여 질권이

---

108) 제371조(제3항) 전세권저당권자는 우선변제권의 범위 내에서 전세권설정자에 대하여 전세금의 반환을 직접 청구할 수 있다. 이 경우에는 제353조 제3항의 규정을 준용한다.

109) 전세금반환청구권에 대해서만 질권이 설정되는 경우와 전세금반환청구권이 지배권과 함께 전세권저당권이 설정되는 경우는 구별하여야 한다. 전자는 물권의 구성요소인 물권적 청구권에 대해서만 질권이 설정되는 것이고, 후자는 물권인 전세권 전체에 대하여 저당권이 설정되는 것이다.

110) 저당권부채권질권준용설은 전세권저당권자는 질권의 대항요건을 구비하지 않더라도 질권자로서 우선적 지위를 인정한다. 그러나 전세권저당권자는 전세권저당권의 등기를 질권의 부기등기로 의제하지 않고 전세권저당권의 등기 자체에 의하여 전세권저당권자로서 우선적 지위가 인정된다고 할 것이다.

설정된 경우에는, 언제나 전세권저당권의 등기일이 질권의 대항요건일보다 앞설 것 이므로 전세권저당권자가 항상 우선하게 된다.

Ⅵ. 결어

우리는 물권이 지배권이고 채권은 청구권이라는 도그마로부터도 벗어나야 한다. 지배권을 제외하고서는 물권을 논할 수 없다는 것은 사실이다. 지배권은 물권의 공통 분모라고 할 수 있기 때문이다. 그러나 지배권만으로는 결코 물권을 온전하게 설명할 수가 없다. 그것은 동전의 한 면만을 보는 것이다. 따라서 물권법상의 청구권을 제외 하는 것은 물권에 대한 반쪽의 진실만을 말하고 있을 뿐이다.

새로운 물권론에 의하면 물권은 물건을 매개로 하는 권리로서, '물건'에 대한 지배 권과 '물건'의 소유자(또는 물권자)에 대한 청구권(형성권)으로 구성된다. 물권을 구성하 는 물권적 청구권은 개념, 근거, 실익, 효력, 범위 등에 있어서 지배권과는 다른 독자 적인 법체계를 구축한다. 물권적 청구권은 침해 물권적 청구권과 상린권(청구권)도 포섭한다는 점, 물권적 규율을 받는 다는 점 등에 의하여 채권적 청구권과 구별되어 야 한다. 그리고 물권적 청구권은 지배권과 함께 등기에 의하여 공시되거나 또는 이 전되는 물권에 포함되는 것이다, 별도의 채무인수 또는 채권양도의 절차가 필요 하지 않고, 지배권과는 별도의 소멸시효의 대상이 되지 않고 또 반대채권에 의한 상계가 인정되지 않는다는 등 물권적 규율이 인정된다.

채권은 특정의 채무자에 대한 청구권이다. 그런데 청구권에는 특정의 채무자에 대 한 채권적 청구권뿐만 아니라. 물권의 소유자(또는 물권자)에 대한 청구권인 물권적 청구권도 존재한다. 따라서 물권법상의 청구권에 관한 규정들은 채권법에 속하는 규 정들이 아니라 물권법에 속한 권리이다. 물권법에 속한 물권적 청구권과 채권법에 속한 채권적 청구권을 아우르는 청구권법역이라는 새로운 법영역이 우리 민법에 내 재하고 있다고 할 것이다.

기존의 물권법정주의는 지배권만을 대상으로 하였다. 그러나 물권의 종류와 내용 은 법률로 정한다는 물권법정주의는 지배권에 대해서 인정될 뿐 아니라 물권적 청구 권에도 적용되어야 한다는 것이 새로운 물권론이 요구하는 바이다. 따라서 소유자(또 는 물권자)에 대하여 어떠한 물권적 청구권이 인정될 것인지는 법률로 정한다. 따라서 물적 편성주의를 따르고 있는 등기제도하에서는 물권적 청구권의 내용은 물권법으로 자세히 정하는 것이다. 이는 지배권의 경우에도 마찬가지이다. 한편 물권법정주의는 물권이 법률행위(매매, 증여, 교환)에 의하여 양도되거나 또는 법률의 규정(예를 들면, 상속)에 의하여 이전되는 경우에도 중요한 의미를 갖는다. 물건을 대상으로 하여 이전되는 물권적 청구권의 내용은 당사자들의 의사 여부를 불문하고 물권법정주의에 의하여 결정되는 것이다. 당사자들은 이를 전제로 하여 그 이해관계를 해결하기 위하여, 매매, 증여, 교환의 채권계약으로 조정하게 된다. 예를 들면, 전세물의 양수인은 전세금반환의무를 부담하게 됨에 따라, 이를 고려하여 매매대금을 산정하여야 하고, 그렇지 않은 경우에는 매도인에게 담보책임(제576조)을 추궁할 수 있다. 또 전세권의 양수인은 전세금반환청구권과 유익비상환청구권을 고려하여 매매대금을 산정하여야 하고, 그렇지 않을 경우에는 양도인은 매매에 대하여 착오로 인한 취소를 주장할 수 있다.

지배권인 물권만을 대상으로 하였던 기존의 물권행위론은 새로운 물권행위론을 요구한다. 따라서 예를 들면, 전세금반환청구권은 원인행위인 채권계약에 의해서 전세금을 교부할 채무가 발생하여 그 이행행위에 의하여 지급하는 것이 아니다. 전세금의 지급은 전세금을 교부할 채무의 이행행위로서 물권행위를 구성하게 되는 것이다. 물권변동에 있어서 채권행위와 물권행위를 대립시키는 한에 있어서는 그러한 것이다.

새로운 물권론에 의할 때 민법 제2편 물권편에 규정된 물권법상의 청구권은 비로소 온전한 물권법의 지위를 회복할 수 있다. 또 물권적 청구권을 물건에 대한 지배권의 내용, 효력 등으로 치부할 수 있는 권리가 결코 아니다. 물권법상의 청구권은 물건에 대한 지배권이 아니라 물건의 소유자(물권자)에 대한 행위를 목적으로 하는 대등한 권리도 있고 또 지료청구권 또는 전세금반환청구권과 같이 지배권의 대가관계를 이루는 권리도 있다.

물권의 양도란 지배권과 물권적 청구권을 포함하는 물권을 이전하는 것으로서 물권자로로서의 포괄적인 지위를 양도하는 것이다. 또 1984년 전세권의 개정 취지는 제306조와 제307조의 취지에도 반영되어야 한다. 따라서 제306조의 전세권의 양도란 용익물권성과 담보물권성의 전세권의 양도를 의미한다. 즉, 용익기간의 종료 후 용익물권성이 소멸하여 담보물권성의 전세권만 존재하는 경우에도 제306조와 제307조는 적용되어야 한다.

새로운 물권론에 의하면 전세권은 용익물권성과 담보물권성이 유기적으로 결합한 하나의 물권이다. 통설과 판례처럼 담보물권성의 전세권을 결코 저당권으로 취급할 수 없다. 즉, 전세금반환청구권은 물권인 전세권의 내재적인 권리로서 저당권의 외재적인 권리인 저당채권과는 다르고, 전세금반환청구권은 전세권과 분리가 허용되지 않는 반면 저당채권은 언제나 저당권과의 분리가 허용되고, 또 전세금반환청구권은 전세권의 요소로서 그 발생과 존속이 전세권등기에 의하여 공시되지만 저당채권의 발생과 존속은 저당권등기와 무관하므로 저당권등기는 저당채권의 발생과 존속을 사후에 공시하는 것일 뿐이라는 점에서 담보물권성의 전세권을 채권을 담보하는 저당권과 결코 동일하게 취급할 수 없는 것이다. 따라서 용익기간이 종료하여 담보물권성의 전세권만 남아 있는 경우에도 전세금반환청구권은 전세물이 전전유통되는 경우 새로운 전세물의 소유자에 대하여도 주장할 수 있기 위해서 또 전세금반환청구권은 전전유통이 예정된 양도성을 갖는 물권인 전세권을 구성하는 권리이기 때문에 전세권이전등기에 의하여 공시가 되는 것이다. 요컨대 전세금반환청구권 채권이 아니기 때문에 채권양도의 절차가 필요없는 것이다.

전세권에 대하여 저당권이 설정될 때, 물권적 청구권인 전세금반환청구권은 지배권과 함께 저당권의 객체가 되는 것이다. 즉, 전세권저당권은 전세물의 용익가치뿐 아니라 전세금반환청구권이 갖는 교환가치를 지배하는 것이다. 따라서 전제권의 용익기간이 종료되어 용익가치가 소멸되더라도 전세금반환청구권이 존재하는 한 전세권저당권은 소멸하지 않는다. 따라서 전세금반환청구권에 대하여 물상대위, 채권질권 또는 저당권부채권질권을 준용할 필요가 없다. 만일 채권질권 또는 저당권부채권질권을 준용한다면 그것은 지배권과 전세금반환청구권이라는 하나의 전세권에 대하여 전세권저당권이 성립한다는 것을 부정하는 것이 된다. 즉, 그것은 사실상 전세권저당권을 질권과 저당권으로 해체하여버리는 것이 되고 만다. 그리고 전세권저당권자는 일반 저당권의 경우에서와 같이 저당권자로서의 우선적 지위가 보장되어야 하므로, 전세권설정자는 전세권자에 대하여 취득한 반대채권으로 전세권자에 대하여 상계를 주장할 수 없고, 이를 전세권저당권자에게 대항할 수도 없다고 할 것이다. 이와 같이 전세금반환청구권을 채권이 아니라 물권에 속하는 권리라고 인정함으로써 비로소 한국 고유의 권리인 전세권과 전세권저당권에 대하여 하나의 물권으로서의 독자적인 법체계와 지위를 부여할 수 있게 되는 것이다.

[후기]

1. 이 논문은 주로 제한물권을 다루었다. 제한물권을 포함한 물권 전반에 대하여는 "물권법상의 청구권은 물권자에게 인정되는 청구권으로 채권이 아니라 물권적 청구권이고, 지배권과 함께는 물권을 구성하는 권리"에서 본격적으로 다룬다.

2. 전세금반환청구권은 엄밀하게 말하면 지배권의 대가를 구성하는 물권적 청구권이다. 그리고 전세금반환청구권은 지배권과 함께 전세권을 구성하게 된다. 필자가 이 논문[V.2.(1)(다)]에서 전세금반환청구권을 전세권의 요소, 내재적 요소 또는 본질적 내재적 요소가 된다고 하는 것도 바로 이러한 의미라고 할 것이다.

3. 물권적 청구권과 채권적 청구권도 서로에 대하여 상계가 인정되므로, 이 논문[IV.3.(1)(나) 물권적 규율의 필요성]의 "그러나 물권적 청구권이 아닌 채권에 대해서는 상계를 인정할 수 없다."라는 부분은 삭제한다.

참고문헌

강대성, "전세권저당권의 우선변제적 효력", 토지법학, 제24－1호(2008).

강태성, "전세권저당권에 관한 대법원 판례의 검토 － 대법원 1999. 9. 17. 선고 98다
　　　31301 판결과 대법원 2014. 10. 27. 선고 2013다91672 판결을 중심으로 －", 법학
　　　논고, 제61집(경북대학교 법학연구원, 2018).

곽윤직 · 김재형, 물권법(박영사, 2015).

김동옥, "저당권의 목적물로 된 전세권이 기간만료로 종료된 경우의 법률관계", 판례연구,
　　　제12집(부산판례연구회, 2001).

김상용, 물권법(법문사, 1993).

김선혜, "전세권저당권자의 전세권자에 대한 상계의 우열관계", 대한변협신문, 제528호
　　　(2015. 1. 26).

김제완, "전세권을 목적으로 한 저당권자의 우선변제권과 상계적상", 고려법학, 제76호
　　　(고려대학교 법학연구소, 2015. 3).

김증한 · 감학동, 물권법(박영사, 1997).

김창섭, "전세권에 대한 저당권의 우선변제적 효력의 인정 여부", 법조, 제50권 제4호
　　　(2001).

남양우, "전세권을 목적으로 한 저당권의 효력에 관하여 － 대법원 1999. 9. 17. 선고 98다
　　　31301판결을 중심으로 －", 대전지방법원 실무연구자료 제7권(2006).

남효순, "물권관계의 새로운 이해 － 물권 및 물권적 청구권 개념에 대한 새로운 이해의
　　　단초2 －", 민사법학, 제63－1호 별책(한국민사법학회, 2013).

　　　, "용익기간 중 전세물의 양도와 전세금반환의무의 이전 여부 － 물권 및 물권적
　　　청구권 개념에 대한 새로운 이해의 단초", 법학, 제49권 4호(서울대학교 법학연구
　　　소, 2008. 12).

　　　, "전세권의 법적 성질과 본질", 저스티스, 통권 제182－1호(한국법학원, 2021. 2).

　　　, "전세권의 본질에 비추어 본 전세권저당권 제반문제의 검토 － 전세금반환청구
　　　권은 채권적 청구권이 아닌 물권적 청구권으로 물권에 속하는 권리 －"(서울대학
　　　교 법학연구소, 법학, 2021. 3).

민법개정 총서, 2004년 법무부 민법개정안, 총칙 · 물권편(법무부, 2012).

　　　, 2014년 법무부 민법개정시안해설, 민법총칙 · 물권편(법무부, 2017)

민법주해[Ⅳ], 물권(1)(박영사, 1992).

민법주해[Ⅵ], 물권(3)(박영사, 1992).

민사법연구회, 민법안의견서(일조각, 1957).

민의원법제사법위원회·민법안신의소위원회, 민법안심의록(상권) 총칙편·물권편·채권편(1957).

박순성, "전세권에 관한 판례의 동향과 전망 – 전세권의 담보물권성을 중심으로", 21세기 한국민사법학의 과제와 전망, 심당송상현선생 화갑기념논문집(박영사, 2002).

배병일, "전세권저당권", 저스티스, 통권 제139호.(한국법학원, 2013. 12).

송덕수, 물권법(박영사, 2014).

양창수, "전세권", 고시계, 제37권 3월호(1992. 2).

여하윤, "전세권자와 전세권저당권자의 이익 충돌", 재산법연구, 제36권 제1호(2019).

오경미, "채권담보전세권과 그 저당권의 법률관계", 민사재판의 제문제, 제19권(한국사법행정학회, 2010. 12).

오시영, 물권법(학현사, 1992).

_____, "전세권의 용익물권성과 담보물권성 분리에 따른 입법론적 고찰", 민사법학, 제48호(한국사법행정학회, 2010).

_____, "전세권 존속기간 경과 후 전세권저당권의 물상대위성에 대한 고찰", 한양법학, 제35집(한양대학교 법학연구소, 2011. 8).

윤진수, "물권행위 개념에 대한 새로운 접근", 민사법학 제28호(한국민사법학회, 2005).

이동진, "물상대위와 상계: 동산양도담보와 전세권자당을 중심으로", 민사법학, 제83호(한국사법행정학회, 2018. 6).

이미선, "전세권저당권자의 지위와 관련된 쟁점에 관한 검토" 대전지방변호사회지, 제4호(2007).

이상태, 물권·채권 준별론을 취한 판덱텐체계의 현대적 의의(건국대학교 출판부, 2006).

_____, "전세권저당권자의 법적 지위", 민사법학, 제38호(한국사법행정학회, 2007).

이승훈, "전세권저당권의 실행방법과 전세권설정자의 공제 및 상계주장 가부", 민사판례연구 [XXXVIII](박영사, 2016).

이영준, 물권법(박영사, 2004).

이원일, "전세권에 대하여 저당권이 설정되어 있는데 전세권이 기간만료로 종료된 경우, 전세금반환채권에 대한 제3자의 압류 등이 없는 한 전세권 설정자는 전세권자에 대하여만 전세금반환의무를 부담하는지 여부 및 그 저당권의 실행 방법", 대법원 판례해설, 제33호(2000).

이은영, 물권법(박영사, 2006).

이재도, "전세권저당권의 효력과 실행 방법", 대전지방법원 실무연구자료, 제7권(2006).

이홍민, "전세권의 법적 구조와 전세권저당권에 관한 법률관계", 법학논총, 제20집 제3호 (조선대학교 법학연구원, 2014).

장창민, "전세권저당권의 보호에 관한 연구", 법학연구, 제25권 제4호(연세대학교 법학연 구원, 2015. 12).

정병호, "물권적 청구권이 채권자대위권의 피보전권리가 될 수 있는지 여부", 법조 제57 권(2008. 10).

주석민법, 물권(1)(홍성재 집필부분)(한국사법행정학회, 2011).

주석민법, 물권(3)(박순성 집필부분)(한국사법행정학회, 2011).

주석민법, 물권(4)(김재형 집필부분)(한국사법행정학회, 2011).

추신영, "전세권저당권의 실행방안 – 대법원 2006. 2. 9. 선고 2005다59864 판결 –", 재 산법연구, 제28권 제2호(2012).

한불민사법학회, 프랑스채권법해제(박영사, 2021)

홍성재, 물권법(대영문화사, 2010).

홍성재, "윤진수 교수의 『물권행위 개념에 대한 새로운 접근』에 관한 토론", 민사법학 제28호(한국민사법학회, 2005).

황경웅, "전세권저당권의 등기의 효력과 그 실행방법", 중앙법학, 제15권 제3호(중앙대학 교 법학연구소, 2013)288

제 6 장   새로운 패러다임에 의한 물권론 일반[*]

- 물권법상의 청구권은 물권자에게 인정되는 청구권으로서 채권과는
법적 성격이 다른 권리인바, 혹은 지배권과 함께 물권을 구성하거나
혹은 물권의 효력으로 인정되는 청구권 -

- 물권은 '물건을 매개'로 하는 권리로서,
혹은 물건을 대상으로 하는 지배권
혹은 지배권과 물권적 청구권·형성권으로 구성되는 권리 -

Ⅰ. 서론

필자는 강단에서 물권법강의를 시작한 후 어느 순간부터인가, 물권이 지배권이라는 도그마는 우리 물권법에 정합하지 않다는 문제의식을 가지게 되었다. 또 이 도그마에 기초하고 있는 물권에 관한 제반 이론들은 우리 민법에서 학설과 판례에 의해서 제기되고 있는 문제에 대한 해결책이 될 수 없다는 문제의식도 가지게 되었다. 필자가 물권의 새로운 패러다임으로 눈을 돌려 논문을 발표하기 시작한 지 15여 년의 시간이 흘렀다. 그에 관한 생각의 편린들이 필자의 머릿속에 맴돌았던 것은 아마도 훨씬 그 이전일 것이다.

물권은 지배권이라는 도그마에 의하면, 물권법상의 청구권은 모두 채권에 지나지 않는다. 물권법상의 청구권도 사람에 대한 인적 권리라는 이유만으로 같은 인적 권리인 채권으로 포섭되고 물권으로 포섭되지는 않는다. 이는 대륙법계 민법을 계수한

---

* 이 논문은 기존에 발표하였던 5편의 논문의 후속 논문이다. 이전 논문에서 충분히 다루지 못하였거나 다루지 않았던 주제를 다룬다.

우리 민법의 학설과 판례의 뿌리를 이루고 있다. 그렇게 되면 우리는 채권이 포함된 물권법을 물권법이라 부를 수 없게 된다. 또 채권인 물권법상의 청구권을 물권인 지배권과 연계시키기 위하여, 이를 지배권의 내용, 효력 또는 그 소멸의 효과로 간주하고 있다. 그러나 물권법상의 청구권은 지배권과는 다른 체계의 권리로서 지배권의 내용 등으로 포섭될 수 없다. 우선 물권법상의 청구권 중에는 설정되는 지배권의 대가를 이루는 물권법상의 청구권이 존재한다. 지료청구권과 전세금반환청구권이 그것이다. 이러한 권리들은 지배권과 같은 값을 갖는 대등한 권리로서 결코 지배권의 내용 등에 해당하지 않는다. 이러한 권리를 지배권의 내용, 효력 등으로 치부해버리는 것은 유상인 채권계약의 경우에는 대가관계에 있는 권리들을 대등한 권리로 취급하고 있는 것과 전혀 부합하지 않는다. 지상권자가 설정받는 용익지배권이 물권이라면, 지상권설정자에게 발생하는 지료청구권도 당연히 물권으로 포섭되어야 할 것이 아닌가 하는 문제의식이 그것이다. 그러나 물권은 지배권이라는 도그마에 의하면, 물권법상의 청구권은 사람에 대한 인적 권리라는 이유만으로 물권으로 포섭되지 못하고 있다.

물권은 지배권이라는 도그마는 물권법상의 청구권을 채권으로 보므로, 그에 대한 규율을 물권법 밖으로 내버려 두는 근본적인 문제를 안고 있다. 제한물권 특히 지상권과 전세권은 원인계약에 기한 권리의무관계에 관한 인적 색채를 가진 채권에 관한 규정들을 포함하고 있는바, 이러한 채권과 지배권을 어떻게 조화롭게 해석할 것인가 하는 것이 문제가 된다고 한다. 그러나 그 어떤 해석도 Sisyphus신화에서 무거운 바위를 끊임없이 밀어 올리는 형벌이 되고 말 운명이라 하지 않을 수 없다. 또 지료약정의 기재가 없으면 유상의 지상권이 성립될 수 없음에도 불구하고, 지료청구권이 채권이라는 이유만으로 지료약정의 기재를 지상권의 대항등기사항으로 보고 있다. 또 물권은 지배권이라는 도그마는 지배권의 설정과 이전만을 물권변동으로 본다. 그 결과 지상권을 설정하는 자(지상제한소유권자)에게 지배권이 축소되고, 지료청구권과 그 밖의 유익비상환청구권과 같은 물권적 청구권이 발생하는 권리변동을 물권변동으로 파악할 수가 없게 된다. 또 부동산의 등기란 지배권만을 공시하는 것으로 보기 때문에, 지료약정과 전세금이 엄연히 등기에 의하여 공시되고 있음에도 불구하고 물권공시의 역할을 부여하지 못하고 있다. 지료약정과 전세금에 관한 등기는 저당권에서의 피담보채권의 등기와는 전혀 다른 역할을 하고 있음에도 그러하다.

1984년 민법개정에 따라 담보물권성도 인정된 전세권은 우리 민법에 고유한 권리로서 대륙법계 민법이 알지 못하는 물권이다. 물권은 지배권이라는 도그마는 전세권의 법적 성격을 규명하는 데에 한계를 드러내고 만다. 우선 판례는 용익기간 중에는 전세금반환채권의 양도에 채권양도의 절차를 요구하지 않는다. 전세금반환채권은 용익지배권의 요소가 되기 때문이라고 보기 때문이다. 그러나 판례는 용익기간이 종료된 후에는 그 양도에 채권양도의 절차를 요구하고 있다. 이에 대해서는 전세금반환채권을 용익지배권의 요소로 본다고 하더라도, 채권이라고 본다면 당연히 용익기간의 종료 전이라도 채권양도의 절차가 필요한 것이 아닌가 하는 의문이 제기된다. 또 판례는 용익기간의 종료 후에는 전세금반환채권을 피담보채권으로 보아서, 담보물권성의 전세권을 종된 물권인 저당권과 동일하게 취급하고 있다. 용익지배권이 소멸한 이상 전세금반환채권은 이제는 용익지배권의 요소가 아니라고 보기 때문이다. 그러나 전세금반환청구권은 전세권을 성립시키기 위해서 전세권자가 지급하였던 전세금을 돌려받는 권리로써, 그 역할은 용익기간의 종료 여부에 따라 달라지지 않는다. 또 전세금반환청구권은 전세권에 내재적인 권리로서 저당권 밖에 존재하는 피담보채권과는 그 성질이 전혀 다르다. 따라서 담보물권성의 전세권을 전세금반환청구권의 종된 물권으로 취급할 수는 없는 것이다. 한편 판례는 전세권에 저당권을 설정하는 경우, 전세금반환청구권은 채권이기 때문에 저당권의 객체가 되지 못한다고 본다. 이는 전세금으로부터도 우선적인 만족을 얻으려는 전세권 거래당사자의 실제 의사를 전혀 고려하지 않는 것이다. 또 판례는 전세권저당권의 실행에 있어서 전세금반환청구권에 대하여 물상대위를 준용하지만, 전세금반환청구권은 전세권설정시부터 존재하는 권리로서 전세물의 멸실 등에 의하여 발생하는 권리가 아니라는 점에서 물상대위와는 전혀 다르다는 근본적인 문제점을 안고 있다. 무엇보다도 전세권저당권의 등기가 성립하고 있음에도 불구하고 전세권저당권자는 전세금반환청구권에 대하여 우선적 순위가 보장될 수 없다는 문제가 있다. 예를 들면, 전세권저당권의 등기가 성립된 후, 전세권자가 전세금반환청구권에 대하여 질권을 설정하여 대항요건을 갖추면, 전세권저당권자는 후순위가 되고 마는 문제가 있다. 또 판례는 전세권설정자는 전세권자에 대하여 취득한 반대채권으로 전세금반환청구권과 상계를 하면, 이를 전세권저당권자에게 대항할 수 있다고 한다. 그렇게 되면 반대채권으로 전세금반환청구권을 상계하는 것이 되어, 채권이 전세권저당권의 객체라고 할 수 있는 전세금반환청구권의 효력에 앞서게 된다는 근본적인 문제를 야기하고 만다. 이러한 문제를 해결하기 위하여 제시되고 있는 학설 중에는 용익지배권이 아니라 전세금반환청구권을 저당권의 객체로 보아야 한다는 견해도 존재하는바, 이는 물권은 지배권이라는 도그마를 사실상 폐기하는 것이나 다름이 없다. 여기서 우리는 물권은 지배권이라는 도그마의 파탄을 직면하게 된다. 전세권이 우리 민법으로 편입된 지 60여 년이 지나간 지금에도 우리는 민법상의 전세권과 그에 대한 전세권저당권에 대하여 합당한 지위를 부여하지 못하고 있는 것이 현재의 법상황이다. 이상의 제반 문제는 지배권과 함께 규정되어 있는 전세금반환청구권을 비롯한 물권법상의 청구권을 지배권 함께 물권으로 보지 않고 채권적 규율을 하는 데에서 기인하는 문제라고 하지 않을 수 없다.

필자는 지금까지 용익물권 특히 전세권을 주된 분석의 대상으로 하여, 물권의 새로운 패러다임을 전개해 왔다. 이 글에서는 아무런 제한물권도 설정되지 않는 완전소유권과 제한물권이 설정된 제한소유권도 분석의 대상으로 하여 물권의 새로운 패러다임의 이론을 전개하기로 한다. 이 글에서는 물권의 새로운 패러다임에 의한, 물권법상의 청구권(물권적 청구권)(II), 물권의 개념과 분류(III), 물권을 구성하는 물권적 청구권과 지배권의 관계(IV). 물권의 양도성과 전세권설정자의 지위의 승계에 관한 신설 제307조의2 2014년 민법개정시안(V)을 검토하기로 한다. 이어서 물권의 새로운 패러다임에 의한 물권법상 도그마의 재정립(VI), 학설 또는 판례상 제기되고 있는 물권상의 제반문제에 대한 물권의 새로운 패러다임의 적용(VII)과 물권의 패러다임 전환(VIII)에 대하여 차례로 살펴보기로 한다.

II. 물권법상의 청구권(물권적 청구권)

물권법상의 청구권이란 물권법에 규정되어 있는 청구권이다. 먼저, 물권법상의 청구권이 어느 경우에 인정되는지와 그의 명명(命名)에 대하여 살펴본다. 한편 물권법상의 청구권은 의의, 성질, 특징, 종류, 규율 등에 있어서 채권과 다르고 또 지배권과도 다른 독자적인 체계를 형성한다. 이러한 물권법상의 청구권에 관한 이론적인 체계를 물권적 청구권론이라 부른다.

1. 물권법상 청구권에 대한 물권은 지배권이라는 도그마에 의한 이해와 물권의 새로운 패러다임에 의한 이해

(1) 물권은 지배권이라는 도그마에 의한 물권법상 청구권의 이해

물권은 지배권이라는 도그마는 물권법상의 청구권을 어떻게 보는지에 대하여 살펴보기로 한다. 또 이 도그마가 물권법상의 청구권을 채권으로 볼 경우, 어떠한 문제가 발생하는지에 대하여도 살펴본다.

(가) 물권법상 청구권의 성질 : 채권

물권은 지배권이라는 도그마에 의하면, 물권법상 청구권은 채권에 지나지 않는다. 지배권은 물건을 대상으로 하는 물적 권리이다. 그러나 물권법상 청구권은 물건을 대상으로 하는 권리가 아니다. 따라서 물권법상의 청구권도 일정한 급부를 목적으로 하는 청구권으로서 채권이 될 수밖에 없다. 즉, 물권법상의 청구권은 사람에 대한 청구권이라는 점에서 채권의 본질을 가지는 수밖에 없다. 이것이 또한 물권채권준별론이 서 있는 지점이기도 하다. 제한물권의 경우 제한물권자에게는 지배권자라는 지위 외에 채권자라는 지위가 중첩적으로 인정된다. 예를 들면, 지역권을 설정한 자가 계약에 의하여 부담하는 공작물설치수선의무(제298조)는 토지소유자가 부담하는 채무에 지나지 않는다.

(나) 물권법상 청구권을 채권이라고 보는 경우의 문제

물권법상의 청구권이 채권의 본질을 갖는다고 해도, 이를 채권과 동일하게 취급하여야 할지가 문제이다. 특히 물권적 청구권이 지배권과 함께 규정되어 있는 경우가 그러하다. 학설과 판례를 찾아보면, 그렇기도 하고 그렇지 않기도 한다. 예를 들면, 판례는 채권인 전세금반환청구권은 용익기간 중에는 그 양도에 채권양도의 절차가 필요하지 않지만, 용익기간 종료 후에는 채권양도의 절차가 필요하다고 본다. 이에 대해서는 용익지배권의 요소가 된다고 할지라도 채권의 본질을 갖는 이상 채권양도의 절차가 필요하다고 볼 수도 있다는 반론이 제기될 수 있다. 또 판례는 전세금반환의무의 경우에는 채무인수의 절차 없이도 전세물의 소유자에게 이전된다고 한다. 이 판례는 용익기간 중의 사안에 관한 것이다. 그러면 용익기간이 종료된 후에는 그 이

전에 채무인수의 절차가 필요하다고 볼 것인지가 문제이다. 이러한 인적 색채가 있는 권리 즉 채권인 물권법상의 청구권과 지배권의 조화로운 해석이 필요하다고 보고 있는 것이 현재의 법상황이다. 그러나 모든 물권법상의 청구권에 대하여 지배권과 일일이 조화로운 해석을 한다는 것은 여간 어려운 일이 아니다. 과연 조화로운 해석의 기준이 무엇인가 하는 근본적인 의문이 제기될 수 있기 때문이다.

(2) 물권의 새로운 패러다임에 의한 물권법상 청구권의 이해

물권의 새로운 패러다임에 의한 의할 경우, 물권적 청구권은 채권이 아니라 물권적 청구권으로서 전혀 다른 성질을 갖는다. 이하에서 물권법상의 청구권에 관한 규정의 분류, 물권법상 청구권의 명명(命名), 물권적 청구권과 채권(채권적 청구권)의 비교, 물권적 청구권관계의 성립, 물권적 청구권의 본질(인적인 권리), 물권적 청구권의 특징, 물권적 청구권에 대한 법적 규율, 물권적 청구권의 종류 등으로 나누어 살펴본다.

2. 물권법상의 청구권에 관한 규정의 분류

물권법상의 청구권이란 물권법에 규정되어 있는 청구권을 말한다. 물권법상의 청구권을 분석하여 보면 크게 두 가지로 나눌 수 있다.

(1) 지배권과 함께 규정되어 물권을 구성하는 물권법상의 청구권

우선 지배권과 함께 규정되어 있는 물권법상의 청구권이 있다. 제한물권에서 인정되는 물권법상의 청구권이 이에 해당한다. 또 토지소유자가 이웃토지소유자에 대하여 갖는 상린권도 물권법상의 청구권에 해당한다. 대부분의 물권법상의 청구권은 지배권과 함께 규정되고 있는 물권법상의 청구권이다. 이러한 물권적 청구권은 지배권과 함께 물권을 구성한다는 데에 그 의의가 있다.

(2) 물권의 효력으로서 인정되는 물권적 청구권

물권의 효력으로서 인정되는 물권적 청구권이 있다. 부동산점유취득시효완성자가 토지의 소유자에 대하여 갖는 등기청구권과 물권이 침해되어 발생하는 청구권이 이에 해당한다. 이러한 물권적 청구권은 물권을 구성하지 않고서 물권의 효력으로서 인정되는 권리이다.

3. 물권법상 청구권의 명명(命名)

물권법상의 청구권은 물권적 청구권이다.

(1) 물권법상의 청구권은 물권자에게 인정되는 청구권

물권법상의 청구권은 물권자에게 인정되는 청구권이다. 우선 부동산점유취득시효 완성자는 토지에 대한 점유권자인 물권자에게 인정되는 물권적 청구권이다. 그리고 물권이 침해되어 발생하는 물권적 청구권도 침해를 받는 물권자에게 인정되는 물권적 청구권이다.

한편 지배권과 함께 규정되어 있는 물권법상의 청구권도 물권자에게 인정되는 청구권이다. 토지소유자는 자신의 토지에 대한 지배권자로서 이웃토지의 소유자에 대하여 물권법상의 청구권인 상린권이 인정된다. 또 지상권설정자는 토지에 대한 처분 지배권자로서 토지의 사용료인 지료청구권(제286조 참조)이 인정되고, 마찬가지로 지상권자는 토지에 대한 용익지배권자로서 토지의 부속물에 대한 매수청구권(제283조 제2항)이 인정된다. 이상의 경우 지배권이 물권자에게 인정되듯이 물권적 청구권도 물권자에게 인정되는 권리이다. 따라서 지배권과 함께 규정되어 있는 물권법상의 청구권도 물권자에게 인정되는 청구권에 해당한다.

(2) 물권법상의 청구권은 물권적 청구권

종래 물권이 침해되어 발생하는 물권법상의 청구권만을 물권적 청구권으로 부르고 있다. 그러나 소극적으로 물권이 침해되어 발생하는 물권법상의 청구권을 물권적 청구권이라고 부른다면, 적극적으로 지배권과 함께 규정되어 있거나 또 부동산취득시효완성자에게 인정되는 그 밖의 물권법상의 청구권은 더욱더 물권적 청구권이라 부를 수 있다. 따라서 물권이 침해되어 발생하는 물권적 청구권은 침해 물권적 청구권이라 부르고, 이를 포함하여 물권법에 규정되어 있는 모든 물권법상의 청구권을 물권적 청구권으로 부르는 것이 타당하다.

4. 물권적 청구권과 채권(채권적 청구권)의 비교

물권적 청구권은 물권자에게만 인정되는 청구권이다. 이에 반하여 채권은 채권자에게 인정되는 청구권이다. 그런데 채권이 물권자에게도 인정되는 듯한 외관을 갖는 듯한 경우가 있다. 이 경우에도 채권자는 물권자가 아니라 채권자로서 의무를 지는 것일 뿐이다. 예를 들면, 임대인이 임대물의 소유자인 경우에 마치 물권자인 소유자에게 임대인의 지위가 인정되는 것과 같은 외관이 존재한다. 그러나 이 경우에도 소유자가 임대인의 지위를 갖는 것이 아니라, 채권자가 유자와 무관하게 임대인의 지위를 갖는 것이다. 이는 소유권인 물권은 언제나 채권과는 무관하게 양도되고 나면, 채권자의 지위만 남는 것에서 잘 알 수가 있다. 또 이는 임대인은 임대물의 소유자(또는 물권자)가 아니어도 채무를 부담하여, 임대인의 지위를 갖는다는 것에서도 잘 드러난다. 마찬가지로 임차인의 채권도 임대인이 임대물의 소유자임을 묻지 않고 성립한다. 또 임대인이 임대물의 소유자인 경우에도, 임차인은 임차물에 대하여 지배권을 취득하지 못하고 임대인에 대하여 용익청구권을 취득할 뿐이다. 한편 매도인이 목적물의 소유자인 경우에도 매도인은 매수인에 대하여 재산권이전의무라는 채무를 부담할 뿐이다. 매도인은 지배권이 포함된 재산권 자체를 이전할 채무를 부담하지만, 매도인의 채권 자체는 목적물에 대한 지배권과는 무관하다. 또 매도인은 목적물의 소유자가 아니어도 재산권이전의무인 채무를 부담한다. 타인권리의 매매가 이에 해당한다. 매수인의 채권도 매도인이 목적물의 소유자임을 묻지 않고 성립한다. 이상에서 보는 바와 같이 임대인 또는 매도인이 물권자이더라도 임대인 또는 매도인에게는 물권자와는 무관하게 채무자로서의 지위가 인정될 뿐이다.

물권법에 규정되어 있는 물권적 청구권은 물권자에게만 인정되는 권리인 반면에 채권은 그 권리자가 물권자임을 묻지 않고 채권자에게 인정되는 청구권이다. 즉, 물권적 청구권은 물권자에게 인정되는 권리인 반면에, 채권은 채권자에게 인정되는 청구권이다. 물권적 청구권이 채권법이 아닌 물권법에서 규율되고 있는 실질적 이유도 바로 여기에 있다. 따라서 물권자에게 인정되는 이러한 물권적 청구권을 채권으로 취급하는 것은 물권적 청구권의 본질에 반하는 것이다. 민법이 물권적 청구권은 물권법에 채권적 청구권은 채권법에 규율하는 것은 '다른 것은 다르게'라는 배분적 정의에 충실하게 따르고 있는 것이다.

5. 물권적 청구권관계의 성립

물권적 청구권이 성립하는 경우 그 대척점에는 항시 물권적 의무가 성립하고 있다.

그리고 물권적 청구권과 물권적 의무로 구성되는 법률관계를 물권적 청구권관계라 부를 수 있다.

(1) 물권적 의무 : 물권자에게 인정되는 의무

우선 지배권과 함께 규정되어 있는 물권적 청구권의 경우 상대방에게 발생하는 물권적 의무를 살펴본다. 예를 들면, 지상권설정자의 지료청구권(제286조 참조)에 대하여, 지상권자의 지료지급의무(제286조 참조)가 성립한다. 그리고 저당권자의 저당물보충청구권(제362조)에 대하여, 저당권설정자의 저당물보충의무가 성립한다. 또 유치권이 성립하는 경우 유치권자는 유치물점유에 대한 선관의무(제324조 제1항)를 부담하고, 채무자에게는 선관의무청구권이 성립한다. 또 부동산점유취득시효완성자에게 인정되는 물권적 청구권인 등기청구권(제245조 제1항)에 대하여, 부동산소유자는 물권적 의무인 등기의무(제245조 제1항)를 부담한다. 마찬가지로 침해 물권적 청구권인 소유물반환청구권의 경우에도 침해한 점유자는 물권적 의무인 반환의무를 부담한다(제213조).[1] 이렇듯 물권법상의 청구권이 물권자에게 인정되는 청구권이라는 점에서 '물권적'이라는 명칭이 부여되듯이, 물권법상의 의무도 물권자에게 인정되는 의무라는 점에서 '물권적'이라는 명칭을 부여될 수 있는 것이다.

한편 부동산점유취득시효완성자는 토지에 대한 지배권자인 점유권자로서 등기청구권이 인정되고, 상대방인 부동산소유자에게는 등기의무가 성립한다. 그리고 물권이 침해되어 발생하는 물권적 청구권의 경우도 피침해자에게는 점유물반환청구권(제213조)이 있고 침해자에게는 점유물반환의무(제213조)가 성립한다.

(2) 물권적 청구권관계의 성립

물권적 청구권과 물권적 의무로 구성되는 법률관계가 바로 물권적 청구권관계이다. 채권과 채무로 구성되는 법률관계가 채권관계이듯이, 물권적 청구권과 물권적 의무로 구성되는 법률관계가 바로 물권적 청구권관계이다.

근대 이래 민법에서 권리·의무관계는 권리 위주로 구성된다. 즉, 권리란 권리·

---

[1] 물권적 청구권인 소유물방해제거와 소유물방해예방청구(제214조)의 경우에도 방해를 하거나 방해할 염려가 있는 상대방이란 점유자 또는 물권자인 경우이다. 만일 방해를 하는 자가 점유자 또는 물권자가 아니라면 그것은 단순히 불법행위의 문제가 될 뿐이다.

의무관계를 가리킨다. 이러한 점에서 물권적 청구권관계도 물권적 청구권 위주로 구성될 수 있다. 이 경우 물권적 청구권은 넓은 의미로 물권적 청구권관계를 가리킨 다. 이하의 글에서 물권적 청구권에 관한 설명은 물권적 청구권관계에 관한 설명이 된다. 또 물권적 청구권에 관한 설명은 물권법상의 의무에 대한 설명이기도 하다. 예를 들면, 물권적 청구권의 시효의 문제는 바로 물권적 의무의 시효의 문제이다. 물권적 의무만을 특별히 다루어야 할 경우에는 이를 밝히고 설명하기로 한다.

(3) 물권적 청구권관계와 부동산등기

물권적 청구권이 물권자에게 인정되는 권리라는 사실은 부동산물권의 등기에서도 그대로 잘 드러난다. 지배권과 함께 규정되어 있는 물권적 청구권을 중심으로 살펴본 다. 유상의 지상권과 전세권 등기의 경우 지료의 약정과 전세금의 기재를 하는 경우, 권리자와 의무자는 기재되지 않는다. 지료청구권관계의 당사자는 바로 지상권의 설 정자와 지상권자인 물권자이기 때문에 따로 기재될 필요가 없는 것이다(부동산등기법 제69조 참조). 또 전세금반환청구권관계의 경우에도 전세금의 기재만 있을 뿐 전세금반 환청구권관계의 당사자는 물권자이기 때문에 별도로 기재되지 않는다(부동산등기법 제 72조 제1항 참조).

한편 저당권 등기의 경우 저당물의 소유자 이외에 저당채무자는 반드시 기재된다 (부동산등기법 제75조 제1항 제2호). 즉, 저당채무자와 저당물소유자는 채권자의 지위와 물권자의 지위가 중첩적으로 인정된다. 저당물이 제3자의 소유인 경우뿐 아니라 저당 채무자의 소유인 경우에도 저당채무자는 반드시 기재된다. 저당채무자의 소유물에 대하여 저당권이 설정되어 저당채무자가 저당권설정자가 동일인이었으나, 제3자가 저당채무를 인수하지 않고 저당물의 소유권을 취득하는 경우에도 저당채무자의 기재 는 그대로 유지가 된다. 이 경우에는 저당채무자와 저당권설정자가 분리되는 현상이 발생하는 것일 뿐이다. 이에 반하여 저당권의 경우 저당채권자의 지위와 저당권자의 지위가 별도로 인정되더라도 저당권자 외에 저당채권자는 별로도 기재되지 않는다(부 동산등기법 제48조 제1항 제5호 참조). 저당권은 피담보채권인 저당채권을 담보하는 종된 물권이기 때문에, 저당채권자와 저당권자는 항상 동일인일 수밖에 없기 때문이다. 저당채권자와 저당권자의 분리는 절대 발생할 수 없는 것이다.

6. 물권적 청구권의 본질 : 인적인 권리

물권적 청구권은 사람에 대한 청구권으로서 사람의 행위 또는 인용을 급부의 목적으로 한다. 즉, 물권적 청구권은 물권자에게 인정되는 인적 권리이다. 그리고 물권적 청구권은 같은 인적 권리인 채권과 함께 상위개념인 청구권을 구성한다. 물권적 청구권과 채권적 청구권으로 이루어지는 물권이다.

(1) 물권자에게 인정되는 인적 권리

종래 물권은 지배권이라는 도그마에 의하면, 사람에 대한 인적 권리인 물권적 청구권은 물건을 대상으로 하는 물적 권리인 지배권과 엄격하게 구별된다. 또 사람에 대한 인적 권리를 채권이라고 보는 이상, 물권적 청구권도 지배권과는 다른 채권으로 취급할 수밖에 없다. 즉, 지배권과 물권적 청구권 사이에는 같은 범주의 권리로 취급될 수 없는 심연이 존재한다고 보았던 것이다. 마찬가지로 부동산점유취득시효완성자에게 인정되는 물권적 청구권을 채권으로 취급하였다. 이에 반하여 물권이 침해되어 발생하는 물권적 청구권만을 물권적 청구권이라 불렀다. 그리고 채권법의 규정이 준용될 수 있다는 점에서 이러한 물권적 청구권을 청구권이라고 부르기도 하였다.

물권의 새로운 패러다임에 의하면, 물권적 청구권은 물권자에게 인정되는 청구권으로서, 채권자에게 인정되는 채권적 청구권과는 달리 법적 기반이 다르고 법적 특징이 다르다. 특히 물권적 청구권이 지배권과 함께 규정되어 있을 경우, 물권적 청구권은 지배권과 함께 물권을 구성하게 된다. 그리고 침해 물권적 청구권도 다른 물권적 청구권과 본질이 동일하다는 점에서 다를 바가 없다. 또 침해 물권적 청구권에 대하여 채권법의 규정이 준용될 수 있었던 실질적 이유는, 준용되는 채권법상의 규정이 채권적 청구권이 아니라 청구권 일반에 관한 규정이었기 때문이다.

물론 종래에도 침해 물권적 청구권의 법적 성격에 대하여 청구권이라는 학설이 존재하였다. 그러나 그것은 침해 물권적 청구권에 채권권법상의 규정이 준용될 수 있다는 점에서 그렇게 보았을 뿐, 왜 그런지에 대해서는 전혀 언급이 없었다.

(2) 물권적 청구권은 채권적 청구권과 함께 청구권 구성

물권의 새로운 패러다임에 의하면, 사람에 대한 인적 권리에는 채권적 청구권 외에도 물권적 청구권이 존재한다. 따라서 채권적 청구권과 물권적 청구권의 상위개념으로서 청구권의 개념이 도출될 수 있다. 인적 권리인 청구권에는, 후술하는 바와 같이, 인적 색체가 존재하는 채권적 청구권과 물적 결합이 있는 물권적 청구권이 있다. 즉, 채권적 청구권은 인적 색체가 있지만 물적 결합이 없고, 물권적 청구권은 인적 색체가 없지만 물적 결합이 있다.   ·

(3) 물권적 청구권과 채권적 청구권에 관한 청구권법

청구권법은 인적 권리인 청구권에 관한 법이다. 청구권법은 '지배권법'에 대비되는 법 영역이라 할 수 있다. 그러나 현행 민법에는 독자적인 청구권법이 규정되어 있지 않다. 그렇다면 민법 내에서 어떻게 청구권법을 찾을 수 있는 것일까? 청구권법은 물권법과 채권법 내에 산재하고 있다.[2) 즉, 물권법상의 물권적 청구권에 관한 규정과 채권법을 합하면, 청구권법이 되는 것이다. 첫째, 물권법에 있는 물권적 청구권에 관한 규정이 존재한다. 지배권에 관한 규정을 제외한 물권적 청구권에 관한 규정이 바로 이에 해당한다. 둘째, 채권법에는 청구권 일반에 관한 규정이 존재한다. 이 규정은 그 속성상 당연히 물권적 청구권에도 적용될 수 있다. 예를 들면, 채권의 목적(제3권 제1절), 채권의 효력(제3권 제2절), 채권의 소멸(제3권 제6절)에 관한 규정들이 이에 해당한다. 셋째, 채권법에는 채권적 청구권에만 적용될 수 있는 규정들이 있다. 이들은 물권적 청구권에는 적용될 수 없다. 예를 들면, 수인의 채권자 및 채무자(제3권 제3절), 채권의 양도(제3권 제4절), 채무의 인수(제3권 제5절)에 관한 규정들이 그러하다. 또 채권의 효력(제3권 제2절) 중 채권자취소권(제406조–제407조)에 관한 규정은 물권적 청구권에는 적용될 수 없다. 채권자취소권이란 재산권을 목적으로 하는 법률행위의 취소를 목적으로 하는 것이기 때문이다.

한편 청구권법 중 물권적 청구권에 관한 법이 물권적 청구권법이다. 물권적 청구권

---

2) 만일 지배권법에 대응하여 독립하여 청구권법을 둔다면, 청구권법은 어떻게 규율될 수 있을까? 첫째, 채권적 청구권과 물권적 청구권을 통합하여 단독의 청구권법을 두는 방식이 있을 수 있다. 이 경우 청구권법은 민법 내에서 독자적인 영역을 형성하게 될 것이다. 청구권법에는 청구권 일반에 대한 부분을 두고, 이어서 물권적 청구권과 채권적 청구권에만 적용되는 특별한 부분을 둔다. 둘째, 청구권을 물권적 청구권과 채권적 청구권으로 나누어, 전자는 물권법에 후자는 채권법에 규율하는 방식이다. 그렇게 되면 채권법은 순전히 채권적 청구권에 관한 법이 될 것이다.

을 규율하는 물권적 청구권법은 한편으로 물권법상의 물권적 청구권에 관한 규정들
로 구성되고 다른 한편으로 채권법의 규정 중 청구권 일반에 적용되는 규정들로 구성
된다.

7. 물권적 청구권의 특징

물권적 청구권은 사람에 대한 인적 청구권이기는 하지만, 물권자에게만 인정되는
청구권이다. 이로 인하여 물권적 청구권은 채권적 청구권과 구별되는 특징을 가지고
있다. 이러한 이유에서 물권적 청구권을 채권이라 부를 수 없는 것이다. 물권적 청구
권의 특징을 지배권과 함께 물권을 구성하는 물권적 청구권과 물권의 효력으로서 인
정되는 물권적 청구권을 구분하여 살펴본다.

(1) 문제의 제기

전세권자가 전세권을 양도하는 경우 전세금반환청구권은 당연히 양수인에게 이전
될 수밖에 없다. 물권법은 전세금반환청구권을 전세권과 함께 규정하고 있기 때문이
다. 왜 그러한지에 대해서는 지금까지 명확한 설명이 없었다. 판례는 전세권의 경우
전세금반환청구권은 용익지배권의 요소이기 때문에 채권양도의 절차가 필요하지 않
다고 본다. 판례의 이러한 태도는 전세금반환청구권이 채권이라는 것을 전제로 하여,
채권이지만 채권양도의 절차가 필요하지 않다는 설명이다. 즉, 전세금반환청구권은
채권이지만 용익지배권의 요소이기 때문에 채권양도의 절차가 필요하지 않다는 것이
다. 한편 지료의 약정이 있는 경우, 지상권설정자가 자신의 물권을 양도하면 양수인은
당연히 지료청구권을 취득하고 또 지상권자가 지상권을 양도하면 양수인은 당연히
지료를 지급의무를 부담하게 된다. 그러나 이 경우에는 지상권설정자의 지료청구권
은 설정되는 용익지배권의 요소가 아니다. 따라서 이 경우에는 왜 채권양도의 절차가
필요하지 않은지를 설명할 수가 없다. 그러나 이 경우에도 토지의 양수인에게 당연히
지료청구권이 양도된다는 것을 부정할 수가 없다. 이제 지료청구권과 전세금반환청
구권과 같은 약정의 물권적 청구권뿐 아니라 그 밖의 법정의 물권적 청구권은 애초부
터 지배권과 함께 양도될 수밖에 없다는 성질을 밝히려고 한다. 이것이 바로 물권적
청구권의 특징을 밝히는 문제이다. 또 물권의 효력으로서 인정되는 물권적 청구권은
어떠한 특징을 갖고 있는지에 대하여도 살펴보기로 한다.

(2) 침해 물권적 청구권의 특징

침해 물권적 청구권은 물권의 효력으로서 인정되는 청구권이다. 침해 물권적 청구권과 이와 유사한 점유자의 자력구제권의 특징에 대하여도 살펴본다. 이를 살펴보기 전에 종래 침해 물권적 청구권에 대하여만 다른 물권법상의 청구권과는 달리 성질, 시효, 채권법상 규정의 준용 여부가 논의되었다. 이에 대하여 먼저 살펴보기로 한다.

(가) 침해 물권적 청구권에 대하여만 채권법상 규정의 준용 여부가 논의되었던 이유는 무엇인가?

침해 물권적 청구권의 법적 성질이 과연 채권인지 아닌지에 대한 논의가 있다. 여러 견해가 제시되고 있지만, 침해 물권적 청구권이 청구권이라는 견해도 존재한다. 그러나 채권과 청구권이 어떻게 성질이 다른지에 대한 논의는 이루어지고 있지 않다. 또 침해 물권적 청구권의 소멸시효에 대하여는 지배권인 물권의 소멸시효와 별도로 채권의 소멸시효가 적용되는지에 대한 논의가 있다. 물권과 채권은 엄연히 다른 법체계에 속하는 권리이기 때문에 당연히 이러한 논의가 있는 것이다. 그리고 침해 물권적 청구권에 대하여는 채권법상의 어떠한 규정이 준용될 수 있는지에 대하여도 논의가 있다. 그런데 침해 물권적 청구권이 채권이라면 채권법상의 모든 규정이 적용되어야 함에도 불구하고 왜 그러한지가 의문이다. 이상에서 보는 바와 같이, 침해 물권적 청구권에서만 유독 이러한 논의가 있는 것에 대해서는 왜 그러해야 하는지 근본적인 의문이 제기되는 것이다.

우선 침해 물권적 청구권의 법적 성질이 채권적 청구권이 아니라 물권적 청구권이기 때문이다(성질론). 또 침해 물권적 청구권의 소멸시효가 물권의 소멸시효와 어떠한 관계에 있는지에 대한 논의는 물권적 청구권의 시효는 물권과 함께 규율되어야 하기 때문에 채권의 시효가 적용될 수 없는 것이다(소멸시효론). 마지막으로 침해 물권적 청구권에 대하여 채권법상의 규정 중 어느 범위에서 준용될 수 있는지에 대한 논의는 채권법의 규정 중 청구권 일반에 관한 규정은 물권적 청구권에도 준용될 수 있기 때문에 그러한 것이다(채권법 규정의 준용론). 이상에서 보는 바와 같이 침해 물권적 청구권에 대한 제반 논의는 모든 물권적 청구권에 대하여 있어야 할 논의의 한 예시에 불과한 것이라 할 수 있는 것이다.

(나) 침해 물권적 청구권은 소극적 물권적 청구권이자 일방적 물권적 청구권

침해 물권적 청구권이란 물권이 침해되는 경우에 인정되는 소극적 물권적 청구권이다. 이에 반하여 다른 물권적 청구권은 물권의 침해가 없는 경우에 발생하는 적극적 물권적 청구권이라 할 수 있다.

한편 침해 물권적 청구권은 물권을 침해당한 물권자에게만 일방적으로 인정되는 물권적 청구권이다. 이 점에서 토지소유권, 제한소유권 또는 제한물권을 구성하는 물권적 청구권이 물권자 상호 간에 성립한다는 것과 다른 점이다.

(다) 점유자의 자력구제권

점유자에게 인정되는 자력구제권(제209조)도 침해 물권적 청구권이라 할 수 있다. 자력구제권은 우선 점유자가 그 점유를 '부정히 침탈 또는 방해하는 행위'가 있으면, 자력으로써 이를 방위할 수 있는 권리를 말한다(제209조 제1항). 점유자는 점유물이 침탈되었을 경우에 부동산일 때에는 점유자는 침탈 후 즉시 가해자를 배제하여 이를 탈환할 수 있고 동산일 때에는 점유자는 현장에서 또는 추적하여 가해자로부터 이를 탈환할 수 있다(제209조 제2항). 자력구제권은 점유자의 상환청구권(제203조)이 '사실상의' 지배권과 함께 점유권 자체를 구성하는 물권적 청구권이라는 것과 구별된다.

(3) 부동산점유취득시효완성자에게 인정되는 등기청구권의 특징

부동산점유취득시효완성자에게 인정되는 등기청구권은 점유권인 물권의 효력으로서 인정되는 물권적 청구권이다.

(가) 등기청구권은 점유권을 구성하지 않는 물권적 청구권

등기청구권은 지배권과 함께 물권을 구성하는 물권적 청구권이 아니다. 예를 들면, 토지소유자, 제한소유권과 제한물권의 경우는 물권적 청구권은 지배권과 더불어 토지소유권, 제한소유권과 제한물권이라는 물권 자체를 구성한다. 이에 반하여 등기청구권은 점유권을 구성하기 위한 물권적 청구권이 아니라, 점유권의 효력으로서 인정되는 물권적 청구권이다.

(나) 등기청구권은 부동산소유권의 이전을 목적으로 하는 물권적 청구권

부동산점유취득시효완성자의 등기청구권은 다음과 같은 특징을 갖는다. 첫째, 등기청구권은 점유권이라는 이유만으로는 주어지는 물권적 청구권이 아니다. 등기청구권은 일정한 요건(제245조, 제246조)을 갖춘 점유권의 효력으로서만 인정되는 물권적 청구권이다. 둘째, 등기청구권은 점유물과 관련된 급부를 내용으로 하는 물권적 청구권이 아니다. 예를 들면, 점유자의 상환청구권은 점유물에 들인 비용(제203조)을 청구하는 물권적 청구권이다. 그러나 등기청구권은 부동산소유자에게 점유물에 대한 소유권을 이전하는 것을 내용으로 하는 물권적 청구권이다.

(다) 등기청구권과 점유권은 '점유물'을 중심으로 결합되어 있는 권리

점유권과 등기청구권은 하나의 '점유물'을 중심으로 결합되어 있다. 양자는 떼려야 뗄 수 없는 관계로서 분리불가의 관계에 있다. 따라서 부동산점유권이 이전되면 등기청구권도 함께 이전되는 것이다. 즉, 등기청구권은 점유권이 이전되는 경우에 점유권과 동반하여 이전되는 것이다.

(라) 등기청구권과 등기의무의 대물적 대인성

부동산점유권자의 점유권은 양도될 수 있다. 이 경우 부동산점유권의 양수인은 종전 부동산소유자에 대하여 등기청구권을 갖는다(등기청구권의 대물적 대인성). 한편 부동산소유권자의 소유권도 양도될 수 있다. 이 경우 부동산소유권자의 등기의무는 물권적 의무로서 당연히 부동산의 신 소유자에게 이전된다(등기의무의 대물적 대인성).

(마) 등기청구권은 일방적 물권적 청구권

등기청구권은 부동산점유취득시효완성자에게만 인정된다는 점에서 토지소유권, 제한소유권 또는 제한물권을 구성하는 물권적 청구권이 물권자 상호 간에 성립한다는 점에서 차이가 있다.

(4) 토지소유권에서 인정되는 물권적 청구권(상린권)의 특징 : 상린권은 지배권과 '병존적 물적 결합'이 있는 청구권

'자신의 토지'에 대한 지배권과 '이웃토지'에 대한 상린권은 두 필의 토지를 중심으로 '병존적으로 결합'되어 있다. 토지소유권자는 자신의 토지에 대하여는 지배권을 가지고 있어서 이를 양도할 수 있지만, 이웃하는 토지에 대해서는 지배권을 갖지 못하므로 이웃토지소유자에 대한 상린권을 양도할 수는 없는 것이다.

(가) 지배권과 상린권은 두 필의 토지를 중심으로 병존적인 물적 결합

이웃하는 토지의 소유권은 서로 대립하여 성립하는 물권이 아니다. 즉, 이웃하는 토지의 소유권은 한 필의 토지에 대하여 하나의 지배권 또는 지배권을 나누어 갖는 것이 아니다. 이 점에서 이웃하는 토지의 소유권은 서로 대립하여 성립하는 물권이 아니다. 이 점이 제한소유권과 제한물권이 대립하여 성립하는 물권이라는 것과 본질적으로 다른 점이다.

토지소유자는 '자신의 토지'에 대하여 지배권을 가짐과 동시에 '이웃 토지'와 관련된 급부를 청구할 수 있는 상린권을 갖는다. 예를 들면, 자신의 토지에 대한 지배권을 가지면서, '이웃토지'의 사용을 청구하거나(제216조), '이웃토지'의 통행을 청구하거나(제219조 및 제220조), '이웃토지'에 차면시설을 청구하거나(제243조), '이웃토지'의 심굴의 금지를 청구하는(제241조) 등의 권리가 바로 상린권이다. 상리권은 '이웃토지'와 관련된 급부를 청구할 수 있는 권리이다.

토지소유자의 '자신의 토지'에 대한 지배권과 '이웃토지'에 대한 상린권은 하나의 토지가 아니라 두 필의 토지를 중심으로 결합되어 있다. 즉, 토지소유자의 상린권은 '자신의 토지'에 대한 지배권과 '이웃토지'와 관련된 급부에 대한 청구권이 병존적으로 '물적'으로 결합이 되어 있다고 할 수 있다.

(나) 지배권의 이전성과 상린권의 비이전성

토지소유자의 상린권은 '이웃토지'와 관련된 급부에 대한 청구권이다. 토지소유자는 이웃하는 토지에 대하여는 지배권을 갖지 못한다. 따라서 토지소유자는 '자신의 토지'에 대한 지배권을 양도하더라도, 지배권을 갖지 못하는 '이웃토지'와 관련된 급부에 대한 상린권을 이전시킬 수가 없다(상린권의 비이전성). 한편 토지소유자는 이웃토지에 대한 지배권이 양도되면 새롭게 '이웃토지'와 관련된 급부를 청구하는 상린권을 취득하게 된다. 그것은 토지소유자의 '자신의 토지'에 대한 지배권은 '이웃토지'에 대한 상린권이 없이는 존재할 수 없기 때문이다. 즉, 법률의 규정에 의하여 두 필의 토지 사이에 '병존적 결합'이 창설되기 때문이다. 요컨대 이웃하는 토지소유권자들은 '자신의 토지'에 대한 지배권을 취득하면, 법률의 규정에 의하여 '이웃토지'와 관련된 급부에 대하여 상린권을 취득하는 것일 뿐이다.

(다) 상린권의 대물적 대인성

상린권은 채권과 같은 특정적 대인성은 갖지 않는다. 예를 들면, 임차권의 경우 임대인이 임대물의 소유권을 양도해버리면, 임차인의 임차권은 채무불이행책임으로 전환되어 존속한다. 이에 반하여 토지소유자는 이웃토지소유자의 토지에 대한 지배권이 양도되는 경우, 종전의 이웃토지소유자에 대하여 가지고 있던 상린권이 소멸하게 되고, 새로운 이웃토지소유자에 대하여 상린권을 취득하게 되는 결과, 역시 상린의 무불이행의 책임이라는 문제는 발생하지 않는 것이다.

토지소유자의 종전의 이웃토지소유자에 대한 상린권은 양도되지 않는다. 토지소유자의 상린권은 이웃토지소유자의 지배권이 양도되는 경우 새로운 이웃토지의소유자에게 주장할 수 없다. 그러나 토지소유자의 종전의 이웃토지소유자에 대한 상린권은 소멸하고, 새로운 이웃토지소유자에 대하여 새롭게 상린권을 취득할 뿐이다. 이로 인하여 토지소유자의 상린권은 언제나 이웃토지소유자에 대하여 주장할 수 있는 대물적 대인성이 인정되는 것이다.

(5) 제한소유권자와 제한물권자에게 인정되는 물권적 청구권의 특징 : 물권적 청구권은 지배권과 '일체적 물적 결합'이 있는 청구권으로서 물권을 구성

완전소유권에 대하여 제한물권이 설정되는 경우, 제한소유권과 제한물권은 서로 대립하여 성립한다. 즉, 제한소유권자와 제한물권자에게는 '하나의 물건'에 대하여 각각 지배권을 가지고 또 물권적 청구권이 발생하는바, 제한소유권과 제한물권은 서로 대립하여 존재하는 물권의 성질을 갖는다.[3] 즉, 물권적 청구권과 지배권은 하나의 물건을 중심으로 '일체적 물적 결합'이 존재한다.

(가) 제한소유권자·제한물권자의 지배권과 물권적 청구권의 '일체적 물적
   결합성'

지상권설정자의 지료지급청구권(제286조)은 '자신'이 처분지배권을 갖는 '토지'와 관
련된 급부, 즉 토지의 사용료를 청구하는 권리이다. 또 지상권설정자의 지상물매수청
구권(제285조 제2항) '자신'이 처분지배권을 갖는 '토지'와 관련된 부착물에 대한 매수청
구권이다. 또 명문의 규정이 없음에도 불구하고 인정되는 지상권자의 비용상환청구
권도 '자신'이 용익지배권을 갖는 '토지'에 대하여 지출한 비용을 청구하는 권리이다.
마찬가지로 지상권자의 지료지급의무(제286조 참조)도 자신이 '용익지배권'을 갖는 '토
지'와 관련된 급부, 즉 토지의 사용료를 지급하는 의무이다. 이처럼 제한소유권자와
제한물권자의 지배권과 물권적 청구권은 '하나의 물건'을 중심으로 '일체적으로 결합'
되어 동일한 주체에 귀속되어 존재한다.

(나) 제한소유권자·제한물권자의 지배권과 물권적 청구권의 이전성(동반성)

제한소유권자와 제한물권자의 물권적 청구권과 지배권은 '하나의 물건'을 중심으로
'일체적으로 결합'되어 있어 양자를 떼려야 뗄 수 없는 분리불가의 관계에 있으므로,
지배권이 양도되는 경우 물권적 청구권도 함께 이전되어 동일한 주체에 귀속될 수밖
에 없다. 즉, 지상권설정자의 처분지배권이 양도되는 경우 지료청구권도 당연히 양도
되어, 물건에 대하여 처분지배권을 취득하는 자의 청구권이 된다. 즉, 양자는 동반하
여 이전될 수밖에 없는 것이다. 그 결과 제한소유권자와 제한물권자의 물권적 청구권
은 지배권과 함께 제한소유권자와 제한물권자 사이에서뿐 아니라, 그 양수인들 사이
에서도 유효하게 존재하게 된다.

---

3) 제한소유권과 제한물권과 동일한 물권으로서 점유권이 존재한다. 종래 물권은 지배권이라는
   도그마에 의하면 점유권은 '사실상'의 지배권일 뿐이다. 따라서 '사실상'의 지배권과 함께 규정
   되고 있는 점유자의 상환청구권(제203조), 침해 물권적 청구권(제204조, 제205조, 제206조)은
   채권에 지나지 않는 것으로 취급되고 있다. 그러나 물권의 새로운 패러다임에 의하면 점유권
   자는 '사실상'의 지배권자일 뿐만 아니라 물권적 청구권자이기도 하다. 한편 점유권자는 지배
   권자로서 점유물과 관련된 급부를 내용으로 하는 물권적 청구권을 갖는다. 예를 들면, 점유자
   의 상환청구권은 점유물에 들인 비용(제203조)을 청구하는 물권적 청구권이다. 점유권의 물권
   적 청구권의 특성은 제한소유권자·제한물권자의 물권적 청구권과 동일한 특징을 갖는다.

(다) 제한소유권자·제한물권자의 물권적 청구권의 대물적 대인성

제한소유권자·제한물권자의 물권적 청구권은 상대방 물권이 양수인에게 이전되는 경우에도 새로운 물권자에게 청구할 수 있다. 예를 들면, 지상권설정자의 물권이 양도되는 경우 그 양수인은 지상권자에 대하여 지료청구권을 청구할 수 있다. 이러한 물권적 청구권의 속성을 대물적 대인성이라 부른다. 물권적 청구권의 대물적 대인성이란 물권적 청구권이 소멸하지 않고 계속하여 물권자의 양수인에게도 효력이 있다는 속성을 말하는 것이다. 한편 지상권설정자의 권리가 양도되는 지상권설정자는 지상권자에 대하여 동일한 유익비상환의무를 부담한다. 이러한 물권적 의무의 속성을 물권적 의무의 대물적 대인성이라 부를 수 있다. 물권적 청구권과 물권적 의무의 대물적 대인성은 바로 물권적 청구권관계의 대물적 대인성을 말하는 것이다. 따라서 물권적 청구권에 있어서는 특정의 물권적 의무자가 그 의무를 이행하지 않게 되더라도 불이행의 책임을 진다는 문제는 애초부터 발생하지 않는다.

(6) 물권적 청구권관계와 채권관계의 비교 : 물권적 청구권의 대물적 대인성과 채권의 특정적 대인성

물권적 청구권관계는 물적 대인성이 인정되고 채권관계는 특정적 대인성이 인정된다는 점에서 다른 성질이 인정된다.

(가) 물권적 청구권의 대물적 대인성

물권적 청구권의 대물적 대인성이란 항상 물권의 양수인에게 청구력이 인정되는 성질을 말한다. 이러한 대물적 대인성이 인정되는 것은 다음의 두 가지 원인에 의해서이다. 첫째, 제한소유권과 제한물권자의 물권적 청구권은 지배권과 함께 양도되기 때문에 상대방 물권의 양수인에 대하여 항상 청구력이 인정된다. 이는 부동산점유취득시효완성자의 등기청구권의 경우에도 마찬가지이다, 둘째, 토지소유자의 상린권도 언제나 이웃 토지소유권의 양수인에 대하여 항상 청구력이 인정된다. 그러나 이웃토지소유자의 양수인에데 청구력이 인정되는 것은 토지소유자의 종전의 이웃토지소유자에 대한 상린권은 이웃토지소유자의 지배권과 함께 양도되는 것이 아니라. 토지소유자가 새로운 이웃토지소유자에 대하여 새롭게 상린권을 취득하기 때문이다. 이상의 대물적 대인성을 대항력이라고 부르지는 않는다. 지배권을 대항력이 있는 권리라고 부르지 않듯이, 물권적 청구권도 대항력이 있는 권리라고 하지 않는 것이다.

한편 물권적 청구권의 대물적 대인성은 궁극적으로 지배권(토지소유권의 경우), 지배권과 물권적 청구권(제한소유권과 제한물권의 경우) 또는 물권(부동산점유취득시효완성자의 등기청구권의 경우)은 상대방 물권자의 동의가 없이도 양도될 수 있다는 물권의 양도성에서 비롯된다고 할 수 있다.

(나) 채권적 청구권의 특정적 대인성

채권관계는 채권자와 채무자 사이에 인적 결합관계가 존재하는 법률관계이다. 따라서 채권관계는 상대방의 동의가 있어야만 이전될 수 있는 법률관계이다. 따라서 상대방의 동의가 없으면 채권관계는 이전될 수 없다. 이것이 비로 채권관계의 비양도성(비이전성)이다. 또 이로 인하여 채권관계는 특정의 채무자에게만 청구할 수 있는 특정적 대인성이 인정된다. 요컨대 채권적 청구권의 특정적 대인성은 궁극적으로 채권관계는 상대방의 동의가 있어야만 이전될 수 있는 법률관계라는 데에서 비롯되는 것이다. 이러한 채권관계의 인적 결합 또는 비이전성은 채권관계를 구성하는 개별 채권의 양도나 개별 채무의 그것과는 구별되어야 한다. 후자의 경우 채권관계의 인적 결합 또는 비이전성은 약화되어 존재한다. 우선 개별 채권의 경우 채권은 그 성질이 양도를 허용하지 않거나(제449조 제1항) 또 채무자가 반대의 의사표시를 하는 경우(제449조 제2항)가 아닌 한, 채무자에게 통지하거나 채무자가 승낙(인식)하면 제3자에게 대항할 수 있다(제450조 제1항). 또 개별 채무의 경우 이해관계 없는 제3자는 채무자와 채무를 인수하기 위해서는 채권자의 동의(승낙)(제454조 제1항)을 받아야 하지만, 이해관계 있는 제3자는 채권자와의 계약으로 채무자의 의사에 반하여서도 채무를 인수할 수 있다(제453조 제1항). 이러한 개별 채권의 양도나 개별 채무의 인수와는 달리, 채권관계는 상대방의 동의가 있어야만 이전될 수 있고, 동의가 없으면 이전될 수 없는 비이전성이 있다. 예를 들면, 임대인이 임차인이 점유하고 있는 임대물을 제3자에게 양도하는 경우 임차인의 동의를 받아서 임대차관계를 이전하는 경우에만 임차인은 임대물의 양수인인 제3자에게 임차권을 대항할 수 있다. 그러나 임대인이 임차인의 동의를 받아서 임대차관계를 이전하지 않고 임대물을 제3자에게 양도하는 경우에는 임차인은 종전의 임대인인 채무자에 대하여 채무불이행책임을 물을 수 있을 뿐이다.[4] 이렇듯 채권관계란 특정의 채권자가 특정의 채무자에 대해서만 청구할 수 있고 또 특정의 채무자가 특정의 채권자에게 의무를 부담하는 인적 결합관계가 존재하는 법률관계이다.

채권관계는 채권자와 채무자 사이에 인적 결합관계는 있지만 물적 결합관계는 존재하지 않는다. 즉, 채권관계는 물건을 중심으로 지배권과 결합되어 있지 않다. 예를 들면, 임대차의 경우 임대인은 임대물에 대한 지배권을 임차인에게 이전할 의무를 부담하지 않고 임대물을 용익하게 할 의무를 부담할 뿐이다. 마찬가지로 임차인의 용익청구권은 임차물에 대하여 지배권을 취득하지 못하고 임차물에 대한 용익청구권을 취득할 뿐이다. 이처럼 임대인과 임차인의 용익청구권관계는 '임차물을 중심으로' 물적으로 결합되어 있다고 할 수 없다. 따라서 임대차관계는 임대물과 물적으로 결합되어 있지 않으므로 임대물이 양도되더라도 임대물에 대한 지배권은 함께 이전되지 않는 것이다. 임차인이 '임차물'에 대한 급부보유력은 차물에 대하여 용익청구권을 갖는다는 것을 전제로 한다는 점에서 마찬가지이다.

(7) 물권적 청구권의 대물적 대인성과 채권의 대항력

물권적 청구권의 대물적 대인성이란 항상 물권의 양수인에게 청구력이 인정된다는 성질을 말한다. 이에 반하여 채권의 대항력이란 채권관계가 이전되지 않아 채권관계가 존재하지 않음에도 불구하고 제3자에게 채권관계를 주장할 수 있는 경우를 말한다. 채권관계는 인적으로 결합관계에 있으므로 상대방의 동의가 있어야만 이전될 수 있고 상대방의 동의가 없으면 이전될 수 없다. 예를 들면, 임대물의 사용과 관련하여 종전 임대인이 제3자에게 임대물을 양도하면서 임차인이 동의를 받아 임대차를 이전하지 않으면, 임차인은 임대물의 신 소유자인 양수인(제3자)에게 임차권을 주장할 수는 없다. 그런데 임차인을 보호하기 위하여 3자와의 사이에서 임대차관계의 이전이 없음에도 불구하고 법률의 규정에 의하여 제3자와 관계에서 임대차관계를 의제하는 경우, 임차권은 제3자에 대항할 수 있다.[5] 우선 임대차를 등기하면 임차인의 임차권

---

4) 임차권은 제한적으로는 임차인이 임대인에 대하여 갖는 임차물에 대한 용익청구권을 의미하기도 하고, 포괄적으로는 임차인이 임대인에 대하여 갖는 모든 청구권을 가리키기도 한다. 이 글에서는 개별적인 물권법상의 청구권과 비교하는 경우에는 전자의 의미로, 임차인의 지위를 나타내는 의미로는 후자의 의미로 사용하기로 한다.

은 임대물의 신 소유자인 제3자에 대해서도 효력을 가질 수 있다(제621조). 등기된 부동산임대차의 경우 임대물의 신 소유자의 임대인 지위 승계가 의제되므로, 임차권은 임대인에 대한 대항력이 인정된다. 또 주택임대차(주택임대차보호법 제3조 제4항)와 상가건물임대차(상가건물임대차보호법 제3조 제2항)의 경우도 임대인의 양수인은 임대인의 지위를 승계하므로, 역시 대항력을 인정하고 있다.

임대차관계의 이전을 의제하여 예외적으로 임차권에 대항력을 인정하는 것을 두고 임차권 내지는 채권의 물권화라고 부르기도 한다. 그러나 첫째, 임차인의 용익청구권은 임차물에 대하여 급부보유력만을 가질 뿐, 임차물에 대하여 지배권을 취득하는 것이 아니다. 또 둘째, 임대차관계가 물권처럼 상대방의 동의 없이도 양도되는 것도 아니다. 그리고 셋째, 임대인은 임대물의 소유자로서 채무를 부담하는 것이 아니고 임대인의 승계인으로서 채무만을 부담할 뿐이다. 이상의 점에서 채권의 제3자에 대한 대항력을 채권의 물권화라고 부르는 것은 적절하지 않은 것이다.

(8) 저당채권관계와 저당물에 대한 지배권의 비결합성과 전세금반환청구권관계와 전세물에 대한 지배권의 결합성(분리불가성)의 비교

물권은 지배권이라는 도그마에 의하면, 저당권자에게 물권자와 주된 채권의 주체인 저당채권자의 지위가 중첩적으로 존재하는 것과 전세권의 경우 지배권자인 전세권자에게 물권법상의 청구권의 주체인 채권자의 지위가 중첩적으로 존재하는 것을 동일한 것으로 보게 된다. 그러나 물권의 새로운 패러다임에 의하면, 전세권자는 지배권과 물권적 청구권의 주체인 물권자의 지위를 가지게 되므로, 저당권자에게 물권자와 주된 채권의 주체인 저당채권자의 지위가 중첩적으로 존재하는 것과는 구별하여야 한다. 이하 물권의 새로운 패러다임에 따라서, 저당채권관계와 저당권설정당사자들의 지위와 전세금반환청구권관계와 전세권설정당사자들의 지위를 비교하여 살펴본다.

---

5) 임대물의 사용과 관련하여, 임대인을 보호할 필요는 없다. 임차인의 지위가 양수인에게 이전되기 위해서는 임대인의 동의가 반드시 필요하다. 따라서 이 경우는 더이상 대항력의 문제가 아니다. 이렇듯 채권의 경우 대항력이란 약자의 보호를 위한 일방적인 대항력을 말하는 것이다.

(가) 채권자인 저당채권관계의 당사자와 물권자인 저당권설정당사자들의 지위

채권자인 저당채권관계의 당사자와 물권자인 저당권설정당사자들의 지위를 살펴본다. 저당채권관계와 저당권은 다음의 관계에 있다. 첫째, 저당채권과 저당권은 주된 채권과 종된 물권으로서 별개의 권리에 해당한다. 즉, 저당채권자는 주된 채권의 권리자인 반면에, 저당권자는 종된 물권의 권리자이다. 그 결과 저당채무자는 저당채권자에 대하여 저당채무를 부담하고, 저당물소유자는 저당권자에 대하여 책임을 진다. 저당채권자와 저당권자가 동일인인 경우에도, 양자의 지위는 채권자와 물권자로서 동일인에게 중첩되어 존재하는 것일 뿐이다. 즉, 저당채무자와 저당물소유자의 지위가 동일인에게 중첩되어 귀속하든 그렇지 않든, 저당채무자는 저당채권자에 대하여 저당채무를 부담하고 '저당물소유자'는 저당권자에 대하여 책임을 부담할 뿐이다. 이러한 이유에서 저당권등기시에는 반드시 저당채무자가 기재되어야 하는 것이다(부동산등기법 제75조 제1항 제2호). 그러나 저당채권자는 당연히 저당권자이기 때문에 저당채권자는 별도로 표시될 필요가 없는 것이다. 둘째, 저당채권자의 지위와 저당권자의 지위가 동일인에게 중첩되어 존재하는 경우에도 저당물의 소유권이 이전되면, 저당물의 신 소유자가 저당채무를 인수하지 않는 한 저당물의 신 소유자는 저당채권자에 대하여 책임만 질 뿐 저당채무를 부담하지 않는다. 이른바 저당채무(채무)의 주체와 저당물의 책임(책임)의 주체가 분리된다. 따라서 저당물의 신 소유자가 저당채무를 인수하는 경우에도, 저당물소유자는 여전히 책임만 질 뿐 저당채무는 부담하지 않는 것이다. 셋째, 저당채무자의 지위와 저당물소유자의 지위가 이전되기 위해서는, 전자의 경우에는 채무인수의 절차가 필요하고 후자의 경우에는 저당물의 소유권이전등기가 필요하다. 마찬가지로 저당채권자의 지위와 저당권자의 지위가 이전되기 위해서도, 전자의 경우에는 채권양도 절차가 필요하고,[6] 후자의 경우에는 이전등기의 절차가 필요하다. 이는 저당채권관계는 채권관계이고 저당권은 물권이기 때문이다. 이상에서 보는 바와 같이, 저당채권관계는 특정의 채무자에 대한 특정의 채권자의 청구권관계로서 저당물에 대하여 처분지배권을 갖는 '저당물소유자'에 대한 청구권관계가

---

6) 입법례(독일민법)에 따라서는 저당권의 이전등기로 채권의 양도절차에 갈음하는 경우가 있지만, 그것은 저당채권이 저당물의 지배권과 결합되어 있기 때문이 아니라, 종된 물권인 저당권의 이전등기로 채권양도 절차를 갈음하는 것일 뿐이기 때문이다.

아니다.

(나) 물권자인 전세금반환청구권관계의 당사자들과 전세권설정의 당사자들의 지위

전세금반환청구권관계의 당사자들과 전세권설정의 당사자들의 지위가 모두 물권자인 경우를 살펴본다. 첫째, 전세금반환청구권과 전세권은 주된 채권과 종된 물권의 관계에 있지 않다. 전세금반환청구권자의 지위는 동시에 전세권자의 지위에 속하고, 전세금반환의무자의 지위도 전세물소유자(전세제한소유권자)의 지위에 속한다. 따라서 전세금반환의무는 전세물에 대하여 처분지배권을 갖는 전세물소유자의 의무이기 때문에, 전세권등기시에는 전세금반환의무자는 기재되지 않는다(부동산등기법 제72조 제1항 참조).7) 둘째, 전세물의 소유권(전세제한소유권)이 이전되면, '전세물'의 신 소유자는 역시 '전세물'의 처분·용익지배권자인 전세권자에 대하여 전세물반환의무를 부담하게 된다. 전세물소유권의 이전등기 후에도, 전세금반환의무와 전세금반환책임의 분리 현상은 발생하지 않는다. 전세물소유권의 이전등기시에 전세물소유자의 지위와 전세금반환의무자의 지위는 동일한 등기당사자에게 귀속된다. 셋째, 전세금반환의무자의 지위와 전세물소유자의 지위가 이전되기 위해서는, 전세금반환의무의 채무인수 절차가 필요하지 않고 전세물소유권이전등기로 족하다. 마찬가지로 전세금반환청구권자의 지위와 전세권자의 지위가 이전되기 위해서는, 역시 전세권이전등기로 족하다. 이는 전세금반환청구권관계와 전세제한소유권 및 전세권은 물권이기 때문이다. 이상에서 보는 바와 같이, 전세물에 대한 지배권과 전세금반환청구권관계는 전세물을 중심으로 결합되어 있어, 전세권을 설정한 당사자들의 지위와 전세금반환청구권관계의 당사자의 지위는 결코 분리될 수 없는 것이다.

(9) 맺음말

지배권은 인적 결합이 없는 권리이다. 지배권은 당사자의 동의 없이도 양도될 수 있다(지배권의 양도성). 물권적 청구권이 지배권과 함께 규정되어 있는 경우, 물권적

---

7) 전세금반환청구권은 전세물에 대하여 용익지배권·처분지배권을 갖는 물권자인 전세권자의 권리이므로 전세금반환청구권자도 기재될 필요가 없는 것이다.

청구권은 지배권과 물적 결합이 있는 권리이다. 제한소유권과 제한물권의 경우는 하나의 물건을 중심으로 일체적으로 결합되어 있고(지배권과 물권적 청구권의 일체적 물적 결합성), 토지소유권의 경우는 두 필의 토지를 중심으로 병존적으로 결합되어 있다(지배권과 물권적 청구권의 병존적 물적 결합성). 따라서 지배권이 양도되는 경우 제한소유권과 제한물권에서는 물권적 청구권이 지배권과 함께 이전되는 동반성이 있고(지배권과 물권적 청구권의 동반성·이전성), 토지소유권의 경우는 물권적 청구권이 지배권과 함께 이전되지 않는 비동반성이 있다(지배권과 물권적 청구권의 비동반성·비이전성). 한편 상대방 물권이 양도되는 경우에 물권적 청구권은 그 양수인 누구에게나 청구할 수 있는 성질이 있다(지배권과 물권적 청구권의 대물적 대인성).

채권은 인적 결합이 있는 권리이다. 채권은 당사자의 동의가 없으면 양도될 수 없다(비이전성). 채권은 물권과 무관하게 존재할 수 있는 권리이다. 이는 채권이 물건에 관한 급부를 목적으로 하는 경우에도 마찬가지이다. 따라서 채권은 물건에 대한 지배권과는 물적 결합이 존재하지 않는다(지배권과 채권의 물적 결합성 부존재). 채권은 인적 결합이 있는 권리이므로, 물권이 양도되더라도 이전되지 않는다. 채권은 특정의 채무자에게만 주장할 수 있다(채권의 특정적 대인성). 따라서 채권자가 물권자의 지위를 갖는 외관이 있는 경우에도, 채권자의 지위와 물권자의 지위는 별개의 지위로서 중첩적으로 존재하고 있을 뿐이다, 물권이 양도되는 경우에 당연히 채권자의 지위와 물권자의 지위는 분리가 된다. 그런데 이 경우 채권자의 상대방 채권자를 보호하기 위하여 입법을 통하여 즉, 예외적으로 물권의 양수인이 채권자의 지위를 양수하는 것으로 의제하여, 상대방 채권자가 물권의 양수인에게 대항할 수 있도록 허용하는 경우가 있다. 이것이 바로 채권의 대항력의 문제이다.

한편 전세권과 저당권의 경우에는 물권자인 지배권자와 물권적 청구권자의 지위가 동일한 주체에 귀속되어 있다. 전세권자는 지배권의 주체임과 동시에 물권적 청구권의 주체가 되고, 저당권자 역시 지배권의 주체임과 동시에 물권적 청구권의 주체가 된다. 그런데 저당권은 종된 물권이다. 따라서 저당권의 경우에는 물권자의 지위에 주된 채권관계가 중첩적으로 병존하여 존재한다. 저당채권자의 지위와 저당물권자의 지위는 별개의 지위로서 동일인에게 중첩적으로 존재하다. 전자는 주된 권리자의 지위이고, 후자는 종된 권리자의 지위이다. 즉, 주된 권리와 종된 권리의 관계상, 채권자의 지위와 물권자의 지위는 항상 동반되어 이전될 수밖에 없다. 그러나 저당채권자의 지위와 저당물권자의 지위가 동일인에게 중첩적으로 존재하는 것과 전세권의 경우 지배권과 물권적 청구권의 주체인 물권자로서의 지위가 동일인에게 일체적으로 존재하는 것은 구별되어야 한다. 그러나 저당채무자와 저당물소유자의 경우는 물권은 양도의 자유가 인정되므로, 저당채무자의 지위와 저당물권자의 지위는 얼마든지 분리될 수 있다. 마치 임대물의 경우 임대인인 채무자의 지위와 임대물 소유자의 지위가 분리되는 것과 마찬가지이다.

8. 물권적 청구권에 대한 법적 규율

물권적 청구권에 대한 규율을 지배권과 함께 물권을 구성하는 물권적 청구권과 그렇지 않은 물권적 청구권으로 구분하여야 살펴본다.

(1) 지배권과 함께 물권을 구성하는 물권적 청구권에 대한 법적 규율

지배권과 함께 물권을 구성하는 물권적 청구권의 규율은 다음의 세 가지의 규율이 있다. 첫째, 물권적 청구권은 지배권과 같은 규율을 받는다(지배권적 규율). 지배권의 규율로서 등기가 있다. 지료청구권과 전세금반환청구권인 약정 물권적 청구권은 등기가 있어야 발생하고 또 공시가 된다. 또 등기에 의하여 양도가 되기 때문에 지료청구권과 전세금반환청구권에 대하여는 채권양도의 절차가 요구되지 않는다. 또 전세권에 대하여 저당권이 설정되는 경우 전세금반환청구권도 당연히 전세권저당권의 객체가 된다. 그리고 지배권과 함께 물권을 구성하는 물권적 청구권에는 물권의 시효가 적용되고, 별개의 시효 내지는 채권의 시효가 적용되지 않는다. 이상이 물권적 청구권 관계가 물권법에 규율되고 있는 실질적 이유이다. 둘째, 물권법에 존재하는 물권적 청구권에 관한 규정에 의한 규율을 받는다(물권적 청구권의 규율). 예를 들면, 전세권자가 목적물의 성질에 의하여 정하여진 용법으로 이를 사용, 수익할 의무인 물적 의무를 이행하지 않을 경우에는 전세권설정자는 전세권의 소멸을 청구할 수 있다(제311조 제1항). 또 전세권의 존속기간을 약정하지 아니한 때에는 각 당사자는 언제든지 상대방에 대하여 전세권의 소멸을 통고할 수 있고 상대방이 이 통고를 받은 날로부터 6월이 경과하면 전세권은 소멸한다(제313조). 셋째, 채물권적 청구권은 인적 권리로서 상위개념인 청구권에 관한 규정의 규율도 받아야 한다(청구권적 규율). 이것이 채권법에 규정되어 있는 청구권 일반에 관한 규정이 물권적 청구권관계에도 당연히 준용되는 이유이다. 종래 침해 물권적 청구권에 대하여 채권법상의 규정 중 어느 규정이 준용될 수 있는지에 대하여 논의가 있었다. 이러한 논의는 지배권과 함께 물권을 구성하는 물권적 청구권에 대하여도 그대로 타당하다 할 것이다. 예를 들면, 채권자대위권, 동시이행의 법리와 상계의 법리가 준용될 수 있다. 채무불이행에 관한 규정도 물권적 의무의 불이행에 준용될 수 있는 규정이다. 이상의 경우 형식적으로는 첫째와 둘째의 규율은 물권법에 의한 물권법상의 규율에 해당하고, 셋째의 규율은 청구권적 규율로서 채권법상의 규율이라고 볼 수 있다.

(2) 물권의 효력으로서 인정되는 물권적 청구권에 대한 법적 규율

지배권과 함께 물권을 구성하지 않고 물권의 효력으로서 인정되는 물권적 청구권으로서 부동산점유취득시효완성자의 등기청구권과 침해 물권적 청구권이 있다.[8] 이러한 물권적 청구권에 대하여는 우선 물권법 중 해당 물권적 청구권에 관한 규정의 적용을 받는다(물권적 청구권의 규율). 또 채권법 중 청구권 일반에 관한 규정의 적용도 받는다(청구권적 규율). 예를 들면, 침해 물권적 청구권의 경우 물적 의무의 불이행에 대하여 채무불이행에 관한 규정이 준용된다.

9. 물권적 청구권의 종류[9]

물권법에 규정되고 있는 물권적 청구권은 여러 기준에 따라 구분할 수 있다. 물권적 청구권이 물권자 일방에게만 인정되느냐, 물권을 구성하느냐, 지배권의 대가를 구성하느냐, 지배권과 관련성이 있느냐, 당사자의 의사에 의하여 발생하느냐, 물권이 침해되어 발생하느냐, 물권의 취득을 위한 것이냐, 등기에 의하여 공시되느냐, 양도가 가능하냐의 여부 등에 따라 나누어 볼 수 있다.

(1) 물권자 일방에게만 인정되느냐 아니면 쌍방에게 인정되느냐의 여부

물권적 청구권은 물권자 일방에게만 인정되기도 하고, 물권자 쌍방 사이에 인정되기도 한다. 전자로서 침해 물권적 청구권과 부동산점유취득시효완성으로 인한 등기

---

8) 점유권자의 자력구제권도 이와 동일하다.
9) 이 부분은 필자의 논문("물권론의 재정립")에서 III.3.(1)(가)(물권적 청구권)을 발전시킨 부분이다.

청구권이 있다. 후자로서 토지소유권자, 제한소유권자와 제한물권자 사이에서 인정되는 물권적 청구권이 있다.

(2) 지배권과 함께 물권을 구성하느냐 물권의 효력으로서 인정되느냐의 여부

물권적 청구권은 지배권과 함께 물권을 구성하는 물권적 청구권과 그렇지 않은 물권적 청구권으로 분류할 수 있다. 물권법에 존재하는 대부분의 물권법상의 청구권은 지배권과 함께 물권을 구성하는 물권적 청구권이다. 이에는 토지소유권자, 제한소유권자와 제한물권자 사이에 존재하는 약정 또는 법정의 물권적 청구권이 있다. 지배권과 함께 물권을 구성하는 물권적 청구권은 물권을 구성한다는 점에서 지배권으로부터 독립성이 인정되지 않지만, 지배권으로부터 독자성이 인정된다. 그 밖에 물권을 구성하지 않고 물권의 효력으로서 인정되는 물권적 청구권이 있다. 이에는 다시 침해되는 물권의 효력으로서 인정되는 침해 물권적 청구권과 점유권의 효력으로서 부동산점유취득시효완성자에게 인정되는 등기청구권이 있다.

(3) 지배권의 대가를 구성하느냐의 여부

물권적 청구권에는 지배권의 대가를 구성하는 물권적 청구권과 그렇지 않은 물권적 청구권이 있다. 지료청구권, 전세금보유권과 전세금반환청구권이 용익지배권에 대한 대가를 구성하는 물권적 청구권이다. 그 밖의 물권적 청구권은 지배권의 대가와는 무관하게 성립한다.

(4) 지배권과 관련성이 있느냐의 여부

지배권과 함께 물권을 구성하는 물권적 청구권은 약정이든 법정이든 모두 지배권과 직접적인 관련이 있다. 토지소유권, 제한소유권과 제한물권에서 인정되는 물권적 청구권이 이에 해당한다. 특히 이 경우 물권적 청구권은 지배권과 일체적으로 또는 병존적으로 결합되어 있다. 이에 반하여 부동산점유취득시효완성자의 등기청구권은 물권의 효력으로서 인정되고 물권을 취득하기 위한 것이라는 점에서 지배권과는 무관하다. 그러나 침해 물권적 청구권은 물권에 대한 침해에 기초하여 발생한다는 점에서 물권의 효력으로서 발생하는 물권적 청구권이지만 지배권과도 관련이 있을 수 있다. 즉, 물권 중에서 지배권만으로 구성되는 동산소유권과 건물소유권의 경우는 물권인 지배권에 대한 침해로서 발생한다는 점에서 그러하다.

(5) 당사자의 의사에 의하여 발생하느냐의 여부

물권적 청구권은 당사자의 의사에 의하여 발생하는 약정의 물권적 청구권과 법률의 규정에 의하여 발생하는 법정의 물권적 청구권으로 구분할 수 있다. 지배권의 대가로서 물권을 구성하는 지료청구권과 전세금반환청구권이 약정의 물권적 청구권에 해당한다. 지료청구권과 전세금반환청구권은 당사자들의 의사에 의하여 발생할 뿐 아니라 그 내용도 당사자들의 의사에 의하여 정해진다(물권법정주의의 한계). 이에 반하여 그 밖의 물권적 청구권은 모두 법률의 규정에 의하여 발생하는 물권적 청구권이다. 법정의 물권적 청구권은 그 발생뿐 아니라 종류와 내용도 모두 법률로 정한다(물권법정주의)(제185조). 이에는 지배권과 함께 물권을 구성하는 법정의 물권적 청구권, 상린권, 침해 물권적 청구권, 부동산점유취득시효완성자가 갖는 등기청구권이 포함된다.

(6) 물권이 침해되어 발생하느냐의 여부

침해 물권적 청구권은 물권에 대한 침해가 있어야 비로소 발생하는 소극적인 물권적 청구권이다. 이에 반하여 그 밖의 물권적 청구권은 물권의 침해가 없는 경우에 발생하는 적극적인 물권적 청구권이라 할 수 있다.

(7) 등기에 의하여 공시되느냐의 여부

물권적 청구권은 등기에 의하여 공시가 되느냐 않느냐에 따라 구분할 수 있다. 지료청구권과 전세금반환청구권은 지배권과 함께 물권으로서 등기에 공시가 된다. 이에 반하여 그 밖의 물권적 청구권은 등기에 의하여 공시가 되지는 않는다. 지배권과 함께 물권을 구성하는 법정의 물권적 청구권뿐 아니라, 부동산점유취득시효완성자의 등기청구권과 침해 물권적 청구권은 등기에 의하여 공시가 되지 않는다.

(8) 양도가 가능하냐의 여부

물권적 청구권은 양도가 가능하냐의 여부에 따라 구분할 수 있다. 우선 지배권과 함께 물권을 구성하는 제한소유권과 제한물권의 경우, 물권적 청구권은 당연히 지배권과 함께 양도된다. 즉, 약정의 물권적 청구권이든 법정의 물권적 청구권이든 지배권과 함께 물권으로서 양도된다. 법정의 물권적 청구권도 등기에 의하여 공시가 되지는 않지만, 물권을 양도할 경우에 포괄적으로 양도된다. 또 부동산점유취득시효완성자의 등기청구권은 점유권의 효력으로서 인정되므로 점유권의 양도에 의하여 양도된다. 따라서 부동산점유취득시효완성자의 등기청구권은 점유권의 효력이므로 점유권과 분리될 수 없다. 이상의 경우 물권적 청구권은 그 양도에 채권과 달리 상대방 물권자의 동의 자체가 필요하지 않다. 이에 반하여 토지소유권자의 상린권인 물권적 청구권은 양도될 수 없다. 상린권은 지배권과 함께 토지소유권을 구성하지만, 상린권은 양도된 토지소유권에 기초하여 비로소 발생하는 권리이기 때문이다. 예외적으로 법률의 규정에 의하여 승계가 허용되는 경우가 있다. 민법 제233조의 용수권의 승계가 이에 해당한다. 이는 법정 승계에 해당하므로 양도와는 구분된다. 또 침해 물권적 청구권은 침해된 물권에 기초하여 발생하는 것이므로 역시 물권의 양도와는 무관한 것이다.

Ⅲ. 물권의 개념과 분류

물권의 새로운 패러다임에 의한 물권의 개념과 분류에 대하여 살펴본다.

1. 물권의 개념

(1) 물권은 지배권이라는 도그마에 의한 물권의 개념

종래 물권은 지배권이라는 도그마에 의하면, 물권은 지배권이다. 제한물권도 지배권이다. 그리고 소유권에 제한물권이 설정되는 경우에도, 물권법상의 청구권은 채권에 해당하므로, 지배권으로 구성되는 소유권은 소유권의 모습을 상실하지 않는다. 예를 들면, 지상권이 설정되는 경우에도, 소유권자는 소유물에 대한 용익지배권을 양도하더라도, 처분지배권을 유지하는 데에 문제가 없다. 또 소유권에 담보물권을 중첩적으로 설정하는 경우에도, 소유권자의 지배권에는 전혀 변함이 없다. 따라서 물권은 지배권이라는 도그마에 의하면 소유권을 비롯한 모든 물권은 지배권일 뿐이다.

(2) 새로운 패러다임에 의한 물권의 개념

물권의 새로운 패러다임에 의하면, 물권은 지배권만으로 구성되기도 하지만 지배권과 물권적 청구권으로 구성되기도 한다. 어느 경우이든 물권은 물건에 대한 지배권이 없이는 성립될 수 없다. 즉, 모든 물권은 지배권을 요소로 한다. 그러나 물권이 지배권만으로 성립할 수 없는 것 또한 사실이다. 지배권과 물권적 청구권으로 구성되는 물권도 물권으로 포섭하기 위해서는, 물권은 지배권일 뿐이라는 도그마를 포기하여야 한다.[10]

물권적 청구권이 지배권과 함께 규정되어 있는 경우에는 물권적 청구권은 지배권과 물적으로 결합되어 있다. '병존적으로 물적으로 결합'되어 있을 수도 있고 또 '일체적으로 물적으로 결합'되어 있을 수도 있다.[11] 따라서 지배권과 물권적 청구권으로 구성되는 물권도 물권으로 포섭하기 위해서는, 물권은 '물건을 매개로 하는 권리'라는 정의가 필요하다. 이것이 물권의 새로운 패러다임이다.

채권은 그 권리자가 원칙적으로 물권자임을 요하지 않는다. 또 물건과 관련된 급부를 목적으로 하여 채권이 성립하고 있는 경우에도, 채권은 물건을 매개로 하는 권리라 할 수 없다. 예를 들면, 임대인이 임대물의 소유자인 경우에도 소유권이 양도되는 경우, 채권은 물권과 분리된다. 즉, 임대인이 임대물의 소유자(또는 물권자)인 경우에도 임대인은 임대물에 대한 지배권을 이전할 의무가 없고, 용익청구를 허용할 의무만을 부담하게 된다. 이 점에서 임대인의 채권은 '물건을 매개로 하는 권리'라 부를 수 없다. 즉, 임대인의 차임청구권은 임대물 사용료의 청구권이고 임차인의 용익청구권은 '임대물'을 사용할 수 있는 청구권이지만, 임대물에 대한 '지배권'과는 무관한 권리이다. 이 점에서 임차권은 '임대물을 매개로 하는 권리'가 아니다.

2. 물권의 분류

물권의 새로운 패러다임에 의하면, 물권에는 완전소유권과 제한물권 외에 제한소유권이 존재한다.[12] 완전소유권이란 제한물권이 설정되지 않았기 때문에, 아무런 제

---

10) 지배권이 물건을 직접 대상으로 한다고 하지만, 담보물권의 경우 담보지배권은 물건이 아니라 물건에 대한 소유권이다. 이 점에서도 지배권은 물건을 대상으로 하지 않고 물건을 매개로 하는 권리라 할 수 있다.

11) 부동산점유취득시효완성자의 등기청구권은 점유지배권과 함께 '하나의 점유물을 중심'으로 '일체적으로 물적으로 결합'되어 있다.

12) 민법(제192조－제210조)은 소유권의 유무를 불문하고 물건에 대하여 사실상의 지배를 하는 자에게 점유권도 물권으로 인정하고 있다. 점유권의 경우 물권적 청구권인 점유보호청구권(제

한을 받지 않는 완전한 소유권을 말한다. 이에 반하여 제한소유권이란 완전소유권에 제한물권이 설정되는 경우, 제한물권에 대응하여 제한물권에 의하여 제한을 받는 소유권을 말한다. 제한소유권에는 용익물권을 설정하는 경우 지상제한소유권, 지역제한소유권과 전세제한소유권이 있고, 담보물권을 설정하는 경우 질제한소유권과 저당제한소유권이 있다. 이 중 완전소유권에 저당권이 설정되는 저당제한소유권의 경우 용익지배권이 이전되지 않고 또 처분지배권이 중첩적으로 설정될 뿐이므로, 지배권은 완전소유권과 아무런 차이가 없다. 그러나 저당제한소유권자는 저당권자에 대하여 저당물보충의무(제362조)를 부담한다. 또 저당제한소유권은 저당권자의 담보지배권에 의한 제한을 받는다. 이러한 점에서 저당제한소유권은 결코 완전한 의미의 소유권이라 할 수 없다. 제한소유권은 완전소유권과는 법적 발현 형태가 전혀 다른 별개의 지위를 갖는 권리에 해당한다.

3. 물권의 규율 : 물권적 규율과 청구권적 규율

(1) 물권은 지배권이라는 도그마에 의한 물권의 규율

종래 물권은 지배권이라는 도그마에 의하면, 토지소유권, 제한소유권과 제한물권은 지배권에 지나지 않는다. 그러나 이 경우 지배권자에게는 동시에 물권법상의 청구권이라는 채권자의 지위도 인정된다. 이 경우 채권자는 채권적 규율을 받게 된다. 전세금반환청구권의 양도를 위해서는 전세권의 등기와는 별도로 채권양도의 절차가 요구된다. 그런데 통설과 판례는 용익기간 중에는 전세금반환청구권은 용익지배권의 요소라고 보기 때문에 채권양도의 절차가 필요하지 않다고 한다. 이에 대해서는 전세금반환청구권이 용익지배권의 요소라 하더라도 채권인 이상 채권양도의 절차가 필요하지 않은가 하는 의문이 발생하게 된다.

(2) 물권의 새로운 패러다임에 의한 물권의 규율

물권의 새로운 패러다임에 의하면, 물권의 규율에는 물권적 규율(물권법상의 규율)과 청구권적 규율(채권법상의 규율)이 있다. 물권적 청구권은 물권적 청구권에 관한 규율을

204조-제206조)도 인정된다. 이 글에서 물권과 물권적 청구권에 관한 설명은 점유권과 점유권에서 인정되는 물권적 청구권에도 그대로 타당하다.

받지만, 물권적 청구권은 그 외에 지배권적 규율도 받게 된다. 전세금반환청구권과 전세금반환의무는 용익기간의 종료 여부를 불문하고 그 이전에 이전등기로 족하고 별도의 채권양도 또는 채무인수의 절차는 필요하지 않다.[13] 나아가 채권법에 규정되어 있는 청구권 일반에 관한 규정의 규율도 받게 된다.

4. 완전소유권, 제한소유권과 제한물권의 구분

물권의 새로운 패러다임에 의하면, 물권에는 물권법이 명시적으로 규율하고 있는 소유권과 제한물권 외에 물권법에는 명시적으로 드러나지 않는 제한소유권이 있다. 물권법상에 규정되어 있는 소유권이란 제한소유권과 대비되는 개념으로 완전소유권에 해당한다.

물권에는 지배권만으로 구성되는 것으로 동산소유권과 건물소유권이 있다. 또 물권에는 지배권과 물권적 청구권으로 구성되는 토지소유권, 제한소유권과 제한물권이 있다.

(1) 완전소유권

완전소유권이란 아무런 제한물권도 설정되지 않은 소유권을 가리킨다. 완전소유권에는 동산소유권·건물소유권과 토지소유권이 있다.

(가) 동산소유권 과 건물소유권

동산소유권과 건물소유권은 '자신'의 동산이나 건물을 대상으로 하는 지배권으로만 구성되는 완전소유권이다. 동산과 건물은 독립하여 존재하므로, 물권적 청구권은 존재하지 않는다. 다만, 동산소유권과 건물소유권이 침해를 받을 경우, 침해 물권적 청구권이 발생할 뿐이다. 따라서 동산소유권자와 건물소유권자는 '자신'의 동산이나 건물에 대하여 지배권이 인정될 뿐, 다른 물권자에 의하여 어떠한 제한도 받지 않는다.

건물이 타인의 토지 위에 존재하고 있는 경우에는, 건물소유자는 건물의 소유를 위하여 토지를 사용하는 지상권(제279조) 또는 임차권의 권리자이기도 하다. 이 경우

---

13) 지배권과 함께 물권을 구성하는 물권적 청구권의 규율에 대하여는 '물권을 구성하는 물권적 청구권과 지배권의 관계'에서 설명한다.

지상권 또는 임차권은 건물소유권과는 별개의 권리이지, 건물소유권 자체의 내용은
아니다.

(나) 토지소유권

토지소유권은 토지를 대상으로 하는 지배권과 물권적 청구권인 상린권으로 구성된
다. 그런데 토지는 고립무원의 무인도가 아닌 한, 이웃하는 토지와 경계를 이루어
존재할 수밖에 없다. 따라서 법률의 규정에 의하여 토지소유권에는 이웃토지의 소유
자에 대한 상린권도 함께 인정되는 것이다. 이는 역으로 말하면 토지소유권은 '이웃토
지' 소유자의 물권적 청구권에 의한 제한도 받게 되는 것이다.

토지소유권에는 제한물권이 설정되는 것은 아니므로, 토지소유권은 완전소유권에
해당한다. 그러나 이것이 토지소유권이 이웃하는 토지소유자의 상린권에 의하여 제
한을 받지 않는다는 것을 말하는 것은 아니다. 즉, 토지소유권이 존재하는 한 법률의
규정에 의하여 물권적 청구권관계가 이웃하는 토지소유자 사이에 존재하게 된다. 이
처럼 토지소유권은 지배권과 물권적 청구권으로 구성된다는 점에서 지배권만으로 구
성되는 동산소유권 및 건물소유권인 완전소유권과 구별되고, 물권적 청구권관계도
인정되는 된다는 점에서 제한소유권 또는 제한물권과 동일하다.

(다) 완전소유권인 건물소유권 및 토지소유권의 보존등기

건물소유권 및 토지소유권의 보존등기는 완전소유권의 보존등기에 해당한다. 이
경우 乙區에 아무런 제한물권이 설정되지 않는다는 것은, 건물소유권 및 토지소유권
이 온전하게 보존되고 있다는 것을 나타낸다. 한편 토지소유권 보존등기의 경우 상린
권인 물권적 청구권은 乙區에 표시되지 않는다. 상린권인 물권적 청구권은 토지이용
의 확대 또는 제한을 위하여 법률에 의하여 인정되는 것이기 때문이다.

(2) 제한소유권

제한소유권 역시 지배권과 물권적 청구권으로 구성되는 물권이다. 제한소유권은
'자신'의 물건을 대상으로 하는 지배권과 '제한물권자'에 대한 약정 또는 법정의 물권
적 청구권관계로 구성되는 계속적 물권이다.

(가) 제한소유권의 명칭

제한소유권자는 '자신'의 물건에 대하여 처분지배권을 갖는다. 따라서 완전소유권 자처럼 자신의 물건을 처분할 수 있다. 이러한 점에서 완전소유권자와 동일한 점이 있다. 따라서 제한'소유권'이라는 명칭을 유지할 수 있는 것이다. 그 밖의 점에서는 제한소유권의 법적 구성은 완전소유권의 법적 구성과는 전혀 다르다.

(나) 제한소유권의 의의와 제한

제한소유권은 약정 또는 법정의 제한물권에 의하여 제한을 받는다는 점에서 그러 한 명칭이 붙여지는 것이다. 제한소유권자가 받는 제한이 어떠한 것인지는 설정되거 나 성립하는 제한물권이 어떠한 권리이냐에 따라 상이하다. 첫째, 제한물권이 용익물 권인 경우이다. 지상권이 설정되는 경우 지상제한소유권자는 용익지배권을 상실한다. 또 지역권이 설정되는 경우에는, 지역제한소유권자는 용익지배권을 상실하지 않지만, 지역권자의 용익지배권에 의하여 질적 또는 양적인 제한을 받는다. 이상의 경우 용익 제한소유권자와 용익제한물권자 사이에는 약정 또는 법정의 물권적 청구권관계가 발 생한다. 둘째, 제한물권이 담보물권인 경우이다. 담보물권자에게는 처분지배권이 중 첩적으로 설정될 뿐, 담보제한소유권자의 지배권에는 외관상 아무런 변동이 없다. 그러나 담보물권이 실행되는 경우 제한소유권자는 소유권을 상실하거나 또는 소유권 을 상실하지 않기 위해서는 자신의 재산을 출연하여야 하는 제한을 받게 된다. 또 질권이 설정되거나 유치권이 성립하는 경우에는 비록 제한소유권자의 용익지배권이 상실되지는 않지만 질권자와 유치권자가 질물과 유치물을 점유함으로써 제한소유권 자는 사실상 자신의 용익지배권을 행사할 수 없는 제한을 받게 된다. 이상의 경우 담보제한소유권자와 담보제한물권자 사이에는 약정 또는 법정의 물권적 청구권관계 가 발생한다. 셋째, 제한물권이 용익물권성과 담보물권성을 갖는 전세권인 경우이다. 이 경우 전세권자에게는 한편으로 용익지배권이 설정되어 제한소유권자의 지배권은 처분지배권으로 축소되고 다른 한편으로 처분지배권이 중첩적으로 설정된다. 또 전 세제한소유권자와 전세권자와 사이에는 용익물권적 청구권관계와 담보물권적 청구 권관계가 동시에 성립한다. 이상에서 보는 바와 같이, 제한소유권자는 제한물권이 설정 또는 성립됨으로써 지배권이 질적 또는 양적으로 감축되고 또 물권적 청구권관계가 발생하여, 제한소유권자는 완전소유권자의 지위를 상실하고 제한소유권자의 지위를 가지게 된다.

(다) 제한소유권의 종류

제한소유권은 설정되는 제한물권이 어떠한 물권이냐에 대응하여 여러 종류가 성립하게 된다. 예를 들면, 용익물권이 설정되면 용익제한소유권이 성립한다. 즉, 지상권이 설정되면 지상제한소유권, 지역권이 설정되면 지역제한소유권, 전세권이 설정되면 전세제한소유권이 존재한다, 이 경우 지상제한소유권은 지료의 약정이 있느냐의 여부에 따라 무상의 지상제한소유권과 유상의 지상제한소유권이 성립한다. 이에 반하여 전세제한소유권은 언제나 유상인 물권으로서 존재한다. 또 담보권물권이 설정되면 담보제한소유권이 성립한다. 즉, 질권이 설정되면 질제한소유권, 유치권이 성립하면 유치제한소유권, 저당권이 설정되면 저당제한소유권이 성립하게 된다. 완전소유권에 담보물권이 설정되는 경우에는 무상의 담보제한소유권이 성립할 뿐이다. 제3자가 담보물을 제공하는 경우에 담보물소유자와 피담보채무자 사이에 대가관계의 지급이 존재할 수도 있으나, 이것이 유상의 담보제한소유권의성립을 가져오지 않는다.

(라) 독립된 물권으로서의 제한소유권

종래에는 물권을 소유권과 제한물권으로만 구분하여 제한소유권을 독립된 물권으로 인정하지 않았다. 비록 우리 물권법이 제한소유권에 대하여는 제한물권과 같이 독립된 명칭을 부여하고 있지 않지만, 제한소유권도 독립된 물권으로 보아야 한다.[14] 종래 제한소유권을 독립된 물권으로 인정하지 않았던 이유는 제한소유권자는 완전소유권자의 지위가 일시적으로 제한을 받는 것일 뿐이라고 보았기 때문이다. 즉, 제한소유권은 언제든지 완전한 소유권으로 환원될 수 있는 탄력성이 있다고 보았기 때문일 것이다. 그러나 제한물권은 일시적인 권리로서 소멸이 예정된 권리라는 점에서는 마찬가지이다. 따라서 제한물권을 일시적인 권리임에도 독립된 물권이라고 본다면, 제한소유권도 마땅히 독립된 물권으로 보아야 한다. 예를 들면, 지상권을 설정한 지상제한소유권에 저당권을 설정하는 경우, 그것은 완전소유권에 대하여 저당권을 설정하

---

14) 대륙법계 민법에서도 이러한 설명이 있는지는 의문이다.

는 경우와는 전혀 다른 법률관계가 형성된다. 이 경우 물권은 지배권이라는 도그마에 의하면 지배권만이 저당권의 객체가 되고 지료청구권은 저당권의 객체가 될 수는 없다.15) 그러나 물권의 새로운 패러다임에 의하면, 이 경우 지료청구권은 지배권과 함께 당연히 저당권의 객체가 된다. 완전소유권에 대하여 저당권이 설정되는 경우와는 전혀 다른 법률관계라 하지 않을 수 없다.

제한소유권을 독립된 물권으로 보아야 하는 것은 물건을 소유하고 있는 甲이 A와 임대차계약을 체결하거나 지상권을 설정하는 경우를 비교하면 잘 알 수가 있다. 첫째, 甲이 A와 임대차계약을 체결하는 경우, 甲과 A는 각각 독립된 채권을 취득하게 된다. 甲의 임대권은 A의 임차권이 발생함과 동시에 대립하는 채권으로서 성립한다. 이 경우 甲은 완전소유권자로서의 지위를 유지한 채 채권을 부담할 뿐이다. 둘째, 甲이 A에게 지상권을 설정하여 주는 경우, 甲은 지상권설정자인 지상제한소유권자가 되고 A는 지상권자가 된다. A는 물권법에 의하여 독립된 물권인 지상권을 취득한다. 이 경우 甲은 A에게 지상권을 설정하여 줌으로써 완전소유권자의 지위를 상실하고 독립한 지상제한소유권자의 지위를 가지고 지상권과 대립하여 성립하게 되는 것이다. 종래 甲은 지상권에 의한 제한을 받으면 그 권능의 행사는 중지되고 허유권 또는 공허한 소유권이 되고, 그러한 제한은 유한하다고 보았다.16) 따라서 여전히 일시적으로 지상권의 제한을 받는 소유권자의 아류로 취급되었다. 요컨대, 甲은 자신의 토지에 대하여 용익지배권을 상실하고 처분지배권을 가지고 또 완전소유권자에게는 없는 물권적 청구권관계도 취득하게 된다는 점에서 독립한 물권이라고 보아야 하는 것이다.

(마) 물권법상 제한소유권의 규율

현행 물권법은 제한소유권이 별도로 물권으로 규율하고 있지 않다고 볼 수 있다. 그러나 그것은 외관상 그러한 것일 뿐이고, 실질적으로는 제한물권을 규율하면서 제한소유권도 함께 규율하고 있다. 예를 들면, 지상권을 규율하면서 지상권설정자(제283조, 제285조, 제287조) 또는 당사자(제284조, 제286조)의 권리와 의무를 규율하고 있는바, 이는 지상권을 설정한 지상제한소유권에 대한 규율에 해당한다. 이는 마치 임대차계약에서

---

15) 물론 유익비상환청구권, 부속물매수청구권도 저당권의 객체가 될 수 있다. 이에 대해서는 후술한다.
16) 곽윤직 · 김재형, 전게서, 220면,

임차인의 지위를 규율할 때 임대인의 지위도 함께 규율하고 있는 것과 마찬가지이다.

(바) 물권법상 제한소유권자의 의무

제한물권이 계속적 물권인 것과 같이 제한소유권 역시 계속적 물권이다. 따라서 제한소유권자는 제한물권자에게 지배권을 설정하여 줄 뿐만 아니라 제한물권자에 대하여 일정한 물권적 의무도 계속적으로 부담한다.

(a) 제한물권자의 지배권을 허용하게 할 제한소유권자의 물권적 의무

제한소유권자는 제한물권자에게 자신의 소유물에 대하여 설정한 용익지배권 또는 담보지배권을 허용하게 할 계속적 물권적 의무를 부담한다. 이를 위하여 등기를 유지할 물권적 의무를 계속하여 부담한다. 제한소유권자가 물권적 합의와 등기에 의하여 제한물권자의 물권을 설정하게 되면, 매 순간 제한소유권자의 물권적 의무가 이행되는 결과, 경과한 용익기간 또는 담보기간에 대하여는 자신의 물권적 의무를 이행한 상태가 되지만, 잔여 용익기간 또는 담보기간 동안에는 제한소유권자가 등기를 유지하여야 시간이 경과함에 따라서 물권적 의미가 이행되는 것이다. 이는 임대인이 사용·수익허용의무를 부담하고 있는 상태에서, 임차인에게 임차물을 인도하면 경과한 임대기간에 대하여는 임대인이 자신의 의무를 이행한 상태가 되고, 남은 임대기간 중에는 임대인이 사용·수익허용의무가 계속 존속하는 것과 마찬가지이다. 채무자는 채권자에 대하여 사용·수익허용의무를 부담하고 제한소유권자는 제한물권자에 대하여 용익·담보지배권을 유지할 의무를 부담하게 되는 것이다.

(b) 담보제한소유권자의 담보물가치를 유지할 물권적 의무

담보물권을 설정한 담보제한소유권자는 담보물가치를 유지할 물권적 의무를 부담한다. 따라서 담보물이 손상되는 경우 일정한 불이익이 발생한다. 첫째, 저당권자는 저당권설정자의 책임 있는 사유로 인하여 저당물의 가액이 현저히 감소된 때에는 저당권설정자에 대하여 그 원상회복 또는 상당한 담보제공을 청구할 수 있다(제362조). 둘째, 채무자가 담보를 손상, 감소 또는 멸실하게 한 때에는 기한의 이익을 주장하지 못한다(제388조). 제388조는 질권설정자와 저당권설정자에게 적용된다. 유치권의 경우는 이행기한이 도래한 채무에 대하여 성립하므로 이러한 문제는 발생하지 않는 것

이다.

담보물권의 설정자인 담보제한소유권자가 적극적으로 담보물가치유지의무를 부담하는 것인지 아니면 결과의 발생에 대하여 책임을 지는 것일 뿐인지가 문제이다. 우선 저당권설정자는 저당권을 설정한 후에도 저당물을 사용·수익할 권리를 보유하지만, 이것은 저당권설정자에게 담보물가치유지의무가 인정된다는 점에는 변함이 없다. 이에 반하여 질권과 유치권이 성립하는 경우 담보물은 질권자와 유치권자가 점유한다는 점에서는 질제한소유권자와 유치제한소유권자는 담보물가치유지의무는 부담하지 않는다.

(c) 지역제한소유권자의 공작물을 설치·보존할 물권적 의무

지역권자는 일정한 목적을 위하여 승역지소유자의 토지를 자기토지의 편익에 이용하는 권리를 갖는다(제291조). 승역지소유자는 요역지소유자가 자기토지의 편익을 위해서 승역지소유자의 토지를 이용하는 범위내에서, 이를 인용하여야 할 소극적 부작위의무를 부담한다. 따라서 승역지소유자는 요역지소유자의 지역권의 행사를 위해서 공작물을 설치하고 이를 수선할 의무를 부담하지는 않는다. 그런데 승역지소유자가 계약에 의하여 자기의 비용으로 요역지소유자의 지역권의 행사를 위하여 공작물의 설치 또는 수선의 의무를 부담하는 경우가 있다(제298조). 이 경우 부동산등기법(제70조 단서)에 의하여 계약이 등기되는 경우에는, 승역지소유자가 부담하는 의무는 특별승계인에게도 이전이 되는 물권적 의무가 된다.

한편 제298조의 의무가 등기가 되지 않는 경우에는 승역지소유자는 요역지소유자에 대하여 채무를 지게 될 뿐이다. 계약을 한 것만으로는 이러한 채무가 승역지소유자의 특별승계인에게 이전되지 않는다.

(3) 제한물권

제한물권 역시 지배권과 물권적 청구권으로 구성되는 물권이다. 제한물권은 '타인'의 소유물에 대하여 설정 또는 성립하는 계속적 물권이다.[17] 제한물권은 '타인'인 제한소유권자의 물건을 대상으로 하는 지배권과 '제한소유권자'에 대한 약정 또는 법정

---

17) 제한물권에 대하여 설정되는 전전세와 전질 등도 역시 제한물권에 해당한다.

의 물권적 청구권관계로 구성되는 계속적 물권이다. 제한물권자의 지배권과 물권적 청구권관계는 제한소유권자와의 관계에서 대립하여 존재하는 물권이라는 점에서, 상대적 물권에 해당한다.

(가) 제한물권이 제한소유권이 될 수 없는 이유

담보물권자는 담보물에 대하여 처분지배권을 취득한다. 이는 제한소유권자가 처분지배권을 갖는 것과 동일하다. 그러나 제한소유권자는 '자신'의 물건에 대하여 '처분지배권'을 가지고 있고 제한물권자는 '타인'의 물건에 대하여 처분지배권을 가질 뿐이다. 따라서 제한물권자는 자신의 물건에 대한 소유권자라고 할 수 없다. 그러나 제한소유권자는 '자신'의 물건에 대하여 처분지배권을 가짐으로써 제한'소유권'자의 지위를 유지할 수 있는 것이다.

(나) 제한물권자의 물권적 급부보유력

제한물권자는 '자신'의 물건이 아니라 '타인'인 제한소유권자의 물건에 대하여 지배권이 성립한다. 그것은 "자신"의 물건에 대한 용익지배권 또는 처분지배권이 아니라 "타인"의 물건에 대한 용익지배권 또는 처분지배권을 갖는 데에 따른 급부보유력을 의미한다. 이는 임대차계약의 경우 임대인이 사용·수익허용의무를 이행하면 임차인은 급부보유력을 가지고 임대인의 물건을 계속하여 보유할 수 있는 것과 마찬가지이다. 다만, 양자 사이에 차이가 있다면, 제한물권자는 '타인의 물건'을 지배할 수 있는 '물권적' 급부보유력을 갖는 반면에, 임대차의 경우는 채무자에 대하여 물건을 사용·수익할 수 있는 '채권적' 급부보유력을 갖는다는 것이다.

(다) 용익물권자의 용익물권계약과 물건의 용법에 따른 사용·수익의무

제한물권자의 지배권은 '타인'인 제한소유권자의 물건을 대상으로 한다는 점에서 그 행사는 무제한적인 것이 아니다. 우선 용익물권자는 용익물권설정권계약과 물건의 용법에 따라 '타인'인 제한소유권자의 물건을 사용·수익할 의무를 부담한다. 전세권자는 전세권설정계약 또는 그 전세물의 성질에 의하여 정하여진 용법으로 전세물을 사용·수익할 의무(제311조)를 부담한다.[18] 이 경우 전세권자가 사용·수익의무(물권적 의무)를 위반하면, 그 불이행으로 인한 책임이 발생하게 된다. 전세권설정자인 제한소유권자는 전세권자에 대하여 전세권소멸청구권을 행사할 수 있다(제311조).[19] 이는 전세권이 전세권설정자에 대하여 일정한 의무를 부담하는 상대권이라는 속성을 갖는다는 것을 보여주는 것이다. 이는 임대차의 경우에는 임차인은 임대인에 대하여 임차물보존의무를 부담하는 것과 유사하다. 임차인이 그 의무를 위반하는 때에 임대인은 임대계약을 해지할 수 있다.

한편 이러한 물권적 의무인 용익의무에 대하여는 몇 가지 의문이 제기된다. 첫째, 전세권 이외의 용익물권의 경우에는 이러한 의무를 인정하는 명문의 규정이 없다는 것이다. 이 경우에도 용익물권자에게 동일한 의무를 인정할 수 있는지가 문제이다. '타인'의 물건을 용익하는 한 당연히 동일한 물권적 의무가 인정된다고 할 것이다. 이는 대차계약의 경우 차주가 대차물을 대차계약이 정하는 용법에 따라 사용·수익할 채권적 의무를 지는 것과 마찬가지이다. 또 이는 용익물권이 절대권 권리가 아니라는 것을 말해 주는 것이다. 이 경우에도 용익물권소멸청구권이 인정된다고 할 것이다. 둘째, 용익물권자의 용익의무의 위반에 대하여 용익물권의 설정자가 용익물권의 소멸청구권을 행사하는 대신에 물권적 합의의 해지가 가능한지 또 제척기간이 경과한 후에 소멸청구권이 소멸한 경우에도 물권적 합의의 해지가 가능한지가 문제이다. 물권적 의무의 불이행에 대하여 소멸청구권이 인정되는 이상 물권적 합의의 해지는 인정될 수 없다. 또 물권적 합의 외에 그 전제로서 채권계약의 존재가 필요하였다고 볼 경우, 채권계약의 해지의 인정여부도 문제가 될 수 있다.

(라) 용익물권자의 현상유지관리의무

용익물권자는 용익물을 사용·수익하는 데에 따른 일정한 의무를 부담한다. 우선 전세권자는 용익하는 전세물의 현상을 유지하고 통상의 관리에 관한 수선을 할 의무를 부담한다(제309조). 따라서 전세권자는 전세제한소유권자에게 필요비에 대하여는 상환청구권을 갖지 못하고, 유익비에 대하여만 상환청구권을 갖는다(제310조). 그런데

---

18) 물권법에서 말하는 약정(제268조 제1항, 제292조 제1항 단서, 제297조 제1항 단서, 제312조, 제313조, 제334조 단서, 제358조), 계약(제298조) 또는 전세권설정계약(제311조)은 물권적 약정 또는 물권적 합의를 가리킨다.

19) 이것은 전세권자가 전세권설정계약 또는 그 전세물의 성질에 의하여 정하여진 용법으로 전세물을 사용·수익할 의무의 위반에 대한 물권적 규율에 해당한다.

지상권과 지역권의 경우에도 지상권자와 지역권자는 토지의 현상을 유지하고 통상의 관리에 관한 수선을 할 의무를 부담하는지가 문제이다. 우선 지상권의 경우는 유상의 여부를 불문하고, 지상권자가 배타적으로 물건에 대한 지배권을 가지므로, 지상권자는 필요비에 대하여는 상환청구권을 갖지 못하고, 유익비에 대하여만 상환청구권을 갖는다.[20] 물권법에는 이러한 취지의 명문 규정은 없지만 당연하다.[21]

(마) 유치권자 · 질권자의 담보물보관의무

담보물권자가 담보물을 유치할 권리를 가질 수가 있다. 유치권자와 질권자의 경우가 그러하다. 따라서 유치권자와 질권자는 담보물을 유치하는 데에 따른 담보물보관의무를 부담하게 된다. 첫째, 유치권자는 선량한 관리자의 주의로 유치물을 점유하여야 한다(제324조 제1항). 유치권자는 보존에 필요한 사용을 제외하고, 채무자의 승낙 없이 유치물의 사용, 대여 또는 담보제공을 하지 못한다(제324조 제2항). 유치권자가 이들 의무를 위반한 경우에는 채무자는 유치권의 소멸을 청구할 수 있다(제324조 제3항). 둘째, 질권자도 질물을 점유하므로(제329조 제1항), 선량한 관리자의 주의로 질물을 점유하여야 한다(제343조, 제324조 제1항). 질권자가 선량한 관리자의 주의의무를 위반한 경우에는 질권설정자 역시 질권의 소멸을 청구할 수 있다(제343조, 제324조 제3항).

(바) 저당권설정자의 담보물가치보존의무

저당권자는 유치권자와 질권자처럼 담보물을 유치 또는 점유할 권리를 갖지는 않는다. 그러나 이 경우 저당권설정자에게는 저당물의 가치를 보존할 의무가 존재한다. 즉, 저당권설정자가 책임 있는 사유로 인하여 저당물의 가액이 현저히 감소된 때에는 저당권자는 저당권설정자에 대하여 그 원상회복 또는 상당한 담보제공을 청구할 수 있다(저당물보충청구권)(제362조).

---

20) 곽윤직 · 김재형, 전게서, 316면.
21) 승역지소유자는 승역지를 사용 · 수익하는 지배권을 갖는다. 다만 지역권자는 일정한 목적을 위하여 타인의 토지를 자기토지의 편익에 이용하는 권리가 있을 뿐이다(제291조). 따라서 비용부담의 문제는 원칙적으로 발생하지 않는다고 할 것이다.

5. 계속적 채권계약에 관한 채권법상의 규율과 계속적 물권에 관한 물권법상의 규율에 대한 비교

채권과 물권의 비교로서 중요한 의미를 갖는 것은 권리자와 의무자가 대립하고 있는 법률관계로서 계속적 채권관계와 계속적 물권관계의 비교이다.[22] 물건의 사용과 관련된 계속적 채권관계로서 임대차와 사용대차를 물건에 대한 용익지배권이 인정되는 물권으로서 지상권과 전세권을 비교하여 본다.

(1) 임대차계약 및 사용대차계약에 관한 규율 vs 지상권 및 전세권에 관한 규율

임대차와 사용대차는 채권법의 계약의 장(제3편 제2장 제6절 및 제7절)에서 규율되고 있다.[23] 임대차와 사용대차는 법정의 임대차와 사용대차가 존재하지 않기 때문에, 임대차와 사용대차를 채권계약으로 규율하는 것이다. 이에 반하여 지상권과 전세권의 경우는 물권적 합의(또는 물권계약)에 대해서는 전혀 언급하지 않고, '지상권과 전세권'에 대하여 규율하고 있다.[24] 이는 물권의 경우 약정물권과 법정물권이 존재하기 때문에 약정물권만을 발생시키는 물권적 합의로 규율할 수 없는 것이다.

(2) 임대차 및 사용대차의 당사자의 지위에 관한 규율 vs 지상권 및 전세권을 설정하는 당사자들의 지위에 관한 규율

채권법은 계약을 규율하는 경우 계약당사자들의 지위에 대하여 규율하고 있다. 예를 들면, 임대차계약을 규율하는 경우 계약의 당사자들인 임대인의 지위와 임차인의 지위에 대하여 규율하고 있다. 이는 사용대차의 경우에도 마찬가지로 대주와 차주의 지위에 대하여 규율하고 있다(제610조). 이에 반하여 물권법은 지상권(제4장)과 전세권

---

22) 동산소유권과 건물소유권은 객체에 대하여 지배권만 인정되기 때문에, 계약의 쌍방당사자들에게 권리가 인정되는 채권과 비교하는 것 자체가 불가능하다. 마찬가지로 토지소유권은 물권적 청구권과 지배권으로 구성되지만 계속적 물권이 아니므로, 계속적 채권과 비교할 수 없다.

23) 채권법(제3편 제2장 제2절)은 '계약'에 대하여 규정하고, '계약의 의의'에 대한 규정(제554조, 제563조, 제618조, 제655조 등)을 두고 있다.

24) 물권법은 제한물권의 '내용'에 대한 규정(제211조, 제279조, 제291조, 제303조, 제320조, 제329조, 제356조)을 두고 있다.

(제6장)에 대하여만 규율하고 있다. 지상제한소유권과 전세제한소유권은 규율하지 않는 것처럼 보인다. 그러나 실제로는 물권법도 지상권과 전세권을 설정하는 당사자들인 지상제한권자와 전세제한권자의 지위를 함께 규율하고 있다. 예를 들면, 지상권자의 갱신청구권뿐 아니라 지상권설정자의 지상물매수청구권에 대하여도 규율하고 있다(제283조). 또 지상권자의 원상회복의무뿐 아니라 지상권설정자의 지상물매수청구권도 규율하고 있다(제285조). 이는 물권의 새로운 패러다임에 전적으로 부합하는 것으로서, 완전소유권에 대하여 지상권과 전세권을 설정하면 그와 동시에 지상제한소유권과 전세제한소유권도 성립하는 것이다.

(3) 임차인 및 사용차주의 지위의 일부인 용익청구권 vs 유상의 지상권자 및 전세권자의 지위의 일부인 용익지배권

물건의 사용과 관련하여 살펴보면, 임대차 및 사용대차와 지상권 및 전세권의 근본적인 차이점은, 임차인 및 사용차주에게는 용익청구권이, 지상권자 및 전세권자에게는 용익지배권이 설정된다는 것이다.[25]

(가) 임대인 및 임차인의 지위 vs 사용대주 및 사용차주의 지위

임대차계약은 임대인의 차임청구권(제618조)을 규율하고 있다. 차임청구권은 매매, 소비대차, 고용 특히 사용대차 등의 다른 채권과 구별하는 기준이 되는 청구권이다. 임대차계약은 그 밖에도 임대인의 임차물의 용익에 필요한 상태를 유지할 의무(제623조), 차임증액청구권(제628조), 임대차해지통고권(제635조 – 제637조), 계약해지통고권(제637조) 등의 채권과 채무에 대하여도 규율하고 있다. 따라서 차임청구권을 임대권으로 부를 수는 없고, 그 밖의 채권과 채무가 포함되어 임대권 내지 임대인의 지위를 구성하는 것으로 보아야 한다. 한편 임대차계약은 임차인의 용익청구권(제618조)에 대하여 규율하고 있다. 용익청구권이란 '임차물을 유상으로 사용 · 수익하는 권리'(제618조)이다. 이는 매매, 소비대차, 고용 특히 사용대차 등의 다른 채권과 구별하는 기준이 되는 청구권이다. 그러나 임대차계약은 임차인의 지위와 관련하여 임대인이 보존에 필요

---

25) 전세권의 경우에는 전세권자에게 처분지배권도 중첩적으로 설정된다. 이하에서 이 점은 생략하고 설명하기로 한다.

한 행위를 하는 경우 이를 수용할 임차인의 의무(제623조), 비용상환청구권(제626조), 차임증감청구권(제628조), 부속물매수청구권(제646조) 등을 그 밖의 채권과 채무로서 규율하고 있다.

한편 사용대차의 경우는 무상의 대차계약이므로 차임청구권이 발생하지 않는다. 한편 사용대차계약도 사용차주의 용익청구권(제609조)에 대하여 규율하고 있다. 사용차주의 용익청구권이란 '계약 또는 그 목적물의 성질에 의하여 정하여진 용법으로 대차물을 사용·수익하는 권리'(제610조 제1항)인 무상의 권리로서, 매매, 소비대차, 임대차, 고용 등과 구별하는 기준의 되는 권리이다. 사용차주는 사용대주에 대하여 유익비청구권(제611조) 등을 갖는다. 이상을 통하여 임차인과 사용차주의 용익청구권은 각각 임차인의 권리와 사용차주의 권리의 일부만을 구성할 뿐 임차인과 사용차주의 용익청구권을 결코 임차권 또는 차주의 권리 전부 또는 그 자체라고 부를 수 없다.

(나) 지상권설정자 및 지상권자의 지위 vs 전세권설정자 및 전세권자의 지위

물권법은 지상권설정자는 지상권자에게 용익지배권을 설정하여 주고, 자신은 물건에 대한 처분지배권을 갖는다(제279조). 그 밖에 지상권설정자의 갱신거절권(제283조 제2항), 지상물매수청구권(제285조 제2항), 지료증가청구권(제286조), 지상권소멸청구권(제287조) 등의 물권적 청구권에 대하여 규율하고 있다. 따라서 지상권설정자의 지위의 일부인 처분지배권만을 지상권설정자의 권리를 나타낸다고 볼 수 없고, 그 밖의 물권적 청구권을 포함하여 지상권설정자의 지위를 구성하는 것으로 보아야 한다. 한편 물권법은 '지상권의 내용'(제279조)으로서 "타인의 토지에 건물 기타 공작물이나 수목을 소유하기 위하여 그 토지를 사용하는 권리"라고 규정하여, 지상권자의 용익지배권에 대하여 규율하고 있다. 이는 다른 용익물권설정자의 권리와 구별되는 기준이 되는 권리에 해당한다. 그 밖에 지상권자의 갱신청구권(제283조), 지료감액청구권(제286조)에 대하여도 규율하고 있다. 따라서 지상권자의 지위의 일부인 용익지배권만이 지상권자의 지위를 나타낸다고 볼 수 없고, 그 밖의 물권적 청구권도 포함하여 지상권자의 지위를 구성하는 것으로 보아야 한다.

물권법은 '전세권의 내용'(제303조)이라는 표제하에 간접적으로 전세권설정자의 전세금보유권과 전세권설정자의 처분지배권을 규정하고 있다. 이는 다른 용익물권설정자의 권리와 구별되는 기준이 되는 권리에 해당한다. 그러나 물권법은 그 밖에 전세권설정자의 전세금증가청구권(제312조의2), 전세권설정자의 손해배상공제권(제315조), 부속물매수청구권(제316조 제1항) 등 법정의 물권적 청구권에 대하여 규정하고 있다. 따라서 전세권설정자의 지위의 일부인 처분지배권만을 전세권설정자의 권리를 나타낸다고 볼 수 없고, 그 밖의 물권적 청구권을 포함하여 전세권설정자의 지위를 구성하는 것으로 보아야 한다. 한편 물권법은 전세권자의 용익·처분지배권(제303조)과 전세금반환청구권(제317조)에 대하여 규율하고 있다. 전세권자는 "전세금을 지급하고 타인의 부동산을 전세권설정계약 또는 전세물의 성질에 의하여 정하여진 용법으로 사용, 수익"하는 용익지배권(제303조 및 제311조)과 전세물에 대한 교환가치를 파악하여 (처분지배), "부동산 전부에 대하여 후순위권리자 기타 채권자보다 전세금의 우선변제를 받을 권리"(제303조)에 대하여 규율하고 있다. 이들 권리는 다른 용익물권과 구별되는 기준이 되는 전세권자의 지배권과 물권적 청구권에 해당한다. 그러나 물권법은 전세권의 내용으로 그 밖에 전세권자의 비용상환청구권(제310조), 전세금감축청구권(제312조의2), 부속물매수청구권(제316조 제2항) 등 법정 물권적 청구권에 대하여도 규정하고 있다. 따라서 전세권자의 지위의 일부인 용익·처분지배권만을 전세권으로 부를 수는 없고, 그 밖의 물권적 청구권을 포함하여 전세권자의 지위를 나타내는 것으로 보아야 한다.

(다) 맺음말

이상에서 살펴본 바와 같이 임차권자와 사용차주의 용익청구권과 지상권자와 전세권자의 용익지배권만을 결코 임차권자와 사용차주 또는 지상권자와 전세권자의 지위 전부라고 할 수 없다. 그것은 임차권자와 사용차주 또 지상권자와 전세권자의 지위의 일부일 뿐이다. 이것이 지상권·전세권을 결코 지배권이라고 부를 수는 없는 이유이다.

(4) 지료의 약정이 있는 지상권 및 전세금이 지급되는 전세권 vs 유상인 임대차의 규율

지료의 약정이 있는 지상권 및 전세금이 필수적으로 지급되는 전세권과 유상인 임대차를 비교하기로 한다.[26] 유상의 지상권과 전세권의 경우 지상권설정자의 지료청구권과 전세권설정자의 전세금보유권과 전세권자의 전세금반환청구권이 발생하고, 임대차의 경우에는 차임청구권이 발생한다.

(가) 채권법상의 유상인 임대차에 대한 규율

채권법(제3편 제2장)은 계약의 경우, 유상계약, 무상계약과 유·무상계약으로 구분하고 있다. 우선 유상의 채권계약의 경우, 쌍방의 대가관계에 있는 권리를 규정하고(매매 제563조, 임대차 제618조). 또 무상의 채권계약의 경우에는 채무자의 의무만을 규정(증여 제554조, 사용대차 제609조)하고 있다. 이에 반하여 유상 또는 무상일 수 있는 채권계약의 경우, '계약의 의의'에서 채무자의 의무만을 규정하고(소비대차 제598조, 위임 제680조), 대가에 대하여는 별도로 규정(소비대차 제600조, 위임 제686조)을 두고 있다. 이상의 경우 대차계약인 사용대차는 무상계약이고(제609조), 임대차는 차임청구권이 있는 유상계약(제618조)에 해당한다.

(나) 물권법상의 유상의 지상권·전세권에 대한 규율

물권법은 제한물권을 무상의 제한물권, 유상의 제한물권과 유·무상의 제한물권으로 구분하고 있다. 우선 무상의 제한물권이 있다. 지역권과 담보물권의 경우가 그러하다. 또 언제나 유상으로 성립하는 제한물권이 있다. 전세권이 그러하다. 전세권설정자는 전세금을 지급받고 전세권자에게 용익지배권·처분지배권을 설정한다. 전세권설정자는 용익기간 중 전세금을 보유(제303조)하고 용익기간 종료시에 전세금을 반환하게 된다. 따라서 전세권자가 갖는 전세금반환청구권(제317조)은 전세권설정자가 부담하는 유예된 전세금반환의무에 대응하는 전세권자의 권리에 해당한다. 또 물권법은 전세금증감청구권을 전세권설정자와 전세권자 권리로서 규정하고 있다(제312조의2). 그리고 유상 또는 무상인 제한물권이 있다. 유상 또는 무상으로 성립될 수 있는 지상권의 경우 지료증감청구권(제286조)에 관하여 규정하고 있는바, 이는 대가인 지료청구권을 전제로 하는 규정이다. 이는 임대차의 경우 차임청구권(제618조)과 차임증감청구권(제628조)을 함께 규정하고 있는 것과 마찬가지이다.

---

26) 물권법은 명문의 규정으로 인정하고 있지 않지만, 지역권의 경우에도 유상의 지역권이 성립할 수 있는지에 대하여 논의가 있다. 생각건대 지역권의 경우에는 유상의 합의를 등기할 방법이 없으므로 유상의 지역권은 존재할 수 없다. 그리고 당사자 사이에 채권계약의 효력으로서도 인정될 수 있다.

(5) 지상권과 전세권에서 발생하는 물권적 청구권 관계 vs 임대차에서 발생하는 채권적 청구권 관계

채권법은 임대인의 청구권 관계로 임차물의 용익에 필요한 상태를 유지할 의무(제623조), 차임증액청구권(제628조), 계약해지통고권(제535조 – 제637조)을 규정하고 또 임차인의 채권 관계로 임차인의 의무(제623조), 비용상환청구권(제626조), 차임 감액청구권(제628조), 부속물매수청구권(제646조)을 규정하고 있다. 임대인의 청구권 관계는 특정의 임차인과의 사이에서만 효력이 있는 권리의무관계이다. 이는 임차인의 청구권 관계는 임대인의 동의가 없으면 이전될 수 없는 권리의무관계이기 때문이다. 마찬가지로 임차인의 청구권 관계도 특정의 임대인과의 사이에서만 효력이 있는 권리의무관계로서, 이는 임차인의 청구권 관계는 임대인의 동의가 없으면 이전될 수 없는 권리의무관계이기 때문이다.

물권법은 지상권 설정자의 청구권 관계로서 갱신거절권(제283조 제2항), 지상물매수청구권(제285조 제2항), 땅세증가청구권(제286조), 지상권 소멸청구권(제287조) 등을 규정하고 또 지상권자의 청구권 관계로서 갱신청구권(제283조), 땅세 감액청구권(제286조) 등을 규정하고 있다. 또 전세권 설정자의 전세금증액청구권(제312조의2), 전세권 설정자의 손해배상 공제권(제315조), 부속물매수청구권(제316조 제1항) 등과 전세권자의 비용상환청구권(제310조), 전세금감액청구권(제312조의2), 부속물매수청구권(제316조 제2항) 등에 관하여도 규정하고 있다. 지상권 설정자의 청구권 관계는 지상권자뿐 아니라 그 양수인에게도 주장할 수 있는 물권적 청구권 관계이다. 이는 지상권 설정자의 청구권 관계는 지상권 설정자의 동의가 없더라도 양도될 수 있는 권리의무관계이기 때문이다.

(6) 맺음말

제한소유권과 제한물권은 물건에 대한 <u>지배권과 물권적 청구권</u>이 인정된다는 점에서 채권만 인정되는 임대차와는 다르다. 그러나 물권법상 제한소유권과 제한물권에 관한 규율은 채권법상 채권계약에 관한 규율과 매우 흡사하다는 것을 알 수가 있다. 첫째, 물권법상 제한소유권과 제한물권의 경우, 지배권뿐 아니라 물권적 청구권도 함께 규정하고 있다. 용익 지배권은 각각 지상권·전세권 일부일 뿐이다. 이는 용익청구권이 임차권자와 사용차주의 권리의 일부인 것과 마찬가지이다. 따라서 제한소유권과 제한물권을 결코 지배권이라고만 볼 수 없는 것이다. 제한소유권과 제한물권을 지배권만으로 보는 것은 실정법인 물권법상의 규율에도 반하는 것이다. 둘째, 채권법의 경우 유상, 무상, 유·무상의 채권계약이 규율되고 있다. 물권법도 제한소유권과 제한물권이 유상, 무상, 유·무상으로 규율되고 있다. 요컨대 물권인 제한소유권과 제한물권은 지배권과 물권적 청구권으로 구성되는 물권이라는 것과 제한소유권과 제한물권 중에도 유상의 물권이 있다는 것을 알 수가 있다.

6. 무상인 물권과 유상인 물권

물권은 지배권에 대하여 대가가 지급되느냐의 여부에 따라, 유상의 물권과 무상의 물권으로 구분될 수 있다. 채권의 경우에는 유상 또는 무상의 구분은 채권계약에서만 이루어지고, 채권 자체를 유상 또는 무상으로 구분하지는 않는다. 그러나 그것은 채권계약을 유상 또는 무상으로 구분하였기 때문에, 채권의 경우는 더는 유상 또는 무상으로 구분하지 않는 것일 뿐이다. 따라서 채권의 경우에도 유상 또는 무상의 채권 구분이 얼마든지 가능하다. 그러나 물권은 유상 또는 무상으로 구분하지 않는다. 물권계약의 경우도 마찬가지이다. 그러나 물권의 경우에도 지배권의 설정에 대가가 따르는 경우가 있다는 사실에는 변함이 없는바, 물권적 합의(또는 물권계약)이든 물권이든 유상 또는 무상의 구분이 가능하다고 할 것이다.[27]

제한물권이 설정되는 경우 제한물권의 설정에 대가가 따르는 경우 유상 또는 무상의 물권이 성립한다.[28] 따라서 제한소유권과 제한물권의 경우에는 유상의 물권이 성립할 수 있다. 지료의 약정이 있는 경우와 전세금이 지급되는 경우에 유상의 물권이 성립할 수 있다. 지료의 약정을 하는 경우 제한소유권자에게는 지료청구권이 발생하는 유상의 제한소유권이 성립하고, 지상권자는 지료지급의무가 발생하는 유상의 지상권이 성립하게 된다. 또 전세권을 설정하는 제한소유권자에게는 전세권설정시에 전세권자가 전세금을 지급함에 따라 전세금보유권이 발생한다. 전세권설정자는 용익기간 중 전세금을 보유하면서 전세금의 이자에 상당하는 대가를 받게 된다. 그리고

---

27) 이에 대하여는 물권적 합의에서 자세하게 다루기로 한다.
28) 제한물권이 법률의 규정에 의하여 성립하는 경우에도 마찬가지이다. 법률에 의하여 유상의 지상권이 성립하는 경우가 그러하다.

전세권자는 용익기간 중 전세금의 이자에 상당하는 대가를 지급하고 전세권을 설정받는 것이 된다. 전세권자는 용익기간이 종료하면 용익기간 중 반환이 유예된 전세금을 반환받게 된다. 따라서 전세권자에게 전세금반환청구권이 발생한다는 것은 전세권자가 유상으로 전세권을 설정받는다는 것을 말하는 것일 뿐이다.

7. 용익제한소유권의 완전소유권으로의 회복

제한소유권이 완전소유권으로 회복하는 과정을 용익물권이 설정된 용익제한소유권의 경우를 살펴보기로 한다.[29] 또 용익제한소유권이 완전소유권으로 회복을 용익제한소유권 또는 용익물권에 대하여 설정된 저당권이 실행되는 경우를 중심으로 살펴본다. 이를 용익제한소유권이 양도된 후 완전소유권으로 회복되는 경우와 비교하여 살펴본다. 그리고 용익물권이 설정되기 전의 완전소유권과 용익물권이 소멸한 후 회복된 완전소유권의 사이에 있을 수 있는 법적 또는 경제적 가치의 차이에 대하여 살펴본다. 이에 앞서 용익물권이 설정된 경우, 완전소유권과 용익제한소유권의 경제적 가치를 무상의 용익물권이 설정된 경우와 유상의 용익물권이 설정된 경우를 비교하여 살펴본다.

(1) 무상의 용익물권이 설정된 경우 완전소유권과 용익제한소유권의 경제적 가치의 비교

완전소유권에 용익제한물권이 설정되면, 제한소유권자에게는 지배권이 감축되는 동시에 법정의 물권적 청구권이 성립한다. 우선 완전소유권에 무상의 용익물권을 설정하는 경우, 제한소유권자는 용익물권이 설정되는 동안 용익지배권을 행사할 수 없다. 지상권을 설정한 지상제한소유권자는 지상권자에게 용익지배권을 설정하게 되면, 자신은 용익지배권이 지상권자에게 이전되므로 지배권은 처분지배권으로 변경된다. 반대로 지상권자는 용익지배권을 무상으로 취득하게 된다. 이상의 경우 무상의 지상

---

29) 완전소유권에 담보물권이 설정되면 담보제한소유권자에게는 지배권이 감축되지는 않는다. 담보제한소유권자에게는 법정의 물권적 청구권이 발생하고 또 담보물권자의 처분지배권에 의한 제한을 받게 된다. 담보제한소유권에 대하여는 저당권이 설정될 수 없고 또 담보제한소유권의 완전소유권으로 회복된 후에는 양자 사이에 법적 또는 경제적 가치의 차이가 나지 않으므로, 담보제한소유권의 완전소유권으로의 회복에 대하여 특별히 설명할 것이 없다.

제한소유권은 지배권이 감축되는 변경이 있게 되어, 법적으로 전혀 다른 법적 구성을 보이고, 경제적 및 법적 가치에서도 차이가 나타난다.

이에 반하여 유상의 용익제한물권이 설정되는 경우에는, 설정되는 용익지배권에 대한 대가로서 약정의 물권적 청구권인 지료청구권, 전세금보유권 또는 전세금반환청구권이 발생하게 된다.

(2) 유상의 용익물권이 설정된 경우 완전소유권과 유상의 용익제한소유권의 경제적 가치의 비교

완전소유권에 유상의 제한물권을 설정하는 경우, 제한소유권은 유상의 제한물권이 설정되는 동안 용익지배권을 상실한 동안 지료청구권을 갖는다. 이 경우에는 완전소유권과 제한소유권은 권리의 구성에 있어서는 차이를 보이지만, 경제적 가치에는 아무런 차이가 존재하지 않는다.

(가) 완전소유권과 유상의 용익제한소유권의 법적 구성의 차이

완전소유권에 유상의 지상권이 설정되면, 지상권을 설정한 지상제한소유권자에게는 지상권자에게 용익지배권을 설정한 대가로 물권적 청구권인 지료청구권이 발생하고, 지상권설정자의 지배권은 처분지배권으로 감축된다. 반대로 지상권자는 용익지배권을 취득하고 그 대가로 지상권설정자에게 물권적 의무인 지료지급의무를 부담하게 된다. 또 전세권을 설정한 전세제한소유권자에게는 전세권자에게 용익지배권을 설정한 대가로 물권적 급부보유권인 전세금보유권이 발생하고, 전세권설정자의 지배권은 처분지배권으로 변경된다. 반대로 전세권자는 전세권등기에 의하여 용익지배권을 취득함과 동시에 전세권등기시에 대가로서 전세권설정자에게 전세금을 지급하고 또 전세권자에게는 용익기간이 종료하면 물권적 청구권인 전세금반환청구권이 발생한다. 그 외에 제한소유권자에게는 유상의 제한물권자에 대하여 법정의 물권적 청구권도 발생하게 된다. 이상의 경우 완전소유권과 유상의 제한소유권은 전혀 다른 법적 구성을 보여주고 있다.

(나) 완전소유권과 유상의 용익제한소유권의 경제적 가치와 법적 가치의 동일

완전소유권은 유상의 제한물권이 설정되는 제한소유권과는 법적으로는 전혀 다른 권리일지는 모르지만, 경제적 가치에서는 양자는 완전히 동일한 권리이다. 제한소유권자에게는 용익지배권을 상실한 대신에 그 대가인 지료청구권 또는 전세금보유권이 발생하기 때문이다. 유상계약을 체결하는 당사자 사이에는 급부와 반대급부 사이에 균형이 실현되듯이, 완전소유권과 제한소유권 사이에도 용익지배권을 상실한 대신에 그 대가가 발생하여 균형이 유지되는 것이다.

완전소유권와 제한소유권이 경제적 가치가 법적 가치와 동일한 권리라는 것은, 물권적 청구권인 지료청구권과 물권적 급부보유권인 전세금보유권을 지배권과 함께 물권으로 구성하여야 한다. 이것이 물권적 청구권을 지배권과 함께 물권으로 구성하여야 하는 실질적 이유라고 할 것이다.

(3) 용익제한소유권 또는 용익물권에 대하여 설정된 저당권이 실행되는 경우 완전소유권의 회복

유상의 제한소유권 또는 유상의 제한물권에 설정된 저당권이 실행되는 경우, 완전소유권으로 회복하는 과정에 대하여 살펴본다. 이 경우 유상의 제한소유권 또는 유상의 제한물권에서 발생하는 유익비상환청구권 등도 당연히 저당권의 객체가 될 수 있다. 그러나 이하에서는 등기의 대상이 되는 지배권과 지료청구권과 전세금반환청구권을 저당권의 객체로 상정하여 살펴보기로 한다.[30] 이 경우 지료청구권 또 전세금반환청구권의 이자가 용익지배권의 대가인 시장가치와 정확히 일치한다는 것을 전제로 한다.

(가) 무상의 지상제한소유권에 대한 저당권의 실행 후 완전소유권의 회복

무상의 지상제한소유권에 저당권이 설정되는 경우, 물권은 지배권이라는 도그마에 의하든 또는 물권의 새로운 패러다임에 의하든, 지배권만 저당권의 객체가 된다. 경매에서 지상제한소유권을 취득하는 매수인은 잔여 용익기간 동안 취득한 토지를 용익하지 못하는 부담을 안고 지상제한소유권을 취득하게 된다. 이는 지상제한소유권을 취득하는 매수인의 경우도 마찬가지이다. 이상의 경우 용익기간이 경료하여 용익지

---

30) 저당권의 객체가 무엇인지에 대하여는 VII.7.(물권의 새로운 패러다임의 저당권에의 적용)에서 자세히 살펴보기로 한다.

배권이 소멸하면, 지상제한소유권은 종전의 완전소유권을 회복하게 된다.

(나) 유상의 용익제한소유권(유상의 지상제한소유권과 전세제한소유권)에 대한 저당권의 실행 후 완전소유권의 회복

물권은 지배권이라는 도그마와 물권의 새로운 패러다임에 의한 경우를 구분하여 살펴본다.

(a) 물권은 지배권이라는 도그마에 의한 완전소유권의 회복

물권은 지배권이라는 도그마에 의하면 지배권만 저당권의 객체가 된다. 첫째, 유상의 지상제한소유권에 저당권을 설정하면, 저당권자는 지료청구권은 저당권의 객체가 되지 못한다. 따라서 경매의 매수인은 잔여 용익기간 동안 취득한 토지를 용익하지 못하는 부담을 안고 지상제한소유권을 취득하게 된다. 이는 지상제한소유권자의 토지를 매도하는 경우, 매수인은 잔여 용익기간 동안 취득한 토지를 용익하지 못하는 대신 지료청구권을 취득하게 되는 것과 전혀 다르게 된다. 둘째, 유상인 전세제한소유권에 저당권을 설정하면, 저당권자는 전세금반환의무는 저당권의 객체가 되지 못한다. 따라서 경매의 매수인은 전세금반환의무를 부담하지 않은 채 전세제한소유권을 취득하게 된다. 이는 전세제한소유권자의 토지를 매도하는 경우, 매수인은 전세금반환의무를 부담하게 되는바 이를 공제한 매각대금을 지급하고 전세제한소유권을 취득하는 것과 전혀 다르게 된다. 이 경우 용익기간이 종료하면 전세금을 지급하여야 하는 것과는 전혀 다르게 된다고 하지 않을 수 없다.31)

(b) 물권의 새로운 패러다임에 의한 설명

물권의 새로운 패러다임에 의하면, 지배권과 지료청구권 및 전세금반환청구권이 저당권의 객체가 된다. 첫째, 유상인 지상제한소유권에 저당권을 설정하면, 경매의 매수인은 잔여 용익기간 동안 취득한 토지를 용익하지 못하는 부담을 안는 대신 지료

---

31) 반대로 유상인 전세권에 저당권을 설정하는 경우, 저당권자는 전세권자의 잔여 용익기간중의 용익지배권과 전세금반환청구권의 교환가치를 파악한다. 용익기간 종료 후 경매가 실행되는 경우, 매수인은 전세물의 전세금에서 저당권자의 피담보채권을 변제하고 남은 금액을 경락가액으로 전세물소유자에게 지급하게 된다.

청구권을 취득하게 된다. 이는 유상의 지상권이 설정된 토지를 매도하는 경우, 매수인은 잔여 용익기간 동안 취득한 토지를 용익하지 못하는 대신 지료청구권을 취득하게 되는 것과 완전히 동일하다. 경매를 통하여 제한소유권을 취득한 매수인은 지상권의 잔여 존속기간이 종료하면 지상권이 소멸하게 되어 완전소유권을 회복하게 된다. 둘째, 유상인 전세제한소유권에 저당권을 설정하면, 경매의 매수인은 전세물을 용익하지 못하는 대신에 전세물의 가액에서 전세금을 공제하고 전세물을 경락받게 된다. 즉, 경매시 전세물의 가액에서 전세금을 공제한 금액을 경락가액으로 전세물을 취득하고, 용익기간 종료시에 전세금을 전세권자에게 반환하게 된다. 이는 전세권이 설정된 전세물을 매매하는 경우, 매수인은 전세물의 가액에서 전세금을 공제한 매수대금으로 전세물을 취득하고 용익기간이 종료하면 전세금을 지급하여야 하는 것과 완전히 동일한 것이다. 한편 경매를 통하여 제한소유권을 취득한 매수인은 전세금을 반환하면, 완전소유권을 회복하게 된다.

(다) 유상의 용익물권(유상의 지상권과 전세권)에 대한 저당권의 실행 후 제한소유권의 완전소유권으로의 회복

물권은 지배권이라는 도그마와 물권의 새로운 패러다임에 의한 경우를 구별하여 살펴본다.

(a) 물권은 지배권이라는 도그마에 의한 설명

물권은 지배권이라는 도그마에 의할 경우, 지배권만 저당권의 객체가 된다. 완전소유권으로의 회복에 대하여 살펴본다. 첫째, 유상의 지상권에 저당권을 설정하는 경우, 경매의 매수인은 지배권만을 취득하게 된다. 이는 유상의 지상권을 매도하는 경우, 매수인은 잔여 용익기간 동안 취득한 토지를 용익하는 대가로서 지료지급의무를 진다는 것과 전혀 다르다. 둘째, 전세권에 저당권을 설정하는 경우이다. 저당권자는 전세물에 대한 용익지배권에 대해서만 저당권을 취득하게 된다. 이는 전세권을 매도하는 경우, 매수인이 용익기간 경료하게 되면 전세금반환청구권을 행사할 수 있다는 것과 전혀 다르다. 그 결과 전세제한소유권자가 전세금반환의무를 이행하여 완전소유권으로 회복이 된다는 것을 논리적으로 설명할 수 없다.

(b) 물권의 새로운 패러다임에 의한 설명

물권의 새로운 패러다임에 의할 경우, 지배권뿐 아니라 지료지급의무와 전세금반환청구권도 저당권의 객체가 된다. 완전소유권으로의 회복에 대하여 살펴본다. 첫째, 유상의 지상권에 저당권을 설정하는 경우, 경매의 매수인은 용익기간 동안 취득한 토지를 용익하는 대가로서 지료지급의무를 부담하게 된다. 이는 유상의 지상권을 매도하는 경우, 매수인은 잔여 용익기간 동안 취득한 토지를 용익하는 대가로서 지료지급의무를 진다는 것과 완전히 동일하다. 경매를 통하여 제한소유권을 취득한 매수인은 존속기간이 종료하면 지상권이 소멸하는 결과, 지상제한소유권은 완전소유권으로 회복하게 된다. 둘째, 전세권에 저당권을 설정하는 경우, 경매의 매수인은 용익기간 종료 전에는 용익기간 종료시까지의 전세물에 대한 용익지배권과 전세금반환청구권으로 구성되는 전세권을 취득하게 된다. 이는 전세권을 매도하는 경우, 매수인은 잔여 용익기간 동안 취득한 토지를 용익하고 용익기간이 종료되는 경우 전세금반환청구권을 행사하게 된다는 것과 완전히 동일하다. 또 경매의 매수인이 용익기간이 종료하여 용익지배권이 소멸한 후에 전세권을 취득하는 경우, 전세제한소유권자는 전세금 중 저당권자에게 피담보채권을 변제하고 남은 금액을 전세권자에게 지급하여 완전소유권을 회복하게 된다.

(4) 용익물권이 설정되기 전의 완전소유권과 용익물권이 소멸한 후 회복된 완전소유권의 경제적 가치의 비교

완전소유권의 경제적 가치는 제한소유권 또는 제한물권이 설정되기 전과 동일할 수도 있지만 동일하지 않을 수도 있다. 이는 유익비상환청구권 또는 부속물매수청구권이 행사되었는지의 여부에 달려 있다고 할 것이다. 첫째, 전세권자(제310조)가 유익비상환청구권 또 지상권자가 비용상환청구권을 행사한 경우이다. 둘째, 지상권설정자(제285조 제2항)가 지상물매수청구권을 행사하거나, 전세권설정자(제316조 제1항 단서) 또는 전세권자(제316조 제2항)가 부속물매수청구권을 행사하는 경우이다. 이상의 경우 회복된 완전소유권의 가치는 제한물권이 설정되기 전보다 증가하게 된다. 즉, 지상물 또는 부속물의 대가를 지급하여 지상물 또는 부속물을 취득하였고 또 비용을 상환하여 전세물의 가치가 증가되었기 때문이다.

Ⅳ. 물권을 구성하는 물권적 청구권과 지배권의 관계

물권법상의 청구권과 지배권이 함께 구성하는 물권에는 토지소유권, 제한소유권과 제한물권이 있다. 이제 물권을 구성하는 물권법상의 청구권과 지배권의 관계를 살펴본다.

1. 물권법상의 청구권과 지배권이 물권을 구성한다는 의미

지배권과 함께 규정되어 있는 물권적 청구권은 토지소유권, 제한소유권 또는 제한물권이라는 독립된 물권을 구성한다. 만일 양자가 물권을 구성하지 않는다고 한다면, 그것은 채권과 물권 이외에 물권과 물권적 청구권관계로 구성되는 제3의 권리를 인정하는 것이 되고 만다. 그러나 그러한 권리는 존재하지 않는다.

2. 물권을 구성하는 지배권

지배권은 물권적 청구권과 함께 물권의 일부를 구성하는 권리일 뿐이다. 즉, 토지소유권, 제한소유권과 제한물권이 성립하기 위해서는 반드시 지배권이 존재하여야 한다.

(1) 물권법상 지배권과 이를 구성하는 권리에 관한 규정

물권법상 지배권에 관한 규정을 살펴본다. 우선 완전소유권의 지배권에 관한 규정이 있다. 완전소유권의 경우는 소유권의 한계의 절(제1절)에서 극히 일부의 규정(제211조-제212조, 제215조)을 두고 있을 뿐이다. 제211조는 동산과 부동산의 모든 완전소유권의 지배권에 관한 규정이고, 제212조는 부동산 중 토지의 지배권에 관한 규정이며, 제215조는 건물소유권의 지배권의 공유에 관한 규정이다.

용익지배권에 관한 규정으로서, 지상권자가 타인의 토지를 사용하는 지배권(제279조), 지역권자가 타인의 토지를 자기 토지의 편익에 이용하는 지배권(제291조), 전세권자가 타인의 부동산을 사용·수익하는 지배권(제303조)에 관한 규정이 이에 해당한다. 그리고 담보지배권에 관한 규정으로, 유치권의 경우에는 물건이나 유가증권에 관하여 생긴 채권이 변제기에 있는 경우에는 변제를 받을 때까지 그 물건 또는 유가증권을 유치할 수 있는 지배권(제320조)에 관한 규정이 있다. 유치권자의 경매·간이변제충

당권(제322조), 과실수취권(제323조)은 유치권자의 지배권을 구체적으로 실현하는 규정
들이다. 또 질권의 경우 채권의 담보로 채무자 또는 제3자가 제공한 동산을 점유하고
그 동산에 대하여 다른 채권자보다 자기 채권의 우선변제를 받는 지배권(329조)에 관
한 규정이 있다. 질권의 경우 질권자의 경매청구권(제338조 제1항), 간이변제충당권(제
338조 제2항), 질물 이외의 재산으로부터의 변제권(제340조), 물상대위권(제342조)에 관
한 규정도 질권자의 지배권을 구체적으로 실현하는 규정에 해당한다. 한편 저당권의
경우, 채무자 또는 제3자가 점유를 이전하지 아니하고 채무의 담보로 제공한 부동산
에 대하여 다른 채권자보다 자기채권의 우선변제를 받을 지배권(제356조)에 관한 규정
이 지배권에 관한 규정에 해당한다. 저당권자의 경매청구권(제363조, 제365조), 저당지
상의 건물에 대한 경매청구권(제365조), 공동저당과 대가의 배당, 차순위자의 대위권
(제368조), 물상대위권(제370조)이 저당권자의 지배권을 실현하는 구체적인 규정에 해
당한다. 이상의 경우 질권자의 경매청구권(제338조 제1항)과 저당권자의 경매청구권(제
363조, 제365조)은 청구권이라는 명칭에도 불구하고, 지배권과 관련된 절차법적인 규정
으로서 물권적 청구권이 아니라 지배권에 해당하는 규정이라 할 것이다.

(2) 지배권의 성립요건 또는 효력발생요건

지배권의 성립요건과 효력발생요건을 동산과 부동산을 구별하여 살펴본다.

(가) 동산에 관한 지배권의 성립요건·효력발생요건

동산에 관한 물권은 점유에 의하여 성립하고 또 효력을 발생한다. 우선 동산소유권
의 경우가 그러하다. 또 점유권의 경우에는 사실상의 지배에 의하여 성립한다. 한편
유치권자와 질권자의 동산에 대한 처분지배권도 점유에 의하여 성립한다. 또 이미
이행기에 있는 피담보채권을 담보하는 유치권의 경우에는 성립과 동시에 효력을 발
생한다. 그러나 담보지배권을 실현하기 위한 우선변제권은 인정되지 않는다. 사실상
우선변제권이 인정될 뿐이고, 법률상 우선변제권은 인정되지 않는다. 유치권자의 경
매·간이변제충당권(제322조), 과실수취권도 점유와 동시에 효력을 발생한다. 그러나
질권의 경우에 질권자의 담보지배권은 점유와 동시에 성립하지만, 담보지배권을 실
현하기 위한 우선변제권은 피담보채권의 이행기의 도래와 함께 효력을 발생한다. 질
권자의 경매청구권(제338조 제1항), 간이변제충당권(제338조 제2항), 질물 이외의 재산

으로부터의 변제권(제340조), 물상대위권(제342조)의 경우가 그러하다.

(나) 부동산에 관한 지배권의 성립요건 · 효력발생요건

건물과 토지인 부동산에 관한 지배권의 성립요건과 효력발생요건은 용익지배권과 담보지배권을 구분하여 살펴보아야 한다. 부동산에 관한 용익지배권은 등기만으로 성립하고 효력을 발생한다.[32] 부동산을 점유하지 않더라도 등기에 의하여 용익지배권이 성립하고 효력을 발생하는 데에는 아무런 문제가 되지 않는다.

한편 부동산에 대한 담보지배권은 등기만으로 성립한다. 예를 들면, 저당권의 경우 저당권의 효력은 등기와 동시에 저당부동산에 부합된 물건과 종물에 미친다. 그러나 담보지배권이 효력은 발생하기 위해서는 추가적인 요건이 필요한 경우가 있다. 예를 들면, 담보지배권의 내용인 경매청구권은 피담보채권의 이행기가 도래하여야 효력을 발생하게 된다.

(3) 지배권의 객체

지배권은 물건을 대상으로 하기도 하고 권리를 대상으로 하기도 한다. 우선 용익물권의 경우 지배권은 물건을 사용 · 수익하는 것을 내용으로 하므로, 그 객체는 물건일 수밖에 없다. 이에 반하여 처분지배권을 내용으로 하는 담보물권의 경우에는 권리가 객체가 된다. 질권과 담보물권의 경우가 그러하다. 물권법은 질권의 경우 동산(제329조), 저당권의 경우 부동산(제356조)을 객체로 규정하고 있다. 그러나 이 경우 동산소유권과 부동산소유권이 처분지배권의 객체가 되는 것이다. 즉, 처분지배권이 인정되는 담보물권의 경우 물건이 담보물권의 객체가 아니라 동산 또는 부동산에 대한 소유권이 객체가 되는 것이다. 한편 질권의 경우 동산소유권 이외의 재산권도 질권의 객체가 된다(제345조). 예를 들면, 채권을 객체로 하는 질권(제348조－제353조)의 경우가 그러하다. 또 저당권의 경우 부동산이 아니라 부동산소유권 또 그 제한소유권과 제한물권이 저당권의 객체가 된다.[33] 이에 반하여 유치권자에게는 우선변제권이 없다는 점에서 처분지배권이 인정되지 않는다. 다만, 유치권자는 목적물을 유치함으로써 간접

---

32) 남효순, "물권론의 재정립", 60면 참조.
33) 물권법(제371조)은 부동산에 관한 권리 중 지상권과 전세권만을 저당권의 객체로서 규정하고 있다. 그 문제점에 대하여는 저당권의 객체에서 후술한다.

적으로 채권의 변제를 담보한다는 점에서 유치권의 객체는 물건이 된다. 한편 용익물권성과 담보물권성이 인정되는 전세권의 경우는, 용익물권성의 전세권의 경우는 전세물이 객체가 되고, 처분지배권이 인정되는 담보물권성의 전세권의 객체는 부동산 소유권이 된다고 할 것이다.

한편 (준)공동소유의 객체는 물건이다. 준공동소유의 경우 제278조에 의하면 소유권 이외의 재산권에 대하여 공동소유의 규정을 준용하도록 하고 있다. 마치 소유권 이외의 재산권을 객체로 하여 준공동소유가 성립하는 것처럼 보인다. 그러나 예를 들면, 지식재산권에 대한 준공동소유의 경우는 정신적 창작물에 대한 준공동소유가 인정되는 것이지, 지식재산권 자체에 대하여 준공동소유가 인정되는 것이 아니다. 또 채권·채무의 준공동소유의 경우에도 채권 자체가 대상이 아니라 채권의 목적인 급부에 대하여 준공동소유가 성립하는 것이다.

다른 한편 지배권은 물권에만 특유한 권리가 아니다. 물권 이외에 준물권, 지식재산권 등의 경우에도 이를 대상으로 하는 지배권이 인정된다. 이들 경우에 지배권이란 그 객체에 대하여 타인의 의사를 배제하여 사용, 수익하거나 처분할 수 있는 권리를 말하는 것이다.

3. 물권법상의 청구권관계과 지배권의 관계

물권적 청구권이 지배권과 함께 물권을 구성하는 경우, 물권적 청구권은 지배권의 대가를 구성하기도 하고 그렇지 않기도 한다. 이는 물권적 청구권의 대척점에 존재하는 물권적 의무의 경우도 마찬가지이다.

(1) 지배권의 대가를 구성하는 약정의 물권적 청구권관계

지배권의 대가를 구성하는 약정의 물권적 청구권관계를 규명하기 전에 먼저 급부의 대가를 구성하는 법률관계에 대한 채권법과 물권법을 비교하여 살펴본다.

(가) 급부의 대가를 구성하는 법률관계에 대한 채권법과 물권법의 비교

채권법과 물권법이 당사자들의 권리·의무를 규정하는 방식에 대하여 살펴본다. 우선 채권법은 약정 채권과 법정 채권을 구분하여 규율한다. 약정채권은 계약(제2장)에서 법정채권은 사무관리(제3장), 부당이득(제4장), 불법행위(제5장)에서 분리하여 규율하고 있다. 그리고 약정채권은 채권계약의 '의의'를 중심으로 이를 규율하고 있다. 이에 반하여 물권법은 약정 물권과 법정 물권을 분리하여 규율하지 않는다. 양자를 함께 규율하고 있다. 물권은 양자를 함께 규율하므로, 처음부터 물권적 합의(또는 물권계약)에 대하여 규율하는 것은 불가능하다. 그 대신 물권법은 발생한 물권의 '내용'을 중심으로 당사자들의 권리·의무에 대하여 규율하고 있다.

채권법은 매매 등의 유상계약의 경우에는 유상계약의 의의라는 규정을 제일 앞에 두어서 대가관계에 있는 권리를 당사자의 권리·의무로 규정하고 있다. 예를 들면, 도급의 경우 '도급의 의의'(제664조)에서 "도급은 당사자 일방이 어느 일을 완성할 것을 약정하고 상대방이 그 일의 결과에 대하여 보수를 지급할 것을 약정함으로써 그 효력이 생긴다."라고 규정하고 있다. 이는 유상계약의 경우 쌍방의 대가관계에 있는 권리·의무가 유상계약의 본질적인 권리·의무에 해당하기 때문이다. 그리고 그 밖에 도급계약에서 발생하는 도급인과 수급인의 기타 권리·의무에 대하여 그 이하의 규정에서 개별적으로 규정하고 있다. 한편 유상 또는 무상의 채권계약에서도 역시 '계약의 의의'라는 규정을 두고 있다. 다만, 이 경우에는 계약의 의의라는 규정에서는 무상계약을 전제로 하여 무상으로 급부를 제공하는 채무자의 의무에 관한 채권계약의 효력에 대하여만 규정하고 있다. 예를 들면, 위임의 경우 "위임의 의의"(제680조)에서 "위임은 당사자 일방이 상대방에 대하여 사무의 처리를 위탁하고 상대방이 이를 승낙함으로써 그 효력이 생긴다."라고 규정하고, 수임인의 보수청구권에 대하여는 별도의 규정(제686조 제2항)을 두고 있다. 그리고 위임계약에서 발생하는 위임인과 수임인의 기타 권리·의무에 대하여 개별적으로 규정하고 있다. 그 밖에 이자부소비대차(제600조)와 유상의 임치(제701조)의 경우에도 마찬가지이다. 이상을 통하여 유상계약인 채권계약의 경우 급부청구권과 급부에 대한 대가청구권은 '계약의 의의'로서 규정되든 그렇지 않든, 채권계약의 기본적 청구권에 해당한다고 할 것이다. 유상계약의 경우 쌍방의 대가관계에 있는 권리·의무가 유상계약의 기본적인 권리·의무에 해당하기 때문이다. 이들 권리는 대가관계를 구성하지 않는 기타의 권리·의무는 기본적 청구권을 구성하지 않는다.

물권법의 규율방식도 채권법의 그것과 마찬가지이다. 우선 유상 또는 무상의 지상권을 설정하는 경우에는 '지상권의 내용'(제279조)이라는 표제 아래 "지상권자는 타인의 토지에 건물 기타 공작물이나 수목을 소유하기 위하여 그 토지를 사용하는 권리가 있다."라고 규정하여, 지상권자의 권리에 대하여만 규정을 하고 있다. 그리고 지상권설정자의 지료증액청구권(제286조)에 대하여 규정하고 있는바, 이는 유상의 지상권을 설정한 당사자들 사이에 지료청구권과 지료지급의무가 대립하여 존재하고 있음을 전제로 하여 규정을 두는 것이다. 그리하여 지상제한소유권자는 용익지배권을 설정하여 주는 대가로 지료지급청구권이 발생하고, 반대로 지상권자는 지료지급의무를 부담하는 대가로 용익지배권을 설정받게 된다. 그리고 그 밖의 규정들에서 지상권자의 갱신청구권(제285조 제1항)과 지상권설정자의 지상물매수청구권(제285조 제2항)에 관하여 규정하는 등 지상권자와 지상권설정자의 권리·의무에 대하여 규정하고 있다. 한편 언제나 유상인 물권으로만 성립하는 전세권의 경우 '전세권의 내용'(제303조)이라는 표제 아래, "전세권자는 전세금을 지급하고 타인의 부동산을 점유하여 그 부동산의 용도에 좇아 사용·수익하며, 그 부동산 전부에 대하여 후순위권리자 기타 채권자보다 전세금의 우선변제를 받을 권리가 있다."라고 규정하고 있다. 본 규정은 형식적으로는 전세권자의 지배권과 전세금반환청구권을 규정함으로써 전세권자의 권리에 대하여만 규정하고 있다. 그러나 본 조는 전세권자는 전세금을 지급하여야 용익지배권을 설정받을 수 있고, 전세권자가 전세금을 지급하면 전세권설정자는 전세금을 보유하게 되어(전세금보유권) 그 이자로서 용익지배권의 대가를 충당하게 되는 것을 당연한 전제로 하고 있다. 따라서 전세권설정자의 의무에 관하여도 규정하고 있는 것이다. 그리고 전세권자의 전세금반환청구권이란 지급하였던 전세금을 용익기간이 종료하는 경우 반환받는 권리에 지나지 않는다. 따라서 제303조는 전세권을 설정하는 당사자의 지배권과 그 지배권의 대가에 대하여 규율하고 있는 것이다. 그리고 그 이하의 규정에서 전세권설정자와 전세권자의 권리·의무에 대하여 각각 규정을 두고 있다. 이상에서 살펴본 바와 같이, 물권법의 경우에도 채권법과 같이 유상의 물권도 규정하고 있다는 사실은 변함이 없다고 할 것이다.

(나) 지배권의 대가를 구성하는 물권적 청구권관계

물권적 청구권 중에는 '설정해 주는 지배권의 대가'를 구성하는 물권적 청구권이 있다. 또 물권적 의무 중에도 '설정받는 지배권의 대가'를 구성하는 물권적 의무가 있다. 지상제한소유권자의 지료청구권, 지상권자의 지료지급의무와 또 전세제한소유권자의 전세금보유권(또는 전세금반환의무)와 전세권자의 전세금반환청구권이 이에 해당한다. 이러한 물권적 청구권관계와 지배권의 관계는 다음과 같은 의미를 갖는다. 첫째, 설정되는 용익지배권의 대가를 구성하는 물권적 청구권은 설정되는 용익지배권과 대등한 권리로서 그것과 똑같은 값을 갖는 권리에 해당한다. 예를 들면, 지상권설정자는 지상권자에게 자신의 토지에 대하여 용익지배권을 설정하여 준 대가로서 지상권자에 대하여 지료청구권을 갖는다. 또 전세권설정자도 전세권자에게 자신의 전세물에 대하여 용익지배권을 설정하여 준 대가로, 전세권자로부터 전세금을 지급받고 용익기간 중 이를 보유하는 권리(전세금보유권)가 있고 용익기간이 종료된 후에는 전세금을 반환할 의무(전세금반환의무)를 부담한다. 전세권설정자는 전세금의 이자에 해당하는 금액을 전세물의 사용대가로 충당하는 것이다. 이상의 설명은 '설정받는 지배권의 대가'를 구성하는 물권적 의무에도 그대로 타당하다. 지상권자는 지상권설정자의 토지에 대하여 용익지배권을 설정받은 대가로 지상권설정자에 대하여 지료지급의무를 부담한다. 또 전세권자는 전세권설정자의 전세물에 대하여 용익지배권을 설정받은 대가로 전세권자에게 전세금을 지급한다. 전세권자는 전세권의 등기와 동시에 전세금을 지급하여야 하고, 용익기간이 종료되면,[34] 전세권자가 설정받은 용익지배권의 대가로서 지급하였던 전세금을 돌려받는 전세금반환청구권을 갖는다. 전세권자가 갖는 전세금반환청구권은 지급한 전세금을 돌려받는 권리이므로 실질적으로는 용익지배권의 대가에 해당하는 것이다. 이러한 점에서, 전세권자의 전세금반환청구권은 임차인이 갖는 임차보증금반환청구권의 기능과 동일하다. 즉, 임차인은 지급하였던 임차보증금을 임대차종료시에 반환받는 것과 동일한 것이다. 둘째, 지배권과 그 대가를 구성하는 물권적 청구권관계 사이에는 아무런 우열의 차이가 존재하지 않는다. 다만, 지료청구관계, 전세금보유권과 전세금반환청구권은 물권적 청구권관계인 반면에, 용익지배권은 토지 또는 전세물을 대상으로 하는 지배권이라는 성질상의 차이가 있을 뿐이다. 그것은 물권을 구성하는 것으로서 단지 권리의 종류에 차이에 있을 뿐이다. 셋째, 용익지배권의 대가를 구성하는 물권적 청구권관계는 제한물권자의 물권을 구성할 뿐 아니라 제한소유권자의 물권도 구성한다. 우선 전세권이 설정되는 경우 용익지배권의 대가를 구성하는 전세권설정자(전세제한소유권자)의 전세금보유권

---

34) 전세권자가 전세권의 등기시 전세금을 지급하는 것은 물권적 합의가 요물적 합의의 성질을 갖게 하는 것이다.

은 그에게 잔존하는 처분지배권과 함께 전세제한소유권이라는 물권을 구성하게 된다. 이는 매매에서 매도인의 대금청구권이 매도인의 지위를 구성하는 것과 마찬가지이다. 또 유상의 지상권이 설정되는 경우 지상권설정자(지상제한소유권자)의 지료청구권은 그에게 잔존하는 처분지배권과 함께 지상제한소유권이라는 물권을 구성하게 된다. 이처럼 제한물권자에게 발생하는 용익지배권이 지상권과 전세권이라는 물권을 구성하는 중요한 권리가 되듯이, 대가로서 발생하는 지료청구권과 전세금보유권 역시 제한소유권자의 물권을 구성하는 중요한 권리가 되는 것이다. 마찬가지로 용익지배권의 대가를 구성하는 물권적 의무는 지배권과 함께 제한물권의 물권을 구성한다. 예를 들면, 지상권자의 지료지급의무는 지상권자와 용익지배권과 함께 지상권이라는 물권을 구성한다.

(다) 지료청구권관계와 전세금보유권 · 전세금반환청구권은 지배권의 대가를 구성하는 약정의 물권적 청구권관계

용익지배권과 대가관계를 구성하는 지료청구권관계, 전세금보유권과 전세금반환청구권은 지상권과 전세권을 설정하는 당사자와 그 양수인들 사이에서는 당연히 약정의 물권적 청구권 또는 약정의 물권적 의무로서 존재한다. 물권의 종류와 내용은 법률로 정한다는 물권법정주의도 당사자의 의사에 의하여 지배권의 대가가 약정의 물권적 청구권 또는 물권적 의무로 성립하는 것을 배제하지는 않는다. 지상권과 전세권이 당사자의 약정에 의하여 성립하듯이, 지료청구권관계와 전세금보유권과 전세금반환청구권 역시 당사자의 약정에 의하여 성립하는 물권적 청구권관계이다. 그리고 이러한 약정의 물권적 청구권관계는 지상권과 전세권을 설정한 당사자들의 양수인 사이에서도 마찬가지로 동일한 성질을 유지하게 되는 것이다.

독일 민법은 '지료에 관한 법령'에 의하여 지상권설정자와 지상권자의 양수인 사이에 존재하는 지료청구권을 법정채권으로 간주한다. 이는 첫째, 물권은 지배권이라는 도그마에 의하면, 지료청구권은 물권이 아니어서 물권의 양도로 볼 수가 없기 때문이다. 둘째, 지상권설정자와 지상권자 사이에 존재하는 채권계약으로 채권계약의 상대효에 의하여 지상권설정자와 지상권자의 양수인들 사이에서는 약정의 지료청구권을 발생시킬 수 없다고 보기 때문이다. 이상의 문제점을 해결하기 위하여, 독일민법은 법령으로 지상권설정자 또는 지상권자의 양수인들 사이에서는 법정채권을 성립시키는 것이다.

(2) 지배권의 대가를 구성하지 않는 법정의 물권적 청구권

지배권의 대가를 구성하지 않은 물권적 청구권에는 토지소유자의 상린권(제216조-제244조)과 제한소유권자와 제한물권자 사이에 발생하는 유익비상환청구권, 부속물매수청구권 등의 법정의 물권적 청구권이 있다. 후술하는 바와 같이, 이러한 법정의 물권적 청구권을 지배권의 효력, 내용 또는 지배권 소멸의 효과로 보는 것은 타당하지 않다. 지배권의 대가를 구성하지 않는 법정의 물권적 청구권도 지배권의 대가를 구성하는 물권적 청구권과 함께 지배권과는 독립한 권리체계를 구성하게 된다.

4. 물권적 청구권관계가 지배권의 내용, 효력 또는 소멸의 효과인지의 여부

종래 물권은 지배권이라는 도그마는 물권을 구성하는 물권법상의 청구권인 채권을 지배권, 즉 물권의 내용, 효력 또는 소멸의 효과라고 본다. 우선 상린권은 토지지배권의 제한 내지는 확대로서 토지지배권의 내용이 된다고 본다. 또 제한소유권과 제한물권의 경우 물권법상의 청구권을 지배권의 내용, 효력 또는 소멸의 효과라고 설명하고 있다. 그러나 이러한 이해는 다음과 같은 모순을 안고 있다. 첫째, 지배권이란 물건을 직접 지배하는 권리로서 타인의 행위를 필요로 하지 않는 권리이다. 타인의 행위를 급부의 내용으로 하는 물권법상의 청구권을 지배권의 내용 또는 효력이라는 보는 것은 논리적 모순이다. 둘째, 물권법상의 청구권은 채권으로 보아 지배권이 아니라고 하면서, 이를 다시 지배권의 내용, 효력 또는 소멸의 효과라고 보는 것 역시 논리적 모순이다. 채권을 지배권이 내용이 된다고 하는 순간 그것은 물권으로 취급하지 않을 수 없기 때문이다. 셋째, 물권법상의 청구권을 지배권의 효력이라고 하기 위해서는 물권법상의 청구권 역시 물건을 대상으로 하는 권리여야 한다. 그러나 물권적 청구권은 사람에 대한 인적 권리로서 물건을 대상으로 하는 지배권이 아니다. 따라서 지배권의 내용 등이 될 수는 없는 것이다. 인적 권리와 물적 권리는 권리의 대상이라는 관점에서는 결코 동일한 범주에 포함시킬 수 없기 때문이다. 넷째, 동산소유권과 건물소유권은 물권법상의 청구권이 존재하지 않는 물권이다. 그러나 이 경우에도 지배권의 효력을 논할 수 있다. 이상의 점에서 물권적 청구권은 지배권의 효력이 아니다.

지배권의 내용, 효력 또는 소멸의 효과란 결국 지배권 자체의 내용, 효력 또는 소멸의 효과를 말하는 것이다. 용익지배권의 경우 물건을 사용·수익하는 것이 용익지배권의 내용이 될 것이다. 또 담보지배권은 피담보채권이 변제되지 않을 경우 담보물에 대한 경매를 청구하여 그 환가액으로부터 우선변제를 받는 것이 담보지배권의 내용 내지는 효력이 되는 것이다.

새로운 물권의 패러다임에 의하면 토지소유권, 제한소유권과 제한물권은 결코 지배권만으로는 성립될 수 없는 물권이다. 물권적 청구권은 지배권 이외에 추가로 물권을 구성하는 요소인 권리에 해당하는 것이다. 법정의 물권적 청구권도 지배권의 대가를 구성하는 약정의 물권적 청구권도 지배권과는 독립한 권리체계를 구성한다고 할 것이다.

5. 물권적 청구권과 지배권은 서로 독자성은 있으나 독립성은 없는 권리

물권적 청구권이 지배권과 함께 물권을 구성하는 경우 물권적 청구권은 지배권으로부터 독자성은 인정되지만, 독립성은 인정되지 않는다. 만일 지배권만을 물권으로 보고 물권적 청구권은 물권으로 보지 않는다면, 그것은 물권은 지배권과 물권적 청구권으로 구성되는 제3의 권리를 인정하는 것이 되어버린다. 그러한 권리는 상정될 수 없다. 그것은 지배권과 물권적 청구권이 물건을 매개로 하여 물건과 결합되어 있음에도 불구하고, 이를 물권으로 보지 않는 것이 되어버린다.

(1) 물권적 청구권관계의 독자성

물권법상의 청구권이 지배권과 함께 물권을 구성하는 경우, 물권적 청구권과 지배권은 독자성이 인정되는 별개의 권리에 해당한다. 이는 물권적 청구권과 지배권이 물건을 중심으로 결합되어 있는 제한소유권과 제한물권의 경우뿐만 아니라 토지소유권의 경우도 마찬가지이다. 첫째, 지배권은 물건을 대상으로 하는 물적 권리임에 반하여, 물권적 청구권은 사람을 대상으로 하는 인적 권리로서, 별개의 권리에 해당한다. 둘째, 토지소유권, 제한소유권과 제한물권은 결코 지배권만으로는 성립할 수 없다. 물권적 청구권이 없는 토지소유권, 제한소유권과 제한물권이란 생각할 수 없다. 따라서 물권적 청구권은 지배권과는 다른 별개의 권리라 하지 않을 수 없다. 셋째, 전술한 바와 같이, 물권적 청구권이 성립하거나 효력을 발생하기 위해서는 지배권과는 별개의 요건이 갖추어져야 비로서 성립하고 효력을 발생한다. 예를 들면, 토지소유자의 인지사용청구권(제216조)은 경계나 그 근방에서 담 또는 건물을 축조하거나 수선할 필요가 있는 요건이 갖추어진 경우에 비로소 성립하고 발생한다. 또 전세권자의 유익비상환청구권은 유익비를 지출하여야 성립하고 또 용익기간이 종료하는 때에 현존이익의 존재하는 한에서 비로소 발생하게 된다. 또 지상권의 경우 용익지배권의 대가인 지료청구권은 지배권의 경우와 같이 약정과 등기에 의하여 성립하지만, 지분적 지료지급청구권은 그 외에 이행기가 도래하여야 비로소 발생한다. 또 전세금은 약정과 등기 외에 등기시에 지급이 되어야 전세금보유권이 성립하고 효력을 발생한다. 또 전세금반환청구권은 등기시에 전세금의 지급이 있어야 성립하고 또 용익기간이 종료하여야 비로소 그 효력이 발생한다. 또 전세권자의 유익비상환청구권(제310조 제1항)은 유익비를 지출하여야 성립하고 또 용익기간이 종료하는 때에 현존이익의 존재하는 한에서 비로소 발생하게 된다. 또 부속물매수청구권(제316조 제2항)도 전세물을 사용하는 것만으로는 성립하지 않고, 부속물을 부속시킨다는 별개의 요건이 갖추어져야 성립하고 또 그 후에 용익기간이 종료되어야 비로소 효력을 발생한다. 그리고 저당권자의 저당물보충청구권(제362조)은 저당물 가액의 현저한 감소라는 요건이 갖추어져야 성립하고 효력을 발생한다. 넷째, 지배권의 효력은 지배권이 소멸하면 당연히 함께 소멸한다. 그러나 지배권이 소멸하더라도 물권적 청구권은 소멸하지 않는다. 예를 들면, 전세권의 경우 용익기간이 종료하여 용익지배권이 소멸하더라도 전세금반환청구권, 유익비상환청구권, 부속물매수청구권 등의 물권적 청구권은 소멸하지 않는다. 다섯째, 물권적 청구권에 대하여는 지배권과는 분리되어 별도로 질권을 설정할 수 있다. 예를 들면, 약정 물권적 청구권인 지료청구권과 전세금반환청구권에 대해서도 질권을 설정할 수 있다. 이상에서 보는 바와 같이 물권적 청구권은 지배권과는 별개의 독자적인 권리에 해당한다.

(2) 물권적 청구권관계의 비독립성

물권법상의 청구권이 지배권과 함께 물권을 구성하는 경우, 지배권과 물권적 청구권은 서로 독립성은 인정되지 않는다. 예를 들면, 물권의 시효는 지배권이든 물권적 청구권이든 동일하게 적용된다.35)

---

35) 부동산점유취득시효완성자의 등기청구권도 점유권의 효력으로 인정되지만, 점유권과 독립하

6. 지배권과 함께 물권을 구성하는 물권법상의 청구권관계에 대한 법적 규율 : 지배권적 규율과 청구권적 규율[36]

지배권과 함께 물권을 구성하는 물권적 청구권관계에 대하여는 민법상 통일적인 법적 규율이 존재하지 않는다. 통일적인 법적 규율을 어떻게 찾을 것인지가 문제이다. 한편 물권법상의 청구권이 집행법상으로 어떻게 규율되어야 하는지도 검토가 필요하다.

(1) 물권적 청구권관계에 대한 법적 규율의 구분

지배권과 함께 물권을 구성하는 물권적 청구권관계에 대하여는 민법상 통일적인 법적 규율이 존재하지 않는다. 따라서 지배권과 함께 물권을 구성하는 물권적 청구권관계를 어떻게 규율할 것인지가 문제이다. 예를 들면, 전세권은 물권으로 규정되어 있으면서 원인계약에 기한 권리의무관계에 관한 인적 색채를 가진 규정들을 포함하고 있어서, 양자를 어떻게 조화롭게 해석할 것인지가 어려운 문제라고 하는 견해가 이미 제시된 바 있다.[37] 그러나 첫째, 전세권에 규정되어 있는 물권법상의 청구권 관계는 원인계약인 채권계약을 근거로 하여 발생하는 법률관계가 아니다. 그것은 물권적 합의에 따라 발생하는 법률관계이다. 둘째, 전세권에 규정되어 있는 물권법상의 청구권 관계는 인적인 색채 즉, 인적 결합을 가진 채권적 청구권이 아니다. 이러한 채권적 청구권은 물권적 청구권과 다른 인적 권리이기 때문에 애초부터 지배권과 함께 조화롭게 해석하는 문제는 발생하지 않는다. 셋째, 전세권에 규정되어 있는 물권법상의 청구권 관계는 지배권과 물적 결합이 있는 인적인 권리이다. 이 경우에 비로소 지배권과 조화롭게 해석하여야 하는 문제가 발생하는 것이다.

지배권과 함께 물권을 구성하는 물권적 청구권 관계는 지배권과 함께 물권을 구성한다는 점에서 다음과 같은 규율을 받게 된다. 첫째, 물권적 청구권 관계는 지배권과

여 존재할 수는 없다. 그리고 침해 물권적 청구권도 물권의 효력으로서 인정되기 때문에 역시 물권으로부터의 독립성이란 생각할 수 없는 것이다.

36) 이 부분은 필자의 논문("물권론의 재정립")에서 III.3.(1)(나)(물권적 규율의 필요성)을 발전시킨 것이다.

37) 양창수, 전게 논문, 93-4면.

함께 물권을 구성하고 있으므로, 지배권에 적용되는 규정의 규율을 받게 된다. 둘째, 물권법에 있는 물권적 청구권 관계에 관한 규정의 규율을 받게 된다. 셋째, 물권적 청구권 관계는 청구권에 해당하므로 청구권 일반의 규정의 규율을 받게 된다. 현재 청구권 일반에 관한 규정은 물권법에 존재하지 않고 채권법에 존재한다. 채권법에는 채권적 청구권에만 적용되는 규정과 채권적 청구권과 물권적 청구권 모두에 적용되는 사람에 대한 청구권에 규정, 즉 청구권 일반에 관한 규정이 존재한다. 따라서 물권적 청구권 관계라고 할지라도 채권법상 청구권 일반에 관한 규정의 적용을 받는 것이다. 이러한 규정은 형식적으로는 채권법에 규정되어 있지만, 실질적으로는 청구권법에 해당하는 규정이라고 할 것이다. 이처럼 채권법상의 청구권 일반에 관한 규정이 물권적 청구권 관계에도 적용되는 것은 물권적 청구권 관계가 채권 관계이기 때문에 그러한 것이 아니다. 이상의 경우에 첫째와 둘째의 규율은 물권에 관한 규율로서 물권적 규율이라고 할 수 있다. 그리고 둘째와 셋째의 규율은 청구권적 규율이라고 할 수 있다.

(2) 지배권에 적용되는 규정에 따른 규율(등기, 시효 등) : 지배권 적 규율

물권은 지배권이라는 도그마에 의하면, 물권적 청구권은 지배권이 아닌 채권에 해당하므로 물권법상의 청구권은 지배권과는 다른 규율을 받아야 할 것이다. 따라서 물권적 청구권은 등기의 대상이 될 수 없고 또 반대로 채권의 시효의 대상이 되어야 할 것이다. 그러나 물권의 새로운 패러다임에 의하면, 물권법상의 청구권도 지배권과 함께 물권을 구성하는 이상, 지배권과 같은 규율을 받아야 한다. 이것이 물권법상의 청구권을 지배권과 분리할 수 없고 또 물권적 청구권이 지배권과 함께 물권법에 규정되어 있는 실질적인 이유이다.[38]

(가) 등기와 점유에 의한 공시와 이전

물권법상의 청구권 관계를 지배권과 분리가 되어 채권적 청구권 관계로 본다면 이전등기가 아니라 채권양도 또는 채무인 수의 절차가 필요할 것이다. 즉, 약정이든 법정이든 물권법상의 청구권은 개별적으로 채권양도나 채무인 수의 절차를 요구하게

---

38) 이에 대하여는 남효순, "물권론의 재정립", 61-2면 참조.

될 것이다. 이것이 통설과 판례가 용익 기간 종료 후 전세금반환청구권의 이전에 채권양도 절차를 요구하는 이유이다. 그런데 실제로 학설과 판례는 여러 가지 이유로 채권양도나 채무인 수의 절차를 요구하지 않는다. 혹자는 물권법상의 청구권은 지배권의 효력이기 때문이라고 본다. 혹자는 민법 제307조가 전세권 양수인은 전세권 설정자에 대하여 양도인과 같은 권리 의무가 있다고 규정하고 있는 바와 같이, 양수인인 물권자는 총체적으로 양도인의 지위를 인수하기 때문이라고 본다.[39] 이에 대하여는 채권관계가 양수인 또는 인수인에게 총체적으로 이전되는 실질적 근거가 무엇인가 하는 의문이 제기된다. 또는 2014년 민법개정시안의 신설 제307조의2에 의하면, 물권자는 총체적으로 양도인의 지위를 인수하는 것으로 의제되기 때문이라고 본다. 이에 대하여는 신설 제307조의2는 제307조와 문언의 내용이 다르다는 반론이 제기될 수 있다.

　물권의 새로운 패러다임에 의하면, 제한소유권과 제한물권에서의 물권법상의 청구권은 약정이냐 법정이냐를 묻지 않고 지배권과 결합되어 분리불가성의 관계에 놓이게 되어 양도성이 있게 된다. 따라서 첫째, 물권법상의 청구권은 물권을 구성하는 물권 자체로서, 약정의 물권법상의 청구권은 지배권과 함께 등기에 의하여 공시가 된다. 전세권의 용익기간이 종료되기 전에는 전세금반환청구권은 담보물권성의 전세권과 분리하여 양도할 수 없다. 둘째, 물권법상의 청구권은 이전등기가 있어야 이전되는 것이다. 따라서 전세금반환청구권은 용익기간이 종료된 후에도 별도의 양도절차를 필요로 하지 않는다. 마찬가지로 물권적 의무의 이전에도 약정이냐 법정이냐를 묻지 않고 물권의 이전등기 외에 별도의 채무인수의 절차가 필요 없다. 즉, 양수인이 총체적으로 양도인의 지위를 인수하는 것은 물권적 청구권관계이지 채권관계가 아니다. 셋째, 질권의 객체인 물권적 청구권은 양도의 의사와 함께 점유이전이 있어야 양도가 된다. 따라서 지상제한소유권 또는 전세권의 이전등기에 의하여 질권의 객체가 된 지료청구권과 전세금반환청구권은 자유롭게 양도될 수 있다.

(나) 소멸시효와 제척기간

　물권법상의 청구권·형성권을 지배권과 분리하여 채권적 청구권·형성권으로 본다

---

39) 양창수, 전게논문, 108면.

면, 이들 권리는 필시 물권의 소멸시효가 아니라 별도의 채권적 청구권의 소멸시효나 채권적 형성권의 제척기간의 대상이 되어야 할 것이다. 그러나 물권의 새로운 패러다임에 의하면, 물권법상의 청구권·형성권은 지배권과 함께 물권을 구성하는바, 물권의 시효가 적용되고 별도의 소멸시효나 제척기간의 대상이 되지 않는다. 이는 물권법상의 청구권·형성권이 약정이든 법정이든 마찬가지이다. 예를 들면, 용익기간이 종료되어 효력을 발생하게 된 전세금반환청구권은 등기가 존재하는 한 별도의 시효의 대상이 되지는 않는다.

(다) 물권적 청구권과 물권의 분리양도 여부

물권법상의 청구권은 물권과 분리되어 양도될 수 없는 것이 원칙이다. 첫째, 토지소유권에서 발생하는 물권적 청구권은 지배권과 분리되어 양도되지 않는다. 둘째, 제한소유권과 제한물권에서 발생하는 물권적 청구권은 그에 대한 물권의 등기가 존속하는 한 양도는 확정적 효력을 가질 수 없다. 예를 들면, 전세금반환청구권의 양도는 전세권등기가 소멸하여야만 확정적으로 효력을 발할 수 있다. 이는 전세권자의 유익비상환청구권의 경우에도 마찬가지이다. 또 지상권설정자의 지분적 지료청구권도 이행기가 도래하지 않는 한 확정적 양도의 효력을 발생할 수 없다. 셋째, 제한물권자의 물권적 청구권은 제한소유권자의 등기가 이전되는 경우에는 새로운 제한소유권자에 대하여도 주장할 수 있다. 예를 들면, 전세권자의 전세금반환청구권과 유익비상환청구권은 전세물에 대한 소유권의 이전등기가 있는 경우, 새로운 전세물의 양수인에 대한 권리로 존속하게 된다.

(라) 지료청구권과 전세금반환청구권에 대한 질권의 성립

물권법상의 청구권이 지배권이 아닌 채권에 지나지 않는 권리라고 한다면, 질권의 객체인 지료청구권과 전세금반환청구권의 양도는 채권의 양도성의 제한을 받게 된다(제449조 제1항 단서, 제2항 본문). 그러나 물권의 새로운 패러다임에 의하면, 지료청구권과 전세금반환청구권의 양도는 채권의 양도성 제한을 받지 않는다.

지료청구권과 전세금반환청구권이 채권이 아닌 물권적 청구권이라는 사실은 이들 권리가 담보물권인 질권의 객체가 되는 데에 방해가 되지 않는다. 즉, 질권에 관한 규정은 물권적 청구권인 지료청구권과 전세금반환청구권에도 적용된다. 질권의 객체가 된 지료청구권의 이행기가 도래한 경우 질권부채권위 변제기가 도달하지 않았으면, 채권질권자는 지상권자에 대하여 변제금액의 공탁을 청구할 수 있다(제353조 제3항). 반대로 질권부채권위 변제기가 도래한 경우에는 채권질권자는 지상권자에 대하여 지료지급을 직접 청구할 수 있다(제353조). 한편 전세권자는 전세금반환청구권을 질권의 객체로 할 수 있다. 이 경우 전세권 등기에 질권의 부기등기를 하면 질권의 효력이 담보물권성의 전세권에도 미치게 된다. 즉, 담보물 권부 전세금반환청구권이 질권의 객체가 되는 것이다. 이는 저당권부채권을 질권의 목적으로 하는 경우, 저당권 등기에 질권의 부기등기를 하여야 질권의 효력이 저당권에 미치기 때문이다(제348조).

(마) 지배권과 전세금반환청구권에 대한 저당권의 성립

물권법상의 청구권이 채권이라면, 전세금반환청구권은 저당권의 객체가 될 수 없다. 그러나 전세금반환청구권은 지배권과 함께 물권인 전세권을 구성하므로, 전세권에 대하여 저당권이 설정되는 경우, 당연히 지배권과 함께 저당권의 객체가 된다. 이처럼 전세금반환청구권이 저당권의 객체가 될 수 있다는 것은 물권적 규율의 한 예라고 할 수 있다. 따라서 전세권 저당권을 실행하는 경우 물권이 아닌 전세금반환청구권에 대하여 물상대위를 준용하거나 채권질권을 준용하는 것은 채권적 규율을 하는 것으로서 절대 타당하지 않다. 전세권저당권자는 저당권의 등기가 성립한 후 물상대위에 따른 압류나 또는 채권질권의 대항요건(제349조)을 갖추지 않더라도, 저당권등기시부터 당연히 저당권자로서의 지위를 확고하게 보호받을 수 있게 된다.

용익기간이 종료된 후 전세금반환청구권에 대하여도 저당권을 설정할 수 있는지가 문제이다. 이는 용익물권성을 상실한 담보물권성의 전세권을 과연 전세권으로 볼 수 있는지의 문제이기도 하다. 이에는 용익물권성이 없는 전세권은 저당권으로서 전세권이 아니라는 견해와 그 반대의 견해가 있을 수 있다. 전자에 의하면, 담보물권성이 인정되는 전세권은 저당권으로서 같은 저당권의 객체가 될 수 없다. 그러나 후자에 의하면, 용익물권성을 상실한 담보물권성의 전세권도 전세권에 해당하므로 당연히 저당권의 객체가 될 수 있다. 기술한 바와 같이, 전세금반환청구권은 채권이 아니라 지배권과 함께 전세권이라는 물권을 구성하는 전세권의 내재적 요소이다. 따라서 용익물권성을 상실한 담보물권성의 전세권은 전세권의 속성이 유지되므로, 담보물권부 전세금반환청구권도 얼마든지 저당권의 객체가 될 수 있다고 할 것이다.

(3) 물권적 청구권에 적용되는 규정에 의한 규율 : 물권적 청구권적 규율

물권법에도 물권적 청구권에 대한 규정이 존재한다. 지료지급의무를 이행하지 않는 경우의 지상권소멸청구권(제287조), 전세권자의 전세권설정계약에 따른 사용·수익의무의 불이행시 전세권의 소멸청구(제311조), 전세권자의 책임 있는 사유에 의한 손해배상금의 공제(제315조) 등이 그러하다.[40] 이는 주로 물권적 의무의 불이행에 관한 규정에 해당한다.

(4) 청구권 일반에 적용될 수 있는 규정에 의한 규율 : 청구권적 규율(형식상 채권법상의 규율)

채권편 중에는 채권적 청구권뿐 아니라 물권적 청구권에도 준용될 수 있는 규정이 존재한다. 이러한 규정은 청구권 일반에 관한 규정으로서 물권적 청구권에도 준용될 수 있는 성질의 규정이라 할 것이다. 이는 종래에는 침해 물권적 청구권에 대하여만 논의되었던 문제이다. 그러나 이는 침해 물권적 청구권뿐 아니라 물권적 청구권 일반에 대하여 논의될 수 있는 것이라고 할 것이다. 또 이것이 물권적 청구권이 지배권의 효력이라고 할 수 없는 또 하나의 실질적인 이유이다.[41] 예를 들면, 채무불이행과 그 효력(제387조 이하), 강제이행의 방법(제389조 이하), 채권자대위권(제404조), 채권자지체(제400조), 변제(제460조 이하), 상계(제492조 이하), 동시이행의 관계(제536조 이하) 등이 있다. 이하에서 상계와 동시이행에 관하여 살펴본다. 또 물권적 청구권에 대하여는 물권법상의 청구권에 관한 규정과 채권법상의 청구권 일반에 관한 규정의 중첩적 적용의 여부에 대하여 살펴본다.

(가) 상계

상계란 쌍방이 서로 같은 종류를 목적으로 한 채무를 부담한 경우에 쌍방의 채무의 이행기가 도래한 때에 각 채무자는 대등액에 관하여 소멸시키는 것을 말한다(제492조). 상계란 채권적 청구권에 관하여 규정되고 있다. 그러나 이는 물권적 청구권에도

---

40) 자세한 것은 남효순, "물권론의 재정립", 61면 참조.

41) 이에 대하여는 IV.6(지배권과 함께 물권을 구성하는 물권법상의 청구권에 대한 법적 규율)에서 기술하였다.

준용될 수 있는 규정이다. 즉, 그것은 채권에 관한 규정이 아니라 청구권 일반에 관한 규정이라고 할 것이다. 따라서 동종의 물권적 청구권 사이에서도 상계는 얼마든지 인정된다. 예를 들면, 전세권설정자가 전세권자에 대한 손해배상청구권과 전세권자가 전세권설정자에 대한 전세금반환청구권, 유익비상환청구권 등이 있다. 또 물권적 청구권과 채권적 청구권 사이에서도 인정될 수 있다. 예를 들면, 전세권자가 전세권설정자에 대한 전세금반환청구권과 전세권자가 전세권설정자에 대하여 취득한 대여금채권이 이에 해당한다. 또 지상권의 경우 이행기가 도래한 지료청구권은 이행기 도래 당시의 지상권자가 지상권설정자에 대하여 취득한 대여금채권과 상계가 될 수 있다고 할 것이다. 이상의 경우 합리적 기대설에 따라서, 반대청구권인 자동청구권의 변제기가 수동청구권의 변제기와 동시에 또는 보다 먼저 변제기에 도달하는 것으로서 족하다.42) 예를 들면, 용익기간이 종료하여 전세권자가 전세권설정자에 대하여 부담하는 전세금반환청구권을 행사할 경우, 전세권설정자는 전세권자에게 대여한 대여금채권의 변제기가 전세금반환청구권의 변제기와 동시 또는 먼저 변제기가 도래한 것으로 족하다.

한편 상계가 인정되는 물권적 청구권이 담보물권의 객체가 되어 우선변제가 이루어져야 할 경우에는 물권적 청구권자는 물권자에 대한 반재채권의 상계로 제3자인 담보물권자에 대하여 주장할 수 없다. 지상권설정자가 지료청구권에 대하여 질권을 설정한 경우, 질권자가 대항요건(제348조)을 갖추기 전에 지상권설정자가 지상권자에 대하여 취득한 이행기가 도래한 반대채권이 있으면 얼마든지 상계할 수 있다. 이 경우 질권자가 대항요건을 갖추기 전에 지상권설정자가 지상권자에게 취득한 반대채권의 변제기가 수동채권인 지료청구권의 변제기 전이거나 그와 동일하다는 이유만으로도 얼마든지 상계가 인정되지 않는다. 그러나 지료청구권에 대하여 질권을 설정한 경우에는 거래의 당사자가 아닌 제3자인 질권자가 우선적 지위가 확보되어야 하기 때문에, 지상권설정자가 지상권자에게 취득한 반대채권으로 상계가 인정되지 않는다고 할 것이다. 이는 전세권자가 물권적 청구권인 유익비상환청구권 또는 전세금반환청구권에 대하여 질권을 설정한 경우에도 마찬가지이다. 또 전세금반환청구권이 지배권과 함께 전세권저당권의 객체가 된 경우에도 역시 전세권설정자는 저당권이 성

---

42) 대법원 1982. 6. 22. 선고 82다카200 판결; 대법원 1988. 2. 23. 선고 87다카472 판결

립한 후에 전세권자에 대하여 취득한 반대채권의 변제기가 수동채권의 변제기 전이
거나 그와 동일한 것이라는 이유로 상계할 수는 없다. 역시 담보권자인 전세권저당권
자를 전세권설정자에 앞서 보호받아야 하기 때문이다.

　다른 한편 전세권설정자가 전세권자에 대하여 취득한 반대채권의 이행기가 도래한
후에 저당권이 성립한 경우 그 전에 상계의 의사표시를 하지 않은 이상, 전세권저당
권이 성립한 후에는 상계할 수 없다고 할 것이다. 이는 전세권저당권자는 저당권등기
시에 객관적으로 존재하는 전세금반환청구권에 대하여 우선적 지위가 인정되는 것이
므로, 전세권저당권이 성립하기 전에 발생한 채권이 전세금반환청구권보다 변제기가
먼저 도래하였다는 사정만으로 상계할 수 없기 때문이다. 이 경우에는 채권보다 물권
의 효력이 앞서기 때문이다. 즉, 담보물권자가 채권자보다 우선적으로 보호를 받아야
하기 때문이다.

(나) 동시이행의 관계

　물권법 제317조는 "전세권이 소멸한 때에는 전세권설정자는 전세권자로부터 그
목적물의 인도 및 전세권설정등기의 말소등기에 필요한 서류의 교부를 받는 동시에
전세금을 반환하여야 한다."라고 규정하고 있다. 이는 명시적으로 채권법상의 동시이
행의 관계를 물권적 청구권관계에 적용하는 것이라고 할 것이다. 동시이행제도의 취
지인 공평의 이념은 물권적 청구권에도 적용되어야 하기 때문이다. 따라서 동시이행
의 관계는 제317조가 규정하는 전세권설정자의 전세금반환의무와 전세권자의 전세
물인도의무·말소등기서류교부의무 사이에만 인정되는 것이 아니다. 예를 들면, 전세
권설정자의 유익비상환의무도 전세권자의 전세물인도의무·말소등기서류교부의무와
함께 동시이행의 관계에 놓인다고 할 것이다.

(다) 물권적 청구권에 대한 물권법의 청구권에 관한 규정과 채권법의 청구권 일반에 관한 규정의 중첩적 적용 여부[43]

　물권적 청구권에 대해서는 물권법에 청구권에 관한 규정과 채권법의 청구권 일반

---

[43] 물권적 의무와 채권적 의무의 불이행에 대하여는 남효순, "물권관계의 새로운 이해", 321 –
　　322면 참조

에 관한 규정의 중첩적 적용이 문제가 될 수 있다. 예를 들면, 전세권설정자는 전세권자가 전세권설정계약에 따른 사용·수익의무를 불이행하는 경우, 전세권자에 대하여 전세권의 소멸청구를 할 수 있다(제311조). 그런데 이 경우 전세권설정자는 전세권자의 물권적 의무의 불이행을 이유로 채권계약의 해지를 할 수 있는지가 문제이다.[44] 이는 소멸청구권의 제척기간이 경과 전이든 후이든 마찬가지이다. 한편, 이 경우 전세권설정자는 전세권자에 대하여 물권적 합의의 해지도 가능한지가 문제이다.

(5) 물권적 청구권에 대한 물권적 규율의 예외 : 채권적 규율

물권법상의 청구권은 일정한 경우에는 물권적 규율을 받지 않고 채권적 청구권으로 전환되어 채권적 규율을 받을 수가 있다. 첫째, 이행기가 도래한 지료청구권은 제3자에게 확정적으로 양도될 수 있다. 이행기가 도래한 지료청구권은 제3자에게 양도되는 순간 물권적 청구권으로서의 속성을 상실하고 채권으로서 양도되는 것이다. 둘째, 이행기가 도래한 지료청구권은 지상제한소유권이 양도되는 경우에는 양도되지 않고, 종전의 지상제한소유권자와 지상권자의 권리의무관계로서 존속한다. 이 경우 지료청구권은 지상제한소유권으로부터 분리가 되어 물권적 청구권으로서의 속성을 상실하게 되고, 채권적 청구권으로서 전환되어 존속하게 된다. 따라서 이 경우에는 채권의 시효의 대상이 되는 것이다. 한편 새로운 지상제한소유권자는 잔존하는 용익기간에 해당하는 지료청구권을 가질 뿐이기 때문이다. 셋째, 전세권의 용익기간이 종료된 후에는 전세금반환청구권은 담보물권성의 전세권과 분리하여 양도할 수 있다. 이 경우 종된 물권인 담보물권성의 전세권은 당연히 소멸하게 되고, 전세금반환청구권은 물권적 청구권의 성질을 상실하고 채권적 청구권으로 전환된다. 따라서 그 양도를 위해서는 채권양도의 절차에 따라야 한다. 넷째, 등기에 의하여 공시되지 않은 법정의 물권적 청구권은 얼마든지 물권자의 합의만 있으면 얼마든지 양도될 수 있다. 예를 들면, 유익비상환청구권 등을 양도받은 제3자는 전세물이 양도되는 경우에는, 더이상 새로운 전세물의 소유자에게 주장할 수 없고, 종전 전세물의 소유자에 대하여 청구할 수 있을 뿐이다. 다섯째, 전세금이 변제되면 전세권은 말소등기가 없이도 담보

---

44) 이에 대하여는 남효순, "물권관계의 새로운 이해", III.1.(4)(물권관계와 채권규정과의 관계) 및 이 논문의 X.(물권의 새로운 패러다임에 의한 물권변동론과 물권계약론)을 참조.

물권성의 전세권이 소멸하게 되므로, 이 경우의 유익비상환청구권은 역시 물권적 속성을 상실하여 채권으로 전환되기 때문에, 그때부터 채권의 소멸시효의 대상이 된다. 여섯째, 전세권의 경우 용익기간이 종료하여야 발생하는 물권적 청구권이더라도 용익기간이 종료하기 이전에 전세권설정자와 전세권자의 합의를 하여 결제할 수가 있다. 예를 들면, 전세권자의 유익비상환청구권에 대하여 전세권설정자가 이를 변제한 경우에는 당연히 소멸하게 되는 것이다. 일곱째, 전세권자가 전세권설정자에 대하여 갖는 유익비상환청구권은 전세권등기가 존속하는 한 조건부 양도만 허용되고, 담보물권성의 전세권이 소멸하는 경우에 비로소 양도의 효력을 발생하게 된다. 이 경우 유익비상환청구권은 물권관계에서 이탈되어 물권적 속성을 상실하게 되므로, 채권적 청구권으로 전환된다. 유익비상환청구권 등을 양도받은 제3자는 전세물이 양도되는 경우에는, 더이상 새로운 전세물의 소유자에게 주장할 수 없고, 종전 전세물의 소유자에 대하여 청구할 수 있을 뿐이다. 여덟째, 물권적 청구권·형성권이 지배권적 물권적 규율을 받더라도 전제되는 물권적 청구권·형성권이 소멸하는 경우에는 발생하지 않는다. 예를 들면, 지상권자의 적법한 갱신청구권(제283조 제1항)의 행사는 지상권설정자의 갱신 거절(제283조 제2항)을 요건으로 하므로, 지상권의 존속기간 만료 후 지체없이 지상권갱신청구권을 즉시 행사하지 아니하여 지상권갱신청구권이 소멸한 경우에는 지상물매수청구권은 발생하지 않는다.[45]

(6) 물권적 청구권에 대한 집행법상의 규율

집행법상으로는 물권적 청구권도 원칙적으로 채권적 청구권에 관한 집행절차에 따른다. 이 점에서 집행법상으로는 물권적 청구권은 채권적 청구권과 차이가 없다. 특정의 채무자에 청구권이든 물권자에 대한 청구권이든 모두 사람에 대한 청구권으로서의 본질을 갖기 때문에 동일한 집행절차가 적용될 수 있다. 다만, 물권적 청구권의 특징에 따른 특별한 절차가 필요할 수도 있을 것이다.

---

45) 대법원 2023. 4. 27. 선고 2022다306642 판결.

Ⅴ. 물권의 양도성과 전세권설정자의 지위의 승계에 관한 신설 제307조의2 (2014년 민법개정시안)

물권의 처분은 자유이다. 따라서 물권은 양도성을 갖는다. 물권의 양도성은 근대민법이 인정하는 물권의 통유성 중의 하나에 해당한다. 우리 민법은 전세권의 경우에만 양도성에 관하여 규정(제306조 본문)을 두고 있고 또 전세권의 양도성을 제한할 수 있다고 규정하고 있다(제306조 단서). 후자에 대해서는 왜 전세권의 경우만 다른 물권과는 달리 양도성이 제한될 수 있는가 하는 근본적인 의문이 제기된다. 한편 우리 민법은 전세권양도의 효력에 관한 규정(제307조)을 두고 있다. 그런데 전세권 이외의 다른 물권에서는 이러한 규정이 존재하지 않는다. 따라서 본조의 취지가 무엇인지 역시 의문이 제기될 수 있다. 한편 2014년 민법개정시안은 전세권설정자의 지위의 양도에 관한 규정(제307조의2)을 신설하고 있다. 그 법적 취지와 근거가 무엇이고 또 이러한 조문을 신설할 필요가 있는지에 대하여 또한 의문이 제기된다. 이들을 차례로 검토하여 보기로 한다.

1. 물권의 양도성과 전세권의 양도성에 관한 규정(제306조)

(1) 물권의 양도성과 전세권의 양도성

우리 민법(제306조 본문)은 전세권의 경우에만 양도성을 인정하고 있다. 그러나 그러한 규정이 없는 다른 물권의 경우에도 물권의 양도성은 당연히 인정된다고 할 것이다. 물권의 양도성은 물권의 통유성 또는 물권의 태생적인 성질로서 상대방 물권자의 동의가 필요하지 않다. 그런데 민법은 왜 전세권의 경우에만 양도성을 인정하는 규정을 두고 있는 것일까? 그것은 설정행위에 의하여 양도성을 금지할 수 있다(제306조 단서)는 전제로서, 전세권에 양도성이 있음을 확인하는 것일 뿐이다(제306조 본문). 따라서 제306조 본문은 주의적 규정에 해당하고, 제306조 단서는 필요적 규정에 해당한다고 할 것이다.

(2) 전세권의 양도성 제한에 관한 규정

민법은 예외적으로 전세권의 경우에만 설정행위로 양도성을 제한할 수 있다고 규정하고 있다(제306조 단서). 전세권을 제외한 다른 물권에서는 양도성을 제한할 수 없다. 따라서 전세권을 제외한 제한물권, 제한소유권과 완전소유권의 양도성을 금지하는 특약은 반사회적 계약이 되어 효력이 인정되지 않는다.

전세권의 양도성 제한을 인정하는 이유는 무엇인가? 전세권은 채권적 전세를 물권화한 것이므로 채권적 전세에 준하여 전세권의 양도성 제한을 인정한 것으로 보인다. 그러나 전세권이 물권인 이상 양도성을 제한하는 것은 폐지되어야 마땅하다고 할 것이다.

전세권의 양도성을 금지하는 특약에 위반하여 전세권을 처분하는 것은 설정계약에 의하여 정해진 용법으로 전세물을 사용·수익하지 않는 것이 되므로, 전세권설정자에게 전세권소멸청구권이 발생한다.[46]

2. 물권양도의 내용

물권양도의 구체적 내용은 물권이 지배권만으로 구성되느냐 아니면 지배권과 물권적 청구권으로 구성되느냐에 따라 달라진다. 따라서 물권양도의 내용은 동산소유권과 건물소유권의 양도와 토지소유권, 제한소유권과 제한물권의 양도를 구분하여 살펴보아야 한다.

(가) 동산소유권과 건물소유권인 완전소유권의 양도 : 지배권의 양도

동산소유권과 건물소유권은 제한물권이 설정되지 않는 완전소유권이다. 동산소유권과 건물소유권인 완전소유권의 양도는 지배권의 양도를 의미한다.

(나) 토지소유권인 완전소유권의 양도 : 지배권의 양도

완전소유권에 해당하는 토지소유권을 양도하는 경우 상린권은 양도되지 않는다. 종전의 토지소유권을 위하여 인정되었던 상린권은 토지지배권의 이전과 함께 소멸한다. 토지지배권의 양수인은 양도된 토지지배권에 기초하여 법률의 규정에 의하여 새롭게 상린권을 취득하게 된다. 그 결과 토지지배권과 상린권은 병존적 물적 결합이 성립하게 된다.[47]

---

46) 오시영, 전게서, 535면

47) 물권법은 예외적으로 토지소유권자의 용수권의 승계(제233조)를 인정하고 있다. 이는 법률의 규정에 의한 승계이므로, 양도의 문제는 아니다. 그리고 용수권은 채권으로서 승계되는 것이

(다) 제한물권과 제한소유권에서의 양도

제한소유권과 제한물권의 양도란 지배권과 물권적 청구권의 양도를 의미한다. 이 경우 물권적 청구권은 지배권과 함께 물건을 중심으로 결합되어 있어 지배권과 분리가 불가능하므로, 물권적 청구권은 지배권과 함께 물권으로서 양도될 수밖에 없는 것이다. 그 결과 제한소유권과 제한물권은 이를 설정한 당사자들뿐 아니라 그 양수인 사이에 계속적으로 존재할 수 있게 되는 것이다.

3. 물권양도의 효력

물권법(제307조)은 전세권양수인은 전세권설정자에 대하여 전세권양도인과 동일한 권리의무가 있다고 규정하고 있다. 물권법은 제한물권 중 유독 전세권에 대하여만 전세권양도의 효력에 관한 규정을 두고 있다. 그 이유가 무엇인지가 문제이다. 또 제307조가 규정하고 있는 '권리의무'가 무엇인지도 문제이다.

(1) 민법제정과정

민법초안 제294조 제2항은 "전세권의 양도는 양도인이 전세권설정자에게 통지하거나 전세권설정자가 이를 승낙함이 아니면 이로써 전세권설정자 기타 제3자에게 대항하지 못한다."라고 규정하였다. 본 항은 채권양도의 절차를 전세권의 양도에 요구하고 있는 규정이다. 그러나 심의과정에서 본 항은 삭제되었다. 삭제이유는 "전세권은 임차권과 달라서 물권의 일종이므로 당연히 양도성과 임대성을 구유하는 것이며 이것을 초안은 명문으로 재확인한 데 불과한 것인바 그 양도는 등기함으로써 효력이 생하는 것이며 이외에 따로 대항요건을 규정한 것은 물권과 채권의 양도의 차이를 간과한 것이고 타당하지 않다고 본다."라는 것이었다. 즉, 본조는 지배권인 전세권의 양도에 대하여는 채권의 양도에서와 같은 절차가 필요하지 않다는 것을 말하는 것이다.

(2) 전세권양도의 효력에 관한 제307조

물권이 지배권이라는 도그마에 의하는 경우, 채권관계인 물권법상의 청구권관계가

아니라, 물권적 청구권관계로서 승계되는 것이다.

전세권의 양수인에게 이전되는 메커니즘이 무엇인지는 명확하지 않다.[48] 그런데 2004년의 민법개정시안은 전세권설정자 지위의 양도 효력에 관하여 제307조의2를 신설하여, 채권이 예외적으로 대항력을 갖는 규정과 완전히 동일한 취지의 규정을 두고 있다. 그 결과 제307조와 개정시안 제307조의2는 외관상 동일한 법리에 따르지 않기 때문에, 채권관계인 물권법상의 청구권관계가 이전되는 메커니즘이 더욱 복잡하게 되었다고 하지 않을 수 없다. 이하에서 물권법상의 청구권관계가 이전되는 메커니즘에 대한 학설을 살펴보기로 한다.

(가) 물권의 효력설

물권은 지배권이라는 도그마는 채권관계인 물권법상의 청구권관계를 지배권의 내용, 효력으로 본다. 따라서 채권관계의 이전은 지배권 양도의 효력으로 볼 수가 있다. 즉, 채권의 양도는 지배권인 물권의 양도에 포함되므로, 채권양도의 대항요건이 필요하지 않다고 보는 것이다. 지배권인 물권의 양도에 상대방 지배권자의 동의가 필요하지 않듯이, 채권의 양도에도 양도절차가 필요 없다고 보는 것이다. 이는 채권에 대하여 대항요건을 요구한다면 지배권은 양도되었는데도 채권관계의 이전이 늦어지는 것을 방지해야 한다는 실제적인 이유에 비추어서도 수긍이 간다. 요컨대 제307조가 표제를 '전세권양도의 효력'이라고 하고 있는 것은 전세권이라는 지배권을 양도하면 그 효력으로서 채권관계가 이전된다는 의미를 갖는 것이다.

(나) 채권의 대항력설

제307조는 전세권양수인의 전세권양도인의 채권관계의 승계를 의제한다. <u>그 결과 본조의 취지는 전세권설정자는 전세권의 양수인에 대하여 종전의 전세권양도인과 동일한 '권리의무'를 대항할 수 있다는 것이 된다.</u> 이는 제307조가 전세권양수인의 지위에 관하여 규정함에도 불구하고 결과적으로 전세권설정자의 지위를 규정하는 것이 되어버린다는 문제가 있다. 이를 분설하여 본다.

제307조의 법적 취지 : 제307조에 의하면, 전세권양수인은 전세권양도인의 지위를 승계한 것이 되고, 그 결과 전세권설정자는 전세권양수인에 대하여 종전의 전세권

---

48) 남효순, "물권론의 재정립"(p. 71-4)을 참조.

양도인과 동일한 권리의무로 대항할 수 있게 된다. 예를 들면, 주택임대차보호법(제3조 제4항)이 "임차주택의 양수인은 임대인의 지위를 승계한 것으로 본다."라고 규정하는 결과, 임차인이 임차권을 임차주택의 양수인에게 대항할 수 있게 되는 것과 동일한 것이다. 그리고 민법(제621조 제2항)이 "부동산임대차를 등기한 때에는 그 때부터 제3자에 대하여 효력이 생긴다."라고 하여 등기된 임대차에 대항력을 부여하는 것도 임차주택의 양수인이 양도인의 지위를 승계하기 때문이라고 보는 것이다.

제307조의 표제의 의미 : 제307조의 표제는 '전세권양도의 효력'이라고 되어 있지만, 그것의 실질적 의미는 '전세권양수인에 의한 전세권양도인의 채권관계 승계의 의제' 내지는 '전세권설정자의 권리의무의 대항력'이 된다는 것이 채권의 대항력설의 내용이 된다.

권리의무의 내용 : 물권은 지배권이라는 도그마에 의하면, 지배권은 당연히 양도성을 갖는다. 지배권인 물권의 양도성은 본조의 규정이 없더라도 당연히 인정되기 때문이다. 따라서 제307조상의 '전세권양도인과 동일한 권리의무'란 지배권을 제외한 채권관계를 의미한다.

필요규정 : 전세권을 양도하는 경우, 채권관계의 승계가 의제되기 위해서 제307조는 반드시 있어야 하는 필요규정에 해당한다. 이는 주택임대차보호법(제3조 제4항)과 상가건물임대차보호법(제3조 제2항)과 같은 의제규정이 있기 때문에 임차인은 임차권을 임차주택의 양수인에게 대항할 수 있는 것과 마찬가지이다. 또 "부동산임대차를 등기한 때에는 그때부터 제3자에 대하여 효력이 생긴다."(제621조 제2항)라고 규정하고 있는 것도, 채권관계의 승계가 당연히 의제되기 때문이다.

유추적용 : 전세물의 양도와 전세권 이외의 제한물권과 제한소유권 양도의 경우에는 제307조와 같은 규정이 존재하지 않는다, 따라서 본조는 전세물의 양도와 전세권 이외의 제한물권과 제한소유권양도의 경우에도 당연히 유추적용이 되어야 한다.

양도·인수절차 불요 : 제307조에 의하면, 전세권양수인에게 전세권양도인과 동일한 권리의무가 인정되기 위해서는 채권양도나 채무인수의 절차가 필요하지 않다. 즉, 전세권양도인으로부터 전세권양수인으로의 채권관계 승계가 의제되기 때문에 채권양도나 채무인수의 절차가 필요 없는 것이다. 그런데 이는 통설과 판례에 반하는 것이다. 통설과 판례는 용익기간 중 전세금반환채권관계에서만 그렇게 보고, 전세권이 용익기간이 종료되어 담보물권성만 존속하는 경우에는 전세금반환채권의 양도나 전세금반환의무의 인수에는 채권양도나 채무인수의 절차가 필요하다고 한다. 이것은 통설과 판례가 용익기간이 종료된 경우에는 담보물권성의 전세권을 피담보채권인 전세금반환채권을 담보하는 저당권과 동일하게 보고 있기 때문이다.

(다) 맺음말 : 물권의 새로운 패러다임에 따른 제307조의 법적 의미

물권의 새로운 패러다임에 따라서 제307조에 대하여 새로운 의미를 부여해본다.

제307조의 법적 의미 : 물권의 새로운 패러다임에 의하면, 전세권에는 지배권과 물권적 청구권관계가 포함된다. 물권적 청구권관계는 전세권의 설정당사자들에게 인정되는 청구권관계로서, 전세물과 결합되어 있으므로 지배권과 분리할 수 없는 관계이다. 따라서 물권적 청구권관계는 지배권과 함께 당연히 이전성을 갖는다. 그리고 제307조가 "전세권양수인은 전세권설정자에 대하여 전세권양도인과 동일한 권리의무가 있다."라고 규정하는 것은 제307조의 '전세권양도의 효력'이라는 표제가 가리키는 그대로 전세권양도인과 전세권양수인 사이에서 전세권양도의 효력을 규정하고 있는 것이다. 이는 제307조가 "전세권양도인과 동일한 권리의무가 있다."라고 하여 주택임대차보호법(제3조 제4항), 상가건물임대차보호법(제3조 제2항) 또는 민법(제621조 제2항)이 임대물양수인이 임대인 지위의 승계를 의제하는 것과는 전혀 다른 표현을 사용하고 있다.

제307조의 표제의 의미 : 제307조의 표제가 '전세권양도의 효력'인 것은 지배권을 포함한 약정 또는 법정의 물권적 청구권관계의 양도의 효력을 의미한다.

권리의무의 내용 : 전세권을 구성하는 권리는 지배권이든 물권적 청구권이든, 본질적으로 양도성을 갖는다. 이는 약정의 지배권이든, 약정 또는 법정의 물권적 청구권이든 매한가지이다. 지배권의 경우에도 물권법정주의가 적용되듯이 물권적 청구권에도 물권법정주의가 적용되므로, 약정 또는 법정의 물권적 청구권이 이전되는 것이다. 따라서 제307조의 전세권양도인과 동일한 '권리의무'에는 당연히 지배권도 포함한다고 해석되어야 한다. 이는 기술한 바와 같이, 지배권에도 의무적인 성격이 인정된다는 점에서도 당연한 것이다.

주의적 규정 : 제307조는 전세권이라는 물권의 양도성, 즉 지배권과 물권적 청구권관계의 양도성을 확인하는 주의적 규정에 불과하다.

유추적용의 여부 : 제307조와 같은 규정이 존재하지 않더라도 전세물의 양도와

전세권 이외의 제한물권과 제한소유권의 양도의 경우에는 제307조가 당연히 유추적
용된다.

양도·인수절차 불요 여부: 지배권과 물권적 청구권관계로 구성되는 전세권은 전
세권자의 양도의 의사표시와 등기에 의하여 이전된다. 따라서 지배권의 경우뿐 아니
라 물권적 청구권관계의 이전을 위해서도 등기 외에 채권양도나 채무인수의 절차는
필요하지 않다. 또 전세권의 용익기간이 종료되어 담보물권성만 존속하는 경우에도
등기 이외에 별개의 절차가 필요하지 않다.

이상에서 살펴본 바와 같이, 물권의 새로운 패러다임에 의하면, 제307조는 전세권
의 양도성, 즉 지배권과 물권적 청구권으로 구성되는 전세권에서 지배권과 물권적
청구권관계를 별개로 취급할 수 없다는 것을 확인하는 규정이라고 볼 수 있다. 이러
한 이유에서 제306조가 '전세권의 양도'를 규정하고 있는 데에 이어서, 제307조는
'전세권양도의 효력'을 규정하고 있는 것이다. 이것이 바로 물권의 새로운 패러다임에
의한 제307조에 대한 새로운 해석이다.

(라) 제307조상의 전세권양도인과 동일한 권리의무의 내용

제307조상의 '전세권양도인과 동일한 권리의무'란 지배권을 포함한 물권적 청구권
관계상의 권리의무를 말한다. 첫째, 전세권양수인은 전세권양도인의 지배권을 양수
한다. 전세권양도인과 전세권설정자 사이에 존재하던 지배권에 따르는 의무도 이전
된다. 전세권자의 지배권은 '타인'인 전세권설정자의 물건에 대한 지배권이다. 전세권
자가 타인의 물건을 사용함에 있어서는 자신의 물건처럼 사용할 수가 없다. 따라서
전세권자는 '전세권설정계약 또는 그 목적물의 성질에 의하여 정하여진 용법'대로 사
용·수익할 물권적 의무(제311조)를 부담한다. 또 전세권자는 목적물을 사용·수익함
에 있어서 전세물의 현상을 유지하고 그 통상의 관리에 속한 수선을 하여야 할 물권
적 의무(제309조)도 부담한다. 이상의 전세권양도인과 전세권설정자 사이에 존재하던
지배권에 따르는 의무도 전세권양수인에게 이전된다. 둘째, 전세권양도인과 전세권
설정자와 사이에 존재하던 물청관계도 전세권양수인에게 이전된다. 예를 들면, 전세
권자의 전세금반환청구권(제303조), 전세금증가청구권(312조의2)과 같은 약정의 물권
법상의 청구권뿐 아니라, 유지수선의무(제309조), 유익비상환청구권(제310조), 전세권
소멸청구권(제311조), 손해배상의무(제315조), 원상회복의무(제316조) 등의 그 밖의 물

법상의 청구권과 물권적 의무도 당연히 이전된다.

4. 2014년 민법개정시안의 제307조의2 신설 문제

2014년의 민법개정시안은 전세물의 양도와 관련하여 "전세물을 사용·수익할 권리가 존속하는 동안 전세물을 양수한 자는 전세권설정자의 지위를 승계한 것으로 본다."라는 제307조의2를 신설하고 있다.

(1) 2014년 민법개정시안의 제307조의2 신설 배경

제307조의2의 신설 배경은 민법은 제307조에서 전세권양수인은 전세권양도인과 동일한 권리의무를 가짐을 규정하고 있는 데에 반하여, 전세물양수인의 지위가 어떻게 되는지에 대하여는 아무런 규정을 두지 않고 있다는 데에 있다고 한다. 따라서 판례(대법원 2000. 6. 9. 선고 99다15122 판결)를 참고하여, 전세물의 양도에 따라 전세권설정자 지위의 승계가 간주된다는 점을 명문화한 것이라고 한다.[49]

(2) 신설 제307조의2의 취지 : 민법 제621조(제2항), 주택임대차보호법 제3조(제4항), 상가건물임대차보호법 제3조(제2항)와 동일하게 채권관계의 대항력 인정

신설 제307조의2는 "전세물을 사용·수익할 권리가 존속하는 동안 전세물을 양수한 자는 전세권설정자의 지위를 승계한 것으로 본다."라고 규정하고 있는바, 이는 주택임대차보호법 제3조(제4항)가 "임차주택의 양수인(그 밖에 임대할 권리를 승계한 자를 포함한다)은 임대인의 지위를 승계한 것으로 본다."라고 규정하고 있는 것과 동일한 취지의 규정이다. 즉, 주택임대차보호법은 임차주택의 양수인이 임대인의 지위를 승계하는 결과, 임차인은 임대인의 지위를 양수한 승계인에게 대항할 수 있음을 규정하고 있다. 이는 주택임대차보호법 제3조의 표제가 '대항력 등'이라는 것에 비추어서도 잘 알 수가 있다. 또 상가건물임대차보호법(제3조 제2항)도 주택임대차보호법과 동일한 규정을 두고 있다. 한편 민법 제621조도 주택임대차보호법 제3조(제4항)와 마찬가지로 임대차에 대하여 대항력을 인정하는 규정이다. 민법 제621조가 "부동산임대차

---

49) 권영준, 2014년 법무부 민법개정시안 해설, 민법편·물권편, 522−523면.

를 등기한 때에는 그때부터 제삼자에 대하여 효력이 생긴다."라고 규정하는 것은 주
택임대차보호법 제3조(제1항)가 "임대차는 그 등기(登記)가 없는 경우에도 임차인(賃借
人)이 주택의 인도(引渡)와 주민등록을 마친 때에는 그다음 날부터 제삼자에 대하여
효력이 생긴다."라는 규정과 동일하게, 임대차의 대항력을 인정하는 규정이다. 요컨
대 신설 제307조의2는 물권은 지배권이라는 도그마에 기초하여, 전세물양도인과 채
권계약을 체결한 적이 없는 제3자인 전세물양수인에 대하여 전세권자의 권리의무가
예외적으로 대항력을 인정하는 규정에 해당하는 것이다.

(3) 2014년 민법개정시안 제307조의2 신설의 타당성 여부

신설 제307조의2는 다음과 같은 비판을 면할 수가 없다. 첫째, 신설 제307조의2가
"승계한 것으로 본다."라고 하는 간주규정을 두는 것은 전세물양도인과 전세물양수인
사이에 아무런 계약이 체결되지 않는다는 것을 전제로 한다. 즉, 승계의 간주는 승계
할 법률관계가 존재하지 않음에도 불구하고 승계를 의제하는 것이다. 그러나 전세물
양도인과 전세물양수인 사이에는 지배권과 함께 권리의무를 이전하는 양도계약이 존
재한다. 둘째, 신설 제307조의2가 "승계한 것으로 본다."라고 하는 간주규정을 두는
것은 물권적 청구권관계의 양도성과 이전성을 전면적으로 부정하는 것으로서 타당하
지 않다. 전세권의 양도란 다른 제한물권의 경우와 마찬가지로 상대방의 동의가 없이
도 지배권과 물권적 청구권관계를 이전하는 것이다. 제한물권에서 물권적 청구권관
계는 물건을 중심으로 지배권과 결합되어 있어 지배권과는 분리할 수 없는 법률관계
이기 때문이다. 이처럼 신설 제307조의2는 상대방의 동의가 없이도 물권적 청구권관
계는 양도성과 이전성이 인정된다는 것과 채권관계는 상대방의 동의가 있어야 비로
소 양도성과 이전성이 인정되므로 양자는 본질적으로 다르다는 것을 전혀 이해하지
못한 것이라 하지 않을 수 없다. 셋째, 채권관계의 경우 예외적으로 채권의 대항력을
인정하기 위해서는 법률상 "임대인의 지위를 승계한 것으로 본다."라는 규정이 필요
하다. 그러나 물권의 경우에는 상대방의 동의가 없더라도 물권의 양도성이 인정되므
로, 의제규정 자체가 필요없다. 넷째, 전세물의 양수인이 전세물의 양도인의 권리의무
를 이전받는 것은 물권자로서 그러한 것이다. 이에 반하여 임대물의 양수인이 임대인
의 지위를 승계하는 것은 임대물의 소유자로서가 아니라 채권자 또는 채무자로서 그
러한 것일 뿐이다. 다섯째, 신설 제307조의2는 전세권양도의 효력을 규정하고 있는

제307조에 부합하지 않는다. 전세권에서 발생하는 동일한 물권법상의 청구권관계에 대하여 전세권양도의 경우와 전세물양도의 경우를 달리 규정하는 것이기 때문이다. 제307조의2를 굳이 신설한다면, 제307조에 비추어 "전세물의 양수인은 전세물의 양도인과 동일한 권리의무가 있다."라고 하여야 할 것이다. 여섯째, 민법은 전세권을 규율하면서 전세권설정자의 지위에 대하여도 함께 규정하고 있다. 제307조는 전세물 양수인에 대하여도 당연히 유추적용된다. 따라서 제307조의2의 신설은 굳이 필요하지 않다고 할 것이다. 일곱째, 신설 제307의2가 "전세물을 사용·수익할 권리가 존속하는 동안"이라고 한정하는 것은 전세권의 성질에 반하는 것이다. 본조에 의하면, 용익물권이 존속하는 동안만 양수인이 전세권설정자의 지위를 승계하는 것이 된다. 그러나 용익기간 종료 후에도 전세금반환의무가 변제되지 않으면 담보물권의 전세권이 존속하게 되는바, 전세금반환의무가 변제되지 않는 동안 전세물의 이전등기가 이루어진다면 당연히 전세물의 양수인에게 전세권설정자의 지위가 이전되어야 하기 때문이다. 여덟째, 전세금반환청구권관계는 지배권과 마찬가지로 당사자의 약정에 의하여 성립하는 약정의 법률관계이다. 이러한 전세금반환청구권관계는 지배권의 양도와 같이 당사자의 의사와 등기에 의하여 이전되는 것이다. 신설 제307조의2가 이러한 의무를 포함하여 전세권설정자의 모든 권리의무를 승계한 것으로 간주하는 것은 타당하지 않다.

(4) 맺음말

물권법은 전세물의 소유권을 양도하는 경우 전세권설정자의 지위의 양도에 대하여는 특별한 규정을 두고 있지 않다. 제307조가 전세권의 양도에 관하여 규정을 두고 있는 것과는 다르다. 그 이유는 무엇일까? 그것은 첫째, 물권은 지배권이라는 도그마에 따라서, 전세권설정자의 지위를 소유자의 지위로 취급하고 있기 때문에 아무런 규정을 두지 않은 것이다. 이에 반하여 전세권은 별도의 물권에 해당하므로 규정을 두고 있는 것이다. 둘째, 전세물이 양도되는 경우에도 제307조가 규정하고 있는 것과 마찬가지로, 전세물의 양수인은 전세물의 양도인과 동일한 권리의무를 가질 수밖에 없기 때문에 굳이 별도로 규정을 두지 않은 것이다. 즉, 전세물양도의 효력의 경우에도 전세권양도의 효력과 동일하지 않고서는, 전세물의 양수인에게 전세제한소유권이 존속할 수 없기 때문이다. 셋째, 판례가 전세물의 양도란 전세물 소유권의 양도이기 때문에 전세물의 신 소유자는 구 소유자와 전세권자 사이에 성립한 전세권의 내용에 따른 권리의무의 직접적인 당사자가 되고 그 결과 전세금반환의무는 채무의 인수 없이도 전세권자에 대하여 전세금반환의무를 부담한다고 보는 것도 이러한 이유에서라고 할 것이다. 넷째, 채권적 전세를 전세권으로 물권편에 편입하면서, 제307조를 통하여 전세권은 채권적 전세와 다르다는 것을 보여줄 필요가 있었기 때문이다.

Ⅵ. 물권의 새로운 패러다임에 의한 물권법상 도그마의 재정립

종래 물권은 지배권이라는 도그마에 기초하여 물권에 관한 제반이론이 형성되어 왔다. 물권의 절대성과 채권의 상대성, 물권법정주의, 물권변동론, 물권적 행위론(물권적 합의론), 채권행위와 물권행위의 관계, 등기제도 등이 그러하다. 그런데 새로운 물권의 패러다임에 의하면, 물권은 지배권이기도 하지만 지배권과 물권적 청구권으로 구성되는 권리이기도 하다. 따라서 물권은 지배권이라는 도그마에 기초한 제반 물권이론은 반쪽의 진실을 담고 있을 뿐이라는 것을 짐작할 수 있다. 따라서 지배권과 물권적 청구권으로 구성되는 물권도 포섭하기 위해서는 제반 물권이론이 어떻게 수정되고 변경되어야 하는지가 중요한 문제라 하지 않을 수 없다. 이 문제는 물권의 새로운 패러다임에 관한 편린들이 떠오른 후 지금까지 필자에게 계속 제기되어 온 문제이다. 이와 관련해서는 참조할 법률자료도 문헌도 존재하지 않는다. 물권의 새로운 패러다임이 갖는 중요한 법적 의미를 되새기면서, 이제 필자는 그 범위 내에서만 물권의 제반이론을 새롭게 검토하고자 한다. 그 밖의 법적 쟁점들은 후학들이 천착하고 보충하여야 할 과제가 될 것이다.

1. 물권은 지배권이라는 도그마에 따른 물권의 절대성과 채권의 상대성

물권이 절대권이라는 것은 물권은 지배권이라는 도그마의 이면(裏面)에 해당한다. 물권의 절대성이란 특정의 급부의무를 부담하지 않는 일반인을 상대로 하여 인정되는 속성이다' 이에 반하여 채권의 상대성이란 특정의 급부의무를 부담하는 채무자를 상대로 하여 인정되는 속성이다.

(1) 물권의 절대성과 채권의 상대성 : 물권의 대세성과 채권의 대인성

물권이 절대권이라는 것은 물권은 물건을 직접 지배하는 권리로서 일반인은 이를 침해하지 않을 소극적 의무를 부담한다는 것을 말한다. 즉, 물권은 타인인 특정인이 급부의무를 부담하지 않는다는 권리라는 것을 말한다. 따라서 물권이란 특정인이 아닌 일반인을 대상으로 하는 권리로서 또 일반인 누구에 대해서나 주장할 수 있는 권리리다. 다시 말하면, 물권이란 대세성이 인정되는 권리이다. 소유권뿐 아니라 제한물권도 지배권으로 구성되므로, 물권의 절대성은 모든 물권의 특징이 된다.

이에 반하여 채권이 상대권이란 것은 특정인이 급부의무를 부담하는 권리를 말한다. 즉, 채권은 급부의무를 부담하는 특정인에 대해서만 주장할 수 있고 또 급부의무를 부담하는 특정인에 의해서만 침해될 수 있는 권리이다. 채권은 대인성이 인정되는 권리이다.

(2) 물권의 절대성과 채권의 상대성의 문제점

물권의 경우에 일반인이 부담하는 소극적인 불가침의무와 채권의 경우에 특정인이 부담하는 적극적인 급부의무는 동일선상에서 비교될 수 있는 의무가 아니다. 이러한 점에서는 양자의 비교 자체가 무의미하다고 할 수 있다. 또 채권도 일반인인 제3자에 의하여 침해되는 경우가 있다. 일반인인 제3자에게도 채권에 대하여 침해불가침의무가 존재한다고 볼 수가 있다. 이 경우 물권과 채권의 절대성에 어떠한 차이가 있는지가 문제이다.

2. 물권의 새로운 패러다임에 의한 권리의 절대성과 상대성

물권의 새로운 패러다임에 의할 경우에도 물권은 지배권이라는 도그마에 의할 경우처럼, 물권의 절대성이란 특정의 급부의무를 부담하지 않는 일반인을 상대로 하여 인정되는 속성이고, 채권의 상대성이란 특정의 급부의무를 부담하는 자를 상대로 하여 인정되는 속성이라는 것에는 변함이 없다. 또 지배권과 물권적 청구권으로 구성되는 물권의 경우에는 물권자에게도 일정한 물권적 의무가 인정되기 때문에, 물권은 상대권의 속성도 가질 수 있다. 이 경우 물권의 상대성과 채권의 상대성을 어떻게 구분할 지가 문제가 된다.

(1) 물권의 새로운 패러다임에 의한 물권과 채권의 절대성과 상대성

물권의 새로운 패러다임에 의하면, 물권과 채권은 모두 절대성과 상대성이 인정된다.

(가) 물권의 일반적 절대성과 채권의 예외적 절대성

물권의 절대성은 지배권을 요소로 하는 모든 물권에 인정된다. 따라서 물권의 절대성은 물권이 지배권뿐만 아니라 물권적 청구권으로 구성되는 경우에도 인정된다. 일반인은 이러한 물권에 대하여 침해금지의 소극적 의무를 부담한다.

이에 반하여 채권의 경우에는 계약자유의 원칙이 인정된다. 따라서 일반인이 채무자와 계약을 체결한다고 하더라도 원칙적으로 채권의 침해가 되지 않는다. 그러나 예외적으로 제3자가 체결한 계약이 무효가 되는 경우가 있다. 이 경우 제3자인 일반인도 채권을 침해하지 않을 소극적인 불가침의무가 인정될 수밖에 없다. 따라서 이러한 점에서, 채권의 경우에도 예외적으로 절대성이 인정되는 것이다.

(나) 지배권뿐만 아니라 물권적 청구권으로 구성되는 물권의 경우에 인정되는 상대성과 채권의 일반적 상대성

동산소유권과 건물소유권의 경우와는 달리, 토지소유권, 제한소유권과 제한물권의 경우에도, 물권자에게는 일정한 급부의무가 인정된다. 따라서 물권에도 상대권의 속성이 인정된다. 이에 반하여 채권의 경우는 특정의 채무자가 급부의무를 부담한다는 점에서 언제나 상대권에 해당한다.

(2) 동산소유권 · 건물소유권은 '자신'의 물건에 대한 지배권으로만 구성되는 절대권(대세적 권리)

동산소유권 · 건물소유권은 '자신'의 물건에 대한 용익지배권과 처분지배권을 내용으로 하는 완전한 지배권의 물권이다. 이들 권리는 일반인과의 관계에서는 아무런 제한이 따르지 않는 무제한적인 권리이다.[50] 동산소유권 · 건물소유권은 타인인 일반

---

50) 절대적 권리라고 하여도 사회질서(제103조)에 부합하는 한에서만 인정을 받는다.

인은 이를 침해하지 않을 '소극적'인 불가침의무를 진다는 점에서, 언제나 절대권에
해당한다.

동산소유권 · 건물소유권의 절대성은 물권은 지배권이라는 도그마에 의하든 또는
물권의 새로운 패러다임에 의하든 지배권이 인정되는 이상 어느 경우에나 인정되는
속성이다.

(3) 토지소유권의 '자신'의 토지에 대한 지배권은 일반인과의 관계에서는 절대 권임과 동시에 이웃토지소유자의 관계에서는 상대권

토지소유권은 일반인과의 관계에서는 절대권의 성질을 갖고, 이웃토지소유자의 관
계에서는 상린권에 의한 제한을 받는 상대권의 성질을 갖는다.

(가) 토지소유권은 일반인과의 관계에서 절대성이 인정되는 권리

토지소유권자는 '자신'의 토지에 대하여 지배권을 갖는다. 일반인은 토지소유권을
침해하지 않을 불가침의 소극적 의무를 부담할 뿐이고, 적극적으로 급부의무를 부담
하지는 않는다. 한편 토지소유권자는 상대방 토지에 대하여는 지배권이 인정되지 않
는다.

(나) 토지소유권은 이웃토지소유자와의 관계에서 상대성이 인정되는 권리

토지소유권자가 '자신'의 토지에 대하여 갖는 지배권은 이웃토지소유자의 관계에서
는 상린권에 의한 제한을 받는다. 다시 말하면, 토지소유자의 지배권은 '자신'의 토지
에 대한 지배권이라고 하더라도 '이웃토지소유자와의 관계에서는' 온전한 지배권이
아니고, 이웃토지소유자의 상린권에 의한 제한을 받는 상대적인 지배권일 뿐이다.
예를 들면, 토지소유자는 상대방의 인지사용청구권(제216조), 주위토지통행권(제219조,
제220조), 인지사용방해제거청구권(제217조), 수류변경금지청구권(제229조) 등에 의한
제한을 받기도 하고 또 이상의 권리를 이웃토지소유자에 대하여 주장하여 보호를 받
을 수도 있다. 이러한 점에서 토지소유자의 지배권은 '이웃토지소유자와 관계에서는'
상린권에 의한 제한을 받는다는 점에서 절대권이 아니라 상대적 권리의 성질을 갖는
것이다. 요컨대 동산소유권자 · 건물소유권자의 지배권은 절대성을 갖는 반면에, 토지
소유권자의 지배권은 '이웃토지소유자와의 관계에서는' 제한을 받는 상대권의 성질을

갖는다.

(다) 토지소유권의 상대권과 채권의 상대권의 비교

토지소유권의 상대권적 성질은 이웃토지의 소유자뿐 아니라 그 양수인에 의해서도 제한을 받고 보호를 받는다는 점(대물적 상대성)은 채권의 경우 특정의 채무자에 대하여만 청구할 수 있고 특정의 채무자에 의해서만 침해될 수 있는 점(특정적 상대성)과 구분된다.

(4) 제한소유권과 제한물권의 절대성과 상대성

제한소유권자와 제한물권자의 지배권은 일반인의 관계에서는 절대권의 성질을 또 제한소유권자와 제한물권자와의 사이에서는 상대권의 성질을 갖는다.

(가) 제한소유권자 · 제한물권자의 물권은 일반인과의 관계에서 절대성이 인정 되는 권리

제한소유권과 제한물권은 지배권과 물권적 청구권으로 구성되는 물권인바, 일반인은 이를 침해하지 않을 소극적 의무를 부담한다. 이 점에서 제한소유권과 제한물권의 경우에도 일반인과의 관계에서 절대권으로서의 속성이 인정된다. 이는 제한소유권자와 제한물권자가 '자신'의 물건에 대해서 또는 '타인'의 물건에 대해서 물권을 갖든 마찬가지이다.

(나) 제한소유권자의 물권은 제한물권자와의 관계에서 상대성이 인정되는 권리

제한소유권자의 지배권은 제한물권자의 관계에서 다음과 같은 제한과 의무가 따른다는 점에서 상대권으로서의 성질을 갖는다. 첫째, 제한소유권자는 제한물권자에게 자신의 물건에 대하여 용익지배권 또는 담보지배권을 설정하고, '타인의 물건'에 대하여 설정된 제한물권자의 지배권에 의하여 제한을 받는다. 둘째, 제한소유권자는 제한물권자에게 설정한 용익지배권 또는 담보지배권을 유지할 물권적 의무를 부담한다. 제한소유권자의 이러한 의무는 일단 물권적 합의가 있고 또 등기가 실행되면 이행되기는 하지만, 잔여 용익기간 또는 담보기간에도 이행이 요구되는 계속적 의무이다. 한편 제한소유권자의 지배권은 제한물권자와의 관계에서 물권적 청구권관계에 의하여 제한을 받는다는 상대권으로서의 성질을 갖는다. 첫째, 제한소유권자는 제한물권자에 대하여 약정 또는 법정의 물권적 청구권과 물권적 의무를 부담한다. 지상권설정자의 공작물·수목의 매수청구권(제285조 제2항), 지료증감청구권(제286조), 지상권소멸청구권(제287조), 지역권설정자의 용수가용공급의무(제297조), 약정한 공작물설치·보존의무 또는 그 승계(제298조), 승역지소유자의 지역권자에 대한 위기권(제299조), 요역지소유자의 이용권을 침해하지 않을 의무(제291조), 전세권설정자의 손해배상공제권(제315조), 부속물매수청구권(제316조 제1항) 등을 부담한다. 둘째, 질권설정자와 저당권설정자인 제한소유권자는 담보물가치유지의무(제362조, 제388조)를 부담한다.

(다) 제한물권자의 물권은 제한소유권자와의 관계에서 상대성이 인정되는 권리

제한물권자의 지배권은 제한소유권자의 관계에서는 다음과 같은 제한과 의무가 따른다는 점에서 상대권으로서의 성질을 갖는다. 첫째, 제한물권자는 '타인'의 물건에 대하여는 '자신'의 물건에 대한 것과 같은 무제한적 지배권이 인정되지 않는다는 내재적인 제한이 따른다. 예를 들면, 자신의 물건은 임의로 폐기하여도 되지만, 타인의 물건에 대하여는 그럴 수가 없다. 둘째, 용익물권자인 경우 용익물을 용익물권설정계약과 용익물이 성질에 의하여 정하여진 용법으로 사용·수익할 의무를 부담한다. 민법은 명문의 규정(제311조)으로 이를 전세권의 경우에만 인정하고 있지만, 명문의 규정이 없는 지상권과 지역권의 경우도 마찬가지로 인정된다. 셋째, 용익물권자는 용익물의 현상을 유지하고 통상의 관리에 속한 수선을 할 의무를 부담한다. 민법은 명문의 규정(제309조)으로 전세권자에게 목적물의 현상을 유지하고 그 통상의 관리에 속한 수선을 할 의무를 부담시키고 있다. 따라서 전세권자는 이에 필요한 비용을 당연히 부담하게 된다. 그러나 전세권자는 전세물에 대하여 지출한 유익비에 대하여는 상환청구권을 갖는다(제310조). 이상의 두 규정은 명문의 규정이 없는 지상권과 지역권의 경우에도 마찬가지로 인정된다고 할 것이다. 넷째, 유치권자·질권자는 선량한 관리자의 주의로 유치물을 보존하여야 하며(제324조 제1항, 제343조), 이를 위반한 때에는 채무자·질권설정자는 유치권의 소멸을 청구할 수 있다(제324조 제3항, 제343조).

한편 제한물권자의 지배권도 제한소유권의 관계에서 위(나)에서 살펴본 바와 같이 물권적 청구권관계에 의하여 제한을 받는다는 점에서 역시 상대권으로서의 성질을 갖는다.

(라) 제한소유권자·제한물권자의 물권의 상대성과 채권의 상대성의 비교

제한소유권자와 제한물권자의 물권은 상대방 물권자와의 관계에서는 상대권에 지나지 않는다. 즉, 제한소유권자는 제한물권자에게 '적극적으로' 지배권을 분여하거나 설정하고, 제한소유권자와 제한물권자 사이에는 약정 또는 법정의 물권적 청구권관계로 인한 '급부의무'를 부담한다는 점에서 상대성이 인정된다. 제한소유권자와 제한물권자의 이러한 의무는 채권관계의 당사자들이 적극적으로 '급부의무'를 부담한다는 점에서 동일하다.

제한소유권자와 제한물권자와의 사이에서 물권이 상대성을 갖는다고 하는 경우에도, 그것은 채권자의 채권이 상대성을 갖는다는 것과 다음의 점에서 다르다. 첫째, 제한소유권자와 제한물권자는 물건에 대한 지배권이 인정된다는 점이다. 이에 반하여 채권은 어떤 경우에도 물건에 대한 지배권이 인정되지 않는다. 둘째, 제한물권자는 '타인의 물건'을 지배할 수 있는 '물권적' 급부보유력을 갖는다. 즉, 제한소유권자가 제한물권자에게 지배권을 설정하면 제한물권자는 '타인'의 물건을 지배하는 '물권적' 급부보유력을 갖는다. 이에 반하여 임대차의 경우는 채무자에 대하여 '용익청구'를 할 수 있는 '채권적 급부보유력'을 가질 뿐이다. 임대인이 사용·수익허용의무를 이행하면 임차인은 임대인의 물건을 계속하여 보유할 수 있기 때문이다. 셋째, 제한소유권자와 제한물권자의 물권은 상대방 물권자뿐 아니라 그 양수인에 의하여도 침해될 수 있는 권리라는 점(대물적 상대성)에서 채권의 경우 특정의 채무자에 의해서만 침해될 수 있는 점(특정적 상대성)과 다른 점이다.

(5) 결어 : 물권의 절대성과 상대성

물권은 지배권으로만 구성되느냐 아니면 물권적 청구권으로도 구성되느냐에 따라 물권의 성질이 달라진다. 지배권으로만 구성되는 동산소유권과 건물소유권은 절대권의 성질만 인정되지만, 물권적 청구권과 지배권으로 구성되는 토지소유권, 제한소유권과 제한물권은 절대권의 성질뿐 아니라 상대권의 성질도 갖는다. 토지소유권, 제한소유권과 제한물권의 경우에도 서로 일정한 급부의무를 진다는 점에서 상대권의 속성이 인정되는 것이다. 즉, 토지소유권자, 제한소유권자와 제한물권자의 물권도 상대방 물적 의무자에 의하여 침해될 수 있는 상대권이다. 이 점에서는 채권이 채무자에 의하여 침해될 수 있는 것과 마찬가지이다. 다만, 그 상대성의 의미는 대물적 대인성이 인정되는 물권의 경우와 특정적 대인성이 인정되는 채권의 경우는 다르다고 할 것이다.

물권과 채권의 비교는 권리자와 의무자가 모두 존재하는 토지소유권, 제한소유권과 제한물권과 채권을 비교할 때 그 의미가 더욱 크다. 토지소유권, 제한소유권과 제한물권의 경우 어느 누구에게도 완전한 지배권이 인정되지 않는다는 점에서 또 물권자에게는 상호 물권적 청구권이 인정되고 또 물권적 의무를 부담한다는 점에서 상대권으로서의 속성이 인정되는 것이다. 예를 들면, 제한물권자에게 용익지배권, 처분지배권 또는 용익지배권·처분지배권이 인정되는 범위에서 제한소유권자의 지배권은 양적 또는 질적 제한을 받게 된다는 점에서 상대적 지배권이라 할 수 있다. 또 토지소유권자, 제한소유권자와 제한물권자의 지배권은 서로에게 인정되는 물권적 청구권에 의하여 제한을 받는 다는 점에서 또한 상대권의 속성을 갖는 것이다.

한편 물건에 대한 지배권만으로 성립하는 물권(동산소유권과 건물소유권)을 사람에 대한 청구권이 성립하는 상대권인 채권과 비교하는 것은 큰 의미가 없다. 지배권만으로 성립하는 물권에는 권리자만 존재하지 의무자는 존재하지 않는 반면에 채권에는 대립하는 권리자와 의무자가 존재하기 때문이다. 채권의 경우 특정인이 적극적으로 급부의무를 진다는 것과 일반인이 권리불가침의 소극적 의무를 진다는 것은 결코 동일한 차원에서 비교할 의무가 아니다. 이에 반하여 토지소유권, 제한소유권 및 제한물권의 경우에는 권리자와 의무자가 존재하는 상대권의 성질을 가지기 때문에 동일한 상대권인 채권과 어떠한 차이가 있는가 하는 것이 의미를 갖는다고 할 것이다.

3. 물권법정주의[51]

민법 제185조에 의하면, 물권은 법률 또는 관습법에 의하는 외에는 임의로 창설하지 못한다. 따라서 물권의 종류와 내용은 법률로 정한다. 이러한 원칙이 물권법정주의이다. 그리하여 물권법정주의에 의하여 물권에는 종류강제와 내용강제가 이루어지게 된다. 그러나 물권법이 물권의 종류와 내용을 법률로 정한다는 것은 어디까지

---

51) 이 부분은 필자의 논문("물권론의 재정립")에서 IV.3.(2)(물권법정주의의 새로운 해석)을 발전시킨 것이다.

나 원칙일 뿐이다. 물권법은 스스로 예외적으로 당사자의 약정으로도 지배권과 물권
적 청구권관계의 내용을 정하도록 하고 있다. 이것이 물권법정주의의 실질적 의미라
할 것이다.

(1) 물권법정주의의 목적

근대법에서 물권법정주의의 목적은 소유권에 대한 제한을 법률로 정하여 허유권
(nu – propriété)이 발생하지 않도록 하려는 데에 있었다. 그러나 근래에 물권법정주의
는 물권의 종류와 내용을 법률로 엄격하여 정하여 공시의 원칙을 관철하려는 데에
그 목적이 있다.

(2) 물권법정주의와 물권계약자유의 원칙

채권법에서는 법률행위(채권계약)자유의 원칙이 인정되고 있다. 이에 반하여 물권법
은 물권법정주의의 원칙을 선택하고 있다. 그런데 물권법정주의의 원칙이 인정된다
고 해서, 법률행위(물권계약)자유의 원칙이 완전히 배제되는 것은 아니다. 첫째, 물권
법정주의를 인정하더라도 물권계약체결의 자유, 물권계약의 상대방 선택의 자유 및
물권계약 방식의 자유는 얼마든지 인정될 수 있다. 물권법이 정하고 있는 물권 중에
서 어떠한 물권을 설정할 것인지 또 누구와 설정할 것인지는 전적으로 당사자들의
의사에 달려 있기 때문이다. 이것이 계약체결의 자유와 상대방 선택의 자유이다. 당사
자들이 선택한 물권이 약정물권이다. 약정물권으로는 소유권, 약정지상권, 지역권,
전세권, 약정질권과 약정저당권이 있다. 이에 반하여 당사자의 의사에 의하여 발생하
지 않고 일정한 요건을 갖추면 법률의 규정에 의하여 당연히 발생하는 법정물권도
있다. 예를 들면, 법률의 규정에 의한 점유권(제192조), 소유권의 시효취득(제245조 – 제
248조), 선의취득(제249조), 무주물의 선점(제252조), 유실물(제253조), 매장물발견(제254
조), 부합(제256조 – 제257조), 혼화(제258조), 가공(제259조), 첨부(제260조 – 제261조)와 그
밖에 법정지상권(제305조), 유치권(제2편 제7장), 법정질권(제648조, 제650조)과 법정저당
권(제649조)의 경우가 그러하다.[52] 둘째, 법률의 규정에 의하여 발생하는 법정물권의

---

52) 지배권과 무관한 침해 물권적 청구권과 부동산점유취득시효완성자의 등기청구권도 물권법상
   의 권리에 해당하므로, 당연히 물권법정주의에 따르게 된다.

종류와 내용은 예외 없이 법률로 정한다. 이와 관련하여 관습법에 의한 유상의 법정지상권의 경우에도 지료지급의무는 당사자의 의사에 의하여 정하는 것인지가 문제이다. 판례에 의하면, 관습법상의 유상의 법정지상권의 경우 지료지급의무의 내용은 법원의 결정으로 정한다고 한다.53) 법원에 의한 결정도 당사자의 의사가 아니므로 법률에 의한 정함이 되는 것이다. 한편 관습법상의 지상권의 일종인 분묘기지권을 시효취득하는 경우에는 지료지급의무가 발생하지 않는다.54)

(3) 물권법정주의의 대상

물권법정주의는 그동안 물권은 지배권이라는 도그마에 따라서 그 의미가 해석되었다. 그러나 그 해석은 많은 법적 문제를 야기하고 있다. 이제 물권의 새로운 패러다임에 의하여 물권법정주의가 갖는 의미에 대하여 살펴보기로 한다.

(가) 물권은 지배권이라는 도그마에 의한 물권법정주의 : 지배권

물권은 지배권이라는 도그마에 의하면, 물권법이 정하는 물권의 종류와 내용이란 지배권만을 의미한다. 물권법상의 청구권은 채권으로서 물권법정주의가 애초부터 적용되지 않는다. 그렇다면 지배권과 함께 규정되고 있는 물권법상의 청구권은 물권법정주의와 어떠한 관계가 있는지가 문제이다. 물권법상의 청구권의 내용은 어떻게 정하고 그 법적 성격이 무엇인지가 문제되는 것이다. 그것은 물권은 지배권이라는 도그마에 따를 경우 명확하지 않기 때문이다. 첫째, 물권법상의 청구권에는 물권법정주의가 적용되지 않는다. 따라서 지료청구권과 전세금반환청구권도 당연히 법정채권으로 본다. 이것이 독일민법의 경우 '지료에 관한 법령'에 의하여 지료청구권을 법정채권으로 보는 것이다. 둘째, 물권법상의 청구권을 지배권의 내용 내지는 효력으로 보게 되면, 물권법정주의는 채권에 대하여도 간접적으로 적용이 된다고 볼 수 있다. 채권은 지배권의 효력으로서 발생하므로 지료청구권, 전세금반환청구권을 비롯한 그 밖의 모든 채권은 법정채권의 성질을 가지게 된다. 그런데 이것은 지료청구권과 전세금반환청구권이 약정의 물권법상의 청구권이라는 사실과 전혀 부합하지 않는다. 셋째,

---

53) 대법원 1968. 8. 30. 선고 68다1029 판결.
54) 대법원 1995. 2. 28. 선고 94다37912 판결.

채권인 물권법상의 청구권을 물권계약이 아닌 채권계약의 대상이 된다고 보게 되면, 채권계약에 의하여 발생하는 모든 물권법상의 청구권은 약정채권이 된다. 이것은 제한소유권과 제한물권의 대부분의 물권법상의 청구권이 법정의 물권법상의 청구권이라는 것과 전혀 부합하지 않는다.

(나) 물권의 새로운 패러다임에 의한 물권법정주의 : 지배권과 물권적 청구권

물권의 새로운 패러다임에 의하면, 물권법정주의는 지배권뿐만 아니라 물권적 청구권에도 당연히 직접 적용된다. 따라서 물권법정주의는 지배권과 물권적 청구권으로도 구성되는 토지소유권, 제한소유권과 제한물권의 경우에도 그대로 적용된다.

(4) 물권법정주의와 당사자의 약정

물권의 종류는 법률로만 정하고 당사자가 임의로 정할 수는 없다(종류강제). 당사자 의사에 의하여 선택한 약정 물권의 내용도 물권법으로 정한다. 이것이 물권의 자유로운 유통을 위한 이상적인 전제가 되기 때문이다. 그러나 이것이 약정 물권의 모든 내용을 법률로 정한다는 것을 의미하지는 않는다. 물권의 내용을 모두 법률로 정한다는 것은 가능하지도 않고 또 바람직하지도 않다. 따라서 물권법은 약정 물권의 경우 예외적으로 당사자의 약정으로 물권의 내용을 정할 수 있음을 허용하고 있다. 약정 물권의 경우 당사자의 약정으로 지배권과 물권적 청구권의 내용을 정할 수 있다.

(가) 당사자의 약정에 의한 약정 물권의 내용 결정

물권법이 당사자의 약정으로 물권의 내용을 정하도록 하는 것은 물권법정주의 원칙에 대한 예외라고 볼 수도 있다. 그러나 실질적으로는 당사자의 약정으로 물권의 내용을 정한다는 것은 물권법정주의의 내재적 한계로서 물권법정주의의 실질적 의미가 된다고 할 수 있다. 물권법정주의란 물권의 내용을 한편으로 법률로, 다른 한편으로 약정으로 정하는 것이다. 그리고 부동산등기에 의하여 이러한 약정 물권의 내용은 물권이 설정된 당사자 사이에 성립할 뿐 아니라 그 양수인들 사이에도 동일하게 존재하는 것이다.

(나) 지배권의 내용에 관한 당사자의 약정

우선 지배권의 내용에 관한 법률의 규정과 다른 약정을 허용하는 경우가 있다. 지상권의 행사를 위하여 토지의 사용을 제한하는 약정(제289조의2 제1항 후단), 요역지소유권에 대한 부종성과 소유권 이외의 권리의 목적이 되는 데에 대한 약정(제292조 제1항 단서), 용수지역권의 용수의 공급 우선순위에 관한 약정(제297조 제1항 단서), 전세권의 양도를 금지하는 약정(제306조 단서), 저당권의 부합물과 종물에 대한 효력범위에 관한 약정(제358조 단서)이 그러하다. 한편 법률이 지배권의 내용을 정하지 않고 처음부터 당사자의 약정을 허용하는 경우이다. 지상권의 존속기간에 관한 약정(제280조 제1항 참조), 전세권의 존속기간에 관한 약정(제312조 제1항 참조)이 있다. 한편 전세권의 경우 목적물의 사용, 수익의 용법에 관한 약정도 허용된다(제311조). 명문의 규정이 없는 지상권과 지역권의 경우에도 목적물의 사용, 수익의 용법에 관한 약정이 당연히 인정된다. 전술한 바와 같이, 제한물권은 상대적인 물권이기 때문이다.

(다) 물권적 청구권에 관한 당사자의 약정

물권법이 물권적 청구권의 내용을 정하면서도 다른 약정을 허용하는 경우가 있다. 공유물의 분할청구금지의 약정(제268조 제1항 단서)을 들 수 있다. 한편 물권법이 물권적 청구권의 내용을 정하지 않고 처음부터 당사자의 약정을 허용하는 경우로서, 지료에 관한 약정과 전세금에 관한 약정이 있다. 물권법은 이를 명시하지 않고 있지만 지료와 전세금은 당연히 당사자들이 약정하여야 한다는 것이 전제되어 있다(제286조 및 제312조의2 참조). 이는 부동산등기법이 약정된 지료(제69조 제4호)와 전세금(부동산등기법 제72조 제1항 제1호)을 기재하도록 하는 것에서도 알 수가 있다. 지료청구권과 전세금반환청구권은 당사자의 의사에 의하여 발생할 뿐 아니라 그 내용도 모두 당사자들이 정하여야 한다. 이러한 물권적 청구권의 내용에 대하여는 물권법이 애초에 개입할 여지가 없는 것이다.

(5) 물권의 내용에 관한 약정의 등기

당사자의 약정으로 물권의 내용을 정하는 경우, 이러한 당사자의 약정을 제3자는 알 수가 없다. 따라서 부동산등기법은 민법이 규정하는 바에 따라서 당사자의 약정을 공시하도록 하고 있다(제67조, 제69조 제3호, 제69조 제4호, 제69조 제5호, 제70조 제4호, 제72
조 제1항 제3호, 제72조 제1항 제5호).55) 즉, 물권법과 부동산등기법은 물권의 내용에 관한
당사자의 약정도 등기를 통하여 공시하려는 원칙을 관철하려 하는 것이다.

물권의 내용에 관하여 등기를 하도록 하는 것은 어떠한 물권이 성립하고 있는 것인
가 하는 것을 공시하는 것이다. 따라서 해당등기사항은 대항등기사항가 아니라 성립
등기사항을 구성하는 것이다. 또 물권의 내용에 관한 당사자의 약정을 부동산등기를
통하여 공시를 하게 하면, 그에 따른 물권은 당사자뿐 아니라 양수인 사이에서도 존
속할 수 있게 된다.56)

(6) 물권법정주의와 (준)공동소유

물권법정주의는 (준)공동소유의 경우에도 적용된다. (준)공동소유의 종류는 물권
법으로 정한다. (준)공동소유의 경우에도 종류강제가 인정된다. (준)공동소유의 종류
로서 (준)공유, (준)합유와 (준)총유가 인정된다. 한편 (준)공동소유의 경우에도 계약
체결의 자유, 상대방선택의 자유 및 방식의 자유가 인정됨은 물론이다. 따라서 (준)공
동소유의 형태 중에서 어느 형태를 택할지는 당사자의 의사로 정한다. 예를 들면,
당사자들의 의사로 조합계약을 체결할 경우 그것은 공동소유의 형태로서 합유를 선
택하는 것이 된다. 또 약정의 (준)공동소유의 경우에도 물권법이 그 내용을 당사자의
의사에 따르도록 하는 경우가 있다. 공유의 경우 공유물분할에 관한 약정을 허용하고
(제268조 제1항), 계약으로 합유(제271조 제2항)와 총유(제275조 제2항)의 내용을 정하는
경우가 그러하다

4. 물권적 합의론과 물권변동57)

물권변동이 발생하기 위해서는 한편으로 물권을 양도 또는 설정하는 채무를 발생
시키는 채권계약과 물권을 양도 또는 설정하는 물권적 합의가 존재하여야 한다.58)

---

55) 동산에 대하여는 등기가 인정되지 않으므로, 질권의 피담보채권의 범위에 관한 약정(제334조
    단서)은 등기할 수 없다.
56) 이에 대하여는 부동산물권의 등기에서 상술한다.
57) 이 부분의 기본적인 사항은 필자의 논문 "물권관계의 새로운 이해" III.1.(4)(물권관계와 채권
    규정과의 관계) 및 "물권론의 재정립" IV.3.(3)(물권행위론의 새로운 해석)을 참조.

채권계약은 채권법상의 유명계약일 수도 있고 또 채권법에는 규정되지 않은 무명계약일 수도 있다. 물권을 양도하는 합의인 경우에는, 매매, 교환, 증여의 채권계약이 전제되고, 제한물권을 설정하는 합의인 경우에는, 채권법에 규정되지 않은 무명의 채권계약이 전제된다.

　물권은 지배권이라는 도그마에 기초하고 있는 종래 물권적 합의와 물권변동론의 문제점이 무엇이었는지를 살펴본 후에, 물권의 새로운 패러다임에 의한 물권의 종류에 따른 물권적 합의와 물권변동론을 검토하기로 한다.59) 그리고 물권적 합의는 물권을 발생시키는 합의이기 때문에 물권법상에 규정된 약정 내지 계약은 물권적 합의로

---

58) 물권변동의 요건인 물권행위(단독행위 또는 물권계약)가 성립하기 위해 물권적 의사표시 외에 공시방법인 등기도 갖추어야 하느냐의 여부에 대하여는 다양한 견해가 대립하고 있다. 첫째, 물권계약은 물권적 의사표시와 등기로 구성된다는 견해가 있다. 물권계약은 물권변동을 가져오는 법률요건이기 때문이다. 물권계약은 등기를 갖추어야 하는 요식행위이다. 둘째, 물권계약은 물권적 의사표시만으로 구성된다는 견해가 있다. 물권계약은 물권변동을 가져오는 법률요건이고, 등기는 물권계약의 효력발생요건이다. 셋째, 물권계약은 물권적 합의만으로 구성되지만, 등기는 물권계약과 함께 물권변동의 요건이 된다는 견해가 있다. 첫째의 견해에 의하면 물권적 합의와 등기가 물권계약을 구성하고, 둘째의 견해에 의하면 물권적 합의가 물권계약을 구성하고 등기는 물권계약의 효력발생요건이 되고, 셋째의 견해에 의하면 물권적 합의가 물권계약을 구성하고, 물권계약과 등기가 있어야 물권변동의 효력이 발생하게 된다. 이 글에서는 물권계약이라는 용어 대신에 물권적 합의라는 용어를 사용하기로 한다.

59) 「부동산 거래신고 등에 관한 법률」에 기한 부동산거래가액의 등기절차가 갖는 의미에 대하여 살펴본다. 본 법률 제3조(제1항)에 의하면, 거래당사자는 다음 각 호의 어느 하나에 해당하는 계약을 체결한 경우 그 실제 거래가격 등 대통령령으로 정하는 사항을 거래계약의 체결일부터 30일 이내에 그 권리의 대상인 부동산(권리에 관한 계약의 경우에는 그 권리의 대상인 부동산을 말한다)의 소재지를 관할하는 시장(구가 설치되지 아니한 시의 시장 및 특별자치시장과 특별자치도 행정시의 시장을 말한다)·군수 또는 구청장(이하 "신고관청"이라 한다)에게 공동으로 신고하여야 한다. 다만, 거래당사자 중 일방이 국가, 지방자치단체, 대통령령으로 정하는 자의 경우(이하 "국가등"이라 한다)에는 국가등이 신고를 하여야 한다. 2015. 7. 24. 개정된 부동산등기법(제68조)에 의하면, 등기관이 「부동산 거래신고 등에 관한 법률」 제3조 제1항에서 정하는 계약을 등기원인으로 한 소유권이전등기를 하는 경우에는 대법원규칙으로 정하는 바에 따라 거래가액을 기록하여야 한다. 또 부동산등기규칙(제124조)에 의하면, 「부동산 거래신고 등에 관한 법률」 제3조 제1항에서 정하는 계약을 등기원인으로 하는 소유권이전등기를 신청하는 경우에는 거래가액을 신청정보의 내용으로 등기소에 제공하고, 시장·군수 또는 구청장으로부터 제공받은 거래계약신고필증정보를 첨부정보로서 등기소에 제공하여야 한다. 그러나 부동산등기법은 부동산의 거래가액을 부동산소유권변동의 요건으로 요구하지는 않는다. 「부동산 거래신고 등에 관한 법률」은 건전하고 투명한 부동산 거래질서를 확립하고자 거래가액을 신고하도록 요구하고 있는 것일 뿐이다.

보아야 한다.[60]

(1) 물권은 지배권이라는 도그마에 기초한 물권변동 및 물권적 합의

물권은 지배권이라는 도그마에 의하면, 물권적 합의는 지배권의 변동만을 목적으로 한다. 우선 물권적 합의는 소유권의 양도이든, 제한물권의 설정이든 또는 제한물권의 양도이든 지배권의 변동만을 목적으로 한다. 또 물권적 합의에 의하여 물권의 변동이 발생하므로, 물권적 합의는 이행의 문제를 남기지 않는다. 제한물권이 설정되는 경우에도 용익지배권이 이전되거나 담보지배권이 설정적으로 이전하게 되면, 이행의 문제를 남기지 않는다. 매매대금채권관계, 지료청구권관계와 전세금반환청구권관계는 모두 채권계약의 대상이 되므로, 물권변동과는 무관하다. 예를 들면, 지료의 약정이 있는 지상권의 경우, 지료청구권관계는 지상권의 등기가 있기 전에 체결한 채권계약에 의하여 성립하고, 지상권의 등기가 있은 후에 지료를 청구하고 또 지료를 지급하면 지료청구권관계는 소멸하게 된다. 마찬가지로 전세권의 경우에도 채권계약에 의하여 전세권설정자에게 전세금청구권이 발생하고, 전세권자가 등기시에 전세권설정자에게 전세금을 지급하면, 전세권자는 용익기간 종료시에 전세권설정자에 대하여 전세금반환의무를 이행하게 된다.

한편 물권은 지배권이라는 도그마에 의하면, 대부분의 경우 물권변동은 일방적인 것이다. 예를 들면, 소유권을 매도하는 경우 물권변동은 소유권을 취득하는 자의 물권변동을 의미한다. 또 제한물권을 설정하는 경우에도, 제한물권자에게 발생하는 물권변동만을 고려의 대상으로 하고, 제한소유권자에게 발생하는 물권의 변동은 전혀 고려하지 않는다. 그러나 매매의 경우에도, 매수인은 채무의 이행으로서 금전에 대한 점유를 이전하여 물권변동이 일어난다고 보는 견해가 있다.[61] 한편 부동산을 쌍방이 이전하는 교환계약의 경우에는 물권변동은 쌍방적이다.

다른 한편 물권법에 규정되어 있는 약정 내지 계약에 대해서는 채권계약 또는 물권

---

60) 개정 프랑스민법은 채권계약이라는 명칭을 사용하지 않고 오로지 계약이라는 명칭만을 사용하고 있다. 소유권 내지 물권의 이전(aliénation de la propriété)도 계약의 효과로서 규정하고 있다. 따라서 개정된 프랑스민법에서는 채권계약과 물권계약의 구분이 존재하지 않는다(자세한 것은, 한불민사법학회, 프랑스채권법해제, 2021, 256-261면).

61) 곽윤직·김재형, 전게서, 41면.

적 합의로 보는 견해가 대립하고 있다.

(2) 물권의 새로운 패러다임에 의한 물권적 합의 및 물권변동

물권의 새로운 패러다임에 의한 물권적 합의에 대하여 살펴보기 전에 먼저 물권적 합의 및 물권변동에서 고려되어야 할 요소가 무엇인지에 대하여 살펴보기로 한다.

(가) 물권적 합의 및 물권변동에서 고려되어야 하는 요소

물권적 합의와 그에 의하여 발생하는 물권변동에 관해서는 다음과 같은 여러 요소를 고려하여야 한다.

첫째, 물권에는 지배권만으로 구성되는 물권이 있을 뿐 아니라, 지배권과 물권적 청구권으로 구성되는 물권도 있다. 따라서 물권의 변동에는 지배권의 변동뿐 아니라, 물권적 청구권의 변동도 포함되어야 한다. 둘째, 물권변동에서 고려되어야 할 물권적 청구권은 약정 물권적 청구권인 지료청구권과 전세금반환청구권이다. 이들은 지배권의 대가를 이루는 물권적 청구권으로서 계속적 물권적 합의에 의하여 비로소 발생하는 것이다. 이들은 물권적 청구권으로서 채권계약의 대상이 될 수 없다. 셋째, 계속적 물권적 합의의 경우에는 일시적 물권적 합의와 달리, 이행이라는 문제가 남는다. 물권적 합의에 의하여 발생하는 지료청구권과 전세금반환청구권은 행사되고 또 지료지급의무와 전세금반환의무는 이행되어야 한다. 넷째, 물권적 합의에 전제되는 채권계약이 유상 또는 무상인 것과 같이, 물권적 합의도 언제나 유상 또는 무상이다. 이는 일시적 물권적 합의이든 계속적 물권적 합의이든 마찬가지이다. 다섯째, 제한물권이 설정되는 경우 제한소유권이라는 독립적인 물권도 동시에 성립하므로, 이러한 점에서 물권변동은 당연히 쌍방적인 것이다. 여섯째, 물권법에 규정되어 있는 약정 내지 계약은 물권적 합의를 가리킨다.

(나) 물권적 합의의 종류

물권변동에서는 물권이 양도되는 경우와 제한물권이 설정되는 경우를 구분하여야 한다. 전자의 경우에는 당사자 사이에서 물권변동은 발생과 동시에 종료가 되지만, 후자의 경우에는 물권변동의 상태가 일정기간 존속한다. 이러한 점에서 물권적 합의는 양도의 물권적 합의와 계속적 물권적 합의로 구분하는 것이 타당하다.[62] 한편 완전소유권뿐 아니라, 제한소유권과 제한물권을 양도하는 경우에도 양도의 물권적 합의가 존재한다. 반대로 계속적 물권적 합의에 의하여 제한물권을 설정하는 경우에는 물권변동이 제한물권자에게 발생할 뿐 아니라, 제한소유권자에게도 완전소유권이 제한소유권으로 변동되는 물권변동이 발생한다. 이하에서 물권의 새로운 패러다임에 따라서, 물권적 합의를 양도의 물권적 합의와 계속적 물권적 합의로 구별하여 살펴본다.

(다) 물권을 양도하는 일시적 물권적 합의

완전소유권, 제한소유권과 제한물권을 이전하는 경우의 물권적 합의와 물권변동에 대하여 살펴본다.

(a) 지배권의 변동 또는 지배권과 물권적 청구권의 변동을 초래하는 양도의 물권적 합의

우선 지배권만으로 구성되는 동산소유권 및 건물소유권이 양도되는 경우, 물권적 합의란 지배권의 변동만을 목적으로 한다. 동산소유권 및 건물소유권은 물권적 청구권을 요소로 하지 않으므로 물권적 합의는 지배권의 변동만을 목적으로 한다. 또 지배권과 물권적 청구권인 상린권으로 구성되는 토지소유권이 양도되는 경우에도, 물권적 합의는 지배권의 변동만을 목적으로 한다. 상린권은 토지에 대한 지배권이 양도되면 그에 기초하여 새롭게 발생하는 것이므로, 양도의 합의에는 물권적 청구권이 포함될 수 없다. 이에 반하여 지배권과 물권적 청구권으로 구성되는 제한소유권과 제한물권이 양도되는 경우에는, 물권적 합의는 당연히 지배권과 물권적 청구권의 변동을 목적으로 한다.

(b) 무상 또는 유상인 채권계약과 양도의 물권적 합의

완전소유권, 제한소유권과 제한물권의 양도를 위한 일시적 물권적 합의의 경우, 채권계약이 유상 또는 무상인 것과 같이 물권적 합의도 유상 또는 무상일 수 있다.

---

62) 전주의 권리를 그대로 이어 받는 것을 이전적 승계라 하고, 전주의 권리내용의 일부를 이어 받는 것을 설정적 승계라 한다. 당사자의 의사표시에 의한 이전적 승계를 양도라고 부르기도 한다(곽윤직·김재형, 물권법, 33면; 오시영, 물권법, 53면).

첫째, 증여와 같은 무상의 채권계약이 전제가 되는 경우에는, 물권적 합의도 무상으로 이루어진다. 둘째, 채권계약이 매매계약인 경우, 매도인은 채무의 이행으로 재산권을 이전하는 채무를 부담하고, 매수인은 채무의 이행으로서 금전을 지급하면 된다. 이 경우 금전의 점유를 이전하는 것을 물권변동으로 보느냐에 따라, 물권적 합의도 유상의 여부가 결정될 수 있다.[63] 셋째, 교환계약의 경우, 교환은 쌍방이 재산권을 이전하는 유상의 채권계약이고, 물권적 합의도 유상이 된다.[64]

(라) 제한물권의 설정에 관한 계속적 물권적 합의

계속적 물권인 제한물권을 설정할 채무와 그 대가인 물권적 청구권을 발생시키는 채무가 채권계약에 의하여 발생한다. 이러한 채권계약은 무명의 채권계약이다. 우선 채권계약에 의하여 제한소유권자에게는 '자신'의 물건에 대하여 상대방에게 제한물권을 발생시켜야 할 채무가 발생하고, 제한물권자에게는 '타인'의 물건에 대하여 제한물권을 설정받을 채권이 발생한다.

계속적 물권적 합의에 의하여, 제한물권자는 일정기간 동안 '타인'인 제한소유권자의 물건에 대하여 용익지배권 또는 용익·처분지배권을 취득하게 되고 유상의 경우 그 대가인 물권적 청구권이 발생하게 되고, 그에 대응하여 제한소유권자는 일정기간 동안 자신의 물건에 대한 완전지배권의 권능이 처분지배권으로 변경됨과 동시에 '자신'의 물건에 대한 용익지배권이 상실되는 물권변동이 발생하고 또 유상의 경우 그 대가인 물권적 청구권이 발생하게 된다. 이처럼 제한물권을 설정하는 계속적 합의에 의하여, 완전소유권자의 권리도 완전소유권에서 제한소유권으로 변경되는 결과가 발생한다. 따라서 제한물권을 설정하는 합의란 제한물권이 설정되는 데에 대한 합의와 동시에 완전소유권이 제한소유권으로 변동되는 데에 대한 합의를 의미한다.

이하에서 전세권과 유상의 지상권이 설정되는 경우에 있어서, 계속적 물권적 합의와 그에 의한 물권변동에 대하여 살펴본다. 제한물권을 설정하는 계속적 물권적 합의의 특징을 분석하여 본다. 법정의 물권적 청구권은 법률의 규정에 의하여 발생하므로,

---

63) 물론 당사자의 합의에 의하여 대금지급을 선이행하거나 대금지급과 동시에 등기를 하기로 하였으나, 등기가 먼저 실행된 경우, 물권적 합의는 효력을 발생할 수 없다. 물권적 합의는 유인행위이기 때문이다.
64) 이전되는 재산권이 준물권인 경우에도, 유상의 물권적 합의가 존재함에는 변함이 없다.

물권적 합의의 내용이 될 수 없다.

 (a) 유상의 지상권이 설정되는 경우의 계속적 채권계약과 물권적 합의

 유상의 지상권을 설정하는 경우, 유상의 지상권을 설정할 채무를 발생시키는 것을
내용으로 하는 채권계약과 유상의 지상권을 설정하는 것을 내용으로 하는 계속적 물
권적 합의가 존재한다.

 우선 유상의 지상권을 설정할 채무를 발생시키는 것을 내용으로 하는 채권계약은
채권법에 규율되고 있지 않은 비전형의 채권계약이다. 유상의 지상권을 설정할 채무
를 발생시키는 채권계약에 의하면, 지상권을 설정할 <u>채무자</u>에게는 '자신'의 토지에
대하여 지상권자에게 용익지배권을 이전하여 줄 채무와 물권적 청구권인 지료청구권
이 발생시키는 <u>채권이</u> 발생하고, 지상권을 설정받을 채권자에게는 용익지배권을 설
정받을 채권과 물권적 의무인 지료지급의무를 발생시키는 채무가 발생한다. 물권적
청구권관계인 지료지급청구권관계 자체는 채권계약의 대상이 아니다.

 한편 유상의 지상권이 설정되는 계속적 물권적 합의와 등기에 의하여, 지상권설정
자에게는 자신의 토지에 대한 완전지배권의 권능이 처분지배권으로 변경됨과 동시에
'자신'의 토지에 대한 용익지배권이 상실되고 또 물권적 청구권인 지료지급청구권이
발생하고, 지상권자에게는 '타인'인 지상권설정자의 토지에 대한 용익지배권이 설정
되고 또 물권적 의무인 지료지급의무가 발생한다. 즉, 지상권의 등기와 동시에 지상권
설정자에게는 물권적 청구권인 지료청구권의 원본이 발생하고, 지상권자에게는 물권
적 의무인 지료기급의무의 원본이 발생한다. 등기 후에는 지상권설정자는 매기마다
물권적 청구권인 지료청구권을 행사하고, 지상권자는 물권적 의무인 지료지급의무를
이행하게 된다. 이는 계속적 채권계약인 임대차의 경우 임대인에게 채권인 임료청구
권의 원본이 발생하고, 임대인은 매기마다 지분적 채권을 행사하고 임차인은 지분적
채무를 이행하는 것과 동일한 모습이다.

 (b) 전세권이 설정되는 유상인 채권계약과 물권적 합의

 전세권을 설정하는 경우, 전세권을 설정할 채무를 발생시키는 것을 내용으로 하는
채권계약과 전세권을 설정하는 것을 내용으로 하는 계속적 물권적 합의가 존재한다.

 전세권을 설정할 채무를 발생시키는 것을 내용으로 하는 채권계약은 채권법에 규

율되고 있지 않은 비전형의 채권계약이다. 전세권을 설정할 채무를 발생시키는 채권계약에 의하면, 지상권을 설정할 채무자에게는 '자신'의 토지에 대하여 지상권자에게 용익지배권을 이전하여 줄 채무와 물권적 청구권인 지료청구권이 발생시키는 채권이 발생하고, 지상권을 설정받을 채권자에게는 용익지배권을 설정받을 채권과 물권적 의무인 지료지급의무를 발생시키는 채무가 발생한다. 물권적 청구권관계인 전세금반환청구권관계 자체는 채권계약의 대상이 아니다.

유상인 전세권이 설정되는 계속적 물권적 합의와 등기에 의하여, 전세권설정자에게는 자신의 부동산에 대한 지배권이 처분지배권으로 변경됨과 동시에 '자신'의 부동산에 대한 용익지배권이 상실되고 또 전세금을 지급받음과 동시에 물권적 의무인 전세금반환의무가 성립하는 물권변동이 발생하고, 전세권자에게는 '타인'인 전세권설정자의 부동산에 대한 용익지배권이 이전되고 처분지배권이 설정적으로 이전되며 또 물권적 청구권인 전세금반환청구권이 성립하는 물권변동이 발생한다. 이 경우 물권적 청구권인 전세금반환청구권의 발생을 위해서는 등기와 동시에 전세권자가 전세금을 지급하여야 한다는 점에서, 전세금반환청구권을 발생시키는 물권적 합의는 요물계약이 된다.

전세금의 지급과 관련하여 살펴보면, 채권계약에 의하여는 전세권을 설정할 채무자에게는 물권적 청구권인 전세금지급청구권을 발생시킬 채무가 발생할 뿐이고, 전세권을 설정받을 채권자에게는 물권적 의무인 전세금지급의무를 발생시킬 채무가 발생할 뿐이다. 전세권을 설정받을 채권자가 계속적 물권적 합의에 의하여 등기와 동시에 전세금을 지급하면, 전세권설정자에게는 전세금보유권이 발생함과 동시에 등기시에 물권적 의무인 전세금반환의무가 성립하고, 반대로 전세권자에게는 물권적 청구권인 전세금반환청구권이 성립하게 된다. 용익기간의 종료시에 전세권설정자에게는 물권적 의무인 전세금반환의무가 발생하고, 전세권자에게는 물권적 청구권인 전세금반환청구권이 발생하고 된다. 이러한 점에서 전세권의 경우 채권계약에 의하여는 물권적 청구권관계인 전세금청구권관계를 발생시키는 채무관계가 규율되고, 물권적 합의에 의하여 물권적 청구권관계인 전세금반환청구권관계가 규율되는 것이다. 또 용익기간 종료시에 전세권자는 발생한 물권적 청구권인 전세금반환청구권을 행사하고, 전세권설정자는 물권적 의무인 전세금반환의무를 이행하게 된다. 이는 계속적 채권계약인 임대차의 경우 임대기간의 개시시에 임차인이 임차보증금을 지급하면, 임대기간이 종료시에 임차인은 임차보증금반환채권을 행사하고, 임대인은 임차보증금반환채무를 이행하는 것과 마찬가지이다. 즉, 임대차계약에 의하여 성립한 임차보증금청구권관계는 임대차기간의 개시시에 발생하고, 임대차기간의 개시시에 성립한 임차보증금반환청구권관계는 임대기간의 종료시에 발생하게 되는 것이다.

(c) 제한물권을 설정하는 계속적 물권적 합의의 특징

이상에서 살펴본 바와 같이, 제한물권을 설정하는 계속적 물권적 합의는 다음과 같은 특징을 갖는다. 첫째, 제한소유권과 제한물권은 지배권과 물권적 청구권으로 구성되는 물권이다. 따라서 제한물권을 설정하는 계속적 물권적 합의에 의하여, 지배권과 그 대가인 물권적 청구권의 변동이 동시에 발생한다. 둘째, 대가인 물권적 청구권은 지배권과 결합되어 있으므로 지배권과 함께 물권적 합의의 대상이 된다. 지료청구권 · 전세금반환청구권은 물권적 청구권으로서 채권의 발생을 목적으로 하는 채권계약의 대상이 될 수 없다. 셋째, 제한물권을 설정하는 계속적 물권적 합의에 의하여, 물권변동은 제한물권자뿐만 아니라 제한소유권자에게도 발생하게 된다. 즉, 제한소유권자에게는 완전소유권이 제한소유권으로 변경되는 물권변동이 발생한다. 넷째, 제한물권을 설정하는 계속적 물권적 합의에 의하여, 물권변동은 이행이라는 문제를 남긴다. 양도의 물권적 합의에 의하면 완전소유권자의 이전이든 또는 제한소유권과 제한물권의 이전이든, 이행이라는 문제를 남기지 않는다. 그러나 제한물권을 설정하는 계속적 물권적 합의에 의하면, 제한물권자와 제한소유권자 사이에 발생하는 물권변동은 지배권에 관한 것이든 또는 물권적 청구권에 관한 것이든, 이행이라는 문제를 남기게 된다. 우선 지배권의 변동의 경우, 제한소유권자는 '자신'의 물건에 대하여 제한물권자에게 일정기간 동안 용익지배권 또는 용익지배권 · 처분지배권을 설정하고 유지하여야 할 의무가 발생하고, 제한물권자는 용익물권자의 현상유지관리의무(제311조)와 유치권자 및 질권자의 담보물보관의무(제324조 제1항, 제343조)를 부담하면서 '타인'인 제한소유권자의 물건에 대하여 일정기간 동안 용익지배권과 용익지배권 · 처분지배권을 행사하여야 한다. 일정기간이 지나면 제한물권자의 지배권은 소멸하고, 제한소유권자의 완전지배권을 내용으로 하는 완전소유권으로 회복된다. 한편 물권적 청구권관계의 경우 지상권설정자는 등기시에 발생한 물권적 청구권인 지료청구권을 매기마다 행사하고, 지상권자는 물권적 의무인 지료지급의무를 이행하여야 한다. 한편 용익기간의 종료시에 전세권자는 물권적 청구권인 전세금반환청구권을 행사하여야 하고, 전세권설정자는 물권적 의무인 전세금반환의무를 이행하여야 한다. 다섯째, 제한물권을 설정하는 계속적 물권적 합의의 경우, 유상의 합의일 수가 있다. 지배권을 설정하는 대가로서 지료청구권과 전세금보유권이 발생하는 경우가 그러하다. 물권적 청구권인지료청구권·전세금반환청구권은 채권의 발생을 목적으로 하는 채권계약의 대상이 될 수 없다. 이상에서 살펴본 바와 같이, 물권적 합의도 채권계약의 경우와 마찬가지로 합의의 온전한 모습을 회복할 수 있게 된다.

5. 부동산등기제도

부동산등기제도는 부동산물권을 공시하기 위한 것이다. 물권법은 부동산소유권, 용익물권과 담보물권을 부동산물권으로 규율하고 있다. 실체법인 물권법에 대응하여 절차법인 부동산등기법도 부동산소유권에 관한 등기(제64조-제68조), 용익권에 관한 등기(제69조-제74조)와 담보권에 관한 등기(제75조-제80조)를 규율하고 있다.

(1) 물권은 지배권이라는 도그마에 따른 부동산물권의 등기

물권은 지배권이라는 도그마에 따라서, 부동산물권의 등기에 대하여 살펴본다.

(가) 부동산등기는 지배권의 등기

부동산물권에 관한 등기는 지배권인 부동산물권만 공시하는 제도이다. 즉, 부동산소유권에 관한 등기(제64조-제68조), 용익권에 관한 등기(제69조-제74조)와 담보권에 관한 등기(제75조-제80조)는 모두 지배권에 관한 등기가 된다. 다만, 저당채권의 경우처럼 채권도 예외적으로 공시되는 경우가 있다.

(나) 지료채권, 전세금채권과 저당채권의 등기

부동산물권이라고 하더라도 예외적으로 채권을 등기하여 공시하는 경우가 있다. 부동산등기법은 지상권의 경우 지료의 약정(제69조 제4호), 전세권의 경우 약정된 전세금(제72조 제1항 제1호), 저당권의 경우 저당채무에 관한 약정을 기재하도록 하고 있다(제75조 제1항). 그 결과 지료채권, 전세금채권과 저당채권도 등기에 의하여 공시가 된다.

통설과 판례에 의하면, 지료채권, 전세금채권과 저당채권의 등기기재가 갖는 의미는 다르다. 우선 지료약정의 등기는 제3자에 대한 대항등기로 본다. 지료의 약정이 없는 지상권도 존재할 수 있으므로, 지료의 약정을 등기하면 제3자에게 대항할 수 있을 뿐이라고 하는 것이다. 또 전세금은 그 기재가 없으면 용익지배권인 전세권이 성립하지 못하고 또 존속할 수 없다는 점에서 전세금의 기재는 용익지배권의 성립등기사항이자 존속등기사항이라고 본다. 또 용익기간이 종료된 후에는 저당채권의 등기가 종된 물권인 저당권을 위한 성립등기사항이자 존속등기사항이듯이, 전세금반환청구권도 담보물권성의 전세권의 성립등기사항이자 존속등기사항이 된다고 한다. 이는 결국 담보물권성의 전세권을 저당권과 동일하게 취급함으로써 종된 물권으로 보는 것이다. 다만, 용익기간이 종료한 후에는 용익기간 중과는 달리 전세금반환청구권의 양도에 저당권의 이전등기가 아닌 채권양도절차를 요구하고 있는 점에 차이가 있다.

(다) 약정사항은 대항등기사항

물권의 내용에 관한 당사자의 약정은 대항등기사항이 된다. 대항등기사항이란 성립등기사항이 아닌 사항을 말한다. 성립등기사항이란 물권의 성립을 위하여 반드시 필요한 등기사항이다. 이에 반하여 대항등기사항이란 물권의 성립을 위하여 필요하지는 않지만, 등기하면 제3자에게 대항할 수 있는 사항을 말한다. 즉, 대항등기사항이란 그에 대한 등기가 있으면 제3자에게 대항할 수 있고, 등기가 없으면 이를 제3자에게 대항할 수 없는 사항을 가리킨다. 예를 들면, 공유물은 분할할 수 있는 것이 원칙이다(제268조 제1항 본문). 그러나 이러한 원칙에 대하여 예외로 5년 기간 동안 공유분할을 금지하는 약정(제268조 제1항 단서)을 할 수 있다. 이 경우 공유분할을 금지하는 약정은 물권법상의 원칙에 대한 예외가 되기 때문에, (준)공유의 등기시에 기재를 하여야만 제3자에게 대항할 수 있다(부동산등기법 제67조 제1항). 또 구분지상권이란 지하 또는 지상의 공간의 상하의 범위를 정하여 건물 기타 공작물을 소유하기 위하여 인정되는 지상권이다(제289조의2 제1항 본문). 구분지상권은 지하 또는 지상의 공간의 상하의 범위를 정하면 토지의 사용을 제한받지 않는 것이 원칙이다. 그러나 예외적으로 설정행위로써 지상권의 행사를 위하여 토지의 사용을 제한할 수 있는 약정을 할 수 있다(제289조의2 제1항 단서). 이러한 약정도 구분지상권의 등기시에 기재하여야 제3자에게 대

항할 수 있다(부동산등기법 제69조 제5호). 이상의 경우처럼 대항등기사항이란 물권법의
규정에 대하여 당사자약정으로 예외를 허용하고 이를 등기하면 제3자에게 대항할 수
있는 사항이다.[65] 대항등기란 채권의 경우에 예외적으로 제3자에 대한 대항력이 인
정되는 것에서 차용된 것이다.

(2) 물권의 새로운 패러다임에 의한 부동산물권의 등기

물권의 새로운 패러다임에 의한 부동산물권의 등기에 대하여 살펴본다.

(가) 부동산등기는 지배권과 물권적 청구권에 관한 공시 : 원칙

물권에는 완전소유권, 제한소유권과 제한물권이 있다. 부동산등기법상의 부동산등
기란 완전소유권, 제한소유권과 제한물권을 공시하는 것이다. 또 물권에는 지배권만
으로 구성되거나 지배권과 물권적 청구권으로 구성되는 물권도 있다. 따라서 부동산
물권의 등기는 물권적 청구권도 함께 공시하는 것이다. 건물소유권의 등기는 지배권
으로 구성되는 물권을 공시한다. 이에 반하여 토지소유권, 제한소유권과 제한물권의
등기는 지배권과 물권적 청구권으로 구성되는 물권을 공시한다.

(나) 완전소유권의 부동산등기

건물과 토지의 완전소유권의 등기란 乙구에 제한물권이 설정되지 않은 등기를 말
한다. 따라서 건물과 토지에 대하여 甲구의 기재만이 존재하는 등기는 완전소유권의
보존등기에 해당한다.

(다) 제한물권의 부동산등기는 제한소유권과 제한물권의 부동산등기

물권의 새로운 패러다임에 의하면, 절차법상의 용익물권과 담보물권에 관한 부동
산등기는 단순히 제한물권인 용익물권과 담보물권에 관한 등기가 아니다. 그것은 동
시에 제한소유권의 등기이기도 하다. 우선 제한소유권과 제한물권은 실체법상 서로
연계되어 있다. 즉, 제한물권의 내용을 알면 제한소유권의 내용을 추론할 수 있다는

---

65) 물권법정주의의 예외와 등기의 자세한 사항에 대하여는 남효순, "우리 민법상 합유와 준합유
  의 강제", 242-3면 참조.

점에서 제한소유권의 내용은 제한물권의 내용과 연계되어 있는 것이다. 이것은 민법이 제한물권을 규율함에 있어서 제한물권을 설정하는 자(지상제한소유권자)의 권리·의무에 대하여도 함께 규정하고 있는 것에서도 드러난다. 예를 들면, 민법은 지상권자의 지상권을 규율하면서, 지상권설정자의 권리·의무에 대하여도 함께 규율하고 있다. 이러한 실체법의 태도에 따라 부동산물권의 등기는 제한물권의 등기와 제한소유권의 등기를 의미하는 것이다. 물론 외관상으로는 乙구에서 제한물권을 설정받는 자의 등기만 실행되고, 甲구의 소유권보존등기는 그대로 유지된다. 그러나 甲구의 완전소유권의 보존등기는 제한물권의 설정으로 말미암아, 더이상 완전소유권의 보존등기로서의 의미는 상실한다. 예를 들면, 지상권과 전세권을 설정한 제한소유권자는 용익지배권을 일정기간 상실하게 되는바, 그것은 더이상 완전소유권자의 지배권이 아니다. 또 지료청구권과 전세금보유권이라는 지배권의 대가를 구성하는 물권적 청구권이 제한소유권자에게 발생한다는 점에서 역시 완전소유권자의 지위가 아니다. 따라서 甲구의 소유권의 보존등기는, 제한소유권의 등기를 말하는 것이 된다.

(라) 제한소유권과 제한물권에서의 지배권과 물권적 청구권의 등기

지료의 약정이 있는 지상권(유상의 지상권)의 등기는 지상권자에게는 용익지배권과 지료지급의무라는 물권적 의무를 등기하는 것이 되고, 지상권설정자인 제한소유권자에게는 처분지배권과 지료청구권이라는 물권적 청구권을 등기하는 것이 된다. 다시 말하면, 유상의 지상권의 등기에서 지료지급의무는 지상권자가 설정받는 용익지배권의 대가를 구성하는 물권적 의무를 공시하는 것이 되고, 지료지급청구권은 처분지배권과 더불어 설정해 주는 용익지배권의 대가를 구성하는 지상권설정자의 물권적 청구권을 공시하는 것이 된다.

전세금의 기재가 필수적인 전세권의 등기는, 전세제한소유권자에게는 처분지배권과 물권적 청구권인 전세금보유권을 등기하는 것이 되고, 전세권자에게는 용익지배권의 이전과 처분지배권의 중첩적 설정과 함께 물권적 청구권인 전세금반환청구권을 등기하는 것이 된다. 전세금반환청구권은 전세권자가 용익지배권과 처분지배권을 설정받는 대가로서 지급하였던 전세금을 반환받는 권리로서, 역시 지배권의 대가를 구성하는 물권적 청구권에 해당하는 권리이다. 한편 용익기간이 종료하는 경우 존속하는 담보물권성의 전세권을 종된 물권인 저당권과 비교하여 보면, 담보물권성의 전세권은 전세권의 내부에 존재하는 지배권과 함께 전세권을 구성하는 물권적 청구권인 전세금반환청구권을 담보하기 위한 것으로서 전세권의 존재 형태일 뿐이다. 전세권은 용익물권성과 담보물권성이 '유기적으로' 결합된 하나의 물권이라고 하는 것이 바로 이러한 의미이다.

(마) 저당채무자는 기재되지만 지료지급의무자와 전세금반환의무자가 기재되지 않는 이유

저당권의 경우 저당채무자가 별도로 반드시 기재되어야 한다(부동산등기법 제75조 제1항 제2호). 이러한 저당채무자의 기재는 채권관계를 공시하기 위한 것이다. 이에 반하여 유상의 지상권과 전세권 등기의 경우 지료약정 또는 약정된 전세금의 기재만 있을 뿐 저당권의 경우와 같이 지료지급의무자와 전세금반환의무자는 기재되지 않는다. 이는 지료지급청구권관계와 전세금반환청구권관계의 당사자는 바로 지상권설정자와 지상권자, 전세권설정자와 전세권자이기 때문이다.

(바) 물권의 내용에 관한 약정의 등기는 대항등기사항이 아니라 성립등기사항

물권의 내용에 관한 당사자의 약정은 대항등기사항이 아니라 성립등기사항을 구성한다고 보아야 할 것이다. 공유물은 분할할 수도 있고 약정으로 5년의 범위내에서 분할을 금지할 수도 있다(제268조 제1항 본문). 구분지상권이란 지하 또는 지상의 공간의 상하의 범위를 정하여 건물 기타 공작물을 소유하기 위하여 인정되는 지상권으로서(제289조의2 제1항 본문), 약정으로 구분지상권의 행사를 위하여 토지의 사용을 제한할 수도 있다(제289조의2 제1항 단서). 이상의 경우 물권의 내용은 법률의 정함이 원칙이고 당사자의 약정이 예외인 것이 아니라, 법률의 정함에 의하여 또는 당사자의 약정에 의하여 물권의 내용이 정해지는 것이다. 따라서 물권의 내용에 관한 약정의 등기는 대항등기사항이 아니라 성립등기사항이 되는 것이다.

이와 같은 이유에서 판례는 지료약정은 유상의 지상제한소유권과 유상의 지상권의 성립등기사항이자 존속등기사항을 구성하고 또 전세금반환청구권이 없이는 전세권이 성립하고 존속할 수 없다는 점에서 약정된 전세금의 기재는 성립등기사항이자 존속등기사항이라고 보는 것이다.

(3) 물권의 새로운 패러다임에 의한 부동산물권의 등기에 의한 공시

부동산등기가 갖는 공시기능은 일반인 제3자에 대한 것과 당사자와 제3자인 양수인에 대한 공시로 구별할 수 있다.

(가) 부동산등기의 공시기능 : 제3자인 일반인에 대한 공시

지배권으로만 이루어진 물권의 경우는 소유물에 대하여 지배권이 성립하고 있다는 사정을 대외적으로 공시하는 것이고, 이는 제한소유권과 제한물권의 경우에도 마찬가지이다. 부동산등기는 완전소유권이든, 제한소유권이든 또는 제한물권이든 불문하고, 물건에 대한 지배권 또는 물건과 관련된 물권적 청구권이 성립하고 있다는 사실을 알리기 위한 것이다.

한편 완전소유권, 제한소유권과 제한물권이든 물권의 내용에 관한 약정을 등기하게 되면, 등기에 의해서 공시된 물권이 당사자 사이에서 성립할 뿐만 아니라 물권의 양도성에 기하여 그 양수인 사이에도 존속할 수 있게 된다.

(나) 부동산등기의 공시기능 : 당사자와 제3자인 양수인에 대한 공시

물권의 내용으로서 법률의 규정 또는 당사자의 약정을 공시하면, 첫째, 당사자 사이에서 공시된 대로 물권이 성립하고, 둘째, 물권은 양수인들 사이에서도 공시된 대로 존속하게 된다. 물권에는 양도성이 인정되기 때문이다. 예를 들면, 전세권의 경우 양도금지의 약정을 등기하면, 양도를 금지하는 전세권(제306조)이 당사자 사이에서뿐 아니라 전세권의 양수인 사이에서도 존속하게 된다. 또 지상권의 존속기간(제280조)과 전세권의 존속기간(제312조)에 관한 약정을 등기하면 당사자 사이에서뿐 아니라 장차 지상권과 전세권의 양수인 사이에도 약정된 존속기간이 유지된다.

(다) 부동산등기의 공시와 제3자에 대한 대항력

채권관계는 그것이 성립한 당사자 사이에서만 효력을 가지고, 당사자가 아닌 제3자에 대하여는 효력을 갖지 않는다. 그러나 일정한 법정요건을 갖춘 경우에는 예외적으로 제3자에 대하여도 법률의 규정으로 채권관계를 의제하여 대항력을 부여하는 경우가 있다. 예를 들면, 부동산임대차를 등기한 때에는 부동산임대차는 그때부터 제3자에 대하여 효력이 생긴다(제621조). 즉, 임대차를 등기한 경우에는 설령 임차물의 소유자가 임차물의 양수인에게 임대차관계를 양도하지 않더라도 임차인은 임차물의 양수인인 제3자에 대하여 효력을 발생하는 것이다. 이것을 임대차등기에 의한 임차권의 제3자에 대한 대항력이라 할 수 있다. 주택·상가의 임대차가 임차물의 인도와 주민등록을 마치거나 또는 사업자등록을 신청하는 경우, 임대차가 등기된 경우에 준하여 임대차의 '제3자에 대한 효력' 즉, 대항력을 인정하는 것도 같은 이유이다(주택임대차보호법 제3조 제1항, 상가임대차보호법 제3조 제1항).

이에 반하여 물권의 내용으로서 법률의 규정 또는 당사자의 약정을 공시하는 경우는 제3자에 대하여 대항력이 발생하는 것이라고 할 수 없다. 물권법의 경우는 부동산물권의 공시에 의하여 물권의 성립이 의제되는 것은 아니기 때문이다. 즉, 법률의 규정에 의하여 채권관계를 의제하는 것과 등기에 의하여 물권이 성립하는 것과는 다르기 때문이다.

Ⅶ. 학설 또는 판례상 제기되고 있는 물권상의 제반문제에 대한 물권의 새로운 패러다임의 적용

현재 학설 또는 판례상으로 제기되고 있는 많은 법적 문제들은 물권은 지배권이라는 도그마에 기초하고 있다. 이제 이러한 문제들에 대하여 물권의 새로운 패러다임을 적용하게 되면, 거래의 실제, 당사자들의 보호에 부합하는 실제적인 해결을 확보할 수 있으리라 기대한다. 물권은 지배권이라는 도그마에 의하여 방해를 받지 않고 실제적인 해결을 얻을 수 있을 것이다.

우선 부동산점유취득시효완성자가 갖는 등기청구권이 물권적 청구권인 이상, 취득시효완성자의 보호는 당연히 종전과 달라져야 할 것이다. 특히 취득시효완성자와 취득시효완성의무자로부터 소유권을 취득한 제3자 사이의 보호가 전혀 달라질 것이다. 또 통설과 판례는 지료약정의 부동산등기에 기재(부동산등기법 제69조)는 대항등기사항에 해당한다고 한다. 지료청구권은 용익지배권의 대가를 구성하는 물권적 청구권인바, 지료약정의 기재를 단순히 대항등기사항이라고 볼 수 있는지가 의문이다. 또 당사자 사이에 지료의 약정이 있었음에도 불구하고 이를 등기하지 않았을 경우, 당사자 사이에 채권적 효력을 인정할 수 있는지에 대하여 학설상 논란이 되고 있다. 또 통설이 승역지소유자의 공작물설치 · 수선의무(제298조)에 관한 약정을 부동산등기에 기재할 경우(부동산등기법 제70조 제4호), 승역지소유자의 특별승계인에 대한 대항력이 인정된다고 하고 있다. 즉, 이를 임차권의 대항력을 인정하는 주택임대차보호법(제3조 제4항)과 동일한 규정으로 보고 있는 것이다. 과연 이것이 물권법정주의에 부합하는 해석인지가 의문이다. 또 승역지소유자의 의무의 승계(제298조)와 상린권인 용수권의 승계(제233조)를 어떻게 구별할 것인지도 문제이다. 또 물권의 새로운 패러다임에 의하면 전세금반환청구권은 채권적 청구권이 아니라 물권적 청구권으로서, 용익지배권의 대가를 구성하는 권리임이 명백하게 드러났다. 전세금반환청구권의 물권적 청구권으로서의 법적 성격이 밝혀진 이상, 판례와 같이 더는 전세금반환청구권을 채권이라 하거나, 용익지배권의 요소라 하거나, 용익기간이 종료된 후에는 이를 주된 채권으로 하는 종된 물권인 저당권이 성립하는 것이라고는 할 수는 없다. 또 전세금반환청구권이 지배권과 함께 전세권을 구성하는 이상 판례와 같이 전세금반환청구권을 제외한 지배권만이 저당권의 객체가 된다고 할 수 없다. 또 용익기간이 종료하여 전세권저당권이 실행되는 경우 전세금반환청구권에 대해서는 판례와 같이 물상대위의 법리를 적용할 수도 없다. 또 판례와 같이 전세권설정자가 전세권자에 대하여 취득한 반대채권에 의한 상계를 전세권저당권자에게 주장할 수도 없다고 할 것이다. 필자가 물권의 새로운 패러다임을 모색하게 된 계기도 바로 전세권 또는 전세권저당권에 있어서 판례가 부당하게 내리고 있는 해결들을 비판하는 과정에서 나온 것이다.

1. 물권의 새로운 패러다임의 소유권에의 적용 : 부동산점유취득시효완성자의 지위

취득시효와 관련하여 물권적 청구권이 중요한 의미를 갖는 것은 바로 부동산점유취득시효완성자의 등기청구권이다. 20년간 소유의 의사로 평온, 공연하게 부동산을 점유하는 자는 등기함으로써 그 소유권을 취득하는 취득시효가 부동산점유취득시효이다(제245조 제1항). 여기서 부동산점유취득시효에 의한 등기청구권이 물권적 청구권인지 아니면 채권인지의 여부에 따라 시효완성자의 지위가 달라진다. 한편 민법은 소유권 이외의 지상권, 지역권과 전세권의 취득시효(제248조)에서도 부동산점유취득시효를 인정하는바, 동일한 문제가 발생한다.

(1) 종전의 부동산점유취득시효에서 시효완성자의 지위

통설과 판례는 부동산점유취득시효에서 시효완성자의 지위를 채권자로서 규율하고 있다.

(가) 부동산점유취득시효완성자에게 인정되는 등기청구권의 법적 성격

부동산점유취득시효완성자에게 인정되는 등기청구권은 일반의 물권법상의 청구권이 채권인 것과 마찬가지로 채권의 성질을 갖는다고 한다. 등기청구권은 물건의 소유자가 아니라 채무자에 대한 채권이다. 따라서 등기청구권은 10년의 소멸시효(제162조 제1항)의 대상이 된다. 판례는 취득시효가 완성된 점유자가 그 부동산에 대한 점유를 상실한 때로부터 10년간 이를 행사하지 아니하면 소멸시효가 완성된다고 한다.66) 또 부동산점유취득시효완성자의 등기청구권의 경우 취득시효완성자의 점유가 계속되는 한 소멸시효는 진행되지 않는다고 한다.

(나) 부동산점유취득시효완성자와 제3자의 관계

판례와 통설에 의하면 점유취득시효가 완성되기 전에는 소유권자가 변경되더라도 부동산점유자가 부동산점유취득시효를 완성하는 데에는 아무런 장애가 되지 않는다. 취득시효 진행 중에 소유자가 변경되더라도 시효취득의 중단사유가 되지 않고 또 취득시효완성 전에 권리를 취득한 제3자는 취득시효완성의 법률관계에서 당사자로 보지도 않는다. 따라서 부동산점유자는 20년의 취득시효가 완성되면 등기를 하여 부동산소유권을 취득할 수 있다. 그러나 부동산의 점유자가 20년 이상을 점유하더라도 이를 등기하지 않고 있는 사이에 그 부동산에 관하여 제3자에게 소유권이전등기가 경료되면, 소유자와의 사이에서 소유자의 소유권이전등기의무를 제3자가 인수하여 이행하기로 묵시적 또는 명시적으로 약정하였다는 등의 특별한 사정이 인정되지 않는 한, 위의 의무를 승계한다고 볼 수 없다.67) 이 경우 제3자는 반사회적인 행위를 하지 않은 한 악의인 경우에도 권리를 취득하게 된다. 부동산점유취득시효완성자와

---

66) 대법원 1995. 12. 5. 선고 95다24241 판결.
67) 대법원 1994. 4. 12. 선고 93다50666, 50673 판결; 대법원 1996. 3. 22. 선고 95다53768 판결.

시효완성의무자 사이의 법률관계는 채권관계이므로, 채권은 제3자에 대한 효력이 인정되지 않는 것이다. 이러한 시효완성의무자와의 관계에 있어서 제3자와 시효완성자 사이에는 이중매매에서와 같은 법률관계가 인정되는 것이다.

이러한 판례의 태도에 의하면, 첫째, 취득시효완성 후의 제3취득자는 등기명의인이 진실한 권리자인지 여부만 조사하면 되고 점유취득시효가 완성되었는지를 조사할 법적 의무가 없다. 둘째, 취득시효완성자는 등기를 하여야 부동산소유권을 취득하게 되므로, 등기를 하지 않는 한 취득시효완성 후의 제3취득자에 우선하여 보호를 줄 수 없다.

(다) 판례에 대한 비판

판례의 태도에 대하여는 다음과 같은 비판이 제기되고 있다. 첫째, 취득시효제도는 원칙적인 것이 아니라 예외적인 현상이기는 하지만, 취득시효완성자는 취득시효완성 후의 제3취득자에 대하여도 시효취득을 주장할 수 있다. 이는 취득시효완성자는 자주점유와 등기의 엄격한 요건을 갖추어야만 보호받을 수 있기 때문이다. 둘째, 20년간 점유한 자는 상대방이 취득시효완성 당시의 소유자이든 그 이후의 제3취득자이든 불문하고 취득시효완성으로 인한 등기청구권을 취득한 이상, 이를 등기함으로써 소유권을 취득하여야 한다. 셋째, 취득시효완성 후 소유자가 변경되지 않은 상태에서 취득시효완성자가 소유자에게 등기 없이도 취득시효완성을 주장할 수 있는 특수한 법률관계는 소유권이 변동된 후의 제3취득자 사이에도 계속하여 존속되어야 한다. 넷째, 취득시효완성 후에 새로운 제3취득자가 생긴 경우에도 소유자의 변동이 있을 뿐 점유자의 점유라는 사실관계는 계속 존속하고 있어, 사실관계를 권리관계에 일치시켜야 할 시효제도의 취지는 달라질 이유가 없다. 다섯째, 등기를 신뢰한 선의의 거래자를 보호하려고 한다면 악의의 제3자는 보호대상에서 제외해야 하지만, 판례에 의하면 악의의 제3자까지도 보호받는 불합리한 결과가 발생한다. 여섯째, 취득시효완성후의 과실 없는 제3취득자는 취득시효완성된 부동산을 매도한 원소유자에게 담보책임을 추궁할 수 있으므로 보호를 받을 방도가 존재한다. 일곱째, 점유가 20년이 되기 전에는 새로운 제3취득자에 대하여 시효취득을 주장 할 수 있지만, 점유가 20년 이상 계속된 후에 새로운 제3취득자에 대하여는 시효취득을 주장할 수 없다는 논리는 점유라는 사실관계를 권리관계로 높이려는 시효취득제도의 본래의 취지에 부합하지 않는다. 여덟째, 취득시효완성 전의 제3취득자는 점유자에 대하여 아무런 제약 없이 소유권을 행사할 수 있는 원소유자의 지위를 이전받는 자로서, '점유자에 대하여 소유권이 전등기 및 부당이득반환청구를 할 수도 없고 소유권확인청구조차도 할 수 없는' 불안 정한 원소유자의 지위를 이전받는 취득시효완성 후의 제3취득자보다, 더 보호를 받는 것이 당연하다. 아홉째, 취득시효완성자가 등기를 하지 않는 문제점은 등기청구권자 가 권리를 행하지 않은 경우에 항상 발생할 수 있는 문제점으로서, 취득시효제도는 원래 사실관계를 등기부상의 권리관계에 우선시키는 것이므로 본질적으로 등기의 기 능에 반하지 않는다.

(2) 물권의 새로운 패러다임에 의한 부동산점유취득시효완성자의 지위

물권의 새로운 패러다임에 의하면, 부동산점유취득시효완성자에게 인정되는 등기 청구권은 점유권이라는 사실상의 지배권에 기초하여 물건의 소유자에 대하여 주장할 수 있는 물권적 청구권이다. 부동산점유취득시효완성자는 사실상의 지배권자인 점유 권자의 지위에서 취득시효완성의무자에 대하여 물권적 청구권을 갖는다. 따라서 등 기청구권은 취득시효완성 당시의 소유자에게만 주장할 수 있는 채권적 청구권이 아 니라, 소유자 누구에게나 주장할 수 있는 물권적 청구권이다. 또 취득시효완성의무자 뿐 아니라 그 양수인은 누구나 물권자의 지위에서 물권적 의무를 부담하는 것이다. 따라서 부동산을 20년을 넘게 점유하여 등기청구권을 취득한 자는 부동산의 소유권 을 취득한 제3취득자에게도 당연히 물권적 청구권인 등기청구권을 주장할 수 있다. 다만, 이 경우 물권적 청구권은 소유권을 취득하기 위하여 인정되는 권리에 지나지 않는 것이므로, 소유권과 달리 소멸시효의 대상이 된다. 등기청구권은 채권 및 소유권 이외의 재산권에 해당하므로 20년의 소멸시효(제162조 제2항)가 적용된다. 또 소유자 에 대한 물권적 청구권인 등기청구권은 점유의 효력으로서 발생한 물권적 청구권이 므로 점유가 계속되더라도 소멸시효는 진행된다. 또 취득시효완성자의 점유가 이전 되는 경우에도 취득시효는 중단되지 않고 계속 진행이 된다. 따라서 20년이 경과한 후 취득시효완성자의 등기청구권이 시효로 소멸하게 되면, 제3취득자는 반사적 이익 을 누리게 되어 보호를 받을 수 있게 된다.

한편 부동산점유취득시효완성자의 등기청구권은 물권적 청구권으로서 채권양도의 절차가 필요없다. 즉, 부동산소유자의 동의 또는 그에 대한 통지가 없더라도 당연히 양도될 수 있다. 부동산점유취득시효완성자에게 인정되는 등기청구권은 당연히 점유권과 함께 양도될 수 있는 양도성을 갖는다.

2. 물권의 새로운 패러다임의 지상권에의 적용

물권의 새로운 패러다임에 의하여, 지료청구권의 법적 성격, 지료약정의 등기가 대항등기인지 아니면 성립등기인지 또 지료의 약정이 있는 물권계약은 유상의 물권계약이라 할 수 있는지에 대하여 살펴본다.

(1) 지료청구권의 법적 성격

물권은 지배권이라는 도그마에 따르느냐 물권의 새로운 패러다임에 따르느냐에 따라 지료청구권의 법적 성격이 달라진다.

(가) 물권은 지배권이라는 도그마에 의한 지료청구권관계의 법적 성격

지료청구권관계는 채권관계이다. 따라서 지료청구권관계가 채권관계인 이상 유상의 지상제한소유권과 유상의 지상권이 양도되는 경우 그 이전을 위해서는 지배권과 구별되는 별도의 채권양도와 채무인수의 절차를 밟아야 한다.

독일의 경우, 지상권에 관한 법령'(Verordnung über das Erbbaurecht)에 의하면, 지상권설정자와 지상권자 사이에 지료에 관한 합의(약정채권)를 하고 이를 등기하면, 지료채권관계는 그 후의 토지소유자와 지상권자 사이에는 법정채권관계로 존속하게 된다고 한다. 지상권설정자와 지상권자 사이의 채권계약은 상대적 효력을 가질 뿐이므로, 그들의 양수인들에게는 효력을 미칠 수 없는바, 그들 사이에는 법정채권으로서밖에 존속할 수 없다는 것이다.[68] 원래 지료청구권과 지료지급의무는 채권관계로서 그 양도 또는 인수를 위해서는 양도인 또는 양수인의 승낙이 있어야 한다. 그러나 법령을 통하여 지료청구권 또는 지료지급의무의 양도 또는 인수를 위하여 별도의 절차가 필요없게 되는바, 물권의 자유로운 양도에 대하여 장해가 되는 번거로운 절차를 생략할 수 있게 된다.

독일의 법상황을 참고하여, 우리나라의 경우에도 유상의 지상권의 경우 지료청구

---

68) 제철웅, 전게논문, 134면, 주25) 독일보통법시대에는 지료는 소유권 자체에 결부되어 있어서, 소유권이 이전되면 별도의 양도절차 없이도 이전되었다고 한다. 따라서 지료는 지상권의 요소가 된다고 보았다(제철웅, 전게논문, 133면)

권은 지상권설정자와 지상권자 사이에서 원인계약에 의하여 발생하는 채권으로서 약정채권이지만, 지상권을 설정하는 당사자들이 아닌 그들의 양수인 사이에서는 법정채권으로서 존속한다고 하는 견해가 있다.[69]

(나) 물권의 새로운 패러다임에 의한 지료청구권관계의 법적 성격

물권의 새로운 패러다임에 의하면, 첫째, 지료청구권관계는 채권관계가 아니라 물권적 청구권관계이다. 둘째, 지료청구권관계는 지상권설정자와 지상권자 사이에서 체결되는 물권계약에 의하여 발생하는 약정의 물권적 청구권관계이다. 셋째, 지료청구권관계는 물건에 대한 용익지배권 또는 처분지배권과 토지를 중심으로 결합되어 있기 때문에, 상대방 물권자의 동의가 없더라도 당연히 지배권과 함께 양도될 수 있는 법률관계이다. 따라서 물권을 설정하는 당사자뿐 아니라 그 양수인들 사이에서도 약정의 물권적 청구권관계로서 존재할 수 있다. 그 결과 지상권의 양수인은 지상권설정자에 대하여 지상권의 양도인과 마찬가지로 지료지급의무를 부담하고 또 지상권설정자의 양수인은 지상권자에 대하여 마찬가지로 지료지급청구권을 갖는다. 지상권의 경우에 지상권양도의 효력에 관한 규정이 존재하지는 않지만, 전세권양도의 효력에 관한 규정(제307조)은 지상권에도 당연히 유추적용된다고 할 것이다. 넷째, 물권적 청구권관계인 지료청구권관계는 용익지배권에 대한 대가를 구성하는 약정의 물권적 청구권관계로서 지배권과 함께 물권을 구성하는바, 등기에 의하여 당연히 공시가 된다. 따라서 지료청구권관계의 이전을 위해서 등기 이외에 별도의 채권양도나 채무인수의 절차가 필요하지 않다.

(2) 지상권 등기에서 지료약정의 기재가 등기에서 갖는 법적 성격

부동산등기법(제69조)은 지상권의 경우 등기원인에 '지료와 지급시기에 대한 약정'(이하 지료의 약정)이 '있는 경우에만' 이를 기록하도록 규정하고 있다.

(가) 학설

지료의 약정이 지상권의 등기에 있어서 성립등기사항이라는 견해와 아니라는 견해

---

69) 제철웅, 전게논문, 139면. 이 견해는 전세금반환청구권의 경우에도 동일한 해석론을 전개한다.

가 대립하고 있다.

(a) 대항등기설

통설은 지료의 약정은 대항등기사항이라고 본다.[70] 지료의 약정은 이를 등기하여
야만 나중에 토지소유권 또는 지상권을 취득한 제3자에게 대항할 수 있다고 한다.

(b) 성립등기설

지료의 약정이 등기가 된 경우 지료는 지상권의 요소라고 한다.[71] 이 견해는 지료
약정의 기재가 지상권의 성립등기사항이 되는지의 여부에 대하여는 명백히 언급하고
있지 않다. 그러나 지료채권이 지상권의 요소가 된다는 것은 성립등기사항으로 보는
것이라 할 수 있다.

(나) 판례

판례는 지상권에 있어서 지료의 지급은 그의 요소가 아니어서 지료에 관한 유상
약정이 없는 이상 지료의 지급을 구할 수 없다고 판시하고 있다.[72] 즉, 지상권에 있어
서 유상인 지료에 관하여 지료액 또는 그 지급시기 등의 약정은 이를 등기하여야만
그 뒤에 토지소유권 또는 지상권을 양수한 사람 등 제3자에게 대항할 수 있고, 지료에
관하여 등기되지 않은 경우에는 무상의 지상권으로서 지료증액청구권도 발생할 수
없다고 한다.

(다) 결어

통설과 판례가 지료의 약정이 대항등기사항이라고 보는 궁극적 원인은 물권은 지
배권이라고 하는 도그마에 기초하고 있기 때문이다. 즉, 채권적 청구권인 지료청구권
은 지배권인 지상권의 요소가 아니기 때문에 지상권의 성립등기사항이 될 수는 없지
만, 등기가 된다면 이를 제3자에게 대항할 수 있다고 보는 것이다. 물권의 새로운
패러다임에 의하여 이 문제를 살펴본다.

---

70) 곽윤직·김재형, 전게서, 313면; 오시영, 전게서, 481면.
71) 제철웅, 전게논문, 133면.
72) 대법원 1995. 2. 28. 선고 94다37912 판결; 대법원 1999. 9. 3. 선고 99다24874 판결.

(a) 물권법상 지상권은 유상으로도 무상으로도 성립이 가능

채권계약의 경우 사용대차는 무상이 원칙이고(제609조), 임대차는 유상이 원칙이다 (제618조). 이러한 원칙에 대하여는 어떠한 예외도 허용되지 않는다. 이에 반하여 소비 대차, 위임, 임치 등은 유상으로도 무상으로도 체결될 수 있다. 달리 말하면, 소비대 차, 위임, 임치 등은 유상이냐 아니면 무상이냐에 대하여는 어떠한 원칙도 존재하지 않는 것이 된다. 예를 들면, 소비대차의 경우에는 유상도 무상도 원칙이 아니다(제598 조). 따라서 소비대차는 유상으로도 무상으로도 체결될 수 있는 것이다. 민법은 이자 부소비대차가 체결되는 경우를 위하여 이자의 지급에 대하여 규정하고 있다(제600조). 마찬가지로 유상의 위임의 경우 수임인에게는 수탁사무에 대한 채무가 발생하고, 위 임인에게는 보수지급채무가 발생한다고 규정하고 있다(제680조). 또 위임인에게는 위 탁사무처리청구권이 발생하고 수임인에게는 보수지급청구권이 발생한다고 규정하고 있다(제686조).

물권법(제279조)은 "지상권자는 타인의 토지에 건물 기타 공작물이나 수목을 소유하 기 위하여 그 토지를 사용하는 권리가 있다."라고 규정하고 있다. 물권법은 지상권의 내용으로 지료에 대하여는 아무런 언급을 하고 있지 않다. 그러나 물권법(제286조)은 지료가 토지에 관한 조세 기타 부담의 증감이나 지가의 변동으로 인하여 상당하지 아니하게 된 때에는 당사자는 그 증감을 청구할 수 있음을 규정하고 있다. 이는 유상의 지상권이 체결된 경우를 위한 것이다. 지상권은 지료의 약정이 있을 수도 있고 없을 수도 있다. 지상권은 유상으로도 무상으로도 체결될 수 있다. 이 점이 지상권이 언제나 유상인 물권으로서만 성립하는 전세권과 또 언제나 무상인 물권으로서만 성립하는 지역권과 다른 점이다. 지료의 약정이 없는 무상의 지상권이 지상권의 원칙이 되는 것이 아니다. 요컨대 지료의 약정의 유무에 따라서 유상의 지상권이 성립하거나 무상 의 지상권이 성립할 수 있다는 것이 물권법에 의하여 대등한 원칙으로 인정되고 있다.

(b) 지료의 약정은 유상인 지상권의 본질적 구성요소

채권계약이든 물권계약이든 일방이 상대방이 제공하는 급부에 대하여 지료, 임료, 보수, 대금 등의 대가를 지급하는 경우에, 그 대가급부는 상대방이 제공하는 급부의 대가를 구성하는 요소가 된다. 그런데 채권계약이든 물권계약이든 대가관계에 있는 요소는 유상계약의 본질적 요소이다. 이에 반하여 무상의 위임의 경우에 대가의 지급

은 본질적 요소가 아니다. 그러므로 유상의 지상권의 경우에 용익지배권의 대가에 해당하는 지료는 유상의 지상권이 성립요소가 되는 것이다. 지료청구권은 유상의 지상권(지배권)의 대가로서, 지료의 약정이 없으면 유상의 지상권 자체가 성립할 수 없는 것이다.

(c) 지료의 약정은 유상인 지상권의 등기의 성립등기사항

성립등기사항이란 그 사항을 반드시 기재하여야만 등기가 성립할 수 있는 사항을 말한다. 성립등기사항은 그에 대한 등기가 있으면 이를 제3자에게 대항할 수 있고, 등기가 없으면 이를 제3자에게 대항할 수 없는 것이 아니다. 전술한 바와 같이, 유상의 지상권의 경우 지배권의 대가에 해당하는 지료는 유상의 지상권이 성립함에 있어서 본질적 요소로서, 지료의 약정이 등기되지 않으면 유상의 지상권 자체가 성립할 수 없는 것이다. 따라서 지료약정의 등기는 물권법상의 원칙에 대한 예외인 사항에 대하여, 등기를 허용하는 경우에 인정되는 대항등기사항이라고 할 수 없다. 유상의 지상권의 경우 지료의 약정은 유료의 지상권의 등기의 성립등기사항이 되는 것이다. 따라서 부동산등기법(제69조 단서, 제4호)에 지료와 지급시기에 대한 지료의 약정을 "등기원인에 그 약정이 있는 경우에만 기록한다."라고 규정하고 있는 것은 지료의 약정이 있는 '유상의 지상권'의 경우에만 기재하라는 의미인 것이다. 지료약정이 있을 경우에만 기재한다고 해서, 지료약정이 대항등기사항이라고 할 수는 없는 것이다.

(d) 지료의 약정을 등기를 하지 않은 경우 등기의 효력 : 유상의 지상권등기의 불성립·무상의 지상권등기 불성립

지료의 약정을 등기하지 않으면 유상의 지상권 자체가 성립하지 않는다. 등기상 지료의 약정의 기재가 없으면 무상의 지상권의 등기가 성립하는 것이 아니다. 당사자의 의사가 유상의 지상권을 성립하는 것이었으므로, 무상의 지상권도 성립할 수 없는 것이다.

(e) 지료의 약정이 있었으나 등기를 하지 않은 경우 등기의 효력 : 채권적 효력을 인정할 수 있는지 여부

유상의 지상권의 합의가 있었음에도 불구하고 이를 등기하지 않은 경우, 지료의

약정이 당사자 사이에서 효력을 발생할 수 있는지가 문제이다. 지료약정에 대하여 채권적 효력을 인정한다면, 당사자들은 지료를 지급하고 수령하게 될 것이다. 다만, 지료약정이 등기되지 않으면 제3자에게는 주장할 수 없을 뿐이다. 반대로 채권적 효력을 인정하지 않는다면, 당사자 사이에서도 지료지급이 인정되지 않을 것이다.

종래 물권은 지배권이라는 도그마에 의하면, 지료청구권을 채권으로 보므로, 지료의 약정이 등기가 되지 않더라도 당사자 사이에서 채권적 효력을 갖는 것은 당연하다. 즉, 지료약정이 등기가 되지 않으면 대항등기의 효력을 발생할 수 없어 제3자에게 주장할 수 없게 될 뿐이다.

그러나 물권의 새로운 패러다임에 의하면 지료약정은 성립등기사항이므로 채권적 효력도 가질 수 없다. 첫째, 성립등기에 의하여 비로소 지료지급청구권은 지상권자에 대해서 뿐 아니라 그 양수인에게도 주장할 수 있는 물권적 청구권으로서의 속성을 갖는다. 둘째, 특정적 대인성이 아니라 대물적 대인성을 갖는 물권적 청구권은 특정의 채무자에 대한 채권을 발생시키는 채권계약의 대상이 될 수 없다. 셋째, 지료약정에 대하여 채권적 효력을 인정하면, 무상의 지상권계약에 더하여 지료지급약정의 효력을 인정하는 것이 된다. 이는 물권 또는 채권의 선택적 성립을 인정하여, 물권이 채권에 앞선다는 물권 우선적 효력의 원칙에 반하는 것임은 다언을 요하지 않는다. 넷째, 무상의 지상권에 대하여 당사자 사이에 지료지급채권관계를 발생시키는 것이 되어 물권법정주의에 반하는 것이다. 다섯째, 물론 당사자들이 무상의 지상권의 성립을 다투지 않는다면, 당사자 사이에 비채변제(제742조)의 법률관계가 발생하게 될 것이다. 즉, 지상권자가 무효인 지료약정에 기하여 지상권설정자에게 지료를 지급한 후에는 그 반환을 청구할 수가 없을 뿐이다. 그러나 그것은 지료약정에 대하여 채권적 효력을 인정하는 것은 아니다. 이 경우 채권적 효력을 인정한다는 것은 채권계약으로서의 법적 구속력을 인정하는 것이 되어 부당하다 하지 않을 수 없다.

(f) 지료의 약정은 지상제한소유권 또는 지상권을 양수한 제3자에게도 유상의 지상권을 성립시키는 성립등기사항

지료지급청구권관계는 물권적 청구권으로서 당사자뿐 아니라, 그 양수인들 사이에서도 약정의 물권적 청구권관계로서 존재할 수 있다. 그 결과 지상권의 양수인은 지상권설정자에 대하여 지상권의 양도인과 마찬가지로 지료지급의무를 부담하고 또 지

상권설정자의 양수인은 지상권자에 대하여 마찬가지로 지료지급청구권을 갖는다. 따라서 지상권에 있어서 유상인 지료에 관하여 지료액 또는 그 지급시기 등의 약정은 이를 등기하여야만 그 뒤에 토지소유권 또는 지상권을 양수한 제3자에게도 지료지급청구권관계가 존재할 수 있는 것이다.

(3) 지료약정이 있는 물권적 합의는 유상의 물권적 합의

물권은 지배권이라는 도그마에 따르면, 물권적 합의에 대하여는 유상 또는 무상이라는 수식어를 사용하지 않는다. 지상권은 지배권으로만 구성이 되고, 지료청구권은 채권계약에 의하여 발생할 뿐이다. 따라서 유상의 지상권의 경우에도 물권적 합의란 지배권의 변동만을 목적으로 하는바, 유상의 물권적 합의는 존재하지 않는다.

이에 반하여 물권의 새로운 패러다임에 의하면, 유상의 지상권의 경우 물권적 합의란 지배권의 변동뿐 아니라 지료청구권의 발생도 목적으로 하는 합의가 된다. 지상권 설정자와 지상권자가 지료약정이 있는 물권적 합의를 체결하면, 그에 의하여 지상권 설정자에게는 완전소유권이 처분지배권으로 축소됨과 동시에 물권적 청구권인 지료 청구권이 발생하고, 지상권자에게는 용익지배권이 설정됨과 동시에 물권적 의무인 지료지급의무가 발생하는 물권변동이 일어난다. 즉, 유상의 지상권에 대한 물권적 합의는 용익지배권을 설정하는 대가로 지료지급청구권관계를 발생시키는 유상의 물권적 합의가 되는 것이다. 요컨대 유상의 위임계약의 경우 보수지급채권관계가 채권 계약의 효력이 되듯이, 유상의 물권적 합의의 경우에도 지료지급청구권관계가 물권적 합의의 효력이 되는 것이다.

3. 물권의 새로운 패러다임의 지역권에의 적용 : 승역지소유자의 공작물설치수선 의무의 승계의 의미

통행지역권이나 용수지역권 등의 행사를 위한 통행시설, 용수시설 등의 설치 또는 수선의무를 부담하는 것은 요역지소유자인 지역권자이다. 그런데 민법 제298조는 "계약에 의하여 승역지소유자가 자기의 비용으로 요역지소유자의 지역권의 행사를 위하여 공작물의 설치 또는 수선의 의무를 부담한 때에는 승역지소유자의 특별승계 인도 그 의무를 부담하게 된다."라고 규정하고 있다. 그리고 부동산등기법(제70조 단서)은 민법 제298조의 약정을 등기하도록 규정하고 있다. 이하에서는 민법 제298조가 승역지소유자에게 공작물설치·수선의무를 부담시키는 취지와 그 의무의 법적 성격 등에 대하여 살펴본다. 그리고 채권의 대항력에 관한 규정(민법 제621조, 주택임대차보호법 제3조 제4항, 상가건물임대차보호법 제3조 제2항)과 어떠한 차이가 있는지에 대하여도 검토한다.

(1) 민법 제298조의 취지

지역권자는 일정한 목적을 위하여 승역지소유자의 토지를 자기토지의 편익에 이용하는 권리를 갖는다. 승역지소유자는 요역지소유자가 자기토지의 편익을 위해서 승역지소유자의 토지를 이용하는 범위내에서, 이를 인용하여야 할 소극적 부작위의무를 부담한다. 따라서 요역지소유자의 지역권의 행사를 위해서 승역지소유자는 공작물을 설치하고 이를 수선할 의무를 부담하지 않는다. 그런데 승역지소유자가 계약에 의하여 자기의 비용으로 지역권의 행사를 위하여 공작물의 설치 또는 수선의 의무를 부담하는 수가 있다. 이 경우에도 승역지소유자는 요역지소유자에 대하여 개인적인 채무를 지는 것일 뿐이어서, 이러한 채무는 승역지소유자의 특별승계인에게 의무가 이전되지는 않는다. 마찬가지로 요역지소유자가 승역지소유자에 대하여 갖는 채권도 그의 특별승계인에게 이전되지는 않는다. 그런데 제298조는 승역지소유자가 요역지소유자와 자신의 비용으로 요역지소유자의 지역권의 행사를 위하여 공작물의 설치 또는 수선의 의무를 부담하는 약정을 하고 또 이를 등기하는 경우(부동산등기법 제70조 제4호)에는, 승역지소유자의 특별승계인도 그 의무를 부담하게 된다는 것을 규정하고 있는 것이다.

승역지소유자가 공작물설치·수선의무를 이행하지 못한 경우에는 그의 특별승계인에게 그 의무가 이전되고 또 요역지소유자의 특별승계인도 승역지소유자에 대하여 공작물설치·수선청구권을 행사할 수 있다. 이 경우 승역지소유자의 특별승계인이 승역지소유자의 의무를 승계하므로 요역지소유자는 승역지소유자에 대하여 채무불이행책임을 물을 수는 없다. 이러한 점에서 물권적 청구권은 대물적 대인성을 갖는 것이다.

(2) 승역지소유자의 공작물설치·수선의무의 법적 성격

제298조가 규정하는 특별승계인의 의무의 법적 성격이 무엇인지가 문제이다. 물권

은 지배권이라는 도그마에 따르면, 본조의 의무는 채무가 된다. 그런데 승역지소유자의 공작물설치·수선의무는 요역지소유자에 대하여 부담하는 채무에 지나지 않는데 어떻게 이전될 수 있는지가 문제이다. 이에 대하여는 제298조에 의하여 특별승계인에게 이전되는 것이라고 보는 견해가 있다.[73] 이는 법률에 의한 승계를 인정하는 것이 된다. 또 등기하는 경우에는 요역지소유자의 권리는 특정승계인에게 대항할 수 있다는 견해도 있다.[74] 생각건대 본조는 물권의 내용에 관하여 당사자가 약정을 하고 이를 등기하는 경우와 동일한 취지의 규정이다. 즉, 물권의 내용은 법률의 규정 또는 당사자약정으로 정하는바, 제298조는 바로 후자에 해당하는 규정이다. 물권의 종류와 내용은 법률로 정한다는 것이 물권법정주의(제185조)의 요청이다. 그런데 물권법에 의하여 종류의 강제는 이루어지지만, 그 내용의 강제는 이루어지지 않는다. 물권의 내용은 법률의 규정뿐 아니라 당사자의 약정으로도 정해질 수 있기 때문이다. 이것이 물권법정주의의 한계 내지는 실질적 의미라 할 것이다. 민법 제298조는 당사자의 약정으로 물권적 청구권의 내용을 정하는 규정에 해당한다. 또 이를 위해서 부동산등기법(제70조 단서)이 당사자의 약정을 등기하도록 하고 있는 것이다. 제298조는 당사자약정과 그의 등기(부동산등기법 제70조 단서)에 의하여 공작물설치·수선에 관한 권리·의무는 지배권과 일체적으로 결합되어서 지배권과 함께 이전된다는 이전성을 갖는 물권적 청구권임을 확인하여 주는 규정이라고 할 것이다.

한편 물권의 내용에 관한 약정을 등기하면, 등기된 대로 물권은 성립하게 된다. 물권의 내용이 되는 등기사항은 성립등기사항이지 대항등기사항이 아니다.

(3) 승역지소유자의 의무의 승계와 채권의 대항력

민법제298조의 법적 성격과 관련하여, 본조는 요역지소유자의 채권의 제3자에 대한 대항력을 인정하는 규정으로 보는 견해가 있다.[75] 또 이 견해에 의하면 당사자들의 약정의 기재는 당연히 대항등기사항이 되는 것이다. 그러나 본조는 채권의 대항력과는 무관한 규정이라 할 것이다. 본조는 지역권자가 승역지소유자의 특별승계인에 대한 대항력을 가지기 위한 전제로서 승계를 인정하는 규정과는 전혀 다른 구조이다.

---

73) 김증한·김학동, 전게서, 286면.
74) 민법주해, 물권법(3), 142면; 주석민법, 물권법(3), 214면.
75) 민법주해, 물권법(3), 142면; 주석민법, 물권법(3), 214면.

예를 들면, 주택임대차보호법(제3조 제4항)이 "임차주택의 양수인은 임대인(賃貸人)의 지위를 승계한 것으로 본다."라고 규정하고 있는 것도 이러한 이유에서이다. 임대인이 임차인의 동의를 받지 않고 임대물을 양도하는 경우 임차인이 임대물의 양수인에게 임대차를 주장하기 위한 전제로서, 임대물의 양수인이 임대인의 지위를 승계한 것으로 보는 것이다. 그리고 민법 제621조(제2항)가 임대차를 제3자인 토지양수인에게 대항할 수 있다고 하는 것도 토지양수인이 양도인의 임대인 지위를 승계하는 것을 전제로 하는 것이다. 이에 반하여 제298조는 "승역지소유자의 특별승계인도 그 의무를 부담한다."라고만 하여 승계를 의제하지 않는다. 즉, 공작물설치·수선의무가 이전된다는 것을 규정하고 있을 뿐이다. 따라서 본조를 두고 채권의 대항력을 인정하는 규정이라고 보는 것은 타당하지 않다.

(4) 승역지소유자 의무의 승계와 토지소유자의 용수권 승계와의 비교

제298조의 표제는 '승역지소유자의 의무의 승계'로서 '용수권의 승계'라는 제233조의 표제와 동일하다. 제233조는 법정승계에 관한 규정이다. 그렇다면 제298조도 특별승계인에 의한 법정승계를 규정하고 있는 것인가? 그렇지 않다고 할 것이다. 첫째, 제298조는 '공작물의 설치 또는 수선의 의무'에 관한 당사자의 약정이 존재하지만, 제233조의 경우는 용수권에 관한 당사자의 약정이 존재하지 않는다. 둘째, 제298조는 당사자의 약정을 등기하여야 하지만, 제233조는 등기 자체가 필요없다. 셋째, 제298조와 부동산등기법(제70조 단서)에 의하여 '공작물의 설치 또는 수선의 의무'는 지배권과 함께 하나의 토지를 중심으로 일체적 물적 결합성을 갖는 물권적 청구권이 된다. 그리고 승역지소유자의 소유권이 이전되면 지배권이 양도되듯이 '공작물의 설치 또는 수선의 의무'도 당연히 이전된다. 제298조의 경우 승계의 근거는 바로 승역지소유권을 양도하는 양도의 의사이다. 이를 제298조는 확인하여 주는 것일 뿐이다. 마치 '전세권양도의 효력'을 정하는 제307조와 동일한 취지의 규정이다. 이에 반하여 용수권은 토지에 대한 지배권과 함께 이웃하는 두 개의 토지를 중심으로 병존적으로 결합되어 있다. 따라서 다른 상린권의 경우와 마찬가지로 용수권은 그 자체가 양도될 수 없는 것이 원칙이다. 그러나 제233조는 이에 대하여 예외적으로 승계를 허용하는 것이다. 요컨대 제298조는 당사자의 의사에 의한 승계이고, 제233조는 법률의 규정에 의한 승계인 것이다.

(5) 특별승계인의 공작물설치비용과 수선비용의 부담 문제의 해결

선의인 승역지소유자의 특별승계인이 공작물설치와 수선으로 인하여 부담하게 되
는 비용은 승역지소유자와 승계인 사이에 체결된 증여, 매매 또한 교환계약상의 담보
책임에 의하여 승역지소유자에게 구상할 수 있다(제576조).

4. 물권의 새로운 패러다임의 전세권에의 적용

전세권에 있어서 물권은 지배권이라는 도그마가 안고 있던 여러 문제점 중 필자가
기존에 다루지 않았거나 충분히 다루지 못하였던 사항을 중심으로 검토한다.76) 또
물권은 지배권이라는 도그마에 따르고 있는 통설과 판례가 다루지 못하였던 문제들
도 있다. 물권은 지배권이라는 도그마를 따를 경우 있음직한 해결책을 물권의 새로운
패러다임에 의한 해결책과 비교해서 검토하기로 한다. 물권법상의 전세권은 전세제
한소유권과 전세권을 포괄한다. 이를 광의의 전세권이라고 부르고, 전세제한소유권
을 제외한 전세권을 협의의 전세권으로 부르기로 한다.

(1) 전세권의 법적 성질

물권의 새로운 패러다임에 의하면, 전세권이란 용익물권성과 담보물권성이 유기적
으로 결합되어 있는 하나의 물권이다. 전세권은 두 개의 물권이 병존적으로 결합된
물권이 아니다. 전세권은 한편으로 용익지배권과 용익물권적 청구권(관계), 다른 한편
으로 담보지배권과 담보물권적 청구권(관계)으로 구성되는 물권이다. 전세권의 용익
물권성과 담보물권성의 성질은 용익기간의 전후를 불문하고 인정되고 또 존속하는
것이 원칙이다. 용익기간이 종료하여 전세권의 용익지배권이 소멸하는 경우이더라도,
전세권은 용익물권성을 상실하지 않는다. 용익지배권이 상실되더라도 청산하여야 할
법률관계로 용익물권적 청구권관계가 존속한다.

---

76) 물권의 새로운 패러다임을 정립하는 데 있어서 전세권의 법적 성질과 전세금반환청구권의 본
   질을 규명하는 것은 중요한 의미가 있다. 이것은 전세권저당권의 객체를 지배권이라 하고 또
   전세금반환청구권에 대하여 물상대위의 법리를 준용하고 있는 판례의 문제점을 규명하는 데
   에도 커다란 역할을 한다. 이에 대해서는 필자가 전세권에 관하여 단계적으로 발표하였던 "전
   세권의 법적 성질과 본질", "전세권의 본질에 비추어 본 전세권저당권 제반문제의 검토"와 "물
   권론의 재정립"을 참조.

한편 전세권설정자의 전세제한소유권은 전세물에 대한 처분지배권, 전세금보유권, 전세금반환의무와 기타 물권적 청구권으로 구성된다.

(2) 전세권반환청구권의 법적 성격

당사자의 약정에 의하여 발생하는 전세금반환청구권은 전세권의 요소로서 전세권과 일체를 이루어서 지배권과 함께 물권을 구성하고 또 등기에 의하여 전세권으로서 공시된다. 전세금반환청구권은 한편으로는 용익지배권의 대가인 권리로서 용익지배권의 요소가 아니다. 다른 한편으로 전세금반환청구권은 담보지배권이 성립하기 위한 주된 권리이다. 그 결과 전세금반환청구권은 용익지배권 및 담보지배권과 함께 전세권이라는 물권을 구성하는 전세권의 요소가 되는 것이다. 따라서 전세권의 본질이 유지되는 한 전세금반환청구권은 전세권으로부터 분리될 수 없으며, 이는 전세권의 용익기간의 존속 중뿐만 아니라 종료 후에도 마찬가지이다.

(3) 전세권반환청구권과 채권양도절차의 필요 여부

전세금반환청구권은 지배권과 함께 전세물과 물적으로 결합되어 있으므로 지배권과 떼려야 뗄 수 없는 관계에 있는 물권적 청구권이다. 전세금반환청구권은 인적 권리이기는 하지만 물적 결합이 있는 물권적 청구권이다. 이 점에서 인적 권리이지만 인적 결합이 있는 채권적 청구권과 다른 것이다. 이러한 점에서 전세금반환청구권을 지배권과 분리하여 채권으로서 취급하는 것은 물권적 청구권의 본질에 반하는 것이다. 따라서 전세금반환청구권의 양도에 전세권의 이전등기 외에 별도의 채권양도 절차를 요구하는 것은 전세권의 본질에 반하는 것이다.

(4) 용익기간의 종료 후 전세권의 용익지배권의 소멸

용익기간이 종료되면 전세권의 용익물권성이 상실되는지가 문제이다. 통설과 판례는 용익기간이 종료하면 전세권은 담보물권성만을 갖는다고 한다. 통설과 판례는 담보물권성의 전세권을 종된 물권인 저당권과 동일하게 취급하고 있다. 이에 반하여 용익물권성은 용익기간이 종료하더라도 소멸하지 않는다는 소수의 견해가 있다.[77]

---

77) 추신영, "전세권저당권의 실행방안 – 대법원 2006. 2. 9. 선고 2005다59864 판결 –", 재산법

이 견해는 전세금반환청구권과 기타 청구권이 존재하는 한 용익물권성은 소멸하지 않는다고 보는 것이다. 생각건대 전세권의 용익지배권은 존속기간이 있는 지배권이다. 존속기간은 당사자의 약정으로 정한다(제312조). 이것은 당사자의 약정에 따라 물권의 내용을 정하는 실질적인 물권법정주의의 의미이다. 따라서 용익기간이 종료하면 당사자의 약정에 의하여 용익지배권은 당연히 소멸하는 것이다.78) 이것이 용익지배권이 소멸한다고 해서 용익물권적 청구권마저 소멸한다는 것을 말하지는 않는다. 용익지배권에 기초하여 발생하였던 물권적 청구권관계는 청산되어야 할 법률관계로서 용익기간 종료 후에도 여전히 유효하게 존재하여 보호를 받는다. 예를 들면, 전세금반환청구권관계, 유익비상환청구권관계, 부속물매수청구권관계 등이 그러하다. 이러한 점에서 전세권은 용익기간의 종료 후에도 여전히 용익물권성과 담보물권성이 유기적으로 결합된 하나의 물권으로 계속 존속하게 되는 것이다.

한편 용익기간이 종료되면 용익지배권이 소멸하므로, 전세권자가 전세금반환청구권관계, 유익비상환청구권관계, 부속물매청구권관계가 청산되는 동안 전세물을 부득이 사용하게 될 경우에는, 전세권설정자에 대하여 전세물의 사용·수익으로 인한 부당이득반환의무를 부담하게 된다.

(5) 용익물권적 청구권과 담보물권적 청구권의 보호

용익물권적 청구권관계는 용익기간이 종료하여야 비로소 효력을 발생하게 된다. 예를 들면, 용익기간이 종료하여야 전세금반환청구권관계, 유익비상환청구권관계, 부속물매수청구권관계가 효력을 발생하게 된다. 그러나 담보물권적 청구권관계는 용익기간이 종료되기 전에도 얼마든지 행사될 수 있다. 예를 들면, 전세권자는 전세권설정자의 책임 있는 사유로 인하여 저당물의 가액이 현저히 감소된 때에는 전세권자는 담보물권자로서 전세권설정자에 대하여 원상회복 또는 상당한 담보제공을 청구할 수

연구, 제28권 제2호(2012), 64면.

78) 필자는 종전의 논문("전세권의 본질에 비추어 본 전세권저당권 제반문제의 검토")에서 용익기간의 종료로 인하여 용익물권성은 소멸하지만, 전세금의 반환, 전세물의 반환, 전세물의 원상회복, 유익비상환, 부속물수거 및 매수청구의 법률관계가 잔존한다고 하였다. 이를 엄밀히 말하면, 용익기간이 종료되어도 용익지배권에 기초한 물권적 청구권관계는 여전히 존속하므로 소멸하는 것은 용익물권성이 아니라 '용익지배권'이라고 하여야 할 것이다. 종정의 견해를 수정한다.

있다(제362조).

(6) 담보물권성의 전세권과 저당권과의 비교

전세금반환청구권을 보호하기 위하여 전세권에 담보물권성을 인정하고 있다. 담보물권성은 용익기간 종료 후에만 존재하는 것이 아니라 용익기간 종료 전에도 이미 존재한다. 따라서 등기에 의하여 전세권이 성립한 후 전세금반환청구권에 대하여 질권이 설정되는 경우, 당연히 전세권이 질권에 앞선다.

담보물권성의 전세권은 전세금반환청구권을 담보하기 위한 종된 물권이 아니다. 첫째, 용익기간의 종료 전후를 불문하고 전세금반환청구권은 전세권 밖에 존재하는 채권이 아니라, 지배권과 함께 전세권을 구성하는 전세권의 내재적 요소에 해당하기 때문이다. 이에 반하여 저당채권은 저당권에 외재하는 채권에 지나지 않는다. 둘째, 전술한 바와 같이, 전세금반환청구권관계의 이전에는 전세권의 이전등기로 족하고 별도의 이전절차인 채권양도 또는 채무인수의 절차는 필요하지 않으나, 저당권의 경우는 저당권의 이전등기가 아니라 저당채권의 양도절차가 필요하다. 용익기간이 종료된 후에도 전세금반환청구권은 저당물보충권과 함께 물권적 청구권을 구성한다.

전세권에 담보물권성이 인정된다는 것은 전세금반환청구권이라는 물권적 청구권을 담보하기 위한 것이다. 즉, 전세금반환청구권은 비록 물권적 청구권이기는 하지만 담보물권성의 전세권의 주된 권리에 해당하므로, 담보물권성의 전세권은 전세금반환청구권에 부종성, 수반성과 물상대위성이라는 통유성이 인정될 수 있다. 특히 물상대위성을 살펴보면, 전세물이 멸실, 훼손 또는 공용징수로 인하여 전세권설정자가 받을 금전 기타 물건에 대하여도 전세권을 행사할 수 있는 것이다(제370조의 준용).

(7) 용익기간의 종료 후 제306조와 제307조의 적용 여부

제306조와 제307조는 전세권에 용익물권성만 인정되던 1984년 이전부터 존재하는 규정이다. 1984년 전세권에 담보물권성이 인정된 후에도 개정되지 않고 있다. 따라서 용익기간의 종료 후 제306조와 제307조가 계속 적용될 수 있는지가 문제이다. 통설과 판례처럼 용익기간 종료 후 담보물권성의 전세권을 저당권과 동일하게 보는 경우에는 그 적용이 부정될 것이다. 그러나 용익기간이 종료된 후에도 전세권은 용익지배권만 소멸한 상태에서 용익물권적 청구권이 인정되고 또 종된 물권인 저당권과는 성질

이 다른 담보물권성의 전세권도 인정된다는 성질이 그대로 유지되므로, 따라서 용익기간이 종료된 후에도 제306조와 제307조는 당연히 적용 된다,

우선 제306조는 용익기간이 종료된 후에도 전세권의 성질에 반하지 않는 범위내에서는 적용된다. 전세권자는 전세물에 대하여 용익지배권은 갖지 않으므로, 전세물을 타인에게 전전세를 놓을 수는 없다. 또 전세권자는 전세권을 양도할 수 있다. 이 경우 전세권의 양수인은 용익지배권을 갖지 않더라도 부당이득반환의 의무를 지는 범위내에서 전세물을 사용·수익할 수 있다. 또 전세권자는 전세권을 담보로 제공할 수도 있다. 이 경우 용익지배권의 교환가치는 존재할 수 없다고 하더라도 그 밖의 전세금반환청구권을 포함한 전세권 자체에 대하여 저당권을 설정할 수 있다. 그 밖의 물권적 청구권에 대하여 담보로 제공할 수 있다.

한편 제307조도 용익기간이 종료된 후에 당연히 적용될 수 있다. 따라서 전세권의 양수인은 전세권설정자에 대하여 용익지배권이 취득하지 못하는 상태에서 전세권의 양도인과 동일한 권리의무가 있다. 전세권의 양수인은 전세권설정자에 대하여 전세금반환청구권, 유익비상환청구권을 취득하고 부속물매수청구권을 갖는다. 또 제307조는 전세권설정자가 전세물을 양도하는 경우에도 동일하게 적용된다. 이러한 점에서 2014년 민법개정위원회가 마련한 신설 제307조의2는 무익한 규정이다. 또 신설 제307조의2는 '전세물을 사용·수익할 권리가 존속하는 동안'에만 전세물을 양수한 자는 전세권설정자의 지위를 승계한 것으로 본다고 규정하고 있지만, '전세물을 사용·수익할 권리가 존속하는 동안'이라는 표현은 용익기간이 종료한 후에도 전세권의 기본적 성질이 유지된다는 점에서 타당하지 않다고 할 것이다.

(8) 전세금반환청구권의 변제 후 전세권의 소멸여부

담보물권성은 전세금반환청구권을 담보하기 위하여 전세권에 부여된 법적 성질이다. 전세권의 담보물권성은 용익지배권을 설정하여 준 대가로서 지급되었던 전세금을 반환받는 권리를 담보하기 위하여 인정되는 권리이다. 이 경우 전세금의 변제가 있으면 전세권등기가 말소되지 않고 있더라도 전세권의 담보물권성은 소멸하게 된다. 민법(제303조)이 "그 부동산 전부에 대하여 후순위권리자 기타 채권자보다 전세금의 우선변제를 받을 권리가 있다."라고 규정하고 있는 취지이다. 그런데 유익비상환청구권, 부속물매수청구권 등이 존재한다면, 전세권의 등기는 무효가 되는지 아닌

지가 문제이다. 첫째, 전세권등기는 무효가 되므로, 청산되지 않고 존재하는 유익비 상환청구권, 부속물매수청구권 등은 더이상 물권적 청구권이 아니라는 견해가 있을 수 있다. 이러한 권리는 전세권등기의 무효에 의하여 전세권이 소멸할 당시의 전세 물의 소유자에 대한 채권적 청구권으로만 보호받을 수 있게 된다. 둘째, 유익비상환 청구권, 부속물매수청구권 등이 물권적 청구권이 존재하는 한, 전세권등기는 무효가 되지 않고 따라서 물권적 청구권은 전세물의 양수인에게도 주장할 수 있다는 주장이 있을 수 있다. 생각건대 용익지배권 및 담보지배권과 함께 물권적 청구권으로 구성 되는 전세권에서 지배권이 모두 소멸한다면, 물권적 청구권만으로는 전세권을 구성 할 수 없다고 할 것이다. 따라서 용익기간의 경과에 의하여 용익지배권이 소멸하고 또 전세금의 변제에 의하여 담보지배권이 소멸한 이상 전세권등기는 무효가 된다고 할 것이다.

5. 물권의 새로운 패러다임의 질권에의 적용 : 지료청구권과 전세금반환청구권에 대한 질권의 설정과 상계의 문제

질권의 대상은 특정의 채무자에 대한 채권이다. 이에 반하여 지료청구권과 전세금 반환청구권은 채권이 아니라 물권적 청구권이다. 이러한 물권적 청구권에 대하여도 질권의 성립을 인정할 수 있는지가 문제이다. 먼저 담보물권부채권에 대한 질권의 설정을 살펴보고 나서 물권적 청구권인 지료청구권과 전세금반환청구권에 대한 질권 의 설정과 상계의 문제를 검토하기로 한다.

(1) 담보물권부채권에 대한 질권의 설정

담보물권부채권인 질권부채권, 유치권부채권과 저당권부채권에 대해서 질권을 설 정할 수 있는지를 살펴본다. 이 경우 담보물권부채권이 갖는 의미가 다르다. 우선 질권부채권이란 채권에 대하여 질권이 설정되어 있다는 것을 말한다. 따라서 질권설 정자가 질권부채권에 대하여 다시 질권을 설정한다는 것은 2순위의 질권을 설정하는 것을 말한다. 먼저 대항요건을 갖추었던 질권이 1순위가 된다(제349조 제1항). 이에 반하여 유치권부채권과 저당권부채권이란 채권을 위하여 유치권과 저당권의 담보물 권이 존재한다는 것을 말한다. 따라서 유치권부채권과 저당권부채권에 대하여 얼마 든지 질권을 설정할 수 있다. 그러나 이 경우 질권의 객체인 채권이 유치권과 저당권에 의한 보호를 받을 수 있는지는 별개의 문제이다. 즉, 질권의 효력이 유치권과 저당권에 미칠 수 있는지는 별개의 문제이다. 우선 질권의 효력이 유치권에 미칠 수는 없다. 유치권은 법정의 담보물권으로서 일정한 요건이 갖추어지면 당연히 성립하는 것이기 때문이다. 이 경우에는 무담보의 채권에 대하여 질권이 설정되는 것일 뿐이다. 이에 반하여 저당권부채권의 경우에는 저당권등기에 질권의 부기등기를 하면 질권의 효력이 담보물권인 저당권에 미칠 수 있다(제348조). 저당권에 질권의 부기등기를 하지 않으면 무담보의 채권에 대하여 질권이 설정되는 것일 뿐이다.

(2) 물권적 청구권에 대한 질권의 설정

물권적 청구권인 지료청구권과 전세금반환청구권에 대하여도 질권을 설정할 수 있다. 즉, 질권에 관한 규정은 물권적 청구권인 지료청구권과 전세금반환청구권에도 유추적용된다고 할 것이다.

(가) 지료청구권과 전세금반환청구권에 대한 질권의 설정

지료청구권과 전세금반환청구권에 대하여 질권을 설정하기 위해서는 대항요건(제349조)을 갖추어야 한다. 우선 지료청구권의 경우, 지상제한소유권자인 질권설정자는 제3채무자인 지상권자에게 질권설정의 사실을 통지하거나 제3채무자인 지상권자가 이를 승낙하여야 한다. 질권자는 질권의 목적이 된 지료청구권을 지상권자에게 직접 청구할 수 있다(제353조 제1항). 또 전세금반환청구권의 경우, 전세권자인 질권설정자는 제3채무자인 전세권설정자에게 질권설정의 사실을 통지하거나 제3채무자인 전세권설정자가 이를 승낙하여야 한다. 질권자는 질권의 목적이 된 전세금반환청구권을 전세권설정자에게 직접 청구할 수 있다(제353조 제1항).

(나) 전세금반환청구권에 대한 질권의 설정시 전세권저당권등기상의 질권의 부기등기의 실행

전세권에는 담보물권성이 인정되므로 전세금반환청구권은 전세권에 의하여 담보된다. 따라서 저당권부채권(제348조)의 경우와 마찬가지로, 전세금반환청구권이 질권의 객체가 되는 경우 전세권등기에 질권의 부기등기를 하여야 질권의 효력이 전세권등기에도 미치게 된다. 이 경우 전세권등기에 대하여 질권의 부기등기를 실행하지 않으면, 무담보의 전세금반환청구권에 대하여 질권이 성립될 뿐이다.

(다) 지료청구권과 전세금반환청구권의 변제기가 질권자의 피담보채권의 변제기보다 먼저 도래하는 경우

질권자는 질권의 목적이 된 지료청구권과 전세금반환청구권을 지상권자와 전세권설정자에게 직접 청구할 수 있다(제353조 제1항). 이 경우 질권자는 자기채권의 한도에서 지료청구권과 전세금반환청구권을 직접 청구할 수 있다(제353조 제1항). 질권의 목적인 지료청구권이나 전세금반환청구권의 변제기가 질권자의 피담보채권의 변제기보다 먼저 도래한 때에는, 질권자는 제3채무자인 지상권자 또는 전세권설정자에 대하여 그 변제금액의 공탁을 청구할 수 있고, 이 경우에 질권은 그 공탁금에 존재한다(제353조 제3항).

(라) 지상제한소유권과 전세권이 양도되는 경우 양수인에 대한 대항요건의 실행 여부

제3채무자인 지상권자의 지상권과 전세권설정자의 전세제한소유권은 양도성을 갖는다. 이 경우 질권은 지상제한소유권과 전세권이 양도되는 경우에 그 양수인에 대하여는 다시 대항요건을 갖추어야 하는지 아니면 대항요건을 갖추지 않고도 존속할 수 있는지가 문제이다. 이는 채권에 대하여 질권이 설정된 후, 제3자가 제3채무자의 채무를 인수하는 경우에도 동일한 문제가 발생한다. 물론 이 경우에는 물권의 경우와는 달리 제3자인 채무인수인은 질권설정자인 채권자의 동의를 받아서 채무를 인수하여야 하므로, 대항요건은 다시 갖출 필요가 없다고 할 것이다.

(3) 지료청구권과 전세금반환청구권에 대한 상계의 문제

지상권자가 지상권설정자에 대하여 또 전세권자설정자가 전세권자에 대하여 취득한 반대채권으로 상계하는 경우 이러한 상계를 질권자에게 대항할 수 있는지가 문제이다.

지료청구권에 대하여 질권이 설정될 때에 이미 지상권자가 지상권설정자에 대하여 취득한 반대채권을 취득한 경우, 이를 자동채권으로 하여 수동채권인 지료청구권과 상계한 후, 이를 질권자에게 대항할 수 있는지가 문제이다.[79] 마찬가지로 전세금반환청구권에 대하여도 동일한 문제가 발생한다. 생각건대 대항요건을 갖춘 후에는 제3채무자인 지상권자와 전세권설정자는 질권설정자에 대하여 취득한 반대채권으로 상계를 할 수 없다. 상계란 동등한 채권자 사이에 인정되는 것이다. 그런데 채권에 대하여 질권이 설정된 경우에는 물권은 채권에 앞선다는 원칙에 의하여 질권자가 우선적으로 보호를 받아야 한다. 따라서 질권자의 보호를 위하여, 질권자에 대하여 상계를 대항할 수 없다고 할 것이다. 또 이 경우 반대채권의 변제기가 수동채권인 지료청구권과 전세금반환청구권보다 먼저 도래하였다하더라도 그 전에 상계의 의사표시를 하지 않았다면, 나중에 상계를 주장하는 것은 허용되지 않는 것이다.

6. 물권의 새로운 패러다임의 저당권에의 적용[80]

현재 저당권과 관련하여서는 많은 판례가 거래의 실제에 부합하지 않는 문제점을 안고 있다. 이는 판례들이 물권은 지배권이라는 도그마에 기초하고 있기 때문이다. 민법은 저당권의 객체로서 부동산(제356조)과 지상권·전세권(제371조 제1항)을 규정하고 있다.[81] 본 규정과 관련하여, 판례는 부동산이 저당권의 객체이고 또 지배권만이 저당권의 객체가 된다고 한다. 또 판례는 전세권저당권의 실행이 전세권의 용익기간이 종료된 후에 이루어지는 경우, 전세권의 객체도 아닌 전세금반환청구권에 대해서 물상대위의 법리를 준용하고 있고 또 전세권설정자가 전세권자에 대하여 취득한 반대채권에 의한 상계를 전세권저당권자에게 대항할 수 있다고 한다. 통설은 지상권설정자와 전세권설정자의 권리가 저당권의 객체가 되는 경우에도, 전세권설정자의 지료청구권과 전세권설정자의 전세금보유권은 저당권의 객체로 보지 않는다. 이는 지상권설정자와 전세권설정자의 권리를 소유권의 아류로 보기 때문이다.

(1) 물권은 지배권이라는 도그마에 따른 저당권의 객체

물권은 지배권이라는 도그마에 따르는 학설과 판례에 의하면, 저당권의 객체는 부

---

79) 대법원 2014. 10. 27. 선고 2013다91672 판결 참조.

80) 이 부분은 필자의 논문("전세권저당권의 제반문제", "물권론의 재정립") V.2.(2)(전세권저당권에 대한 문제의 해결)에서 전세권저당권에 있어서 물권은 지배권이라는 도그마가 안고 있는 여러 문제점 중 다루지 않았거나 충분히 다루지 않았던 부분을 추가로 검토한 것이다.

81) 지상권의 경우에의 적용 문제는 이미 6.에서 논의하였으므로, 이곳에서는 이를 제외하고 논의하겠다.

동산인 물건과 권리인 지상권·전세권이 된다고 한다.[82] 이에 대하여는 다음과 같은 의문이 제기된다. 첫째, 저당권은 저당물의 교환가치를 파악하는 물권이다. 저당권자는 타인의 물건인 저당물에 대하여 처분지배권을 갖는다. 그런데 처분지배권의 객체는 부동산이 아니라 부동산의 소유권이 아닌가? 매수인은 매도인에 대하여 권리의 하자와 물질적 하자에 대하여 또 경매의 매수인은 권리의 하자에 대하여 담보책임을 물을 수 있는 것도 부동산이 저당권의 개체가 아니라는 것을 반증하는 것이 아닌가? 둘째, 물권은 지배권이라는 도그마에 의하면, 지상권과 전세권이 저당권의 객체가 되는 경우 지배권 즉, 용익지배권만이 저당권의 객체가 된다고 본다. 그러나 지상권과 전세권에 대한 경매가 실행되는 경우, 경매의 매수인은 채무인 지료지급의무를 부담하고 또 채권인 전세금반환청구권을 취득하게 된다. 경매의 매수인이 경매의 대상이 될 수 없었던 지료지급의무를 부담하고 전세금반환청구권을 취득한다는 사실을 어떻게 설명할 것인가? 셋째, 물권은 지배권이라는 도그마에 의하면, 전세권의 용익기간이 종료되면 용익지배권이 소멸하는 결과 저당권의 실행 전에 저당권 자체가 소멸되어 버린다. 판례는 저당권의 객체와는 아무런 관련이 없는 전세금반환청구권에 대하여 물상대위의 법리를 준용하고 있다. 이것을 어떻게 설명할 것인가? 넷째, 물권은 지배권이라는 도그마에 의하면, 제한물권이 설정된 소유권을 완전소유권에 준하여 취급한다. 또 물권은 지배권이라는 도그마는 유상의 지상제한소유권과 전세제한소유권을 완전소유권과 별개의 독립한 권리로 취급하지 않으므로, 경매가 실행되는 경우 경매의 매수인은 경매의 대상이 될 수 없었던 지료청구권을 취득하고 전세금반환의무를 부담하게 되는바, 이를 어떻게 설명할 것인가?

(2) 물권의 새로운 패러다임에 따른 저당권의 객체

물권의 새로운 패러다임에 의하면, 민법의 규정(제356조, 제371조)에도 불구하고 부동산에 대한 완전소유권, 제한소유권과 제한물권 모두 저당권의 객체가 된다.

(가) 부동산이 아니라 부동산에 대한 완전소유권

부동산이 저당권의 객체가 아니라 부동산에 대한 완전소유권이 저당권의 객체가

---

82) 담보물권은 저당권의 객체가 될 수 없다.

460 새로운 패러다임에 의한 물권론 일반

된다. 첫째, 저당권을 실행하면 경매(제363조)가 이루어진다. 경매란 법원을 통한 매매를 의미한다. 즉, 경매도 대금을 받고 재산권을 이전하는 매매의 일종이다. 매매의 객체는 재산권이다(제563조, 제568조). 저당권의 객체는 부동산이라 할 수 없고 부동산에 대한 소유권이고, 저당권자는 이에 대하여 처분지배권을 취득하는 것이다. 둘째, 경매의 경우 매수인은 부동산의 소유자에게 권리의 하자(제578조)에 대하여 담보책임을 추궁할 수 있다. 따라서 매도인이 권리의 하자에 대하여 담보책임을 진다는 것은 저당권의 객체는 부동산이 아니라 부동산소유권이라는 것을 말하는 것이다.[83]

(나) 지상권과 전세권이 아니라 부동산에 대한 모든 제한물권

물권의 새로운 패러다임에 의하면, 지상권과 전세권뿐 아니라 부동산에 대한 모든 제한물권이 저당권의 객체가 된다. 이 경우 지배권과 더불어 지배권의 대가를 구성하는 지료지급의무와 전세금반환청구권도 지배권과 함께 저당권의 객체가 된다. 우선 유상의 지상권에 저당권이 설정되는 경우, 저당권자는 지료지급의무가 있는 용익지배권의 교환가치를 파악하게 된다. 따라서 저당권의 실행이 있는 경우, 경매의 매수인은 잔존하는 용익기간 동안 지료지급의무를 부담하면서, 토지의 용익지배권을 취득하게 된다. 또 전세권에 저당권이 설정되는 경우 저당권자는 용익지배권과 그 대가인 전세금반환청구권의 담보가치를 파악하게 된다. 따라서 전세권에 대하여 저당권이 실행되는 경우, 경매의 매수인은 잔존하는 용익기간 동안의 용익지배권을 취득함과 동시에 전세금반환청구권을 취득하게 된다. 또 용익기간의 종료 후 전세권에 대하여 저당권이 실행될 경우, 용익지배권이 소멸하였지만 전세금을 직접 청구할 수 있다(제353조 제1항 준용).

지역권은 요역지소유권에 부종하는 권리로서 독자적으로 저당권의 객체가 될 수 없다. 요역지소유권에 저당권이 설정될 때 지역권은 함께 저당권의 객체가 될 수 있을 뿐이다(제292조).[84] 즉, 요역지소유권에 대하여 저당권이 설정될 때 지역권이 설정된 요역지소유권이 저당권의 객체가 된다. 저당권자는 지역권이 설정된 요역지토지

---

83) 경매의 경우 매수인은 부동산의 물질적 하자에 대하여는 담보책임을 추궁할 수 없다(제578조 제1항 참조).

84) 요역지소유권에 대하여 지상권, 전세권이 설정되는 경우 요역지소유권을 위한 지역권은 이들 권리의 목적이 된다.

소유권의 담보가치를 가치를 파악하게 된다. 저당권실행에 의하여, 매수인은 토지에 대한 완전소유권 외에 종된 물권인 지역권도 취득하게 된다.

(다) 부동산에 대한 제한소유권

물권의 새로운 패러다임에 의하면, 제한소유권이 완전소유권과 다른 독립한 물권인 이상 제한소유권도 저당권의 객체가 된다. 즉, 제한소유권은 완전소유권과는 전혀 다른 별개의 권리인 이상 독립한 물권으로 취급되어야 하므로, 제한소유권도 저당권의 객체가 될 수 있는 것이다. 우리 민법이 제한소유권이 저당권의 객체가 될 수 있는지에 대하여는 침묵하고 있는바, 이는 중대한 입법의 불비라 하지 않을 수 없다. 그리고 이 경우 용익지배권의 대가인 지상제한소유권자의 지료청구권과 전세제한소유권자의 전세금반환청구권도 지배권과 함께 저당권의 객체가 된다. 한편 기술한 바와 같이, 지역제한소유권은 종된 물권으로서 요역지소유권과 함께 저당권의 객체가 될 수 있을 뿐이다.

(라) 법정의 물권적 청구권도 저당권의 객체가 되는지 여부

전세권이 저당권의 객체가 되는 경우 전세권자의 전세금반환청구권 외에 유익비상환청구권(제310조 제1항), 부속물매수청구권(정확히는 부속물매수청구권의 행사에 의한 대금지급청구권)(제316조 제2항) 등도 저당권의 객체가 될 수 있는지가 문제이다. 전세권은 용익지배권일 뿐 아니라 법정의 용익적 물권적 청구권도 포함하는 물권이다. 전세권이 저당권의 객체가 되는 경우 전세물의 사용·수익과 관련하여 발생하는 유익비상환청구권, 부속물매수청구권(정확히는 부속물매수청구권의 행사에 의한 매매대금) 등도 전세금반환청구권과 마찬가지로 전세권의 교환가치를 구성하기 때문에 당연히 전세권저당권의 객체가 된다. 따라서 첫째, 유익비상환청구권 등의 법정 물권적 청구권은 공시가되지 않아 저당권을 설정받는 외부인인 제3자가 그 존재 여부를 알 수 없다고 하더라도, 저당권의 객체가 되는 데에는 방해가 되지 않는다. 둘째, 유익비상환청구권 등의 법정 물권적 청구권은 항상 성립하는 권리가 아니라고 하더라도 마찬가지이다. 이들 권리는 전세물에 대한 지배권과는 달리 별개의 성립요건과 효력요건이 갖추어져야 성립하고 효력이 발생한다고 하더라도, 저당권의 객체에서 제외될 수는 없다.

(3) 저당권의 객체가 될 수 있는 유익비상환청구권, 비용상환청구권, 부속물매 수청구권 등의 환가가능한 법정의 물권적 청구권을 저당권의 객체로 상정 하지 않은 저당권의 설정과 실행

저당권의 객체는 소유권과 그 밖의 용익물권이다. 그런데 용익제한소유권도 저당 권의 객체가 될 수 있다. 용익제한소유권은 소유권과는 별개의 권리에 해당하기 때문 이다. 첫째, 유상의 대가가 발생하지 않는 용익제한소유권과 용익제한물권이 저당권 의 객체가 되는 경우에 대하여는 생략한다. 둘째, 종된 물권인 지역권의 경우 지역권 이 있는 요역지소유권과 지역권의 제한을 받는 승역지소유권에 저당권이 설정되는 경우도 생략한다. 셋째, 유상의 지상제한소유권, 전세제한소유권, 유상의 지상권과 전세권이 저당권의 객체가 되는 경우 저당권자는 그에 대한 교환가치를 파악하게 된 다. 이 경우 환가될 수 있는 유익비상환청구권, 비용상환청구권, 부속물매수청구권 등도 당연히 저당권의 객체가 될 수 있다. 이하에서는 등기의 대상인 지료청구권과 전세금반환청구권만을 저당권의 객체로 상정하여서 저당권의 설정과 실행에 대하여 살펴본다.

(4) 유상의 지상제한소유권에 대한 저당권의 설정과 실행

유상의 지상제한소유권에 저당권이 설정되는 경우, 저당권자는 유상의 지상권이 설정된 토지에 대하여 처분지배권을 취득한다. 저당권자는 유상의 지상제한소유권자 의 용익지배권과 지료청구권의 교환가치를 파악하게 된다. 따라서 유상의 지상제한 소유권에 대하여 저당권이 실행되는 경우, 경매의 매수인은 지료지급청권이 있고 용 익지배권이 없는 지상제한소유권을 취득하게 된다.

(7₁) 유상의 지상제한소유권에 대한 저당권의 설정

물권은 지배권이라는 도그마에 의하면, 지상권설정자(지상제한소유권자)가 갖는 지료 지급청구권은 채권이므로 저당권의 객체가 될 수 없다. 저당권의 객체는 토지소유권 일 뿐이다. 따라서 저당권자는 저당권의 실행을 통하여 토지에 대한 처분지배권의 교환가치를 파악할 뿐이다. 그러나 이것이 통상의 매매의 경우 매수인은 지료청구권 을 취득한다는 사실에 반하는 것임은 다언을 요하지 않는다.

물권의 새로운 패러다임에 의하면, 지료의 약정이 있는 지상권이 설정된 지상제한
소유권에 대하여 저당권을 설정하는 경우, 저당권의 객체는 완전소유권과는 법적 구
성이 전혀 다른 지상제한소유권이다. 따라서 저당권자는 지료지급청구권이 있고 용
익지배권이 없는 지상제한소유권의 교환가치를 파악한다. 한편 저당권의 실행 전에
지상권의 존속기간이 종료하여 지상권이 소멸하면, 지상제한소유권은 용익지배권이
소멸하여 완전소유권을 회복하게 된다. 그러나 지상권의 존속기간 중 저당권자의 피
담보채권의 변제기가 도래하지 않아 저당권을 실행하지 않는 동안에는, 지상권설정
자가 용익지배권을 설정하여 주고 대가로 받는 지료는 당연히 지상권설정자에게 귀
속되는 것이다.

(나) 유상의 지상제한소유권에 대한 저당권의 실행과 반대채권에 의한 상계의 주장

저당권자는 지료청구권에 대하여 우선적 지위를 확보하게 되므로, 지상권자가 지
상권설정자에 대하여 취득한 반대채권이 존재하더라도 지상권설정자에 대한 상계로
서 저당권자에게 대항할 수 없음

지상권의 존속기간 중 저당권의 실행에 대하여 살펴본다. 첫째, 지상권의 존속기간
중 피담보채권의 변제기가 도래하면, 저당권자는 저당권을 실행하게 된다. 이 경우
매수인은 지상권설정자의 토지에 대한 처분지배권과 잔여 존속기간 동안 받을 수 있
는 지료지급청구권의 교환가치를 실현하여, 그로부터 피담보채권의 우선변제를 받을
수 있다. 매각대금은 용익지배권이 없는 토지의 평가액과 잔여 존속기간 동안 받을
수 있는 지료를 합한 금액이 된다.[85] 경매의 매수인은 토지에 대한 소유권과 잔여
기간 동안의 지료지급청구권을 가지게 된다[사례]. 둘째, 저당권자는 지료청구권에
대하여 우선적 지위를 확보하게 되므로, 지상권자가 지상권설정자에 대하여 취득한
반대채권이 존재하더라도 지상권설정자에 대한 상계로서 저당권자에게 대항할 수는
없다.

---

85) 경매의 경우 지상권설정자가 토지를 용익하지 못하는 것과 지료청구권의 가치가 일치하지 않
   을 경우에는, 지료청구권을 어떻게 평가하느냐에 따라 매각대금에 차이가 발생하게 된다.

[사례] 甲이 2020. 1. 1. 존속기간을 20년으로 하고 매년 2,000만 원의 지료를 지급하는 약정하에, A에게 지상권을 설정하여 주었다. 그 후 甲은 사업자금이 필요하게 되자, 2021. 1. 1. 채권자 B로부터 5억원을 차용하며 변제기를 2025. 1. 1.로 하여 10억 원 상당의 토지에 대하여 저당권을 설정하여 주었다. 2025. 1. 1. 甲이 채권의 변제기가 도래하였음에도 채무를 변제하지 못하자, 저당권자 B는 경매를 실행하였고, 2026. 1. 1. 乙이 매수인이 되어 소유권을 취득하였다. 이 경우 토지의 매각대금은 토지가액 10억 원과 2026. 1. 1.부터 2040. 1. 1.까지의 지료청구액 2억8천만 원을 더한 12억8천만 원이 된다. 저당권자는 대각대금으로부터 5억원을 변제받고, 나머지 금액(7억1천만 원)은 甲에게 지급된다. 매수인 乙은 매각대금 12억8천만 원으로 지료청구권이 있는 제한소유권을 취득하게 되는바, 매년 지상권자 A에 대하여 2,000만 원의 지료청구권을 행사할 수 있다.

(5) 전세제한소유권에 대한 저당권의 설정과 실행

전세제한소유권에 대하여 저당권이 설정되는 경우, 저당권자는 전세금반환의무가 있고 또 용익지배권이 없는 토지소유권의 교환가치를 파악한다. 따라서 전세제한소유권에 대하여 경매가 실행되는 경우, 경매의 매수인은 전세금반환의무를 부담하는 전세제한소유권을 취득하게 된다.

(가) 저당권의 설정

물권은 지배권이라는 도그마에 의하면, 저당권의 객체는 토지소유권이다. 즉, 전세권에 의하여 제한을 받지 않는 부동산의 완전소유권이다. 따라서 저당권자는 용익지배권이 없는 토지에 대한 교환가치를 파악하게 된다. 그러나 이것이 일반의 매매의 경우, 매수인이 매매가액에서 전세금을 공제하고 매매대금을 산정하고 또 전세금반환의무의 부담이 있는 전세물에 대한 전세제한소유권을 취득하는 것에 반하는 것임은 다언을 요하지 않는다.

물권의 새로운 패러다임에 의하면, 전세권설정자(전세제한소유권자)의 부동산에 대하여 저당권을 설정하는 경우, 저당권의 객체가 되는 것은 완전소유권과는 법적 구성이 전혀 다른 전세제한소유권이다. 즉, 전세권에 의하여 제한을 받는 소유권이다. 전세권설정자는 전세물에 대하여 처분지배권을 가지고 또 용익지배권을 상실하는 대신에 전세금보유권을 갖는다. 따라서 저당권자는 전세금반환의무가 있고 또 전세금반환의무의 부담이 있는 전세물에 대한 교환가치를 파악한다.

(나) 저당권의 실행

저당권의 실행 전에 전세권이 소멸하면 전세권설정자는 완전한 소유권을 회복하게 된다. 또 전세권의 존속 중 저당권자의 피담보채권의 변제기가 도래하지 않은 경우는, 저당목적물의 용익은 저당권설정자(전세제한소유권자)에게 있기 때문에, 용익지배권을 설정하여 주고 대가로 받는 전세금은 당연히 전세권설정자에게 귀속되어 계속하여 전세금보유권을 갖는다.

전세권의 용익기간 존속 중 피담보채권의 변제기가 도래하여 저당권자가 저당권을 실행하게 되면, 저당권자는 전세권의 제한을 받는 토지소유권의 교환가치를 실현하게 된다. 즉, 경매의 매수인은 전세권설정자(전세제한소유권자)는 전세제한소유권을 취득하고, 전세금반환의무를 부담하게 된다. 이는 통상의 매매의 경우 매수인은 전세금반환의무를 부담하므로 전세금을 공제하고 매각대금을 산정하게 된다. 통상의 매매에서 매수인이 전세금을 공제하고 매매대금을 산정하는 것과 동일하다[**사례1**]. 한편 전세권의 용익기간이 종료한 후에 전세권자 또는 저당권자에 의하여 담보물권이 실행되는 경우에는, 매수인은 토지의 매매가액을 지급하여 토지의 완전한 소유권을 취득한다[**사례2**].

[**사례1**] 甲이 2020. 1. 1. A로부터 전세금 4억 원을 받고 10년의 기간으로 토지에 대하여 전세권을 설정하여 주었다. 그 후 甲은 사업자금이 필요하여 2021. 1. 1. B에게서 5억 원을 차용하며, 변제기를 2024. 1. 1.로 하고 B에게 저당권을 설정하여 주었다. 2024. 1. 1. 甲이 채무의 변제기가 도래하였음에도 이를 변제하지 못하였다. 저당권자 B가 甲의 토지에 대하여 경매를 실행하여, 2025. 1. 1. 매수인 乙이 10억 원의 토지에 대하여 토지소유권을 취득하게 되었다. 매수인 乙은 저당물가액 10억 원에서 전세금 4억 원을 공제한 6억 원에 전세물을 취득한다. 저당권자 B는 5억 원을 배당받고 남은 배당금 1억 원은 甲에게 지급된다. 매수인 乙은 전세물의 소유권을 취득하고, 전세기간이 종료하면 전세권자 A에게 전세금 4억 원을 지급하여야 한다.

[사례2] 甲이 2020. 1. 1. A로부터 전세금 4억 원을 받고 10년의 기간으로 토지에 대하여 전세권을 설정하여 주었다. 그 후 甲은 사업자금이 필요하여 2025. 1. 1. B에게서 5억 원을 차용하면서, 변제기를 2031. 1. 1.로 하는 저당권을 설정하여 주었다. 2031. 1. 1. 甲이 채무의 변제기가 도래하였음에도 이를 변제하지 못하였다. 저당권자 B 또는 전세권자 A가 甲의 토지에 대하여 경매를 실행하면, 매수인 乙은 10억 원으로 토지소유권을 취득한다. 토지의 경매가액 10억원으로부터 1번 담보권자인 전세권자 A는 4억 원을 배당받고, 2번 담보권자인 저당권자 B는 5억 원을 배당받고, 토지소유자 甲에게 나머지 배당금 1억 원이 지급된다.

따라서 이 경우 경매의 매수인은 토지의 가액에서 전세금을 공제하고 매각대금을 산정하게 된다.

(6) 유상의 지상권에 대한 저당권의 설정과 실행

유상의 지상권에 대하여 저당권이 설정되는 경우, 저당권자는 지료지급의무가 있는 토지에 대한 용익지배권의 교환가치를 파악한다. 따라서 유상의 지상권에 대하여 경매가 실행되는 경우, 경매의 매수인은 지료지급의무가 있는 토지의 용익지배권을 취득함을 취득한다.

(가) 저당권의 설정

물권은 지배권이라는 도그마에 의하면, 저당권의 객체는 지배권인 지상권이 될 뿐이다. 따라서 저당권자는 저당권의 실행을 통하여 용익지배권인 지상권의 교환가치를 파악하게 되고, 경매의 매수인은 지료지급의무를 부담하지 않는 무상의 지상권을 취득하게 된다. 그러나 이것이 매매의 경우 매수인이 지료지급의무가 있는 지상권을 취득한다는 사실에 반하는 것임은 다언을 요하지 않는다.

물권의 새로운 패러다임에 의하면, 유상의 지상권에 저당권을 설정하는 경우, 저당권자는 잔여 용익기간 동안의 지료지급의무를 부담한 상태에서, 토지의 용익지배권의 교환가치를 파악하게 된다. 용익기간이 경과함에 따라 지상권의 용익가치는 계속 감소하게 된다.

(나) 저당권의 실행

지료의 약정이 있는 지상권에 대한 저당권의 실행은 지상권의 존속기간이 경과하기 전에만 그 의미가 있다. 지상권의 존속기간이 종료하게 되면 지상권이 소멸하는 결과, 저당권도 당연히 소멸하게 되기 때문이다. 따라서 저당권이 실행되는 경우, 경매에서의 매수인은 잔존하는 용익기간 동안 지료지급의무를 부담하는 토지의 용익지배권을 취득하게 된다[사례].

[사례] 甲은 2020. 1. 1. 존속기간을 20년으로 하고 매년 2,000만 원의 지료를 지급하는 약정하에, A에게 지상권을 설정하여 주었다. 그 후 A는 사업자금이 필요하게 되자, 2021. 1. 1. 채권자 B로부터 1억원을 차용하며 변제기를 2025. 1. 1.로 하여 지상권에 대하여 저당권을 설정하여 주었다. 2025. 1. 1. A가 채권의 변제기가 도래하였음에도 채무를 변제하지 못하자, 저당권자 B는 경매를 실행하였고, 2026. 1. 1. 乙이 매수인이 되어 지상권을 취득하였다. 이 경우 지상권의 경매가액은 2026. 1. 1.부터 2040. 1. 1.까지의 지료지급의무 2억8천만 원으로 결정되었다.[86] 저당권자 B는 대각대금으로부터 1억 원을 변제받고, 나머지 금액은 A에게 지급한다. 매수인 乙은 지료지급의무가 있는 용익지배권을 취득하게 되는바, 매년 甲에 대하여 2,000만 원의 지료지급의무가 있다.

(7) 전세권에 대한 저당권의 설정과 실행

전세권에 대하여 저당권이 설정되고 실행되는 경우에 대하여 살펴본다. 전세권에 대하여 저당권이 설정되는 경우, 저당권자는 전세금반환청구권과 용익지배권의 교환가치를 파악한다. 따라서 전세권에 대하여 경매가 실행되는 경우, 경매의 매수인은 저당권의 실행이 용익기간의 종료 전이냐 후이냐에 따라 용익지배권이 소멸되므로, 그에 따라서 전세권실행의 모습이 달라진다.

---

86) 지상권의 잔존 존속기간 동안 실제로 토지의 용익가치가 어떠하냐에 따라서 지상권의 매각대금이 결정된다.

(가) 저당권의 설정

1984년의 전세권 개정에 의하여 전세권에는 담보물권성도 인정되었다. 이 경우 전세권에 저당권이 설정되는 경우 어떠한 차이가 발생하는지가 문제된다.

(a) 물권은 지배권이라는 도그마에 의한 저당권의 객체와 물권의 새로운 패러다임에 의한 저당권의 객체의 비교

물권은 지배권이라는 도그마에 의하면, 전세권에 저당권이 설정되는 경우 저당권의 객체는 지배권인 전세권에 한한다. 전세금반환청구권은 채권으로서 전세권을 구성하지 않기 때문에, 저당권의 객체가 되지 못한다. 따라서 용익기간이 종료되어 용익지배권이 소멸하게 되면, 저당권도 당연히 소멸하게 된다.[87] 이것이 통상의 매매의 경우 매수인이 용익지배권과 전세금반환청구권이 있는 전세권을 취득하는 것과 다른 결과가 발생한다는 것은 다언을 요하지 않는다.

물권의 새로운 패러다임에 의하면, 전세금반환청구권은 전세권의 내재적 요소로서 지배권과 함께 전세권을 구성한다. 전세금반환청구권을 빼고서는 저당권의 객체를 논할 수 없다. 따라서 저당권자는 용익지배권과 전세금반환청구권의 교환가치를 파악하게 된다. 따라서 용익기간이 종료하여 용익지배권이 소멸하더라도, 저당권은 소멸하지 않게 된다.

(b) 물권의 새로운 패러다임에 의한, 1984년의 전세권 개정 전과 후의 비교

1984년의 전세권 개정 전이든 후이든, 전세권에 대하여 저당권이 설정되는 경우 저당권은 용익지배권과 전세금반환청구권의 교환가치를 파악한다. 1984년의 전세권 개정 전에도 전세물에 대한 용익가치뿐 아니라 전세금반환청구권으로부터도 우선변제를 받으려는 것이 저당권을 설정한 당사자들의 의사였다고 할 것이다. 개정 전에는 전세권자에게는 우선변제가 인정되지 않았으므로, 무담보의 전세금반환청구권이 저당권의 객체가 될 뿐이었다. 따라서 이 경우 전세금반환청구권에 대하여 물상대위는

---

87) 대법원 2008. 3. 13. 선고 2006다29372,29389 판결; 대법원 2021. 12. 30. 선고 2018다268538 판결

인정되지가 않는다. 전세권에 대하여 저당권등기가 경료되는 순간 전세금반환청구권은 저당권의 객체가 되었기 때문이다. 저당권의 등기 외에 어떠한 절차도 필요하지 않다. 다만, 1984년 전세권의 개정에 의하여 전세권에 담보물권성도 인정되었으므로, 용익기간이 종료된 후에는 용익지배권과 함께 담보권부 전세금반환청구권이 저당권의 객체가 된다고 할 것이다.

(c) 전세권저당권의 등기

전세권저당권의 등기의 경우 저당권의 객체를 전세권이라고만 기재한다. 전세금반환청구권에 대해서는 명시적으로 기재하지 않는다. 그러나 이것은 전세금반환청구권에 대하여도 저당권이 성립한다는 데에 아무런 장해가 되지 않는다. 전세권이란 전세금반환청구권을 요소로 하는 유상의 물권이기 때문에, 전세권의 기재만으로 족하다고 할 것이다.

(나) 저당권의 실행

물권의 새로운 패러다임에 의하면, 전세권을 객체로 하는 저당권은 한편으로 용익지배권을, 다른 한편으로 전세금반환청구권을 저당권의 객체로 한다.

(a) 용익기간 종료 전의 전세권저당권 실행

용익기간 종료 전에 전세권저당권을 실행하면, 경매의 매수인은 전세금반환청구권 등을 포함된 전세권을 취득하게 된다. 경매의 매수인은 잔여 용익기간 동안 전세물을 용익할 권리뿐 아니라 용익기간이 종료되면 전세권설정자에 대하여 전세금반환청구권을 직접 행사할 수 있는 권리를 취득한다. 이 경우 전세권의 매각대금으로부터 전세권저당권자는 자신의 피담보채권을 변제받고, 남은 금액은 전세권자에게 배당된다 [사례].

[사례] 甲이 2020. 1. 1. A에게 전세금 8억 원을 받고 10년의 기간으로 전세권을 설정하였다. 그 후 전세권자 A는 사업자금이 필요하여 2021. 1. 1. B에게서 5억원을 차용하면서 변제기를 2024. 1. 1.로 하고 자신의 전세권에 대하여 B에게 저당권을 설정하였다. 2024. 1. 1. 전세권자 A가 채권의 변제기가 도래하였음에도 채권을 변제

하지 못하였다. 저당권자 B가 경매를 실행하여 2025. 1. 1. C가 경매에서 전세권의 매수인이 되었다. 전세권의 경매가격은 최소한 전세금 8억원 이상이 될 것이다. 잔여 용익기간인 5년간의 용익가치도 평가를 받게 될 것이기 때문이다. 물론 이 경우 매수인은 경매를 통해서 잔여 용익기간 중 전세물을 사용·수익하여 얻을 수 있는 수익이 잔여 용익기간 중의 전세금의 이자보다 과다이거나 과소인 경우에는 매수인이 지불하는 매각대금은 그에 따라 조정이 될 수 있다.[88] 저당권자 B는 5억 원을 배당받고 남은 매각대금은 종전 전세권자 A에게 배당이 된다. 매수인 C는 잔여 용익기간인 2030. 1. 1까지 전세물을 용익하고 용익기간이 종료되면 전세금 8억 원을 직접 전세권설정자 甲에게 청구할 수 있다.

   용익기간 종료 전에 전세권저당권이 실행되는 경우 적용되는 절차법의 규정이 무엇인지가 문제이다.[89] 용익기간 존속 중의 전세권저당권의 실행에 적용되는 절차법은 부동산에 관한 경매절차인 민사집행법 제264조인지 아니면 용익물권성과 담보물권성을 갖는 전세권을 전제로 "그 밖의 재산권"의 경매에 관한 민사집행법제273조(제1항)인지가 문제이다. 판례는 부동산에 관한 경매절차인 민사집행법제264조에 따른다는 것을 전제로 하고 있다.[90] 다만, 매수인은 부동산에 대한 소유권을 취득하는 것이 아니라 전세권을 취득한다고 한다.

   전세권을 부동산과 동일하게 취급할 수는 없다. 민사집행규칙 제40조는 "금전채권에 기초한 강제집행에서 지상권과 그 공유지분을 부동산으로 본다."라는 규정을 두어서, '지상권'에 대한 강제경매절차로 '부동산'에 대한 강제경매절차를 따라야 한다는 것을 명백히 하고 있다. 그러나 유상의 지상권에 대하여 저당권이 설정되어 실행되는 경우 매수인은 지료지급의무도 부담하여야 하므로, 지상권을 부동산으로만 취급할 수는 없다. 판례는 전세권도 지상권과 함께 저당권의 객체가 되므로(제371조 제1항), 부동산으로 취급하는 것으로 보인다. 그런데 본 규정은 1998. 12. 1. 민사소송규칙에

---

88) 자세한 것은 남효순, "전세권의 본질에 비추어 본 전세권저당권 제반문제의 검토", 71-72면 참조.
89) 용익기간 존속 중의 전세권저당권의 실행에 대한 문제제기에 대하여는 남효순, "전세권의 본질에 비추어 본 전세권저당권 제반문제의 검토", 73-74면 참조.
90) 대법원 1995. 9. 18. 자 95마684 결정.

는 없던 규정이다. 민사집행법이 별도로 신설되면서 2002. 7. 1. 민사집행규칙 제정시
에 신설된 규정이다. 그런데 본 조에서 지상권은 부동산으로 보면서도 왜 전세권은
부동산으로 간주하지 않는 것인지 의문이다. 지상권저당권의 객체인 지상권은 부동
산에 대한 용익물권으로서 부동산과 동일하게 취급할 수 있지만, 전세권저당권의 객
체인 전세권은 담보물권성도 가지고 또 전세금반환청구권도 인정되기 때문에 아마도
부동산과 동일시할 수 없었던 것으로 추측이 된다.

　저당권의 객체인 전세권의 강제집행절차는 민사집행법이 전혀 예상하지 못한 절차
이나, 민사집행법 제2편 제2장 제4절 제3관 '그 밖의 재산권'의 경매절차를 준용하는
것이 타당하다고 할 것이다. 하나의 절차에 의하여 경매 대상인 전세권이 동일인에게
귀속되어야 한다는 점에서도 그러하다. 이것이야말로 전세권은 용익물권성과 담보물
권성이 유기적으로 결합된 하나의 물권이라는 전세권의 성질에도 부합하는 것이다.
그런데 제3관에는 용익지배권과 전세금반환청구권의 경매절차가 마련되어 있지는 않
다. 따라서 전세권의 강제집행에 관한 규정을 개정하여 하루빨리 집행절차를 마련하
는 것이 필요하다고 할 것이다.

(b) 용익기간 종료 후의 전세권저당권 실행

　전세권저당권의 실행절차와 전세권저당권의 실현에 대하여 살펴본다. 물권은 지배
권이라는 도그마에 의하면, 저당권의 객체가 되지 못하는 전세금반환청구권은 물상
대위를 준용하여 압류절차를 실행하게 된다.[91][92] 이것은 전세금반환청구권에 대하여
사실상 저당권의 객체로 인정하는 것이나 다름이 없다고 할 수도 있다. 그러나 물권
의 새로운 패러다임에 의하면, 용익기간이 종료하여 용익지배권이 소멸하더라도 전
세금반환청구권이 저당권의 객체로서 존재하므로 저당권은 소멸하지 않는다. 물상대
위의 법리를 준용할 필요도 없다. 다만 저당권의 목적이 된 전세금반환청구권의 직접
청구에 관한 경우의 규정이 없으므로, 질권의 목적이 된 채권을 직접 청구하는 규정
(제353조 제1항)을 준용한다.

---

91) 대법원 2008. 3. 13. 선고 2006다29372 판결; 대법원 2014. 10. 27. 선고 2013다91672 판결
92) 판례의 비판에 대하여는 남효순, "전세권의 본질에 비추어 본 전세권저당권 제반문제의 검토",
　　74-96면, 참조.

(ⅰ) 전세권저당권 실행에 관한 절차법

전세권의 용익가치는 이미 소멸하였기 때문에 물권적 청구권인 전세금반환청구권만 경매의 대상이 된다. 이 경우에도 전세권의 경매절차를 위해서는 민사집행법의 개정이 있어야 한다. 즉, 용익기간의 종료 전이든 후이든 전세권을 위한 하나의 집행절차가 적용되어야 할 것이다.

(ⅱ) 전세권저당권자의 전세권설정자에 대한 전세금반환청구권의 직접 청구

전세금반환청구권은 전세권자가 용익지배권의 대가로서 지급하였던 전세금을 반환받는 권리이다. 따라서 판례와 같이 전세금반환청구권에 대하여 물상대위를 준용할 수가 없다. 전세금반환청구권은 저당물의 멸실, 훼손, 공용징수로 인하여 전세권설정자가 받는 것이 아니기 때문이다. 또 전세금반환청구권은 전세권 성립시부터 존재하였던 권리로서 저당물의 멸실, 훼손 공용징수로 인하여 전세권설정자가 받는 권리가 아니기 때문이다. 그리고 일부 학설과 같이 전세금반환청구권을 채권으로 보아서 질권의 성립을 인정할 수도 없다. 이 경우 전세권저당권자는 피담보채권의 변제를 위하여 전세권설정자에 대하여 전세금반환청구권을 직접 청구를 할 수 있다고 보아야 한다. 그러나 전세권저당권자는 저당권의 목적이 된 전세금반환청구권의 직접 청구에 관한 규정이 존재하지 않는다. 질권의 목적이 된 채권을 직접 청구하는 규정(제353조 제1항)을 준용할 수 있다. 종전 전세권자는 전세권설정자에게 전세권저당권자가 변제받고 남은 금액의 지급을 청구할 수 있다[사례].

[사례] 甲이 2020. 1. 1. A에게 전세금 8억 원을 받고 10년의 기간으로 전세권을 설정하였다. 그 후 A는 사업자금이 필요하여 2025. 1. 1. B에게서 5억 원을 차용하면서 변제기를 2029. 1. 1.로 하고 자신의 전세권에 대하여 B에게 저당권을 설정하였다. 전세권자 A는 2029. 1. 1. 채권의 변제기가 도래하였음에도 채무를 변제하지 못하였다. 저당권자 B는 2031. 1. 1 경매를 실행하였다. 전세권의 경매가격은 전세금 8억 원에 상당하는 금액이다. 저당권자 B는 전세권설정자인 甲에게 5억 원을 직접 청구하여 변제받고, 구전세권자 A는 전세권설정자에게 나머지 3억 원의 지급을 청구할 수 있다.

(iii) 전세권설정자의 전세권자에 대하여 취득한 반대채권에 의한 상계 주장의 인정 여부

전세권저당권자가 전세권설정자에 대하여 직접 청구할 수 있는 전세금반환청구권에 대하여는 다음의 두 가지 의문이 존재한다. 첫째, 전세권설정자는 전세권자가 목적물의 멸실로 입힌 손해배상금을 전세금반환청구권으로부터 공제하고, 이를 전세권저당권자에게 대항할 수 있는지가 문제이다. 이 경우 비록 제3자는 저당권자가 손해배상청구권의 발생사실을 알지 못하였다고 할지라도 손해배상금을 전세금반환청구권으로부터 공제할 수 있다고 할 것이다(제315조). 이는 전세금반환청구권이란 손해배상금을 공제한 금액을 말하는 것이기 때문이다. 둘째, 전세권설정자가 전세권자에 대하여 취득한 반대채권을 자동채권으로 하여 전세금반환청구권과 상계하고, 이를 전세권저당권자에게 대항할 수 있는지가 문제이다. 우선 전세권설정자가 전세권자에 대하여 용익기간 종료시까지 취득한 반대채권을 자동채권으로 하여 전세금반환청구권과 상계하고, 이를 전세권저당권자에게 대항할 수는 없다고 할 것이다. 반대로 전세권저당권이 설정된 당시에 변제기가 도래하여 당사자가 상계를 할 수 있었던 경우에는 상계를 주장할 수 있는지가 의문이다. 이 경우 상계를 하여 전세권저당권자에게 대항할 수 있다면 전세권설정자에게 유리하고, 그렇지 않다면 전세권저당권자에게 유리할 것이다. 그러나 취득한 반대채권이 있더라도 이를 상계를 하지 않은 이상, 저당권 성립 후에는 반대채권으로 상계한다고 하더라도 이를 물권자인 저당권자에 대하여 대항할 수는 없다고 할 것이다. 그렇다면 전세권저당권 설정 당시에 전세권자에 대하여 이미 반대채권을 가지고 있었고 반대채권의 변제기가 장래 발생할 전세금반환채권의 변제기와 동시에 또는 그보다 먼저 도래하여 전세권설정자에게 합리적 기대이익을 인정할 수 있는 경우에도 상계를 인정할 수 있는지가 의문이다. 판례는 이 경우에 전세권설정자의 상계를 인정하여, 전세권저당권자에게 주장할 수 있다고 한다.[93] 그러나 전세권저당권이 설정된 당시에 취득한 반대채권이 있었더라도 변제기가 도래하지 않은 경우에는 비록 반대채권의 변제기가 장래 발생할 전세금반환청구권의 변제기와 동시에 또는 그보다 먼저 도래하는 경우라 하더라도 물권자인 전세권저당권자에 대하여 합리적 기대이익을 주장할 수는 없다고 할 것이다. 채권자 사이에서는

---

93) 대법원 2014. 10. 27. 선고 2013다91672 판결.

합리적 기대이익을 인정하여 상계를 인정할 수 있을지 모르지만, 전세권저당권이 성립한 후에는 물권이 채권에 우선하는 효력이 있기 때문이다.[94]

(다) 전세권의 소멸행위 금지

전세권을 목적으로 저당권을 설정한 자는 저당권자의 동의 없이 전세권을 소멸하게 하는 행위를 하지 못한다(제371조 제2항).[95] 전세권에는 지배권과 전세금반환청구권이 포함된다. 따라서 이러한 지배권과 전세금반환청구권을 소멸하게 하는 행위를 할 수 없다.

(a) 용익기간 존속 중 전세권의 소멸행위 금지

저당권설정자는 용익기간 존속 중에는 전세권 자체를 소멸시키는 행위를 할 수 없다. 저당권설정자의 이러한 행위는 전세권저당권자의 이익을 해치는 것이 되므로, 저당권설정자의 처분권을 제한하여 전세권을 보전함으로써 전세권저당권자의 이익을 보호하려는 것이다. 따라서 저당권설정자인 전세권자는 전세권의 포기, 전세권설정계약의 해지 등을 할 수 없다.[96]

저당권설정자의 전세권을 소멸하게 하는 처분행위는 법에 반하는 것으로서 전세권저당권자에 대한 관계에서 무효가 된다(제371조 2항).[97] 이 경우 저당권설정자의 처분행위는 전세권저당권자의 관계에서만 무효인지 아니면 처분행위의 상대방 및 제3자에 대해서도 무효인지가 문제될 여지가 있다. 제371조 제2항은 저당권자를 보호하기 위한 규정이기 때문에, 처분행위를 한 당사자 사이 및 제3자에 대한 관계에서는 유효라고 볼 것이다.[98]

---

94) 자세한 것은 남효순, "전세권의 본질에 비추어 본 전세권저당권 제반문제의 검토", 102면 참조.
95) 지상권과 전세권을 지배권으로만 이해하는 통설은 제371조 제2항과 관련하여서는 지배권인 지상권과 전세권의 소멸만을 전제로 해설하고 있다[주석민법, 물권(4), 351면 참조]. 그러나 물권의 새로운 패러다임에 의하면 전세권의 경우 전세금반환청구권도 전세권저당권의 객체가 되므로 그 소멸에 대하여도 검토하여야 할 것이다.
96) 주석민법, 물권(4), 351면.
97) 오시영, 전게서, 634면 참조; 민법주해, 물권(2), 436면 참조; 주석민법, 물권(3), 593면 참조. 대법원 1997. 11. 11. 선고 97다35375 판결 참조.
98) 주석민법, 물권(3), 593면 참조; 주석민법, 물권(4), 352면.

한편 저당권설정자가 전세권을 제3자에게 양도하는 행위는 전세권저당권자의 이익을 해치는 소멸행위에 해당하지 않으므로 전세권저당권자의 동의를 받을 필요가 없다. 저당권설정자는 전세권저당권의 객체에 대하여 처분의 자유를 가지고 있고 또 저당권의 추급효에 의하여 객체 자체가 소멸되지 않기 때문이다.99) 이 경우 전세권저당권은 전세권을 양수한 양수인의 전세권 위에 계속 유효하게 존속하게 된다.

(b) 용익기간 종료 후 전세금반환청구권의 소멸행위 금지

전세금반환청구권을 소멸시키는 행위는 전세금반환의무를 부담하는 전세권설정자도 저당권설정자인 전세권자도 할 수 없다. 그런데 전세금반환의무를 지는 전세권설정자가 전세금반환청구권의 변제기가 도래한 후 취득한 반대채권으로 상계, 변제, 경개하는 경우에 그 효력이 문제된다.100) 제371조(제2항)는 저당권설정자인 전세권자의 전세권의 소멸행위만 금지하고 있을 뿐이다. 통설은 질권의 경우 제352조는 제3채무자도 구속하는 것으로 해석하고 있다.101) 판례도 제352조의 해석에 있어서 질권설정자뿐만 아니라 제3채무자도 질권의 목적된 권리를 소멸하게 할 수 없다고 판시하고 있다.102) 생각건대 제371조(제2항)의 경우에도 명문의 규정은 없지만 제3채무자인 전세권설정자를 구속한다고 할 것이다.

통설과 판례는 전세금반환청구권이 저당권의 객체가 되지 않는다고 보기 때문에 전세권설정자는 전세금반환청구권에 대하여는 제3자에 해당하지 않게 된다. 따라서 전세권설정자는 전세권자에게 취득한 반대채권으로 상계할 수 있다고 보고 있다. 반대채권에는 첫째, 전세권저당권의 설정 전에 취득하여 변제기가 도래한 것, 둘째, 전세권저당권의 설정 전에 취득하였으나 그 변제기가 전세금반환청구권의 변제기 전이거나 그와 동일한 것, 셋째, 전세권저당권의 설정 후 용익기간 종료시까지 취득된 것,

---

99) 질권의 목적인 채권을 양도하는 것은 질권자의 이익을 해하는 변경에 해당하지 않으므로 질권자의 동의를 요하지 않는다(대법원 1997. 11. 11. 선고 97다35375 판결).

100) 채권질권의 경우는 질권의 대항요건(제349조)이 갖추어지기 전에는 제3채무자는 채권의 처분, 변경 등이 가능하다(오시영, 전게서, 635면). 그러나 전세권저당권의 경우는 등기에 의하여 저당권이 성립한 이상 제3채무자인 전세권설정자의 변제는 금지된다고 할 것이다.

101) 제352조의 해석과 관련하여 민법주해, 물권(2), 437-8면; 주석민법, 물권(3), 593면. 전세권저당권의 경우는 전세권설정자가 제3채무자가 된다.

102) 대법원 1997. 11. 11. 선고 97다35375 판결.

넷째, 용익기간 종료 후 저당권말소등기 전에 취득된 것이 있을 수 있다. 판례는 셋째와 넷째의 반대채권에 대하여는 상계를 인정하지 않지만, 첫째와 둘째의 반대채권에 대하여 상계를 인정하고 있다. 그러나 물권의 새로운 패러다임에 의하면 전세금반환청구권은 당연히 전세권저당권의 객체가 되므로 둘째의 반대채권으로도 상계가 인정되지 않는다. 문제는 전세권저당권의 설정 전에 취득하여 변제기가 도래한 첫째의 반대채권에 의한 전세권자에 대한 상계를 전세권저당권자에 대하여 주장할 수 있는지이다. 생각건대 전세권저당권자가 전세금반환청구권에 대하여 저당권등기에 의하여 우선적 지위를 확보한 이상 전세권설정자가 전세권저당권의 설정 전에 취득한 반대채권이라고 하더라도 그 전에 상계를 하지 않았기 때문에 전세권저당권이 성립한 후에는 반대채권에 의한 상계를 전세권저당권자에 대하여 주장할 수 없다고 할 것이다.

저당권설정자인 전세권자는 전세금반환청구권을 추심하여 변제를 수령하거나, 전세금반환청구권을 면제하거나, 전세금을 포기하거나, 전세금반환청구권을 다른 권리로 경개할 수 없고 또 전세금반환청구권에 대하여 이행청구의 소도 제기할 수 없다.[103]

(8) 용익기간의 종료 후 전세권에 대한 저당권의 설정과 실행

전세권의 용익기간이 종료되어 담보물권성의 전세권만 잔존하는 경우에도 저당권을 설정할 수 있는가? 달리 말하면, "담보물권은 저당권의 객체가 될 수 없다."라는 도그마는 용익기간이 종료되어 담보물권성의 전세권만 잔존하는 경우에도 적용될 수 있는가 하는 것이다. 종래 물권은 지배권이라는 도그마에 의하면, 담보물권은 저당권의 객체가 될 수 없다. 담보물권은 종된 물권이므로 담보물권이 저당권의 객체가 된다는 것은 곧 피담보채권에 대하여 저당권을 설정한다는 것이 되어버리기 때문이다. 그러나 물권의 새로운 패러다임에 의하면, 담보물권성의 전세권을 담보물권인 저당권과 동일하게 볼 수는 없다. 우선 전세금반환청구권은 물권적 청구권으로서 전세권의 내재적 요소에 해당한다. 또 이 경우 전세금반환청구권과 담보물권성의 전세권은 피담보채권과 종된 물권인 저당권의 관계와 다르다. 즉, 어디까지나 담보물권성의 전세권이란 저당권과 구분되는 담보물권으로서 전세금반환청구권을 요소로 하는 것이다. 따

---

103) 오시영, 전게서, 634면 참조; 민법주해, 물권(2), 436면 참조; 주석민법, 물권(3), 592면 참조.

라서 용익기간이 종료된 후에도 담보물권성의 전세권은 저당권의 객체가 될 수 있다. 따라서 전세권의 용익기간이 종료된 전세금반환청구권에 대하여 저당권을 설정하는 경우에는, 저당권은 담보권부 전세금반환청구권의 교환가치를 파악하게 된다.

Ⅷ. 물권의 패러다임 전환

물권은 지배권이라는 도그마는 일부의 진실만을 담고 있다. 그 오류가 무엇인지에 대하여 살펴본다. 또 이 도그마가 원래 안고 있는 문제점과 우리 물권법에서 야기되고 문제점이 무엇인지에 대하여도 살펴본다. 그리고 이를 토대로 하여 물권은 지배권이라는 도그마를 수정하고 발전시키는 물권의 새로운 패러다임이 무엇이고 또 그것이 갖는 의의에 대하여 살펴보기로 한다.

1. 물권은 지배권이고 채권은 청구권이라는 도그마의 오류와 그 문제점

물권은 지배권이라는 도그마와 채권은 청구권이라는 도그마를 분리하여 그 오류에 대하여 살펴본다.

(1) 물권은 지배권이라는 도그마의 오류

첫째, 물권은 지배권이라는 도그마는 물권법상의 청구권이 물건을 지배하는 권리가 아니라고 해서 바로 채권으로 취급해 버리는 점에서 오류가 있다. 물권법상의 청구권은 비록 지배권은 아니지만, 그렇다고 해서 채권이라 할 수 없기 때문이다. 물권법상의 청구권에는 채권이라고 할 수 없는 본질적인 차이점이 존재한다. 둘째, 물권은 지배권이라는 도그마는 물권에는 지배권으로만 구성되는 물권도 존재하지만 그렇지 않은 물권도 존재한다는 것을 인정하지 않는다는 점에서 그 오류가 있다. 즉, 물권에는 동산소유권, 건물소유권과 같이 지배권만으로 구성되는 물권이 있다. 그러나 물권에는 지상권과 전세권의 경우처럼 지배권뿐 아니라 지료청구권과 전세금반환청구권과 같은 물권법상의 청구권으로 구성되는 물권도 존재한다. 셋째, 물권은 지배권이라는 도그마는 지배권만으로 구성되지 않는 물권의 경우, 물권법상의 청구권을 배제하고서는 물권의 존재 자체를 생각할 수 없다는 것을 인정하지 않는다는 점에서 오류가 있다. 예를 들면, 전세권의 경우 전세금의 지급 내지는 전세금반환청구권을 떠나서는 전세권 자체를 생각할 수 없다. 넷째, 물권은 지배권이라는 도그마는 물권법상의 청구권을 지배권의 내용, 효력이라고 하면서도 이를 채권으로 간주하였다는 점에서 오류가 있다. 만일 물권법상의 청구권이 지배권의 내용, 효력이라고 본다면, 물권법상의 청구권을 채권이 아니라 물권으로 편입하였어야 할 것이다. 다섯째, 물권은 지배권이라는 도그마는 물권법상의 청구권을 지배권의 내용, 효력이라고 할 뿐 이를 지배권과는 별개의 권리임을 인정하지 않았다는 점에서 오류가 있다. 우선 물권법상의 청구권에는 설정되는 지배권의 대가를 구성하는 물권법상의 청구권이 존재한다. 지료청구권, 전세금보유권과 전세금반환청구권이 이에 해당한다. 이 권리들은 지배권과 대등한 권리이기 때문에 이들을 결코 지배권의 내용, 효력으로 볼 수는 없는 것이다. 그밖에 지배권의 대가를 구성하지 않는 법정의 물권법상의 청구권도 지배권과 함께 물권을 구성한다는 점에서는 마찬가지이다. 무엇보다도 일반적으로 권리의 내용, 효력이란 해당 권리 자체의 내용, 효력을 의미하는 것이다. 따라서 채권이 지배권의 내용, 효력이 될 수는 없는 것이다. 여섯째, 물권은 지배권이라는 도그마는 지배권이란 오로지 그 대상인 물건을 직접 지배하는 것을 내용으로 하는 물적 권리지만, 물권적 청구권은 사람에 대한 청구권인 인적 권리로서 지배권과는 범주가 전혀 다른 권리임을 인정하지 않는다는 점에서 오류가 있다. 예를 들면, 토지소유자가 이웃하는 토지의 소유자에 대하여 행위청구권 또는 인용청구권을 갖는 것이 토지를 지배하는 것과 무관하다고 할 수는 없다. 그러나 이는 사람에 대한 청구권으로서 지배권과는 별개의 독자적인 권리라 하지 않을 수도 없다. 또 전세권자에게 발생하는 유익비상환청구권, 부속물매수청구권도 마찬가지이다.

(2) 채권은 청구권이라는 도그마의 오류

첫째, 채권은 청구권이라는 도그마는 물권법상의 청구권을 채권으로 간주해버리는 점에서 오류가 있다. 물권법상의 청구권은 채권과 다른 특징을 가지는바, 결코 채권으로 간주할 수는 없다. 예를 들면, 물권법상의 청구권은 채권과 달리 물권자에게 인정되는 청구권이고 또 제한물권의 물권적 청구권은 채권과는 달리 양도성이 인정되기 때문이다. 둘째, 채권은 청구권이라는 도그마는 청구권에는 채권적 청구권 이외에 물권법상의 청구권이 존재한다는 것을 인정하지 않는다는 점에서 오류가 있다. 채권적 청구권과 물권법상의 청구권은 그 상위개념인 청구권으로 포섭된다. 즉, 채권은 청구권이지만, 청구권이 채권은 될 수 없는 것이다. 남자는 사람이지만, 사람은 남자라고 할 수 없는 것과 마찬가지이다. 셋째, 물권법상의 청구권은 물권자에게 인정되는 청구권으로서 그 권리자가 반드시 물권자임에 반하여, 채권은 그 권리자가 물권자임을 묻지 않고 성립하는 권리이다. 채권이 물권자에게 인정되는 듯한 외관이 존재하더라도, 채권은 물권자라는 사실과는 무관하게 성립할 수 있는 권리이다.

(3) 물권은 지배권이고 채권은 청구권이라는 도그마가 갖는 실체적인 문제점

물권은 지배권이라는 도그마에 의하면, 다음과 같은 여러 실체적인 문제점을 안고 있다. 첫째, 물권은 지배권이라는 도그마는 물권법상의 청구권을 채권으로 보기 때문에, 이를 물권의 밖에 존재하는 것으로 간주하여 물권적 규율을 포기한다는 문제점이 있다. 예를 들면, 용익기간의 종료 후 전세금반환청구권은 등기가 아니라 채권양도에 따라 이전된다고 보는 것도 물권법상의 청구권에 대한 물권적 규율을 포기하는 것과 마찬가지이다. 둘째, 물권은 지배권이라는 도그마는 물권법상의 청구권을 채권으로 보아서 지배권과 분리해버리는 문제점이 있다. 그러나 물권적 청구권은 지배권과 물건을 중심으로 결합되어 있는 권리로서 지배권과는 떼려야 뗄 수 없고 그 결과 지배권과 함께 양도될 수밖에 없다는 점에서 물권법상의 청구권은 결코 지배권과 분리될 수 없는 것이다. 셋째, 물권은 지배권이라는 도그마는 물권법에 온전한 지위를 인정하지 못하는 문제점이 있다. 물권법상의 청구권을 채권으로 보는 한 물권법에 채권규정의 존재를 인정하지 않을 수 없게 된다. 그것은 물권법에 대하여 온전히 물권에 관한 법으로서의 지위를 박탈하는 것이 되어버리고 만다. 넷째, 물권은 지배권이라는 도그마는 물권이 유상으로 존재할 수 있다는 것을 인정하지 않는다는 문제점이 있다. 물권법상의 청구권 중에는 설정되는 지배권의 대가를 구성하는 지료청구권과 전세금보유권이 있는바, 지료약정이 있는 지상권설정자의 권리와 전세권설정자의 권리는 유상의 물권임을 인정하지 않을 수 없다. 다섯째, 물권은 지배권이라는 도그마는 지상권의 경우 지료의 약정이 대항등기사항을 구성한다고 보는 점에서 오류가 있다. 급부에 대하여 대가가 지급되는 채권계약의 경우 유상계약이 존재하듯이, 용익지배권의 대가를 구성하는 지료의 약정은 유상의 지상제한소유권과 지상권의 성립등기사항을 구성하는 것이다. 여섯째, 물권은 지배권이라는 도그마가 물권법상의 청구권을 채권으로 보게 되면, 그것은 물권자에 대하여 별개로 채권자의 지위를 인정하는 것이 되어

버리는 문제점이 있다. 그것은 지배권인 물권과 채권이 합쳐진 제3의 권리를 인정하는 것이 되고 만다. 이는 물권채권준별론에도 어긋나는 것이라 하지 않을 수 없다. 그렇지 않기 위해서는 물권법상의 청구권을 반드시 물권으로 포섭하여야 한다. 일곱째, 물권은 지배권이라는 도그마는 물권행위(물권적 합의)의 효과 내지는 물권변동을 왜곡하는 문제점이 있다. 물권행위는 지배권의 이전만을 내용으로 한다고 보기 때문에, 지료청구권, 전세금보유권과 전세금반환청구권의 발생을 물권행위의 효과인 물권변동에서 제외하게 된다. 즉, 이들 권리를 물권행위가 아닌 채권계약에 의하여 발생하는 것으로 보는 것은 물권법상의 청구권이 물권자에게 인정되는 권리라는 점에서 타당하지 않다.

(4) 물권은 지배권이고 채권은 청구권이라는 도그마가 우리 민법의 고유한 권리인 전세권과 그에 대한 저당권에서 갖는 실체적인 문제점

물권은 지배권이라는 도그마는 우리 민법상 다음과 같은 여러 실체적인 문제점을 일으키고 있다. 첫째, 물권은 지배권이라는 도그마는 전세금반환청구권이 그 요소가 되는 전세권의 법적 성격을 유기적으로 파악하지 못하는 문제점이 있다. 이 도그마는 전세금반환청구권을 채권이라고 보므로, 전세금반환청구권이 전세권의 본질적 내재적 요소가 된다는 것을 부정하게 된다. 또 통설과 판례가 전세금반환청구권을 용익지배권의 성립요소 내지는 존속요소로 보는 것은 마치 저당권의 경우 피담보채권이 저당권의 요소가 된다고 보는 것과 마찬가지이다. 즉, 담보물권성의 전세권을 저당권의 일종으로 보는 것이다. 둘째, 물권은 지배권이라는 도그마는 전세권에 대하여 저당권을 설정하는 경우 전세금반환청구권을 채권으로 보므로, 저당권의 객체로 보지 않는다는 문제점이 있다. 이로 인해 판례는 전세권저당권의 실행시에 전세금반환청구권에 대하여 물상대위를 준용하는데, 전세금반환청구권은 전세권저당권의 성립시부터 존재한다는 사실에 반하는 것이다. 또 이것은 압류 이전에 저당권의 성립시부터 저당권자가 마땅하게 누려야 할 우선적 지위를 박탈하는 것이 되고 만다. 셋째, 물권은 지배권이라는 도그마는 전세금반환청구권을 채권으로 보는 결과 전세권에 대하여 저당권이 성립한 후에도 전세권설정자는 전세권자에 대하여 취득한 반대채권으로 상계를 할 수 있게 되는 문제점이 있다. 이는 물권자인 전세권저당권자의 채권자에 대한 우선적 지위를 인정하지 않는 것이 되어버리는 문제가 있다.

2. 물권의 새로운 패러다임과 그 의의[104)

물권의 새로운 패러다임에 의하면, 물권에는 지배권으로만 구성되는 물권 외에 지배권과 물권적 청구권으로 구성된 물권도 존재한다. 따라서 물권이란 "물건을 매개로 하는 권리"라는 새로운 패러다임이 성립하게 된다. 이제 물권의 새로운 패러다임이 갖는 의의에 대하여 살펴본다.

(1) 지배권만으로 구성되는 물권뿐 아니라 지배권과 물권적 청구권으로 구성되는 물권도 포섭할 수 있는 패러다임으로서 물권법상의 규율로부터 자연스럽게 표출될 수 있는 패러다임

물권은 '물건을 매개로 하는 권리'라는 패러다임은 지배권만으로 구성되는 물권뿐 아니라 지배권과 물권적 청구권으로 구성되는 물권도 포섭할 수 있는 패러다임이다. 이러한 점에서 물권은 '물건을 매개로 하는 권리'라는 물권의 새로운 패러다임이 성립한다. 그리고 이러한 패러다임은 이미 우리의 물권법뿐 아니라 대륙법계의 물권법에 내재되어 있는 패러다임이라고 할 수 있다.

(2) '물건에 관한 법'인 물권법의 지위를 온전하게 회복할 수 있는 패러다임

'물건을 매개로 하는 권리'라는 물권의 새로운 패러다임에 의할 때 비로소 물권법 전체에 대하여 물권법으로서의 지위를 회복하여 줄 수 있다. 물권법상의 청구권을 채권이 아니라 물권적 청구권으로 볼 수 있으므로, 물권법에 온전한 지위를 회복시킬 수 있는 것이다. 또 그것은 물권법상의 청구권을 지배권의 내용, 효력으로 보지 않고 별개의 독자적인 권리로서 물권을 구성한다고 함으로써 가능한 것이다.

(3) 물권법상의 청구권과 지배권을 물권을 구성하는 대등한 권리임을 밝혀주는 패러다임

물권의 새로운 패러다임에 의할 때, 물건을 대상으로 하는 지배권과 물건의 소유자

---

104) 이 부분은 그동안 필자의 논문("물권관계의 새로운 이해", "물권론의 재정립")에서 부분적으로 표출된 견해를 체계적으로 정리한 것이다.

(또는 물권자)에 대한 청구권인 물권법상의 청구권을 모두 '물건을 매개로 하는' 물권으로 포섭할 수 있다. 예를 들면, 지상권의 경우 용익물에 대한 지배권(제279조)과 기타 갱신·매수청구권(제283조), 지상물수거·매수청구권(제285조), 지료감액청구권(제286조)의 물권법상의 청구권을 하나의 물권으로 통합할 수 있다. 이는 채권의 경우, 예를 들면 임차권자의 사용·수익청구권(제618조)과 그 밖의 상환청구권(제626조), 차임감액청구권(제627조), 부속물매수청구권(제646조) 등을 동일한 임차권으로 포섭하는 것과 마찬가지이다.

(4) 물권을 완전소유권, 제한소유권과 제한물권으로 구분하고 제한소유권을 독자적인 물권으로 포섭할 수 있는 패러다임

물권의 새로운 패러다임에 의할 때, 물권의 종류가 확대되고 또 구분이 명확해진다. 이것은 물권적 청구권이 지배권과 함께 물권을 구성하는 권리가 될 수 있다는 데에 기초하고 있다. 첫째, 토지소유권은 물권적 청구권인 상린권과 지배권으로 구성되는 물권이라는 점에서 물권적 청구권이 존재하지 않는 동산소유권, 건물소유권과 구분될 수 있다. 토지소유권은 동산소유권과 건물소유권과 함께 완전소유권에 해당하지만, 물권적 청구권이 존재한다는 점에서 완전소유권인 동산소유권과 건물소유권과 구분될 수 있는 것이다. 둘째, 제한소유권이 독자적인 물권의 분류로 포섭될 수 있는 패러다임이다. 제한소유권자는 제한물권이 성립하는 경우에 이에 대응하여 성립하는 권리로서, 지배권이 감축되고 그에 따른 물권법상의 청구권이 발생하게 된다는 점에서, 이는 완전한 지배권을 갖는 완전소유권과는 구분되는 독립한 물권이 될 수 있다. 예를 들면, 지배권의 대가로서 성립하는 지료청구권과 지배권이 함께 물권을 구성하여, 지상권과 구별되는 지상제한소유권이 성립한다. 이는 마치 임대인의 권리인 임대권과 임차인의 권리인 임차권이 대립하고 있는 것과 마찬가지이다.

(5) 지배권자 또는 물권적 청구권자를 동일한 물권자로 인식하는 패러다임

물권의 새로운 패러다임은 물권과 채권을 명확히 구분하는 패러다임이다. 다시 말하면, 물권의 새로운 패러다임은 지배권과 관련이 있는 물권적 청구권을 지배권과 관련이 없는 채권적 청구권과 구분한다. 따라서 물권적 청구권과 지배권이 동일인에게 귀속되는 경우, 그것은 한 사람의 물권자로서의 지위가 주어질 뿐이다. 이에 반하

여 저당채권과 저당권이 동일한 주체에 귀속되는 경우, 그것은 채권자의 지위와 저당
권자의 지위가 한 사람에게 중첩적으로 인정되는 것일 뿐이다. 즉, 저당채권자와 저당
권자의 지위는 처음부터 다른 별개의 지위로서, 전자는 주된 채권의 귀속자로 후자는
종된 물권자의 귀속자로서의 지위가 분리되어 존재하는 것이다.

(6) 유상의 물권을 인정하는 패러다임

물권의 새로운 패러다임은 지료청구권 과 전세금보유권을 지배권의 대가를 구성하
는 물권법상의 청구권으로 인정함으로써, 유상의 물권이라는 개념을 인정한다.

(7) 청구권이라는 새로운 개념이 도출될 수 있는 패러다임

물권의 새로운 패러다임에 의하면, 채권적 청구권 외에 그와 다른 성질을 갖는 물
권법상의 청구권을 인정하는 결과, 양자를 포섭하는 상위개념인 청구권이라는 개념
이 도출된다. 특정의 채무자에 대한 청구권과 또는 물권자에 대한 청구권은 모두 사
람에 대한 청구권으로서 인적 권리인 청구권에 해당하는 것이다.

(8) 물적 권리와 인적 권리의 대립관계를 해소할 수 있는 패러다임

물권의 새로운 패러다임에 의하면, 물적 권리인 지배권과 인적 권리인 물권적 청구
권을 포섭하여 물권으로 구성하여 주는 패러다임이다. 종래에는 물적 권리와 인적
권리는 동일한 범주의 권리로 볼 수 없다고 보아, 지배권과 물권법상의 청구권을 분
리하였다. 그러나 물권의 새로운 패러다임은 인적 결합은 있지만 물적 결합이 없는
채권과 인적 결합은 없지만 물적 결합이 있는 물권적 청구권을 구분하여, 후자를 지
배권과 함께 물권을 구성하는 물권이 존재함으로 보여주고 있다. 즉, 물권에는 다른
사람과의 관계가 전혀 문제가 되지 않고 존재할 수 있는 동산소유권·건물소유권 외
에 지배권과 함께 물권적 청구권으로 구성되는 물건이 있음을 보여주고 있다.

(9) 물권법상의 청구권에 대하여 물권적 규율을 가능하게 하는 패러다임

물권의 새로운 패러다임은 물권법상의 청구권을 지배권과 함께 물권을 구성하는
권리로 보는 결과, 물권법상의 청구권에 대하여도 지배권과 마찬가지로 물권법정주
의가 적용되고, 물권행위의 효력으로 포섭될 수 있고, 등기의 대상이 될 수도 있다는

것을 보여주고 있다. 이것이 바로 물권법상의 청구권에 대한 물권적 규율이다. 이것이
바로 물권의 새로운 패러다임이 물권법상의 청구권을 인정하는 실익에 해당한다고
할 수 있다.[105]

(10) 채권법에 대하여 새로운 해석을 가능하게 하는 패러다임

물권의 새로운 패러다임에 의하면, 채권법은 채권적 청구권에만 적용되는 규정의
집합이라고 할 수 없다. 채권법에는 물권법상의 청구권에도 준용될 수 있는 규정들이
존재한다. 예를 들면, 채무불이행의 규정은 물권적 의무의 불이행에도 준용될 수 있
다. 따라서 채무불이행에 관한 규정은 청구권 일반에 관한 규정에 해당하는 것이다.
따라서 채권법에는 채권적 청구권에만 적용되는 규정이 있을 뿐 아니라, 물권법상의
청구권을 포함한 청구권 일반에 적용될 수 있는 규정도 존재함을 알 수가 있다.

(11) 물권적 청구권과 채권적 청구권의 상위개념인 청구권의 개념을 도출할 수 있는 패러다임

물권의 새로운 패러다임은 물권적 청구권을 채권적 청구권과 구별함으로써 상위개
념인 청구권의 개념을 도출하여 주는 패러다임이다. 청구권은 사람에 대한 인적 권리
로서, 지배권과 대립하는 개념이다. 그렇다면 청구권을 규율하는 법은 어떻게 존재하
는가? 우선 물권법에는 물권법상의 청구권에 관한 개별적인 규율이 존재한다. 현행
물권법은 물권법상의 청구권에 대하여 일반적 규율을 하지 않고, 극히 일부 사항에
관해서만 규정을 두고 있을 뿐이다(제287조, 제311조, 제313조 등). 한편 채권법에는 채권
적 청구권에만 적용되는 규정이 있을 뿐 아니라, 물권법상의 청구권을 포함한 청구권
일반에 적용될 수 있는 규정도 존재한다. 이상의 청구권에 관한 규정의 집합은 청구
권법으로서 물권법의 일부인 지배권법에 대립하는 법영역으로 볼 수 있다.

(12) 물권은 지배권이라는 도그마에 기초하지만 새롭게 진화된 패러다임

물권의 새로운 패러다임은 물권은 지배권이라는 도그마를 폐기하는 것이 아니다.

---

105) 그 밖에 지배권과 함께 물권을 구성하지 않는 "그 밖의 물권적 청구권"의 경우에도 채권적
    청구권과는 다른 규율을 따르게 된다. 예를 들면, 부동산점유취득시효로 인한 등기청구권은
    채권이 아니므로, 20년의 시효(제162조 제2항)의 대상이 된다.

그것은 기존의 물권은 지배권이라는 도그마를 기초로 하되, 그것을 넘어서는 패러다임이다. 즉, 물권의 새로운 패러다임은 '물건을 지배하는 권리'라는 패러다임을 벗어나 '물건을 매개로 하는 권리'라는 패러다임으로 진화된 것이다. 물권의 새로운 패러다임의 발견은 원자모형의 패러다임이 계속하여 발전되어 온 것에 비견될 수 있다.106) 이렇듯 물권의 새로운 패러다임이 발전·진화된 패러다임이라는 것은, 후술하는 바와 같이 기존의 도그마가 안고 있던 여러 가지 모순과 문제가 구체적이고 합리적으로 해결될 수 있다는 점에서 잘 드러나고 있다.

3. 물권에 관한 대륙법계의 패러다임과 새로운 패러다임의 비교

물권을 지배권만으로 보는 대륙법계의 패러다임과과 물권법상의 청구권도 물권으로 포섭하는 물권이 새로운 패러다임을 비교하여 본다.

---

106) 원자모형의 패러다임은 돌튼, 톰슨, 러더포드, 보어를 거쳐 현대의 모형으로 발전하였다. 현대의 원자모형은 원자는 원자핵 주위를 전자가 확률분포에 따라 나타나는 모형(전자구름모형)(1926년 이후)의 가설을 수용하고 있다. 돌턴은 물질의 기본입자인 원자는 더 쪼갤 수 없는 작은 공과 같은 모형이라고 하였다(구모형)(1807년). 그 후 톰슨은 전자의 존재를 발견하고, 양전하가 가득한 곳을 음전하인 전자가 푸딩의 건포도처럼 박힌 모형(푸딩모형)(1897)이라는 새로운 가설을 세웠다. 또 톰슨의 제자인 러더포드는 원자의 중심에 원자핵이 있다는 것을 발견하고, 그 주위를 전자가 도는 모형(행성모형)(1911년)이라는 다른 가설을 제시하였다. 그리고 러더포드의 제자인 보어는 전자는 원자핵을 중심으로 불연속적으로 정해진 원궤도를 그리는 모형(1913년)이라는 더 앞선 가설을 세웠다. 그러나 현대의 많은 양자역학자들은 원자는 원자핵 주위를 전자가 확률분포에 따라 나타나는 모형(전자구름모형)(1926년 이후)이라는 전혀 새로운 가설을 제시하여, 이것이 현대과학자들에 의하여 받아들여지고 있다. 이들 중 톰슨은 자신이 제시한 원자모형의 가설로 1897년 노벨상을 수상하였고, 그 밖의 과학자들도 각자 물리학과 화학 분야에서 노벨상을 수상하였다. 현대에 와서 잘못된 것으로 판명이 된 가설로 노벨상을 수상한 톰슨은 오류인가? 결코 그렇지 않다고 할 것이다. 톰슨은 당시의 과학자들이 제기하는 의문을 해결하는 가설을 제시하였던 것이다. 그러나 그 후 제기된 의문을 해결하지는 못하였다. 톰슨의 원자모형에 대한 가설은 더 나은 가설을 향한 디딤돌 역할을 한 것이다. 이처럼 과학이란 실험을 통하여서 제시된 가설을 받아들이고 또 이 가설에 대하여 또 의문이 발생하면 이를 버리고 새로운 가설을 세워감으로써 끊임없이 진리의 발견을 향하여 나아가는 기나긴 여정이라고 할 것이다. 물권은 '물건을 지배하는 권리'라는 패러다임에서 '물건을 매개로 하는 권리'라는 새로운 패러다임으로의 발전도 이러한 여정에 비유할 수 있을 것이다.

(1) 대륙법계의 물권의 패러다임의 문제점

종전 대륙법계의 물권의 패러다임은 물권은 지배권이라는 도그마에 기초하는바, 그 결과 물권법상의 청구권을 채권으로 보고 이에 따라 채권적인 규율을 한다. 첫째, 물권법상의 청구권이 사람에 대한 인적 청구권이라는 외형에 집착하여, 물권법상의 청구권을 채권으로 취급한다. 그 결과 물권법상의 청구권에 대하여는 지배권과 같은 물권적 규율을 배제하게 된다. 둘째, 물권법상의 청구권을 물권인 지배권으로부터 분리한다. 이는 물권법상의 청구권이 물권법에 규정되어 있음에도 불구하고 물권법상의 청구권을 물권으로 취급하지 않는 것이다. 그것은 물권적 청구권과 지배권의 본질 내지는 사물의 본성에 반하는 것이라 하지 않을 수 없다. 또 그것은 물권의 있는 그대로의 모습에 부합하지 않는 것이다. 요컨대 물권법상의 청구권을 지배권으로부터 분리하는 것은 마치 살아있는 생명체의 살과 뼈를 분리하는 것으로서, 물권의 생명력을 박탈하는 것이다.

(2) 물권의 새로운 패러다임의 의의

물권의 새로운 패러다임에 의하면, 물권법상의 청구권은 물권자에게 인정되는 물권적 청구권으로서, 지배권과 함께 물권을 구성하는 권리이다. 첫째, 물권법상의 청구권은 물권자에게 인정되는 청구권이다. 지배권 단독으로 물권을 구성하든 또는 지배권과 함께 물권을 구성하든, 물권적 청구권은 물권자에게 인정되는 청구권이다. 이에 반하여 채권은 물권자임을 묻지 않고 채권자에게 인정되는 청구권이다. 둘째, 물권적 청구권은 지배권자에게 인정되는 청구권이라는 점에서 물건과 관련이 있는 권리라 할 수 있다. 따라서 물권적 청구권과 지배권은 물건을 매개로 하는 권리이다. 셋째, 제한소유권과 제한물권의 경우 물권법상의 청구권은 지배권과 떼려야 뗄 수 없는 권리로서 지배권과 함께 양도성이 인정되는 청구권이다. 요컨대 물권의 새로운 패러다임은 사실에 기초한 패러다임이다. 그 결과 물권의 새로운 패러다임은 물권법상의 청구권과 지배권을 분리하지 않고 물권적 규율을 함으로써, 물권에 대하여 생명력을 부여하는 패러다임이라고 할 것이다.

IX. 결어

물권의 새로운 패러다임은 물권법상의 청구권은 채권 내지 채권적 청구권과는 그 법적 기반과 법적 성질이 전혀 다른 권리에 해당한다는 새로운 지평을 우리에게 열어 주었다. 이른바 인적 권리인 청구권에는 채권적 청구권과 물권적 청구권이 존재한다. 채권적 청구권과 물권적 청구권은 인적 권리인 청구권이라는 유개념을 구성한다. 청구권이라는 유개념은 종개념으로서, 채권적 청구권과 물권적 청구권이 존재하게 된다. 그리고 물권적 청구권은 지배권과 함께 물권을 구성하는 경우, 물권은 물건을 매개로 하는 권리로서 혹은 지배권으로 혹은 지배권과 물권적 청구권으로 구성되는 권리이다. 후자의 물권에 해당하는 권리로서 토지소유권, 제한소유권과 제한물권이 존재한다. 이 중 지상권과 전세권에 대하여 물권의 새로운 법리를 적용한 결과에 대하여 살펴보기로 한다.

[전세권]

(i) 민법상의 전세권이란 전세권뿐 아니라 전세제한소유권도 가리킨다. 여기에서는 전세권을 중심으로 살펴보기로 한다.

(ii) 전세권은 전세물을 대상으로 하는 지배권, 지배권의 대가를 구성하는 전세금반환청구권 기타 법정의 물권적 청구권으로 구성되는 물권이다.

(iii) 전세권은 언제나 유상의 물권으로 성립한다. 이는 임대차와 매매가 언제나 유상으로 체결되는 것과 마찬가지이다.

(iii) 전세권은 용익물권성과 담보물권성이 유기적으로 결합된 하나의 물권이다. 전세권은 용익물권성과 저당권이라는 담보물권성이 병존하는 것이 아니다. 전세권이란 전세물에 대한 용익·처분지배권, 전세금반환청구권과 기타 물권적 청구권으로 구성되는 물권이다. 이에 반하여 전세물에 대한 처분지배권, 전세금보유권, 전세금반환의무와 기타 물권적 청구권으로 구성되는 전세권설정자의 권리, 전세제한소유권이라는 물권을 구성한다.

(iii) 전세금반환청구권과 그 밖의 법정의 물권적 청구권은 전세물에 대한 지배권과 함께 물적으로 결합되어 있다. 따라서 전세금반환청구권과 그 밖의 법정의 물권적 청구권은 지배권과 분리되어 채권으로 취급될 수 없는 권리이다.

(ⅳ) 전세권은 등기에 의하여 전세물에 대한 지배권이 성립한다. 따라서 용익지배권의 대가인 전세금은 전세물의 인도가 이루어지지 않더라도 등기시에 지급이 되어야 한다. 바로 이러한 이유에서, 전세권은 등기시에 지급되는 전세금을 기재하게 되는 것이다(부동산등기법 제72조 제1호).

(ⅴ) 전세금반환청구권은 용익지배권의 대가를 구성하는 전세금을 반환받는 물권적 청구권으로서 용익·처분지배권과 그 밖의 물권적 청구권과 함께 전세권을 구성한다. 전세금반환청구권은 전세권의 내재적 본질적 요소에 해당한다. 전세금반환청구권은 용익지배권의 대가로서 지급하였던 전세금을 반환받는 청구권으로서 담보지배권의 성립을 위한 요소가 되기도 한다. 이러한 전세금반환청구권을 담보하기 위하여 담보물권성이 인정되므로, 전세금반환청구권은 담보지배권의 성립을 위한 요소가 되기도 한다. 그리하여 전세금반환청구권은 바로 전세권의 요소가 되는 것이다. 이러한 전세금반환청구권은 용익지배권의 요소도, 효력도 아니고 또 용익지배권의 소멸의 효과도 아니다. 전세금반환청구권의 이러한 성질은 용익기간 종료 후 전세권의 담보물권성이 존속하는 경우에도 계속 유지되는 것이다.

(ⅵ) 용익기간 종료후에는 당사자가 약정한 대로 용익지배권은 상실된다. 그러나 전세금반환청구권을 비롯한 그 밖의 용익물권적 청구권은 계속하여 존속한다. 따라서 용익기간 종료후에도 전세권은 용익물권성과 담보물권성이 유기적으로 결합된 하나의 물권으로 성질이 계속하여 존속하는 것이다. 즉, 용익기간 종료 후에도 전세금반환청구권은 처분지배권과 함께 물권인 전세권의 구성요소이고, 동시에 담보물권성의 전세권이 성립하기 위한 내재적 요소가 되는 것이다.

(ⅶ) 용익기간이 종료된 후의 담보물권성의 전세권은 저당권이 아니다. 같은 것은 같게 다른 것은 다르게 라는 배분적 정의에 따르면, 전세금반환청구권은 용익지배관 또는 담보지배권과 물적으로 결합되어 결합성이 있는 물권적 청구권인 반면에, 저당채권은 채권에 지나지 않는다. 전세금반환청구권은 물건을 매개로 하는 물권적 청구권이나, 저당채권은 물건을 매개로 하지 않는 청구권이다. 즉, 전세금반환청구권은 용익물권성과 담보물권성의 전세권의 내재적 권리이나, 저당채권은 저당권의 외부에 존재하는 외재적 채권이다. 따라서 전세금반환청구권관계의 이전에는 전세권의 이전등기로 족하고 별도의 이전절차는 필요하지 않으나, 저당권의 경우는 등기 이외에 저당채권의 양도절차가 필요하다.

(ⅷ) 전세권에 대하여 저당권이 설정되는 경우 지배권뿐 아니라 전세금반환청구권을 포함하여 그 밖의 물권적 청구권도 저당권의 객체가 된다. 전세권 자체의 교환가치가 저당권의 객체가 되는 것이다.

(ⅸ) 용익기간 존속 중, 저당권이 실행되는 경우 매수인은 전세금반환청구권 등을 포함된 전세권 자체를 취득한다. 즉, 유익비상환청구권, 부속물매수청구권 등도 비록 공시는 되지 않지만, 저당권의 객체가 된다.

(ⅹ) 용익기간 종료 후 저당권이 실행되는 경우, 전세물의 용익지배권은 소멸하므로 그에 대한 교환가치도 소멸하는 대신 전세금반환청구권 등의 물권적 청구권의 교환가치는 그대로 유지된다.

(ⅺ) 저당권의 객체인 전세금반환청구권에 대하여는 물상대위의 법리를 준용하거나 채권질권의 성립을 준용할 필요가 없다. 저당권의 객체인 전세금반환청구권에 대하여는 전세권설정자에 대하여 전세금반환청구권의 직접 청구가 가능하다.

(ⅻ) 저당권자는 등기시부터 저당권자로서 보호를 받으므로, 전세권설정자는 전세권자에 대하여 전세권저당권등기 성립 전에 취득한 반대채권이 있더라도 이를 상계를 하지 않은 이상, 저당권성립 후에는 반대채권으로 상계한다고 하더라도 이를 저당권자에 대하여 대항할 수는 없다. 이는 저당권자 채권자보다 우선하여 보호를 받기 때문이다. 또 전세권설정자는 전세권자에 대하여 전세권저당권등기 성립 후에 취득한 반대채권이 물권적 청구권이라고 하더라도 합리적 기대설에 따라 상계를 하더라도 역시 이를 저당권자에게 대항할 수는 없다. 이는 저당권자에게는 담보권자로의 지위가 인정되기 때문이다.

(ⅹⅲ) 전세권절정자와와 전세권자는 전세금반환청권을감소시키거나, 이를 변제하여 전세권을 소멸시키는 행위를 할 수 없다(제371조 제2항).

(ⅹⅳ) 절대권과 상대권

[지상권]

(ⅰ) 민법상의 지상권이란 지상권뿐 아니라 지상제한소유권도 가리킨다. 여기에서는 지상권 그리고 유상의 지상권을 중심으로 살펴보기로 한다.

(ⅱ) 당사자들은 약정에 의하여 지상권을 유상 또는 무상으로 성립시킬 수 있다. 이는 마치 대차계약과 위임계약의 경우 유상 또는 무상으로 체결할 수 있는 것과

마찬가지이다.

(iii) 유상의 지상권(물권)의 내용은 법률과 약정(제280조, 제286조, 제289조의2)으로 정한다. 당사자들의 지료약정은 등기에 기재된다(부동산 등기법 제72조). 따라서 지료약정의 기재는 유상의 지상권의 경우 성립등기사항이 된다. 따라서 당사자들이 유상의 지상권을 설정하였음에도 어떠한 사정으로 지료약정의 기재가 없으면, 무상의 지상권이 성립하는 것이 아니라 유상의 지상권이 성립하지 않게 된다. 이에 반하여 부동산임대차등기(제621조)는 대항등기사항이 된다. 이상의 논의는 지상제한소유권의 경우도 마찬가지이다.

(iv) 유상의 지상권은 토지에 대한 용익지배권(제279조), 토지사용료인 지료지급의무(제286조 참조)와 그 밖의 법정 물권적 의무(제285조)로 구성되는 물권이다. 또 유상의 지상제한소유권은 토지에 대한 처분지배권과 지료지급청구권(제286조 참조)과 그 밖의 법정의 물권적 청구권(제287조)으로 구성되는 물권이다. 지료약정의 등기는 유상의 지상권자의 지료지급의무와 유상의 지상제한소유권자의 지료지급청구권을 동시에 공시한다.

(ⅴ) 유상의 지상권이 저당권의 객체가 되는 경우 지상권자의 용익지배권뿐만 아니라 지상권자가 부담하는 지료지급의무도 당연히 지상권의 담보가치로서 파악이 된다. 독립한 물권인 지상제한소유권도 당연히 저당권의 객체가 된다. 이 경우 지료청구권도 담보가치로서 파악이 된다. 또 그 밖에 매수청구권의 행사에 의한 매수대금도 저당권의 객체로 파악이 된다. 반면에 유상인 지상제한소유권이 저당권의 객체가 되는 경우 토지에 대한 처분지배권과 잔여 지상권존속기간 동안의 지료지급청구권을 취득하게 된다. 매각대금은 토지의 가액과 잔여 존속기간 동안 받을 수 있는 지료가 될 것이다. 또 지료청구권은 저당권의 객체이므로, 저당권실행시에 물상대위의 법리가 준용될 수는 없고 또 지료청구권에 대하여 압류의 절차도 필요하지 않다, 저당권자는 지상제한소유권자의 지료청구권에 대하여 우선적 지위를 확보하게 되므로, 지상권자가 지상권설정자에 대하여 취득한 반대채권이 존재하더라도 지상권설정자에 대한 상계로서 저당권자에게 대항할 수 없다.

참고문헌

강대성, "전세권저당권의 우선변제적 효력", 토지법학, 제24-1호(2008).

강태성, "전세권저당권에 관한 대법원 판례의 검토 – 대법원 1999. 9. 17. 선고 98다 31301 판결과 대법원 2014. 10. 27. 선고 2013다91672 판결을 중심으로 –", 법학 논고, 제61집(경북대학교 법학연구원, 2018).

곽윤직·김재형, 물권법(박영사, 2015).

김동옥, "저당권의 목적물로 된 전세권이 기간만료로 종료된 경우의 법률관계", 판례연구, 제12집(부산판례연구회, 2001).

김상용, 물권법(법문사, 1993).

김선혜, "전세권저당권자의 전세권자에 대한 상계의 우열관계", 대한변협신문, 제528호 (2015. 1. 26).

김제완, "전세권을 목적으로 한 저당권자의 우선변제권과 상계적상", 고려법학, 제76호 (고려대학교 법학연구소, 2015. 3).

김증한·김학동, 물권법(박영사, 1997).

김창섭, "전세권에 대한 저당권의 우선변제적 효력의 인정 여부", 법조, 제50권 제4호 (2001).

남양우, "전세권을 목적으로 한 저당권의 효력에 관하여 – 대법원 1999. 9. 17. 선고 98다 31301판결을 중심으로 –", 대전지방법원 실무연구자료 제7권(2006).

남효순, "물권관계의 새로운 이해 – 물권 및 물권적 청구권 개념에 대한 새로운 이해의 단초2 –", 민사법학, 제63-1호 별책(한국민사법학회, 2013).

_____, "용익기간 중 전세물의 양도와 전세금반환의무의 이전 여부 – 물권 및 물권적 청구권 개념에 대한 새로운 이해의 단초", 법학, 제49권 4호(서울대학교 법학연구 소, 2008. 12).

_____, "전세권의 법적 성질과 본질", 저스티스, 통권 제182-1호(한국법학원, 2021. 2).

_____, "전세권의 본질에 비추어 본 전세권저당권 제반문제의 검토 – 전세금반환청구 권은 채권적 청구권이 아닌 물권적 청구권으로 물권에 속하는 권리 –", 법학, 제62권 제1호(서울대학교 법학연구소, 2021. 3).

민법개정 총서, 2004년 법무부 민법개정안, 총칙·물권편(법무부, 2012).

_____, 2014년 법무부 민법개정시안해설, 민법총칙·물권편(법무부, 2017)

민법주해[Ⅳ], 물권(1)(박영사, 1992).

민법주해[Ⅵ], 물권(3)(박영사, 1992).

민사법연구회, 민법안의견서(일조각, 1957).

민의원법제사법위원회·민법안신의소위원회, 민법안심의록(상권) 총칙편·물권편·채권
　　　편(1957).

박순성, "전세권에 관한 판례의 동향과 전망 – 전세권의 담보물권성을 중심으로", 21세기
　　　한국민사법학의 과제와 전망, 심당송상현선생 화갑기념논문집(박영사, 2002).

배병일, "전세권저당권", 저스티스, 통권 제139호(한국법학원, 2013. 12).

송덕수, 물권법(박영사, 2014).

양창수, "전세권", 고시계, 제37권 3월호(1992. 2).

여하윤, "전세권자와 전세권저당권자의 이익 충돌", 재산법연구, 제36권 제1호(2019).

오경미, "채권담보전세권과 그 저당권의 법률관계", 민사재판의 제문제, 제19권(한국사법
　　　행정학회, 2010. 12).

오시영, 물권법(학현사, 1992).

＿＿＿, "전세권의 용익물권성과 담보물권성 분리에 따른 입법론적 고찰", 민사법학, 제
　　　48호(한국사법행정학회, 2010).

＿＿＿, "전세권 존속기간 경과 후 전세권저당권의 물상대위성에 대한 고찰", 한양법학,
　　　제35집(한양대학교 법학연구소, 2011. 8).

윤진수, "물권행위 개념에 대한 새로운 접근", 민사법학 제28호(한국민사법학회, 2005).

이동진, "물상대위와 상계: 동산양도담보와 전세권저당권자를 중심으로", 민사법학, 제83
　　　호(한국사법행정학회, 2018. 6).

이미선, "전세권저당권자의 지위와 관련된 쟁점에 관한 검토", 대전지방변호사회지, 제4
　　　호(2007).

이상태, 물권·채권 준별론을 취한 판덱텐체계의 현대적 의의(건국대학교 출판부, 2006).

＿＿＿, "전세권저당권자의 법적 지위", 민사법학, 제38호(한국사법행정학회, 2007).

이승훈, "전세권저당권의 실행방법과 전세권설정자의 공제 및 상계주장 가부", 민사판례
　　　연구[ⅩⅩⅩⅧ](박영사, 2016).

이영준, 물권법(박영사, 2004).

이원일, "전세권에 대하여 저당권이 설정되어 있는데 전세권이 기간만료로 종료된 경우,
　　　전세금반환채권에 대한 제3자의 압류 등이 없는 한 전세권 설정자는 전세권자에
　　　대하여만 전세금반환의무를 부담하는지 여부 및 그 저당권의 실행 방법", 대법원
　　　판례해설, 제33호(2000).

이은영, 물권법(박영사, 2006).

이재도, "전세권저당권의 효력과 실행 방법", 대전지방법원 실무연구자료, 제7권(2006).

이홍민, "전세권의 법적 구조와 전세권저당권에 관한 법률관계", 법학논총, 제20집 제3호
　　　(조선대학교 법학연구원, 2014).

장창민, "전세권저당권의 보호에 관한 연구", 법학연구, 제25권 제4호(연세대학교 법학연
　　　구원, 2015. 12).

정병호, "물권적 청구권이 채권자대위권의 피보전권리가 될 수 있는지 여부", 법조 제57
　　　권(2008. 10).

주석민법, 물권(1)(홍성재 집필부분)(한국사법행정학회, 2011).

주석민법, 물권(3)(박순성 집필부분)(한국사법행정학회, 2011).

주석민법, 물권(4)(김재형 집필부분)(한국사법행정학회, 2011).

추신영, "전세권저당권의 실행방안 － 대법원 2006. 2. 9. 선고 2005다59864 판결 －", 재
　　　산법연구, 제28권 제2호(2012).

한불민사법학회, 프랑스채권법해제(박영사, 2021)

홍성재, 물권법(대영문화사, 2010).

_____, "윤진수 교수의『물권행위 개념에 대한 새로운 접근』에 관한 토론", 민사법학
　　　제28호(한국민사법학회, 2005).

황경웅, "전세권저당권의 등기의 효력과 그 실행방법", 중앙법학, 제15권 제3호(중앙대학
　　　교 법학연구소, 2013).

SNULAW – 민사법학회발표

남효순

서울대학교 법과대학 졸업
서울대학교 대학원 법학과 박사과정 수료
프랑스 낭시(Nancy) 제2대학교 법학박사
프랑스 낭시(Nancy) 제2대학교 교수 역임
법무부 민법개정특별위원회 위원
법무부 민법개정위원회 분과위원장
한국민사법학회 회장 역임
한불민사법학회 회장 역임
서울대학교 법학전문대학원 명예교수

서울법대 법학총서 18
물권의 새로운 패러다임을 향한 여정 제1권
새로운 패러다임에 의한 물권론 일반

초판발행   2024년 2월 22일

지은이   남효순
펴낸이   안종만 · 안상준

편 집   한두희
기획/마케팅   조성호
표지디자인   이수빈
제 작   고철민 · 조영환

펴낸곳   (주) 박영사
             서울특별시 금천구 가산디지털2로 53, 210호(가산동, 한라시그마밸리)
             등록 1959. 3. 11. 제300-1959-1호(倫)
전 화   02)733-6771
f a x   02)736-4818
e-mail   pys@pybook.co.kr
homepage   www.pybook.co.kr
ISBN   979-11-303-4024-1 93360

정 가   37,000원